STEP UP
ENGLISH
RACER
장수용 · 허민 공저

어휘 · 숙어 · 문법 · 독해의 Daily 학습 플랜

## Step-up English Racer [2] (스텝업 잉글리쉬 레이서 2권)

저  자 장수용, 허 민
펴낸곳 도서출판 스텝업
펴낸이 허 민

연구원 구경모
디자인 남소현

초판1쇄 발행 2009년 12월 04일
초판2쇄 인쇄 2010년 03월 15일

출판신고 2007년 4월 20일 제300-2007-70호
110-824 서울시 종로구 숭인2동 72-70 연남빌딩 303호
Tel 02-747-7078
Fax 02-747-7079

http://www. stepupbook.net

ISBN 978-89-959657-4-0 14740
ISBN 978-89-959657-8-8 14740 (전 4권)
가격은 뒤표지에 있습니다.

# STEP UP ENGLISH RACER

장수용 · 허민 공저

스텝업

# CONTENTS   RACER 전체 목차 [全 4권]

※ 본 도서는 총 4권의 교재로 구성되어 있으며 바탕색이 깔린 부분이 현 교재의 목차입니다.

# Day

- **G** 가정법[2]

- **R** 세부내용 파악[1]

- **I** [기본동사] look/see/watch/hear

- **V** [어원] look/see/watch/hear

## 6　조건절(if 절) 대용어구 ★★

조건절에서는 if를 주로 많이 쓰지만, if 대신에 'so long as, in case, unless, suppose (=supposing), provided(=providing)' 등이 쓰이기도 한다.

### 1. If를 대신하는 어구

| | |
|---|---|
| **11 01** (1) so long as<br>　~하는 한, ~하는 동안 | • So ***long as*** any movie is interesting, it will do.<br>재미있기만 하다면, 어떠한 영화라도 충분하다. |
| **11 02** (2) in case (that)<br>　만일 ~이면, ~할 경우에 대비하여 | • ***In case*** (that) there is an accident, report it immediately.<br>사고가 생기면 즉시 보고하시오.<br>• Take an umbrella, ***in case (that)*** it rains.<br>비가 올 경우에 대비하여 우산을 가져가시오. |
| **11 03** (3) unless ~하지 않는다면 | • ***Unless*** he's a complete idiot, he'll understand.<br>정말 바보가 아니라면, 그는 이해할 것이다. |
| **11 04** (4) suppose/supposing (that)<br>　만약 ~이라면 | • ***Suppose/ Supposing (that)*** you lost your job tomorrow, what would you do?<br>내일 당신이 직장을 잃는다면, 어떻게 하시겠습니까? |
| **11 05** (5) provided/ providing (that)<br>　만약 ~이라면 | • You may go anywhere, ***provided/ providing (that)*** you come back by evening.<br>어디에 가든 좋다. 단 저녁때까지는 돌아오너라. |
| **11 06** (6) on (the) condition (that)<br>　만약 ~이라면, ~이라는 조건 하에 | • Ron lent me the money ***on (the) condition that*** I paid it back within three weeks.<br>3주 내에 돈을 갚는다는 조건 하에 론은 내게 돈을 빌려 주었다. |
| **11 07** (7) granted(=granting) (that)<br>　~일지라도 | • ***Granted (that)*** the test is simple, it is not easy for me to pass.<br>그 시험이 간단할지라도, 내가 합격하기에는 쉽지는 않다. |

### 11 08　2. 각종 구가 가정절을 이끄는 경우 ★

'명사구, 부사구, 부정사, 분사, 관계사' 등이 가정의 표현을 나타낼 수도 있다.
※ 독해 시에 이해가 필요한 경우이다.

• ***A true friend would*** not disappoint you.
　= ***If*** he ***were*** a true friend, he ***would*** not disappoint you.
　진정한 친구라면, 당신을 실망시키지 않을 것이다.

• ***Two minutes later***, we ***might have been*** burned to death.
　= ***If*** we ***had been*** two minutes later, ***we might have been*** burned to death.
　2분만 늦었으면, 우리는 불타 죽었을 것이다.

## 7  기타 가정법 중요 구문

지금까지는 if 접속사를 이용한 가장 일반적인 가정법 형태들을 보았다. 아래에서는 기타 중요한 가정법 구문들을 살펴보기로 한다.

### 1. I wish 구문 ★★★

I wish 이하에는 앞서 공부한 '가정법 과거·과거완료·미래'의 **if 절의 시제가 적용**되어 소망·아쉬움을 전달하게 된다.

| I wish<br>= I would rather<br>= Would that<br>= If only | + (that) 주어 + *were*/ 과거동사/ *could* ⇨ 가정법 과거 |
|---|---|
| | + (that) 주어 + *had pp*/ *could have pp* ⇨ 가정법 과거완료 |
| | + (that) 주어 + *would*/ *should*/ *were to* ⇨ 가정법 미래 |

**11 09**

#### (1) 가정법 과거

- I wish I *met* more friends *now*.
  더 많은 친구들을 만났으면 좋겠는데.

  → I wish I ~~meet~~ more friends now. (×)

  ⇨ (현재시점에서) 더 많은 친구들을 만났으면 희망하는데 그렇지 못하다는 '현재사실과 반대되거나 실현 가능성이 약한 것'에 대한 소망을 나타내는 가정법 과거표현이다.

- I wish she *were* my wife now.
- → I wish she ~~was~~ my wife now. (×)
  그녀가 지금 당장 내 아내였으면 좋겠는데.

  ⇨ (현재시점에서) 그녀가 나의 부인이었으면 희망하는데 그렇지 못하다는 '현재사실과 반대되거나 실현 가능성이 약한 것'에 대한 소망을 나타내는 가정법 과거표현이다.

**11 10**

#### (2) 가정법 과거완료

- Jack wishes he *had earned* more money when he *was* young.
  Jack wishes he ~~earned~~ more money when I *was* young. (×)
  잭은 젊었을 때 더 많은 돈을 벌었더라면 좋았겠다고 생각한다.

  ⇨ (젊었을 때라는 과거시제 당시) 더 많은 돈을 벌었으면 좋겠다고 '과거사실을 후회'하는 가정법 과거완료 구문이다.

#### (3) 가정법 미래

- I wish I *would* meet Chan-ho Park.
  나는 박찬호를 만났으면 좋겠다.

  ⇨ 본인의 '의지·소망'을 밝히는 '가정법 미래' 표현이다.
  * 즉 I wish 라는 주절의 시제만 가지고서 목적어인 that 절 이하의 시제를 통제하는 것이 아니다.

**11 11**

### 2. as if/as though 구문 ★★

as if 또는 as though 절에 were 또는 과거시제의 동사가 위치하면 현재 사실과 반대되는 가정법 과거를 나타내며, had pp 가 위치하면 과거의 사실과 반대되는 가정법과거완료를 나타낸다.

| as if/ as though | + 주어 + *were*/ 과거동사 ⇨ 가정법 과거 |
|---|---|
| | + 주어 + *had pp*/ *could have pp* ⇨ 가정법 과거완료 |

- My wife behaves *as if* she *were* my mother. (=as though)
- My wife seems *as if* she *behaved* like my mother. (=as though)
  아내는 마치 내 어머니처럼 행동한다.

  ⇨ 처가 어머니가 아닌데도 어머니처럼 행동한다는 현재사실과 반대되는 가정법 과거 표현이다.

- My wife behaves *as if* she *had been* a princess. (=as though)
  아내는 마치 자신이 공주였던 것처럼 행동한다.

  ⇨ 아내가 공주가 아닌데도 (과거에) 공주였던 것처럼 (현재)행동한다는 과거사실과 반대되는 가정법 과거완료 표현이다.

> ### Check  단순 추측의 as if/ as though ★
>
> as if/ as though 절의 내용이 '현재 또는 과거 사실과 반대되는 가정'이 아니라, '외관상 드러나는 가능성이나 사실적인 내용'에 관한 것이라면 직설법 문장을 쓰게 된다.
>
> - My wife seems *as if* she *was* dissatisfied.
>   내 처는 불만스러워 보인다.
>
>   ⇨ 정말 불만이 있어 보이는 것 같은 추측
>
> - It seems *as if* it *is going to* rain.
>   비가 올 것처럼 보인다.
>
>   ⇨ 비가 내릴 것 같은 추측

## 3. It's time (that) ~ 구문 ★★

It's time that 가정법 구문은 '(당연히 ~할 때가 되었는데 ~을 안하고 있을 때) ~해야 할 시간이다'라는 뜻을 가진다. 이 경우 should를 생략한 채 원형부정사만 올 수 없음에 유념해야 한다. ➲ 08-39 비교

| | |
|---|---|
| It's (about/ high/ the right/ the very) time | + (that) 주어 + should 동사원형 |
| | + (that) 주어 + 과거시제 |
| | + (for 명사) + to 부정사 |

- It's time (that) we *should finish* this work.
  = It's time (that) we *finished* this work.
  = It's time (for us) to *finish* this work.
  → It's time (that) we ~~finish~~ this work. (×)
  이 일을 끝낼 시간이다.

## 4. If의 생략(=가정법 도치) ★★★

가정법 조건절의 경우 **동사가 문두에 위치할 경우 접속사 if가 생략**이 된다. 즉, 가정법 조건절의 if가 생략되면 'were, should, could, did, had'가 문두로 위치하는 도치가 발생한다. 이때 would는 문두에 위치할 수 없다.

### (1) 가정법 과거의 도치

- *Were* Freud alive today, he *would* approve of our methods.
  = *If* Freud *were* alive today, he *would* approve of our methods.
  → ~~Was~~ Freud alive today, he *would* approve of our methods. (×)
  프로이드가 현재 살아있다면 그는 우리의 방법을 찬성할 텐데.

  ⇨ 가정법 조건절은 동사가 문두로 위치하여 도치가 발생하게 되는데, 주절의 조동사 would라는 과거 형태로 보아 가정법 과거임을 알 수 있다. 따라서 가정법 과거의 조건절의 be 동사는 주어와의 수 일치에 상관없이 were가 옳다.

### (2) 가정법 과거완료의 도치

- *Had* Dad not *been* here, he *would* not *have known* what to do.
  = *If* Dad *had* not *been* here, he *would* not *have known* what to do.
  아버지가 여기에 계시지 않았더라면 무슨 일을 해야 할지 모르셨을 것이다.

⇨ 주절의 조동사 would have known이라는 가정법 과거완료 문형으로 보아 조건절 또한 가정법 과거완료로 위치해야 한다. 과거완료 형태를 만들어주는 조동사 had가 문두로 위치하여 if가 생략된 형태이다.

**11 15**

## (3) 가정법 미래의 도치

- ***Should*** anyone visit me, you would tell him I am out.
  = ***If*** anyone ***would*** visit me, you would tell him I am out.
  → ~~Would~~ anyone visit me, you would tell him I am out. (×)
  누구든 날 찾아오면 외출했다고 전해라.

⇨ 원래 가정법 미래 if 절 내에는 'would'라는 조동사가 쓰일 수 있지만, if가 생략될 경우에는 would가 문두로 위치할 수 없고 should를 활용하게 된다.

**11 16**

## 5. 가정법의 부정 ★★

가정법의 부정형은 주절이 가정법 과거이면 조건절에 if it were not for ~ 형태를 취하며, '~이 없다면 또는 ~이 아니라면'이란 의미이다. 주절이 가정법 과거완료이면 if it had not been for 형태를 취하여 '~이 없었다면 또는 ~이 아니었다면'이란 뜻을 가진다.

| ❶ 가정법 과거 | if it were not for = were it not for = but for = without |
| ❷ 가정법 과거완료 | if it had not been for = had it not been for = but for = without |

- ***If it were not for*** your help, I ***would*** not be rich. [가정법 과거]
  = ***Were it not for*** your help, I ***would*** not be rich.
  → ~~Was~~ it not been for your help, ~ (×)
  = ***But for*** your help, I ***would*** not be rich.
  = ***Without*** your help, I ***would*** not be rich.
  너의 도움이 없다면 나는 부자가 될 수 없을 것이다.

⇨ 가정법 문장의 경우 조건절의 동사가 문두로 위치하여 도치가 발생할 수 있는데, 이 경우 접속사 if는 생략이 되는 점에 유의해야 한다. 이하의 가정법 과거완료로 마찬가지이다.

- ***If it had not been for*** your help, I ***would*** not ***have been*** rich. [가정법 과거완료]
  = ***Had it not been for*** your help, I ***would*** not ***have been*** rich.
  = ***But for*** your help, I ***would*** not ***have been*** rich.
  = ***Without*** your help, I ***would*** not ***have been*** rich.
  너의 도움이 없었더라면, 나는 부자가 못 되었을 것이다.

## 6. 가정법 관용어구 ☆

| **11 17** | (1) what if ~ ?<br>~하면 어쩌지? | - ***What if*** Jane and I break up?<br>= ***What if*** Jane and I should break up?<br>제인과 내가 헤어지면 어쩌지? |
| **11 18** | (2) as it were<br>말하자면(=so to speak) | - Dr. Kim is, ***as it were***, a swindler.<br>김 박사는 말하자면 사기꾼이다. |
| **11 19** | (3) if ever + 동사/ 형용사/ 부사<br>혹 있다 해도 (극히 드물다) | - Her father rarely, ***if ever*** smokes.<br>그녀의 아버지는 담배를 피운다 해도 아주 드물게 피운다. |
| **11 20** | (4) if any + 명사<br>만일 있으면, 있다고 하더라도(극히 적다) | - There is little, ***if any***, damage.<br>해가 있다고 해도, 거의 없다. |
| **11 21** | (5) if anything<br>오히려, 어쨌든 | - Things are, ***if anything***, improving.<br>사태는 오히려 호전되고 있다. |
| **11 22** | (6) if at all<br>이왕 ~하려면 | - Work, ***if at all***, hard.<br>이왕 하려면 열심히 일해라. |

**01** 다음 중 어법상 옳은 것을 고르시오.
① How I wish I had been knowing how to do!
② Would that she were to help us!
③ Come early, or you'll get a good seat.
④ They would buy this fancy furniture, had they had enough cash on hand.
⑤ If the sun would rise in the west, I would not change my mind.

**02** If I had not missed my bus, I _________ at school by now.
① am　　　② were　　　③ would be　　　④ would have been

**03** He worked hard; __________, he should have failed in the examination. [89. 법원서기보]
① but for　　② unless　　③ otherwise　　④ if　　　⑤ providing

**04** 다음 중 어법 상 틀린 것을 고르시오. [99. 공무원 9급]
① If he had taken his patron's advice then, he would have been alive now.
② A man's worth lies not in what he has, but in what he is.
③ You will have lost many things by September next year, if you fail to follow my advice.
④ He suggested to her that they go to the park.

**05** If you had studied the problem carefully yesterday, ____________. [00. 법원서기보]
① you won't find any difficulty now
② you would not find any difficulty now
③ you would not have found any difficulty now
④ you have not find any difficulty now

**06** 다음을 영어로 가장 적절히 옮긴 것은? [96. 법원서기보]

> 내가 학교 다닐 때 라틴어를 배웠더라면 이 문장이 무슨 뜻인지 이해할 수 있을 텐데.
> = If I _________ Latin when I _________ at school, I _________ what this sentence means.

① had studied - was - could understand
② studied - had been - could understand
③ had studied - had been - could have understood
④ studied - was - could have understood

**07** I ① <u>would have done</u> the assignment ② <u>earlier</u>, but I ③ <u>had met</u> an old friend of mine ④ <u>on my way home</u>.

**08** Choose the sentence that is NOT grammatically correct.
① If your mom comes late, I'll take care of you.
② If he were an honest man, he would give it back to you tomorrow.
③ If he studied hard last night, he would pass tomorrow's exam.
④ If he read the message, he would investigate the case more seriously.
⑤ If you had told me about it, I wouldn't have worried.

## 정답 및 해설

**01** 【해설】① had been knowing → knew | know 동사는 진행형이 불가능하며, I wish 의 목적어 절에서 '실현가능성이 희박한 현재와 미래의 상황'에 대한 가정·상상·소망을 과거시제로 나타내야 한다.
③ you'll → you won't | '명령문 + or' 구문은 '~해라, 그렇지 않으면 ~할 것이다'는 내용이므로 부정어가 포함되어야 문맥상 옳다.
④ would buy → would have bought | 종속절이 가정법 과거완료이므로 주절 또한 가정법 과거완료이어야 옳다.
⑤ would → were to | 실현 불가능에 대한 가정·상상·소망은 were to 로 나타낸다.
【정답】②

**02** 【해설】if 절은 가정법 과거일지라도, 주절의 시제는 현재시제를 알려 주는 by now 가 있으므로, 가정법 과거가 옳다.
【해석】버스를 놓치지 않았었더라면, 지금쯤 학교에 있을 텐데.
【정답】③

**03** 【해설】반 칸 다음에 '가정법 과거완료'인 'should have failed'가 왔으므로 앞 문장 에는 '과거사실'의 '부정조건'할 수 있는 접속부사인 'otherwise'가 오는 것 이 논리적으로 합당하다.
【해석】그는 열심히 공부했다. 그렇지 않았으면 그는 그 시험에 떨어졌을 것이다.
【정답】③

**04** 【해설】he would have been alive now → he would be alive now | 혼합 가정법으 로서, if절 내의 시제는 'then(그 때에; 과거시제)'이 통제하므로 가정법 과거 완료가 옳고, 주절의 시제는 'now(현재)'가 통제하므로 가정법 과거가 옳다.
【정답】①

**05** 【해설】if 가정법 절 내의 시제는 yesterday가 왔으므로, 과거사실과 반대되는 '가정 법 과거완료'인 'had studied'가 옳으며, 주절은 'now'가 왔으므로 '현재사 실과 반대'되는 '가정법 과거'가 옳다. 즉, 혼합 가정법이다. ① won't는 will not의 축약 형태이다.
【해석】당신이 어제 그 문제를 신중히 공부했었더라면, 지금 어느 어려움도 겪지 않을 텐데.
【정답】②

**06** 【해설】제시된 한글 문장의 '학교 다닌 시점'은 직설법상 '과거(was)'이며, '이 문 장의 이해를 못하는 시점'은 직실법상 '현재(can't understand)'이므로, 이 를 각각 가정법으로 적용하면 '가정법 과거완료(had learned)+가정법 과거 (could)'가 된다.
【정답】①

**07** 【해설】had met → met | 주절의 시제가 가정법 과거완료일 경우 but 이하의 시제 는 직설법 과거이어야 한다.
【해석】집으로 오는 길에 오래된 친구를 만나지 않았었다면, 나는 보다 일찍 숙제 를 끝냈을 텐데.
【정답】③

**08** 【해설】studied → had studied | last night이라는 '과거시제' 부사가 있으므로, 가정법은 과거완료가 옳다. 주절이 가정법 과거인 이유는 '가까운 미래'인 'tomorrow'가 위치했기 때문이다.
【정답】③

**09** He did not help me when I needed him. A true friend __________ differently. [03. 경찰]
① acted                               ② would have acted
③ would act                           ④ had acted

**10** 다음 두 문장의 뜻이 같게 밑줄 친 부분에 들어갈 알맞은 말은? [00. 공무원 9급]

> It would have been wiser to leave it unsaid.
> = It would have been wiser __________ it unsaid.

① if you had left                     ② because you left
③ for leaving                         ④ than you left

**11** 밑줄 친 부분의 표현이 적절하지 않은 것은? [05. 공무원 9급]
① In the case of rain, the athletic meeting will be postponed.
② He gave me a check instead of cash.
③ In spite of all his exertions, he failed the test.
④ Because of an advance in the cost of living, salary raise is needed.

**12** Without oxygen, all animals __________ long ago. [96. 인천시 9급]
① would disappear                     ② should disappear
③ would have disappeared              ④ would have been disappeared

**13** I'd rather you _________ anything about it for the time being. [84. 공무원 9급/89. 국회직 7급]
① do                                  ② don't do
③ didn't do                           ④ should do

**14** My fellow-workers ① have all gone to the wedding party. I decided ② not to go with them, ③ yet at present I wish I ④ have gone with them.

**15** A: Do you have $ 10 you could lend me?
　　B: __________, but I'm broke.
① I wish I can                        ② I wish I did
③ I wished I had                      ④ I wish I have

**16** I wish that I __________ with her last year.
① go                                  ② went
③ have gone                           ④ could go
⑤ could have gone

## 정답 및 해설

**09** 【해설】 앞 문장의 직설법 시제가 '과거(did)'로 등장했으므로, 이하의 가정법 또한 '과거완료(would have pp)'가 옳다. or  A true friend는 if he had been a true friend'를 명사로 바꿔 준 것이다.

【해석】 그를 필요로 할 때 그는 나를 돕지 않았다. 진정한 친구였다면 다르게 행동했었을 것이다.

【정답】 ②

**10** 【해설】 to 부정사구가 if 조건절을 대신해서 사용된 경우이다. 주절이 가정법 과거완료인 'would have pp'이므로 to leave it unsaid를 if you had left로 바꾸면 된다.

【해석】 그것을 말하지 않았었다면 더 현명했을 텐데.

【정답】 ①

**11** 【해설】 in the case of → in case of | '~의 경우에 있어서'라는 표현을 전할 경우, '구체적인 특정상황'이 아니라면, 일반적인 경우에 있어서 '정관사 the'를 위치하지 않는다.
· 특정상황: The amount of fruit in fruit juices must be 6% *in the case of* berries and 10% in the case of other fruits. [구체적인 상황]
· 일반적인 상황: *In case of* fire, break the glass. [일반적인 경우]

【정답】 ①

**12** 【해설】 우리가 살고 있는 세상은 이전에도 그랬고 현재도 '산소'는 분명히 존재한다. 따라서, 위 문장은 '과거사실'과 반대되는 가정법이다. 'long ago'라는 '과거시제'만 이끄는 부사가 위치했으므로 가정법 또한 과거완료가 옳다.

【해석】 산소가 없었더라면, 모든 동물들은 오래 전에 사라졌을 것이다.

【정답】 ③

**13** 【해설】 I'd rather는 'I would rather'의 축약형태로서, 'I wish'와 같은 표현이다. 따라서 이하에는 가정법 if 절 내의 시제가 적용되므로, 직설법 시제의 ①과 ②는 틀리며, ④ 또한 시제 형태상으로는 가정법 미래를 충족하지만, should는 '가정법 미래'에서 '강한 의심'을 표명할 때 쓰인다. 따라서 보기 ③이 상대적으로 더 옳다.

【해석】 당분간은 당신이 그것에 대해 어느 섯도 하지 않았으면 좋겠다.

【정답】 ③

**14** 【해설】 have gone → had gone | 바라는 현재시점에서 과거의 반대사실에 대한 가정을 하므로 가정법 과거완료가 옳다. 가정법 현재완료는 존재하지 않는다.

【해석】 내 동료들이 모두 결혼식에 갔었다. 나는 그들과 함께 가지 않기로 결정했었지만, 함께 갔었다면 좋았을 것이다.

【정답】 ④

**15** 【해설】 but 이하의 시제가 현재시제이므로, I wish의 목적어 that 절의 시제는 현재사실의 반대를 가리키는 '가정법 과거'가 옳다. 또한 lend라는 일반동사의 대동사는 'do'가 옳다.

【해석】 A: 10달러를 빌려줄 수 있니?
B: 있으면 좋으련만, 땡전 한 푼 없어.

【정답】 ②

**16** 【해설】 last year로는 과거시제 부사가 있으므로 가정법 과거 완료가 옳다.

【해석】 작년에 그녀와 함께 갈 수 있었으면 좋았을 것인데 (같이 가지 못해서 아쉽다).

【정답】 ⑤

**17** It has been raining for several weeks; I wish _________.
① it would stop raining before tomorrow
② I could stop it raining before tomorrow
③ it will stop raining before tomorrow
④ it would stop to rain before tomorrow

**18** A: Mary wants to see you today.
　　B: I would rather she _________ tomorrow than today.
① come　　　　　　　　　　　② should come
③ came　　　　　　　　　　　④ has come

**19** That American ① speaks Korean ② as fluently ③ as if he ④ is a Korean.

**20** ① I wish ② I have studied harder ③ while I was young. In other words, I regret ④ not having studied harder. [01. 공무원 9급]

**21** 우리말을 영어로 바르게 옮긴 것을 고르시오. [02. 공무원 7급]

> 이러한 움직임들은 선거철을 이용하여 협상에 개입되어 있는 정부와 사기업 고용주들로부터 양보를 이끌어 내려는 데 목적이 있는 것 같다.

① These moves seem to have a purpose in squeezing out concessions from the negotiations with the government and private employers by utilizing the election season.
② These moves looks as if they were to obtain concession from the government and business owners engaged in negotiations at the election season.
③ These moves appear aimed at exploiting the election season to wring concessions from the government and private employers entangled in negotiations.
④ Those moves seem to be a purpose in exploiting election season and to exact concessions from the government and business leaders trapped in negotiations.

**22** If we ______ a contract in the first place, we might not be involved in this breach of contract.
① signed　　　　　　　　　　② would have signed
③ had signed　　　　　　　　④ would sign

## 정답 및 해설

**17** 【해설】 가정법 미래를 가리키므로 종속절의 시제는 would가 옳으며, stop 동사는 동명사를 목적어로 취하여 '~을 멈추다'는 의미를 가진다.

【해석】 몇 주 동안 비가 내렸다. 내일 이전에 비가 그치면 좋으련만.　【정답】 ①

**18** 【해설】 I would rather 또한 I wish 구문과 마찬가지로, 가정법 과거를 이끌어서 '오히려 ~하고 싶다'의 의미로 쓰인다. 본문에서 '오늘보다는 내일 그녀가 오는 게 좋겠어.'라는 의미이므로, 가정법 과거형태가 옳다.

【해석】 A: 메리가 오늘 널 보고 싶어 해.
　　　 B: 오늘보다는 내일 왔으면 좋겠어.　【정답】 ③

**19** 【해설】 is → were ｜ 한국인이 아닌데 한국인처럼 행동하는 '현재사실과 반대'되는 '가정법 과거'를 말하므로, 가정법 과거의 조건절에서 be 동사는 수와 상관없이 'were'가 온다.

【해석】 그 미국인은 마치 자신이 한국인인 것처럼 유창하게 한국어를 구사한다.　【정답】 ④

**20** 【해설】 I have studied → I had studied 혹은 I could have studied ｜ while 이하에서 기준 시제가 'was(과거)'로 나왔으므로 가정법 if 절 내의 '과거완료' 시제가 적용되어야 하며, 가정법 과거완료의 if 절 시제는 'had pp 혹은 could have pp'가 옳다.

【해석】 내가 어렸을 때 공부를 더 열심히 했었다면 좋았을 거야. 달리 말하자면 더 열심히 공부하지 않은 게 후회가 돼.　【정답】 ②

**21** 【해설】 ① squeezing out → getting ｜ squeeze out은 '계략을 써서 파산시키다'는 뜻을 가지고 있다. '양보를 이끌어내다'는 'get/win/wrest/wring concessions from'을 취한다. 또한 전체 문장의 해석이 제시된 한글과 다르다.
② were to → are to ｜ as if 이하에 가정법이 적용되면, '(그러한 계획이 없는데) 있는 것 같다'는 표현이 된다. 따라서 단순한 '외관적 가능성이나 추측'인 직설법으로 표현해야 한다.
③ appear와 seem 동사는 주격 보어인 형용사나 명사 앞에 'to be'가 생략될 수 있다.
· '~을 목표로 하다'는 표현은 'aim to R = aimed at ~ing = be aimed at ~ing' 구조를 취할 수 있으며, 이 문장에서는 과거분사 aimed를 활용했다.
④ to exact → exacting ｜ and에 의해 병치되므로 동명사로 일관되어야 한다.　【정답】 ③

**22** 【해설】 주절이 가정법 과거일지라도, 조건절이 주절의 시제보다 앞선 시제를 가리키는 단서인 'in the first place(애초에)'가 나오므로, 가정법 과거완료가 옳다.

【해석】 만일 우리가 처음에 계약서에 서명을 했었더라면, 이러한 계약 위반에 연루되지 않을 것이다.

【정답】 ③

**23** 다음 중 문법적으로 옳은 문장을 고르시오.
① The foreigner wants to marry with the beautiful Korean girl.
② We took care his children when he left from Seoul.
③ You had better have that tooth to pull out.
④ Had he not died in the war, he would be 30 years old.

**24**  A: My sister is already on the wrong side of thirty.
　　 B: It's time she ___________ a husband and settled down.
① find　　　　　　　　　　② should find
③ found　　　　　　　　　④ had found

**25** ___________ the lawyer, please tell him that I am waiting for him in the coffee shop.
① Having met　　　　　　② Unless you meet
③ Will you meet　　　　　④ Should you meet

**26**  I would never have encouraged you to go into the field _________ it would be so stressful for you. I'm sorry it's been so difficult for you.
① had I known　　　　　　② and I had known
③ should I know　　　　　④ but I knew

**27** ___________ the child-care center, I would not have been able to go to the jazz concert yesterday.
① If it has not been for　　　② Were It not for
③ If it had not been for　　　④ Having it not been for
⑤ Being it not for

**28** 다음을 영어로 가장 적절히 옮긴 것은? [90. 공무원 9급/97. 경찰]

| |
|---|
| 바쁘지 않았으면 거기 갔었을 텐데. |

① If I were not busy, I would have gone there.
② Had I not been busy, I would have gone there.
③ If I have not been busy, I had gone there.
④ Should I not be busy, I would go there.

**29** 다음을 영어로 가장 적절히 옮긴 것은? [04. 선관위 9급]

| |
|---|
| 우리는 중동지역이 이제 한류 열풍에 포함되기를 바란다. |

① We hope that the Middle East region will now be included in the Korean wave phenomenon.
② We wish that the Middle East regions would include in the Korea waves phenomenon.
③ We expect that the Middle East region will now be including into Korean waves.
④ We want that the Middle East region would now be including in the Korea wave phenomenon.

**23** 【해설】① marry with → marry | marry는 전치사 없이 목적어를 취하는 타동사이다.
② took care → took care of | '~를 돌보다'는 뜻은 'take care of'라는 타동사구가 옳다.
③ to pull out → pulled out | have 동사가 사역동사로 쓰일 경우, 목적어와 목적보어의 관계가 수동이라면 목적보어는 과거분사가 위치한다. 【정답】④

**24** 【해설】It's time (that) 구문은 가정법 과거를 이끌며, 'should R' 또는 '과거시제'가 위치해야 한다. and 에 의해서 settled라는 과거시제가 병치되므로 ③이 옳다.

【해석】A: 내 누이는 나이가 이미 30이 넘었어.
B: 남편을 만나서 정착할 나이야. 【정답】③

**25** 【해설】가정법 미래에서 조동사 should가 문두로 위치하면 접속사 if는 생략된다.

【해석】만일 네가 그 변호사를 만나게 되면 내가 그 커피숍에서 그를 기다리고 있을 것이라고 전해줘. 【정답】④

**26** 【해설】주절의 시제가 가정법 과거완료이므로, 종속절 또한 가정법 과거완료를 가리키는 had pp에서 had가 앞으로 위치하여 if가 생략된 형태가 옳다.

【해석】네가 그 분야에 종사하는 것이 그토록 너에게 스트레스를 주는 것을 알았더라면 나는 결코 그렇게 하라고 부추기지 않았을 거야. 그게 그토록 너를 힘들게 했다니 미안하구나. 【정답】①

**27** 【해설】주절의 시제가 가정법 과거완료이므로, '~이 없었다면'을 의미하는 'if it had not been for=but for=without'이 옳다.

【해석】탁아소가 없었더라면, 어제 나는 재즈콘서트에 갈 수 없었을 것이다. 【정답】③

**28** 【해설】한글의 내용 자체가 '과거'를 가리키므로, 직설법상 현재가 되는 ①④는 틀리며, ② 'If I had not been busy, ~'였으며, 가정법 if 절 도치는 조동사 (had)가 먼저 앞으로 위치하여 if를 탈락시킨다. 【정답】②

**29** 【해설】② include → be included | 중동지역과 '포함하다'의 관계는 주어진 한글에 따르면 '수동'이 된다.
③ including → be included | ②와 같은 설명이다.
④ want는 that 절을 목적어로 취할 수 없으며, 태 또한 보기 ②, ③과 마찬가지이다. 【정답】①

**30** The most famous animal of Antarctica is the Penguin. It struts around the icy beaches as if it ___________ a movie star walking down the street. [05. 법원서기보]

① is                               ② were
③ might be                         ④ had been


**31** Mary Tudor was the only child born to Henry VIII and Catherine. ___________ a boy, it is likely that the whole of English history would have been different. [07. 법원서기보]

① Were she born                    ② If she was born
③ Had she been born                ④ Though she was not born


**32** Had the companies been notified of the possibility of a strike, _____________. [07. 국회사무처 8급]
① they will take extra measures
② which would take extra measures
③ they would have taken extra measures
④ would they have taken extra measures
⑤ which would have taken extra measures


**33** 문법적으로 올바른 문장을 고르시오. [08. 지방직 7급]
① I wish I am as intelligent as he is.
② If it will rain tomorrow, I won't go to school.
③ If I had enough money at that time, I would have lent it to you.
④ Even if the sun were to rise in the west, I would not accept his proposal.


**34** Choose the sentence that is NOT grammatically correct.
① Fred wishes Pat will come tomorrow.
② Fred hopes Pat finishes the assignment tomorrow.
③ Fred will have finished the job when Pat comes tomorrow.
④ Fred will start the project as soon as Pat arrives tomorrow.
⑤ Fred would be pleased if Pat started the project tomorrow.


**35** Choose the sentence that is NOT grammatically correct.
① He made the suggestion that he be set free.
② Were the sun to be extinguished, all living things would die.
③ Had it not been for your help, I had failed.
④ If I had learned the phonetic system of reading, I would be a better reader today.
⑤ If only it would stop raining.


**36** I wish I ___________ idle when young. [97. 경찰]
① was not                          ② would not be
③ had not been                     ④ will

### 정답 및 해설

**30** 【해설】 기준시제는 'struts'라는 현재시제이며, as if 이하에서 '펭귄이 영화배우처럼 걷는다'는 것은 '현재사실과 반대(펭귄은 절대 사람이 될 수 없음!)'되는 내용이므로 가정법 과거인 were가 옳다.

【해석】 남극대륙의 가장 유명한 동물은 펭귄이다. 펭귄은 길거리를 걷는 영화배우인 마냥 얼어붙은 해변을 뽐내며 걷는다. 【정답】 ②

**31** 【해설】 주절의 시제가 'would have been'이라는 '가정법 과거완료'이므로, 종속절의 형태는 원래 'If she had been born ~'이었다. 가정법 if절은 조동사(had)가 문두로 위치하고 접속사 if는 생략이 된다.

【해석】 매리 튜더는 헨리8세와 캐서린의 유일한 아이였다. 그녀가 사내아이였다면 영국 역사가 송두리째 바뀌었을 것이다. 【정답】 ③

**32** 【해설】 주절은 원래 'if the companies had been notified ~'였는데, 도치가 발생하여 조동사 had가 문두로 위치한 것이다. 시제가 'had pp'이므로 주절 또한 가정법 과거완료가 옳다.

【해석】 그 회사들이 파업의 가능성에 대해 눈치 챘었다면, 그들은 특단의 조치를 취했었을 것이다. 【정답】 ③

**33** 【해설】 ① am → were | 기준시제가 'is'라는 현재시제이므로 I wish 이하의 가정법 시제는 현재사실과 반대되는 가정법 과거가 옳다.
② will rain → rains | if 조건절 내에는 미래시제 대신 현재시제가 쓰여야 한다.
③ had → had had | at that time이라는 '과거시제' 부사가 위치했으므로, 가정법 전환 시 가정법 과거완료가 된다. 따라서 if 절 내에는 had pp가 옳다. 【정답】 ④

**34** 【해설】 will → would | 가까운 미래를 가리키는 가정법은 가정법 과거이다. wish 이하에는 가정법이 적용되므로, will 조동사는 위치할 수 없다. 【정답】 ①

**35** 【해설】 had failed → would have failed | 주절이 가정법과거완료로서 도치가 됐으므로, 주절의 시제 또한 would have pp로 일치시켜야 한다.
④ if 절의 시제는 과거완료인 반면, 주절의 시제는 가정법 과거로 구성됐다. if 절 내의 내용 자체가 주절의 내용보다 이전인 사실이 명백하므로, 이렇게 별다른 시제를 이끄는 부사가 없어도 혼합가정법이 이루어질 수 있다. 【정답】 ③

**36** 【해설】 when young이라는 표현이 등장을 하는데, 이 종속절은 'when I was young'에서 주절의 주어와 종속절의 주어가 같아서 'when (being) young'으로 축약됐다. when young은 따라서 직설법상 과거시제가 되며, I wish 이하의 가정법은 과거완료인 'had not been'이 옳다.

【해석】 어렸을 때 게으르지 않았어야 했는데. 【정답】 ③

## 1. 유형정의

제시된 지문을 바탕으로 하여 출제자가 세부내용을 묻는 유형으로서, 지문의 내용과 일치하느냐 일치하지 않느냐를 찾아내는 유형이다.

## 2. 공략방법

(1) 어떠한 세부내용을 묻는 것인지 파악해야 하므로, 반드시 문제부터 먼저 읽어 보아야 한다.

(2) 설문에서 제시된 특정정보를 머릿속에 기억해 놓은 채 지문을 읽어 나가면서 해당 특정정보가 등장할 경우 그 문장마다 집중하여 세부내용을 확인한다.

(3) 일치 · 불일치 유형과 마찬가지로 주어진 지문에 있는 내용과 동일한 문장 그대로 보기항에 진술되는 경우는 드물며, 거의 대게가 재진술 되어 있는 점을 조심해야 한다.

(4) 수험영어는 일반상식을 물어보는 것이 아닌 제시된 지문의 내용을 빠르고 정확하게 이해하느냐를 측정하는 것이므로, 사전 지식을 바탕으로 문제를 풀어서는 안 된다. 빈 라덴이 공공의 적이라 할지라도 만약 작가가 지문 속에서 그와 반대의 입장을 표명하고 있다면 그 배경지식은 무용지물이 되고 만다.

> **Tip** 세부내용을 묻는 경우엔, 보기항을 보고 지문을 읽는다 하더라도 어차피 다시 지문을 볼 수밖에 없다. 한 번에 다 기억할 수 없으므로 지나친 욕심은 버리자. 빠르게 보기항을 읽되, 특정 단어만 기억해두고 지문을 속독하면서 언급된 부분에 표시를 해주는 것이 문제를 풀 때 다시 찾아가기가 빠르다. 특히 부정어가 들어간 문장은 보기항 중에 함정으로 나올 수 있으니 주의하고, 틀린 걸 찾는지, 맞는 걸 찾는지 질문을 꼭 잘 살펴서 실수를 피하자.

## 3. 질문유형

• 다음 글에서 ~의 요인으로 언급되지 않은 것은?
• 다음 글에 나타난 ~의 성격은?
• 다음 글의 내용에서 ~에 가장 필요한 것은?
• 다음 글에서 ~을 사용함으로써 얻는 이득은?
• 다음 글의 ~에 관한 내용과 일치하지 않는 것은?
• ~에 대한 설명이 아닌 것은?
• ~을 경험할 가능성이 높은 사람은?

• Which of the following is not true about ~ ?
• Which of the following statements is not true of ~?
• Which of the following statements (about ~) is NOT supported by the passage?
• Which of the following statements is true of ~ ?
• What is correct statement about ~ ?
• A man's first mistake is usually his last because ____________.
• At last Tom ___________.
• What does the writer want you to do?
• Language is not inherited, but is acquired by ___________.
• Which of the following is not mentioned in the passage (concerning ~)?
• When was the launching of the space shuttle Discovery originally scheduled?
• What caused the delay of ~ ?
• According to the passage, Deep Thought is ___________.
• According to the passage, which of the following was ~ ?

**01** Which of the following is not true about Death Valley? [04. 공무원 9급]

> Death Valley doesn't sound like a very inviting place. It is one of the hottest places in the world. The highest temperature ever recorded there was 134 degrees Fahrenheit. That is the highest ever recorded in the Western Hemisphere. And that was in the shade! Death Valley in California covers nearly 3,000 square miles. Approximately 555 squares miles are below the surface of the sea. One point is 282 feet below sea level - the lowest point in the Western Hemisphere. In Death Valley, pioneers and explorers faced death from thirst and the searing heat. Yet despite its name and bad reputation, Death Valley is not just an empty wilderness of sand and rock. It is a place of spectacular scenic beauty and home to plants, animals and even humans.

① 경치가 매우 아름다운 곳이다.
② 그늘 아래서의 온도가 최고 화씨 134도인 적이 있다.
③ 많은 개척자들은 갈증과 더위로 죽음에 직면했다.
④ 면적의 절반 이상이 바다 수면보다 낮다.


**02** Who take the strictest stand to the genetically engineered products in the passage?
[01. 공무원 9급]

> Consumer advocates call for additional testing of crops and mandatory labeling of genetically engineered products. Administration officials say that it is unnecessary, and the food industry has argued that it would unfairly stigmatize biotech food.

① Consumer advocates
② Engineers
③ Administration officials
④ People in the food industry

**01**

【해석】 죽음의 계곡은 그리 끌리지 않는 장소처럼 들린다. 그곳은 세상에서 가장 뜨거운 장소이다. 그곳은 화씨 134도라는 여태까지 가장 높은 온도를 기록하고 있다. 그것은 서반구에서 기록된 것 중 가장 높은 온도이기도 하다. 그런데 그것은 그늘에서의 온도이다. 캘리포니아에 있는 죽음의 계곡은 3,000제곱마일에 걸쳐 있다. 거의 555마일이 바다의 표면보다 낮다. 한 지점은 해수면에서 282피트 아래에 있고 그것은 서반구에서 가장 낮은 지점이다. 개척자들과 탐험가들은 죽음의 계곡에서 갈증과 이글거리는 열로 인해 죽음에 직면했다. 그러나 그 이름과 나쁜 인식에도 불구하고 죽음의 계곡은 단지 텅 비어 있는 모래와 바위로 된 황무지만은 아니다. 그곳은 장관인 풍경을 자랑하는 아름다운 장소이고 식물과 동물, 심지어 사람의 집이기도 하다.

【해설】 총면적이 3000마일이며, 바다수면보다 낮은 곳이 555마일이므로 틀린 설명이다.

【정답】 ④

> **Theme** **온도를 표현하는 방법**
>
> * 화씨 Fahrenheit (略 F., Fah., Fahr.) (어는점 32°, 끓는점 212°) → 미국은 화씨를 표준으로 함
> * 섭씨 centigrade (C., C, c, Cent., cent.) ; Celsius (Cels., C.) (어는 점 0°, 끓는점 100°)

> **Check** **dash (—)의 동격기능**
>
> dash는 '명사 – 명사' 구조로 쓰일 경우 동격으로 쓰인다.
>
> One point is 282 feet below sea level - the lowest point in the Western Hemisphere.
> One point is 282 feet below sea level, the lowest point in the Western Hemisphere.
> ⇨ 282 feet below sea level과 'the lowest point'가 동격으로 쓰였는데, 쉼표 대신 dash를 활용할 수 있다.

**VOCABULARY**

- **sound like** ~처럼 들린다
- **inviting** 초청하는, 유혹적인, 상쾌한
- **temperature** 온도
- **degree** (온도의) 도
- **hemisphere** 지구 천체의·반구
- **shade** 그늘, 응달
- **approximately** 대략
- **sea level** 해저
- **pioneer** 개척자
- **searing** 타는, 무더운
- **reputation** 평판, 명성
- **wilderness** 황야, 황무지, 사막, 미개지
- **spectacular** 구경거리의, 장관의
- **scenic** 경치의, 경치가 좋은

**02**

【해석】 소비자의 입장에 선 이들은 곡물에 대한 추가적인 실험과 의무적으로 유전자변형생산품이라는 표시를 붙이도록 요구하고 있다. 행정부 관리들은 그것이 불필요하다고 말하고 있으며, 식품업계는 그것이 생물공학 식품을 불공평하게 오명을 씌우는 일이라고 주장하고 있다.

【해설】 Q 본문에 따르면 누가 유전적으로 변형을 가한 제품에 대해 가장 단호한 입장을 취하고 있는가? A 소비자를 옹호하는 사람들이 유전적으로 변형을 가한 생산품에 대해 가장 엄격한 입장을 취하고 있음을 첫 문장에서 설명하고 있다.

【정답】 ①

**VOCABULARY**

- **advocate** 옹호하다, 지지하다; 옹호자
- **mandatory** 의무적인
- **genetically engineered product** 유전자변형생산품
- **unfairly** 부당하게
- **stigmatize** 낙인찍다, 비난하다
- **biotech** 유전공학
- **strict** 엄격한

**03** 다음 글에서 직업 선택의 요인으로 언급되지 않은 것은? [98. 공무원 9급]

> According to one sociologist, Theodore Caplow the accident of birth often plays a large role in determining what occupation people choose. Children follow their parents' occupation; farmers are recruited from farmers' offspring, teachers from the children of teachers. The parent "passes" an occupation on to the child. Furthermore, such factors as time and place of birth, race, nationality, social class, and the expectations of parents are all accidental, that is, not planned or controlled. They all influence choice of occupation.

① 부모의 직업　　　　　　② 출생 시기와 장소
③ 부모의 기대　　　　　　④ 장래의 유망성

**04** 다음 글에 나타난 필자 어머니의 성격은? [00. 공무원 9급]

> Mom took time for everyone. One cold day, she saw the neighbor's three young children playing in our yard. They were shivering in thin, worn sweaters. She hustled them in, fed them and rummaged through our closets for extra coats. From that day, mom often brought stew, soup and pasta to their home. She telephoned the children in the morning to make sure they got up for school. Often, she walked them down the lane and waited with them for the bus.

① sociable　　　　　　　② imaginative
③ selfless　　　　　　　④ belligerent

## 03

【해 석】 Theodore Caplow라는 한 사회학자에 의하면 출생이란 사건이 종종 사람들이 어떤 직장을 선택할지에 대한 중요한 역할을 한다고 한다. 아이들은 부모의 직업을 따르는데, 농부는 농부의 자손들로부터 채워지며, 교사는 교사의 아이들로 채워진다. 부모는 아이들에게 직업을 "물려준다." 게다가 출생의 시기와 장소, 인종, 민족, 사회 계층과 부모들의 기대와 같은 요소들은 모두 우연한 것이며, 다시 말하자면 계획되거나 고안된 것이 아니다. 그것들 모두가 직업의 선택에 영향을 끼친다.

【해 설】 직업선택의 요인들로서 출생 시기와 장소, 부모의 직업, 부모의 기대, 인종, 국적, 사회 계급 등이 언급되었지만, 장래의 유망성에 대해서는 언급된 바 없다.

【정 답】 ──────────────────────────────────── ④

### VOCABULARY

- sociologist 사회학자
- accident of birth 우연한 출생
- play a role in ~에 역할을 하다
- occupation 직업
- recruit 모집하다, 보충하다
- offspring 자손
- pass A on B A를 B에게 물려주다
- furthermore 더군다나
- factor 요소, 요인
- nationality 국적
- expectation 기대
- accidental 우발적인, 우연한

## 04

【해 석】 엄마는 모든 사람들을 위해서 시간을 보냈다. 어느 추운 날 엄마는 3명의 이웃 어린 아이들이 우리 마당에서 놀고 있는 것을 보았다. 그들은 얇고, 헤진 스웨터를 입고 떨고 있었다. 그녀는 서둘러 그들을 불러 들였고, 그들에게 음식을 줬고, 여분의 코트를 찾기 위해 장롱을 샅샅이 뒤졌다. 그날부터 엄마는 종종 스튜, 파스타를 그들의 집에 가지고 가셨다. 그들이 학교에 가기 위해서 일어났는지를 확인하기 위해 아침에 아이들에게 전화를 걸었다. 엄마는 자주 길 아래까지 데려가서 함께 버스를 기다리셨다.

【해 설】 이 글에 나타난 어머니의 성격은 이웃을 헌신적으로 돕는 이타적인 성격이다.

【정 답】 ──────────────────────────────────── ③

### VOCABULARY

- shiver 떨다
- thin 얇은, 가는
- hustle 재촉하여 ~시키다, 밀다
- feed 먹이다, 기르다
- rummage 샅샅이 뒤지다
- make sure 확인하다
- lane 좁은 길, 골목길, 샛길
- sociable 사교적인
- imaginative 창의적인
- selfless 헌신적인, 이기적이지 않은 (=altruistic)
- belligerent 호전적인

Through generations of hard work, the people of Shanghai have transformed what was once an obscure fishing village 700 years ago into Asia's most promising metropolis. Since China opened its doors to foreign investment 25 years ago, Shanghai has led the nation to the reform and opening up of its economy. Doing business with the rest of China and the world is Shanghai's top priority.

_______________. In 2002, Shanghai registered as many as 6,427 new domestically invested enterprises and signed 420 agreements for investment in projects in other parts of the country. Total domestic investment in 2002 was $2.94 billion. Foreign investment is pouring into Shanghai. Some 104 countries and regions invest here. In 2002, a further $10.58 billion flowed into the economy from foreign companies.

1. Choose the word which would best fit in the blank.

① Shanghai is full of historic sites
② The results speak for themselves
③ This has proven a complete failure
④ People are concerned about overpopulation
⑤ The past and the present exist together

2. Which of the following is not true about Shanghai?

① 700년 전에는 잘 알려지지 않은 어촌 마을에 불과했다.
② 중국의 해외 투자 문호개방 이후 경제개방을 선도해왔다.
③ 2002년에 420개의 해외 기업들과 투자협정을 체결했다.
④ 2002년에 약 30억 달러의 국내 투자가 이루어졌다.
⑤ 현재 100여 개의 국가 및 지역들이 이곳에 투자하고 있다.

**05**

【해석】 열심히 일한 세대들 덕에, 상하이 사람들은 700년 전 구석진 어촌마을을 아시아에서 가장 전도유망한 대도시로 변화시켰다. 중국이 25년 전 해외 투자를 개방한 이래로 상하이는 중국을 개혁했으며 경제개방을 이끌었다. 중국의 다른 지역 그리고 전 세계와 거래를 하는 것이 상하이의 최우선 과제이다.

그 결과는 자명하다. 2002년에 상하이는 자그마치 6427개나 되는 국내투자기업들을 등록시켰으며, 중국의 다른 지역의 사업에 대한 투자를 위하여 420개의 협정을 체결했다. 2002년의 총 국내 투자가 20억 9천 4백만 달러였다. 외국투자가 상하이로 쇄도하고 있다. 104개 국가와 지역이 이곳에 투자를 한다. 2002년에 105억 8천만 달러가 추가로 외국회사들로부터 상하이로 유입됐다.

【해설과 정답】

1. 빈 칸 이하에서 중국의 다른 지역이나 세계와 거래를 한 것에 대한 성공적인 사례를 열거하고 있으므로 2번이 옳다. ⋯⋯⋯⋯⋯⋯⋯⋯ 【정답】 ②

2. 2번째 단락 2번째 문장에서 '중국의 다른 지역의 사업에 대한 투자를 위하여 420개의 협정을 체결했다'고 했으므로 420개의 '해외기업'과 투자협정을 체결했다는 내용은 사실과 다르다. ⋯⋯⋯⋯⋯⋯⋯⋯ 【정답】 ③

---

## VOCABULARY

- generation
  세대, 사람들
- transform A into B
  A를 B로 변화시키다
- obscure
  미천한, 무명의; 분명치 않은
- promising 전도유망한
- metropolis
  대도시, 수도
- open one's door
  개방하다
- top priority 최우선권,
  최대과제
- do business with
  ~와 거래하다
- as many as 자그마치
- domestically
  국내에서, 가정에서
- enterprise 기업(체)
- domestic
  국내의, 가정의,
  사육되어 길들여진
- pour into
  ~로 쇄도하다
- flow into
  ~로 흘러가다, 유입되다
- be full of
  ~로 가득 차다
- speak for itself/
  themselves
  자명한 이치이다
- failure 실패
- be concerned about
  ~에 대해 걱정하다
- overpopulation
  과다인구

Peter Zenger was 13 when he sailed to America. He set out from Germany in 1710 with his parents and his brother and sister. They were excited when they left their home; they were looking forward to a good life in a land of freedom and opportunity. But their voyage was long, and much worse than anyone expected. Some people died on the ship. Peter's father was one of them.

Peter became an apprentice to a printer. He was apprenticed for eight years. About half the people who came to America in those days became either indentured servants or apprentices. They worked for the person who paid their boat fare--usually from 3 to 10 years.

When Peter was 21 he was finally free to go out on his own--and he did. First he set up a print shop in Maryland, but later he moved back to New York. Then he founded a newspaper called the New York Weekly Journal. It was full of spicy articles. People looked forward to reading it each week. Some articles said Governor Cosby took bribes, took away people's land, and made elections come out the way he wanted them to. The articles were probably written by Zenger's lawyer friends, but no one is sure because they were signed with made-up "pen" names.

1. How many members of the Zengers arrived at America alive?

① 2      ② 3      ③ 4      ④ 5      ⑤ 6

2. Which of the following statements is true of Peter Zenger?

① He came to America following his grandparents.
② He founded a newspaper when he was 21 years old.
③ He continued to live in New York after he came to America.
④ He was probably apprenticed to a printer to pay his boat fare.
⑤ He worked as a lawyer in Maryland before he returned to New York.

3. Which of the following statements is true of the New York Weekly Journal?

① It was a daily newspaper.
② People did not pay attention to it.
③ It was an official royal paper to Governor Cosby.
④ Peter's lawyer friends probably contributed articles to it.
⑤ It became famous because it correctly predicted who would be the governor.

**06**

【해석】Peter Zenger가 미국으로 건너갔을 때는 13살의 나이였다. 그는 1710년에 부모와 형 그리고 누나와 함께 독일에서 출발했다. 그들은 고향을 떠나올 때 흥분되어 있었다. 자유와 기회의 나라에서 멋진 삶을 기대했기 때문이다. 그러나 여정은 길었고 예상했던 것보다 훨씬 더 나빴다. 배에서 죽은 사람도 있었다. 피터의 아버지가 죽은 사람들 중의 하나였다.

피터는 인쇄업자의 견습공이 되었다. 그는 8년 동안이나 견습공으로 있었다. 그 당시 미국에 온 사람들 중 절반가량이 계약하인이나 견습공이 되었다. 그들은 뱃삯을 대준 사람 밑에서 약 3년에서 10년가량 일했다.

피터가 21살이 됐을 때 그는 독립해서 나갈 자유를 얻었고, 그렇게 했다. 먼저 그는 메릴랜드에 인쇄소를 차렸으나 나중에 다시 뉴욕으로 돌아왔다. 그때 뉴욕주간저널이라는 이름의 신문사를 차렸다. 이 신문은 비판적인 기사로 가득했다. 사람들은 매주 이 신문을 읽기를 고대했다. 총독 코스비가 뇌물을 받았으며, 사람들의 땅을 빼앗았고, 선거를 자신이 바라는 대로 조작했다고 언급하는 기사도 있었다. 이 기사들은 아마도 젱거의 변호사 친구들에 의해 쓰였을 것이지만, 가공된 '필명'으로 서명됐기 때문에 어느 누구도 확신하지는 못한다.

## 【해설과 정답】

1. '젱거(1)+부모(2)+형(1)+누나(1)' 총 5명이 출발해서 아버지가 배에서 사망했으므로 4명이 살아서 도착했다. ·················· 【정답】③

2. 두 번째 단락에서 미국 이민자 중 절반가량은 계약하인이나 견습공이 되었고 그들은 뱃삯을 치러준 사람 밑에서 일했다고 설명되어 있다. Peter 또한 이민해 온 자였으므로 옳은 설명이다. ·················· 【정답】④

3. 아마도 젱거의 친구들이 기사들을 썼을테지만 어느 누구도 확신할 수는 없다고 마지막 문장에 나와 있다. ·················· 【정답】④

**Theme** **초보자와 숙련공** ※ 어휘문제에도 자주 나옴

| ❶ 초보자, 견습공 | ❷ 숙련공, 전문가 |
| --- | --- |
| □ inexpert 미숙한 사람, 신참; 미숙한 | □ expert 숙련가, 대가; 권위자, 전문가 |
| □ novice 수련중인 수녀[수사]; 풋내기 | □ virtuoso 주로 예술분야의 거장이나 명인 |
| □ neophyte (수도원의) 수련자; 신참 | □ maestro 대음악가, 명지휘자; 거장 |
| □ apprentice 도제, 견습공, 수습생 | □ craftsman 기술을 요하는 분야에서의 숙련공, 기술자 |
| □ tyro 초학자(=beginner); 초심자 | □ adept 달인, 숙련자 |
| □ greenhorn 풋내기; 갓 들어온 이민자 | |
| □ rookie 신병, 신인 선수 | |



□ **set out** 출발하다(=start)
□ **look forward to ~ing** ~을 고대하다
□ **opportunity** 기회
□ **voyage** 항해, 여행
□ **apprentice** 견습공; ~를 견습공으로 삼다
□ **indenture** (노예, 견습공) 계약서로 약정하다; (노예, 견습공) 약정 계약서
□ **servant** 하인
□ **boat fare** 뱃삯
□ **work for** ~ 밑에서 일하다
□ **be free to R** 자유롭게 ~하다
□ **go out** 떠나다
□ **on one's own** 스스로
□ **set up** ~을 설립하다
□ **found** 설립하다, 기초를 세우다; ~에 근거를 두다
□ **spicy** 비평이 신랄한; 음란한; 생기있는
□ **governor** 주지사, 총독, 장관
□ **take bribe** 뇌물을 받다
□ **take away** 가져가 버리다, 치우다
□ **come out** (~한 상태로) 끝나다, 결말짓다
□ **the way S+V** ~하는 식으로 (접속사)
□ **made-up** 꾸며낸, 허위의
□ **make up** 구성하다; 꾸며내다; 만들다; 화해하다; 작성하다; 화장하다
□ **daily newspaper** 일간신문
□ **weekly journal** 주간지
□ **pay attention to** ~을 주의하다
□ **official** 공식의
□ **contribute** (글, 기사를) 기고하다; 공헌하다, 기부금을 내다

### look

look 은 "~에 시선을 두다 → 보다, 보이다" 가 기본개념이다. 다분히 의도적으로 주의를 기울여 본다는 의미가 강하다. 안(in)을 들여다 보는 것은 조사하는 것이 되고 위로(up) 올려다 보는 것은 존경, 내려다(down) 보는 것은 경멸하는 것이 된다.
1. 보다, 바라보다, 시선을 돌리다; 주목하다;
   (건물이) ~으로 향하다
2. 살피다, 조사하다, 확인하다
3. (얼굴이) ~으로 보이다, ~처럼 보이다(appear);
   (감정을) 눈짓이나 표정으로 나타내다

## 보다, 바라보다, 시선을 돌리다, 주목하다; (건물이) ~으로 향하다

**01 look around** (sth)　• 주변을 둘러(around) 보다(look)
1. (~를) 둘러보다
2. ~을 찾아 돌아다니다

**02 look out on[upon]** (sth)　• 바깥을 접촉해서(on) 보다(look)
〈미 구어〉 ~을 향하다, ~을 마주 보다(=face)

**03 look down on/ look down one's nose at** sb/sth
낮추어 보다, 깔보다, 경멸하다(=despise, disdain)
**cf. look** sb **up and down** 남을 위아래로 자세히 훑어보다

**04 look up to** sb　• ~를(to) 위로 올려다(up) 보다(look)
존경하다(=respect, admire, esteem, venerate, revere)

## 살피다, 조사하다, 확인하다

**05 look in on** sb/sth　• ~오는 도중에(on) 잠깐 안을(in) 들여다 보다(look)
~을 방문하다, 잠깐 들르다

**06 look into** sth　• 안으로 깊숙히(into) 들여다 보다(look)
1. 조사하다(=inquire into sth, investigate, examine)
2. ~의 속을 들여다보다

> = **probe into** sth　• 탐침으로 들여다보다
> 　~을 조사하다 (=look into sth, examine)
> = **delve into** sth
> 　(서적, 기록 등을) 탐구하다, 깊이 파고들다(=examine)
> = **check up on** sb/sth 조사하다, 진위를 확인하다
> = **sift through** sth 엄밀히 조사하다(=examine)
> **cf. comb through** sth　• 촘촘한 빗질을 하다
> 　구석구석 철저히 찾다, 이 잡듯이 뒤지다

**07 look ＊ over** sb/sth　• 이리저리(over) 살펴보다(look)
1. 조사하다(=examine, look into sth)
2. ~을 훑어보다(=examine sth quickly)
**cf. overlook** 보고도 못 본 체하다; 빠뜨리고 못보다

**08 look up** sth
1. (사전 등으로) 찾다(=search for sb/sth)　• 완전히 찾아 보다
2. (사정·경기 따위가) 좋아지다(=pick up), 향상되다
   (=improve)　• 위 쪽으로(up) 향하다(look)

**09 look for** sb/sth　• ~을 하기 위해서(for) 알아보다(look)
1. ~을 찾다(=search for sb/sth)
2. (해결책이나 방법을)구하다(=seek), (~인지 여부를) 알아보다.

> - **look for high and low** 샅샅이 찾다, 구석구석 살펴보다
>   **cf. high and low** 도처에, 모든 곳에(=everywhere)
> - **look for trouble** 화를 자초하다, 사서 고생하다

**10 look after** sb/sth　• 뒤를(after) 따라가면서 보다(look)
~을 보살피다[돌보다](=take care of sb/sth)
**cf. fend for oneself** 혼자 힘으로 꾸려가다

**11 look out (for** sb/sth **)**　• ~에 대해(대상의 for) 밖을 잘 보다
1. 경계하다, 주의하다(=watch over sb/sth)
2. (사람에게) 관심을 가져주다, ~을 걱정하다

## (얼굴이) ~으로 보이다, ~처럼 보이다(appear);(감정을) 눈짓이나 표정으로 나타내다

**12 look like** sb/sth　• ~같이(like) 보이다(look)
1. ~할 것 같다
2. ~인 것처럼 보이다
3. ~를 닮다

> - **look like a million dollars**
>   백만장자처럼 보인다 → 매우 행복해 보인다
>   　**cf. like a million dollars[bucks]**
>   　　기분이 최고인; (여자가) 멋진, 아주 매력적인
> - **look like the cat that swallowed the canary**
>   매우 흐뭇해 하다; 기고만장해 보이다
> - **look (like) oneself** 여느 때처럼 건강한 모습이다

**13 look pale**　• ~같이(like) 보이다(look)
안색이 나쁘다

> - **He looks well.** 그는 건강해 보인다.
> - **You look tired. You should go to bed.**
>   너 피곤해 보인다. 넌 자러 가야해.
> - **You look tired. What did you do?**
>   피곤해 보인다. 무엇을 했길래?
> - **She looks her age.** 그녀는 나이에 걸맞게 보인다.

**14 look forward to ~ing**　• 앞으로 ~일 것처럼 보이다
~을 기대하다(=expect); 고대하다

**15 look to** sb/sth　• ~쪽으로(to) 바라보다(look)
1. 의지하다, 의존하다(=rely on, count on sb/sth)
2. 기대를 가지고 바라보다
3. 주의하다, 유의하다(=pay attention to sb/sth); 보살피다

**16 look on[upon] A as B**　• ~을 ~같이(as) 보다(look)
A를 B라고 간주하다
(=regard A as B, see A as B, think of A as B)

## see

see 는 일반적으로 "눈으로 보다, 보이다"로 번역하지만 look 처럼 의도적이기 보다는 "관광하다, 신문 등을 보다"에서와 같이 눈에 들어오는 것을 그냥 본다는 의미가 강하다. 또한 마음의 눈으로 본다는 의미에서 "알다, 이해하다" 의미로도 많이 쓰인다.
1. 보다, 보이다; 관광하다, 신문 등을 보다
2. 살펴보다, 확인하다, 조사하다
3. 만나다, 면회하다; 배웅해 주다
4. 알다, 이해하다
5. 일을 잘 처리하다, 일 따위를 맡다

### 보다, 보이다; 관광하다, 신문 등을 보다

**17 see A as B** • B가 A로 보이다
A를 B로 간주하다(=look upon A as B)

**18 see eye to eye** • 눈과 눈이 마주치다, 눈빛이 통하다
견해가 완전히 일치하다(=agree)
= **agree on** sth ~에 동의하다, 의견을 같이하다

**19 Let me see.** • 내가 보게(see) 해 줘
어디 보자.

### 살펴보다, 확인하다, 조사하다; 주의하다

**20 see how the land lies** • 땅이 어떻게 놓여졌는지를 보다
(미리) 형세를 살피다, 정세를 가늠하다

### 만나다, 방문하다, 면회하다; 배웅해 주다

**21 see** sb **about** sth • 무엇에 대해서(about) 사람을 만나다(see)
어떤 문제를 논의하기 위해 누구를 만나다
(=see sb to discuss sth)
**cf. see a man about a dog**
잠시 볼일을 보러 자리를 떠나다
〈주로 화장실 갈 때 쓰는 표현〉
(=to leave for some unmentioned purpose)
**cf. see about** sth • 무엇에 대해(about) 확인하다(see)
(결정하기 전에) 잘 생각[검토]하다, 조사하다, 확인하다
(=check into sth)

**22 see** sb **off** • (게이트를 사이에 두고) 사람과 떨어져서
배웅하다, 환송하다(=go with sb to their point of departure)
**cf. see** sb **home** (누구를) 집에 바래다 주다

**23 Nice to see you./ Nice to meet you.**
〈회화〉 만나서 반가워요.
**cf. See you soon.** 곧 만나요.
= **See you later.**
= **See you in a while.**
= **See you in a bit.**
= **I'll see you!**
= **I'll be seeing you!**

**24 Come to see me if you should ever come this way.**
〈회화〉 이곳으로 오시는 경우에는 들러 주십시오.

### 일을 잘 처리하다, 일 따위를 맡다

**25 see (to it) that~** • that이하를 잘 처리하다(see)
~을 확실히 하다, 꼭~하도록 보내다(=make sure that ~)

## watch

watch 는 일정기간 동안 계속 주의를 기울여서 움직이는 것이나 일어나는 일들을 보는 것을 의미한다. 이에 해당되는 예로는 "감시하다, 관찰하다, 돌보다" 등이다.

**26 watch over** sb/sth • 구석 구석, 내내(over) 지켜보다
감독하다, 감시하다 (=supervise, oversee), 돌보다

## hear/ listen

hear 는 "귀에 들려와서 그냥 듣다"이고, listen은 "일부러 주의해서 듣다"이다.

- ■ **hear of** sb/sth ~의 존재를 알다, ~에 대해 듣다
- □ **hear from** sb ~로부터 (소식이나 정보를) 전해듣다
- □ **be hearing things** 환청이 들리다
- ■ **listen carefully** 주의해서 듣다
- □ **Listen up!** 잘 들어!, 주목!
- □ **listen in on** sth ~을 엿듣다; (방송을) 청취하다

**01** 아래 질문의 답변으로 가장 적절한 것은? [00.101단]

> A : What can I do for you?
> B : ________________

① Oh, excuse me.　② That's too bad.
③ I'm sorry.　④ I'm just looking around.

**02** This window <u>looks out upon</u> a lovely garden.

[98.경찰]

① faces　② gains
③ executes　④ recollects

**03** Don't look down _____ others because they are humble in their social position. [91.포항공대 대학원]
① to　② with
③ upon　④ of

**04** He once played in a national league. So all of us kids who were crazy about tennis naturally _______ him as some kind of hero. [92.사법시험]
① look down to　② look up at
③ look up to　④ look at
⑤ look down on

**05** In order to look _____ a sick friend, the visitor looked _____ the obscure hospital for hours without success. [고려대 대학원]
① in on - for　② for - for
③ at - around　④ to - out

**06** Since this business seemed suspicious, the police decided to _______.
① look it upon　② make it
③ get it along　④ look into it

**07** You must <u>look over</u> the contract before you sign it. [92.행자부7급]
① glance at　② cancel
③ neglect　④ examine
⑤ pass over

---

**01** ────────────────────── 【정답】 ④

> A : 무엇을 도와 드릴까요?
> B : 그냥 이리저리 둘러보고 있는 중이에요.

② That's too bad. 그것 참 안됐네요.

**02** 창문은 아름다운 정원을 향해 있다.
────────────────── 【정답】 ①
① face (건물 등이) ~으로 향해 있다
③ execute 실행하다
④ recollect 생각해내다, 회상하다

**03** 사회적 지위가 비천하다고 해서 타인을 깔보지 마라.
────────────────── 【정답】 ③

**04** 그는 한 때 내셔널리그에서 뛰었다. 우리들 같은 테니스에 푹 빠진 아이들은 당연하게 그를 영웅 같은 존재로 존경했다.
────────────────── 【정답】 ③

**05** 아픈 친구를 잠깐 문병하기 위해 그 문병객은 이름도 없는 병원을 찾느라고 여러시간 헤맸으나 허사였다.
* obscure 분명치 않은; 세상에 알려지지 않은
────────────────── 【정답】 ①
① look in on 잠깐 들르다 / look for ~을 찾다

**06** 이 거래(또는 사건)는 혐의가 있어 보였기 때문에 경찰이 조사하기로 결정했다.
────────────────── 【정답】 ④
① look upon 관찰하다
③ get along 해나가다, 진척되다

**07** 당신은 서명하기 전에 계약서를 점검해야 한다.
────────────────── 【정답】 ④
① glance at 얼핏 보다
② cancel 취소하다
③ neglect 게을리하다, 간과하다
⑤ pass over 지나가다; 승진 등에서 제외되다

**08** If you want to make a call and do not know the number, look _________ the number in the telephone directory.
① at  ② after  ③ up  ④ for

**09** I am looking ______ my brother. Have you seen him? [83.법원사무관]
① in  ② into  ③ at  ④ for  ⑤ after

**10** When a child is sick, his mother will ___ him.
① look out for
② see
③ look after
④ watch

**11** There were signs warning people to <u>look out for</u> falling rocks. [공인회계사]
① examine
② search for
③ look outside of
④ be on guard against

**12** 다음 대화 중 빈칸에 적당한 말은?

A: How was your date last night?
B: I had a really good time with her.
A: What did she _______?
B: Pretty.

① look after
② look for
③ look like
④ look at

**13** 빈칸에 가장 적절한 것은? [99.법원직]

A : Hey, You look pale. What's the matter ?
B : I couldn't sleep at all last night.
A : Why ?
B : Because I worried _______ in the exam.

① it's likely to rain
② what if I should fail
③ I have a bad headache.
④ I'm anxious

**14** We will look ___ to seeing you in Miami. [01.경찰]
① out
② into
③ around
④ forward

**08** 만일 당신이 통화를 하기를 원하는데 전화번호를 모른다면 전화번호부에서 번호를 찾아 보라.
* look up (전화번호 등을)찾다
【정답】③

**09** 내 동생을 찾고 있는데 그를 보신 적이 있나요?
【정답】④

**10** 아이가 아프면, 그의 엄마는 그를 돌볼 것이다.
【정답】③
① look out for 경계하다
② see 보다
③ look after 돌보다
④ watch 보다

**11** 낙석주의를 알리는 표지판이 있었다.
【정답】④

**12** 【정답】③

A: 어젯밤 데이트 어땠어?
B: 그녀와 정말 좋은 시간을 보냈지.
A: 그 여자 어떻게 생겼는데?
B: 예뻤지.

**13**

A : 이봐, 너 창백해 보여. 무슨 일 있어?
B : 어제 밤새 잠을 못 잤어.
A : 왜?
B : 시험에 떨어지지는 않을까 걱정이 되었거든.

【정답】②

**14** 우리는 마이애미에서 당신을 만나뵙길 고대할게요.
【정답】④

**15** We <u>look to</u> younger generation for national prosperity. [91.서울시9급]
① bring forth　　② search for
③ watch out　　④ rely on
⑤ take after

**15** 우리는 국가의 번영에 있어서 젊은 세대에게 의존한다. * prosperity 번영, 번창
【정답】④
① bring forth 앞으로 가져오다
③ watch out 경계하다
④ rely on 의존하다
⑤ take after 닮다

**16** We ________ him as out own leader. [85.행정고시]
① look on　　② look up to
③ look down on　　④ look into
⑤ look like

**16** 우리는 그를 리더로 여기고 있다.
【정답】①
① look on A as B A를 B로 간주하다
② look up to 존경하다
③ look down on 경멸하다
④ look into 조사하다
⑤ look like ~할 것 같다, ~인 것처럼 보이다

**17** Most people see the problem of love primarily ___ that of being loved, rather than that of loving.
① as　　② for　　③ before　　④ from

**17** 대부분의 사람들은 사랑의 문제를 주로 사랑하는 문제라기보다는 사랑받는 문제로 간주한다. * primarily 주로, 우선
【정답】①

**18** The two countries do not seem to <u>see eye to eye</u> on the speed of Korea's financial market-opening. [01.행자부 9급]
① convert　　② avert　　③ hinder　　④ agree

**18** 두 국가는 한국의 금융시장 개방의 속도에 대하여 의견 접근을 보지 못한 것처럼 보인다.
【정답】④
① convert 전환하다
② avert 피하다, 외면하다
③ hinder 방해하다

**19** 빈 칸에 들어갈 말로 적당한 것은? [02.행자부 7급]

> A : I have a coupon here. Could you see if I can use this?
> B : ______________

① Of course. I can't wait to show you around.
② OK. I'll have it delivered within half an hour.
③ Let me see. Well, sorry but it's good only for weekend.
④ Excellent. I think we have the best pizza in the neighborhood.

**19**
【정답】③

> A : 쿠폰이 하나 있는데 사용할 수 있습니까 ?
> B : ______________

① 물론이죠. 빨리 당신에게 여기저기 보여드리고 싶네요.
* show around 여기저기를 보여주다
② 네. 반 시간내에 배달해 드리겠습니다.
③ 한번 봅시다. 죄송하지만 이 쿠폰은 주말에만 유효합니다.
④ 훌륭해요. 이 근처에서 제일 맛있는 피자라고 생각해요.

**20** Before we embark on developing a new product, we need to do some research to see how the ____ lies.
① log　　② sea　　③ land　　④ lake

**20** 신상품 개발을 시작하기 전에, 우리는 시장상황을 살피기 위해 조사를 해 볼 필요가 있다.
* embark on ~에 착수하다
【정답】③

**21** 다음을 바르게 영작한 것은? [98.일반경찰]

> 무슨 일로 그 분을 만나려 하시나요 ?

① What do you want to do be seeing him about ?
② What for you like to see him ?
③ What do you want to see him about ?
④ What are you going to have him do when see ?

**21**
【정답】③

**22** 다음 문장의 밑줄 친 부분에 공통적으로 들어갈 말을 고르시오.

> 1) She turned __________ the electric light.
> 2) The plane took ________ from Kimpo airport at 10 a.m.
> 3) We went to the airport to see him __________.
> 4) We decided to put __________ our departure.

① up　　　② to　　　③ out　　　④ off

**23** 다음 빈 칸에 들어갈 알맞은 말은? [91.서울시 9급]

> Jane : It's nice to see you.
> Tom　: ________. How's your brother ?
> Jane : He's fine.

① I guess it is　　　② Don't mention it
③ That's all　　　④ That's right
⑤ Same here

**24** 다음 중 영작이 잘못된 것은 ? [86.행자부 9급]
① 그는 시인이라기 보다는 학자이다.
　　= He is not so much a poet as a scholar.
② 당신이 편리한 때에 찾아 오세요.
　　= Please come to see me when you are convenient.
③ 그녀가 그 불쌍한 소년을 돌봐주었다고 한다.
　　= She is said to have taken care of the poor boy.
④ 안개 때문에 그 사고가 났다.
　　= The accident was due to the fog.
⑤ 그는 결코 그런 짓을 할 사람이 아니다.
　　= He knows better than to do such a thing.

**25** Will you see to it that this letter gets posted today? [03.101단]
① make　　　② make sure that
③ subject　　　④ order

**26** Can you <u>watch over</u> a whole production line?
① circumvent　　　② circumscribe
③ supersede　　　④ supervise

---

**22** 　　　　　　　　　　　　　　【정답】④

> 1) 그녀는 전등을 껐다. * turn off (전기불을) 끄다
> 2) 비행기가 오전 10시에 김포공항에서 이륙하였다.
> 　　* take off 쉬다; 벗다; 이륙하다
> 3) 우리는 그를 배웅하기 위해서 공항으로 갔다.
> 　　* see off 배웅하다
> 4) 우리는 출발을 연기하기로 결정하였다.
> 　　* put off 연기하다

**23** 　　　　　　　　　　　　　　【정답】⑤

> Jane : 만나서 반가워요.
> Tom : ________. 형은 잘 지내요?
> Jane : 잘 지내요.

① 아마 저도 그럴거에요.
② Don't mention it. (감사 인사에 대해) 별말씀을.
③ That's all. 그것 뿐이다, 그것으로 끝이다.
④ That's right. 그래 맞아, 옳아
⑤ Same here. (상대방의 말에 동의를 나타내어) 나도
　 마찬가지야.

**24** 　　　　　　　　　　　　　　【정답】②
① not so much A as B : A라기 보다는 B이다
② convenient는 사람을 주어로 쓸 수 없는 형용사이다.
③ take care of 돌보다
④ due to ~ 때문에
⑤ know better (than~) (~할 정도로) 어리석지 않다

**25** 이 편지를 오늘 꼭 부쳐 주시겠어요?
　　　　　　　　　　　　　　【정답】②

**26** 전반적인 생산라인을 감독할 수 있겠어요?
　　　　　　　　　　　　　　【정답】④
① circumvent 회피하다　　② circumscribe 제한하다
③ supersede 대신하다　　④ supervise 감독하다

## 1. spect/spic/spec(=look, see)

**01 spectacular** *
[spektǽkjulər]
01.사법시험

spect(=look,see)+acular → 볼 만한 → 구경거리의
a. 구경거리의; 장관인, 볼만한
(=splendid)
ⓝ **spectacle** (인상적인) 광경, 장관;
구경거리, (pl.) 안경; 선입관
**spectator** 구경꾼
**specter** 유령, 망령, 귀신(=ghost)

> 동 **splendid**˙ 화려한, 훌륭한; 눈부신; 멋진
> - **splendor** 장엄, (명성의)탁월함; 광채
> - **splendiferous** 굉장한, 눈부신

**02 aspect** *
[ǽspekt]
98.입법고시

a<ad(=to)+spect(=look,see)
→ (어떤 것을) 보(이)는 것
n. 양상, 국면, 관점(=facet); 생김새,
용모
동 **facet** 보석의 자른 면; 국면, 양상

**03 perspective** *
[pərspéktiv]

per(=thoroughly)+spect(=look,see)
→ 뚫어져라 보는 것
n. 1.원근법, 투시화법; 조망, 경치,
시야(=outlook)
2.전망, 전도; 관점(=viewpoint)
a. 원근 화법의
동 **outlook**˙ 조망, 경치, 광경; 전도, 전망; 경계
**viewpoint**˙ 견해, 관점(standpoint)

**04 prospect** *
[práspekt]
00.일반경찰

pro(=forward)+spect(=look,see)
→ 앞을 내다보는 것
n. 1.전망, 조망, 경치(=outlook)
2.예상, 기대; 가망; (pl.)장래성
3.(광산) 예상 채굴량
v. 조사하다, 답사하다, 시굴하다
ⓐ **prospective**
장래의; 가망이 있는, 유망한
ⓝ **prospector** 시굴자; 답사자
**prospectus** (사업의) 요강; 창립취지서
관련 **conspectus**
(문제·사건 따위의) 개관, 개요

**05 spectrum**
[spéktrəm]

spect(=look,see)+rum → 눈에 보이는 것
n. 1. (일반적인) 범위(=broad range)
2. 스펙트럼, 분광, 잔상

**06 specimen** *
[spésəmən]

spec(=look,see)+i+men → 특징이 보이는 것
n. 견본(=sample), (동식물의) 표본;
괴짜
동 **species**˙ (생물분류상의) 종; 종류

**07 specific** ▽
[spisífik]
02.변리사

spec(=look,see)+i+fic(=make)
→ 잘 보이게 만든 (것)
a. 1.(목적·설명 등이) 명확한,
구체적인; 특정한
(=certain, definite)
2.(성질 등이) 특유한, 독특한
(=particular)
3.(약이) 특효 있는; (병이) 특이한
n. 1.특성, 특질; 특효약
2.(pl.) 명세, 명세서; 상세, 세부
ⓥ **specify**˙˙˙ 일일이 열거하다, 상술하다
(=designate, stipulate)
ⓝ **specification** 상술, 열거; 명세서

**08 specialize** ☆☆
[spéʃəlàiz]

special+ize → 특별하게 만들다
vi. 전문으로 하다, 전공하다(in)
(=major in)
vt. 분화시키다, 상세히 설명하다
ⓝ **specialist**
전문가, (학문의) 전공자, 전문의
ⓐ **especial** 특별한, 각별한
ⓐⓓ **especially** 특히

**09 speculate** ☆
[spékjulèit]
01.공인회계사

spec(=look,see)+ul+ate
→ (탐정이) 어떤 물건을 보면서 추측하다
vi. 1.사색하다, 깊이 생각하다,
추측하다(on) (=divine, forecast,
foretell, prophesy)
2.투기하다, 투기 매매하다
ⓝ **speculation**˙
1.사색, 심사숙고; 추측(=assumption);
2.투기(=gamble)
**spec** 투기(speculation의 약어)
**speculator** 사색가, 이론가; 투기꾼
ⓐ **speculative** 명상적인; 추리적인; 투기의

| 테마어휘 | 투기, 도박 |
| --- | --- |
| ❶ invest | "돈·자본을 투자하다"의 일반적인 말 |
| ❷ speculation | 가격 폭등을 노린 주식·토지 등에 투기 |
| ❸ venture | 특히 사업에서 금전상의 위험을 무릅쓴 행위 |
| ❹ hedge | 울타리 → 내기에서 양다리 걸치기, 연계매매 |
| cf. hedge fund | 국제 증권 및 외환 시장에 투자해 단기 이익을 올리는 민간 투자 자금 |
| ❺ bet | "돈을 걸다, 내기를 하다"의 일반적인 말 |
| ❻ gamble | 노름이나 도박 등의 사행성 투기 |
| ❼ wager | 경마 등에 돈을 걸고 내기를 하다(=bet) |
| ❽ stake | 말을 매는 말뚝 → 경마 등에 돈을 걸다 |

**10 specious** *
[spíːʃəs]
99.행자부 9급

spec(=look,see)+ious → 겉으로만 좋아 보이는
a. 외양만 좋은; 그럴듯한
(=plausible, ostensible)
ⓝ **speciosity** 허울만 좋음, 그럴듯함

> 동 **spacious**˙˙ [spéiʃəs] (방이나 공간이)
> 넓은(=roomy), 광대한; 광범위한
> **spatial**˙˙ 공간의, 장소의, 우주의

**11 suspect** *
[səspékt]

sus<sub(=under)+spect(=look,see)
→ 자리 밑을 들쳐보다
v. 1.의심하다, 혐의를 가지다
2.<suspect+목+to be> ~이 아닌가
생각하다 * suspect는 if[whether]절을
목적어로 취하지 않음
n. 용의자, 수상쩍은 사람
a. 의심스러운, 혐의를 받은, 수상한
ⓐ **unsuspected** 생각지도 않은, 뜻밖의
**suspicious**
의심하는; 신용하지 않는(of); 수상쩍은
ⓝ **suspicion** 혐의, 의심

**12 circumspect** *
[sə́ːrkəmspèkt]
98.변리사

circum(=around)+spect(=see)
→ 이곳저곳을 둘러보는
a. 신중한, 용의주도한, 치밀한
(=prudent, cautious)
ⓝ **circumspection** 신중, 용의주도
*** with circumspection**
신중하게(=cautiously)

**13 inspect** *
[inspékt]
03.일반경찰

in(=not)+spect(=look,see)
→ (내무반) 안을 샅샅이 들여다 보다
vt. 1.세심하게 조사하다, 점검하다
    2.시찰하다, 검열하다; 사열하다
ⓝ **inspection**
    (면밀한)검사, 점검, 검열, 사열, 시찰
    **inspector** 검열관, 감사관; <영> 장학관
ⓐ **inspective** 주의깊은;시찰[검열,점검]하는

| 테마어휘 | 검열, 조사, 검사, 감독 |
| --- | --- |
| ❶ inspection | (공식적인) 검열이나 시찰 |
| cf. censorship | (연극·영화·책 등의) 검열; 검열관의 직 |
| ❷ investigation | 조사, 수사, 연구 |
| ❸ examination | 조사, 검사, 심사 |
| ❹ survey | 측량, 실지 답사; (건물 등의) 검사, 여론 조사 |
| ❺ scrutiny | 정밀한 조사, 검사; 감시, 감독 |
| ❻ overhaul | 총점검 정비, 분해 검사; <구어> 정밀 검사 |
| ❼ checkup | 정밀조사; 건강진단 |
| ❽ observation | 관찰, 정탐; 감시; 관측 |
| ❾ auditing | 회계 감사 |

**14 despicable** *
[déspikəbl]

de(=down)+spic(=look,see)+able
→ 아래로 깔아 볼만한
a. (사람이나 행동이) 경멸할 만한,
   비열한; 끔찍한(=awful)
ⓥ **despise** **
   경멸하다, 멸시하다(=look down on)

**15 respect** ▽
[rispékt]

re(=again)+spect(=look,see)
→ (존경스러워) 다시 바라보다
n. 1.존경, 경의; 존중, 중시
   2.주의, 관심, 고려
   3.(pl.) 인사, 문안, 안부
   4.<in ~> 점(=point), 사항, 세목
   * **in this respect** 이런 점에서
   * **in every respect** 모든 면에서
vt. 존경하다; 고려[배려]하다;
   유의하다
ⓐ **respectful** * 경의를 표하는; 예의 바른
   **respectable** * 존경할 만한, 훌륭한

| 표현 | **look up to** ▽ 존경하다(=respect) |
| --- | --- |
| | ↔ **look down on** ▽ |
| | = **look down one's nose at** |
| | 낮추어 보다, 깔보다, 경멸하다 |
| | (=despise, disdain) |

| 테마어휘 | 사항, 항목, 세목, 목록 |
| --- | --- |
| ❶ item | 항목, 조항; 종목, 품목, 세목; 신문기사 |
| ❷ article | (조약·계약 등의) 조항, 조목; (pl.)계약 |
| ❸ particular | (낱낱의) 사항, 항목, 점, 조목, 세목; |
| | (pl.) 상세, 명세; 자초지종, 명세서 |
| ❹ detail | 세부, 세목, 항복; (pl.) 상세한 설명 |
| ❺ specification | 상술, 열거; 명세 (사항); (pl.) 명세서, 설명서 |
| ❻ inventory | (상품·재산 등의) 목록, 재고품 목록 |
| ❼ clause | (조약·법률의) 조항, 조목 |
| ❽ term | (pl.) (지불·요금 등의) 조건, 조항 |
| ❾ list | 목록, 명부, 일람표; 명세서 |

**16 respective** *
[rispéktiv]
06.서울시 교행
03.일반경찰

re(=again)+spect(=look,see)+ive → 다시 보는
a. 1.저마다의, 각각의, 각자의
   2.경의를 표하는, 공손한

| 관련 | **irrespective of** ** ~에 상관없이 |
| --- | --- |
| | (=without regard to, regardless of) |
| | **respecting** prep. ~에 관하여 |
| | (=concerning, regarding) |

**17 retrospect** ** 
[rétrəspèkt]

retro(=backward)+spect(=look,see)
→ 과거를 되돌아 보다
vt. 회고[회상]하다, 추억에 잠기다
   (=look back)
n. 회상, 회고; 추억
   * **in retrospect** 돌이켜보면
ⓐ **retrospective** *
   회고의(=reminiscent); <법> 소급하는; 회고전

**18 introspective** *
[ìntrəspéktiv]

intro(=inward)+spect(=look,see)
→ 자기 마음을 돌아보는
a. 내성(內省)적인, 자기반성의
   (=reflective)
ⓝ **introspection** *
   자기반성 (=self-examination)
   ↔ **extrospection** 외계 관찰
ⓥ **introspect** 자기 반성하다

| 관련 | **introvert** 내향적인 사람, 내성적인 |
| --- | --- |
| | ↔ **extrovert** 외향적인 사람, 사교적인 |

**19 auspicious** **
[ɔːspíʃəs]
98.변리사

au<avi(=bird)+spic(=see)+ious
→ 새 (까치-길조)를 본
a. 길조의, 상서로운, 전도가 밝은
   (=lucky, fortunate, favorable,
   promising)
반 **inauspicious**
   흉조의, 불길한(=ominous)
ⓝ **auspice** 전조, 길조; (pl.) 후원, 찬조
   ↔ **knell** 흉조; (장례식의) 종소리, 곡 소리

**20 conspicuous** *
[kənspíkjuəs]
01.사법시험

con(강조)+spic(=look,see)+uous → 눈에 잘 띄는
a. 1.두드러진, 눈에 잘 띄는, 현저한
   (=noticeable)
   2.뛰어난, 저명한 (=prominent)
반 **inconspicuous** *
   눈에 띄지 않는(=unnoticeable)
표현 **under-the-radar** *
   눈에 잘 안 띄는(=inconspicuous)

**21 perspicuous** ** 
[pərspíkjuəs]

per(=through)+spic(=see)+uous
→ ~을 통과해보는
a. (언어·문체 등이) 명쾌한, 명료한
   (=clear and easy)
ⓝ **perspicuity**
   (언어·문체의) 명확함, 명료함

| 혼 | **perspicacious** |
| --- | --- |
| | 선견지명이 있는, 통찰력이 있는, 총명한 |
| | - **perspicacity** 통찰력; 총명, 명민 |
| | **transpicuous** |
| | 투명한; (언어 등이) 명료한 |

**22 respite** ★
[réspit]

re(=again)+spite(=see) → 다시 두고 보겠다.
vt. 1.(고통을)일시적으로덜어주다(=relief)
　　2.연기하다, (형 집행을) 유예하다
n. 휴식, 연기, 휴지(=lull), 집행유예
* get a respite 한숨 돌리다

> 혼 **despite** ~에도 불구하고(= in spite of)
> **spite** 앙심, 원한(grudge)
> - **spiteful**
> 　악의에 찬, 앙심을 품은(=venomous)

---

## 2. tuit(=watch)

**23 intuitive** ★
[intjúːətiv]

in(=in)+tuit(=watch) → 안(본질)을 들여다보는
a. 직감에 의한, 직관력 있는
ⓝ **intuition** 직관, 직감, 육감(of ideas obtained by using your feelings rather than by considering the facts)
ⓥ **intuit** 직관으로 알다

---

## 3. sight(=watch)

**24 insight** ★★
[ínsàit]

in(=in)+sight(=보다) → 안(본질)을 보는 것
n. 통찰(력), 식견(=understanding)
ⓐ **insightful*** 통찰력이 있는, 식견이 있는

> 관련 **sight** 시각, 시계; 견지; 조망, 광경;
> 　구경거리; 주의 깊게 보다
> - see the sights 명소를 관광하다
> - sightseeing 관광

**25 oversight** ★
[óuvərsàit]

over(=over)+sight(=보다) → 겉만을 보는 것
n. 간과, 실수; 태만, 부주의(=overlook)

> 관련 **look over** ▽
> 　조사하다(=examine, look into),
> 　~을 훑어보다; 눈감아주다(=overlook)
> **overlook**
> 　간과; (높은 곳에서의) 전망,
> 　눈감아 주다; 빠뜨리고 못보다

**26 unseemly** ★
[ʌnsíːmli]

un(=not)+seem+ly → 못 봐줄 정도인
a. 보기 흉한, 꼴사나운; 어울리지 않는
ad.보기 흉하게, 꼴사납게
반 **seemly** 알맞은, 적당한; 품위 있는, 점잖은

---

## 4. vis/vid/view(=look, see)

**27 vista** ★
[vístə]

vis(=look,see)+ta → 보이는 것
n. 멀리 내려다보이는 경치; 전망
관련 **visage** 얼굴, 용모; 외관

| 테마어휘 | 전망, 조망, 경치, 풍경 |
| --- | --- |
| ❶ outlook | 조망, 경치, 광경; 전도, 전망; 경계, 감시 |
| ❷ perspective | 원근법; 조망, 경치, 시야; 전망, 전도; 관점 |
| ❸ landscape | 경치, 풍경; 전망, 조망; 조경술 |
| ❹ sight | 시각에 의해 보인 그대로의 광경, 구경거리 |
| ❺ vista | 멀리 내다보이는 경치, 조망, 원경 |
| ❻ panorama | 전체적으로 보이는 경치, 조망 |
| ❼ view | 일정한 장소에서 눈에 들어오는 풍경 경치 |
| ❽ scene | 특정한 장소의 풍경, 장면 |
| ❾ scenery | 한 지방의 자연 풍경 전체, 경치 |

**28 advise** ★
[ædváiz,əd−]

ad(=to)+vise(=look,see)
→ ~에게 (고민을) 보여주다
vt. 충고하다, 조언하다; 권하다;
　통지하다(= give sb to understand that~)
vi. (남과) 의논하다, 상담하다(with)
ⓐ **advisory** 권고의, 조언을 주는, 고문의
ⓝ **adviser/advisor** 충고자; 고문; 지도 교수
혼 **advice** [ædváis,əd−] 충고, 조언, 권고

**29 devise** ★
[diváiz]
06.국회사무처

de(=down)+vise(=look,see) → 후세에게 보여주다
v. 1.궁리하다, 고안하다(=contrive),
　　발명하다
　　2.(부동산을) 유증(遺贈)하다(to)
n. (부동산) 유증; 유증 재산
혼 **device** [diváis] 장치, 고안품, 설비

**30 invidious** ★
[invídiəs]

in(=not)+vid(=look,see)+ous → 눈뜨고 볼 수 없는
a. 남의 심기를 건드리는, 불쾌한
　(=arousing dislike); 불공평한
혼 **invisible** 눈에 보이지 않는
* in(=not)+vis(see)+ible → 볼 수 없는

**31 envisage** ★
[invízidʒ]

en(=make)+vis(=look,see)+age
→ (마음에) 떠올려 보다
vt. 마음에 그려보다, 상상하다(=picture)
혼 **envious** 부러워하는, 샘내는
관련 **visionary** 환영의,공상적인,실제적인;공상가

**32 dividend** ★
[dívədènd]

di(=two)+vid(=look,see)+end
→ 두 개로 나누어 보다
n. 이익배당금; 분배금; 피제수(나눗수)
ⓥ **divide** 나누다, 분할하다; 분배하다

**33 review** ★★
[rivjúː]
00.행자부 9급

re(=again)+view(=look,see) → 다시 보다
vt. 1.다시 조사하다; 복습하다
　　(=brush up on)
　　2.시찰하다; 비평하다
n. 평론, 비평; 재검토; <미> 복습, 연습

> 반 **preview**
> 　미리보기, 사전조사, (영화) 시사(회)
> 혼 **purview**
> 　한계, 시야; (활동·직권 등의) 범위, 영역

표현 **brush up (on)**
　공부를 다시하다, 복습하다; 몸단장하다

**34 revision** ★★
[rivíʒən]

re(=again)+vis(=look,see)+ion
→ (틀린게 없나) 다시 보는 것
n. 1.개정, 교정, 수정, 정정
　　(=reexamining and improving)
　　2.수정한 것; 개정판, 교정본, 개역
　　3.<영> 복습 cf. <미> review
ⓥ **revise** (의견 등을) 바꾸다;
　교정[개정]하다 (=revamp, amend)
ⓐ **revisory/ revisionary** 교정의, 개정의
ⓝ **reviser** 교정자, 수정자; 성경개역자
　**revisionism** 수정사회주의

**35 improvise** ▽
[ímprəvàiz]
03.행자부 9급

im<in(=not)+pro(=before)+vise(=look,see)
→ 사전에 보지 않다.
v. (시·음악·연설 등을) 즉석에서 하다,
　임기응변으로 처리하다
　(=extemporize, play it by ear,
　think up on the spot)
ⓝ **improvisation*** 즉흥시, 즉흥연주, 즉흥성

표현 **play it by ear** ▽
　(사전에 준비 없이) 즉흥적으로[임기응변
　으로] 처리하다(=improvise, extemporize)

**36 provisional** [prəvíʒənl]

pro(=forward)+vis(=look,see)
→ 장래를 보고 임시로 쓰는

a. 일시적인, 임시의, 잠정적인
(=temporary)
* provisional licence 임시면허증

관련 provision 법조항, 규정; 준비;
(음식물의) 공급; (pl.) 식량, 양식
proviso 단서, 조건; 단서조항
purvey (식료품을) 조달[공급,납품]하다

**37 providential** [prὰvədénʃəl]

pro(=forward)+vid(=look,see)
→ 신만이 미래를 내다보는

a. 신의, 신의 뜻에 의한; 운 좋은
(=opportune)
n. providence 신, 섭리, 선견지명

관련 provident
선견지명이 있는, 신중한; 검소한
↔ improvident
선견지명이 없는; 낭비적인

**38 prudent** [prúːdnt]

pr<pro(=before)+ud<vid(=look)+ent
→ 발을 내딛기 전에 땅을 내려다 보는

a. 1.조심성 있는; 신중한; 사려 깊은,
분별 있는(=careful, discreet)
2.빈틈없는; 타산적인, 약은; 알뜰한
n. prudence 사려분별, 신중, 조심; 검약
a. prudential
신중한, 세심한; 분별 있는; 자문의
ad. prudently 신중하게, 현명하게(=wisely)
반 imprudent
경솔한, 분별없는(=unwise, indiscreet)

**39 evident** [évədənt]

e<ex(=out)+vid(=see) → 밖에서도 뻔히 보이는

a. 분명한, 명백한(=plain, obvious,
manifest, apparent)
n. evidence 증거, 물증

**40 obvious** [ábviəs]

ob(=강조)+vi<vid(=see)+ous → 뻔히 보이는

a. 1.명백한, 분명한, 알기 쉬운
(=apparent, evident)
2.(말이나 표현 등이) 노골적인

**41 supervision** [sùːpərvíʒən]

super(=over)+vis(=look,see)+ion
→ 위에서 내려다봄

n. 감독, 관리, 지휘, 감시
v. supervise 감독[관리, 지휘, 통제]하다
(=oversee, watch over)

## 5. vig/veil(=watch, awake)

**42 survey** [sərvéi]

sur(=over)+vey(=watch) → 두루두루 살펴 봄

n. 개관, 측량, 검사, 조사
* conduct a survey 조사하다, 측량하다
vt. 바라보다, 조사하다; 측량하다
n. surveyor 감시인, 감독자; 수입품 검사관

**43 surveillance** [sərvéiləns]

sur(=over)+veil(=watch) → 위에서 내려다봄

n. 감시(=close observation),
망보기; 감독
v. surveil 감독[감시]하다
a. surveillant 감시[감독]하는; 감독자

**44 vigilant** [vídʒələnt]

vig(=watch, awake)+il+ant → 불침번이 깨어 있는

a. 경계하고 있는, 방심하지 않는
(=watchful)
n. vigilance 경계, 조심; 불침번
vigil [vídʒəl]
철야, 불침번; 경계, 감시, 망보기
* keep a vigil 불침번을 서다, 철야하다

동 보초 : guard, lookout, sentinel,
sentry, picket, ward, watchman

**45 watchword** [wátʃwəːrd]
08.경남 9급

watch+word → 보초 설 때 쓰는 말
n. (군대) 암호; 표어, 슬로건(=slogan)

| 뉘앙스 | 표어, 구호, 기치 |
| --- | --- |
| ❶ slogan | 정치나 광고에 있어 주목을 끌기 위한 말이나 구 |
| ❷ watchword | 신념이나 사고방식을 표현한 말이나 구 |
| ❸ catchword | 표어, 선전문구, 유행어 |
| ❹ catch phrase | 이목을 끄는 기발한 문구, 유행어(캐치프레이즈) |
| ❺ motto | 사람이나 단체의 목표나 신념을 표현한 좌우명 |
| ❻ banner | 종교나 정치적 슬로건을 적은 기치; 광고용 현수막 |

## 6. cern(=observe)

**46 concern** [kənsəːrn]

con(=together)+cern(=observe) → 같이 지켜보다

vt. 관심을 갖다, 염려하다;
관계[관여]하다

* be concerned in
~에 관여하고 있다
* be concerned with
~에 관계[관심]가 있다
* be concerned about
~에 관심을 가지다, ~을 걱정하다
* as far as I am concerned
내 생각에는, 나로서는

n. 관심, 배려, 걱정; 중요한 일; 영업

* This is none of your concerns.
(= It's none of your business.)
네가 알 비 아니다.
* To whom it may concern
<서신 앞> 관계 당사자 앞, 관계 제위
* have no concern with
~에 아무런 관계도 없다

a. concerned 걱정하는, 관계하는
n. concernment
중요성; 걱정, 근심; 관심사
concerning
prep. ~에 관하여(=regarding, about)

**47 discern** [disəːrn]

dis(=apart)+cern(=observe) → 떨어져서 관찰하다

v. 식별하다; 알아보다(=descry),
인식하다
a. discernible 인식[식별]할 수 있는
(=obvious, observable)
↔ indiscernible(=undiscernible)
식별할 수 없는, 분간하기 어려운
(=imperceptible)
discerning 통찰력[식별력]이 있는
n. discernment 식별, 인식; 통찰력, 안목
동 descry 어렴풋이 알아보다; 발견하다

## 7. cret/creet (=observe, separate)

**48 discreet** ★★
[diskríːt]
dis(=apart)+creet.cret(=observe)
→ 한 발 떨어져서 관찰하는
a. 사려[분별]있는, 신중한(=prudent);
  예의바른
ⓝ discretion···
  분별, 신중, 사려; (자유) 재량, 참작
ⓐ discretionary 임의의, 자유재량의
혼 discrete·· 분리된(=separate); 불연속의

**49 excretion** ★
[ikskríːʃən]
ex(=out)+cret(=separate)+ion
→ (몸) 밖으로 분리하는 것
a. 배설(물), 배출, 분비(물)(작용)
  (=elimination)
ⓥ excrete (노폐물을) 배설하다; 분비하다
ⓝ excrement 배설물; (종종 ~s) 대변

> 관련 incretion 내분비물(작용)
>   secrete 분비하다; 분비물; ~을 숨기다
>     * se(=apart)+crete(=separate)
> 혼 execration [èksəkréiʃən]
>   증오, 저주, 몹시 싫은 것
>     * ex(=out)+(s)ecr(=holy)

**어근보충**

❶ decree 법령, 포고; 명령; 판결; 포고하다
  * de(=down)+cree(=observe: 준수하다)
❷ secret 비밀, 기밀; 비밀의
  - secretary 비서, 사무직원, 간사
❸ secretion 분비(작용), 분비액; 은닉, 숨김

## 8. scope (=see, watch)

**50 scope** ★★
[skóup]
scope(=see, watch) → 볼 수 있는 영역
a. (지력·연구·활동 등의)범위, 영역
  (=extent, range); (정신적) 시야
혼 scoop [skúːp] 국자, 특종기사(beat)

**51 telescope** ★
[téləskòup]
tele(=distant, far)+scope(=see) → 멀리 보는 것
n. 망원경

> 관련 tele (=distant, far)
> telegram 전보, 전신 * gram(=write)
> telegraph * graph(=write)
>   전신, 전보(를) 치다
> telepathy * path(=feel)
>   정신감응, 텔레파시
> teleport
>   1. (사람을) 염력으로 움직이다
>   2. 텔레포트(통신 위성을 통해서 송수신하는
>     지상 센터) * port(=carry)
> telebanking 텔레뱅킹

**52 microscope** ★
[máikrəskòup]
micro(=very small)+scope(=see)
→ 작은 것을 보는 것
n. 현미경
ⓐ microscopic
  미시적인; 극히 작은, 초소형의
  ↔ macroscopic
  거시적인; 육안으로 보이는

> 관련 micro(=very small)
> microbe/ microorganism 미생물
> microcosm 소우주, 인간사회
> ↔ macrocosm 대우주, 전체; 확대모형
> microwave 극초단파

## 9. op/opt/ocul (=eye)

**53 myopic** ★★
[maiápik]
my(=close)+op(=eye)+ic → 가까이만 보이는
a. 근시안의, 근시안적인
  (=nearsighted, shortsighted)
ⓝ myopia 근시안 ↔ hyperopia 원시
동 shortsighted 근시안의

> 관련
> presbyopia 노안 * presby(=old)
> amblyopia 약시(=weak[poor] sight)

**54 ocular** ★
[ákjulər]
ocul(=eye)+ar → 눈에 관한
a. 시각상의(=optical), 눈의; 눈모양의
n. 접안렌즈 cf. binocular 쌍안경
ⓝ oculist/ ophthalmologist 안과의사
  cf. optician 안경상

> 동 optic 눈의, 시력의
>   optical 시각의; 광학상의

## 10. aud (=hear) / auri(귀)

**55 auditory** ★★
[ɔ́ːdətɔ́ːri]
aud(=hear)+itory → 듣는 것의
a. 귀의, 청각의
  (=auricular, acoustic, hearing)
ⓐ auditive 청각의, 귀의
  audible* 들리는, 청취할 수 있는
  ↔ inaudible 알아들을 수 없는

> 관련 auricular 귀의, 청각의, 청각에 의한
>   aurist 귀전문의

**56 audience** ★
[ɔ́ːdiəns]
aud(=hear)+ience → 듣는 사람
n. 1.청중, 관람객, 시청자
  2.공식 회견, 알현, 접견

> 관련
> audit 회계감사, 결산(서); 청강하다, 감사하다
> - audition 청력, 청강
> - auditor 방청인; 회계감사관
> - auditorium 강당, 큰 강의실

| 테마어휘 | 오감(五感): 시각, 청각, 후각, 미각, 촉각 |
| --- | --- |
| ❶ visual | 시각의, 시각에 호소하는; 보는; 선명한 |
| - visible | 눈에 보이는, (육안으로) 볼 수 있는 |
| ❷ auditory | 귀의, 청각의 |
| - acoustic | 청각의, 소리의, 음향의 |
| - sonic | 음의, 소리의, 음파의 |
| ❸ olfactory | 후각의; (보통 pl.) 후각기, 후각 신경, 코 |
| - osmatic | 후각의[에 관한]; 후각이 예민한 |
| ❹ gustatory | 미각의 |
| - palatal | 구개의(=palatine) |
| - palate | 미각; 기호; 구개 |
| - palatable | (음식 등이) 맛 좋은, 입에 맞는 |
| ❺ tactual | 촉각의, 촉각에 의한, 접촉에 의한 |
| - tactile | 촉각의; 촉각으로 알 수 있는 |
| ❻ 육감 | the sixth sense, hunch, intuition |

**57 obedient** ▽
[oubíːdiənt]
ob(강조)+aud<ed(=hear)+ent → 말을 잘 듣는
a. 1.순종하는, 유순한
  (=compliant, amenable, docile)
  2.~의 말을 잘 듣는(to)
ⓝ obedience 복종, 순종, 공손함
  ↔ disobedience 불복종
  obeisance 경의, 존경; 복종

**01** The most <u>spectacular</u> goal of the match was scored by Harris. [01.사법시험]

① flimsy　　　　② fragile
③ modern　　　　④ shallow
⑤ splendid

**02** Honesty was just one <u>aspect</u> of his virtues as a statesman.

① example　　　　② sense
③ facet　　　　④ merit

**03** A long view and a wide historical <u>perspective</u> are vitally important in the world as it is constituted today.

① record　　　　② structure
③ viewpoint　　　　④ consciousness

**04** The expert say that the business <u>prospect</u> for the next year is bright. [00.여자경찰]

① investment　　　　② investigation
③ outlook　　　　④ prosperity

**05** There is a very wide <u>spectrum</u> of people sharing a wide variety of ideas.

① definition　　　　② group
③ range　　　　④ uniqueness

**06** <u>Specimens</u> of bone are used for DNA typing.

① Samples　　　　② Spots
③ Units　　　　④ Discoloration

**06-1** Many more of the features of heredity were discovered in the first place by experiments with ________ far rcmovcd from our own.

① types　　　　② species
③ origins　　　　④ specks

**07** We are going to take a closer look at drugs and crime tonight: the drug Ritalin, to be ________, and teenage crime. [02.변리사]

① humble　　　　② open
③ specific　　　　④ specialized
⑤ compact

---

**01** 그 시합의 가장 눈부신 골은 해리스가 넣은 것이었다. * score 점수를 기록하다

【정답】⑤
① flimsy 얇은　　　　② fragile 깨지기 쉬운
④ shallow 얕은　　　　⑤ splendid 화려한, 눈부신

**02** 정직은 정치가로서 그가 가지고 있는 장점들 중 단지 한 가지 측면일 뿐이다.

【정답】③
① example 본보기, 실례
③ facet 면, 국면
④ merit 장점

**03** 오늘날 같은 세계에서는 긴 안목과 폭넓은 역사적 시각이 참으로 중요하다. * vitally 극히

【정답】③
① record 기록　　　　② structure 구조
③ viewpoint 관점, 시각　　　　④ consciousness 의식, 자각

**04** 전문가들은 내년도 경제전망이 밝을 것이라고들 한다.

【정답】③
① investment 투자　　　　② investigation 조사, 수사
③ outlook 전망　　　　④ prosperity 번영, 호황

**05** 매우 폭넓은 범위의 사람들이 다방면의 갖가지 생각들을 공유하고 있다.

【정답】③
① definition 정의　　　　② group 단체, 집단
③ range 범위, 구역　　　　④ uniqueness 독특함

**06** 뼈의 표본들은 DNA 유형 분류를 위해 사용된다.

【정답】①
① sample 견본, 표본　　　　② spot 반점, 장소
③ unit 편성 단위, 학점　　　　④ discoloration 변색, 퇴색

**06-1** 형질유전의 특징들은 애당초 우리 인간들과는 멀리 떨어진 종으로 했던 실험들을 통해 매우 많이 밝혀졌다.
* heredity 유전 far removed from ~과 동떨어진

【정답】②
① type 형, 유형　　　　② species 종
③ origin 기원　　　　④ speck 작은 얼룩, 소량

**07** 우리는 오늘밤 마약과 범죄를 더욱 자세히 살펴보고자 합니다. 구체저으로는 리탈린이라는 약물과 10대 범죄를 말입니다. * take a close look at ~을 주의깊게 보다 to be specific 구체적으로 말하면

【정답】③
① humble 겸손한　　　　② open 열린
③ specific 구체적인　　　　④ specialized 전문의
⑤ compact 조밀한

**07-1** Unless you are more <u>specific</u>, we do not know which one to send you.

① definite    ② clear
③ articulate    ④ responsive

**08** The age of the general practitioner is over; more and more graduates of medical schools tend to ________, that is, to concentrate on limited areas of their profession.

① generalize    ② rationalize
③ procrastinate    ④ specialize

**08-1** Different regions of a country specialize ______ certain economic activities.

① to    ② in    ③ of    ④ for

**08-2** 다음 대화의 빈 칸에 들어갈 수 없는 것은?

> A : I'm studying at Harvard University.
> B: Really? Do you like it?
> A: Yes, very much.
> B: __________
> A: English literature.

① What about you?
② What's your major?
③ What are you studying?
④ What are you specializing in?

**09** 밑줄 친 단어와 대체할 수 없는 것은? [01.공인회계사]

> We cannot resist our urge to <u>speculate on</u> what will happen next, and when, and how much.

① divine    ② forecast
③ foretell    ④ prophesy
⑤ invest

**10** Something that is ________ appears to exist or to be true, but is in fact false or an illusion.

① tangible    ② accurate
③ authentic    ④ specious

**10-1** He was able to mislead the gullible with his ________ arguments.

① cogent    ② specious
③ incontrovertible    ④ eleemosynary

---

**07-1** 좀 더 구체적으로 특정해주지 않는다면, 우리는 당신에게 어느 것을 보내야 하는지 알 수 없습니다.

【정답】①

① definite 분명히 한정된    ② clear 명료한
③ articulate 명료한    ④ responsive 응답의

**08** 일반개업의의 시대는 끝났다. 점점 많은 의과대학 졸업생들이 전문화하고자 하는데, 즉 제한된 영역의 의료업에 집중하려는 경향이 있다.

* general practitioner (전문의가 아닌)일반의
concentrate on 집중하다

【정답】④

① generalize 일반화하다    ② rationalize 합리화하다
③ procrastinate 미루다    ④ specialize 전문화하다

**08-1** 한 국가의 다양한 지역마다 어떤 정해진 경제 활동을 전문적으로 수행한다.

* specialize는 자동사로 쓰일 때 전치사 in을 동반한다.

【정답】②

**08-2**

【정답】①

> A: 난 하버드대를 다니고 있어.
> B: 정말? 학교생활이 맘에 드니?
> A: 응. 매우 좋아.
> B: 전공이 뭐니?
> A: 영문학을 전공해.

②③④는 모두 '전공이 뭐니?'의 의미이고 ①의 What about you? 는 '넌 어때? (상대방의 의견을 묻는 말)'이다.

**09**

【정답】⑤

> 우리는 다음에 무슨 일이 언제 얼마나 일어날 것인지에 대해 추측하고자 하는 충동을 참을 수 없다.

① divine 예측하다, 알아맞히다
② forecast 예측하다
③ foretell 예언하다
④ prophesy 예측하다
⑤ invest 투자하다

**10** 외양만 그럴듯한 것은 겉으로는 존재하고 있거나 사실인 것처럼 보이지만, 실제로는 거짓이거나 환상이다. * illusion 환상, 환각

【정답】④

① tangible 실재하는    ② accurate 정확한
③ authentic 진짜의, 확실한    ④ specious 그럴듯한

**10-1** 그는 그럴 듯한 주장으로 잘 속는 사람들을 오도케 할 수 있었다. * mislead 오도하다 gullible 잘 속는

【정답】②

① cogent 설득력 있는
② specious 그럴듯한
③ incontrovertible 논쟁의 여지가 없는
④ eleemosynary 자선적인

**10-2** The house has a <u>spacious</u> kitchen and dining area, but it does not have many closets.

① small      ② spatial
③ roomy      ④ luxurious

**10-3** Time is more general than space, because it applies to the inner world of impressions, emotions, and ideas for which no ______ order can be given. [99. 행자부 9급]

① natural      ② casual
③ temporal      ④ spatial

**11** Participating countries were called on to search aircraft and ships ______ of carrying weapon-related material.

① loaded      ② suspected
③ export      ④ believed

**12** As it was, she was <u>circumspect</u> enough not to accept his proposal.

① prudent      ② carefree
③ impudent      ④ imprudent

**12-1** He reads the book <u>with circumspection</u>.

① enthusiastically      ② cautiously
③ carelessly      ④ indifferently

**13** Tourists sometimes can see the owner of the mansion when he comes to ______ the premises. [03.일반순경]

① inspect      ② respire
③ inspire      ④ respect

**14** He was one of the most <u>despicable</u> circus clowns ever to perform in North America.

① amusing      ② awkward
③ awful      ④ agreeable

**14-1** Children should not be <u>looked down on</u> by their parents.

① taken care of      ② come over
③ despised      ④ respected

---

**10-2** 그 집은 널찍한 부엌과 식당은 있으나 찬장은 많지 않다. * closet 벽장, 찬장(=cupboard)
【정답】③
② spatial 공간의      ③ roomy 넓은, 널찍한

**10-3** 시간은 공간보다 총체적이다. 그 이유는 시간은 공간적인 정렬이 주어질 수 없는 인상, 감정 그리고 사상의 내적 세계에 적용되기 때문이다. * apply to 적용되다, 해당되다
【정답】④
① natural 자연의      ② casual 우연의
③ temporal 일시적인      ④ spatial 공간의

**11** 참가국들은 무기와 관련된 물질들을 수송하는 것으로 의심되는 배나 항공기를 수색해 줄 것을 요청받았다. * call on A to R A에게 ~할 것을 요청하다
【정답】②
① loaded 짐을 실은      ② suspected 의심되는
③ export 수출하다

**12** 그러나 실제로는, 그녀는 그의 제안을 수락하지 않을 만큼 신중했다.
【정답】①
① prudent 신중한      ② carefree 무사태평한
③ impudent 뻔뻔스러운      ④ imprudent 경솔한

**12-1** 그는 세심하게 책을 읽는다.
【정답】②
① enthusiastically 열광적으로      ② cautiously 주의 깊게
③ carelessly 부주의하게      ④ indifferently 무관심하게

**13** 여행자들은 때때로 대저택의 소유주가 저택을 시찰하러 올 때 그들을 볼 수 있다. *premises 부동산
【정답】①
① inspect 시찰하다      ② respire 호흡하다
③ inspire 고무하다      ④ respect 존경하다

**14** 그는 북미에서 연기를 한 석이 있는 가장 끔찍한 서커스 어릿광대 중에 한 명이었다.
* clown 어릿광대, 익살꾼
【정답】③
① amusing 재미나는      ② awkward 서투른
③ awful 지독한, 끔찍한      ④ agreeable 쾌적한, 상냥한

**14-1** 부모는 아이들을 멸시하면 안 된다.
【정답】③
① take care of 돌보다      ② come over 엄습하다
③ despise 멸시하다      ④ respect 존경하다

**15** The boys <u>respected</u> their father because, although he was stern, he was fair.

① looked up for  ② looked up on
③ looked up in  ④ looked up to
⑤ looked up at

**15-1** She is my mother <u>all over</u>. [94. 입법고시]

① everywhere  ② in every respect
③ finished  ④ doubtfully
⑤ finally

**15-2** You should be _______ towards seniors.

① respective  ② respectable
③ respecting  ④ respectful

**16** We will have the work done, <u>irrespective of</u> cost. [03.101단]

① regardless of  ② careless of
③ resourceless of  ④ with regard of

**16-1** The choir stood in three rows according to their _______ heights.

① respective  ② respectable
③ respectful  ④ respecting

**17** <u>In retrospect</u>, I think she made the right decision.

① All things considered  ② In general
③ In spite of everything  ④ Looking back

**18** An _______ person tends to avoid social pressure rather than face it.

① extrovert  ② introspective
③ outgoing  ④ retrospective

**18-1** Romantic egoism, beginning in the <u>introspective</u> intensity of the individual, readily becomes racial, national, or even cosmic as the times require. [96. 외무고등고시]

① spontaneous  ② intricate
③ reflective  ④ democratic
⑤ intimate

---

**15** 그 소년들은 그들의 아버지를 존경했다. 엄하기는 했어도 올바르셨기 때문이다. * stern 엄중한
【정답】 ④
④ looked up to 존경하다

**15-1** 그녀는 모든 면에서 내 어머니 같은 사람이다.
【정답】 ②

**15-2** 당신은 윗사람들을 공경해야 합니다.
【정답】 ④
① respective 각각의  ② respectable 존경할만한
③ respecting ~에 관하여  ④ respectful 존경하는

**16** 우리는 비용에 관계없이 그 일을 해낼 것이다.
【정답】 ①

**16-1** 그 성가대는 각자의 키에 맞추어 세 줄로 섰다.
* choir 성가대, 합창단
【정답】 ①
① respective 각자의  ② respectable 존경할만한
③ respectful 존경하는  ④ respecting ~에 관하여

**17** 돌이켜보건대, 그녀가 옳은 결정을 한 것으로 생각된다.
【정답】 ④
① 모든 것을 고려해 보건대  ② 일반적으로
③ 결국  ④ 돌이켜보면

**18** 내성적인 사람은 사회적인 압력에 맞서기 보다는 회피하려는 경향이 있다. * avoid 회피하다 face 맞서다
【정답】 ②
① extrovert 외향적인  ② introspective 내성적인
③ outgoing 사교적인  ④ retrospective 회고의

**18-1** 개인의 집중적인 자아성찰에서 시작된 낭만적인 자아의식은 그 시대가 요구함에 따라 쉽사리 민족적, 또는 국가적, 심지어는 우주적이 되기도 한다.
* egoism 이기주의, 자아의식 intensity 강렬함, 격렬함
 cosmic 우주의; 장대한
【정답】 ③
① spontaneous 자발적인  ② intricate 얽힌, 복잡한
③ reflective 반성하는  ④ democratic 민주적인
⑤ intimate 친밀한

**19** Sunday is an <u>auspicious</u> day for me. [98.변리사]

① atrocious      ② abject
③ lucky      ④ arduous
⑤ ambiguous

> **19-1** When the storm began, we decided to wait for a more <u>auspicious</u> moment; no one in the group wanted to go on a picnic under such conditions.
>
> ① inclement      ② predictable
> ③ confirmative      ④ favorable

**20** He was awarded the Military Cross for <u>conspicuous</u> gallantry in combat. [01.사법시험]

① terse      ② rational
③ abortive      ④ noticeable
⑤ contingent

**21** Her <u>perspicuous</u> comments eliminated all possibility of misinterpretation.

① muddled      ② twisted
③ clear      ④ confusing

> **21-1** The style of a good writer is <u>perspicuous</u>.
>
> ① outmoded      ② up-to-date
> ③ clear and easy      ④ sticky

**22** Devaluation would only give the economy a brief <u>respite</u>.

① relief      ② moment
③ peace      ④ chance

**23** Research has shown that for most voters, choosing a candidate is an impulsive judgment rather than _______ decision; not so much rational as it is _______.

① a deliberate - intuitive
② a haphazard - random
③ an emotional - cerebral
④ an intentional - logical

---

**19** 일요일은 내게 행운의 날이다.

　　　　　　　　　　　　　　　　　　　【정답】③

① atrocious 잔인한      ② abject 비참한
③ lucky 행운의      ④ arduous 고된
⑤ ambiguous 모호한

**19-1** 폭풍이 시작되자, 우리는 더 좋은 때를 기다리기로 결정했다. 우리 모임 구성원 중 누구도 그런 상황에서는 나들이 가기를 원하지 않았다.

　　　　　　　　　　　　　　　　　　　【정답】④

① inclement (날씨가) 험한      ② predictable 예측할 수 있는
③ confirmative 확증적인      ④ favorable (날씨가) 좋은

**20** 그는 전투에서 괄목할 만한 용감성으로 십자훈장을 받았다. * gallantry 용감(한 행위)

　　　　　　　　　　　　　　　　　　　【정답】④

① terse 간결한      ② rational 이성적인
③ abortive 실패한      ④ noticeable 눈에 뛰는
⑤ contingent 우연한, 부수적인

**21** 그녀의 명쾌한 논평은 모든 오해의 가능성을 없앴다. * misinterpretation 오해; 오역

　　　　　　　　　　　　　　　　　　　【정답】③

① muddled 혼란스러운      ② twisted 꼬인, 일그러진
③ clear 분명한      ④ confusing 혼란시키는

**21-1** 훌륭한 작가의 문체는 명료하다.

　　　　　　　　　　　　　　　　　　　【정답】③

① outmoded 유행에 뒤진
② up-to-date 최신의
④ sticky 끈적거리는, 매우 감상적인

**22** 평가 절하는 오직 경제에 잠시 동안의 한숨 돌릴 여유만 줄 것이다. * devaluation 평가 절하

　　　　　　　　　　　　　　　　　　　【정답】①

**23** 연구는 대부분의 유권자가 후보를 선택함에 있어 신중한 결정보다는 중농석인 판단을 한다는 섯을 보여 주었다. 즉, 이성적이기보다는 직감적이다.
* candidate 후보자, 지원자 impulsive 충동적인
  not so much A as B A라기 보다는 B

　　　　　　　　　　　　　　　　　　　【정답】①

① deliberate 사려 깊은, 신중한- intuitive 직관에 의한
② haphazard 우연한 - random 닥치는 대로
③ emotional 감성적인 - cerebral 지적인, 두뇌의
④ intentional 의도적인 - logical 논리적인
<해설> 유권자의 투표성향
<u>impulsive judgment</u> > deliberate decision
<u>intuitive</u> > rational
* 충동적, 직관적 > 신중함, 이성적

**24** All the participants were impressed with your remarkable _______ into predicting future market developments from current market trends.

① sight      ② insight
③ outlook      ④ viewpoint

> **24-1** You must have <u>insight into</u> the international market.
> ① experience with
> ② identification with
> ③ understanding of
> ④ hostility toward

**25** An <u>oversight</u> in proofreading often results in printed errors.

① An inconsistency      ② A discrimination
③ A blotch      ④ An inattention

**26** 밑줄 친 단어가 잘못 쓰인 문장을 고르시오.

① It is <u>unseemly</u> to discuss such subjects in front of the children.
② His health has been <u>unseemly</u> lately, and he is confined to his bed.
③ Bells rang at the most <u>unseemly</u> hours, day and night.
④ An <u>unseemly</u> quarrel had broken out which threatened to divide the family.

**27** A few years ago, a developer had built some rather ugly houses on what had been green fields, thereby spoiling the Jacksons' _______ of the beautiful valley below ahead.

① vista      ② ambiance
③ backdrop      ④ contour

**28** I was <u>given to understand</u> that you might help me to find employment. [94. 기술고시]

① promised      ② advised
③ assured      ④ reminded
⑤ proved

---

**24** 모든 참가자들은 현재의 시장동향으로부터 미래의 시장 전개를 예측하는 당신의 뛰어난 통찰력에 깊은 인상을 받았습니다. * predict 예측하다

【정답】②

① sight 시각      ② insight 통찰력
③ outlook 조망, 예측      ④ viewpoint 견해, 관점

**24-1** 당신은 국제 시장에 대한 통찰력을 지녀야 한다.

【정답】③

① experience 경험      ② identification 동일시
③ understanding 이해(력)      ④ hostility 적대감

**25** 교정을 함에 있어서 부주의는 종종 인쇄 오류로 이어진다. * proofreading 교정

【정답】④

① inconsistency 불일치      ② discrimination 차별
③ blotch 얼룩, 반점      ④ inattention 부주의

**26** 【정답】②

① 어린이들 앞에서 그러한 문제들을 토론하는 것은 적절하지 않다.
② * 건강이 나쁜 상태를 의미하는 형용사로 unseemly는 부적당하다.
③ 벨은 항상 가장 부적당한 시기에 울렸다.
  * day and night 주야로, 끊임없이
④ 가족을 분열시킬 우려가 있는 꼴사나운 말다툼이 벌어졌다. * quarrel (말)다툼 break out 발발하다

**27** 몇 년 전에 한 개발업자가 푸른 들판이었던 곳 위에다 다소 보기 흉한 몇몇 집들을 지었는데, 그 집들이 잭슨부부가 사는 집의 비탈길 앞에 펼쳐진 아름다운 계곡들의 경치를 망쳐놓았다.
* ugly 보기 흉한 spoil 망치다

【정답】①

① vista 멀리 내려다보이는 경치
② ambiance 분위기
③ backdrop 배경
④ contour 윤곽, 등고선

**28** 당신이 제가 일자리를 찾는 것을 도와줄지도 모른다는 말을 들었습니다.
* I was given to understand that … ~이라고 전해 들었다

【정답】②

**29** To meet the demands of massive meat consumption, newer and more efficient methods for mass killing of cattle were <u>devised</u> throughout the industrialized world. [06.국회사무처]

① prevented     ② devoted
③ contrived     ④ contracted
⑤ departed

**30** His <u>invidious</u> proposal set one faction against the other and made everybody detest him.

① arousing dislike     ② placating
③ flattering     ④ tiring

**31** So <u>picture</u> the astonishment of British and Belgian scientists as they scanned her brain using a kind of MRI that detects blood flow to active parts of the brain.

① envisage     ② draw
③ take a photo     ④ calculate
⑤ sum up

**32** When a company earns a profit, some of this money is typically reinvested in the business, and some of it can be paid to its shareholders as a(n) ______.

① tenure     ② interest
③ mortgage     ④ dividend

**33** I'm going to give a speech tomorrow, so I have to <u>brush up on</u> my notes. [00.행자부 9급/ 행시]

① buy     ② review
③ understand     ④ summarize

**34** You will have to ______ this report as there are some misstatements in it.

① reform     ② revise
③ repair     ④ render

**34-1** Many nuclear plant experts are calling for <u>revisions</u> in nuclear plant inspection procedure.

① reexaming and improving
② using well
③ doing better than others
④ looking at something closely

---

**29** 대규모의 육류 소비의 수요를 맞추기 위해서, 소를 대량도살하기 위한 보다 새롭고 보다 효율적인 방법이 산업화된 세계의 전역에서 고안되었다. * massive 대규모의 consumption 소비 efficient 능률적인 mass killing 대량도살

【정답】③

① prevent 방지하다
② devote 헌신하다, 전념하다
③ contrive 고안하다
④ contract 계약하다; 축소하다
⑤ depart 출발하다

**30** 그의 불쾌한 제안은 한 당파가 다른 파에 반감을 품게 했으며 모든 사람들이 그를 혐오하게 만들었다.
* faction 당파 set against ~에 단호히 반대하다 detest 혐오하다

【정답】①

① arouse 일으키다 dislike 혐오    ② placating 회유적인
③ flattering 아첨하는    ④ tiring 지루한

**31** 뇌의 활동적인 부분들로 유입되는 혈류를 탐지하는 일종의 MRI를 사용하여 그녀의 뇌를 정밀검사할 때 영국과 벨기에 과학자들이 얼마나 놀랐는지 상상해 보라. * scan 정밀검사하다

【정답】①

① envisage 상상하다
⑤ sum up 총계를 내다

**32** 회사가 이윤을 내게 되면, 이윤의 일부는 사업에 으레 재투자된다. 그리고 이윤의 일부는 주주 배당금으로 그 회사의 주주들에게 지급될 수 있다.
* shareholder 주주

【정답】④

① tenure (종신) 재직권    ② interest 이자
③ mortgage 저당, 담보    ④ dividend 배당금

**33** 내일 연설을 하기로 되어 있어서, 내 연설 원고를 재검토해야 한다.

【정답】②

④ summarize 요약하다

**34** 이 보고서에는 잘못된 진술들이 몇 군데 있으므로 네가 다시 손봐야만 할 것 같다.

【정답】②

① reform (제도 등을) 개정하다
② revise 교정하다
③ repair 수선하다
④ render 번역하다

**34-1** 많은 핵발전소 전문가들은 핵발전소 사찰 절차에 있어서의 재검토를 요구하고 있다.
* call for ~을 필요로 하다, 요구하다 inspection 검열, 시찰

【정답】①

---

**35** Don't worry if you haven't memorized your speech. If you forget something, just _______, and say something else.
① evolve
② improvise
③ confiscate
④ imply

**35-1** Jazzmen generally <u>improvise</u> rather than play prepared pieces.
① arrange in advance
② play from their memory
③ invent without preparation
④ substitute

**35-2** We can <u>play it by ear</u> to clarify the truth in many circumstances and environments.
① contemplate
② predicate
③ debilitate
④ improvise

**36** Mike had been accepted as a(n) _______ member of the club. He wouldn't become a permanent member until the other members had a chance to see what he was really like.
① regular
② accidental
③ honorary
④ provisional
⑤ significant

**36-1** Maris has a <u>provisional</u> license.
① permanent
② regional
③ temporary
④ illegal

**37** Here, we're always searching for the <u>providential</u> hero. James Bond is a very reassuring figure for France.
① temporary
② sufficient
③ opportune
④ emotional

**38** He was so <u>prudent</u> and systematic that he did well whatever he set out to do.
① slow　② clever　③ careful　④ favorable

**38-1** The graduate committee must be <u>prudent</u> in their approval of a dissertation.
① slow
② clever
③ careful
④ favorable

---

**35** 연설 내용을 외우지 못했더라도 걱정하지마세요. 만약 어떤 부분이 생각나지 않는다면 바로 임기응변으로 대처하여 다른 말을 하세요.
【정답】②
① evolve 서서히 발전하다　② improvise 즉석에서 하다
③ confiscate 몰수하다　④ imply 암시하다

**35-1** 일반적으로 재즈연주가들은 준비된 곡을 연주하기보다는 즉흥적으로 연주한다.
【정답】③
① 사전에 준비하다　② 기억으로 연주하다
③ 사전 준비 없이 창작하다　④ substitute 대체하다

**35-2** 우리는 많은 상황과 환경에서 진실을 명확히 하는 것을 임기응변으로 처리할 수 있다.
【정답】④
① contemplate 곰곰 생각하다
② predicate 단정하다
③ debilitate 쇠약하게 하다

**36** 마이크는 그 클럽의 준회원으로 받아들여졌었다. 다른 회원들이 그가 어떤 사람인지를 알 기회를 가지기 전까지는 정회원이 되지 못할 것이었다.
* permanent 영구적인
【정답】④
① regular member 정규회원
② accidental 우연의
③ honorary member 명예회원
④ provisional member 임시회원
⑤ significant 주요한, 상당한

**36-1** 마리아는 임시 면허를 가지고 있다.
【정답】③
① permanent 영구적인　② regional 지역적인
③ temporary 일시적인　④ illegal 불법의

**37** 우리들은 항상 때마침 나타나는 영웅을 찾고 있지요. 제임스 본드는 프랑스에 매우 위안을 주는 존재입니다. * reassuring 안심시키는, 위안을 주는
【정답】③
① temporary 일시적인　② sufficient 충분한
③ opportune 시의 적절한　④ emotional 감정적인

**38** 그는 너무나 신중하고 체계적이어서 그가 착수하는 일은 무엇이나 잘했다.
* set out to R ~에 착수하다
【정답】③

**38-1** 학사위원회는 졸업논문의 승인에 신중해야 한다.
* dissertation 논문
【정답】③

---

**38-2** By today's standards, early farmers were <u>imprudent</u> because they planted the same crop repeatedly, exhausting the soil after a few harvests.
① unwise
② stubborn
③ tiresome
④ unscientific

**38-2** 오늘날의 기준에서 보면, 초기의 농부들은 어리석었다. 왜냐하면 같은 작물을 반복해서 심어서, 얼마 안 되는 수확 후에 토양을 고갈시켜 버렸기 때문이다.
* crop 작물 exhaust 고갈시키다
【정답】①
① unwise 현명하지 못한　② stubborn 고집 센
③ tiresome 지루한　④ unscientific 비과학적인

**39** The evidence of his forgery was <u>apparent</u>.
① uncontrollable
② destructive
③ effective
④ evident

**39** 그의 위조죄에 대한 증거는 명백했다.
* forgery 위조(죄) apparent 분명한
【정답】④
① uncontrollable 제어할 수 없는
② destructive 파괴적인　③ effective 효과적인
④ evident 분명한

**39-1** The _______ was so strong against the defendant that it didn't seem possible that he could prove his innocence.
① aquarium
② visage
③ venture
④ evidence

**39-1** 그 증거는 너무나도 피고인에게 불리한 쪽으로 유력한 것이어서 그가 자신의 무죄를 입증할 가능성이 없어 보였다. * defendant 피고인 innocence 결백, 죄없음
【정답】④
① aquarium 수족관　② visage 얼굴, 용모
③ venture 모험, 투기　④ evidence 증거

**40** Gender differences become <u>obvious</u> by the time children reach the age of five.
① vague
② puzzling
③ evident
④ obscure

**40** 성별의 차이는 아이들이 다섯 살쯤 되면 분명하게 된다. * gender 성(별)
【정답】③
① vague 애매한, 모호한　② puzzling 혼란스럽게 하는
③ evident 분명한, 명백한　④ obscure 분명치 않은

**40-1** Some <u>obvious</u> use of power to obtain sex is a kind of sexual harassment. [93.행정고시]
① obituary
② floral
③ apparent
④ dull
⑤ wistful

**40-1** 섹스를 얻기 위한 눈에 보이는 권력의 사용은 일종의 성희롱이다. * sexual harassment 성희롱
【정답】③
① obituary 사망기사, 부고
② floral 꽃의
③ apparent 분명한, 눈에 보이는
④ dull 둔한
⑤ wistful 탐내는

**41** It is those who have achieved something and want to rest on their achievements who are forever clogging things up. To keep an industry pure, you've got to keep it in perpetual _______. [93. 사법시험]
① order
② ferment
③ peace
④ supervision
⑤ system

**41** 뭔가를 성취했고 그 성취에 의지하고 싶어 하는 사람들은 항상 일들이 제대로 돌아가지 못하게 한다. 그래서 기업을 순수하게 유지하려면 끊임없이 감독해야만 한다. * rest on ~에 의지하다 clog up (움직임을) 방해하다
【정답】④
① order 명령, 질서　② ferment 흥분; 발효
③ peace 평화　④ supervision 감독

**41-1** It is important for a manager to <u>supervise</u> the work of his staff.
① oversee
② estimate
③ undertake
④ aid

**41-1** 경영자에게는 직원들의 업무를 감독하는 일이 중요하다.
【정답】①
① oversee 감독하다　② estimate 견적하다, 평가하다
③ undertake (일을) 맡다　④ aid 돕다

**41-2** Can you <u>watch over</u> a whole production line?
① circumvent
② circumscribe
③ supersede
④ supervise

**41-2** 전체적인 생산라인을 감독할 수 있겠어요?
【정답】④
① circumvent 회피하다　② circumscribe 제한하다
③ supersede 대신하다　④ supervise 감독하다

**42** To bring out such relations is one of the purposes of this book, and it is a purpose which only a ________ can fulfil.

① rough sketch　　② wide survey
③ historical outline　　④ compact epitome

**42** 이러한 관계를 분명히 밝힌 것이 이 책의 목적 중의 하나이며, 그것은 광범위한 조사만이 달성할 수 있는 목적이다. * bring out 분명히 하다; 발표하다

【정답】②

① 대강의 스케치　　② 폭넓은 조사
③ 역사적인 개요　　④ 간결한 발췌

---

**43** The movie, Friendly Fire(1979), is concerned with government <u>surveillance</u> and intimidation of antiwar activities.

① serious speech　　② legal obligation
③ close observation　　④ habitual negligence

**43** 영화 아군에 대한 오발(1979)은 반전활동에 대한 정부의 밀착 감시와 협박에 관한 것이다.
* be concerned with ~와 관한 intimidation 협박

【정답】③

② legal obligation 법적인 의무
③ close observation 밀착 감시
④ habitual negligence 습관적인 무시

---

**44** Despite police ________, the robbers were able to pull off the job with apparent ease.

① esteem　　② solace
③ vigilance　　④ negligence

**44** 경찰의 경계에도 불구하고, 도둑들은 도둑질을 매우 쉽게 해낼 수 있었다. * pull off 성공해내다

【정답】③

① esteem 존경, 존중　　② solace 위안
③ vigilance 경계　　④ negligence 태만, 무시

---

**44-1** The parents were <u>vigilant</u> as they watched over their sick child. Through the night they were alert for any change in his condition. [00.세무사]

① quiet　　② wide-awake
③ sleepy　　④ stern
⑤ sad

**44-1** 그 부모는 병이 난 아이를 돌보면서 잠을 자지 않고 깨어있었다. 밤새도록 아이의 상태의 변화를 주시했다.
* watch over 돌보아 주다, 감시하다 be alert 주의하다

【정답】②

② wide-awake 완전히 깨어 있는
③ sleepy 졸린
④ stern 엄한, 단호한

---

**44-2** Supervisors must be <u>vigilant</u> when it comes to safety. They must continually educate workers.

① watchful　　② indolent
③ drowsy　　④ imprudent

**44-2** 감독관들은 안전에 관해서라면 방심하지 않아야 한다. 그들은 지속적으로 근로자들을 교육시켜야 한다.
* when it comes to ~에 관해서라면

【정답】①

① watchful 주의 깊은　　② indolent 게으른
③ drowsy 졸리는　　④ imprudent 경솔한

---

**45** Enthusiasm, appreciation and participation were the <u>watchwords</u> at the festival.

① words that sum up their attitude to a particular subject
② statements or principles that are generally accepted to be true
③ units of language that can be represented in writing or speech
④ words that you must know in order to be allowed to enter a place

**45** 열정, 감상 그리고 참여가 그 축제의 슬로건이었다. * enthusiasm 열정, appreciation 감상

【정답】①

① 특정한 주제에 대한 그들의 태도를 요약한 말
② 일반적으로 사실로 받아들여진 말이나 원칙
　→ common sense (상식)
③ 글이나 연설에서 나타낼 수 있는 언어의 구성단위
④ 어떤 장소에 들어가는 것이 허용되기 위해 알아야 하는 말 → watchword, password (암호)
　* 단 예문의 뜻과 일치하지 않아 정답이 될 수 없음

---

**46** The CEO voiced some ________ over the sudden increase in Tom Haley's travel expenses.

① compliance　　② consent
③ concern　　④ control

**46** 그 최고경영자는 Tom Haley의 여행비용이 갑자기 증가한 데 대해 약간의 우려의 목소리를 냈다.
* voice 표명하다, 선언하다

【정답】③

① compliance 순응　　② consent 동의
③ concern 염려, 관계　　④ control 통제

**46-1** The major story on all the news programs _________ the proposed tax increase.

① belongs to     ② falls short of
③ concerns     ④ delivers

**46-2** The discussion <u>has much to do with</u> the problem.

① must consider
② can much to solve
③ seems to deal with
④ is greatly concerned with

**46-3** I want to hear your opinion <u>concerning</u> this problem. [07.인천 9급]

① assuming     ② supposing
③ providing     ④ regarding
⑤ notwithstanding

**47** The employee has no <u>discernible</u> skills in computer work now, but we may be able to teach her quickly.

① obvious     ② diagnostic
③ careful     ④ competent

**47-1** I could only just <u>descry</u> the vessel in full sail, at such a distance that I soon lost sight of it.

① pull     ② send
③ understand     ④ discern

**48** Ann asked some <u>discreet</u> questions to Johnson. [01.변리사]

① interesting     ② bold
③ impudent     ④ moral
⑤ prudent

**48-1** This TV program contains adult materials and viewers' _________ is advised.

① deception     ② discretion
③ detention     ④ discrimination

**48-2** The universe is composed of <u>discrete</u> bodies.

① harmonious     ② attracting
③ abstract     ④ separate
⑤ concrete

---

**46-1** 모든 뉴스 프로그램의 주요 이야기는 앞으로 있을지 모르는 세금인상에 관한 것이다.
【정답】③

① belong to ~에 속하다     ② fall short of 부족하다
③ concern ~에 관한 것이다     ④ deliver 전하다

**46-2** 그 논의는 그 문제와 많은 관련이 있다.

* have much to do with ~와 많은 관련이 있다
【정답】④

**46-3** 이 문제에 관하여 당신의 의견을 듣고 싶습니다.
【정답】④

① assuming 거만한
② supposing 만약 ~이라면
③ providing 만약 ~이라면(=provided)
④ regarding ~에 관해서
⑤ notwithstanding ~에도 불구하고

**47** 그 직원은 지금은 뚜렷한 컴퓨터작업의 기술이 없지만, 우리가 빠르게 그녀를 가르칠 수 있을 것이다.
【정답】①

① obvious 명백한     ② diagnostic 진단상의
③ careful 조심성 있는     ④ competent 유능한

**47-1** 나는 시야에서 배의 모습을 이내 놓쳐버릴 정도로 먼 거리에서 돛을 전부 올린 그 배를 간신히 식별할 수 있었다. * lose sight of ~을 시야에서 놓치다
full sail 만범, 돛을 다 올리고
【정답】④

**48** 앤은 존슨에게 몇 가지 신중한 질문을 했다.
【정답】⑤

① interesting 재미있는     ② bold 대담한
③ impudent 뻔뻔스러운     ④ moral 도덕적인
⑤ prudent 신중한

**48-1** 이 TV프로그램은 성인물을 포함하고 있으므로 시청자들의 분별이 요구되고 있다.
【정답】②

① deception 기만     ② discretion 분별
③ detention 구류     ④ discrimination 차별

**48-2** 우주는 분리된 덩어리들로 구성되어 있다.

* be composed of ~으로 구성되다
【정답】④

① harmonious 조화로운     ② attracting 매력적인
③ abstract 추상적인     ④ separate 분리된
⑤ concrete 굳어진, 구체적인

**49** The major function of the kidney is the <u>excretion</u> of metabolic wastes and excess substances through the formation of urine.

① derivation
② investigation
③ manifestation
④ elimination

**50** What is the <u>scope</u> of this undertaking?

① purpose
② title
③ extent
④ respect

**50-1** He has a large circle of acquaintances covering a wide <u>scope</u> from the political world to the business one.
① vitality
② movement
③ force
④ range

**51** Astronomers study the stars through a __________.

[93.행자부 9급]

① telescope
② microscope
③ periscope
④ magnifier

**51-1** An instrument for magnifying distant object is __________.
① a telescope
② a microscope
③ an endoscope
④ a horoscope

**52** 다음 단어의 풀이가 잘못 된 것은? [88.행자부 9급]

① laboratory: a place for experiment.
② microscope: an instrument used for seeing distant objects.
③ library: an arranged collection of books.
④ safe: a steel or iron box for money.
⑤ superstition : a foolish belief in supernatural powers.

**53** Their <u>myopic</u> refusal to act now will undoubtedly cause problems in the future.

① nearsighted
② intense
③ regretful
④ imminent
⑤ generous

---

**49** 신장의 주요 기능은 신진대사 물질과 과도한 물질을 오줌이라는 형태를 통해 배출하는 것이다.
* kidney 신장 metabolic 신진대사의 urine 오줌

【정답】④

① derivation 유래, 파생
② investigation 조사, 수사
③ manifestation 발표
④ elimination 배출, 제거

**50** 이 사업의 영역은 어디까지인가?
* undertaking 사업

【정답】③

① purpose 목적
② title 이름
③ extent 넓이, 범위
④ respect 존경

**50-1** 그는 정계에서 재계에 이르기까지 넓은 범위에 걸쳐 있는 많은 인맥을 형성하고 있다 . * acquaintance 아는 사이

【정답】④

① vitality 생명력
② movement 동작, 운동
③ force 힘
④ range 열, 범위, 구역

**51** 천문학자는 망원경을 통해 별을 연구한다.
* astronomer 천문학자

【정답】①

① telescope 망원경
② microscope 현미경
③ periscope 잠망경
④ magnifier 확대경, 돋보기

**51-1** 멀리 떨어져 있는 물체를 확대해서 보기 위한 기구는 망원경이다. * magnify 확대하다

【정답】①

③ endoscope 내시경
④ horoscope 천궁도

**52** * ②는 telescope(망원경)에 대한 설명이다.

【정답】②

① 연구소 : 실험을 위한 장소
② 현미경 : 멀리있는 물체를 보기 위한 도구 → 망원경
③ 장서 : 가지런히 배열된 책의 모음
④ 금고 : 돈을 보관하기 위한 강철 또는 철제 상자
⑤ 미신 : 초자연적인 힘에 대한 어리석은 믿음

**53** 지금 당장 실천하는 것에 대한 그들의 근시안적인 거부는 의심할 바 없이 미래에 문제들을 야기할 것이다. * undoubtedly 의심할 여지없이

【정답】①

① nearsighted 근시안적인
② intense 격렬한, 강렬한
③ regretful 후회하는
④ imminent 절박한
⑤ generous 관대한

**54** While lenses and frames form the focus of operations, the company also makes a host of other __________ products, such as artificial eyes and instruments used to correct defects in eyes, as well as eyeglass cases.

① panoramic   ② mutilated
③ optimistic   ④ ocular

**55** Physiotherapist Glenn Doman gave visual, <u>auditory</u> and tactile stimulation to brain-damaged children.

① jumping   ② hearing
③ optimistic   ④ digestive

> **55-1** He speaks so softly that his voice is not really _______.
>
> ① fragile   ② audible
> ③ brittle   ④ edible

**56** 다음이 의미하는 단어는?

| People who attend a performance |
| --- |

① auditors   ② audit
③ audience   ④ actress

> **56-1** Last Tuesday, King Abdullah of Saudi Arabia met Pope Benedict XVI at the Vatican - the first _______ ever by the head of the Catholic Church with a Saudi monarch.
>
> ① audience   ② severance
> ③ ultimatum   ④ disruption

**57** _______ instinct, a weasel bites his prey at the neck, either splitting the jugular vein at the throat or crunching the brain at the base of the skull.

① Obedient to   ② Destined to
③ For fear of   ④ With respect to

---

**54** 렌즈와 안경테가 주 생산품으로 자리 잡는 한편으로 그 회사는 안경 케이스뿐만 아니라, 시력교정용 의료기와 의안(인조 눈) 같은 다른 안과 제품도 많이 만든다.
* a host of 수많은 artificial 인조의 defect 결함

【정답】 ④

① panoramic 개관적인
② mutilated (팔다리가) 절단된
③ optimistic 낙천적인
④ ocular 눈의, 시각상의

**55** 물리요법가인 Glenn Doman은 뇌손상을 입은 아동들에게 시각적이고 청각적이며 그리고 촉각적인 자극을 주었다. * physiotherapist 물리요법가 visual 시각적인 tactile 촉각의 stimulation 자극

【정답】 ②

④ digestive 소화를 돕는, 소화제

**55-1** 그는 너무 살살 말해서 목소리를 잘 들을 수 가 없다.

【정답】 ②

① fragile 부서지기 쉬운   ② audible 들을 수 있는
③ brittle 깨지기 쉬운   ④ edible 먹을 수 있는

**56** 공연에 참석한 사람 → audience 청중

【정답】 ③

① auditor 회계감사원   ② audit 회계감사
③ audience 청중, 방청객   ④ actress 여배우

**56-1** 지난 화요일 사우디아라비아의 압둘라 왕은 바티칸 교황청에서 교황 베네딕트 16세를 만났는데 이는 가톨릭교회의 수장이 사우디 왕과 가진 최초의 알현이다. * meet 라는 말로 보아 만남과 같은 의미의 단어가 들어가야 한다. monarch 군주, 제왕; 최고 지배자

【정답】 ①

① audience 알현, 접견   ② severance 단절
③ ultimatum 최후통첩   ④ disruption 분열

**57** 본능에 충실해서 족제비는 먹이의 목을 물어 목구멍의 경정맥을 찢어놓거나 두개골 밑 부분의 뇌를 부수어놓는다. * weasel 족제비 vein 정맥 crunch 오도독 씹다 skull 두개골

【정답】 ①

① obedient to ~의 말을 잘 듣는
② destined to ~으로 향하는
③ for fear of ~을 두려워하여
④ with respect to ~에 대한 존경심으로

# Day

# 12

## 1 등위접속사

### 1. and

**12-01**

#### (1) 기본용법

> 등위접속사 and는 단어와 단어/ 구와 구/ 절과 절의 대등관계를 이끈다.

- ***She*** didn't speak to anyone ***and nobody*** spoke to her.
  그녀는 누구에게도 말을 하지 않았으며, 누구도 그녀에게 말을 걸지 않았다.

- You must ***wait and see*** what happens.
  당신은 기다리면서 무슨 일이 일어나는지를 지켜봐야만 한다.

- He's gone to buy some ***fish and meat***.
  그는 약간의 생선과 고기를 구입하기 위해 갔다.

**12-02**

#### (2) 명령문, and S+V ★

> 명령문 뒤에 and로 문장이 연결되면 '~해라, **그러면** ~할 것이다'는 뜻을 가지게 된다.
> ⊃12-11 참조

- Be patient, ***and*** you will have good luck.
  = If you are patient, you will have good luck.
  인내하라. 그러면 당신에게 운이 따를 것이다.

**12-03**

#### (3) try/be sure/wait/come/go/run + and +V ☆

> 이들 동사 뒤에 나오는 'and + V'는 'to R' 기능을 가지게 된다. 이 때 to 부정사는 '목적·
> 의도'의 의미를 나타내며 '~하러, 하기 위해'로 해석하면 된다.

- ***Try and take*** some daily exercise.
  = ***Try to take*** some daily exercise.
  약간의 일일 운동을 하기 위해 노력해라.

- ***Come and have*** a drink.
  = Come ***to have*** a drink.
  와서 한 잔 마셔라.

### 2. but

**12-04**

#### (1) 기본용법

> 등위접속사 but은 단어와 단어/ 구와 구/ 절과 절의 대등관계를 이끈다.

- It's an old car ***but*** it's very reliable.
  = It's an old car ***but*** is very reliable.
  = It's an old car ***but*** very reliable.
  그것은 오래 된 차이긴 하지만 매우 믿을 만하다.

  ⇨ 문장의 주어인 it과 동사인 is가 but에 의해서 똑같이 확장되기 때문에 보어인 'an old car'와
  'reliable'만 병치시킬 수 있다.

## (2) but의 다양한 용법

1205  **1) 부사 ★**

> but이 부사기능을 할 경우 'only(오직, 단지)'의 뜻을 가진다.

- We can *but* hope that things will improve.
  우리는 단지 상황이 개선되기만을 바랄 뿐이다.

  ⇨ 이 때 but은 동사 hope를 수식하는 부사(단지)일 뿐이다.

1206  **2) 전치사 ★★**

> '전체를 가리키는 대명사', '부정어가 포함된 대명사', '서수 또는 최상급' 뒤에 위치한 but은 전치사로서 'except(~을 제외하고서)'의 뜻을 가지게 된다.

| anything/all/every<br>no one/none/nobody/nothing<br>the first/second/last/ 최상급/ who | + but (~을 제외하고서) |
|---|---|

- *All but* him are present.
  그를 제외하고는 모두 참석하였다.

- There's been *nothing but* trouble since he came.
  그가 온 이후로 안 좋은 일만 있다.

1207  **3) 관계대명사/가정법 구문** ※ 이는 각각 관계대명사와 가정법 단원(➲10-14 참조)에서 설명한다.

- There are few men *but* would risk all for such a prize.
  그러한 목적을 위해서라면 모든 것을 내걸지 않을 사람이란 없다.

# 3. yet

1208  ## (1) 기본용법

> but보다 더 강한 역접의 느낌을 나타내는 접속사로서, 문장과 문장, 단어와 단어, 구와 구, 절과 절을 연결시킨다.

- Her advice seems strange, *yet* I believe she's right.
  그녀의 조언은 이상해 보이지만, 나는 그녀가 옳다고 믿는다.

## (2) yet의 다양한 용법

1209  **1) 접속부사 ★**

> yet은 접속부사로도 쓰여서, 문장 간의 관계가 역접임을 강조시킬 수 있으며, and yet의 형태로 많이 쓰인다. ➲14-02 참조

- Her advice seems strange, and *yet* I believe she's right.
  그녀의 조언이 이상해 보일지 몰라도, 나는 그녀가 옳다고 믿는다.

  ⇨ and 라는 접속사가 두 문장을 연결시키면서, 의미적으로 대조 관계에 있음을 접속부사로서의 yet이 설명하는 경우이다.

### 2) 부사

yet은 '아직도, 이미'라는 뜻의 부사 기능도 가지고 있는데, 이는 부사편에서 설명을 한다.
➲29-09 참조

- I didn't receive a call from her *yet*.
나는 아직도 그녀로부터 전화를 못 받았다.

## 4. or

### (1) 기본용법

단어와 단어/ 구와 구/ 절과 절/ 문장과 문장의 대등관계를 이끈다. 해석은 '혹은, 또는, 아니면' 정도로 하면 된다.

- You can have *ham*, *cheese **or** tuna*.
당신은 햄, 치즈, 혹은 참치를 드실 수 있습니다.
- He will come probably *at lunch **or** in* a meeting.
그는 아마도 점심때나 모임 때 올 것이다.
- Sonja *cleans **or** even washes* the dishes.
소냐는 청소를 하거나 심지어 설거지를 한다.

### (2) 명령문, or S+V ★

명령문 뒤에 or로 문장이 연결되면 '~해라, **그렇지 않다면** ~할 것이다'는 뜻을 가진다.
➲12-02 비교

■ or else = if not = unless

- ***Wear*** your coat ***or*** you'll catch cold.
= ***If*** you don't wear your coat, you'll catch cold.
= ***Unless*** you wear your coat, you'll catch cold.
코트를 입지 않으면 감기에 걸릴 것이다.

> **Check** **평서문 뒤에 오는 or ★**
> 명령문뿐만 아니라, 평서문 뒤에 등장하는 or 또한 문맥에 따라 '그렇지 않으면'
> 이란 뜻을 가질 수 있다. ➲10-13 참조
> - I had to defend myself ***or (else)*** he would have killed me.
> 나는 방어를 해야만 했다. 그렇지 않았으면 그가 나를 죽였을 것이다.

### (3) 즉, 달리 말하자면 ★★

or는 문맥에 따라 '즉, 달리 말하자면'이란 뜻을 가진다.

■ or =namely = in other words = that is (to say)

- My major is Geology, ***or*** the science of the earth's crust.
나의 전공은 지질학이다. 즉, 달리 말하자면 지구 표면에 대한 학문이다.

## 12|15   5. nor ★★★

nor는 앞에 서술된 문장이 부정문일 경우 또 하나의 부정문을 만들 때 쓰인다. '~도 ‥하지 않다'는 뜻을 가지게 되며, nor 다음 문장은 의문문처럼 **도치가 발생**한다. ➲39-26 참조
또한 nor 자체에 부정의 의미를 담고 있으므로, nor절 이하에 **부정어가 재차 나오지 못한다.** ➲29-12 참조

■ nor = and neither = and not either

- He *neither* smiled *nor* spoke.
  = He did *not either* smile *or* speak.
  = He did*n't* smile, *nor* did he speak.
  = He did*n't* smile, *and neither* did he speak.
  = He did*n't* smile, *and* he did*n't* speak *either*.
  그는 웃지도 말하지도 않았다.

## 12|16   6. for ★★

'추가적인 이유'를 나타내는 for는 문장과 문장을 연결시키며, for 다음에는 **완전한 문장**이 와야 한다. 또한 for가 이끄는 문장은 주절보다 먼저 위치할 수 없으며, 완전한 **문장 뒤에 위치**해야 한다. 일반적으로 for 앞에 콤마(,)를 둔다.

- I can't know his ability, *for* I haven't seen him before.
  그를 전에 본 적이 없어서 그의 능력을 모르겠다.

  → ~~For I haven't seen him before~~, I can't know his ability. (×)
  ⇨ for가 이끄는 문장은 주절보다 먼저 앞에 위치할 수 없다.

## 12|17   7. so ★★

'추가적인 결과'를 나타내는 so의 경우 절과 절을 연결시키므로 so 다음에 완전한 문장이 와야 한다. so 앞에 콤마(,)가 위치하며, so that과 같은 뜻을 가진다.
cf. 콤마(,)없이 단독으로 쓰인 so that의 경우는 뒤에 조동사(can, will, may)를 수반해서 '~하기 위해'의 의미로 쓰인다.

- There were not many beds, *so* I had to sleep on the floor.
  = There were not many beds, *so that* I had to sleep on the floor.
  침대가 많이 있지 않아서 나는 마루에서 잠을 자야만 했다.

  cf. Mary studies hard *so that* she *can* pass the exam.
  메리는 그 시험에 합격하기 위해서 열심히 공부해야 한다.

---

**예제**   Put your coat on, __________ you'll catch cold. [예상]

① then      ② so      ③ if      ④ or      ⑤ and

【해석】 코트를 입어라. 그렇지 않으면 감기에 걸릴 것이다.
【해설】 '명령문 + or + 평서문' 구문에서 or는 'otherwise(그렇지 않다면)'의 뜻을 가진다.
     * put ~ on (옷을) 입다
【정답】 ④

---

## 8. 등위접속사에 의한 병치 ★★

**(1) 병치라 함은 두 개 이상의 구나 절을 같은 형태로 나란히 둔다는 것으로서, 병치될 경우 문장의 전후로 보아 생략이 되어도 뜻이 명백한 부분은 생략할 수 있다.** ➲39-13~18 참조

- I wanted <u>to finish</u> my homework, <u>to meet</u> Jane, **and** <u>to go</u> to a movie with her.

  = I wanted to <u>finish</u> my homework, <u>meet</u> Jane, **and** <u>go</u> to a movie with her.

  나는 과제를 마치고, 제인을 만나서, 영화를 함께 보고 싶다.

- The government <u>will raise</u> employment, <u>will cut</u> interest rates, **and** <u>will contribute</u> to economic development.

  = The government will <u>raise</u> employment, <u>cut</u> interest rates, **and** <u>contribute</u> to economic development.

  정부는 직장을 늘리고 이자율을 감소하고 경제 발전에 기여할 것이다.

- This book was written <u>*by* Peter *and* *by*</u> Jane.

  = This book was written *by* <u>Peter</u> *and* <u>Jane</u>.

  이 책은 피터와 제인이 저술했다.

**(2) 병치되는 대상은 일관되어야 한다.**

→ I wanted <u>to finish</u> my homework, <u>to meet</u> Jane, **and** *go* to a movie with her (×)

→ I wanted <u>to finish</u> my homework, <u>meet</u> Jane, **and** <u>to go to</u> a movie with her. (×)

▷ to부정사가 병치될 경우, 두 번째 to 부정사에서부터는 to 없이 원형부정사만으로도 병치가 될 수 있지만, 이러할 경우 그 다음에 오는 병치까지도 일관되어야 한다. 아래 예문도 마찬가지 맥락이다.

→ The government <u>will raise</u> employment, <u>will cut</u> interest rates, **and** <u>contribute</u> to economic development. (×)

→ The government <u>will raise</u> employment, <u>cut</u> interest rates, **and** <u>will contribute</u> to economic development. (×)

## 9. 등위 상관 접속사

**(1) 개념**

> 등위접속사 중 'and, but, or, nor'는 다른 어구와 어울려 상관어구를 이루는데, 이를 등위 상관 접속사라고 한다.

**(2) both A and B ★★**

> both A and B는 'A와 B 둘 다'라는 뜻을 가지며, 동사의 수는 복수 취급한다.
> ➲38-30~32 참조, 39-04 비교
> ■ both A and B = at once A and B = A and B alike = A and B as well

- She can ***both*** speak ***and*** write Japanese.
  = She can ***at once*** speak ***and*** write Japanese.
  = She can speak ***and*** write Japanese ***alike***.
  = She can speak ***and*** write Japanese ***as well***.
  그녀는 일본어를 말하는 것은 물론 쓸 수도 있다.

- ***Both*** she ***and*** he write Japanese.
  그녀와 그는 둘 다 일본어를 쓸 수 있다.

**12 22**

### (3) not A but B ★★★

not A but B 구문은 'A가 아니라 B'라는 뜻을 가지며, 동사의 수 판단은 'B'에 일치시킨다.
◐39-04 비교
■ not A but B = B, (and) not A

- *Not* Handerson *but* his *peers* complain about our decision.
= His *peers*, *not Handerson* complain about our decision
  핸더슨이 아니라 그의 동료가 우리의 결정에 불평을 토로했다.

▷ not A but B 구문은 B에 동사의 수 판단을 하므로, peers가 복수명사이어서 동사의 수 또한 complain이라는 복수로 처리했다.

- The purpose of the scheme is *not to help* the employers *but to provide* work for young people.
  그 계획의 목적은 고용주들을 돕는 것이 아니라 젊은이들을 위한 일을 제공하는 것이다.

**12 23**

### (4) not only A but also B ★★★

not only A but also B 구문은 'A 뿐만 아니라 B도'의 의미이며, 그 수 판단은 'B'에 일치시킨다. 또한 also는 생략이 가능하다. ◐39-04 비교
cf. only 대신에 'just/simply/merely' 등이 위치할 수 있다.
■ not only A but (also) B = not only A but B as well
　　= B as well as A = B in addition to A

- *Not only* you *but also* he *has* to go there.
  당신뿐만 아니라 그도 그곳에 가야 한다.

- He is *not only* an actor *but (also)* a scientist.
  = He is *not only* an actor *but* a scientist *(as well)*.
  = He is a scientist *as well as* an actor.
  = He is a scientist *in addition to* an actor.
  그는 배우일 뿐만 아니라 과학자이다.

**12 24**

### (5) not that S+V but that S+V ☆

'A 때문이 아니라 B 때문에'라는 뜻을 가지며, 이 때 that은 because로 대신힐 수 있다.
■ not that S+V but that S+V = not because S+V but because S+V

- You will fail *not that* you are ignorant *but that* you are arrogant.
  = You will fail *not because* you are ignorant *but because* you are arrogant.
  네가 무식해서가 아니라 거만하기 때문에 실패할 것이다.

**12 25**

### (6) either A or B ★★

either A or B 구문은 'A 또는 B'라는 뜻이며, 그 수 판단은 'B'에 일치시킨다.
◐38-33~35 참조, 39-04 비교

- *Either* Pat's friends *or* his *mother* is coming.
  팻의 친구 아니면 그의 어머니가 오고 있어.

- It's your choice! *Either* she leaves *or* I will!
  너의 선택에 달렸어. 그녀가 떠나든 내가 떠나든!

## (7) neither A nor B ★★★

neither A nor B는 'A와 B 모두 아니다'는 양자 부정을 나타내며, 그 수 판단은 'B'에 일치시킨다. ⊃38-33~35 참조, 39-04 비교
■ neither A nor B = not either A or B

- *Neither* Oleg's *father nor* his *brothers speak* English.
올렉의 아버지 뿐만 아니라 그의 형제들도 영어를 하지 못한다.

- My car is *neither* big *nor* small.
= My car is *not either* big *or* small.
내 차는 크지도 작지도 않다.



## (8) 등위 상관접속사에 의한 병치 ★★★

등위 상관접속사에 의한 병치는 그 병치대상이 동일한 문법기능을 가진 것이어야 한다. 예컨대, 'both +명사 and +명사/ both +동사 and +동사/ both + 부사 and + 부사' 형태로 와야 한다. 따라서 'both 명사 and 동사/ both 동사 and 명사/ both 부사 and 형용사' 형태는 틀리다. ⊃39-19 참조

- The purpose of the scheme is *not* <u>to help</u> the employers *but* <u>to provide</u> work for young people.
그 계획의 목적은 고용주를 돕기 위한 것이 아니라 젊은이들에게 일자리를 제공하기 위한 것이다.

→ The purpose of the scheme is *not* <u>to help</u> the employers *but* <u>provide</u> work for young people. (×)
⇨ to 부정사인 to help와 to provide가 'not A but B'에 의해 병치되어야 옳지, B 자리에 to가 빠진 provide를 병치시킬 수는 없다. 아래의 예문들도 마찬가지 맥락이다.

- You can contact us *either* <u>by</u> phone *or* <u>by</u> email.
당신은 우리에게 전화 또는 이메일로 연락해도 좋다.

= You can contact us by *either* <u>phone</u> *or* <u>letter</u>.
→ You can contact us by either ~~phone~~ *or* ~~by~~ letter. (×)
Peter was *not only* <u>young</u> *but also* <u>handsome</u>.
Peter was *not* <u>*young*</u> *but* <u>old</u>.
This book was written *neither* <u>by</u> Peter *nor* <u>by</u> Jane.

---

**예제** Neither Mary nor Lisa __________ so pretty as Ruth. [94. 공무원 7급]
① are          ② have          ③ has          ④ is

【해석】 메리와 리사는 루스만큼 예쁘지 않다.
【해설】 neither A nor B는 B 자리에 위치한 명사의 수에 따라 동사의 수를 일치시키며, pretty는 형용사이므로, 보어를 취할 수 있는 be 동사가 와야 한다.
【정답】 ④

---

## 2 부사절을 이끄는 종속접속사 (1)

'내가 그녀를 만났을 때 사랑에 빠졌다'라는 한글 문장을 가만히 살펴보면 '내가 그녀를 만났었다'는 문장과 '내가 사랑에 빠졌다'는 두 문장이 결합된 것으로 볼 수 있다. 앞 문장을 '시간'의 의미로 '부사'화 시킨 것인데, 영어에서는 문장을 주절에 종속화 시킬 때 접속사가 반드시 필요하다. 아래에서 공부하게 될 접속사의 다음에 완전한 문장이 위치하여 주절에 종속된다.

### 12 28   1. 시간을 나타내는 종속접속사

| ❶ 일반접속사 | after ~한 이후로  while ~하는 동안  before ~하기 전에  until(=till) ~할 때까지<br>whenever ~할 때마다  when, as ~할 때  since ~한 이후  once ~하자마자 |
|---|---|
| ❷ 구 접속사 | ❶ as soon as = immediately = instantly<br>= the instant = the moment = the minute ~하자마자 ⊃05-04 참조<br>❷ by the time ~쯤 ⊃05-06/ 10 참조<br>❸ the first/second/last/next time ~을 처음/두 번째/마지막/다음에 했을 때<br>❹ every time = each time ~할 때마다 ⊃25-13 참조 |

- Zimmerman changed his name *after he left Germany*.
  짐머맨은 독일을 떠난 후 개명을 했다.

- I had seen her *before she died*.
  그녀가 죽기 전에 나는 그녀를 보았었다.

- Let's wait *until the rain stops*.
  비가 멈출 때까지 기다리자.

- Cath hasn't phoned *since she went to Berlin*.
  Cath는 Berlin으로 간 후로 전화를 하지 않았다.

- They arrived *while we were having dinner*.
  우리가 저녁을 먹는 동안 그들이 도착했다.

- *By the time this letter reaches you*, I will have left Berlin.
  이 편지가 너에게 도착할 때쯤이면 나는 베를린을 떠났을 것이다.

- *Immediately I began to speak*, she started crying.
  내가 말을 시작하자마자, 그녀는 울기 시작했다.

- *The first time I met her*, I fell in love with her.
  그녀를 처음 만났을 때, 나는 사랑에 빠졌다.

### 12 29

> **Check**
>
> 1. 시간 부사절에서는 미래시제가 쓰이지 못하며, 현재시제가 대체한다.
> ⊃04-05 참조 ★★★
> - *When it rains*, we *will* stay inside.
>   비가 올 때 우리는 집에 있을 것이다.
>
>   → *When it ~~will~~ rain, we will stay inside*. (×)
>
> 2. after, before, since는 접속사 기능 이외에 '전치사와 부사' 기능이 추가로 있다.
> - Many soldiers stayed in France *after the war*. [전치사]
>   전쟁이 끝난 이후 많은 군인들이 프랑스에 주둔했다.
>
> - This message arrived *after*. [부사]
>   이 메시지는 나중에 도착했다.

3. during과 while의 의미는 '~동안에'로 같지만, while은 종속 접속사인 반면, during은 전치사 기능만 있다. ★★★
- They arrived during our dinner. [전치사 during]
 → They arrived ~~during~~ we were having dinner. (×)
우리가 식사를 하고 있는 동안 그들이 도착했었다.

⇨ during 다음에 완전한 문장이 오므로 전치사 during이 아닌 접속사 'while'이 옳다.

4. not until : ~하고 나서야 비로소 ★★★
until은 부정문과 결합하여 '~하고 나서야 비로소'라는 뜻을 가지며, 흔히 'not until' 구문을 취한다. 'not until ~'구문이 문두로 나올 경우 의문문처럼 도치가 발생한다. 또한 '전치사' 기능도 있다. ⇒39-21~22 참조
- He did*n't* start to read *until* he was ten years old.
 = *Not until* he was ten years old *did he start* to read.
그는 열 살이 되어 비로소 책을 읽기 시작했다.

## 2. 이유를 나타내는 종속접속사

| ❶ 일반접속사 | because, since, as ~이기 때문에 |
| --- | --- |
| ❷ 구 접속사 | in that ~이라는 점에서  now that 이제는 ~이기 때문에 |

- We didn't enjoy the day *because* the weather was so bad.
날씨가 너무나 나빴기 때문에 낮 시간을 즐길 수가 없었다.

- *Since* you are unable to answer, we should ask someone else.
당신이 답변을 하지 못하기 때문에, 우리는 다른 사람에게 물어보아야만 하겠다.

- *As* you are late, I will scold you.
네가 늦었기 때문에 혼을 내야겠다.

- *Now (that)* I'm married, I don't go out in the evenings.
(이제는) 내가 결혼했기 때문에, 밤에 외출하지 않는다.

- The new system is better *in that* it provides much information.
새로운 시스템이 많은 정보를 제공해 준다는 점에서 더 좋다.

**Check**

1. since 부사절의 시제가 과거이고, 주절의 시제가 현재완료이면 '~한 이후로', 그렇지 않다면 '~이기 때문에'라는 뜻으로 쓰인다. ⇒04-22 참조 ★★
- He *has been* unhappy *since he left* home.
그는 집을 떠난 이후로 불행했다.
- *Since it was raining* she *took* an umbrella.
비가 왔으므로 그녀는 우산을 집어 들었다.

2. now that은 '이전과는 다른 지금의 이유'를 강조할 때 쓰이며, that은 생략이 가능하다. ★
- *Now (that)* we know each other better, we like each other.
우리는 이제 서로를 더 잘 알기 때문에 서로를 좋아한다.

## 3. 조건을 나타내는 종속접속사

| ❶ 일반접속사 | ■ if = given = supposing/suppose= provided/providing<br>만일 ~이면 ⇒11-04~05 참조<br>■ once 일단 ~을 하면, ~하자마자  unless ~하지 않는다면<br>■ granting ~일지라도 ⇒11-07 참조 |
| --- | --- |

| ❷ 구 접속사 | ■ **only if** ~해야지만  **in case** ~할 경우에 대비하여, ~할 경우라면<br>■ **on the condition that** ~라는 조건으로, 만일 ~이라면<br>■ **as long as** ~하는 한 |
| --- | --- |

- If it rains, we'll stay at home.
  = *Provided/ Providing* it rains, we will stay at home.
  = *Supposing/ Suppose* it rains, we will stay at home.
  = *On condition (that)* it rains, we will stay at home.
  = *In case (that)* it rains, we will stay at home.
  = *So long as* it rains, we will stay at home.
  = *Unless* it rains, we will not stay at home.
  비가 내리면, 우리는 집에 머무를 것이다.

**12-33**

> **Check**
>
> 1. 조건 부사절에서는 미래시제가 쓰이지 못하며, 현재시제가 대체한다. ★★★
> ⊃04-05 참조
> - *If* you *ask* him tomorrow, he will help you.
>   → *If* you ~~will~~ *ask* him tomorrow, he will help you. (×)
>   내일 그에게 요청하면, 그가 너를 도와줄 것이다.
>
> 2. unless는 '~이 아니라면'의 부정의 의미를 포함하므로, unless가 이끄는 부사절 내에 부정어가 오지 못한다. ★★★
> - He won't go to sleep *unless* you tell him a story.
>   → He won't go to sleep *unless* you ~~don't~~ tell him a story. (×)
>   당신이 그에게 이야기를 들려주지 않으면, 그는 잠들지 않을 것이다.

**12-34**

## 4. 양보

■ **although = though = even though/ if** ~일지라도  **while = whereas** ~이긴 하지만

- (Al)though her books are boring, she's a very popular author.
  = *Even though/ Even if* her books are boring, she's a very popular author.
  = *While* her books are boring, she's a very popular author.
  = *Whereas* her books are boring, she's a very popular author.
  = Her books are boring, *but* she's a very popular author.
  그녀의 책이 따분할지라도, 그녀는 매우 인기 있는 작가이다.

**12-35**

> **Check**
>
> 1. 양보 부사절 내의 보어나 부사가 맨 앞으로 위치할 수 있다. 이 경우 although는 틀리며, as 혹은 though만 가능하다. ⊃36-10 참조 ★
> - Although her books are boring, she's a very popular author.
>   = *Boring as* her books are, she's a very popular author.
>   = *Boring though* her books are, she's a very popular author.
>   → *Boring* ~~although~~ her books are, she's a very popular author. (×)
>
> 2. 명사 보어의 관사 탈락 ★★★
> 양보 부사절 내의 명사가 '단수 가산 명사'일 경우, 그 명사가 as 혹은 though보다 먼저 앞에 위치할 경우 '관사'없이 위치한다.
> - Although he was a soldier, he was very timid.
>   = *Soldier* as he was, he was very timid.
>   그가 군인이었을지라도, 매우 겁이 많았다.
>   → ~~A~~ soldier as he was, he was very timid. (×)

**01** Learn to save now, __________ you may want in old age. [97. 공무원 9급]
① and　　　② if　　　③ therefore　　　④ otherwise

**02** The ① <u>adult</u> gorilla looks ② <u>fierce</u>, ③ <u>and</u> it is actually a shy, friendly animal ④ <u>that</u> <u>needs</u> companionship and attention.

**03** Not all technology is based on science ______ science is necessary to all technology.

[86. 서울시 7급]

① nor　　　② so　　　③ and　　　④ but

**04** Neither a flower ______ even a blade of grass will grow in this desert. [94. 전북 9급]
① and　　　② or　　　③ nor　　　④ but　　　⑤ that

**05** Tea and drugs are poles apart, as different as life and death, day and night. The evils of drug use are well known, but what is seldom appreciated is that tea not only cheers ________ cures. [97. 공무원 7급]
① but　　　② as well as　　③ too well　　④ such as

**06** "Know thyself" is the key not only to Greek culture ___________ the classical culture of the Western world as well.
① and is　　　② but to　　　③ but also to　　④ but

**07** Neither your hat nor your shirts __________ with this pair of jeans.
① goes　　　② go　　　③ becomes　　④ become

**08** Ironically, the people of the future may suffer not from an absence of choice, ______ from a paralyzing surfeit of it.
① and　　　② or　　　③ but　　　④ neither　　　⑤ apart

**09** David __________ loves Joan, nor wants to marry her.
① not only　　② either　　③ but　　　④ neither　　　⑤ no

## 정답 및 해설

**01** 【해설】 ④ '명령문, or (혹은 otherwise) 문장'은 '~하시오. 그렇지 않으면 ~할 것이다'는 의미이고, ① '명령문, and 문장'은 '~하시오. 그러면 ~할 것이다'는 의미이다.

【해석】 당장 아끼는 법을 배워라. 그렇지 않으면 나이 들어서 궁핍해질 것이다. 【정답】 ④

**02** 【해설】 and → but | 앞 문장의 내용(사나움)과 뒤 문장의 내용(수줍고 우호적임)은 역접관계이므로 but이 옳다.

【해석】 다 큰 고릴라는 사나워 보이지만, 실제로는 교제와 관심을 필요로 하는 수줍음 많고 우호적인 동물이다. 【정답】 ③

**03** 【해설】 괄호 앞 문장과 뒤 문장의 내용 전개는 '대조'로 이어지므로 'but'이 옳다. ① nor 다음에는 도치가 발생해야 하며, ② so의 앞은 원인, 뒤는 결과의 내용이 와야 하고, ③ and는 앞과 뒤의 내용이 대등해야 한다.

【해석】 모든 기술이 과학에 근거하고 있지는 않지만, 과학은 모든 기술 분야에 필요하다. 【정답】 ④

**04** 【해설】 neither A nor B (A와 B 어느 것도 ~이 아니다) 형태가 옳다.
* a blade of grass 풀 한 포기

【해석】 이 사막에서는 꽃 한 송이는 물론 풀 한 포기도 자라지 못할 것이다. 【정답】 ③

**05** 【해설】 not only A but (also) B 구문으로서 also가 생략되어 있다. 두 번째 문장에서 약의 폐해 다음에 but으로 이어지므로 차의 좋은 점들이 나와야 하고 cheer 나 cure 모두 긍정적인 의미이다.

【해석】 차(茶)와 약은 삶과 죽음 혹은 밤과 낮이 차이가 있듯이 서로 다른 것이다. 약물 사용의 폐해는 잘 알려져 있지만, 차가 기분을 북돋아 줄 뿐만 아니라 병을 치료한다는 사실은 거의 알려져 있지 않다. 【정답】 ①

**06** 【해설】 'not only A but also B = not only A but B as well' 문형에서 'as well과 also'는 결국 같은 의미이므로 이 구문 안에서 같이 쓰여서는 안 된다.

【해석】 "너 자신을 알라"는 말은 그리스 문화뿐만 아니라 서양의 고전 문화에 대한 해결책이기도 하다. 【정답】 ②

**07** 【해설】 neither A nor B 구문은 B(shirts)에 수를 일치시키므로 복수 취급되어 있는 go가 옳다. * go with(=become) ~과 어울리다

【해석】 너의 모자와 셔츠 모두 이 청바지와 어울리지 않는다. 【정답】 ②

**08** 【해설】 내용적으로 선택의 여지가 없음과 선택의 폭이 너무 많은 것은 역접관계이므로 not A but B 구조가 와야 하고, A와 B는 동일한 문법적 기능을 가진 것이어야 하므로 두 개의 전치사구가 옳게 병치되고 있다.

【해석】 아이러니하게도 미래의 사람들은 선택의 여지가 없어서가 아니라 마비될 정도의 과다한 선택으로 고통 받을 것 같다. 【정답】 ③

**09** 【해설】 nor와 합쳐져서 등위상관접속사를 이룰 수 있는 것은 neither이다.

【해석】 데이비드는 조앤을 사랑하지 않으며, 그녀와 결혼하고 싶어 하지도 않는다. 【정답】 ④

**10** Although her first business, a health food store, went bankrupt, ______________.
① she eventually launched a successful mail-order business.
② a successful mail-order business, successfully launched.
③ and a successful mail-order business was eventually launched.
④ but she eventually launched a successful mail-order business.
⑤ and a eventually launched a successful mail-order business.

**11** Our body needs food and oxygen, and these must be supplied constantly. Food can be stored in the body, __________ a person need not eat all the time in order to satisfy this need.
[92. 공무원 7급]

① so that        ② but that        ③ as if        ④ even if        ⑤ for fear

**12** ① <u>Even though</u> the hotel was ② <u>already</u> full, the hotel manager did not have rooms for visitors who ③ <u>had been</u> stranded ④ <u>by</u> the storm.

**13** __________ John didn't have a car, his sister lent him hers. [85. 공무원 7급]
① That        ② Why        ③ Since        ④ While        ⑤ When

**14** The answer is meaningless __________ you discover it for yourself. [92. 경남 9급]
① if only        ② unless        ③ without        ④ when        ⑤ whatever

**15** 다음 세 문장 속에 있는 빈칸에 들어갈 단어를 차례대로 짝지은 것으로 가장 올바른 것은? [05. 대구시 9급]

> 1) You must take care __________ you should catch cold.
> 2) __________ you have no objection, I will come tomorrow.
> 3) My teacher's remark, strange __________ it mat seem, encouraged me.

① but - Unless - how
② but - Unless - as
③ lest - If - as
④ lest - If -however

**16** Important __________ sugar is, we can't live upon it. [93. 공무원 7급]
① even if        ② while        ③ as        ④ although

## 정답 및 해설

**10** 【해설】 although라는 종속접속사가 이끄는 종속절 다음에 주절이 빈칸에 와야 한다. ③, ④, ⑤번은 다시금 등위접속사가 나왔으므로 틀렸다. 따라서 주절을 나타내는 ①이 옳다.

【해석】 그녀의 첫 사업이었던 건강식품상점이 파산했을지라도, 결국에는 성공적으로 통신판매사업을 개시했다.  【정답】 ①

**11** 【해설】 빈칸 앞의 내용이 원인이며, 다음의 내용이 결과가 되므로, 'so that(따라서)'이 적합하다.

【해석】 인간의 신체는 음식과 산소를 필요로 하며, 이것들은 지속적으로 공급되어야만 한다. 음식은 신체 내에 비축될 수 있으므로, 이 욕구를 충족시키기 위하여 인간이 언제나 먹을 필요는 없게 된다.  【정답】 ①

**12** 【해설】 Even though → Because | 종속절과 주절의 내용상으로 미루어 보건데, 호텔은 이미 꽉 찬 것(종속절)은 매니저가 더 이상 방을 마련하지 못하는(주절) 이유이다.

【해설】 호텔이 이미 투숙객으로 다 찼기 때문에, 매니저는 폭풍으로 진퇴양난에 빠진 사람들을 위한 방을 마련할 수 없었다.  【정답】 ①

**13** 【해설】 종속절의 내용이 '차를 빌려 준 이유'가 되며, 주절의 내용이 '차를 빌려 주었다는 결과'이므로, '인과(~이기 때문에)'를 가리키는 since가 합당하다. ①②는 명사절만 나타내며, ④는 '역접'의 논리이며, ⑤는 시간 부사절이므로 적합하지가 않다.

【해석】 존은 차가 없기 때문에, 그의 누나가 그에게 자신의 차를 빌려 주었다.  【정답】 ③

**14** 【해설】 주절의 내용과 빈칸 다음의 내용이 연결되기 위해서는 '부정 조건(~이 아니라면)'의 의미를 가진 unless(=if~not)가 옳다.

【해석】 너 스스로 밝혀내지 못한다면 그 답은 무의미하다.  【정답】 ②

**15** 【해설】 1) 문맥상 '부정 목적'의 'lest~should (~하지 않도록)'가 적합하다.
2) 종속절에 부정어가 있으므로 lest는 부적합하고, 단순 조건접속사인 if가 옳다.
3) 원래 문장은 'Though it may seem strange'이며, '보어'인 strange가 문두로 위치하여 'as'가 활용됐다.

【해석】 1) 당신은 감기에 걸리지 않도록 조심해야 한다.
2) 당신이 반대하지만 않는다면, 내일 올게요.
3) 선생님 말씀이 이상해보일지는 놀라도, 나에게 격려가 되었다.  【정답】 ③

**16** 【해설】 'Although(=Though) sugar is important' 문장에서 '보어'인 'important'가 맨 앞으로 위치한 경우에는 as 또는 though만 가능할 뿐이므로 'as'가 들어가야 한다.

【해석】 설탕이 중요할지라도, 그것만 먹고 살 수는 없다.  【정답】 ③

**01** 다음 글의 내용에서 사회 보존에 가장 필요한 것은? [00. 세무직 9급]

> More effective than all the laws society has made for its self-preservation is the function of conscience, setting thereby a policeman in every man's bosom to see that its laws are obeyed. It is remarkable that even in a man's most private affairs, where one might imagine society has no concern, conscience leads him to act according to the good of this organism outside himself.

① observing the law
② telling the difference between the good and the evil
③ the exclusion of personal problem
④ the function of conscience

**02** What is a correct statement about the First Continental Congress? [02. 법원서기보]

> George Washington, Patrick Henry, and John Adams were among the fifty-six men who met in Philadelphia in September 1774. They were from the different American colonies, meeting to talk about the way Great Britain had been governing the colonies. At the meeting, called the First Continental Congress, the men agreed that the colonies had not been treated fairly. They sent a polite letter to Great Britain. In the letter, they asked for changes in trade and tax laws.

① They declared an independence.
② They demanded a fair treatment.
③ They agreed to organize an army.
④ The representatives came from Britain.

## 01

**【해석】** 사회가 자기 보존을 위해서 만들었던 모든 법보다 더 효과적인 것은 양심의 기능이다. 그래서 양심의 기능은 법이 준수되는가를 보기 위해서 모든 사람의 가슴속에 경찰관을 두는 것이다. 사회가 전혀 관심이 없다고 생각하는 곳인 인간의 가장 사적인 부분에서 양심은 그로 하여금 자신의 외부에 있는 이 조직의 선(善)에 따라 행동하도록 이끈다는 것은 주목할 만하다.

**【해설】** 첫 문장에서 사회 보존을 위해서는 양심의 기능이 법보다 더 필요하다고 서술하고 있다.

**【정답】** ········································································································ ④

> **Check**  **be동사의 보어가 문두에 위치한 경우 도치가 발생한다.**
>
> be동사의 보어가 문두에 위치할 경우, 그 문장의 주어가 일반명사이면 도치가 발생한다.
>
> The function of conscience is more effective than all the laws/
>     주어        be 동사    be 동사의 보어인 형용사
>
> society has made for its self-preservation.
>    선행사 laws를 꾸며주는 목적격관계사절
>
> = More effective than all the laws society has made for its self-preservation/
>   be 동사의 보어인 형용사       선행사 laws를 꾸며주는 목적격관계사절
>
> is the function of conscience
> be 동사     주어

**VOCABULARY**

- **self-preservation** 자기 보존, 자기 방위
- **conscience** 양심
- **bosom** 가슴, 흉부
- **remarkable** 두드러진, 주목할 만한 (noticeable)
- **organism** 생물, 유기체, 조직
- **observe** 주목하다, 준수하다
- **tell the difference between A and B** A와 B를 구별하다
- **exclusion** 배제

## 02

**【해석】** 조지 워싱턴, 패트릭 헨리와 존 아담스는 1774년 9월 필라델피아에서 만난 56명 중에 있었다. 그들은 미국의 모두 다른 식민지 출신들이었고, 영국이 식민지들을 통치해온 방식에 대해 이야기하기 위해 모였다. 첫 번째 대륙 회의라고 일컫는 그 모임에서, 그들은 식민지들이 정당하게 대우를 받지 못한다는데 동의를 했다. 그들은 영국에 서신을 보냈다. 그 서신을 통해, 무역과 세금에 대한 법의 개정을 요구했다.

**【해설】** Q 첫 대륙회의에 대해서 정확하게 진술한 것은?
마지막 두 문장을 통해 미국 식민지들에 대한 공정한 대우를 요구했다는 설명이 옳다.

**【정답】** ········································································································ ②

**VOCABULARY**

- **colony** 식민지, 거류지, 군락
- **continental** 대륙의
- **fairly** 공정하게; 꽤, 아주
- **tax laws** 세법
- **declare** 선언하다
- **independence** 독립

**03** 다음 글에서 섬유광학을 사용함으로써 얻는 이득은? [02. 선관위 9급]

> Communication systems using fiber optic technology provide a high degree of reliability which allows complex digital signals to be transmitted, including a high volume of data base information. In the audio field, fiber optics provide high quality for international communications going through a number of relay points. The world-wide fiver optic network is constantly expanding and is never likely to be really completed as points are added to better serve customers.

① Higher volume
② Fewer relay points
③ More reliability
④ Less complex signals

**04** A man's first mistake is usually his last because ___________. [03. 공무원 7급]

> "A man's first mistake in the Arctic is usually his last." says Squadron Leader Scott Alexander of the Royal Canadian Air Force's survival training school at Cambridge Bay, 200 miles above the Arctic Circle. Here, in a land of snow, ice and rock, mauled by vicious polar winds, a handful of experts are teaching Canadian airmen how to stay alive in the event of an emergency landing. More than 2000 students take this course annually, "If you survive, you've passed." the men jest.

① he learns quickly.
② a mistake usually causes death.
③ he learns slowly.
④ he is only allowed to make mistake.

## 03

【해석】 광섬유기술을 사용하는 통신체계는 많은 양의 데이터베이스 정보를 포함하는 복잡한 디지털 신호를 전송하게 하는 높은 수준의 신뢰도를 제공한다. 음성분야에서 광섬유는 많은 중계소를 통과하는 국제통화를 위해서 최상의 질을 제공한다. 세계에 걸친 광섬유 통신망이 지속적으로 확장하고 있지만 이용자들에게 보다 나은 서비스를 위해 중계소가 계속 추가되고 있기 때문에 결코 쉽게 완성되지는 않을 것으로 보인다.

【해설】 중계소의 증가 때문에 통신망은 오히려 완성되기 힘들다고 했다. ① Higher volume은 통신선의 부피가 크다는 것이므로 정답이 아니다. (실제 광섬유는 일반 통신선보다 매우 가는 편이다.)

【정답】 ································································································ ③

**VOCABULARY**

- fiber 섬유, 섬유질
- optic 눈의, 광학상의
- fiber optic technology 광섬유기술
- a high degree of 고급의
- reliability 신뢰도
- complex 복잡한
- transmit 전송하다
- a volume of 상당한
- relay point 중계소

## 04

【해석】 "북극에서 어떤 사람의 첫 실수는 대개 그의 마지막 (실수)이다."라고 북극권 경계에서 200마일이나 더 떨어져 위에 있는 캠브리지만에 있는 캐나다 왕립 공군생존훈련학교 비행대대의 Scott Alexander는 말한다. 여기 지독한 북극바람이 할퀴고 지나간 눈, 얼음, 바위가 있는 땅에서는 몇 안되는 전문가들이 캐나다의 조종사들에게 비상착륙 상황이 발생하였을 경우 생존방법에 대해 가르치고 있다. 2000명 이상의 학생들이 이 교육과정을 1년에 한 번씩 듣는다. "만일 당신이 살아남는다면, 당신은 통과한 것이다."라고 그들은 농담한다.

【해설】 Q 사람의 첫 실수가 그의 마지막 실수라고 하는 이유는?
③은 언급된 바 없는 내용이며, ④은 잘못된 진술이다. '북극에서 어떤 사람의 첫 실수는 대개 그의 마지막 (실수)이다.'는 말은 ②'한 번의 실수도 죽음으로 귀결된다.'는 논리와 같다.

【정답】 ································································································ ②

**VOCABULARY**

- the Arctic 북극
- squadron 기병대대, 함대, 비행대
- maul 상처를 내다, 할퀴다, 비난하다
- polar 북극의
- a handful of 소량의
- in the event of ~할 경우에
- emergency landing 비상착륙
- take course 교육과정을 수료하다
- jest 농담하다, 비웃다

> Tom wanted to learn how to cook so he got a job at a restaurant. After the first night, Tom wanted to quit. All he did was to run around and clean up. When he went to work the second night, one of the chefs was out. Some workers began to panic because the restaurant was getting busy. Quickly, Tom offered to help prepare the food. He did a good job and all the workers praised him. Tom's boss told him that he could use someone with ability in the kitchen. Tom said he would be delighted to work in the kitchen.

1. At last Tom ___________________________.
① quitted working at the restaurant
② decided to work in the kitchen
③ couldn't get a job because the boss found another cook
④ told the boss that he could use the boss' ability

2. After the first night Tom wished to stop working in the restaurant ____________.
① because he quarreled with the boss
② because he got another job
③ because he thought he couldn't learn how to cook
④ because he panicked to hear what the boss said

## 05

**【해석】** 톰은 요리하는 법을 배우고 싶어서 음식점에서 직업을 얻었다. 하루 저녁 일하고 난 후, 톰은 그만두고 싶었다. 그가 하는 일은 여기저기 돌아다니면서 청소하는 것이 전부였다. 그가 둘째 날밤 일하러 갔을 때, 요리사 중 한 사람이 그만 두었다. 음식점이 바빠져서 몇몇 종업원들은 얼이 나갔다. 톰은 재빨리 음식 준비를 돕겠다고 제안을 했다. 그는 그 일을 잘 해냈으며, 모든 종업원들이 그를 칭찬했다. 톰의 사장은 그에게 주방에 능력이 있는 사람을 썼으면 한다고 했다. 톰은 자신이 주방에서 일하면 기쁠 것이라고 말했다.

**【해설과 정답】**

1. 마지막 문장에서 자신이 주방 일을 하기를 원한다고 의사표시를 했다. ④는 톰이 사장에게 사장의 능력을 쓸 수 있었으면 좋겠다고 말했다는 뜻이다. ······················· 【정답】 ②

2. 첫날 밤 이후 톰은 요리하는 법을 배울 수 없다고 생각하여 일을 그만두려 생각했었다. ························ 【정답】 ③

## VOCABULARY

- **get a job** 직업을 얻다
- **quit** 중단하다
- **run around**
  여기저기 돌아다니다
- **clean up**
  깨끗이 청소하다
- **chef** 주방장, 요리사
- **be out** (일을) 그만두다
- **panic**
  당황하다; 공포, 공황
- **do a good job**
  일을 훌륭히 해내다
- **be delighted to R**
  ~하게 되어 기쁘다
- **at last** 결국, 마침내
- **quit** 그만두다
- **quarrel with**
  ~와 싸우다, 다투다
- **can use** [구어체]
  ~을 얻을 수 있으면
  좋겠다, 필요하다

**06** Read the following passage and choose the best answer to each question. [03. 세무사]

> Dear Pam:
>
> Thank you for saving my life. Last year, May 6 was a Sunday. Sundays are busy for me, but thank God ___________________. On that day, you published the warning signs of cancer.
>
> One of the seven signs was hoarseness. I had quit smoking only a week before, and my throat still bothered me. I went to our family doctor on Tuesday. He immediately sent me to a throat specialist. Four days later, I had a malignant tumor removed from my larynx. After 35 radiation treatments, I was declared "cured" and in excellent health.
>
> I am alive today because I read your column. No way would I have connected hoarseness with cancer if it hadn't been for you. Please publish the seven signs again. There must be others who need to be alerted.

1. Which would be the most appropriate expression for the blank?

① I was too tired to read your column
② I was busy enough to read your column
③ I wasn't too busy to read your column
④ I wasn't able to find the newspaper
⑤ I was able to go to the church on time

2. What does the writer want Pam to do?

① To go to the throat specialist immediately
② To write more useful information than before
③ To understand the pains of cancer patients
④ To publish the seven warning signs again
⑤ To help those who are in need of help

## 06

**【해석】** 친애하는 Palm님에게

저의 생명을 구해 주신 것에 대해 감사드립니다. 작년에, 5월 6일은 일요일이었습니다. 일요일마다 저는 항상 바쁘답니다. 그러나 제가 선생님의 칼럼을 읽지 못할 만큼 바쁘지는 않았다는 점에 대해 얼마나 감사한지 모릅니다. 그날, 선생님께서 암의 징후 경고에 관한 책을 출간하셨습니다.

7가지의 징후 중 한 가지가 쉰 목소리가 난다는 것이었습니다. 저는 고작 일주일 전부터 금연을 해왔었으며, 목 때문에 여전히 고통스러웠습니다. 저는 화요일에 저희 가족 주치의에게 찾아갔었습니다. 그는 즉시 저를 목 전문의에게 보냈습니다. 4일 후 저는 후두에서 악성종양을 제거했습니다. 35번의 방사선 치료 이후, 저는 '완치' 판정을 받았으며, 아주 건강해졌습니다.

선생님의 칼럼을 읽은 덕분에 저는 현재 살아 있습니다. 만일 선생님이 계시지 않았다면 저는 결코 쉰 목소리를 암과 연관시킬 수 없었을 것입니다. 부디 7개의 징후를 다시 출간해 주시기 바랍니다. (암 발생 위험을) 경고 받아야 할 필요가 있는 다른 이들이 분명히 존재합니다.

**【해설과 정답】**

1. '암의 징후에 대한 칼럼'을 읽어서 살 수 있었고, 그래서 감사의 표현을 하는 것이므로, '칼럼을 읽을 수 있었다'는 논리가 타당하다. 따라서 이중부정을 하는 'not too ~ to R' 구문으로 이루어진 3번 보기가 옳다. ……………… **【정답】** ③

2. 마지막 두 문장을 보면 글쓴이는 암의 징후에 대해서 주의를 받을 필요가 있는 이들이 많으므로, Pam이 7가지 경고징후란 글을 재출간해주기를 원하고 있다. …………………………………………… **【정답】** ④

## show

show 는 "모습을 보여주다" 이다. 사람이 모습을 보여주는 것은 "나타나다" 이고, 물건을 보여주는 것은 "전시·진열·공연하다" 이다.

**01 show ∗ off** sb/sth　• 다른 사람과 떨어져(off) 보여주다(show)
자랑하다, 과시하다(=display)

**02 show up**　• (해가) 수면 위 → 보이는 곳(up)로 나타나다
(모임 등에) 나타나다(=appear), 참석하다

**03 show one's (true) colors**　• 색깔을 분명히 보여주다
태도를 분명히 하다; 본색을 드러내다

**04 show** sb **the way**
길을 가르쳐 주다

## cover

cover 는 "무엇을 감싸듯이 덮다" 이다.
덮다는 개념에서 "보호하다, 감싸주다" 의 개념과, 덮어서 가린다는 의미에서 "감추다, 은닉하다", 그리고 어떠한 부분을 "포함하다, 범위가 미치다" 뜻도 나온다.

**05 under (the) cover of** sth　• ~을 cover(핑계, 엄호)로 해서
1. ~을 핑계 삼아, ~를 빙자하여(=under pretence of ~ing)
2. ~의 엄호 아래, (어둠 따위)를 틈타서
**cf. under cover** 은밀하게, 비밀리에
　(=clandestinely, secretly)
　**= under the guise of** sb/sth ~을 가장하여, ~을 빙자하여

**06 cover ∗ up** sth/ **cover (up) for** sb
싸서 감추다, (잘못 등을) 은폐하다
**cf. cover-up** (진실 등의) 숨김, 은폐
　(=whitewash, concealment)
**cf. cover oneself up** (몸을) 가리다

## dress/shirt/vest/linen

옷이나 의상은 그 사람을 나타내는 권위이기도 하고 사람의 자존심이기도 하다.

**07 dress ∗ down** sb　• 엉덩이를 때리기 위해 바지(dress)를 내리다(down)
꾸짖다(=reproach), 매질하다

**08 dress up**　• 완전히(up) 차려입다(dress)
1. 잘 차려입다(=put on nice clothes)
2. 정장하다(=put on formal clothes)

**09 be dressed to kill**　• 죽이게(kill) 옷을 입은(dressed)
〈구어〉 홀딱 반할 만한 옷차림을 하고 있다
(=be dressed to attact attention)

**10 be vested in** sb/sth　• 조끼[자격, 권한의 상징](vest)를 입히다(in)
(권리나 의무로서) 주어지다(=be given to sb/sth)
**cf. vest in** sb/sth 권리를 주다, 부여하다; 재산이 귀속하다

**11 wash one's dirty linen in public**
집안의 수치스러운 비밀을 외부에 드러내다

> ↔ **wash one's dirty linen at home**
> 집안의 수치를 외부에 드러내지 않다

## wear　wear–wore–worn

wear 는 "몸에 지니고 있다(입거나 신거나 휴대하다); 닳다" 의 의미이다.
1. 몸에 지니다 → 입다, 신다, 휴대하다, (화장이나 향수를) 바르다, (미소나 표정을) 띠다
2. 닳다, 닳게 하다; 피곤하게 하다, 지치다

**12 wear one's heart on one's sleeve**
감정을 감추지 않고 드러내다(=show one's emotions),
생각하는 바를 숨김없이 말하다

> **cf. get** sth **up one's sleeve**
> 어떤 것을 비밀리에 갖다, 딴 속셈을 가지다
> **cf. pour out one's heart** 털어놓다
> **cf. Mary** <u>wears</u> **long hair**. 메리는 머리가 길다.
> **She** <u>wear</u> **a lot of make up.** 그녀는 화장이 짙다.
> **The girl** <u>wore</u> **a happy smile.**
> 소녀는 행복한 미소를 띠었다.

**13 wear (a bit) thin**　• 닳아서(wear) 얇아지다(thin)
닳아서 얇아지다(=run out); 낡다, 퇴락하다

**14 wear ∗ out (**sth**)**　• 완전히(out) 닳아 없애다(wear)
1. 낡게 하다, 닳아 없어지게 하다; 마멸하다, 해지다

> **= wear ∗ away (**sth**)**　• 닳아서(wear) 사라지게(away) 하다
> 닳아 없애다, 마멸시키다; 차츰 닳다
> **= wear off**　• 닳아서(wear) 떨어져 나가다(off)
> 닳아 없어지게 하다; 닳아서 없어지다; 차츰 없어지다, 소멸하다
> **= wear ∗ down (**sb/sth**)**　• 닳아서(wear) 줄다(down)
> 닳아 없어지[게 하]다; 지치다; 굴복시키다, ~에 이기다(=overcome)

2. 지치게 하다(=exhaust)
**cf. worn out** 써서 낡은; 기진맥진한

**01** This test will give you the perfect chance to <u>display</u> your English proficiency.
① show up      ② show off
③ show out      ④ show across

**02** Most of the people we invited to the party <u>didn't show up</u>.
① were poorly dressed      ② arrived too late
③ didn't come      ④ didn't show off

**03** You may find him charming at the moment, but he will <u>show his true colors</u> soon enough.
① have a change of heart
② reveal his real nature
③ get very angry and agitated
④ become remorseful and confess everything

**04** 다음 우리말을 가장 적절하게 영작한 것은? [87.행자부 9급]

> 그는 친절하게도 나에게 우체국에 가는 길을 가르쳐 주었다.

① He had the kindness to teach me the way to the post office.
② He had kindness to show me the way to the post office.
③ He was kind enough to show me the way to the post office.
④ He kindly taught me the way to the post office.
⑤ He was kindness to tell me the way to the post office.

**05** He committed murders <u>under cover of</u> patriotism.
① under pretence of      ② not revealing
③ keeping in secret      ④ for the purpose of

**05-1** He spoke to us <u>under the guise of</u> friendship.
① with a desire for      ② on pretense of
③ in rejection of      ④ for the purpose of
⑤ in ignorance of

**06** Undeniable evidence, spoken by Nixon and recorded on tape, revealed that he had obstructed justice and attempted to _______ the break-in. This recorded conversation later became known as the Smoking Gun.
① uncover      ② cover up
③ discover      ④ cover for

---

**01** 그 시험은 너의 영어 실력을 과시할 수 있는 절호의 찬스를 줄 것이다.
················································ 【정답】②

**02** 우리가 파티에 초대한 대부분의 사람들이 오지 않았다.
················································ 【정답】③

**03** 너는 당장에는 그가 매력적이라고 알지 모르지만, 그는 곧 자신의 본색을 드러낼 것이다.
················································ 【정답】②
① 마음을 바꾸다, 변심하다
② 그의 본성을 드러내다
③ 매우 화나고 흥분하다
④ 후회하고 모든 것을 고백하게 되다
　* remorseful 후회하는

**04** ································ 【정답】③
[tip] 길을 가르쳐주다란 표현은 'teach'가 아닌 'show'를 관용적으로 쓴다. 'have+the 추상명사(kindness)+to R'는 (친절)하게도 ~하다란 뜻으로 'be kind enough to R'과 같다. 이 때 the는 생략 불가.

**05** 그는 애국심을 빙자하여 살인을 저질렀다.
　* patriotism 애국심
················································ 【정답】①
① 가장, 겉치레      ② 드러내지 않고
③ 비밀을 지키면서      ④ ~할 목적으로

**05-1** 그는 우정이라는 미명아래 우리에게 말했다.
················································ 【정답】②
② on pretense of = under (the) pretense of
④ for the purpose of ~하기 위하여

**06** 닉슨대통령이 말한 내용이 녹음된 부정할 수 없는 증거는 그가 재판을 방해했고 불법침입 사실을 은폐하기 위한 시도를 했다는 것을 드러냈다. 이 녹음된 대화내용은 훗날 'Smoking Gun(확실한 증거)'으로 잘 알려지게 되었다. [워터게이트 사건: 1972년 민주당 본부 건물에 불법침입과 도청 장치를 한 불법정보활동을 은폐하고자 했던 닉슨대통령이 1974년 사임한 사건]  * break-in 불법침입 smoking gun 확실한 증거
················································ 【정답】②
① uncover 폭로하다      ② cover up 은폐하다
③ discover 발견하다      ④ cover for (사람을)대신하다

**07** If you neglect what you are to do, you will be <u>dressed down</u>. [96.외무고시]
① sent to the dress section
② asked to leave your post
③ ask to sell dress
④ deprived of your dress
⑤ reproached

**08** You must <u>dress up</u> for the party.
① stand up
② wear a casual jacket
③ put a nice dressing
④ put on nice clothes

**09** I don't know how she can afford to do it but every night she goes out, <u>dressed to kill</u>. [95.행자부 7급]
① dressed to commit suicide
② dressed like a killer
③ dressed poorly
④ dressed to attract attention

**10** The power to impose taxes is <u>vested in</u> Congress.
① invested in          ② given to
③ deprived of          ④ enforced in

**11** When I started to complain about my boss at a party, my wife told me not to wash my dirty ________ in public.
① shirt          ② socks
③ boots          ④ linen

**12** Some people love him and some people hate him, but my brother always lets you know how he feels because he <u>wears his heart on his sleeve</u>.
① show his emotions
② is always in love
③ hides his feelings
④ get angry easily

---

**07** 해야 할 일을 게을리 한다면, 너는 질책을 당할 것이다.

【정답】 ⑤

① 의상부서로 보내버렸다
② 사임을 요구했다
③ 옷을 팔기를 요청했다
④ deprive 빼앗다
⑤ reproach 비난하다, 꾸짖다

**08** 파티에 반드시 잘 차려 입고 와야 해.

【정답】 ④

① stand up 기립하다
② 캐쥬얼 재킷(평상복 상의)을 입다
③ 맛있는 드레싱[소스]을 얹다
④ 좋은 옷을 입다

**09** 그녀가 어떻게 그럴만한 여유가 있는지 모르겠지만 매일밤 홀딱 반할 정도의 옷차림을 하고 외출한다.

【정답】 ④

**10** 세금을 부과하는 권한은 국회에 부여되어 있다.

【정답】 ②

① invest in ~에 투자하다
② be given to ~에 주어지다
③ deprive of ~을 박탈하다
④ enforce 집행하다

**11** 내가 파티에서 사장에게 불평을 늘어놓자, 아내는 나에게 집안의 수치를 남에게 드러내지 말라고 했다.

【정답】 ④

**12** 어떤 사람들은 그를 좋아하고 어떤 사람들은 그를 싫어하지만, 내 동생은 자신의 감정을 감추지 않고 드러내기 때문에 늘 그의 마음을 네가 알게 될 것이다.

【정답】 ①

① show his emotions 그의 감정을 보여주다
③ hides his feelings 그의 감정을 숨기다

**13** At the beginning of a disaster, we usually try to be brave and strong but then, after a while, we can get discouraged and our good cheer <u>wears a bit thin</u>.
① runs in       ② runs on
③ runs away     ④ runs out

**14** We found many phonograph records that were <u>worn out</u>.
① rare           ② no longer usable
③ expensive     ④ famous

**13** 재난 초에는 우리는 대개 용감해지고 강해지려 노력하지만, 잠시 후에는 좌절하게 되고 원기는 약해지고 만다.

【정답】 ④

① run in 뛰어들다
② run on 계속되다, 계속 얘기하다
③ run away 도망치다
④ run out 바닥나다, 다 써버리다

**14** 우리는 많은 낡은 축음기용 레코드들을 발견했다.

【정답】 ②

① rare 귀한, 흔하지 않은    ② 더 이상 쓸 수 없는
③ expensive 값비싼        ④ famous 유명한

## Part A - show/appear/hide

### 1. phas/phen/phan/fan(=show, appear)

**01 phase** *
[féiz]
phas(=show) → 보이는 상(象)
n. 1.국면, 양상; (발전의) 단계(=stage)
   2.(변화하는 것의) 상(象), 면
vt. 단계적으로 실행하다
   * phase in 단계적으로 도입하다
   phase out 단계적으로 폐지하다

**02 emphasize** *
[émfəsàiz]
em(강조)+phas(=show)+ize → 강하게 보여주다
vt.1.강조하다, 중시하다; 역설하다
   (=accentuate, underscore)
   2.말 따위에 강세를 두다
ⓝ emphasis 강조(하기), 역설; 역점
   * lay[place, put] emphasis on
   ~에 중점을 두다
ⓐ emphatic
   (말 따위에) 강세가 있는, 어조가 강한
ⓐⓓ emphatically 강조하여; 단호하게, 힘주어
동 accentuate
   강조하다, 두드러지게하다(=emphasize)

**03 phenomenal** *
[finámənl]
phenom(천재)+enal → 천재같은
a. 1.<구어> 놀랄만한, 경이적인
   (=extraordinary),
   거대한(=great, remarkable)
   2. 자연현상의
ⓝ phenomenon 현상, 사건
   phenom <속어> 천재, 굉장한 사람

---

**어근복습**
❶ phantom 유령, 허깨비, 환상
❷ diaphanous (옷 등이) 비치는, 투명한 * dia(=through)
❸ fantasy (터무니없는) 공상, 상상; 공상 소설
   - fantastic 이상한; 굉장한, 훌륭한
❹ phenotype 표현형

---

### 2. vict/vinc(=conquer, show)

**04 evince** **
[ivíns]
e<ex(=out)+vinc(=show)
→ 바깥으로 드러내 보여주다
vt.1.(감정 등을) 분명히 나타내다,
   밝히다(=show clearly, clarify)
   2.(반응 등을) 불러일으키다
ⓐ evincive 명시적인; 증명하는

**05 convince** **
[kənvíns]
con(=thoroughly)+vinc(=conquer)
→ (말로) 완전히 상대방을 이기다
vt. 확신시키다, 납득시키다
   (=persuade)
ⓐ convinced 확신을 가진, 신념 있는
   convincing 설득력 있는, 수긍이 가게하는
   convincible 설득할 수 있는; 이치에 따르는
ⓝ conviction 1.신념; 확신
   2. 유죄 판결; 죄의 자각, 양심의 가책

**06 vindicate** **
[víndəkèit]
vin(=show)+dic(=say)+ate → 말로 보여주다
vt.1.정당[결백]함을 입증하다
   (=exonerate)
   2.(권리 등을) 주장하다, 옹호하다
   3.복수하다

---

리 **vindictive** 복수심을 품은(=vengeful),
   악의에서의(=malicious)

**07 invincible** *
[invínsəbl]
in(=not)+vinc(=conquer)+ible → 정복할 수 없는
a. 1.정복할 수 없는,
   (장애를) 극복할 수 없는
   2.무적의; (정신 등이) 불굴의
반 vincible
   정복할 수 있는; 극복[억제]할 만한

관련 subjugate 복종시키다, 종속시키다,
   정복하다(=subdue, conquer, vanquish)
vanquish 정복하다(=conquer); 극복하다

---

**테마어휘**   **난공불락의 요새, 보루**

❶ invulnerable    상처를 입지 않는 → 공격할 수 없는
unconquerable    정복할 수 없는 → 극복하기 어려운
invincible       이길 수 없는 → 무적의 → 극복할 수 없는
unbeatable       패배시킬 수 없는 → 무적의
indestructible   파괴할 수 없는 → 불멸의
insurmountable   넘을 수 없는 → 능가할 수 없는
insuperable      극복하기 어려운 → 무적의
impregnable      난공불락의 → 확고한
❷ fortress        요새; 안전한 장소
bulwark          성채, 보루; 방파제
stronghold       성채, 요새; 사상·신앙 등의 거점, 아성
citadel          성, 요새; 보루; 최후의 거점
bastion          요새, 군사적 거점; 보루

---

**08 evict** *
[ivíkt]
e<ex(=out)+vict(=conquer)
→ 정복해서 밖으로 몰아내다
vt. 세든 사람을 쫓아내다, 퇴거시키다
ⓝ eviction 축출, 퇴거

**09 demonstrate** *
[démənstrèit]
de(=강조)+monstr(=show)+ate → 완전히 보여주다
vi. 시위를 하다
vt.1.논증[증명]하다; ~의 증거가 되다
   2.(실험·실물에 의해서) 설명[표시]하다
   3.(감정 등을) 표시하다, 내색하다
ⓝ demonstration 논증, 증거; 시위(=demo)
   demonstrator 논증자; 시위참가자
ⓐ demonstrative 예증적인, 입증하는

관련 **remonstrate** 항의하다, 충고하다
   * re(again)+monstr(show)+ate
   잘못된 것 아니냐며 다시 보여 주다
   **demon** 악마, 마귀, 귀신(devil)
   **demos** 민중, 대중; (고대 그리스의) 시민

유 campaign (사회적) 운동을 일으키다;
   전투, 작전; <미> 선거운동; 조직적 운동

---

**테마어휘**   **집회, 시위, 시민운동**

❶ NGO  Non-Governmental Organization 비정부기구
❷ a citizen's campaign 시민운동(= ~ movement)
❸ parade, march 시위행진
❹ picket, demonstrator 데모대, 데모 참가자
❺ a protest meeting 항의집회
   - a statement of protest 항의성명
   - an open-air meeting 옥외집회
❻ an unlawful assembly 불법집회
   - a notice of assembly 집회신고

## 3. appear ↔ hide

**10 disappear** [dìsəpíər]
dis(=away)+appear → 완전히 보여주다
vi. 1.사라지다, 모습을 감추다
(=vanish, evaporate, dissipate)
2.소멸[소실]하다(=extinct)
ⓝ **disappearance** 사라짐, 소실, 소멸; 실종
⑮ **appear** 나타나다, 출현하다; ~같이 보이다
- **appearance** 출현; 외모; 형세; 체면

**11 abscond** [æbskánd]
abs<ab(=away)+cond(=hide)
→ 멀리 사라져 숨어버리다
vi.몰래 도주하다, 종적을 감추다
(=run off, depart suddenly)

관련
**recondite** 숨겨진, 막연한; 난해한, 심오한
**ensconce** 숨기다, 안치하다

**12 hideous** [hídiəs]
hide(숨다)+ous → 무서워서 숨을 수밖에 없는
a.1.소름끼치는, 섬뜩한, 무서운
(=dreadful, ugly)
2.극악한; 불쾌한(=repulsive)

⑧ **heinous** [héinəs]
가증스러운(=hateful), 극악[흉악]한
(=evil, very wicked, shocking and immoral)
**ugly** 추악한; 못생긴; 위험한; 날씨가 험악한

## 4. crypto/crypt(=hidden, secret)

**13 cryptic** [kríptik]
crypt(=hidden,secret)+ic → 감추어져 있는
a. 1.신비스러운(=mysterious),
숨은, 비밀의
2.(동물이) 몸을 숨기기에 알맞은
(=fitted for concealing)
* **cryptic plumage** 보호색의 깃털
관련 **procryptic** 보호색의

어근보충
❶ **crypt** 지하실, (특히 성당의) 지하실
❷ **crypto** (정당 등의) 비밀 동조자, 비밀당원
❸ **cryptogram** 암호(=code) * gram(=mark)
❹ **cryptography** 암호 해독법(=cryptology)
❺ **cryptonym** 익명
❻ **kleptomania** 도벽증, 절도광(=cleptomania)

## 5. cel/cul/ceal(=hide)

**14 occult** [əkʌ́lt]
oc<ob(강조)+cult<ceal(=hidden,secret)
→ 감추어져 있는
a. 신비한(=mystical),
초자연적인; 숨은, 비밀의
⑧ **mystical** 신비적인, 불가사의한
- **mystic** 비법의, 신비한

**15 conceal** [kənsíːl]
con(강조)+ceal(=hide) → 완전히 숨기다
vt.숨기다, 비밀로 하다(=hide)
ⓝ **concealment** 은닉, 숨김
표현 **skeleton in the closet**
소문날까 두려운 집안의 비밀[수치]

어근보충
❶ **cell** 세포; 작은 방, 교도소의 독방
❷ **cellar** 지하실(=basement)

## 6. 기타

**16 whitewash** [hwáitwɔ(ː)ʃ]
white+wash → 하얀 페인트로 결점을 덮어버리다
n. 1.(결점 등을 숨기기 위한) 눈속임
(=camouflage)
2.백색도료, 회 반죽
vt. 백색도료를 칠하다; 눈속임하다
(=conceal)

**17 camouflage** [kǽməflàːʒ]
08.선관위 9급
카무플라주(군인이 얼굴에 발라 위장하는 것)
vt. 위장하다, 눈가림하다, 속이다
(=conceal)
n. 위장, 기만; 위장 수단(=whitewash)
⑧ **masquerade**
가면무도회; 가장(=fake); 겉치레, 구실

테마어휘 **칠하다, 바르다, 쓰다 → 감추다**

| | |
|---|---|
| ❶ **cloak** | 외투를 입히다 → 덮어 감추다, 은폐하다 |
| ❷ **blanket** | 담요를 덮다 → (사건을) 덮어 버리다; 총괄적인 |
| ❸ **mask** | 가면을 씌우다 → (감정 등을) 감추다, 가장하다 |
| ❹ **veil** | 베일을 씌우다 → (감정 등을) 감추다, 숨기다 |
| ❺ **cover up** | 싸서 감추다 → (범죄 등을) 은폐하다 |
| ❻ **lacquer** | 래커[옻]를 칠하다 → 단점[결점]을 감추다 |
| ❼ **paint** | 페인트, 도료 → 겉치장, 허식; 칠하다; 화장하다 |
| ❽ **varnish** | 니스, 광택제 → (결함을 감추기 위한) 겉치레 |
| | → (속이려고) 겉꾸밈하다 |
| cf. **plaster** | 회반죽; 고약; 회반죽을 바르다 |
| **mortar** | 모르타르, 회반죽; 회반죽을 바르다 |
| ❾ **veneer** | 합판, 널빤지 → 겉치장; 결점 등을 ~으로 감추다 |

**18 disguise** [disgáiz]
dis(=off)+guise(모습) → 모습과 다르게 하다
vt.1.변장[위장]시키다
2.(사실 감정 등을) 숨기다,
감추다(=hide)
n. 변장, 위장, 거짓행동
관련 **guise** (~)의 외관, 겉모습
* **in the guise of** ~의 모습으로

**19 feign** [féin]
v. (~을) 가장하다, ~인 체 하다
(=pretend, disguise, dissemble,
affect)

**20 latent** [léitnt]
lat(=hide)+ent → (병이) 숨어 있는
a. 1.숨은, 잠재한; (병 등이) 잠복해
있는(=hidden, potential, dormant)
2.(심리) 잠재성의; (식물) 휴면의
ⓝ **latency**
숨어 있음, 잠복, 잠재; (병의) 잠복기

**21 clandestine** [klændéstin]
02.변리사
clan(=see)+destine<intestine(창자)
→ (남의) 창자 안을 보는
a. 은밀한, 암암리의, 남몰래 하는
(=covert, secret, surreptitious)
ⓐⓓ **clandestinely** 비밀리에, 남몰래

**22 furtive** [fə́ːrtiv]
fur(=thief)+tive → 도둑같이 몰래 하는
a. 1.몰래 하는, 남의 눈을 속이는,
은밀한(=stealthy, sly, clandestine)
2.수상쩍은; 믿을 수 없는
ⓐⓓ **furtively** 몰래, 살그머니, 슬쩍(=secretly)

**23 hush** *
[hʌʃ]

내가 말하려 하자 옆에서 허! 쉿! 하고 입을 막았다.

vt. 1. 입 다물게 하다, 쉿 하다
　　2. (불안 등을) 진정시키다,
　　　　잠잠하게 하다
n. 침묵, 고요함(=silence);
　　쉬쉬해버림
ⓐ **hushed** 조용해진, 고요한

> 관련 **hush-hush**
> 　(계획 등이) 극비의; 보도 등을 덮어 두다
> **hush-up**
> 　<구어> (사건의) 무마, 은밀한 수습

| 테마어휘 | 은밀한; 비밀의 |
| --- | --- |
| ❶ confidential | 신임이 두터운, 친숙한 → 기밀의, 내밀한 |
| ❷ hush-hush | (계획 등이) 극비의 |
| ❸ off-the-record | 기록에 남기지 않는 → 비공개의 → 기밀의 |
| ❹ undercover | 비밀로 행해지는, 비밀의 |
| ❺ cover-up | 감춤, 은폐, 은닉(=trick for concealment) |
| ❻ underhand | 밑으로 던지는 → 비밀의, 공정하지 않은 |
| ❼ under the table | 뇌물로서, 몰래 |
| ❽ under-the-radar | 눈에 잘 안 띄는 |
| ❾ stealth | 스텔스전투기 → 비밀, 내밀 |

# Part B - shut/cover/care/dress

## 1. clud/clus/clos/claus(=close, shut)

**24 close** ▽
[klóuz]

v. 닫다(닫히다), 봉하다; 끝내다,
　폐쇄하다, 휴업하다
n. 끝, 종결; 폐쇄
a. 닫힌; 좁은, 갇힌; 가까운; 친한;
　빽빽한; 철저한
ad. 접하여, 밀착하여, 빈틈없이

> 표현 **close call** 위기일발, 구사일생
> * **close up**
> 　임시 휴업하다; 폐쇄하다; 간격을 좁히다
> * **close down** 폐쇄하다; 종료하다
> * **shut down** (가게나 공장의) 문을 닫다
> 　cf. **shutdown** 가동중지, 임시휴업
> 관련 **disclose** 드러내다, 폭로하다; 발표하다
> 　**enclose** 에워싸다, 둘러싸다; 동봉하다

**25 exclusive** *
[iksklú:siv]

ex(=out)+clus(=shut)+ive
→ 밖에서 안으로 못 들어오게 차단하다
a. 유일의(=sole); 독점적인,
　배타적인, 배제하는
n. 독점기사, 특종(scoop)
ⓐⓓ **exclusively** ** 배타적으로, 오로지(=only)
ⓝ **exclusion** * 제외, 배제, 추방; 입국거부
ⓥ **exclude** * 제외[배제]하다(=rule out);
　쫓아내다, 제명하다, 추방하다

> 표현 **rule out** ▽
> 　1. 제외하다, 실격시키다(=exclude)
> 　2. ~을 못하게 하다, 불가능하게 하다
> 　**shut out** 내쫓다, 배제하다
> 반 **inclusive** ~을 포함하여, ~을 넣어
> 　- **include** 포함하다, 넣다

**26 conclusive** *
[kənklú:siv]

con(강조)+clus(=shut)+ive
→ 토론의 여지를 완전히 닫아버린
a. 결정적인(=decisive), 설득력있는;
　최종적인
ⓐⓓ **conclusively** *
　1. 결정적으로(=irrefutably)
　2. 최종적으로 (=finally)
ⓝ **conclusion** 결말, 결론, 종결, 귀결
ⓥ **conclude**
　끝내다, 완료하다; 결론을 내리다

> 표현
> **come to [reach, arrive at] a conclusion**
> 결론에 이르다, 결론에 도달하다
> **cf. jump to a conclusion** **
> 너무 빨리 속단하다

**27 recluse** *
[réklu:s]

re(=back)+cluse(=shut)
→ 후미진 뒤로 가서 소통을 닫아버린
n. 은둔자, 속세를 버린 사람(=hermit)
a. 속세를 떠난, 은퇴한; 외로운
ⓝ **reclusion** 은둔, 출가; 사회적 고독

> 동 **hermit** * 은둔자, 세상을 등진 사람
> 　(=recluse); 수행자; 벌새
> 　- **hermitage** *
> 　은신처, 외딴 집; 수도원; 은둔생활

**28 preclude** *
[priklú:d]

pre(=before)+clud(=shut) → 사전에 차단하다
vt. 1. 막다, 방해하다(from)
　　(=prevent from)
　　2. 미리 배제하다, 제외하다
ⓝ **preclusion** 제외, 배제; 방해, 방지
ⓐ **preclusive** 제외하는, 예방적인

**29 seclude** *
[siklú:d]

se(=apart)+clud(=shut)
→ 세상과 떨어져 차단하다
vt. 1. 격리시키다, 차단하다(from)
　　2. 은둔하다(oneself)
ⓝ **seclusion** 격리, 은퇴, 은둔
ⓐ **secluded** * 외딴(=remote), 격리된

**30 insulated** *
[ínsəlèitid]

insul(=island)+ate(=make)+d → 섬처럼 고립된
a. 격리[고립]된(=isolated, secluded);
　(전기가) 절연된
ⓥ **insulate** 절연하다; 고립시키다, 격리하다
ⓝ **insulation** * 절연, 단열
　**insulant** 절연체

> 관련 **insular** 섬의, 섬나라의; 고립된
> 　**cf. peninsula** 반도 *pen(=hang)
> 　- **insularism** 섬나라 근성; 편협성
> 　- **isle** 섬(=island), 작은 섬

**31 isolate** * *
[áisəlèit]
98.일반경찰

insul<isol(=island)+ate(=make) → 섬처럼 만들다
vt. 1. 고립시키다, 격리[분리]시키다
　　(from)(=set apart, seclude)
　　2. 절연하다(=insulate), 차단하다
ⓐ **isolated**
　(장소가) 고립된, 격리된, 외딴; 유례없는
ⓝ **isolation**
　격리, 분리; (교통) 차단, 절연; 고립; 고독
　**isolationism** 고립주의 (정책)

## 2. cover(=cover)

**32 cover**
[kʌ́vər]

vt. 1.덮다; 감추다, 보호하다,
　　책임을 지다
　　2.범위에 미치다(=extend over),
　　포함하다(=include)
　　3.(손실 등을)보상하다, 담보에 넣다
　　4.취재하다, 보도하다(=report)
n. 덮개; 은신처; 겉치레

> **관련**
> **coverture** 덮개; 은신처; 은폐; 아내의 신분
> **coveralls** 작업복(=overalls)
> **cover-up**
> 숨김, 은폐(공작)(=trick for concealment)

**33 uncover** ★
[ʌnkʌ́vər]

un(=반대로 하다)+cover(=덮다, 숨기다)
→ 벗다, 폭로하다

vt. 1.폭로하다(=disclose)
　　2.(뚜껑을) 벗기다;
　　(모자 등을) 벗다

> **동** **discover** 발견하다, 알아채다(=unearth)
> **unearth*****
> 1.발굴하다(=exhume, excavate)
> 2.(새로운 것을) 발견하다(=discover, find)
> 3.폭로하다(=reveal)
> **unfold*** 펼치다; (생각 등을) 표명하다;
> (속마음을) 털어놓다(=reveal)
> **debunk** (정체를) 폭로하다, 잘못되었
> 음을 보여주다(=to show that an idea,
> a belief, etc. is false)

**34 recover** ★
[rikʌ́vər]

re(=again)+cover(=보상하다) → 회복하다

vi. (병에서) 회복하다(from)
　　(=get over), 복구되다
vt. 1.되찾다, (손해배상을) 받다
　　2.(건강 등을) 회복하다

> **표현** **get over****
> 1.(병에서) 회복하다, 건강이 좋아지다
> (=recover from, get well)
> 2.(어려움 등을) 극복하다(=overcome);
> (좋지 않은 경험 등에서) 헤쳐 나오다

**35 cover-up** ★
[kʌ́vərʌ̀p]

cover(=cover)+up → 사건을 완전히 덮어버림

n. 숨김, 은폐(공작)
　　(=trick for concealment)

> **표현** **cover up/ cover (up) for someone**
> 싸서 감추다, (잘못 등을) 은폐하다
> **동** **undercover**
> 비밀리의, 은밀한; 스파이 활동을 하는

**36 covert** ★
[kóuvərt]

cover(=cover)+t → 덮어 감추는

a. 은밀한, 숨은; 암암리의, 남몰래
　　(=secret, clandestine)
**반** **overt*** 공공연한; 명백한(=obvious)

**37 coverage** ★
[kʌ́vəridʒ]

cover(=cover)+age(장소) → 덮는(보호하는) 범위

n. 1.적용범위
　　2.(보험의) 보상 범위
　　3.(TV 등의) 유효 시청 범위,
　　신문의 보급범위

## 3. tect(=cover)

**38 protect** ★
[prətékt]

pro(=before)+tect(=cover)
→ 미리 막아 보호하다

vt. 보호하다(=shield), 막다,
　　(국내 산업을) 보호하다
ⓐ **protective**
　　보호하는, (위험에서) 지키는; 보호 무역의
ⓝ **protection** 보호, 옹호; 후원; 피임약
　　**protector** 보호자; 보호 장치
　　↔ **protege** [próutəʒèi]
　　피보호자, 피후견인
**동** **shield*** 방패; 보호물; 보호하다, 은폐하다

**39 detect** ★
[ditékt]

de(=away)+tect(=cover)
→ 덮고(가리고) 있던 것을 치워버리다

vt. 발견하다, 인지하다, 탐지하다
　　(=perceive, discover)
vi. (탐정이) 수색하다
ⓝ **detection** 간파, 탐지, 발각
　　**detector** 탐지기, 검파기
　　**detective** 탐정; 탐정의

## 4. guard/gard(=protect)

**40 safeguard** ★
[séifgà:rd]

safe(안전하게)+guard(=protect)
→ 안전하게 보호하다

vt (권익을) 보호하다(=to protect ~
　　from loss, harm or damage);
　　호송하다
n. 호위병, 보호[방위] 수단;
　　긴급 수입 제한 조치

> **관련**
> **guard** 지키다, 수호[호위]하다; 망보다; 경비
> **guardian** 보호자, 수호자; 보관인; 후견인
> **vanguard** 선봉, 선두; 지도적 지위; 선구자들

**41 disregard** ★
[dìsrigá:rd]

dis(반대)+re+gard(=protect)
→ 보호할 대상에서 빼다

vt. 무시[경시]하다, 소홀히 하다
　　(=ignore, pass over)
n. 무시, 경시
ⓐ **disregardful** 무시하는, 경시하는

> **반** **regard***
> 1.간주하다, 여기다(=consider)
> * **regard A as B (=look upon A as B)**
> 2.존중하다; 응시하다
> - **regarding*** ~에 관하어(=concerning)
> - **regardless of***
> ~에 개의치 않고, 무릅쓰고(=irrespective of)
> **표현** **pass over**** ~을 무시하다(=disregard);
> 간과하다(=overlook)

## 5. custod(=guard) / tut(=protect)

**42 custody** ★
[kʌ́stədi]

custody(=guard)
→ (범죄인으로부터) 사회를 안전하게 보호하다

n. 1.감금, 금고; 구류, 구치
　　2.보관, 관리
　　3.(미성년자의) 보호, 감독, 후견
ⓐ **custodial** 보관의, 관리인[보관자]의;
　　보호 감독[감호·간호]만의
ⓝ **custodian** 관리인, 수위; 보관인; 후견인
　　* **custodial sentence** 구류판결

**43 tutelage** *
[tjú:təlidʒ]

tut(=protect)+age → (아동을) 보호하는 것
n. 후견, 보호, 감독; 지도(=guidance)
* **under someone's tutelage**
~의 지도하에
ⓝ **tutelary** 수호자, 수호신; 후견의
관련 **tutor** 가정교사, 조교, 개인지도하다
- **tutorial** 가정교사의, 개인지도

## 6. 기타 보호관련 단어

**44 cherish** *
[tʃériʃ]

<연상> Che(체 게바라)+ish
→ 체의 혁명정신을 소중히 하다
vt. 1.(어린아이를) 소중히 하다[기르다]
(=to love sb/sth very much and
want to protect them or it)
2.(신앙, 신조 등을) 품다(=harbor)
3.(추억을) 고이 간직하다

동 **harbo(u)r** [hɑ:bə(r)]
n. 항구, 피난처, (야생동물의) 보금자리
(=shelter, refuge)
vt. 숨겨주다, (마음에) 품다, 정박시키다
**anchor** n. 닻, 뉴스의 사회자
v. 정박시키다, 정박하다
- **anchorite** 은둔자(=hermit)

**45 assure** ***
[əʃúər]

as<ad(=to)+sure(=certain) → 확실하게 하다
vt. 1.보증하다, 보장하다, 책임지다
2.안심시키다, 확신시키다;
확신하다(oneself)
3.확실하게 하다(=solidify)
ⓝ **assurance**
보증, 보장, 확신; 보험(=insurance)
ⓐ **assured** 보증된, 확실한, 자신 있는

관련 **ensure** 안전하게 하다, 지키다
(=guard), 보증하다
**insure** 보험에 들다, 보증하다
- **insurance**
보험, 보험료, 보험금액, 보험계약
동 **wager** 보증하다, 책임지고 맡다;
내기를 걸다; 내기; 내기에 건 돈
**guarantee** 보증, 개런티; 보증하다

## 7. cur/cure(=take care)

**46 care** ▽
[kéər]

n. 걱정; 주의; 돌봄; 보관
* **take care of**
1.~을 돌보다, 소중히 하다
2.~에 주의하다, 일을 처리하다

* **carefree** 근심걱정이 없는, 무사태평한
vi. 걱정하다, 좋아하다, 돌보다

* **care for** ~을 좋아하다, 원하다
* **I don't care for it.** 그러고 싶지 않아.

vt. (부정문에서) 신경 쓰지 않다

* **for anything I care** 나는 상관없지만
* **I don't care!** 상관없어.

**47 curious** **
[kjúəriəs]

cur(=take care)+ious → 주의깊게 보기를 좋아하는
a. 1.호기심이 강한, 캐기 좋아 하는
(=inquisitive)
2.<구어> 이상한, 묘한(=peculiar)

ⓝ **curiosity** 호기심; 진기함; 골동품
**curio** 골동품, 진품
**curator** (박물관, 미술관의) 관장, 관리자

**48 accuracy** *
[ǽkjurəsi]

ac<ad(=to)+cur(=care)+acy
→ 주의해서(빈틈없이) 하는 것
n. 정확(성), 정밀도
* **with accuracy** 정확히
ⓐ **accurate**
정확한, 정밀한(=precise), 빈틈없는
↔ **inaccurate** 부정확한

**49 procure** *
[proukjúər]

pro(=forward)+cure(=care)
→ 앞을 대비하여 보관(care)해 두다
vt. (필수품을) 마련하다, 조달하다;
획득하다(=obtain)
ⓝ **procuration** 획득, 조달; 대리, 대행; 알선
**procurement**
획득; (필수품의)조달; 정부 조달
**procurator** 대리인; 소송 대리인
**procurer** 획득자; 뚜쟁이

**50 secure** **
[sikjúər]

se(=apart)+cur(=care) → (안전을 위해)따로 보관한
a. 안전한; 확실한; 견고한
vt. 확보하다, 획득하다(=obtain);
안전하게 하다
ⓝ **security** 안전, 보안, 방위 (=protection);
담보물; (pl.) 유가증권

반 **insecure** 불안한, 불안정한, 위태로운
(=precarious)
- **insecurely** 불안전하게, 불안정하게

**51 precarious** ▽
[prikéəriəs]
99.행자부 7급

prec(=pray)+arious → 잘되기만을 비는
a. 불확실한, 운에 맡기는; 위험한;
근거가 박약한, 확고하지 못한
(=unstable, insecure, uncertain;
hazardous, at risk)
ⓐⓓ **precariously**
불확실하게, 불안하게(=insecurely)

**52 incurable** *
[inkjúərəbl]

in(=not)+cure(치료)+able → 치료할 수 없는
a. 불치의; 교정 불능의
n. 불치의 환자; 구제 불능자
반 **curable** 치료할 수 있는, 고칠 수 있는

관련 **cure** 치료하다; (병이)낫다; 치료, 구제책
- **cure-all** 만병, 통치약(=panacea)
- **cureless** 치료법이 없는, 불치의

**53 remedy** ▽
[rémədi]

re(=again)+med(=heal)+y
→ (아픈 곳이나 잘못된 것을) 다시 치유하다
n. 치료, 치료약; 구제책;
(권리의) 배상, 구제절차
v. 치료하다; 교정하다(=correct);
구제하다; 배상하다, 개선하다
ⓐ **remedial**
치료하는, 교정하는(=correcting)
↔ **irremediable** 불치의; 돌이킬 수 없는

관련
**medical** 의학의, 의료의
**medic** 약, (특히) 내복약; 의학, 의술
**medicine** 약, 의학
**medicare** <미> 노인 의료보장 제도

## 8. [몸을 보호하는] 옷

### 54 address
[ədrés]
[ǽdres]
00.행자부 7급
ad(=to)+dress<direct(straight)
→ ~을 향해 곧장 가다
vt.1.연설하다, 강연하다
　2.(~에게) 말을 걸다(=accost);
　　(~을 ~이라고) 호칭하다
　　*** address A as B** A를 B로 호칭하다
　3.(항의를) 제기하다; 청원하다
　4.(어려운 문제 등을) 다루다,
　　처리하다
　5.(사물에) 초점을 맞추다
n. 주소; 연설, 강연(=speech, delivery);
　솜씨; 청원, 구혼

> 관련 **dress** 장식하다; (상처를) 붕대로
> 감싸다; (소스를 쳐서) 맛을 내다
> - **dressing** 드레싱, 소스; 붕대

### 55 redress
[ridrés]
re(=again)+dress(=straight) → 똑바르게 만드는 것
n. 보상, 배상(=compensation);
　시정, 교정
vt.1.(부정이나 폐해 등을) 바로잡다
　　(=correct)
　2.(손해 등을) 배상[보상]하다
　3.(고통ㆍ빈곤 등을) 덜다, 경감하다
　4.(불균형을) 시정하다

### 56 vest
[vést]
'공무원이 옷을 벗었다'라는 말의 의미를 연상
n. 조끼; <영> 내의
vt. (권한이나 재산을) 부여하다,
　　귀속시키다(in)

> *** be vested in**
> (권리나 의무로서) 주어지다(=be given to)
> *** vest authority in a person**
> ~에 권한을 부여하다

vi. (재산이) 귀속하다(in)
ⓝ **vestment** 의복; 정복, 예복
　**vesture** (집합적) 의류; 덮개; 옷을 입히다

> 관련 **invest** 투자하다, 유용하다;
> (권한을) 부여하다; 착용시키다; 포위하다
> 　**investment** 투자(금); 임명, 수여; 포위
> - **investiture** (관직, 자격 등의) 수여(식)
> ↔ **divest**
> (옷을) 벗기다; (권리ㆍ계급 등을) 박탈하다

### 57 travesty
[trǽvəsti]
trans(=change)+vest(=dress)+y
→ 어릿광대가 옷을 (웃기게) 바꿔서 입은 것
n. 희화화; 희작, 익살스럽게 고친 것
　(=parody)
vt.1.(진지한 작품을) 우스꽝스럽게
　　만들다
　2.(말ㆍ행동을) 서투르게 흉내 내다
　3.변장[위장]시키다

### 58 mantle
[mǽntl]
맨틀 → 슈퍼맨이 걸친 망토
n. 1. 망토, 외투, 덮개
　2. 맨틀 (지각과 중심핵의 중간부)
　3. 책무(=a position of responsibility)
vt. 망토를 입히다; 가리다
ⓑ **dismantle****
　분해[해체]하다(=tear down); 옷을 벗기다

### 59 apparel
[əpǽrəl]
ap<ad(=to,near)+par(=arrange)+el
→ 가지런히 정돈하는 것
n. 1.(집합적) 의류; (판매용) 옷(특히
　　겉옷), 의상(=clothes, clothing;
　　garment, attire, garb)
　2.외관, 모습

| 테마어휘 | 옷, 의상 |
| --- | --- |
| ❶ clothing/clothes /apparel | (집합적) 의류 |
| ❷ dress | 특히 여성복 |
| ❸ costume | 복장이나 옷차림, 무대의상 |
| ❹ attire | 복장, 차림새; 차려 입다 |
| ❺ garb | (직업, 시대, 나라에 특유한) 복장 |
| ❻ garment | 의복 (한 점), 특히 여성복 |
| ❼ suit | 신사복이나 여성복의 한 벌 |
| ❽ uniform | 제복, 군복, 운동선수의 유니폼 |
| ❾ wardrobe | 자기가 소유하고 있는 의상; 양복장 |

### 60 irreparable
[irépərəbl]
ir<in(=not)+re+par(=arrange)+able
→ 다시 가지런히 할 수 없는
a. 고칠[수리할] 수 없는,
　치료할 수 없는(=irretrievable)
ⓑ **reparable** 수리할 수 있는; 보상할 수 있는
　- **repair**
　수선[수리]하다; 건강 등을 회복하다;
　(손해 등을) 보상하다; 정정[교정]하다

| 뉘앙스 | 고치다, 수선하다, 개선하다 |
| --- | --- |
| ❶ mend | 작은 구멍ㆍ찢어진 곳 등을 간단히 수선하다 |
| ❷ repair | 시계ㆍ자동차ㆍ기계류 등을 수리하다(=arrange, fix) |
| ❸ refit | 배 등을 수리, 개장하다 |
| ❹ revamp | (구두코) 가죽을 갈다 → 수선하다<br><미ㆍ구어> 개조[혁신, 개혁, 쇄신]하다 |
| ❺ patch | ~에 천조각을 대고 깁다 → 수선하다 |
| ❻ ameliorate | 개선, 개량하다(=improve); 좋아지다 |
| ❼ renew | 새롭게 하다, 일신하다; 계약을 갱신하다 |
| ❽ renovate | (청소ㆍ보수ㆍ개조 등으로) 새롭게 하다, 개축하다 |
| ❾ refurbish | 일신하다, 개장하다 |

**01** There are many intermediate <u>phases</u> in producing the expected result.

① reports
② changes
③ processes
④ stages

**02** Our English teacher always _________ the importance of writing skills. [01.행정고시]

① emphasizes
② emphasizes on
③ emphasizes over
④ emphasizes in
⑤ emphasizes to

> **02-1** Last week's fire <u>emphasizes</u> the necessity of observing safety rules.
>
> ① decreases
> ② underscores
> ③ indicates
> ④ removes

> **02-2** Laws such as these simply serve to <u>accentuate</u> inequality and exploitation.
>
> ① accomplish
> ② appease
> ③ emphasize
> ④ decrease

**03** <u>Phenomenal</u> changes took place in nearly every facet of ship design and operation.

① vigorous
② dolorous
③ remarkable
④ decorative

> **03-1** I think he is a pianist of absolutely <u>phenomenal</u> talent.
>
> ① secular
> ② great
> ③ superficial
> ④ terrible

**04** The witness's testimony will <u>evince</u> your innocence. [97.세무사]

① be detrimental to
② evade
③ suspend
④ clarify
⑤ emboss

> **04-1** He <u>evinced</u> great sorrow for what he had done.
>
> ① painfully repressed
> ② unwittingly admitted
> ③ showed clearly
> ④ secretly camouflaged

**01** 예상되는 결과를 만들어냄에 있어서는 많은 중간 단계들이 있다. * intermediate 중간의

【정답】④

**02** 영어 선생님은 작문 능력의 중요성을 늘 강조하신다. * emphasize는 전치사 없이 목적어를 취하는 완전타동사이다.

【정답】①

**02-1** 지난주의 화재는 안전규칙을 준수할 필요성을 역설해준다.

【정답】②

① decrease 줄다, 줄이다
② underscore 밑줄을 긋다, 강조하다
③ indicate 나타내다
④ remove 제거하다

**02-2** 이와 같은 법률은 단지 불평등과 착취를 강조하는 구실을 할 뿐이다. * inequality 불평등 exploitation 착취

【정답】③

① accomplish 완수하다
② appease 달래다
③ emphasize 강조하다
④ decrease 줄다, 줄이다

**03** 배의 디자인이나 작동의 거의 모든 면에서 괄목할만한 변화가 일어났다. * take place 일어나다 facet 면

【정답】③

① vigorous 정력적인
② dolorous 슬픈
③ remarkable 주목할 만한
④ decorative 장식의

**03-1** 그는 단연 뛰어난 재능을 가진 피아니스트라 생각한다.

【정답】②

① secular 세속의
③ superficial 피상적인

**04** 그 증인의 증언은 너의 무죄를 분명하게 해 줄 것이다. * witness 증인 testimony 증언 innocence 무죄

【정답】④

① detrimental 해로운
② evade 피하다
③ suspend 보류하다
④ clarify 명확하게 하다
⑤ emboss 부풀리다

**04-1** 그는 자신이 한 일에 대해 큰 유감을 나타냈다.

【정답】③

① 고통스럽게 표현했다
② 무의식중에 인정했다
③ 분명하게 보여주었다
④ 은밀하게 감추었다

**05** She told me she knew exactly what would happen, but I wasn't _______ by her.

① certainly      ② convinced
③ trustworthy      ④ reliable

> **05-1** The dealer tried to <u>convince</u> Tom to buy a cheaper car.
>
> ① estimate      ② persuade
> ③ satisfy      ④ withdraw

**06** The lawyer's goal was to _______ her client and prove him innocent on all charges.

① indict      ② prosecute
③ vindicate      ④ intimidate

> **06-1** The evidence will <u>vindicate</u> the defendant.
>
> ① condemn      ② exonerate
> ③ implicate      ④ reform

> **06-2** I do not believe that I am a <u>vindictive</u> man.
>
> ① competent      ② weird
> ③ stubborn      ④ popular
> ⑤ vengeful

**07** The Boston team this season was <u>invincible</u>.

① uncomfortable      ② unmanageable
③ unbelievable      ④ unconquerable

**08** The tenants were forcibly _______ from the apartments without prior notice.

① introduced      ② evicted
③ advanced      ④ acquired

**09** The late Chinese leader Deng Xiaoping ordered the violent 1989 Tiananmen Square crackdown out of fear that _______ could topple the Communist Party.

① administrant      ② commuter
③ demonstrator      ④ atheist

**10** The man <u>vanished</u> when the policeman appeared.

① finished      ② disappeared
③ reduced      ④ visited

---

**05** 그녀는 내게 무슨 일이 일어날지 정확하게 알고 있다고 말했지만, 나는 그녀의 말에 넘어가지 않았다.
　　　　　　　　　　　　　　　　　【정답】②
① certainly 확실히      ② convince 납득시키다
③ trustworthy 신뢰할 수 있는      ④ reliable 믿을만한

**05-1** 그 딜러는 톰을 설득해 더 싼 자동차를 사도록 했다.
　　　　　　　　　　　　　　　　　【정답】②
① estimate 견적하다      ② persuade 설득하다
③ satisfy 만족시키다      ④ withdraw 철회하다

**06** 그 변호사의 목표는 그녀의 의뢰인을 변호하고 모든 혐의에 대해 무죄임을 증명하는 것이었다.
* innocent 무죄의 charge 혐의
　　　　　　　　　　　　　　　　　【정답】③
① indict 기소하다      ② prosecute 기소하다
③ vindicate 변호하다      ④ intimidate 협박하다

**06-1** 그 증거가 피고인의 결백을 입증해 줄 것이다.
* defendant 피고인
　　　　　　　　　　　　　　　　　【정답】②
① condemn 비난하다, 유죄로 하다
② exonerate 무죄를 입증하다
③ implicate 관련시키다      ④ reform 개정하다

**06-2** 나는 내가 복수심에 불타는 사람이라고는 생각하지 않는다.
　　　　　　　　　　　　　　　　　【정답】⑤
① competent 유능한      ② weird 기묘한, 이상한
③ stubborn 고집 센      ④ popular 인기있는
⑤ vengeful 앙심을 품은

**07** 이번 시즌에 보스턴 팀은 무적이다.
　　　　　　　　　　　　　　　　　【정답】④
① uncomfortable 불쾌한
② unmanageable 관리하기 힘든
③ unbelievable 믿을 수 없는
④ unconquerable 정복할 수 없는

**08** 임차인들은 사전의 통지도 없이 강제적으로 이 아파트에서 쫓겨났다 * tenant 세든 사람 forcibly 강제적으로 prior notice 사전 통지
　　　　　　　　　　　　　　　　　【정답】②
① introduce 소개하다      ② evict 내쫓다, 퇴거시키다
③ advance 나아가다      ④ acquire 얻다

**09** 고인이 된 중국의 지도자였던 덩샤오핑은 시위자들이 공산당을 전복시킬 수 있음을 두려워하여 1989년 천안문광장의 폭력적인 진압을 명령하였다.
* crackdown 단속, 탄압 topple 넘어뜨리다
　　　　　　　　　　　　　　　　　【정답】③
① administrant 관리자      ② commuter 통근자
③ demonstrator 시위자      ④ atheist 무신론자

**10** 경찰이 나타나자 그 사람은 사라졌다.
　　　　　　　　　　　　　　　　　【정답】②

**11** He thought his mother was angry because he ______ with her jewels.

① abandoned   ② absconded
③ abominated   ④ approved

> **11-1** The treasurer <u>absconded</u> with the company funds.
> ① worked carefully   ② departed suddenly
> ③ behaved shamelessly   ④ dealt honestly

**12** The night was made <u>hideous</u> by the sound of wolves howling at the door of the lodge.

① dreadful   ② painful
③ mysterious   ④ ugly

> **12-1** The man living next door to Jessica is the most <u>hideous</u> looking person I have ever seen.
> ① suspicious   ② repulsive
> ③ hilarious   ④ exultant

> **12-2** To murder someone in cold blood is a <u>heinous</u> crime.
> ① hatefully   ② collect
> ③ untidy   ④ very wicked

**13** They are in great danger from predators while on the nest, but their dull, ______ plumage is thought to minimize such predation.

① odious   ② lustrous
③ cryptic   ④ spun out

> **13-1** Every summer we sent each other <u>cryptic</u> messages, especially when we were planning a trip across the lake to the girl's camp.
> ① brief   ② amorous
> ③ platonic   ④ mysterious

**14** The <u>occult</u> rites of the organization were revealed only to members.

① mystical   ② facile
③ devious   ④ peculiar

---

**11** 그는 자기가 어머니의 보석을 들고 달아났기 때문에 어머니가 화났을 것이라고 생각했다.

【정답】②
① abandon 버리다   ② abscond 달아나다
③ abominate 혐오하다   ④ approve 승인하다

**11-1** 그 회계원은 회사의 공금을 갖고서 자취를 감추었다.

【정답】②

**12** 오두막집 문가에서 울부짖는 늑대 소리에 그날 밤은 섬뜩했다. * howl 울부짖다

【정답】①
① dreadful 무서운   ② painful 아픈
③ mysterious 신비로운   ④ ugly 못생긴, 추악한

**12-1** 제시카 옆집에 사는 그 사람은 내가 봤던 사람 중에서 가장 불쾌하게 생긴 사람이다.

【정답】②
① suspicious 의심스러운   ② repulsive 역겨운
③ hilarious 유쾌한   ④ exultant 크게 기뻐하는

**12-2** 냉혹하게 사람을 살해하는 것은 극악한 범죄이다.
* in cold blood 냉혹하게

【정답】④
① hatefully 밉살스럽게   ② collect 수신자 요금 부담의
③ untidy 단정치 못한   ④ wicked 사악한

**13** 둥지 속에 있는 동안에는 포식자로부터의 큰 위험에 처해 있지만, 흐릿하고 보호색의 깃털로 인해 그런 포식위험이 최소화되는 것으로 생각된다.
* predator 포식자 plumage 깃털 predation 포식

【정답】③
① odious 증오할   ② lustrous 빛나는
③ cryptic 몸을 숨기기에 알맞은   ④ spun out 잡아 늘인

**13-1** 매년 여름, 특히 호수를 건너 여학생 캠프로 갈 계획을 꾸밀 때면 우리는 서로 비밀스런 메시지를 주고받았다.

【정답】④
① brief 짧은   ② amorous 사랑의
③ platonic 정신적인   ④ mysterious 비밀의

**14** 그 조직의 신비스런 의식은 회원에게만 공개된다. * rite 의식

【정답】①
① mystical 신비적인   ② facile 손쉬운
③ devious 우회하는   ④ peculiar 독특한

**15** His attempt to ________ his guilt was betrayed by the tremor of his hand as he picked up the paper.

① determine  
② conceal  
③ intensify  
④ display  

> **15-1** Black slaves were <u>concealed</u> in certain houses along the Underground Railroad.
>
> ① assisted  
> ② fabled  
> ③ hidden  
> ④ reputed

**16** The company lost no time in <u>whitewashing</u> its part in this affair. [00.사법시험]

① taking  
② admitting  
③ assigning  
④ concealing  
⑤ confirming

**17** Chameleons are especially good at changing their colors which enable them to be <u>camouflaged</u> in the natural habitat.

① concealed by  
② cared for in  
③ confident in  
④ captivated by

**18** You are a very attractive person, and you have an inner beauty you try to <u>disguise</u>.

① obtain  
② include  
③ show  
④ hide

**19** He <u>feigned</u> illness so that he could stay off work.

① declared  
② reported  
③ caused  
④ affected

**20** A good education will help you discover and develop your <u>latent</u> talents. [00.사법시험]

① somnolent  
② dormant  
③ drowsy  
④ excellent

**21** Unable to persuade Congress to back the cause, the White House conducted a ________ fund-raising campaign to raise money for the revolutionary faction. [02.변리사]

① prodigious  
② bucolic  
③ chronographic  
④ clandestine  
⑤ contagious

---

**15** 그의 죄를 은닉하려는 시도는 그가 시험지를 집어들 때 그의 손이 떨림으로서 발각되었다.
* betray 드러내다 tremor 떨림
【정답】②

① determine 결정하다  
② conceal 숨기다  
③ intensify 세게 하다  
④ display 전시하다

**15-1** 흑인 노예들을 비밀 지하철도 조직을 따라 몇몇 집에 숨겨졌다. * Underground Railroad 지하 철도 조직 (남북 전쟁 전의 노예의 탈출을 도운 비밀 조직)
【정답】③

① assist 돕다  
② fable 이야기를 하다  
③ hidden 숨겨진  
④ reputed 평판이 좋은

**16** 그 회사는 이 사건에 대한 회사의 역할을 즉시 은폐시켰다. * lost no time in ~ing 때를 놓치지 않고 ~ 하다
【정답】④

② admit 인정하다  
③ assign 할당하다, 지정하다  
⑤ confirm 확인하다, 확증하다

**17** 카멜레온은 자연서식지에서 그들을 숨겨줄 수 있는 색깔로 바꾸는데 특히 능하다. * habitat 서식지
【정답】①

① conceal 숨기다  
③ confident 확신하는  
④ captivate 체포하다

**18** 당신은 아주 매력적인 사람이며 당신이 숨기려고 하는 내적인 아름다움을 지니고 있습니다.
* attractive 매력적인 inner beauty 내적인 아름다움
【정답】④

**19** 그는 일을 쉬기 위해 아픈 척 했다.
* stay off work 일을 쉬다
【정답】④

④ affect ~인 체하다

**20** 훌륭한 교육은 네 속에 잠재된 재능을 발견하여 계발히는 데 도움을 줄 것이다. * discover 발견하다
【정답】②

① somnolent 졸리는  
② dormant 잠자는, 잠재하는  
③ drowsy 졸리는  
④ excellent 뛰어난

**21** 의회가 명분을 지지해 주도록 설득할 수 없게 되자 백악관은 이 혁신적 분파를 위해 비밀 모금 운동을 벌였다. * faction 당파, 파벌 conduct 수행하다
【정답】④

① prodigious 비범한  
② bucolic 전원의, 목가적인  
③ chronographic 스톱워치의  
④ clandestine 은밀한  
⑤ contagious 전염성의

**21-1** Some <u>clandestine</u> operations of the agency are not subject to prior congressional approval.

① covert      ② trivial
③ anonymous  ④ arduous

**21-2** The criminal's world is filled with <u>surreptitious</u> acts.

① clandestine  ② alert
③ aroused     ④ assuaged

**22** The teacher suspected cheating as soon as he noticed the pupil's ________ glance at his classmate's paper.

① futile     ② sporadic
③ pertinent  ④ inevitable
⑤ furtive

**22-1** No one saw the spy because he moved <u>furtively</u>.

① slowly   ② noisily
③ secretly  ④ gracefully

**22-2** <u>Furtively</u> the burglar climbed to the second story window.

① Quickly    ② Inadvertently
③ Stealthily  ④ Regrettably

**23** A <u>hush</u> fell over the crowd and I knew something terrible had happened.

① silence    ② rain shower
③ thunderbolt ④ bomb

**24** The judge asked the reporters not to ________ the name of the rape victim in order to protect the privacy of the victim.

① disclose  ② cover
③ eliminate  ④ denounce

**25** Thirty percent of Ecuador's population speak Quechua <u>exclusively</u>.

① fluently   ② voluptuously
③ still      ④ randomly
⑤ only

---

**21-1** 첩보 기관의 어떤 비밀 작전은 국회의 사전 승인을 필요로 하지 않는다. * subject to (승인 등을) 받아야하는

【정답】①
① covert 은밀한
② trivial 사소한
③ anonymous 익명의, 신원불상의
④ arduous 힘드는

**21-2** 범죄자의 세계는 은밀한 행동들로 가득 차 있다.
* surreptitious 비밀의, 은밀한

【정답】①
① clandestine 은밀한  ② alert 깨어있는
③ aroused 흥분한    ④ assuaged 완화된

**22** 그 교사는 학생이 급우의 시험지를 은밀히 보는 것을 알아채자마자 부정행위일 거라고 의심했다.
* cheating 부정행위 glance 얼핏 보다

【정답】⑤
① futile 헛된, 무익한  ② sporadic 산발적인
③ pertinent 적절한    ④ inevitable 피할 수 없는
⑤ furtive 몰래 하는, 은밀한

**22-1** 그 스파이는 비밀리에 움직였기 때문에 어느 누구도 그를 보지 못했다.

【정답】③

**22-2** 은밀하게 그 도둑은 2층 창문으로 기어 올라갔다.

【정답】③
① quickly 재빨리    ② inadvertently 무심코
③ stealthily 몰래    ④ regrettably 후회스럽게

**23** 정적이 군중들을 엄습했고 그래서 나는 어떤 끔찍한 일이 일어났음을 알게 되었다.

【정답】①

**24** 판사는 기자들에게 성폭행 희생자의 프라이버시를 보호하기 위해 이름을 발표하지 않도록 요청했다. * rape 성폭행 victim 희생자 protect 보호하다

【정답】①
① disclose 폭로하다  ② cover 감추다, 보도하다
③ eliminate 제거하다  ④ denounce 비난하다

**25** 오직 에콰도르 인구의 30%만이 Quechua어를 사용한다.

【정답】⑤
① fluently 유창하게  ② voluptuously 관능적으로
③ still 여전히     ④ randomly 닥치는 대로

**25-1** The possibility cannot be <u>ruled out</u> that the enemy will attack us again. [93. 행정고시]

① omitted      ② predicted
③ excluded      ④ convinced
⑤ dominated

**26** Fingerprints on the gun were <u>decisive</u> evidence that the suspect was guilty.

① competent      ② consistent
③ conclusive      ④ coherent

**26-1** Before you jump to a ______ do enough research to avoid making a fool of yourself. [02. 일반경찰]

① conclusion      ② inference
③ confession      ④ high

**27** Ken lives by himself and tries never to see other human beings. Although he is a <u>recluse</u>, he is not lonely.

① millionaire      ② hermit
③ orator      ④ intellectual

**28** Didn't I tell you that a prior engagement <u>precluded</u> me from accepting her invitation?

① prevented      ② dissociated
③ associated      ④ interrupted

**29** For centuries little was <u>known</u> about Antarctica, the most <u>secluded</u> continent in the world.

① elongated      ② frozen
③ hostile      ④ remote

**30** Most houses today have good ______ from the cold weather.

① insemination      ② inscription
③ insulation      ④ insolvent

**30-1** In mammals embryo is more <u>insulated</u> from the external world but, of course, more directly dependent on its mother's physiological state. [95. 외무고시]

① indifferent      ② protected
③ sophisticated      ④ isolated
⑤ saturated

---

**25-1** 적군이 우리를 다시 공격할 것이라는 가능성을 배제할 수 없다.

【정답】③

① omit 생략하다      ② predict 예언하다
③ exclude 배제하다      ④ convince 확신시키다
⑤ dominate 지배하다

**26** 총에 묻어 있는 지문은 그 용의자가 유죄라는 결정적인 증거였다.
* fingerprint 지문 suspect 용의자 guilty 유죄의

【정답】③

① competent 유능한      ② consistent 일관된
③ conclusive 결정적인      ④ coherent 일관된

**26-1** 결론을 속단하기 전에 자신을 비웃음거리로 만들지 않으려면 충분히 조사해라. * avoid 피하다

【정답】①

① jump to a conclusion 너무 빨리 속단하다
② inference 추론
③ confession 고백

**27** 켄은 혼자서 살고 다른 사람들을 결코 만나지 않으려 한다. 그는 은둔자일지라도, 외로워하지 않는다. * by oneself 혼자서

【정답】②

① millionaire 백만장자      ② hermit 은둔자
③ orator 연설자      ④ intellectual 지식인

**28** 선약으로 인해 내가 그녀의 초대에 응하지 못했다고 당신에게 말하지 않았던가요? * prior 이전의

【정답】①

① prevent ~ from 방해하여 하지 못하게 하다
② dissociate 교제를 끊다      ③ associate 제휴하다
④ interrupt 방해하다

**29** 수세기 동안 세상에서 가장 외진 대륙인 남극에 대해서는 거의 알려진 게 없었다. * Antarctica 남극대륙

【정답】④

① olongated 연장되      ② frozen 언
③ hostile 적대적인      ④ remote 먼, 외진

**30** 요즘 대부분의 집은 추운 날씨에 단열이 잘 된다.

【정답】③

① insemination 수정, 수태      ② inscription 비문
③ insulation 절연      ④ insolvent 지불불능자

**30-1** 포유동물의 경우 태아는 외부세계로부터 격리되어 있지만, 응당 모체의 생리적 상태에 보다 식섭석으로 의존한다. * mammal 포유동물 embryo 태아 external 외부의 dependent on ~에 의존하는 physiological 생리적인

【정답】④

[tip] 일부 교재에는 ② protected를 정답으로 하는 교재도 있으나 but 다음에 오는 dependent on 과 대조적인 말이 오는 것이 자연스럽다.
① indifferent 무관심한      ② protected 보호받는
③ sophisticated 매우 복잡한      ④ isolated 고립된
⑤ saturated 흠뻑 젖은

**31** He said that evidently the government had made a plan to <u>isolate</u> us from the young.
① abstain  　② seclude
③ refrain  　④ judge

> **31-1** Try not to <u>set</u> yourself <u>apart</u> from everyone at the gathering. [97. 고려대 대학원]
> ① declare  　② maintain
> ③ isolate  　④ deduct

**32** His lawyer advised him to make sure that the house was fully _______ by insurance. [94. 서울대 대학원]
① protected  　② defended
③ guarded  　④ covered

> **32-1** The problem is that too intensive competition is often caused among papers to ______ exclusive stories. In this process, reporters can publicize a piece of news without verifying it. Worse, some journalists are found to make a story. [08.서울시 세무직 9급 유형]
> ① veil  　② cover  　③ watch  　④ hide

**33** A growing number of educators believe it's possible to <u>unearth</u> creativity in students who don't seem to have much.
① discover  　② challenge
③ exploit  　④ withhold

**34** It took a long time for her to <u>recover</u> from pneumonia. [98. 고려대 대학원]
① take over  　② get over
③ take off  　④ call off

**35** The FBI began a criminal investigation into the possibility of a <u>cover-up</u>. [96. 공인회계사 변형]
① evil conspiracy  　② adverse effect
③ misdemeanor  　④ miscalculation
⑤ trick for concealment

**36** The union leader was found to have <u>covert</u> ties with management.
① open  　② clear  　③ secret  　④ exact

---

**31** 정부가 분명히 우리를 젊은이들로부터 떼어놓으려 계획했다고 그가 말했다.
【정답】 ②
① abstain 삼가다  　② seclude ~에서 떼어놓다
③ refrain 삼가다  　④ judge 재판하다

**31-1** 모임에 참석한 모든 사람들로부터 혼자 떨어져 있지 않도록 해라. * gathering 모임, 집회 ☞ 162p. 27번 문제
【정답】 ③
① declare 신고하다  　② maintain 유지하다
③ isolate 고립시키다  　④ deduct 공제하다

**32** 그의 변호사는 그에게 주택이 보험으로 완전하게 보상받는지를 확인하라고 조언했다.
[tip] 뉘앙스에 유의해야 할 문제이다.
【정답】 ④
① protect ~으로부터 보호하다  ② defend 방어하다
③ guard 지키다, 보호하다  　④ cover 포함하다, 보상하다

**32-1** 문제는 특종 기사를 보도하려는 신문사들 간에 빚어지는 지나친 경쟁에 있다. 이 과정에서 기자들은 사실 확인조차 하지 않고 뉴스를 공표하고 있다. 더 심각한 것은 일부 기자는 아예 이야기를 지어내기도 한다는 것이다.
* intensive 지나친  exclusive 독점적인  publicize 공표하다  verify (사실인지) 확인하다
【정답】 ②
① veil 숨기다  　② cover 보도하다
④ hide 감추다, 숨다

**33** 점점 많은 교육자들이 창조성이 많아 보이지 않는 학생들에게서 그것을 발굴해내는 것이 가능하다고 믿는다. * creativity 창조성
【정답】 ①
① discover 발견하다
② challenge 도전하다, (진실성을) 의심하다
③ exploit 활용하다  　④ withhold 억누르다

**34** 그녀가 폐렴에서 회복하는데는 오랜 시간이 걸렸다. * pneumonia 폐렴
【정답】 ②
① take over 인계받다  　② get over ~에서 회복하다
③ take off 벗다, 제거하다  　④ call off 취소하다

**35** FBI는 사건의 은폐조작 가능성에 대한 범죄조사를 시작했다.
【정답】 ⑤
① conspiracy 공모  　② adverse effect 악영향
③ misdemeanor 경범죄  　④ miscalculation 오산
⑤ trick for concealment 은닉을 위한 속임수

**36** 그 노조 지도자는 경영진과 은밀한 관계를 가지고 있는 것으로 밝혀졌다.
【정답】 ③

**36-1** The teacher didn't believe that John was offending me until she saw him in the <u>overt</u> act of pulling my hair.
① pendent
② obvious
③ petulant
④ polyglot

**36-1** 선생님께서는 존이 내 머리카락을 잡아당기는 행동을 명백히 직접 보시고 나서야 존이 나를 괴롭힌다는 것을 믿으셨다.

【정답】②
① pendent 매달린, 미결의
② obvious 명백한
③ petulant 성미 급한
④ polyglot 여러 나라 말을 하는 (사람)

**37** On a foray behind enemy lines in Texas last weekend, Gore was planning to attack Bush on health care, pointing out that nearly half the Hispanics in the state have no ________.
[02.변리사]
① discrimination
② predicament
③ coverage
④ pulchritude
⑤ rights

**37** 지난주 (부시의 표밭인) 텍사스의 적진 뒤에서 급습을 감행중인 고어(앨고어)는, 텍사스 주에 사는 거의 절반에 이르는 스페인계 미국인들이 보험적용을 받지 못한다는 것을 지적하면서 부시의 의료 정책에 대해 공격할 준비를 하고 있었다.
* foray 급습 point out 지적하다

【정답】③
① discrimination 차별
② predicament 곤경, 궁지
③ coverage 적용 범위
④ pulchritude 몸매의 아름다움
⑤ rights 공민권(civil rights)

**38** Birds are able sometimes to discriminate between ________ and persecutors, but seldom to distinguish the individuals they know and trust from strangers very well. [94. 입법고시]
① strangers
② workers
③ masters
④ friends
⑤ protectors

**38** 새는 때때로 보호자와 박해자를 구별할 수 있다. 하지만 자신이 알거나 신뢰하는 존재와 낯선 존재는 좀처럼 잘 구별하지 못한다. * discriminate 구별하다 distinguish 구별하다 persecutor 박해자

【정답】⑤
[tip] 구별하는 것(discriminate)은 서로 대조적인 것을 전제하므로 persecutor(박해자)에 대응되는 것은 ④ friend 보다는 ⑤ protector(보호자) 가 적당하다.

**38-1** It is impossible for a parent to <u>shield</u> his children from every danger.
① make free
② protect
③ conserve
④ involve

**38-1** 부모가 모든 위험으로부터 자기 자식을 보호하기란 불가능하다.

【정답】②
① make free 석방하다
② protect 보호하다
③ conserve 보존하다
④ involve 포함하다

**39** The visual receptors of insects provide poor image formation, but are excellent for <u>detecting</u> movement and often have a very wide field of view. [94. 행정고시]
① interpreting
② inducing
③ provoking
④ perceiving
⑤ controlling

**39** 곤충의 시각 기관은 형편없는 이미지의 형태를 보여준다. 그러나 움직임을 탐지하는 것에는 뛰어나며 때론 상당히 넓은 전경을 볼 수가 있다.
* receptor 감각기관 formation 형태

【정답】④
① interpret 해석하다, 통역하다 ② induce 유도하다
③ provoke 불러일으키다 ④ perceive 감지하다
⑤ control 통제하다

**40** My greatest concern is that today's financial crisis evolves into tomorrow's human crisis. We need to recognize what Martin Luther King, Jr. called the "fierce urgency of now" if we are to ________ millions of people's livelihoods and hopes for the future.
① induce
② delude
③ transfix
④ safeguard

**40** 제가 가장 염려하는 점은 오늘의 경제위기가 미래의 인류의 위기로 바뀔 수 있다는 것입니다. 우리가 만약 수백만명의 생계와 미래에 대한 희망을 보호하고자 한다면 우리는 마틴 루터킹 목사가 "지금의 지독한 위기"라고 불렀던 것이 무엇인지를 인식할 필요가 있는 것입니다. * evolve into ~으로 발전·진화하다 crisis 위기 urgency 긴급한 일, 위기 livelihood 생계

【정답】④
① induce 야기하다
② delude 속이다
③ transfix 고정시키다
④ safeguard 보호하다

**41** When a tribe encounters civilization, the first things to get <u>disregarded</u> are the religious beliefs of the tribe.
[97.서울대 대학원]
① conserved
② ignored
③ considered
④ attracted

**41** 한 부족이 문명을 접하게 되면, 무시당하게 되는 첫 번째 것들은 그 부족의 종교적 신앙이다.
* encounter 마주치다, 만나다 tribe 부족

【정답】②
① conserve 보존하다
② ignore 무시하다
③ consider 고려하다
④ attract 유인하다, 매혹하다

**41-1** We decided that it was wiser to <u>pass over</u> his insulting remark rather than call further attention to it.
① pass through    ② reject
③ keep in mind    ④ disregard

**41-1** 우리는 그의 모욕적인 말에 좀 더 신경 쓰기보다는 차라리 무시해버리는 게 더 현명한 것이라고 결정했다.
【정답】 ④
① pass through 관통하다, 통과하다
② reject 거절하다
③ keep in mind 명심하다
④ disregard 무시하다

**42** Any person who is in ________ while awaiting trial is considered innocent until he has been decided guilty.
① jeopardy    ② custody
③ suspicion    ④ conviction

**42** 재판을 기다리는 동안에 구금되어 있는 사람은 누구든 유죄가 결정될 때까지는 무죄로 간주된다.
* innocent 결백한 guilty 유죄의
【정답】 ②
① jeopardy (유죄가될)위험성   ② custody 구금, 구류
③ suspicion 혐의    ④ conviction 유죄의 판결

**43** Under his <u>tutelage</u>, she developed her telepathic powers so that she could sense practically everything that went on in her life.
① guidance    ② coercion
③ leniency    ④ manipulation

**43** 그의 지도하에서, 그녀는 그녀의 일생에 일어나는 모든 일에 대해 거의 알 수 있도록 정신감응능력을 계발했다.
* telepathic 정신 감응적인 sense 알아채다 go on 일어나다
【정답】 ①
① guidance 안내, 지도    ② coercion 강압, 강제
③ leniency 관대    ④ manipulation 조작

**44** Gold and silver have always been ______ for their beauty and scarcity.
① cherished    ② abandoned
③ conserved    ④ protected

**44** 금과 은은 그 아름다움과 희소성 때문에 항상 소중히 여겨져 왔다. * scarcity 희귀, 희소성
【정답】 ①
① cherish 소중히 여기다    ② abandon 버리다
③ conserve 보존하다    ④ protect 보호하다

**45** The airline official ________ us that we would be given lunch vouchers. [00.세무사]
① said    ② warned
③ assured    ④ noticed
⑤ announced

**45** 항공사 직원은 우리가 무료 점심 쿠폰을 받게 될 것이라고 말했다. * voucher 상품권
【정답】 ③
③ assure+사람+that: ~에게 ~이라고 말[장담]하다

**46** A woman whose job is to ________ the children.
[02. 101단]
① hand out    ② pay down
③ take care of    ④ carry over

**46** 아이들을 돌보는 일이 직업인 여성
【정답】 ③
① hand out 나누어 주다
② pay down 계약금을 지불하다
③ take care of 돌보다
④ carry over 이월하다

**47** One of the most <u>peculiar</u> of small mammals is the aye-aye, a Madagascar lemur.
① enjoyable    ② curious
③ enviable    ④ surprising

**47** 가장 독특한 소형 포유류 가운데 하나는 마다가스카르의 여우 원숭이인 '아이아이'이다.
【정답】 ②
① enjoyable 재미있는    ② curious 묘한, 독특한
③ enviable 샘나는    ④ surprising 놀라운

**48** Prior to the Renaissance, objects in paintings were flat and symbolic rather than real in appearance. Artists during Renaissance reformed painting. They wanted objects in paintings to be represented ________.
① with accuracy    ② without reality
③ in abstraction    ④ with symbols

**48** 르네상스 이전에는 그림속의 대상들이 외형에 있어서 사실적이기 보다 단조롭고 상징적이었다. 르네상스 시대의 화가들은 회화를 개혁했다. 그들은 그림속의 대상들이 정확하게 표현되기를 원했다.
【정답】 ①
① with accuracy 정확하게    ② without reality 비현실적으로
③ in abstraction 추상적으로    ④ with symbols 상징적으로

**49** Our efforts to <u>procure</u> a thousand cases of champagne in time for the party ended in failure.
① obtain    ② accomplish
③ store    ④ get rid of

**49** 파티에 때맞추어 1천상자의 샴페인을 조달하고자 했던 우리의 노력은 실패로 끝났다.
* end in ~으로 끝나다 in time for ~에 늦지 않게
【정답】 ①
① obtain 획득하다    ② accomplish 성취하다
③ store 저장하다    ④ get rid of 제거하다

**50** The management is not responsible for any valuables not _______ in safety deposit boxes provided at front office.

[06.감평사]

① existed　　　　　② secured
③ obtained　　　　④ acquired
⑤ achieved

> **50-1** Britain's trading company, the Hudson Bay Company, wanted to <u>secure</u> a foothold in America's fur-trade market.
> ① lock　　　　② obtain
> ③ tighten　　④ keep

> **50-2** All airports are requested to tighten <u>security</u> during the President's visit next month.
> ① protection　　② arrival
> ③ alarm　　　　④ politics

**51** Many scientists feel that the earth is in a _______ position and that if we do not do something to help it today, tomorrow may be too late. [99.행자부 7급]

① precarious　　② profligate
③ precocious　　④ prevalent

> **51-1** Life for poor people will be more <u>precarious</u> in the future than it is now.
> ① stable　　　② frustrating
> ③ insecure　　④ positive

> **51-2** The establishment of apartheid created a <u>precarious</u> situation in Brazil.
> ① integral　　　② unlimited
> ③ retrogressive　④ unstable

**52** Although it is an _______ disease, people with AIDS can live many more years after infection if he or she takes the treatments regularly.

① incurable　　　② well-known
③ unavoidable　　④ venereal

**53** Some of technology's negative aspects are extremely hard to <u>remedy</u>.

① understand　　② identify
③ utilize　　　　④ correct

---

**50** 회사 측은 본사에 마련된 보관함에 안전하게 보관되지 않은 귀중품에 대해서는 일체 책임을 지지 않습니다. * be responsible for ~에 대해 책임이 있다 valuables 귀중품 a safe deposit box 대여금고 front office 본사

【정답】②

① exist 존재하다　　　　② secure 안전하게 보관하다
③ obtain 획득하다　　　　④ acquire 취득하다
⑤ achieve 달성하다

**50-1** 영국의 무역회사인 허드슨 배이 컴퍼니는 미국의 모피시장의 교두보를 확보하기를 원했다.
* foothold 발판, 교두보 fur 모피

【정답】②

③ tighten 죄다, 강화하다

**50-2** 모든 공항들은 다음 달 대통령의 방문 동안 보안을 강화할 것을 요청받았다. * tighten 강화하다

【정답】①

① protection 보호　　　② arrival 도착
③ alarm 경보　　　　　④ politics 정치학

**51** 많은 과학자들은 지구가 불안한 상태에 있으며 당장 무언가 지구를 도울 조치를 취하지 않는다면, 내일은 늦을 것이라고 생각한다. * position 처지, 상태

【정답】①

① precarious 불확실한　　② profligate 방탕한
③ precocious 조숙한　　　④ prevalent 유행하는

**51-1** 가난한 사람들의 삶은 지금 당장보다 미래에 더욱 불안해질 것이다.

【정답】③

① stable 안정된　　　　② frustrating 좌절시키는
③ insecure 불안한　　　④ positive 긍정적인

**51-2** 인종차별정책의 확립은 브라질의 정세를 불안정하게 만들었다. * establishment 확립 apartheid 인종차별정책

【정답】④

① integral 없어서는 안 될　② unlimited 제한 없는
③ retrogressive 후퇴하는　④ unstable 불안정한

**52** 비록 불치의 병이긴 하지만, 에이즈 환자가 정기적으로 치료만 받으면 감염 후에도 오래 동안 살 수 있다. * infection 감염, 전염 treatments 치료

【정답】①

① incurable 불치의　　　② well-known 잘 알려진
③ unavoidable 피하기 어려운　④ venereal 성병의

**53** 과학기술의 부정정인 측면 중 일부는 폐해를 바로잡기가 매우 어렵다.
* aspect 측면, 관점 extremely 매우

【정답】④

① understand 이해하다　　② identify 확인하다
③ utilize 이용하다　　　　④ correct 고치다, 바로잡다

---

**54** 다음 빈 칸에 공통으로 들어갈 단어로 알맞은 것은?

> 1) To _____ a problem is to face it and set about solving it.
> 2) To _____ a convention is to give a speech to the convention.

① unveil      ② reach
③ resolve      ④ host
⑤ address

**55** We are entitled to expect full and speedy <u>redress</u> for product or service failures. [01.사법시험]
① option      ② advice
③ display      ④ concession
⑤ compensation

**56** When the authority of management was <u>vested in</u> him, he did all he could to enlarge it. [00. 행자부 7급]
① denied to      ② given to
③ forced upon      ④ invested in

**57** If he couldn't prepare his case properly, the trial would be a <u>travesty</u>.
① comedy      ② tragedy
③ parody      ④ romance

**58** Is there anyone working today who has inherited the Hitchcock <u>mantle</u>?
① core      ② character
③ responsibility      ④ accomplishment

> **58-1** In the l960's the upper level of Pennsylvania Station in New York City was <u>torn down</u> and replaced by Madison Square Garden. [03. 공인회계사]
> ① detracted      ② demoted
> ③ distended      ④ dismantled

**59** His <u>apparel</u> showed him to be a successful man.
① clothing      ② confidence
③ answer      ④ manner

**60** People forget their childhood, no doubt, and it is a loss which, no matter how lightly they take it, is <u>irreparable</u>.
[86.행정고시]
① irreproachable      ② irrecognizable
③ irresistible      ④ irresponsible
⑤ irretrievable

---

**54** ──────────────── 【정답】 ⑤

> 1) 문제를 처리한다는 것은 그것에 직면해서 해결하는 데 착수하는 것이다.
>   * address (문제를) 처리하다 set about 착수하다
> 2) 총회 연설한다는 것은 총회에 나가서 연설을 한다는 것이다. * address 연설하다 convention 집회
>   give a speech 연설을 하다

① unveil (비밀을) 밝히다      ② reach ~에 닿다
③ resolve 결심하다      ④ host 개최하다
⑤ address 연설하다; 처리하다

**55** 우리는 제품이나 용역의 결함에 대한 완전하고도 신속한 보상을 받을 자격이 있다.
* be entitled to ~할 자격이 있다
──────────────── 【정답】 ⑤
① option 선택      ② advice 조언
③ display 전시      ④ concession 양보, 양도
⑤ compensation 배상

**56** 그에게 관리 권한이 주어졌을 때, 그것을 확대하기 위하여 할 수 있는 모든 것을 했다.
* authority 권한 enlarge 크게 하다
──────────────── 【정답】 ②
① be denied to 거절당하다    ② be given to 주어지다
③ be forced upon 강요당하다    ④ be invested in ~에 투자되다

**57** 그가 소송 준비를 철저하게 하지 못한다면, 재판은 우스꽝스런 모방이 될 것이다.
──────────────── 【정답】 ③
① comedy 코미디      ② tragedy 비극
③ parody 패러디      ④ romance 로맨스

**58** 현재 활동하는 사람들 중에서 히치콕의 책무를 계승한 사람이 있는가? * inherit 상속하다. 계승하다
──────────────── 【정답】 ③
① core 핵심
② character 성격, 특징, 등장인물
③ responsibility 책무      ④ accomplishment 성취

**58-1** 1960년대에 뉴욕시의 펜실베이니아 역의 상층부가 헐리고 매디슨 스퀘어가든으로 대체되었다.
* tear down 허물다 replace 대체하다 ☞ 249p.16번 문제
──────────────── 【정답】 ④
① detract 딴 데로 돌리다, 비방하다
② demote 강등하다
③ distend 넓히다
④ dismantle 분해하다

**59** 그의 옷은 그가 성공한 사람임을 보여주었다.
──────────────── 【정답】 ①
① clothing 옷, 의류      ② confidence 신임
③ answer 대답      ④ manner 매너

**60** 사람들은 의심의 여지없이 어린 시절을 잊어버린다. 그리고 그것을 얼마나 가볍게 받아들이든 간에 회복할 수 없는 상실인 것이다.
──────────────── 【정답】 ⑤
① irreproachable 비난할 여지가 없는
② irrecognizable 인식할 수 없는
③ irresistible 저항할 수 없는
④ irresponsible 무책임한
⑤ irretrievable 회복할 수 없는

# 13

**G** 접속사[2]

**R** 세부내용 파악 [3]

**I** [기본동사] speak/say/tell/talk

**V** [어원] say/tell/talk

## 2　부사절을 이끄는 종속접속사(2)

### [13|01]　5. 목적을 나타내는 종속접속사 ⊃22-20 비교 ★★★

| | |
|---|---|
| ❶ 긍정 | ■ so that = so = in order that ~하기 위하여<br>cf. 콤마(,) 없이 위치하며, 조동사 can·may·will등이 위치한다. |
| ❷ 부정 | ■ lest (should) = for fear (that) should · might = so that … not<br>　　= in order that … not ~하지 않기 위하여<br>cf. lest는 자체에 부정의 뜻을 내포하고 있으므로 부정어가 또 나오게 되면 틀린다. lest ~ should의 경우 should는 생략이 가능하며 뒤에 동사원형이 온다. ⊃08-39 참조 |

- The door was open *so (that)* she *could* see inside.
  = The door was open *in order that* she *could* see inside.
  그녀가 안을 볼 수 있도록 문이 열려 있었다.

- The door was closed *so (that)* she *could not* see inside.
  = The door was closed *in order that* other people *could not* see inside.
  = The door was closed *lest* she *(should) see* inside.
  = The door was closed *for fear that* she should see inside.
  → The door was closed *lest* she ~~saw~~ inside. (×)
  → The door was closed *lest* she see ~~not~~ inside. (×)
  그녀가 안을 볼 수 없도록 문이 닫혀져 있었다.

⇨ lest는 자체에 부정의 뜻을 가지고 있으므로 다음에 부정어 'not, no 등'이 올 수 없으며, 조동사 should가 생략이 되는 경우 동사원형(see)만 올 수 있는 것도 유의해야 한다.

### [13|02]　6. 결과를 나타내는 종속접속사 ★★★

❶ ,so (that) 따라서
❷ so ~ that … / such ~ that … 너무 ~해서 …하다
❸ not so ~ that …할 만큼 ~하지 않다
cf. 결과를 나타내는 so that/ such that 구문은 'so+형용사+a(n)+명사/ so+형용사(부사) 또는 such+a(n)+형용사+명사'로 바꿀 수 있다. ⊃36-16, 37-41 참조

- He was weak, *so (that)* he could hardly stand up.
  = He was *so weak that* he could hardly stand up.
  = He was *so weak a man that* he could hardly stand up.
  = He was *such a weak man that* he could hardly stand up.
  그는 너무나 허약해서 좀처럼 일어서 있지 못했다.

> **Check** 1. 주절에 부정문이 위치했을 경우, 뒤에서 앞으로 올라오는 방식으로 '(that 절 이하) ~할 만큼 그 정도로 (주절의 내용)~하지는 않다'로 해석해야 한다. ★
>
> - John was *not so* excited *that he could not speak.*
>   존은 말도 못 할 정도로 흥분하지는 않았었다.
>
> - No man is *so* busy *that he cannot telephone his wife.*
>   자신의 아내에게 전화를 걸 수 없을 만큼 바쁜 남자는 없다.
>
> 2. 주절과 that 절 이하에 부정문이 위치했을 경우, 'that+부정문'은 'but+긍정문' 형태로 바꿀 수 있다. 이 경우 but 이하는 '~하지 않을 만큼'으로 해석한다. ★★
>
> - John was *not so* excited *but* he could speak.
> - *No* man is *so* busy *but* he can telephone his wife.

## 7. 양태를 나타내는 종속접속사

❶ **as** ~처럼, ~하는 대로, ~했듯이      ❷ **as if = as though** 마치 ~처럼 ➲11-11 참조
❸ **the way** ~하듯이      ❹ **just as ~, so** ··· 마치 ~하듯이 그렇게 ···하다
cf. just as ~, so ··· 구문은 just와 so를 생략할 수 있으므로, 문맥상 판단해야 한다.

- **As** I explained on the phone, I had been ill.
  전화로 설명했듯이 아팠었어.

- You treat your sons **as if** they were your parents.
  자식들이 마치 부모인 것처럼 당신은 그들을 대하고 있다.

- **(Just) as** body needs exercise, **(so)** mind needs meditation.
  신체가 운동을 필요로 하듯이 정신 또한 명상을 필요로 한다.

- You will fail **the way** your friends did.
  당신의 친구들이 그랬던 것처럼 당신도 실패할 것이다.

## 8. 제한을 나타내는 종속접속사

❶ **as[so] far as** ~에 관한 한(거리·정도·범위)      ❷ **as[so] long as** ~하는 동안만큼(시간)
❸ **in so far as = insofar as** ~하는 한(관념)
cf. 앞에 부정어가 위치하거나, 강조를 하고자 할 경우 'so far as, so long as'처럼 as 대신에 so를 즐겨
쓴다. 그러나 절대적인 원칙이 아니어서 잘 지켜지지는 않는다.

- **As[So] far as** I know, he is an honest man.
  내가 알고 있는 한 그는 정직한 사람이다.

- **As[So] long as** you work as my secretary, you can have an off day on Saturday.
  내 비서로 일하는 동안은 토요일에 쉬어도 좋다.

- That's the truth, **in so far as** I know it.
  내가 알고 있는 한 그것은 사실이다.

## 9. 장소를 나타내는 종속접속사

❶ **where**      ❷ **wherever**

- I like to live **where** simple folks dwell.
  나는 검소한 사람들이 사는 곳에서 살기를 좋아한다.

- **Wherever** she goes, there are crowds of people waiting to see her.
  그녀가 가는 어느 곳에서라도 그녀를 보려고 기다리는 군중들이 있다.

## 10. 부사절의 축약 (부사절의 분사화)

### (1) 부사절의 주어와 주절의 주어가 같은 경우

■ 부사절의 주어와 주절의 주어가 같은 경우 부사절을 분사화하는 방법
부사절의 접속사와 주어를 생략하고, 동사를 ~ing 형태로 전환시킨다. 부사절의 동사가 be
동사일 경우 그 분사형태는 'being 또는 having been'이 되는데, be 동사를 이용한 'being과
having been'은 생략이 가능하다.

- **When he finished the meal, Rachel washed up and made coffee.**
  → **Finishing the meal, Rachel washed up and made coffee.**
  식사를 마쳤을 때 레이첼은 설거지를 하고 커피를 만들었다.

13 07
## (2) 부사절의 주어와 주절의 주어가 다른 경우

■ 부사절의 주어와 주절의 주어가 다른 경우 부사절을 분사화하는 방법
부사절의 주어와 주절의 주어가 다를 경우 분사로 축약시에 부사절의 주어는 생략할 수 없다. 이와 같이 **주절의 주어와 분사구문의 의미상의 주어가 달라서 분사구문에 별도의 의미상의 주어를 위치**시킨 구문을 '독립 분사구문'이라고 한다. 이 경우에도, be 동사를 이용한 분사인 'being 또는 having been'은 **생략이 가능**하다.

- *We'll* leave tomorrow, *if weather* permits.
  → *We'll* leave tomorrow, *weather permitting*.
  날씨가 허락하는 한 내일 떠날 것이다.

13 08
## (3) 접속사+분사

분사구문이 성립이 되었을 때, 주절과 분사구문의 관계를 명확히 설명하기 위해서 접속사를 생략하지 않고 '접속사+분사'형태로 남겨둘 수 있다.
* 부사절의 주어와 주절의 주어가 다를 경우, 접속사를 내버려 둔 채 분사구문이 위치할 수 없다. 즉, '접속사+독립분사구문'은 불가능하다.

- *When it* happened, *the catastrophe* caused casualties.
  → (When) *happening*, *the catastrophe* caused casualties.
  그 참사가 일어났을 때, 사상자가 나왔다.

---

**예제**  A baby might show fear to an unfamiliar adult __________ he is likely to smile at another infant. [99. 서울시 7급]

① if          ② so that          ③ whenever          ④ of which          ⑤ whereas

【해석】 아기는 낯선 어른에게는 두려움을 나타내 보이지만, 다른 아기에게는 웃어줄 가능성이 높다.
【해설】 괄호 앞뒤로 완전한 문장이 위치했으므로, 앞 내용은 '두려움을 보이다'이며, 뒤 내용은 '웃음을 보이다'의 '대조' 관계이므로 'whereas'만이 옳다.
【정답】 ⑤

---

## 3 명사절을 이끄는 종속접속사

13 09
## 1. 명사와 명사절의 차이

명사는 ① 한 단어로 구성되어 있으며, ② 구체적이지는 않다. 반면에 명사절은 ① 명사기능을 하지만, ② 명사절을 이끄는 접속사 이하에 **완전한 문장**으로 구성되어 있으며, ③ 그 내용이 구체적이다.

- *The fact* is common knowledge today. [주어 명사]
  그 점은 오늘날 상식이다.

- *That the earth is round* is common knowledge today. [주어 명사절]
  지구가 둥글다는 것은 오늘날에는 상식이다.

- **My opinion is *it*.** [보어 명사]
  내 생각은 그것입니다.

- **My opinion is *that* the earth is round.** [보어 명사절]
  내 의견은 지구가 둥글다는 것이다.

- **She said something.** [동사의 목적어 명사]
  그녀는 무엇인가를 말했다.

- **She said *that* she liked dancing.** [동사의 목적어 명사절]
  그녀는 춤을 좋아한다고 말했다.

- **She takes after her mother *in it*.** [전치사의 목적어 명사]
  그 점에 있어서 그녀는 어머니를 닮았다.

- **She takes after her mother *in that* she likes dancing.** [전치사의 목적어 명사절]
  그녀는 춤을 좋아한다는 점에서 그녀의 어머니를 닮았다.

- ***It* is mine.** [주어 명사]
  그것은 내거야.

- ***The opinion that* she likes dancing is mine.** [the opinion과 동격의 명사절]
  그녀가 춤을 좋아한다는 것이 내 생각이다.

## 2. 단순사실절을 이끄는 that ★★★

that이 이끄는 명사절의 that 이하에는 **완전한 문장**이 오게 되며, 문장 전체의 '주어, 보어, 타동사의 목적어' 기능을 수행한다. 해석은 '~이라는 사실, ~이라는 점'으로 해주면 된다.

### 13 10 (1) 주어 기능

that 절이 주어로 사용될 경우, 가주어 it을 먼저 오고 뒤에 진주어 that 절을 두는 것이 현대 영어의 일반적인 추세이다. ➲ 37-14 참조

- ***That* everybody likes that music is interesting.**
  = **It** is interesting <u>that everybody likes that music</u>.
  가주어　　　　　　진주어
  모든 사람들이 그 음악을 좋아한다는 사실이 흥미롭다.

### 13 11 (2) 보어 기능

- **Her belief is *that* violent crime is increasing.**
  그녀는 폭력범죄가 증가하고 있다는 것을 믿고 있다.

### 13 12 (3) 타동사의 목적어 기능

- **Dawkins believes *that* his sister was murdered.**
  도킨은 자신의 누나가 살해당했다고 믿는다.

### 13 13

> **Check**
>
> 'in that 절(~이라는 점에서)' 과 'except/ but/ save that 절(~라는 점을 제외하고서)' 절 구문을 제외하고는, 어떠한 일이 있어도 종속접속사 that 앞에 전치사가 오는 경우는 없다. ★★★
>
> - **He takes after his father *in that* he is fond of music.**
>   그 아이는 음악을 좋아한다는 점에서 그의 아버지를 닮았다.
>
>   → He takes after his father ~~for that~~ he is fond of music. (×)
>
> - **I forgot everything *except that* I wanted to go home.**
>   집에 가기를 원했던 점을 제외하고서는 기억이 나지 않았다.

## (4) 동격절을 이끄는 that ★★★

※ 표에 열거된 명사들은 동격의 that절을 수반하여 동격을 나타낸다. ➲12-5 참조
동격을 나타내는 명사들 다음에 that 절이 왔을 경우 주격관계사나 목적격 관계사로 오인
하지 말아야 한다.

| ❶ 사실 | fact, truth |
|---|---|
| ❷ 생각 | belief, idea, notion, opinion |
| ❸ 증거 | evidence, proof |
| ❹ 당위 | suggestion, order, insistence, requirement, demand |
| ❺ 기타 | conviction, news, criticism, possibility |

- *The belief that the world is round* was not peculiar to Columbus. [주어동격]
  이 세상이 둥글다는 신념은 콜럼버스만의 것은 아니었다.

- I will make *the suggestion that houses (should) be built on this site.* [목적어동격]
  나는 주택들이 이 지역에 지어져야 한다는 주장을 할 것이다.

- The most preposterous fact is *the evidence that he can be a suspect.* [보어동격]
  가장 터무니없는 것은 그가 용의자일 수 있다는 증거이다.



> **Check.** **종속접속사 that과 관계대명사 that의 차이**
>
> 명사절을 이끄는 접속사 that 다음에는 반드시 '완전한 문장'이 와야 하지만, 관계대명사
> that의 경우 선행사가 앞에 있어야 하며 that 절 안에는 '문장의 주어나 동사의 목적어, 또
> 는 전치사의 목적어 또는 명사보어가 생략'되어 있어야 한다. ➲17-24/28/29/30 참조
>
> - Did you see *the letter that* (=which) came today? [주격 관계대명사]
>   오늘 온 편지 보았니?
>
> - *The fact that* he is your brother should not affect your decision. [동격의 that 절]
>   그가 너의 형이라는 사실이 너의 결정에 어떤 영향도 미쳐서는 안 된다.

## 3. 선택절을 이끄는 whether와 if



### (1) whether 와 if 절의 비교

whether와 if절이 명사절로 쓰일 경우 해석은 '~인지 아닌지'로 해주어야 된다.
whether절은 아래 표처럼 모든 명사절 기능을 수행할 수 있지만, if 절이 명사절로 쓰일 경우
에는 오로지 '타동사의 목적어'만 가능하다.

| | whether | if |
|---|---|---|
| 주어 | O | X |
| 보어 | O | X |
| 타동사의 목적어 | O | O |
| 전치사의 목적어 | O | X |
| 부사절 | O | O |
| or not | O (문두, 문미, 생략 모두 가능) | X |
| 동격 | O | X |
| to 부정사와 결합 | O | X |

### (2) 주어 역할 ★

whether 명사절은 주어 역할이 가능하며, 현대영어에서는 가주어 it을 먼저 두는 경향이 강하다. 반면 if 명사절은 주어 역할이 불가능하다.

- ***Whether*** people know his fame is not important.
  = ***It*** is not important ***whether*** people know his fame.
  → ~~If~~ people know his fame is not important. (×)
  사람들이 그의 명성을 알고 있는지 아닌지는 중요하지 않다.

  ⇨ 문장 전체의 동사 'is'의 주어 기능을 if 절은 할 수가 없다.

### (3) 보어 역할 ★

whether 명사절은 보어 역할이 가능하지만, if 명사절은 보어절 역할이 불가능하다.

- The question is ***whether*** her behavior was unlawful.
  → The question is ~~if~~ her behavior was unlawful. (×)
  문제인 즉 그녀의 행동이 법에 어긋났느냐 아니냐이다.

  ⇨ be 동사의 보어로서 whether절은 가능하지만, if 절은 불가능하다.

### (4) 동사의 목적어 역할 ★★

whether 명사절과 if 명사절 모두 타동사의 목적어 역할이 가능하다.

- Maurice *asked* (me) ***whether*** I needed help.
- Maurice *asked* (me) ***if*** I needed help.
  모리스는 나에게 내가 도움을 필요로 하는지 아닌지를 물어보았다.

  ⇨ ask라는 타동사의 직접 목적어로서 whether절과 if절 모두 가능하다.

### (5) 전치사의 목적어 역할 ☆

whether 명사절은 전치사의 목적어 역할이 가능하지만, if 명사절은 전치사의 목적어 역할이 불가능하다.

- The question arose *about* ***whether*** her behavior was unlawful.
  → The question arose *about* ~~if~~ her behavior was unlawful. (×)
  그녀의 행동이 법에 어긋나느냐에 관한 문제가 불거졌다.

  ⇨ about과 같은 전치사의 목적어로서 if절은 불가능하다.

### (6) 부사절 역할

명사절이 아닌 부사절을 이끄는 접속사는 whether와 if 모두 가능하다.

- ***Whether*** you like it or not, you must do it.
  좋아하든 싫어하든 그것을 하지 않으면 안 된다.

- ***If*** you need money, I can lend you some.
  네가 돈이 필요하다면 내가 조금은 빌려 줄 수 있어.

## (7) or not 여부 ★★

whether는 or not과 결합이 자유로우며, whether 바로 뒤 또는 whether 절 맨 뒤 모두에 위치가 가능하지만, if or not 이 위치할 수 없음이 원칙이다.

- He asked me *whether* I would go there *or not*.
  = He asked me *whether or not* I would go there .
  그는 내가 거기에 갈 것인가를 물어보았다.

  ⇨ whether는 or not과의 결합은 자유이며, 문두 또는 문미에 위치할 수 있다.

  → He asked me if ~~or not~~ I would go there. (×)
  ⇨ or not은 if 의 바로 뒤에 위치할 수 없다.



## (8) 동격 여부 ☆

whether는 'question, doubt, trouble'과 같은 명사 뒤에서 완전한 문장을 이끌어 동격의 명사절도 가능하지만, if절은 동격이 불가능하다.

- There is some *doubt* *whether* economics is easy to study.
  → There is some *doubt* ~~if~~ economics is easy to study. (×)
  경제학이 공부하기 쉬운지에 대해 약간의 의심이 존재한다.

  ⇨ doubt라는 명사 뒤에서 whether 절이 동격으로 수식하는 형태이다. if 절은 앞에 나온 명사에 대한 동격 기능이 없다.



## (9) to부정사 결합 여부 ☆

whether 절 내의 주어가 '문장 전체의 주어와 같거나 일반인(people)이 주어일 경우' 'whether+to 부정사' 구문으로 축약할 수 있다. 이 때 whether는 의문사로 보는 것이 일반적이다. 반면 if는 이러한 기능이 없다. ⊃26-33 참조

- Axel and John now have to decide *whether* they will buy the car.
  = Axel and John now have to decide *whether to buy* the car.
  → Axel and John now have to decide ~~if to buy~~ the car.
  엑슬과 존은 그 차를 구입할 것인지 말 것인지 결정해야만 한다.

  ⇨ whether 절은 to부정사구와 결합할 수 있지만 if는 불가능하다.



## 4. 의문사가 이끄는 간접의문문 ★★★

의문사로 시작되는 명사절을 간접의문문이라고 하는데, 이 경우 어순은 '의문사+주어+동사' 처럼 평서문 어순을 취한다는 점을 유의해야 한다. ⊃26-01~02 참조

- *Why Taylor left so early* is incomprehensible. [주어 명사절]
  테일러는 왜 그리 일찍 떠나려 했는지 이해가 가지 않는다.

- I don't know *who the man is*. [목적어 명사절]
  나는 그 남자가 누구인지 모른다.

- I don't know *whom the girl is waiting for*. [목적어 명사절]
  나는 그 여자가 기다리고 있는 사람이 누구인지 모른다.

  → I don't know *whom is the girl waiting for*. (×)
  ⇨ know라는 타동사의 목적어로서 간접의문문이 쓰였으므로 '의문문 어순'이 아닌 '평서문 어순'이 옳다.

## 5. what 관계대명사절 ★★★

13 26

what은 자체에 선행사를 포함하고 있는 관계대명사이므로, what 절 이하에 주어, 목적어, 보어 중 하나가 탈락되어야 한다. 이에 대한 자세한 설명은 관계대명사 편에서 다룬다.
➲18-03 ~ 05 참조

- That is ***what*** *we want to know.*
  그것이 우리들이 알고자 하는 것이다.

- ***What*** *we need most* is a book.
  우리가 가장 필요로 하는 것은 책이다

## 6. 복합관계사절

13 27

복합관계사가 이끄는 문장들 또한 명사절 기능을 가질 수 있다. 자세한 내용은 관계대명사편에서 다루기로 한다. ➲19-04~16 참조

---

**예제**  What these applicants have in common ____________ they all have overseas experience.

① for that          ② that is
③ with that         ④ is that

【해석】 이 지원자들의 공통점은 모두 다 해외 경험이 있다는 것이다.
【해설】 문장 전체의 주어인 what 절의 동사인 is와 문장 전체의 보어 역할을 하면서 'they all have overseas experience'를 이끌 수 있는 명사절 접속사 that 이 옳다.
【정답】 ④

---

**01**  우리말을 영어로 옮긴 것 중 가장 어색한 것을 고르시오. [08. 국가직 7급]
① 우리는 결혼한 지 10년 되었다.
  → It is 10 years since we got married.
② 그녀는 분수에 넘치는 생활을 하고 있다.
  → She is living beyond her means.
③ 자신의 가정을 사랑하지 않는 사람이 누가 있겠는가?
  → Who is there but loves his own home?
④ 이것은 깨지기 쉬우니 깨뜨리지 않도록 조심해라.
  → Since this is fragile, be careful lest you should not break it.

**02**  다음을 영어로 가장 적절히 옮긴 것은?

> 엿들으면 안 되므로 그들은 언제든지 낮은 소리로 이야기한다.

① They always speak low less they should be overheard.
② They always speak low less they should not be overheard.
③ They always speak low lest they should be overheard.
④ They always speak low lest they should not be overheard.

**03**  He is very fat ① despite he ② doesn't eat large meals ③ or drink ④ heavily. [03. 경찰]

**04**  Don't open your door to a stranger, __________ he says he is from the police. [99. 공무원 9급]
① despite                      ② even if
③ no matter what               ④ whatever

**05**  A few natural elements exist in __________ that they are rarely seen in their natural environments.
① such small quantities        ② small quantity
③ very small quantities        ④ so a small quantity

**06**  다음을 영어로 가장 적절히 옮긴 것은? [93. 법원서기보/98. 경찰간부]

> 사람은 아무리 나이를 먹어도 배울 수 있다.

① No one is so old but he may learn.
② No one is so old but he may not learn.
③ Anyone can not be so old but he may learn.
④ Anyone cannot be so old that he may learn.

**07**  Even when fingerprints are hidden at the scene of a crime, they can be dusted with aluminum powder _______ they can be seen and photographed.
① so that                      ② in order to
③ although                     ④ as well as

## 정답 및 해설

**01** 【해설】 not → 삭제 | lest 접속사는 그 자체에 부정의 의미를 포함하고 있으므로 그것이 이끄는 부사절 내에는 부정어가 위치할 수 없다. 　【정답】 ④

**02** 【해설】 ① less → lest | less는 little의 비교급 형태로서 접속사 역할을 할 수 없다.
② less they should not → lest they should | less 또한 틀렸으며, lest라는 접속사는 자체에 부정어를 가지고 있으므로 종속절 안에 부정어가 또 포함될 수 없다.
④ not 삭제 | lest가 이끄는 부사절 안에는 부정어를 위치시킬 수 없다. 　【정답】 ③

**03** 【해설】 despite(~에도 불구하고)는 전치사인데 다음에 완전한 문장이 왔으므로 틀렸다. 대신에 전치사가 아닌 접속사 'though=although' 등이 와야 한다.

【해석】 그가 과식이나 과음을 하지 않음에도 불구하고 매우 뚱뚱하다. 　【정답】 ①

**04** 【해설】 주절인 명령문 뒤에서 완전한 문장이 위치했으며, 주절의 내용과 괄호 이하의 문장 내용의 관계는 '역접-양보'이므로 '비록 ~라 할지라도'의 뜻을 가진 'even if'가 옳다. ① despite는 전치사이며, ③과 ④의 경우에는 다음에 '주어, 목적어, 보어' 중 하나가 빠져 있어야 한다.

【해석】 경찰에서 왔다고 말하더라도, 낯선 사람에게는 문을 열어주지 말아라. 　【정답】 ②

**05** 【해설】 이하의 that 절과 결합하면서 일반 복수명사를 수식할 수 있는 such가 옳다.

【해석】 일부 천연 원소들은 자연 환경에서는 거의 보이지 않을 정도로 작은 양으로 존재한다. 　【정답】 ①

**06** 【해설】 ② may not → may | 주절에 부정어(no one)가 위치한 채 'so ~ that 부정문' 구문이 쓰일 경우, 그 that이하의 부정문은 'but+긍정문'으로 쓰일 수 있다.
No one is so old that he may not learn.
= No one is so old but he may learn.
③ ④ 의 경우 부정문의 주어로 any(one)를 사용하지 않으므로 틀렸다. 　【정답】 ①

**07** 【해설】 주절과 빈 칸 다음의 종속절은 목적의 관계이므로 'so that(~하기 위하여)'가 옳다.

【해석】 심지어 지문이 범죄현장에 숨겨져 있을 때에도, 지문을 보이게 하고 사진을 찍기 위해서 알루미늄 가루를 지문위에 뿌릴 수 있다. 　【정답】 ①

**08** If you've watched ① a Walt Disney film ② lately you have probably received the impression ③ which every child ④ should own a pet. [96. 군무원 9급]

**09** _________ kinds of dinosaurs were dying out all through the age of Reptiles may be true.
① Many                          ② When
③ Many were                     ④ That many

**10** If women are dissatisfied ① with always being in the listening position, the dissatisfaction may be mutual. ② What a woman feels she has been assigned the role of silently listening audience ③ does not mean that a man feels he has consigned her ④ to that role - or that he necessarily likes the rigid alignment either. [08. 선관위 9급]

**11** A: Susan asked if she should get a ride with us to the party.
    B: Well, I'll speak to her. _________ we will have room is still not clear.
① What if                       ② If or not so
③ Only if                       ④ Whether or not
⑤ As if

**12** __________ medieval Europe and caused the fall of formerly stable governments has been accepted by the majority of historians.
① Epidemics scourged
② That epidemics scourged
③ Epidemics had scourged
④ That epidemics had scourged

**08** 【해설】 which → that | which가 옳다면 그 다음 문장에 '주어, 목적어' 중 하나가 빠져 있어야 하는데 완전한 3형식 문장이 등장했으므로, 선행사인 'impression'과 동격의 내용을 연결시키는 that이 옳다.

【해석】 만일 당신이 최근에 월트디즈니 영화를 관람했다면 모든 아이가 애완동물을 소유해야만 한다는 인상을 아마도 받았을 것이다. 【정답】 ③

**09** 【해설】 'kinds of dinosaurs were dying out all through the age of Reptiles'이라는 완전한 문장을 이끌면서 주어 역할을 할 수 있는 접속사는 that이다. 또한 kinds라는 복수명사를 수식하는 many도 옳다.

【해석】 많은 종류의 공룡들이 파충류 시대동안에 멸종했다는 것은 아마도 사실일 것이다. 【정답】 ④

**10** 【해설】 What → That | what이 옳다면 이하에 '주어, 목적어, 보어'가 빠져야 하는데, 완전한 3형식 문장이 왔다. 'a woman feels와 she' 사이에는 feel 동사의 목적어인 명사절의 접속사 that이 생략된 형태이다. (타동사의 목적어인 that절의 that은 생략 가능!). 그렇다면 완전한 문장이 보기 3번 앞까지 나온 것이므로 완전한 문장을 '명사절'로 만들 수 있는 접속사 that이 옳다.

【해석】 여성들이 (남성의 말을) 듣고 있어야 하는 위치에 있다는 것에 불만이 있다 하더라도, 그 불만은 상호적인 것일 수도 있다. 여성이 자신은 가만히 듣기만 하는 경청자의 역할을 할당받아 왔다고 생각한다는 것이 곧 남성이 여성에게 그런 역할을 맡겼다거나 아니면 남성이 반드시 경직된 서열을 좋아한다고 생각한다는 것을 의미하는 것은 아니다. 【정답】 ②

**11** 【해설】 주어 역할을 하면서 완전한 절을 이끌 수 있고, or not과 바로 결합할 수 있는 접속사는 whether이다.

【해석】 A: 수잔이 파티에 갈 때 우리와 함께 타고 갈 수 있는지 물어봤었어.
B: 그럼, 내가 그녀한테 얘기할게. 우리에게 자리가 있는지 없는지 아직도 분명치 않거든. 【정답】 ④

**12** 【해설】 'epidemics scourged medieval Europe and caused the fall of formerly stable governments'이라는 완전한 문장을 이끌면서 전체 문장의 주어 역할을 할 수 있는 것은 that이다. * epidemic 전염병, scourge 재앙; 몹시 혼내다

【해석】 전염병이 중세유럽을 괴롭혔고 이전에는 안정적이었던 정부의 몰락을 야기했다는 것이 대다수의 역사가들에 의해서 인정되어 왔다. 【정답】 ②

**01**  Language is not inherited, but is acquired by ___________. [97. 공무원 9급]

> Language is so much a part of our daily activities that some of us may come to look upon it as a more or less automatic and natural act like breathing or winking. Of course, if we give the matter any thought at all, we must realize that there is nothing automatic about language. Children must be taught their native tongue and the necessary training takes a long time. Language is not something that is inherited ; it is an art that can be passed on from one generation to the next only by intensive education.

① reading　　　　　　　　　② writing
③ speaking　　　　　　　　 ④ training

**02**  Which of the following is not mentioned in the passage concerning people that contribute to traffic accidents? [99. 공무원 7급]

> In addition to poor highway design, people's attitudes about driving also contribute to the high rate of traffic accidents. Some people persist in believing that they can drink and be alert drivers. Yet alcohol is estimated to be a factor in at least half of all fatal highway accidents. Refusing or forgetting to wear safety belts also increases fatalities. A negative attitude about wearing seat belts is not inconsistent with statistics showing that the chances of being seriously hurt or dying in a car accident are greater when a seat belt is not worn.

① Drunken drivers　　　　　② Highway carers
③ Highway designers　　　　④ Drivers refusing to wear seat belts

## 01

【해석】 언어는 우리 일상생활에서 너무나 많은 부분을 차지하고 있어서 우리들 중 일부는 언어를 숨을 쉬거나 눈을 깜박거리는 것처럼 자동적이고 당연한 행동으로 간주할 지도 모른다. 물론, 우리가 그 문제를 생각해 본다면, 틀림없이 우리는 언어가 전혀 자동적이지 않다는 것을 깨달을 것이다. 아이들은 자신의 모국어를 배워야만 하고 오랜 동안의 습득기간이 필요하다. 언어는 유전되는 것이 아니다. 즉, 언어는 오로지 철저한 교육을 통해서만 한 세대에서 그 다음 세대로 전해질 수 있는 하나의 기술인 것이다.

【해설】 Q 언어는 유전되는 것이 아니라, 교육에 의해 습득되는 것이다. 마지막 문장에 "언어라고 하는 것은 당연히 물려받는 것이 아니라 오랜 기간 동안 배워야 하는 것이고, 철저한 교육을 통해서 여러 세대로 전해진다."는 내용이 나온다.

【정답】 ················································································· ④

### VOCABULARY

- daily activity
  일상 활동
- come to R ~하게 되다
- look upon A as B
  A를 B로 간주하다
- more or less
  다소나마, 얼마간
- give ~ one's thought
  ~을 생각하게 하다
- automatic 자동적인
- native tongue 모국어
- take a long time
  오랜 시간이 걸리다
- inherit 상속하다
- pass on
  (정보 등을)제공하다,
  건네주다, (병을) 옮기다
- acquire 습득하다
- art 기술, 예술
- intensive
  집중적인, 철저한

## 02

【해석】 열악한 고속도로의 설계 외에도 사람들의 운전습관 또한 높은 교통사고율에 기여한다. 어떤 사람들은 술을 마시고도 정신을 바짝 차리고 운전할 수 있다고 믿기를 고집한다. 그러나 알코올은 모든 치명적인 고속도로의 교통사고들 중 적어도 절반의 원인이라고 추정된다. 안전벨트 착용을 거부하거나 망각하는 것 또한 사상자 수를 증가시킨다. 안전벨트 착용에 대한 부정적인 태도는 안전벨트를 매지 않았을 때 자동차 사고에서 중상을 입거나 죽을 가능성을 보여주는 통계수치와 일치된다.

【해설】 Q 본문에서 자동차 사고의 원인이 되는데 있어 관련된 사람으로 언급되지 않은 것은?
고속도로를 설계한 사람들에 대한 언급이 있을 뿐, 고속도로를 관리하는 이들에 대한 설명은 언급된 바 없다.

【정답】 ················································································· ②

### VOCABULARY

- in addition to
  ~뿐만 아니라
- contribute to
  ~에 기여·공헌·이바지하다,
  ~의 원인이 되다
- alert
  주도면밀한, 경계하는
- be estimated to R
  ~으로 측정되다
- fatal 치명적인
- fatality
  참사, 재난, 죽음
- statistics
  통계수치(복수취급),
  통계학(단수취급)
- highway carer
  고속도로 관리자

**03** What seems to be the problem between the mother and her son? [00. 공무원 7급]

> My son is engaged to a girl whom I'll call Lucy. Lucy has eaten dinner at our house every Sunday for the last seven months. I fix good meals and she eats heartily and acts like she enjoys the meal, but she has never once offered to help me with the dishes, or even take her plate into the kitchen. My son says Lucy is a guest and she's not supposed to. I say he's wrong. What do you say?

① Disagreement in their interests in Lucy.
② Difference in their attitudes toward woman's habits.
③ Difference in their tastes in food.
④ Disagreement in their attitudes about the way of treating Lucy.

**04** Which of the following will the successful candidate not be responsible for?

[07. 국회 8급]

> IBM, one of the world's leading multinational corporations, is seeking a highly qualified applicant as a Manager of Field Marketing Planning for its China branch based in Beijing. The successful candidate will be responsible for the development and implementation of various field marketing activities, development of channel programs, development of retail sales programs, and development of novelties and prizes.
>
> Prospective candidates are invited to send a written application together with a curriculum vitae with recent photograph and letter of introduction no later than August 7, 2006.

① development of novelties
② development of giveaways
③ development of channel programs
④ development of wholesale programs
⑤ carrying out field marketing activities

## 03

**【해석】** 아들은 내가 Lucy라고 부르는 한 소녀와 약혼했다. Lucy는 지난 7개월 동안 매주 일요일마다 우리의 집에서 저녁을 먹었다. 나는 좋은 음식을 준비하고 그녀는 마음껏 먹으며 그 음식을 좋아하는 것처럼 행동을 한다. 그러나 Lucy는 설거지하는 것을 도운 적이 이제껏 전혀 없으며, 심지어 자신의 접시를 부엌에 가져오지도 않는다. 아들이 말하기를 Lucy는 손님이고 그럴 필요가 없다고 한다. 나는 아들이 틀려먹었다고 말한다. 당신은 뭐라 말하겠는가?

**【해설】** Q 아들과 어머니 사이의 문제는 무엇으로 보이는가?
아들의 입장은 Lucy가 아직 결혼을 하지 않았으므로 손님으로 대해야 한다는 것이고, 어머니의 입장은 Lucy는 예비며느리이므로 어느 정도의 가사는 도와주어야 한다는 것이므로  ④ Lucy를 대하는 방식에 관한 그들의 태도 차이가 정답이다.

**【정답】** ························································· ④

### VOCABULARY

- **be engaged to** ~와 약혼하다
- **fix** (식사·요리 등을) 준비하다, 고정시키다, 고치다
- **heartily** 배불리, 진심을 다하여
- **be supposed to** ~하기로 되어있다
- **disagreement** 차이, 불일치
- **treat** (사람·동물을) 대우하다, 다루다

## 04

**【해석】** 세계 일류의 다국적 회사들 중 하나인 IBM이 북경에 기반을 둔 중국 지사의 현지마케팅기획 책임자 자리에 고도의 자격을 갖춘 지원자를 찾고 있다. 합격한 지원자는 다양한 현장 마케팅 활동을 이행하고 개발하는 일, 유통 프로그램을 개발하는 일, 소매 판매 프로그램을 개발하는 일, 그리고 신제품 및 명품의 개발과 같은 일들을 맡게 될 것이다. 채용 후보자들은 최근에 찍은 사진과 자기소개서가 부착된 이력서와 함께 서면지원서를 2006년 8월 7일까지는 보내도록 안내받았다.

**【해설】** Q 채용된 지원자가 맡게 될 일이 아닌 것은?
맡을 일은 두 번째 문장에 열거되어 있다. retail sales programs (소매 판매 프로그램)은 있지만 도매 프로그램의 개발(development of wholesale programs)은 언급된 바 없다.

**【정답】** ························································· ④

### VOCABULARY

- **leading** 주도적인
- **multinational** 다국적의
- **qualified** 자격 있는; 적임의
- **applicant** 응모자, 지원자(=candidate)
- **branch** 지부, 지국, 지점; (언어 분류상의) 어족(語族); 어파(語派); 분과(分科)
- **implementation** 이행
- **retail** 소매의; 소매상
- **novelty** 신기함; 신상품
- **prospective** 장래의, 예견되는
- **candidate** 지원자, 후보자
- **curriculum vitae** 이력서
- **giveaway** 경품, 무료견본
- **wholesale** 도매, 대량판매

---

**Check  prospective의 예쁜 해석! (장차 ~이 될)**

prospective husband 장차 남편이 될 사람(예비신랑)
prospective employees 장차 직원이 될 사람들(예비 직원들, 채용 후보자)
prospective mother 곧 어머니가 될 사람(예비엄마)

---

**Theme  고용 · 구직 · 구인  관련 용어 정리**

| ❶ 고용 | ❷ 구직·구인 |
|---|---|
| □ hire 고용하다, 빌리다; 임대 | □ application 신청서, 지원서; 적용, 응용 |
| □ employment 고용, 직업 | - history 경력, 이력 / |
| □ opening 빈자리, 공석; 개시, 개장 | - background 성장환경, 배경; 경력, 학력 |
| *opening job 공석이 된 자리 | - resume [rezumei] 이력서 |
| □ vacancy 공석, 빈자리 | - curriculum vitae 이력서 |
| □ workforce 노동력 | - degree 학위 |
| □ recruit 신규 채용하다, 신입 사원 | cf. a bachelor's [master's/doctor's] degree 학사[석사/박사]학위 |
| □ intern 인턴 | □ apply for a job 일자리에 지원하다 |
| □ probationary 가채용의, 견습중인 | □ look for a job 일자리를 찾다 |
| □ permanent position 정규직 | □ candidate 후보자, 지원자(=applicant) |
| - regular employee 정규직원 | |
| ↔ non-regular employee 비정규직 직원 | |

Still struggling to safeguard the space shuttle Discovery against the kind of damage that doomed the Columbia, NASA officials delayed its mission again yesterday, pushing the lift-off date to mid-July from late May. This time the problem is not insulation foam, but ice, which builds up on the giant external fuel tank even in hot weather because of the supercold liquid hydrogen and oxygen that power the ascent into orbit. Two recent reviews of the hazards from the debris of launching indicated that ice buildups that shook free in flight posed more of a potential hazard than previously believed, the officials said.

1. When was the launching of the space shuttle Discovery originally scheduled?

① Earlier than late May
② late May
③ Between late May to mid-July
④ Mid-July
⑤ After mid-July

2. What caused the delay of the liftoff of the space shuttle Discovery?

① Insulation foam in hot weather
② The failure of the space shuttle Columbia
③ Problems with NASA bureaucracy
④ Environmental concerns
⑤ Ice buildups on its external fuel tank

**05**

【해석】 콜럼비아호(미국의 우주 왕복선 제 1호: 우주 임무를 마치고 지구로 귀환하다가 추락하여 승무원 전원이 사망함)를 끝장내버린 것과 같은 손상으로부터 디스커버리 왕복선을 보호하기 위해 여전이 악전고투하고 있는 나사 직원들은 5월 말에서 7월 중순까지 이륙날짜를 미룬 중에 어제 다시 그 계획을 연기했다. 이번에는 기포 단열제가 아닌 얼음이 문제가 되었다. 그 얼음은 궤도까지 이륙을 하도록 동력을 공급하는 극냉 액체 수소와 산소 때문에 더운 날씨의 환경 하에도 대형 외장 연료 탱크에 쌓이게 된다. 발사과정에 생긴 얼음덩어리로부터 나오는 위험요소들에 대한 두 개의 최근 보고서가 비행 중에 자유로이 흔들리는 얼음 덩어리들이 이전에 생각됐던 것보다 더 많은 잠재적인 위험을 가한다는 것을 지적했다고 직원들이 전했다.

【해설과 정답】

1. Q 원래 계획했던 디스커버리 왕복우주선의 발사 시기는?
첫 문장의 분사구문 'pushing the lift-off date to mid-July from late May(5월 말에서 7월 중순까지 연기)'했다는 내용으로 보아 5월 말 이전에 이륙하는 것이 최초의 계획이었음을 알 수 있다. ································ 【정답】 ①

2. Q 디스커버리호의 발사가 연기된 이유는 무엇인가?
두 번째 문장인 'this time ~' 문장에서 선행사 ice를 수식하는 관계대명사 which 절 이하의 내용을 통해 '외장 연료 탱크에서 얼음 덩어리가 쌓이는 것'이 이유였음을 알 수 있다. ································ 【정답】 ⑤

## VOCABULARY

- **struggle to R**
  ~하기 위해 노력하다
- **safeguard A against**
  ~로부터 A를 보호하다
- **doom**
  파멸하다; (부정적인) 운명을 정하다
- **lift-off**
  이륙, 발진 (take-off)
- **push lift-off date**
  이륙날짜를 연기하다
- **mid-July** 7월 중순
- **this time** 이번에는
- **insulation** 단열체
- **foam** 거품
- **build up** 증진시키다, (몸을) 단련하다; 선전하다, 칭찬하다; (병력을) 증강하다; (재물·명성·인격 등을) 쌓아 올리다, 확립하다
- **supercold** 극냉의
- **power**
  동력을 공급하다
- **ascent** 상승, 오름
- **orbit** 궤도; (생활의) 범위
- **debris** 잔해, 부스러기; 쌓인 얼음 덩어리
- **launch**
  (로켓 등을) 쏘아 올리다, (배를) 진수시키다; (사업 등을) 시작하다; (신제품을) 출시하다
- **indicate** 가리키다, 나타내다, 지적하다
- **hazard** 위험
- **pose a danger[hazard]**
  위협을 가하다

We tend to stereotype because it helps us make sense of a highly confusing world, a world which William James once described as "one great, blooming, buzzing confusion." It is a curious fact if we don't know what we're looking at, we are often quite literally unable to see what we're looking at. People who recover their sight after a lifetime of blindness actually cannot at first tell a triangle from a square. A visitor to a factory sees only noisy chaos where the superintendent sees a perfectly synchronized flow of work. As Walter Lippmann has said, "For the most part we do not first see, and then define; we define first, and then we see." Stereotypes are one way in which we "define" the world in order to see it. They classify the infinite variety of human beings into a convenient handful of "types" toward whom we learn to act in stereotyped fashion. Life would be a wearing process if we had to start from scratch with each and every human contact.

1. Stereotypes are at the core of our efforts to ___________.
① change the world
② visit a factory
③ overcome physical blindness
④ understand the world
⑤ manage our body movements

2. Choose the word that is closest in meaning to the underlined word synchronized.
① fixed                          ② started
③ coordinated                    ④ animated
⑤ chastened

**06**

【해석】 우리는 정형화하려는 경향이 있다. 왜냐하면 윌리엄 제임스가 한 때 "거대하고 번창하고 와글거리는 혼돈"이라고 서술했던 매우 혼란스러운 세상을 이해하는데 도움을 주기 때문이다. 우리가 보고 있는 것이 무엇인지 모른다면, 많은 경우에 있어 문자 그대로 아예 볼 수도 없다는 것은 신기한 사 실이다. 평생 시력을 잃은 후 시력을 회복한 사람은 실제로 처음에는 삼각형과 사각형을 구분할 수 없다. 공장을 방문한 사람은 시끄러운 혼란만을 보는데 감독은 완벽하게 일치된 작업 흐름을 본다. 월터 리프맨이 말했듯이, "대체로 우리는 먼저 보지 않고 정의를 내린다. 우리는 먼저 정의를 내린 다음에 본다." 정형화(고정관념)는 우리가 세계를 보려고 세계를 "정의하는"방식이다. 정형화(고정관념)는 끝없이 다양한 인간을 간편한 소수의 "유형들"로 분류하고 이 유형들에 대해 정형화된 방식으로 행동하는 것을 배운다. 우리가 인간과 접촉할 때마다 처음부터 출발해야 한다면 인생은 피곤한 과정이 될 것이다.

【해설과 정답】

1. Q 정형화는 __________ 하려는 우리의 노력의 핵심이다.
첫 문장을 통해 '우리는 정형화를 통해 매우 복잡한 세상을 이해하려 함'을 알 수 있다. ···································· 【정답】 ④

2. synchronize
❶ 동시에 발생하다(to happen at exactly the same time, or to arrange for two or more actions to happen at exactly the same time)
[ex] Businesses must synchronize their production choices with consumer choices.
❷ (두개 이상의 시계의) 동일 시간으로 맞추다(to make two or more watches show exactly the same time)
[ex] Synchronize your watches. ···································· 【정답】 ③

## VOCABULARY

- tend to R
  ~하는 경향이 있다
- stereotype
  ~을 정형화하다, 고정화하다; 고정관념
- stereotyped
  진부한, 판에 박힌
- make sense of
  ~을 이해하다
- highly 매우
- confusing 혼란스러운
- blooming 번창하는
- buzzing 윙윙거리는, 와글거리는
- curious 신기한
- quite 정말로
- literally 문자 그대로, 완전히
- tell A from B
  A를 B와 구별하다
- lifetime 평생
- blindness 실명
- noisy 시끄러운
- chaos 대혼란
- superintendent
  감독자
- synchronized
  동시에 발생하는, 일치된
- for the most part
  대체로
- classify 분류시키다, 기밀취급하다
- infinite 무한한
- convenient 편리한
- a handful of 소량의
- wearing 소모시키는, 지치게 하는
- from scratch
  처음부터
- be at the core of
  ~의 중심·핵심이다
- fixed 고정된, 일정한
- started 시작된
- animated 활기찬
- chastened
  벌을 받은, 완화된

 다음 글을 읽고 물음에 답하시오. [00. 공무원 7급]

> Garri Kasparov, the world chess champion, has played Deep Thought, the world computer chess champion, in a two−game match. He won both games handily. Recently, however, Deep Thought has been beating grand-masters, including such ⓐ ___________ as the great Bent Larsen of Denmark. Does this mean that the era of human chess supremacy is drawing to a close?
>
> ⓑ ___________, in the opinion of computer and chess experts. The time is rapidly coming, all believe, when chess computers will be operating with a precision, rapidity and completeness of information that will far eclipse anything the human mind can do. In three to five years, Deep Thought will be succeeded by a computer with a thousand times its strength and rapidity. And computers scanning a million positions a second are less than 10 years away.

1. According to the passage, Deep Thought is ___________.
① able to beat any chess player
② a computer chess player
③ being controlled by Garri Kasparov
④ a world chess champion

2. Choose the on which best fills the blank ⓐ ___________.
① machines
② items
③ luminaries
④ composers

3. Choose the suitable one for the blank ⓑ___________.
① Yes
② No
③ Well
④ Yet

**07**

【해석】 세계 체스챔피언인 Garri Kasparov는 세계의 컴퓨터 체스챔피언인 Deep Thought와 2게임을 치렀다. 그는 두게임 모두 손쉽게 승리했다.

그러나 최근에는 Deep Thought가 거물인 덴마크 Bent Larsen같은 저명인사들과 겨루어 승리했다. 이것이 인간이 하는 체스게임이 우월한 시대가 끝났다는 것을 의미하는 것일까?

컴퓨터와 체스전문가들의 견해에 따르자면 그렇다. 인간이 할 수 있는 어떠한 것도 무색하게 하는 정보의 정확성과 신속성, 그리고 완벽함을 갖춘 체스컴퓨터가 운영될 시대가 빠르게 도래하고 있다고 모든 이가 믿는다. 3~5년 이내에 Deep Thought는 수 천 배의 강력함과 속도를 겸비한 컴퓨터에 의해서 대체될 것이다. 그리고 1초에 수백만 개의 위치를 찾아내는 컴퓨터도 10년이 지나지 않아 존재할 것이다.

## 【해설과 정답】

1. 첫 문장에서 Deep Thought는 세계컴퓨터 체스 챔피언이라고 동격으로 설명을 했다. ·········································· 【정답】 ②

2. 'such A as B'는 A에 대한 예를 B로 들어주는 것이므로, A와 B의 관계는 순접이어야 한다. as 이하에서 'great'라는 표현을 통해서 '선각자, 위인(luminary)'가 옳다. ·········································· 【정답】 ③

3. 인간 체스의 우월한 시대가 끝이 나냐고 물어본 후, 두 번째 단락에서 그에 대한 긍정적인 답변으로 일관하므로 긍정의 답변인 'yes'가 옳다. ·········································· 【정답】 ①

## speak

speak 는 "말하다" 이다. "연설하다, 강연하다" 처럼 talk 보다 격식을 갖추어 말을 하는 경우에도 쓰인다. 또한 "Can you speak English?" 처럼 언어능력을 말할때는 talk 는 쓰지 않으며 speak 를 쓴다.

**01 speak ill of** sb

~를 나쁘게 말하다, 흉보다(=say sth bad about sb)
↔ **speak well of/ speak highly of** sb ~을 좋게 말하다

**02 speak one's mind**

솔직하게 이야기하다(=speak frankly, give one's frank opinion)

**03 speak out**

거리낌없이 말하다(=declare one's opinion), 자유롭게 말하다
**cf. speak-out** (체험·의견을) 자유롭게 말하는 모임

**04 Actions speak louder than words.**

〈속담〉 말보다 행동이 더 중요하다.

## talk

기본적으로는 speak와 같지만 speak 보다 편한 대화(잡담)나 토론을 할 때 주로 사용한다.
N. 이야기, 좌담; 소문, 이야깃거리

**05 talk shop** * shop(가게) 이야기를 하다

사업[일·전문분야] 이야기를 하다
(=talk about things in one's work or trade)
**cf. talk turkey** 까놓고 솔직하고 진지하게 얘기하다
(=talk frankly, discuss something seriously)

**06 Now you're talking.** * 이제야 제대로 말하는구나.

〈회화〉 그렇다면 얘기가 통하는군. (이제야 알겠다.)
**cf. be like talking to a brick[stone] wall**
소 귀에 경 읽기다, 말이 안 통한다

**07 talk down to/ speak down to** sb

무시하는 투로 말하다(=speak in an impolite manner)

**08 talk through one's hat**

〈영·구어〉 터무니 없는 소리를 하다, 헛소리하다
(=talk nonsense), 허풍을 떨다(=bluff)
**cf. talk big** 잘난 체하며 떠들다(=brag), 허풍을 떨다

**09 talk out of both sides of one's mouths**

한 입으로 두 말하다, 말과 행동이 틀리다
(=say one thing but do another)

> **cf. talk a blue streak/ talk nineteen to the dozen**
> 매우 빠르고 계속적으로 지껄이다
> (=talk very much and very rapidly)
> - **talk** sb **'s ear off** (귀가 먹도록) 말을 많이 하다
> - **talk until one is blue in the face**
> (사람의 얼굴이 새파랗게 질릴 때까지) 장황하게 말하다
> - **talk in circles** 혼란스럽게 빙 둘러서 말하다
> (=talk in a confusing or roundabout manner)
> - **talk in riddles** 수수께끼 같은 말을 하다
> (=talk in a strange and confusing way)

**10 sweet talk** * 달콤한(sweet) 말을 하다(talk)

감언(=flattery); 아첨쟁이(=flatterer)

> **cf. sweet-talk** 아첨하다
> **cf. smooth talker** 말솜씨가 능란한 사람
> **cf. double-talk** 〈구어〉 앞뒤가 안 맞는 이야기,
> 남을 어리벙벙하게 하는 허튼 소리

**11 talk about** sb/sth * ~을 대해서(about) 얘기하다

~에 대해 이야기하다

> **cf. talk** * **out** sth 문제를 해결하기 위해 철저하게 토론하다
> - **talk** sb **out of** sth 설득해서 ~하지 않도록 하다
> (=persuade someone not to do something)
> - **talk** sb **into ~ing** ~를 설득해서 ~하게 하다(=persuade)
> - **talk back** 말대꾸하다
> - **talk** * **over** sth 상담하다; 설득하다

## tell

tell 은 주로 누구로부터 전해 들은 말을 얘기할 때 사용한다. 따라서 "알리다, 가르쳐 주다","(거짓말·비밀을) 말하다"의 의미와 can 등과 함께 쓰여 "알다, 분간하다, 식별하다"의 의미로도 쓰인다.

**12 Tell me about it.**

〈회화〉 (맞장구 칠 때 하는 말) 내 말이 그말이야!
두 말하면 잔소리죠. 누가 아니래. (=You said it.)

**13 You never can tell/ There is no telling/ There's no way to tell**

(장차 무슨 일이 일어날지) 아무도 모른다, 무어라고 할 수 없다
**cf. You can't always tell from appearance.**
겉보기만으로 반드시 알 수 있는 것은 아니다.

**14 tell A from B** * ~으로부터(form) ~을 구분하다

A와 B를 구별하다
= **tell** sb/sth **apart** 구별하다(=distinguish)

**15 tell on** sb/sth

1. (나쁜) 영향을 미치다(=have a bad effect on sb/sth)
2. 일러 바치다, 비밀을 누설하다(=let on, reveal, disclose)

## say

say 는 Say yes.(찬성하다) 처럼 주로 의견이 담긴 말을 나타낸다. 또한 누군가가 했던 말을 인용 할 때에도 주로 쓰인다. say는 3형식 타동사로서 4형식으로 쓸 수 없다.

**16 say a mouthful** * 입안 가득하게 말을 하다

중요한 말을 하다, 적절한 말을 하다

**17 You can say that again.**

〈회화〉 정답이야. 네말이 맞아!(=I'm with you. You said it.)

**18 You said it.** 〈회화〉 내 말이 그 말이야!

(=I quite agree with you. You're quite right.)

**19 It goes without saying that ~**

~은 말할 나위도 없다.

> = **It is needless to say that ~**
> = **It needs scarcely[hardly] to be said that ~**
> = **It is a matter of course that ~**

**20 What do you say to ~ing?**

〈구어〉 ~은 어떨까요?, ~하면 어떨까요?
**cf. How do you say ~?**
~을 어떻게 부릅니까?, ~을 어떻게 발음합니까?

**21 There is no saying ~/ No one can say ~**

(~은) 알 수 없다
**cf. that is to say** 바꿔 말하면(=in other words), 즉
**cf. That is not to say that~** 그것이 ~라는 것은 아니다

**22 It is said that ~**

(소문으로는) ~이라고들 한다.

**01** He never __________ ill of others. [93.전북7급]
① says　　　　② tells
③ speaks　　　④ talks
⑤ states

**02** She is a person who always <u>speaks her mind</u>.
① talks too much
② reads her mind
③ gives her frank opinion
④ speaks without thinking

**03** He always <u>declares his opinions</u> about everything.
① speaks out　　② speaks to
③ speaks at　　　④ speaks for

**04** Actions _____ louder than words. [07.인천시기술직 9급]
① speak　② tell　③ say　④ order

**05** I hate listening to people who <u>talk shop</u> at parties. [97.인천시 9급]
① gossip about famous people
② make comparisons between shops
③ talk about shopping
④ talk about their jobs

**06** 다음 해석 중 틀린 것을 골라라.
① It's a rip-off! : 완전 바가지네!
② Are you serious? : 너 진심이니?
③ Now you are talking. : 넌 지금 너무 말을 많이 한다.
④ Why are you pulling my leg? : 왜 날 놀리고 있니?

**07** Don't <u>talk down to</u> them, when you give a lecture.
① speak too simply
② look at the floor
③ speak in a quiet voice
④ speak in an impolite manner

**08** " Well, I hope you are not <u>talking through your hat</u> this time." she said derisively.
① talking nonsense
② playing a joke on me
③ threatening me
④ making an excuse

**01** 그는 절대 다른 사람들의 험담을 하지 않는다.
【정답】③

**02** 그녀는 항상 솔직하게 얘기하는 사람이다.
【정답】③

**03** 그는 항상 모든 것에 대해 그의 의견들을 대놓고 말한다.
【정답】①
① speak out  거리낌없이 말하다
② speak to  ~에게 말을 걸다
③ speak at  ~에 빗대어 말하다
④ speak for  ~을 대변하다,변호하다

**04** <속담> 말보다 행동이 더 중요하다.
【정답】①

**05** 나는 파티에서 일 얘기를 하는 사람들에게 귀 기울이는 것을 싫어한다.
【정답】④
① 유명인에 대해 잡담하다 * gossip about 잡담하다
② * make a comparison between ~을 비교하다
③ 쇼핑에 대해 얘기하다
④ 그들의 일에 대해 얘기하다

**06** 【정답】③
③ → 이제야 얘기가 통하는군, 바로 그거야

**07** 강의할 때에는 너무 그들을 무시하는 투로 말하지 마라.
【정답】④
① 너무 순진하게 말하다
② 마룻바닥을 쳐다보다
③ 조용한 목소리로 말하다
④ 무례한 투로 얘기하다

**08** "좋아, 이번에는 헛소리가 아니길 바래." 그녀는 조소하듯 말했다.
【정답】①
① talk nonsense 헛소리 하다
② play a joke on ~을 놀리다
③ threaten 위협하다, 협박하다
④ make an excuse 변명을 하다

**09** The students <u>talk out of both sides of their mouths</u>. They say they want nutrition and variety for dining-hall foods, but they gravitate to their favorites. [04.세무사]

① talk while they are eating
② support each other
③ have good appetites
④ say one thing but do another
⑤ keep their mouths shut

**09** 그 학생들은 한 입으로 두 말한다. 그들은 영양분과 큰 식당의 다양한 음식들을 원한다고 말한다. 그러나, 그들은 그들이 좋아하는 음식들에 자연히 끌린다.
* dining-hall 큰 식당 gravitate to ~에 자연히 끌리다

【정답】 ④

① talk while they are eating : 그들이 먹고 있는 동안에 말하다
② support each other : 서로를 지지하다
③ have good appetites : 좋은 식욕을 가지다
④ say one thing but do another : 말과 행동이 다르다
⑤ keep their mouths shut : 그들의 입을 닫고 있다.

**10** 다음 대화 중 빈칸에 들어갈 말로 적당한 것은?

> A : You look truly lovely in that! Is this the same girl that I saw yesterday?
> B : Come on. ______________ But thanks, anyway. You're a sweet talker.

① Are you dreaming?
② Should I buy you lunch?
③ It's really a miracle.
④ You're flattering too much.

**10** 【정답】 ④

> A : 그 옷을 입으니 정말 예뻐 보이는데. 내가 어제 본 그 아가씨 맞아?
> B : 제발, 너무 비행기 태우지 마세요. 어쨌든 고마워요. 아부를 너무 잘 하시네요.

① 꿈꾸고 계시나요?
② 제가 점심을 사드려야 하나요?
③ 그건 정말 기적이에요.
④ 너무 추켜 세우시는군요.

**11** 다음 빈 칸에 들어갈 말의 적당한 순서는? [00.행자부9급]

> 1) He can ______ French well.
> 2) We may ______ about the matter this afternoon.
> 3) Science does not ______ us everything about the moon.

① speak - say - talk
② speak - talk - tell
③ talk - speak - talk
④ tell - tell - say

**11** 【정답】 ②

> 1) 그는 불어를 잘 한다. * 언어능력에는 speak
> 2) 우리는 오늘 오후에 그 문제에 관해 의논할 지 모른다. * talk about ~을 논하다
> 3) 과학이 달에 대해 모든 것을 가르쳐 주지는 않는다. * tell ~을 가르쳐 주다

**12** 다음 대화 중 빈 칸에 들어갈 말로 가장 적당한 것은?

[06.2차경찰]

> A : I'm sick and tired of our boss's arrogance.
> B : ______________.

① He's sick to death
② Let me help him then
③ Yeah. Tell me about it
④ I can't take it too seriously

**12** 【정답】 ③

> A : 나는 정말 우리 사장의 오만에 넌더리가 나.
>   * sick and tired 지긋 지긋한
> B : 누가 아니래.

① * be sick to death / be sick and tired of 넌더리나다, 지긋지긋하다
③ 내 말이 그말이야!

**13** 다음 주어진 글과 내용이 가장 가까운 것을 골라라. [87.법원직]

> It's impossible to tell if he is trustworthy.

① We have no way of knowing if we can trust him.
② He cannot say if we are worthy of trust.
③ He cannot trust us if we don't tell him.
④ Even if he is trustworthy, it's possible that we can't tell him.
⑤ We cannot say that he is trustworthy.

**14** Can you <u>tell</u> Americans from English? [92.법원직]
① speak
② talk
③ dissuade
④ distinguish
⑤ mention

**15** 짝지어진 문장의 의미가 서로 같은 것은? [01.행자부 9급]
① You can take your time doing the work.
 = You have to hurry up with the work.
② The current situation began to tell on her.
 = The current situation began not to have any significant effect on her.
③ In this small village he passes for a learned man.
 = In this small village he enjoys special privilege.
④ This contract holds good for two years.
 = This contract remains valid for two years.

**16** You certainly said a <u>mouthful</u> when you remarked that Williams is not worth half the salary we are paying him. [94.입법고시]
① with mouth full of food
② without thinking
③ nonsense
④ something unbelievable
⑤ something significant

**17** 다음 대화 중 빈칸에 들어갈 말로 가장 적당한 것은?

> A : I think Ben is a real workaholic.
> B : ＿＿＿＿＿＿

① Whatever you say.
② Dream on.
③ We're on different wavelengths.
④ You can say that again.

---

**13** ┄┄┄┄┄┄┄┄┄┄┄┄┄┄ 【정답】 ①

> 그가 믿을만한 사람인지 분간하기는 불가능하다.
> * trustworthy 믿을 수 있는  no way 절대 ~하지 않는다

**14** 미국인과 영국인을 구별하실 수 있겠어요?
┄┄┄┄┄┄┄┄┄┄┄┄┄┄ 【정답】 ④
③ dissuade 단념시키다
④ distinguish 구별하다
⑤ mention 언급하다

**15** ┄┄┄┄┄┄┄┄┄┄┄┄┄┄ 【정답】 ④
① 너는 일을 함에 있어 여유를 가지고 해도 된다.
 ≠ 너는 일을 서둘러서 해야 한다.
② 현재의 상황은 그녀에게 영향을 미치기 시작했다.
 * tell on 영향을 미치다
 ≠ 현재의 상황은 그녀에게 어떠한 중요한 영향도 미치지 아니한다.
③ 이 작은 마을에서는 그가 유식한 사람으로 통한다.
 * pass for ~으로 통하다
 ≠ 이 작은 마을에서 그는 특권을 누린다.
④ 이 계약은 2년간 유효하다 * hold good 유효하다
 = remain valid 유효하다

**16** 윌리엄은 우리가 주는 월급의 반값도 못 미치게 일한다고 언급했을때 너는 확실히 중요한 말을 했다.
┄┄┄┄┄┄┄┄┄┄┄┄┄┄ 【정답】 ⑤
① 음식을 잔뜩 입에 넣고서
② 생각없이
③ 헛소리
④ unbelievable 믿을 수 없는, 비상한
⑤ significant 중요한, 상당한

**17** ┄┄┄┄┄┄┄┄┄┄┄┄┄┄ 【정답】 ④

> A : 벤은 진짜 일 중독자 같아.
> B : ＿＿＿＿＿＿

① 네가 말하는 것은 무엇이든 (하겠다).
② 허황된 꿈이나 계속 꾸게. * dream on 허황된 꿈을 꾸다
③ 우린 사고방식이 서로 달라.
 * be on different wavelengths 사고방식이 서로 다르다
④ 정답이야. (네 말이 맞아.)

**18** 다음 중 나머지 3개와 뜻이 다른 것은? [00.법원직]

① You can say that again.
② You're quite right.
③ You said it.
④ Let's call it a day.

---

**18-1** 다음 밑줄 친 부분의 의미는? [98. 사법시험]

> A: That sure was a good movie.
> B: <u>You said it</u>.

① I quite agree with you.
② I don't think so.
③ There you go again.
④ You're always saying so.

---

**18-2** "다시 한 번 말씀해 주시겠어요?"의 표현으로 틀린 것은?

[06. 충북 9급]

① Excuse me?
② I beg your pardon.
③ What did you say?
④ You can say that again.

---

**19** <u>It is needless to say</u> that nothing is more important than to promote the development of foreign trade for independence of Korea. [88.행자부 9급]

① We must not say
② It is an important matter to say
③ It isn't a foreign trade
④ We have to promote
⑤ It goes without saying

---

**20** 다음 문장 중 맞는 것은? [91.행자부9급]

① You must stop to think before you act.
② I don't feel like to go for a walk now.
③ The heavy rain prevented him to attend the meeting.
④ What do you say to go for a walk?

---

**21** '내일 어떤 일이 일어날지 알 수 없다'의 올바른 영작은?

[01.경찰]

① It is impossible to say what happens tomorrow.
② There is no saying what will happen tomorrow.
③ It is an impossible saying that what will happen tomorrow.
④ Nobody know what will be happening tomorrow.

---

**18** ────────────── 【정답】 ④

① ② ③ 네 말이 맞아.
④ Let's call it a day. 오늘은 그만 끝내

**18-1** ────────────── 【정답】 ①

> A: 그 영화 좋았지.
> B: 내 말이 그 말이야.

① 네 의견에 동의해.
② 나는 그렇게 생각하지 않아.
③ 거기에 다시 가라.
④ 너는 항상 그렇게 말하더라.

**18-2** ────────────── 【정답】 ④

① 뭐라고 하셨습니까?
② 다시 한 번 말씀해 주시겠어요?
③ 뭐라고 하셨어요?
④ 정답이야. 네 말이 맞아!

**19** 한국의 독립을 위해서 외국 무역의 성장을 증진하는 것보다 더 중요한 것은 없다는 것은 말할 필요도 없다.

────────────── 【정답】 ⑤

**20** ────────────── 【정답】 ①

① 행동하기 전에 먼저 곰곰이 생각해라.
② feel like ~ing ~하고 싶은 심정이다
③ prevent 目 from ~ing ~하지 못하게 하다
④ What do you say to ~ing ~하는게 어때?

**21** ────────────── 【정답】 ②

① 명사절에서는 미래형을 그대로 써야 한다.
② There is no saying~ (~은) 알 수 없다
③ an 삭제
④ happen은 진행형이 불가능

**22** 다음 문장과 의미가 가장 가까운 것은?

> People say that he was a notorious assassin.

① He is said to be a notorious assassin.
② They are said to have been a notorious assassin.
③ It is said that he was a notorious assassin.
④ They are said that he was a notorious assassin.

---

**22-1** 다음 빈 칸에 들어갈 단어가 순서대로 되어 있는 것은?
[09.서울시 9급]

> 1) Could you please ___ me the time?
> 2) Most of the time, I cannot __ the difference.
> 3) What time does the clock ___ ?
> 4) You should __ good jokes when you meet people.

① tell - tell - say - tell
② say - tell - tell - tell
③ tell - say - say - tell
④ say - say - tell - tell

---

**22** ──────────── 【정답】③

> 그는 악명 높은 암살자였다고 한다.
> * notorious (나쁜 의미로) 유명한 assassin 자객, 암살자

① to be → to have been
② They are → He is
③ They are → It is

---

**22-1** ──────────── 【정답】①

> 1) 시간 좀 알 수 있을까요?
> 2) 대부분의 경우 나는 그 차이를 구분하지 못 한다.
> 3) 시계가 몇 시를 가리키나요?
> 4) 다른 사람을 만날때면 재미있는 농담을 해야 한다.

① tell 동사는 3,4형식에 모두 쓰인다.
② can 과 함께 쓰여서 "분간하다, 구별하다"의 의미로도 쓰인다.
③ say 동사는 4형식으로 사용되지 않는다.
　 "(시계 등이 시간을) 나타내다" 의 의미로도 쓰인다.
④ tell a story/a joke/ a lie
　 (이야기를 해 주다/ 농담하다/ 거짓말을 하다)

## 1. dict/dic(=say)

**01 benediction** *
[bènədíkʃən]
bene(=good)+dic(=say)+tion → 좋게 말함 → 축복
n. 축복(=blessing); (식전·식후의) 감사기도
ⓐ benedictory 축복의, 찬송의
凷 valediction 고별(사)

**02 malediction** *
[mælədíkʃən]
male(=bad)+dict(=say)+ion → 나쁘게 말함 → 저주
n. 저주(=curse), 악담, 비방, 욕
ⓐ maledictory 저주의, 악담의
동 curse 저주, 욕

**03 contradict** *
[kàntrədíkt]
96.행자부 9급
contra(=against)+dict(=say) → 반대로 말하다
n. 1.부정하다(=deny), 부인하다; 반박하다
2.(사실·진술이) 모순되다
ⓝ contradiction 반박; 부인, 부정
ⓐ contradictory 모순된, 양립하지 않는

**04 indict** *
[indáit]
in(=on)+dict(=say) → ~탓이라고(on) 말하다
n. 기소하다, 고발하다 (=charge, accuse)
ⓝ indictment 고발장, 기소장

**05 addict** *
[ədíkt]
03.행자부 9급
07.세무사
ad(=to,near)+dict(=say) → (콜라를) 달라고만 (줄곧) 말하다
vt. 중독되다, 탐닉하다(to)(oneself)
* be addicted to~ ~에 중독되다, 빠지다
n. (마약 등의) 중독자, 탐닉자
ⓐ addictive 중독(성)의, 습관성의
ⓝ addiction 중독
cf. opiumism 아편중독

> 관련 중독 : -aholic
> alcoholic 알코올중독
> workaholic 일 벌레

**06 dedicate** *
[dédikèit]
de(=down)+dic(=say)+ation → (자기를) 낮추어 말하다
vt. 1.헌납하다, 봉헌하다, 헌정하다 (=consecrate)
2.(일생을) 바치다, 전념하다 (=devote)
* dedicate oneself to ~에 전념하다
ⓝ dedication 봉헌, 헌정; 헌신; 개관식

**07 predicate** *
[prédikeit]
01.사법시험
pre(=before)+dic(=say)+ate → 미리 단정라고 말하다
vt. 1.(어떤 근거에) 입각하다, 기초를 두다(on)
= be based on
~에 기초하다, ~에 바탕을 두다
2.단정[단언]하다(=affirm)
3.암시하다; 내포하다, 함축하다
[prédikət]
n. <문법> 술부, 술어; 속성
a. 단정하는; <문법>술부의
ⓐ predicative
단언하는, 단정적인; 서술적인
ⓝ predication 단정, 단언; 술어

**08 predicament** ▽
[pridíkəmənt]
05.노동부 7급
05.경기도 9급
pre(=before)+dic(=say)+ment → 미리 단정하고 말해버림
n. 1.곤경, 궁지(=plight, dilemma)
* in predicament 궁지에 처하여
2.(논리적·철학적 단정의) 종류; 범주

**09 unpredictable** *
[ʌnpridíktəbl]
un(=not)+pre(=before)+dict(=say)+able → 미래를 말할 수 없는
a. 예측할 수 없는(=unforeseeable)
↔ predictable 예측할 수 있는
ⓝ predictability 예측 가능성
ⓥ predict 예언하다(=foretell, forsee)
ⓝ prediction 예보, 예언
ⓐ predictive 예언하는; 전조가 되는

> 어근보충
> ❶ dictate ~을 받아쓰게 하다
> - dictation 받아쓰기, 구술, 받아쓴 글
> ❷ diction 말씨, 어법, 필체 cf. dictionary 사전
> ❸ dictum 격언(=axiom, adage), 금언, 경구
> ❹ abdicate 퇴위하다, 포기하다 * ab(=away)
> ❺ edict 명령, 포고(=decree) * e<ex(=out)
> ❻ indicative ~을 나타내는(=significative) * in(=on)
> - indicator 지표, 경계지표
> ❼ interdict (행동, 사용을) 금지하다(=prohibit)
> ❽ syndicate 신디케이트, 기업 연합 * sym(=together)
> ❾ verdict (배심원의) 판결, 결정 * ver(=true)

## 2. nounc/nunci(=say, report)

**10 clear** ▽
[klíər]
clear(=clean)
a 1.밝은, 맑은, 명백한
2.안전한; (방해 등이) 전혀 없는
vt. 1.장애물을 제거하다
* keep clear of ~을 가까이 하지 않다
2.(법안이 의회를) 통과하다; (세관을) 통과하다
3.(혐의 등을) 풀다
4.(재고 등을) 처분하다
vi. 날씨가 개다; 밝아지다
ⓝ clearance 정리, 정돈; (출입) 허가

**11 clarify** *
[klǽrəfài]
clar(=clean)+fy(=make) → 분명하게 만들다
vt. 1.(의견 따위를) 명백히 하다, 해명하다
2.(액체 등을) 맑게 하다, 정화하다
vi. 맑아지다, 분명해지다
ⓝ clarity 명석, 명확; 투명, 맑음

**12 declare** *
[diklέər]
de(=down)+clear(=clean) → 분명하게 내려놓다
vt. 1.선언하다, 선포하다, 공표하다, 단언하다(=strongly state, promulgate)
2.(세관 등에서) 신고하다
* Do you have anything to declare?
(세관에서) 신고하실 물품이 있나요?
ⓝ declaration
선언, 발표, 포고(=statement, announcement); (세관 등의) 신고서

**13 announce** *
[ənáuns]
an<ad(=to)+nounce(=say) → ~를 향해 말하다
vt. 알리다, 밝히다, 공표하다
ⓝ announcement
알림, 공고, 예고; 발표, 성명, 공표
announcer 방송의 아나운서

> 관련 pronounce
> 발음하다; 선언하다, 공표하다
> - pronouncement 선언, 공포
> - pronunciation 발음

## 14 denounce [dináuns] ★☆

de(=down)+nounce(=say, report)
→ 깎아서 (낮추어서) 말하다

vt. 비난하다(=condemn), 탄핵하다;
고발하다

ⓥ denounciate
공공연히 비난하다, 규탄하다

ⓝ denunciation**
탄핵, 비난; 고발; (조약 등의) 폐기 통고

> 통 condemn* 비난하다, 유죄선고를 하다
> - condemnation 비난; 유죄선고

## 15 enunciate [inʌnsièit]

e<ex(강조)+nunci(=say)+ate → 분명하게 말하다

vt. 1.명확하게 발음하다(=articulate)
2.체계적으로 진술하다;
선언하다(=declare)

ⓝ enunciation 발음, 명확한 진술

## 16 renounce [rináuns]

re(=again)+nounce(=say) → 다시 바꾸어 말하다

v. 1.(권리 등을) 정식으로 포기하다
(=give up)
2.부인하다; 거절하다(=reject)

ⓝ renunciation 포기, 부인

### 3. fa/fab/fam/fav/fess(=say, talk)

## 17 fable [féibl] ★☆

fab(=say)+le → 이야기를 말하는 것

n. 1.우화(=a story intended to
teach a moral truth)
cf. Aesop's Fables 이솝우화
2.(집합적) 전설, 신화;
꾸며낸 이야기

ⓐ fabulous
거짓말 같은, 터무니없는; 전설적인
fabular 우화적인, 우화의

ⓝ fabulist 우화 작가; 거짓말쟁이

> 관련 mythology <집합적> 신화; 신화집
> anecdote 일화, 기담(=story)
> parable 우화, 비유담

## 18 affable [æfəbl] ▼

af<ad(=near)+fa(=say)+(a)ble
→ 가깝게 말할 수 있는

a. 사귀기 쉬운; 상냥한, 부드러운
(=agreeable)

ⓝ affability***
상냥함, 온화한 태도(=pleasantness)

ⓐⓓ affably
우아하게, 상냥하게(=graciously)

## 19 confess [kənfés] ★

con(=together)+fess(=say) → 같이 말하다

v. 고백하다, 자백하다, 인정하다

ⓝ confession 자백, 고백, 고해

ⓐ confessional 고해실; 신앙 고백의
confessed (정말이라고) 인정받은, 자인한

> 표현
> own up to*
> ~을 모조리 자백하다
> make a clean breast of*
> ~을 몽땅 털어놓다. 고백하다

## 20 nefarious [niféəriəs]

ne(=not)+fa(=say)+rious → 입에 담을 수 없는

a. 극악한, 사악한(=wicked);
버릇없는

## 21 infamous [ínfəməs] ★

in(=not)+fam(=say)+ous → 입에 담을 수 없는

a. 1.악명 높은(=notorious),
악랄한; 불명예스러운
2.<구어> 지긋지긋한, (질이) 나쁜

ⓝ infamy 치욕, 불명예

> 반 famous 유명한, 잘 알려진
> * be famous for ~으로 유명하다
> - fame 명성, 명망; 평판
> * rise to fame* 명성을 얻다

## 22 defame [diféim] ★

de(=down)+fame(=say) → 명성을 깎아내리다

vt. 비방하다, 중상하다

ⓝ defamation 중상, 비방

ⓐ defamatory 중상하는, 비방하는

## 23 favor [féivər]

fav(=say)+or → (좋은) 말을 해주다

n. 호의, 친절; 인기; 편애; 특권

v. 호의를 보이다, 찬성하다
- in favor of ~에 찬성하여, ~에 편들어

> 표현 Will you do me a favor?
> 부탁 하나 드려도 될까요?
> = Can you do me a favor?
> = Will you do a favor for me?
> = May I ask a favor of you?
> = May I ask you a favor?
> → Sure. What can I do for you?
> 물론이죠, 무엇을 도와 드릴까요?

## 24 favorite [féivərit] ★

fav(=say)+orite → 입에 달고 사는

a. 마음에 드는, 특히 좋아하는

ⓝ favoritism 편애, 편파

## 25 fatality [feitǽləti] ★★★

fat(=say)+al+ity → 신께서 말씀하신 운명

n. 1.재난, 참사, 사상자 수(=casualties)
2.불운; 숙명, 운명; 불치

ⓐ fatal 치명적인, 파멸적인; 중대한,
결정적인; 숙명적인, 불가피한(=mortal)

ⓝ fate 운명, 숙명; 죽음

### 어근보충

❶ profess 공인하다, 고백하다, ~을 직업으로 삼다 * pro(=forward)
- professor 교수, 공언자
- professional 직업적인, 전문적인; 전문가; 직업선수
❷ prefatory 서문의, 머리말의 * pre(=before)
❸ infant 어린아이 * in(not) : 말을 못하는
- infancy 유년기, 초기
❹ ineffable 말로 표현할 수 없는 * in(=not)
❺ confabulate (허물 없이) 담소하다, 잡담하다 * con(=together)

### 4. or(=say)

## 26 orator [ɔ́:rətər] ★

or(=say)+ator → 말하는 사람

n. 연설자, 웅변가, 변사, 강연자

관 oral 구두의, 구술의; 입의

## 27 inexorable [inéksərəbl] ★

in(=not)+ex(=out)+or(=say)+able
→ 입 밖에 낼 수 없는

a. 1.냉혹[무정]한, 용서 없는
(=unrelenting, relentless)
2.움직일 수 없는, 엄연한

ⓐⓓ inexorably 무정하게, 냉혹하게

**28 adore**
[ədɔ́ːr]    *
ad(=add)+or(say)+e → (칭찬의) 말을 보태다
v. 1.숭배하다(=revere), 찬미하다
2.<구어> 아주 좋아하다
ⓝ **adoration** (신에 대한) 숭배; 사모
ⓐ **adorable**
숭배할 만한; (여자가) 홀딱 반할만한


❶ **oracle** 신탁, 하느님의 말씀
❷ **exorcise** (기도나 마법으로 악마를) 물리치다
❸ **perorate** 연설을 끝맺다; 장황하게 연설하다 * per(=completely)
- **peroration** (연설의) 맺음말

## 5. log(ue)(=speech)

**29 prologue**
[próulɔːg]    *
pro(=before)+logue(=say)
→ 본론에 들어가기 전에 하는 말
n. 머리말, 서언, 연극의 개막사
ⓡ **epilogue** 결어, 맺음말

---

**- 테마어휘    책의 구성**

❶ 서문, 머리말 **preface, preamble, prologue**
- cf. **foreword** 저자가 아닌 사람이 쓴 머리말
❷ 목차 **table of contents** cf. **contents** 책의 내용
❸ 본문 **text**
❹ 후기, 발문 **epilog(ue), postscript**

---

**30 eulogy**
[júːlədʒi]    *
eu(=good)+log(=say)+y → 좋게 말하는 것
n. 찬사, 찬양, 칭송, 찬미(=panegyric)
ⓣ **panegyric** 찬사, 격찬

**31 analogous**
[ənǽləgəs]    ▽
ana(=again)+log(=speech)+ous → 다시 말하는 듯한
a. 유사한, 닮은, 비슷한(to)(=similar to)
* be analogous to ~와 비슷하다
ⓝ **analogy** 유추, 유추에 의한 설명;
유사, 비슷함(=parallel, similarity)
**analog(ue)**
유사한 물건; <전자> 아날로그
표현 **as like as two peas** 흡사한, 꼭 닮은
**a chip of the old block** *
부모를 꼭 닮은 자식

**32 anthropology**
[ænθrəpάlədʒi]    *
anthrop(=man)+ology(=science)
→ 인간을 연구하는 학문
n. 인류학, 문화인류학(=the scientific
study of the human being)
ⓝ **anthropologist** 인류학자
참 **ergonomics** 어고노믹스, 인간공학
(=human engineering)


❶ **apology** 사과, 변명(=excuse)
- **apologetic** 사죄의, 변명의; 사과
❷ **logical** 논리적인, 이치에 맞는
❸ **logomachy** 언쟁, 말다툼

## 6. loqu/ locu(=say, speak)

**33 colloquial**
[kəlóukwiəl]    *
col<con(=together)+loqu(=speech)+ial
→ 같이 말하는
a. 1.구어(체)의, 일상 회화의(=informal)
2.격식을 차리지 않은
ⓝ **colloquy** 대화, 대담
**colloquialism** 구어, 구어체, 회화체

---

**34 soliloquy**
[səlíləkwi]    *
soli(=alone)+loquy(=speech) → 혼자 말하는
n. 혼잣말, 독백
동 **monologue** 독백, 모놀로그

**35 eloquence**
[éləkwəns]    *
e<ex(=out)+loqu(=speech)+ence
→ 말을 잘 뱉는 것
n. 웅변, 능변, 말재주, 유창한 화술
ⓐ **eloquent**
웅변의, 말 잘하는; (연설이) 감동적인
유 **voluble** * 말이 유창한, 입심이 좋은;
말을 많이 하는(=talkative)
* vol(=roll) 혀가 잘 굴러가는

관련 **elocution** 연설[낭독, 발성]법; 웅변술
**allocution** 연설, 강연, 훈시
**locution** 말투, 말씨, 어구; 관용어법
**circumlocution**
완곡한 표현, 에둘러서 말하기

**36 loquacious**
[loukwéiʃəs]    ▽
loqu(=say)+acious → 말을 많이 하는
a. 수다스러운, 말이 많은
(=talkative, garrulous, verbose)
ⓝ **loquacity** 수다, 다변
동 **talkative** ▽ 말이 많은, 이야기를 좋아하는
혼 **grandiloquent** 과장의, 호언장담하는


❶ **obloquy** 치욕, 불명예; 비방, 악평 * ob(=against)
❷ **interlocutor** 대화자, 대담자, 회화자; 질문자 * inter(=between)
❸ **somniloquy** 잠꼬대; 잠꼬대하는 버릇 * somn(=sleep)
❹ **ventriloquism** 복화술 * vent(=come)
❺ **prolocutor** 의장, 사회자 * pro(=before)

## 7. 말이 많은

**37 garrulous**
[gǽrələs]    **
garrul(=chatter)+ous → 말을 많이 하는
a. 1.수다스러운, 말이 많은
(=loquacious, talkative)
2.(연설 등이) 장황한;
(새가) 시끄럽게 지저귀는
ⓐⓓ **garrulously** 수다스럽게

**38 communicative**
[kəmjúːnəkèitiv]    *
a. 1.말하기 좋아하는, 수다스런
2.통신의, 전달의
ⓝ **communication**
전달; 통신; 교통; (병의) 전염
ⓥ **communicate**
전달하다, 의사를 소통하다
반 **uncommunicative**
말없는; 속을 털어놓지 않는
**incommunicative** 말수가 적은, 과묵한
혼 **communicable** *
전염성의(=contagious)

---

**뉘앙스    수다스러운, 말이 많은**

❶ **loquacious**    주로 사교상 장황하게 이야기하는
❷ **talkative**    특별한 의미 없이 쉴 새 없이 떠들어대는
❸ **garrulous**    개인적이고 사소한 일을 자꾸 이야기하는
❹ **prattling**    쓸데없는 말을 재잘거리는
❺ **chattering**    수다스럽게 지껄이는
❻ **multiloquent**    말주변이 좋은, 말이 많은
❼ **talky**    (극·소설 등이) 쓸데없는 대화가 많은
❽ **verbose**    너무 장황하게 늘어놓아 지겹게 만드는
❾ **wordy**    딱딱하거나 문학적 표현을 많이 늘어놓는

## 8. verb(=word)

**39 verbose** [və:rbóus] ★
verb(=word)+ose → 글자들이 많은
a. 말이 많은, (글이) 장황한(=prolix)
ⓝ **verbosity** 장황, 쓸데없이 길게 쓰는 것
**verbiage** 쓸데없는 말이나 글로 오히려 이해하기 어려운 것
> 동 **prolix** 장황한; 장황하게 이야기하는
**harangue** (대중 앞에서의) 긴 연설, 열변

**40 verbatim** [və:rbéitəm] ★★
verb(=word)+atim → 말을 옮겨 놓은
a. 축어적인
ad. 축어적으로, 말대로(=word for word)

**41 verbal** [və́:rbəl] ★
verb(=word)+al → 말과 관계된
a. 말에 관한; 구두의(=oral, speaking); 어구의
  * **verbal phrase** 구동사
  * **verbal skill** 화술
  * **verbal contract** 구두계약

| 테마어휘 | 품사 |
| --- | --- |
| ❶ verb | 동사 |
| ❷ adverb | 부사 * ad(near) 동사에 붙어 수식하는 것 |
| ❸ auxiliary verb | 조동사 |
| ❹ preposition | 전치사 * 명사 앞에 위치하는 것(position) |
| ❺ noun | 명사 |
| ❻ pronoun | 대명사 * 앞에 나온 명사를 지칭 |
| ❼ adjective | 형용사 |
| ❽ article | 관사 |
| ❾ conjunction | 접속사 |

**42 proverb** [právə:rb] ★
pro(=before)+verb(=speech) → 선조들이 했던 말
n. 속담, 격언, 금언; 교훈
ⓐ **proverbial** 속담식의; 주지의, 정평이 난
> 동 **maxim** 격언, 금언; 좌우명(=aphorism)
> 관련 격언, 금언, 교훈: **saying, maxim, axiom, adage, aphorism, dictum, precept, apothegm**

## 9. 말이 없는, 과묵한

**43 tacit** [tǽsit] ▽
tac/tic(=silent)+it → 말없이 조용한
a. 1. 말없는, 잠자코 있는 (=unspoken)
   2. 암묵의, 묵시적인; 조용힌
ⓐ **taciturn** 말없는, 말이 적은, 과묵한 (=reticent, quiet, reserved)
ⓝ **taciturnity** 말없음, 과묵

**44 reticent** [rétəsənt] ★
re(강조)+tic(=silent) → 말없이 조용한
a. 과묵한, 말을 삼가는(=taciturn)
ⓝ **reticence/ -cy** 과묵, 말수가 적음

**45 laconic** [ləkǽnik] ▽
Laconia 사람은 말이 간결했다는 데서 유래
a. 1. (말이나 글이) 간결한, 간명한 (=terse, succinct, concise ↔ verbose)
   2. 말수가 적은
ⓝ **laconism/laconicism** 간결한 표현; 경구
06.일반경찰

**46 terse** [tə́:rs] ★★
terse(=clean, neat) → 말이 깔끔한
a. 1. (문체·표현이) 간결한, 간명한 (=succinct, concise)
   2. (대답 등이) 통명스러운; 무뚝뚝한
ⓐⓓ **tersely** 무뚝뚝하게
01.행자부 7급

## 10. ling(=language)

**47 linguist** [líŋgwist] ★
lingu(=language)+ist(사람) → 언어와 관련된 사람
n. (언)어학자; 외국어에 능통한 사람
ⓝ **linguister** 통역
**linguistics** [단수취급] 언어학, 어학
ⓐ **linguistic** 말의, 언어의; 언어학(상)의

**48 monolingual** [mànəlíŋgwəl] ★
mono(=one)+lingu(=language)+al → 하나의 말을 하는
a. 1개 국어를 사용하는
> 관련
**bilingual** 2개 국어를 사용하는
- **trilingual** 3개 국어를 사용하는
- **quadrilingual** 4개 국어를 사용하는
- **multilingual** 여러 나라의 말을 하는; 여러 언어의 사용자 (=polyglot)

> 어근보충
❶ **lingua** 혀; 언어(language)
 - **lingual** 혀의; 언어의, 말의
❷ **lingo** 알아들을 수 없는 말; 외국어; 전문 용어

**01** Jack and Jill were married without their parents' <u>benediction</u>.

① blessing     ② being informed
③ donation     ④ attendance

**02** The king, facing his enemies, uttered a <u>malediction</u> upon them.

① farewell     ② plea for mercy
③ warning     ④ curse
⑤ menace

**03** Galileo's idea that the earth was rotating and moving around the sun ________ all the faith and common sense of his time. [96. 행자부 9급]

① combined     ② concerned
③ composed     ④ contradicted

> **03-1** The evidence of tea's benefits is still ________.
> ① solid     ② contradictory
> ③ revealing     ④ absurd
> ⑤ full-fledged

**04** If the grand jury <u>indicts</u> the suspect, he will go to trial.

① charges     ② acquits
③ condones     ④ sentences

**05** 아래 문장과 뜻이 유사한 문장을 고르시오. [03.행자부 9급]

> I'm addicted to chocolate.

① I don't like chocolate.
② I very often eat chocolate.
③ I have an abhorrence of chocolate.
④ I'm nauseated by the smell of chocolate.

> **05-1** Luckily he could rid himself of drug <u>addiction</u>.
> ① remainder     ② long discourse
> ③ total sum     ④ slavish habit

---

**01** 잭과 질은 그들 부모님의 축복을 받지 못한 채 결혼했다.

　　　　　　　　　　　　　　　　【정답】①

① blessing 축복     ② inform 알리다, 통지하다
③ donation 기부     ④ attendance 참석

**02** 적과 정면으로 맞서게 되자 왕은 그들에게 저주를 퍼부었다. * utter 말을 내뱉다

　　　　　　　　　　　　　　　　【정답】④

① farewell 작별(인사)     ② plea for mercy 자비의 호소
③ warning 경고     ④ curse 저주, 욕
⑤ menace 위협, 협박

**03** 지구가 자전하고 태양의 주위를 공전한다는 갈릴레이의 생각은 그가 살던 시대의 모든 신념과 상식을 정면으로 반박했다.

　　　　　　　　　　　　　　　　【정답】④

① combine 결합하다     ② concern ~에 관계하다
③ compose 조립하다, 구성하다
④ contradict 반대하다

**03-1** 차의 이점에 관한 증거는 아직 서로 상반된다.

　　　　　　　　　　　　　　　　【정답】②

① solid 확고한, 고체의     ② contradictory 모순된
③ revealing 노출된     ④ absurd 어리석은
⑤ full-fledged 완전히 성장한

**04** 만약 대배심이 그 용의자를 기소한다면, 그는 법정에 서야 할 것이다. * trial 재판

　　　　　　　　　　　　　　　　【정답】①

① charge 기소하다     ② acquit 무죄방면하다
③ condone 용서하다     ④ sentence 선고하다

**05** 나는 초콜릿 중독이다.

　　　　　　　　　　　　　　　　【정답】②

① 나는 초콜릿을 좋아하지 않는다.
② 나는 초콜릿을 매우 자주 먹는다.
③ 나는 초콜릿이라면 질색이다. * abhorrence 질색
④ 나는 초콜릿 냄새만 맡아도 메스껍다.
　　* nauseate 구역질나다, 싫어하다

**05-1** 다행히도 그는 마약중독에서 벗어날 수 있었다.

　　　　　　　　　　　　　　　　【정답】④

① remainder 나머지     ② long discourse 긴 강연
③ total sum 총량     ④ slavish 노예적인

**05-2** You'd better stop smoking. Cigarettes are highly <u>addictive</u>.

① reasonable     ② habit-forming
③ recommended     ④ amicable

**05-2** 금연하는 것이 낫겠습니다. 담배는 대단히 중독성이 강하니까요.

【정답】②
① reasonable 합리적인     ② habit-forming 습관성의
③ recommended 추천되는     ④ amicable 우호적인

**06** He _____ his life to serving the people of the nation.

① concluded     ② defined
③ dedicated     ④ contradicted

**06** 그는 국민들에게 봉사하는 데 그의 일생을 바쳤다.

【정답】③
① conclude 끝내다, 결말짓다
② define 정의하다
③ dedicate 헌신하다
④ contradict 반대하다

**06-1** The author _____ the book to his parents.

① promoted     ② published
③ dedicated     ④ purchased

**06-1** 그 작가는 책을 그의 부모님들께 헌정했다.

【정답】③
① promote 승진시키다     ② publish 발행하다
③ dedicate 헌정하다     ④ purchase 사다, 구매하다

**06-2** Mr. Davis is a very <u>dedicated</u> and talented member of the team.

① stout     ② capable
③ tranquil     ④ devoted

**06-2** 데이비드씨는 대단히 헌신적이고 재능 있는 팀원이다. * talented 재능있는

【정답】④
① stout 뚱뚱한     ② capable 유능한
③ tranquil 조용한, 차분한     ④ devoted 헌신적인

**07** I <u>predicate</u> my opinion on these points.

① base     ② prefer
③ hesitate     ④ criticize
⑤ renounce

**07** 내 생각은 이러한 점들에 입각한 것입니다.

【정답】①
① base A on B B에 A의 근거를 두다
② prefer ~을 선호하다
③ hesitate 주저하다
④ criticize 비난하다
⑤ renounce 포기하다

**08** The loan will certainly help the firm out of its present _____, but the relief is more likely than not to be temporary.

① fantasy     ② opulence
③ prosperity     ④ predicament

**08** 대출금은 확실히 그 회사를 현재의 곤경에서 벗어나게 도와 줄 것이지만, 안도의 한숨도 아마 잠시일 것이다. * relief 구제, 위안, 안심 more likely than not 어느 쪽이냐 하면, 아마 temporary 일시적인

【정답】④
② opulence 부유, 풍부     ③ prosperity 번영

**08-1** The directors faced <u>a predicament</u> in trying to meet the deadline. [98.일반경찰]

① an enigma     ② a failure
③ a dilemma     ④ an extension

**08-1** 감독은 마감기한을 맞추는데 있어 곤경에 처했다.

【정답】③
① enigma 수수께끼     ② failure 실패
③ dilemma 진퇴양난     ④ extension 확장

**09** I'd like to take an evening class, too, but my work schedule is just too <u>unpredictable</u>.

① unforeseeable     ② unpresentable
③ unprofitable     ④ unmeasurable

**09** 나도 저녁 반 수업을 받고 싶지만, 근무 일정이 너무나 예측 불허이다.

【정답】①
① unforeseeable 예측할 수 없는
② unpresentable 대중 앞에 내놓기 거북한, 꼴사나운
③ unprofitable 벌이가 안 되는, 무익한
④ unmeasurable 헤아릴 수 없는

**10** I always had the satisfaction of finding my cousin never came back to return my belongings. By this, my house was ______ such as I did not like.

① cleared of  ② consisted of
③ made up  ④ included in
⑤ pulled off

**11** She asked him to <u>clarify</u> what he meant.

① obscure  ② confuse
③ make clear  ④ make good

**12** The customs officer asked a foreign visitor. "Have you anything to ______ ?"

① reveal  ② expose
③ admit  ④ declare

> **12-1** He <u>declared</u> his undying loyalty to the new government.
> ① described in detail  ② bravely refused
> ③ strongly stated  ④ cleverly disguised

> **12-2** 밑줄 친 단어의 의미가 다른 하나는?
> ① The bride and groom <u>declare</u> that there is no lawful impediment to the marriage.
> ② <u>Declaring</u> the wrong income by mistake will no longer lead to an automatic fine.
> ③ His lawyers are confident that the judges will <u>declare</u> Mr. Stevens innocent.
> ④ The government is ready to <u>declare</u> a permanent ceasefire.

**13** The fragrant scent of lilac is said to <u>herald</u> the beginning of spring.

① announce  ② symbolize
③ hasten  ④ exult

**14** The president publicly <u>denounced</u>, but privately celebrated, the illegal activities of the director of the Central Intelligence Agency.

① condemned  ② depicted
③ acknowledged  ④ humiliated

---

**10** 나는 항상 내 사촌이 내 물건들을 돌려주지 않는 것에 만족했었다. 이로 인해 내 집에는 내가 좋아하지 않는 것들이 깨끗이 치워졌다. (내 사촌이 가져가버렸다)

【정답】 ①

① clear of ~이 없는
② consist of ~으로 구성되다
③ make up 구성되다
④ include 포함하다
⑤ pull off 따다

**11** 그녀는 그가 의미하는 것이 무엇인지 분명히 하라고 요구했다.

【정답】 ③

**12** 그 세관원은 외국인 방문객에게 물었다. "신고하실 것 있습니까?" * customs 세관

【정답】 ④

**12-1** 그는 새 정부에 영원한 충성을 공표했다.

【정답】 ③

**12-2** 【정답】 ②
① 신부와 신랑은 그들의 결혼에 어떠한 법적인 장애물도 없다고 선언한다.
② 실수로 수입액을 잘못 신고한 것이 더 이상 자동적으로 벌금이 부과되게 하지는 않을 것이다. * declare 신고하다
③ 그의 변호사들은 판사들이 스티븐스씨를 무죄로 선고할 것을 확신하고 있다.
④ 정부는 영구적인 휴전을 선포할 준비가 되어 있다.

**13** 라일락의 향기로운 냄새는 봄의 시작을 예고한다고들 한다. * fragrant 향기로운

【정답】 ①

① announce 알리다  ② symbolize 상징하다
③ hasten 서두르다  ④ exult 크게 기뻐하다

**14** 대통령은 미중앙정보부(CIA) 국장의 불법 행동을 공식적으로는 비난했지만 사적으로는 칭찬했다.

【정답】 ①

① condemn 비난하다  ② depict 그리다, 묘사하다
③ acknowledge 인정하다  ④ humiliate 창피를 주다

**15** An actor must learn to <u>enunciate</u>.
① keep  ② check
③ prove  ④ articulate

**16** My father <u>renounced</u> smoking and drinking last week.
① gave up  ② held up
③ put down  ④ wrote down

**17** A story intended to teach a moral truth is a ______.
① legend  ② satire
③ fable  ④ tale

**18** We enjoyed meeting her brother yesterday. On first impression, he seemed to be <u>affable</u>, outgoing and warm.
① very determined in character
② very eloquent in speech
③ obnoxious and arrogant
④ easy and pleasant to talk to
⑤ rich and willing to give out

> **18-1** Mr. White plays a character of enormous <u>affability</u>.
> ① capability  ② rudeness
> ③ pleasantness  ④ stoutness

**19** I'm still waiting for someone to <u>own up to</u> the breakages.
① repair  ② prove
③ reject  ④ confess

> **19-1** You had better <u>make a clean breast of</u> what you have done.
> ① forget  ② remember
> ③ confess  ④ understand

**20** When you violate judicial rules of ethics, it matters, even if you're not doing it for any <u>nefarious</u> reason.
① morbid  ② wicked
③ undefined  ④ positive

---

**15** 배우는 똑똑하게 발음하는 법을 익혀야 한다.
【정답】④

**16** 아버지께서는 지난주에 담배와 술을 끊으셨다.
【정답】①
① give up 그만두다, 습관을 끊다
② hold up 강도짓을 하다
③ put down 내려놓다
④ write down 받아 적다

**17** 도덕적 진리를 가르치려는 의도가 담긴 이야기는 우화이다.
【정답】③
① legend 전설  ② satire 풍자
③ fable 우화  ④ tale 이야기

**18** 우리는 어제 그녀의 오빠를 즐겁게 만났다. 첫인상에 그는 붙임성 있고 외향적이고 다정한 것 같았다. * outgoing 외향적인, 사교적인
【정답】④
② eloquent 유창한
③ obnoxious 몹시 불쾌한

**18-1** 화이트 씨는 매우 붙임성 있는 인물을 연기한다.
【정답】③
① capability 능력  ② rudeness 무례함
③ pleasantness 유쾌함  ④ stoutness 뚱뚱함

**19** 나는 아직도 누군가가 그 파손에 대한 책임을 자백하기를 기다리고 있는 중이다.
【정답】④

**19-1** 네가 한 짓을 몽땅 털어놓고 이야기하는 것이 좋겠다.
【정답】③

**20** 사법적인 윤리 규칙을 어기면, 그것이 비록 그 어떤 나쁜 이유로 그런 게 아니라고 하더라도 문제가 된다. * violate 위반하다 judicial 사법의 ethics 윤리(학)
【정답】②
① morbid 병적인  ② wicked 사악한
③ undefined 불확정의  ④ positive 명확한, 적극적인

**21** Al Capone was an <u>infamous</u> gangster.

① trivial      ② captivating
③ notorious      ④ terrific

> **21-1** The presidential candidate _______ to fame swiftly. [94. 행정고시]
>
> ① climbed      ② ran
> ③ made      ④ went
> ⑤ rose

**22** There is no reason to insult and _______ the man simply because you do not agree with him.

① depict      ② defame
③ distort      ④ enhance

**23** The committee came out <u>in favor of</u> the minister's proposals. [90.법원직]

① decided to reject      ② decided to correct
③ decided to return      ④ decided to delay
⑤ decided to support

**24** 다음 대화의 빈 칸에 들어갈 수 없는 것을 고르시오.

> A : What's your favorite food?
> B : _______________

① Me? I hardly have breakfast.
② I guess my favorite is bulgogi.
③ Well, It depends. But I like fish and vegetables most.
④ I don't really have a favorite. Actually, I'm not particular about my food.

**25** There were twenty one serious <u>casualties</u> in the airplane crash.

① confidants      ② catalysts
③ fatalities      ④ celebrities

> **25-1** Smallpox remained a dreaded, often <u>fatal</u> illness until very recently.
>
> ① anxious      ② mortal
> ③ acute      ④ sharp

---

**21** 알 카포네는 악명 높은 갱이었다.

【정답】③

① trivial 사소한      ② captivating 매혹적인
③ notorious 악명높은      ④ terrific 굉장한

**21-1** 그 대통령 후보자는 빠르게 명성을 얻었다.
* rise to fame 명성을 얻다.

【정답】⑤

**22** 당신이 그에게 동의하지 않는다는 이유만으로 그 사람을 모욕하거나 비방할 이유는 없다.

【정답】②

① depict 그리다      ② defame 중상하다, 비방하다
③ distort 왜곡하다      ④ enhance 높이다

**23** 그 위원회는 장관의 제안을 찬성하는 것으로 밝혀졌다. * come out 밝혀지다

【정답】⑤

**24**

【정답】①

> A : 무슨 음식을 좋아하니?
> B : (자신이 좋아하는 음식을 설명하는 답이 와야 함.)

① 나? 난 거의 아침을 안 먹어. (동문서답임)
② 불고기가 가장 좋다고 생각해.
③ 글쎄. 때에 따라서. 하지만 생선류와 야채류를 가장 좋아해.
④ 난 딱히 좋아하는 게 없어. 정말로 음식에 대해서 가리지 않아.

**25** 그 비행기의 추락사고로 21명의 사상자들이 발생했다.

【정답】③

① confidant 절친한 친구
② catalyst 촉매(역할을 하는 사람)
③ fatality 사망자
④ celebrity 유명인사

**25-1** 천연두는 매우 최근까지도 두렵고 종종 치명적인 질병이었다. * smallpox 천연두 dread 두려워하다

【정답】②

① anxious 걱정하는      ② mortal 치명적인
③ acute 격렬한      ④ sharp 날카로운

**26** Because of his great skill at public speaking, he was a popular _______.

① inspector  
② dictator  
③ orator  
④ auditor

**27** The <u>inexorable</u> dictator will not suspend the persecution.

① foolish  
② iniquitous  
③ insane  
④ unrelenting

**28** It was a great performance and Brad Pitt is my <u>favorite</u> actor.

① adored  
② successful  
③ remarkable  
④ distinguished

**29** This novel is broken into 6 parts, _________ and epilogue.

① dialogue  
② prologue  
③ analogue  
④ monologue

**30** A speech full of great praise for a particular person is _______.

① a tirade  
② an epilogue  
③ a eulogy  
④ an invocation

**31** I certainly got something <u>analogous to</u> religious satisfaction out of it.

① different from  
② similar to  
③ suggestive of  
④ contrary to

**31-1** The fear of smallpox, which terrorized the eighteenth century, has no <u>analogy</u> today.

① occurrence  
② remnants  
③ witnesses  
④ parallel

**32** _______ is the scientific study of human beings, including its different bodily types and its beliefs, social habits, etc. [06.경기교행 9급]

① Psychoanalysis  
② Ethics  
③ Sociology  
④ Anthropology

---

**26** 대중에게 연설을 함에 있어 뛰어난 재주로 인해, 그는 인기가 많았던 웅변가였다.
【정답】 ③

① inspector 검열관  
② dictator 독재자  
③ orator 웅변가  
④ auditor 청강생

**27** 그 냉혹한 독재자는 박해를 중지하지 않을 것이다. * dictator 독재자 suspend 중지하다 persecution 박해
【정답】 ④

① foolish 어리석은  
② iniquitous 사악한  
③ insane 제정신이 아닌  
④ unrelenting 무자비한

**28** 그 연기는 매우 훌륭했고 브래드 피트는 내가 제일 좋아하는 배우이다.
【정답】 ①

① adored 숭배하는  
② successful 성공적인  
③ remarkable 주목할 만한  
④ distinguished 눈에 띄는

**29** 이 소설은 6개의 파트와 서문, 그리고 맺음말로 분류된다. * break into 분류하다 * epilogue 맺음말
【정답】 ②

① dialogue 대화  
② prologue 서문  
③ analogue 유사물  
④ monologue 독백

**30** 특정 사람을 위해서 하는 엄청난 칭찬으로 가득한 말을 찬사라고 한다.
【정답】 ③

① tirade 긴 열변  
② epilogue 맺음말  
③ eulogy 찬사  
④ invocation 탄원

**31** 나는 확실히 그것에서 종교적인 만족감과 비슷한 무언가를 얻었다.
【정답】 ②

① different from ～과 다른  
② similar to ～과 유사한  
③ suggestive of ～을 암시하는  
④ contrary to ～와 상빈되는

**31-1** 18세기를 곰포에 몰아넣었던 천연두의 공포와 견줄 만한 것은 오늘날에는 없다.
【정답】 ④

① occurrence 발생  
② remnants 나머지, 잔여  
③ witnesses 증인  
④ parallel 평행선, 필적하는 것

**32** 인류학은 인간에 대한 과학적인 학문으로서, 그것은 인간의 서로 다른 신체적 유형이나 그들의 신념, 사회적 관습 등등을 포함한다.
【전답】 ④

① psychoanalysis 정신 분석  
② ethics 윤리학  
③ sociology 사회학  
④ anthropology 인류학

**33** In modern writing, the distinction between literary expression and _______ expression is often blurred.

① illiterate　　② formal
③ colloquial　　④ eloquent

**34** What an actor says in a ______ is heard by no one except the audience.

① craven　　② wrangle
③ glutton　　④ soliloquy

**35** Those who expected the governor to be inarticulate were shocked by his _______.

① eloquence　　② fatigue
③ endurance　　④ intolerance

> **35-1** The nervous speaker was criticized for his poor <u>elocution</u>.
> ① announcement　　② dialect
> ③ expansion　　④ art of speech

**36** The normally _________ Mr. Robert has said little. [05. 9급 행자부]

① taciturn　　② loquacious
③ uncommunicative　　④ reticent

> **36-1** Mark became <u>loquacious</u> on his favorite topic.
> ① talkative　　② belligerent
> ③ arrogant　　④ fascinated

**37** Mary is so _______ that nobody else gets a chance to say anything. [99.세무사]

① generous　　② gorgeous
③ grandiose　　④ garrulous

> **37-1** While some people become taciturn when they drink, he becomes quite <u>garrulous</u>. [07.감정평가사]
> ① fighting　　② talkative
> ③ hysterical　　④ greedy
> ⑤ amicable

---

**33** 오늘날의 작품에서 문어적 표현과 구어체 표현 사이의 구별은 종종 분명치 않다.
* literary 문학의, 문어의 blur 흐리게 하다

【정답】③
① illiterate 문맹의　　② formal 문어체의
③ colloquial 구어체의　　④ eloquent 웅변의

**34** 독백으로 배우가 하는 말은 청중 외에 그 누구도 듣지 않는 것이다.

【정답】④

**35** 발음이 분명하지 않을 것으로 생각되던 주지사는 그의 유창한 화술로 놀라게 했다.
* inarticulate 발음이 분명하지 않은

【정답】①
① eloquence 웅변, 유창함　② fatigue 피로
③ endurance 인내, 지구력　④ intolerance 참을 수 없음

**35-1** 그 초조해 하던 연사는 형편없는 연설법으로 비난받았다.

【정답】④
① announcement 공고, 발표
② dialect 방언
③ expansion 확장

**36** 평상시 수다스럽던 로버트씨가 말수가 없어졌다.

【정답】②
① taciturn 말없는　　② loquacious 수다스러운
③ uncommunicative 말없는　④ reticent 과묵한

**36-1** 마크는 자신이 좋아하는 주제가 나오자 수다스러워졌다.

【정답】①
① talkative 말이 많은　　② belligerent 호전적인
③ arrogant 거만한　　④ fascinated 매료된

**37** 메리는 너무 수다스러워서 다른 사람들은 말할 기회를 전혀 가질 수 없다.

【정답】④
① generous 관대한　　② gorgeous 멋진, 호화스러운
③ grandiose 웅장한　　④ garrulous 수다스러운

**37-1** 술을 마시면 어떤 사람들은 말수가 없어지는 반면에, 그는 매우 말이 많아진다. * taciturn 말 없는, 말이 적은

【정답】②
① fighting 싸우는　　② talkative 말이 많은
③ hysterical 히스테리에 걸린　④ greedy 탐욕적인
⑤ amicable 우호적인

**38** Madison was not a ________ person and thus made few public addresses; but those he made were memorable, filled with noble phrases.

① stately
② reticent
③ communicative
④ perceptive

**38-1** There is certainly a chance that we could have as many dying from <u>communicable</u> diseases as from the tsunami.

① adjustable
② contagious
③ dangerous
④ incurable

**39** He is much too <u>verbose</u> in his writings; he writes a page when a sentence should suffice.

① pithy
② prolix
③ sententious
④ sacrilegious

**39-1** We don't need ________ ; we need concise statements.

① conversion
② enlightenment
③ harangue
④ hegemony

**40** It is more effective to take notes in one's own words than to try to record the lecture <u>verbatim</u>.

① in outline form
② preface
③ word for word
④ in summary forms
⑤ in complete sentences

**41** He failed the interview since he lacked the <u>verbal</u> skills.

① job-related
② speaking
③ linguistic
④ academic

**42** When in Rome, do as Romans do. So goes an old English ______. This is generally good advice for a person in a strange country.

① proof
② proverb
③ epitome
④ epitaph

**42-1** We always tried to live our lives according to the ________ that it is better to give than to receive.

① fact
② analysis
③ rumor
④ maxim
⑤ objection

---

**38** 매디슨은 말하기 좋아하는 사람이 아니어서 대중 연설을 거의 하지 않았다. 그렇지만 그가 했던 연설들은 기억할 만했고 고상한 말로 가득 차 있었다. * noble 고상한

【정답】 ③
① stately 위풍당당한　② reticent 말을 삼가는
③ communicative 말하기 좋아하는
④ perceptive 지각하는

**38-1** 쓰나미로 인해 죽어나간 수만큼이나 전염병으로 죽어가는 사람이 많이 생길 가능성이 분명히 있다.

【정답】 ②
① adjustable 조정할 수 있는　② contagious 전염성의
③ dangerous 위험한　④ incurable 불치의

**39** 그는 글이 너무 장황하다. 그는 한 문장이면 충분한데도 한 페이지를 쓴다. * suffice 족하다

【정답】 ②
① pithy (문체가) 힘찬　② prolix 지루한, 장황한
③ sententious 설교투의　④ sacrilegious 신성을 더럽히는

**39-1** 우리는 긴 설교 따윈 필요 없다. 단지 간략한 한마디만 필요할 뿐. * concise 간결한

【정답】 ③
① conversion 전환　② enlightenment 계몽
③ harangue 긴 연설　④ hegemony 헤게모니, 패권

**40** 강의 내용을 말 그대로 적어두는 것보다 (잘 이해해서) 자신의 말로 적어두는 것이 더 효과적이다.

【정답】 ③
① 개요 형식으로　② preface 서문
③ 축어적인; 축어적으로　④ 요약적인 형태로
⑤ 완전한 문장의 형태로

**41** 그는 말하는 기술이 부족해서 인터뷰를 망쳤다.

【정답】 ②
① job-related 직업과 관련된
③ linguistic 언어의
④ academic 학문적인

**42** 로마에 있을 때에는 로마인이 하는 대로 해라. 영어 속담은 그렇게 말한다. 이 속담은 낯선 나라에 있는 사람에게 일반적으로 좋은 충고이다.

【정답】 ②
① proof 증명　② proverb 속담
③ epitome 발췌, 개요　④ epitaph 비문

**42-1** "우리는 받는 것보다 주는 것이 낫다."라는 격언에 따라 우리의 삶을 살려고 항상 노력했다.

【정답】 ④
① fact 사실　② analysis 분석
③ rumor 루머　④ maxim 격언, 처세법
⑤ objection 반대

**43** The management and the unions have reached a <u>tacit</u> agreement on the matter.

① sinister      ② well-known
③ friendly      ④ unspoken

> **43-1** The landlord, a big, <u>taciturn</u> man, was kindly also.
>
> ① verbose      ② voluble
> ③ reserved      ④ amiable
> ⑤ good-natured

**44** Ever since I turned down Mary's proposal, she's been _________ toward me.

① frugal      ② social
③ amiable      ④ reticent

> **44-1** He had been characteristically <u>reticent</u> regarding the details of his own financial affairs.
>
> ① loquacious      ② garrulous
> ③ taciturn      ④ talkative

**45** Her <u>laconic</u> comments resulted in everyone becoming offended and leaving abruptly. [07.감정평가사]

① concise      ② friendly
③ hostile      ④ lengthy
⑤ wrong

> **45-1** Will Roger's <u>laconic</u> comments on the news made him world-famous.
>
> ① wordy      ② succinct
> ③ verbose      ④ eloquent

**46** This kind of scientific paper requires a _______ style of wring rather than a redundant one. [01.행자부 9급]

① consistent      ② terse
③ logistical      ④ tacit

> **46-1** Jenny still likes her original title because "it was <u>laconic</u>, quiet, and left the reader free to draw his/her own conclusions about what the piece was about."
>
> ① serious      ② terse
> ③ stimulating      ④ mysterious

---

**43** 경영진과 노조 측은 그 문제에 대해 암묵적인 합의에 이르렀다.

【정답】④

① sinister 사악한    ② well-known 잘 알려진
③ friendly 친한    ④ unspoken 무언의

**43-1** 영주는 덩치가 크고 과묵한 사람으로서 또한 친절하기도 했다.

【정답】③

① verbose 말수가 많은    ② voluble 유창한
③ reserved 말수가 적은    ④ amiable 붙임성 있는
⑤ good-natured 성격이 좋은

**44** 내가 메리의 제안을 거절한 이후 내내, 그녀는 나에 대해 말이 없었다. * turn down 거절하다

【정답】④

① frugal 검소한    ② social 사교적인
③ amiable 상냥한    ④ reticent 과묵한

**44-1** 그는 자신의 금전적인 문제의 자초지종에 대해서는 과연 그답게 과묵했었다.

【정답】③

① loquacious 수다스러운    ② garrulous 잘 지껄이는
③ taciturn 말없는, 과묵한    ④ talkative 말이 많은

**45** 그녀의 짧은 논평으로 모든 사람들은 기분이 상했고 갑자기 자리를 일어나버렸다. * result in (결과가) ~으로 끝나다 offended 성난 abruptly 갑자기

【정답】①

① concise 간결한, 짧은    ② friendly 친한
③ hostile 적대적인    ④ lengthy 장황한
⑤ wrong 나쁜, 잘못된

**45-1** 뉴스에서의 윌 로저의 간결한 논평들은 그를 세계적으로 유명하게 만들었다.

【정답】②

① wordy 장황한    ② succinct 간결한
③ verbose 장황한    ④ eloquent 웅변의

**46** 이런 류의 과학논문은 장황한 스타일보다 간결한 스타일을 필요로 한다. * redundant 말이 많은, 잉여의

【정답】②

① consistent 일관된    ② terse 간결한
③ logistical 논리학적인    ④ tacit 암묵의, 묵시의

**46-1** 제니는 여전히 원작의 제목을 좋아한다. 그 이유는 원작의 제목이 간결하고 은근해서, 어떤 작품인지 독자들이 자유로이 결론을 내리게끔 내버려뒀기때문이다.
* draw a conclusion 결론을 내다

【정답】②

① serious 진지한    ② terse 간결한
③ stimulating 자극하는    ④ mysterious 신비한

**47** Twenty-three years after discovery of the Rosetta stone, Jean Francois Champollion, a French __________, fluent in several languages, was able to decipher the first word Ptolemy - name of an Egyptian ruler.

① botanist　　② philosopher
③ linguist　　④ novelist

**48** New York City is a <u>multilingual</u> community because of the thousands of immigrants who settled there.

① polygamous　　② polyglot
③ diverse　　④ crowded

**47** 로제타 스톤을 발견하고 23년 후에서야, 몇가지 언어에 유창한 프랑스 언어학자인 Jean Francois Champollion가 그것의 첫 글자를 이집트 통치자의 이름인 Ptolemy로 판독할 수 있었다. * Rosetta stone 비문이 새겨져 있는 고대 이집트의 돌로서 이 비문으로 이집트 상형문자가 해독됨 fluent 유창하게 말하는 decipher 해독하다, 판독하다

【정답】③

① botanist 식물학자　　② philosopher 철학자
③ linguist 언어학자　　④ novelist 소설가

**48** 뉴욕시는 그곳에 정착한 수천 명의 이주민들로 인하여 여러 언어를 사용하는 공동체가 되었다.

* immigrant 이주자, 이민자　settle 정착하다

【정답】②

① polygamous 일부다처의
② polyglot 여러말을 쓰는
③ diverse 다양한
④ crowded 붐비는

# 14

**G** 접속부사와 구두점

**R** 세부내용 파악[4]

**I** [기본동사] put/set/lay

**V** [어원] write/read/letter/name/sign/mark

## ■ 접속부사

### 1401  1. 접속부사의 정의

접속부사라 함은 '문장과 문장 혹은 문장과 구·절을 **의미적으로만 연결**시켜주는 부사'를 말한다.

### 1402  2. 접속부사의 종류

| | 종류 |
|---|---|
| 열거 | first, for one thing, to begin with, in the first place, second 처음으로, 우선 |
| 첨가 | furthermore, moreover, in addition, above all 게다가 |
| 인과 | therefore, then, thus, so(종속접속사 기능도 있음), hence, consequently, accordingly, to sum up 따라서, 그 결과 |
| 예시 | for example, for instance 예를 들어 |
| 대조 양보 | yet(등위 접속사 기능도 있음), though(종속 접속사 기능도 있음) however, nevertheless, nonetheless, notwithstanding(전치사 기능도 있음), rather, instead, besides(전치사 기능도 있음), on the other hand, on the contrary, by contrast, in comparison |
| 기타 | otherwise, in other words, that is to say, namely, by the way, meantime |

### 3. 접속부사의 기능

#### 1403  (1) 등위 접속사 기능이 없다. ★★

접속사 기능이 없으므로 문법적으로 연결시킬 수 없으며, 새로운 문장에 위치한다.

- It wasn't a good thing. ***On the contrary*** it was a huge mistake.
- It wasn't a good thing, ~~on the contrary~~ it was a huge mistake. (×)
  그것은 좋지 않았다. 반대로 그것은 엄청난 실수였다.

  ⇨ 첫 문장 뒤에서 새로운 문장을 시작할 때 접속부사가 위치할 수 있지만, 두 번째 문장처럼 쉼표 뒤에서 마치 'but'처럼 문장을 연결시킬 수 없다.

#### 1404  (2) 새로운 문장 앞 또는 문중에 삽입, 그리고 문장 맨 뒤에 위치한다. ★★★

대부분의 접속부사는 위치가 자유롭다.

- What you said was true. ***Nevertheless*** it was a little unkind. [문두]
  = What you said was true. It was, ***nevertheless***, a little unkind. [문중]
  = What you said was true. It was a little unkind, ***nevertheless***. [문미]
  당신이 한 말은 옳다. 그러나 약간은 매정했다.

#### 1405  (3) semicolon과 쉼표 사이에 위치하여 문장을 연결할 수 있다. ★★

문장과 문장을 연결할 경우 등위 접속사를 대신하는 semicolon(;) 뒤에 쓰이는 것이 원칙이다.

- It wasn't a good thing; *on the contrary*, it was a huge mistake.
- What you said was true; *nevertheless*, it was a little unkind.

## (4) 등위 접속사 뒤에 쓰일 수 있다. ★

- She does not speak our language *and yet* she seems to understand what we say.
  = She does not speak our language, *yet* she seems to understand what we say.
  = She does not speak our language *yet* seems to understand what we say.
  그녀는 우리말을 쓰지 않았다. 그러나 우리가 하는 말이 무엇인지 이해하는 듯 보였다.

⇨ 등위접속사만으로도 문장과 문장을 열거시킬 수 있지만, 그 관계를 강조하기 위해서 등위 접속사 뒤에 접속부사가 위치할 수 있다.

## (5) 분사구문 앞에서도 자주 쓰인다. ★

접속부사는 반드시 문장과 문장만 연결시키는 것이 아니라, '문장+분사구문'의 경우에도 의미적으로 연결시켜 주는 기능을 한다.

- He passed the examination, *therefore* surprising most friends.
  그가 그 시험을 붙어서 대부분의 친구들을 놀라게 했다.

⇨ 접속부사가 없어도 무방하지만, 주절과 분사구문의 관계가 '인과'임을 강조하기 위해 'therefore(그리하여)'라는 접속부사가 위치했다.

> **Check  주요 접속부사의 구분**
> 1. on the contrary vs. to the contrary
> on the contrary는 '접속부사(정반대로)'로서 사용되지만, to the contrary는 '단어 뒤(그와 반대의, 그렇지 않다는)'에서만 수식한다.
> 2. even more는 접속부사 기능이 없다.


# 2 구두점


## 1. 종류

마침표(.), 콤마(,), 세미콜론(;), 콜론(:), 아포스트로피('), 하이픈(–), 대시(—), 괄호, 물음표, 느낌표가 있으며, 이 중 마침표, 물음표, 느낌표에 대한 설명은 생략을 한다.


## 2. Comma (,)

### (1) 세 개 이상 열거할 때

두 개가 병치될 때에는 접속사만 있으면 '쉼표'가 없어도 무방하지만, '세 개' 이상이 병치될 때에는 각각 병치되는 앞에서 쉼표가 꼭 있어야 한다.

- Erica tried to breathe, to keep from fainting, and *to* remember her first aid.
  에리카는 숨을 쉬고, 기절하지 않으려고, 응급치료를 생각하려고 노력했다.

cf. 현대영어에서는 두 개가 병치될 때에도 쉼표를 간혹 사용한다. 또한 '중간에 삽입되는 표현'이 있거나, '병치 대상이 길 때'에도 쉼표가 위치한다.

- Erica tried to breathe(,) **and** to keep from fainting. [to 부정사구+to 부정사구]
  에리카는 숨쉬고 기절하지 않으려고 노력했다.

- You could only really tell the effects of the disease in the long term(,) **and** five years wasn't long enough. [문장+문장]
  당신은 오로지 그 병의 영향을 실제로 오랜 기간 동안 받을 수 있을 것이고 5년이란 시간은 충분히 긴 것은 아니었다.

### 14·11 (2) 등위접속사를 통해 2개 이상의 문장을 열거할 때

> 두 문장을 병치할 때에는 쉼표가 들어갈 수도 있고 들어가지 않을 수도 있다. 단, 세 개 이상의 문장이 병치될 때에는 두 번째부터 반드시 쉼표가 위치해야 한다.

- Peter was usually a shy child(,) but he shouted upon entering the class.
  피터는 평소에 수줍어하는 아이였는데 교실에 들어오자마자 소리를 질렀다.

- Peter went home, he arrived late, and he was very tired.
  → Peter went ~~home he~~ arrived late, and he was very tired. (×)
  피터는 집으로 갔고 늦게 도착했으며 매우 피곤했다.

  ⇨ 3개의 문장이 병치되므로, 첫 문장이 끝난 Peter went home 바로 뒤에 쉼표가 위치해야 한다.

### 14·12 (3) 접속부사를 이용해 '문장 혹은 구'를 연결할 때 ☆

> 세미콜론 이하에 위치한 접속부사 뒤에는 쉼표가 있어야 한다.

- The blue dress was warmer. **On the other hand**, the purple one was prettier. [문두]
  = The blue dress was warmer. The purple one was prettier, **on the other hand**. [문미]
  = The blue dress was warmer; **on the other hand**, the purple one was prettier.
  → The blue dress was warmer; ~~on the other hand~~ the purple one was prettier. (×)
  그 파란 드레스는 더 화사했다. 반면 자주색 드레스는 더 예뻤다.

  ⇨ 세미콜론 뒤에 접속부사가 위치하면 쉼표가 등장해야 한다. 참고로 현대영어의 독해지문에서는 이 원칙이 반드시 지켜지는 것 같지는 않다.

### 14·13 (4) 부사절과 종속절 사이에

> 부사절과 종속절 사이에 쉼표가 위치해도 되며, 위치하지 않아도 상관없다.

- If you are ever in London(,) come and see me.
  줄곧 런던에 있다면 나를 보러 오렴.

### 14·14 (5) 계속적 용법의 관계대명사나 동격을 알려 줄 때 ★★

> 계속적 용법의 관계대명사 앞에 쉼표가 위치하며(⊃17-23 참조), 동격을 설명할 때에는 접속사 없이 '명사, 명사' 구조로 표현이 가능하다. (⊃34-21 참조)

- Rice, which is grown in many countries, is a staple food.
  쌀은 많은 국가들에서 재배되는데 주요 식량이다.

- Rice, a staple food, is decreasing over the world.
  주요 식량인 쌀이 세계적으로 감소하고 있다.

### 14·15 (6) 문장 중간에 삽입되는 단어나 구를 표기할 때

- My father, **however**, did not agree.
  그러나 아버님은 동의하지 않으셨다.

**14 16** **(7) 부가의문문 앞에 위치한다.** ⊃40-09~25 참조

- That's what you want, *isn't that?*
  저것이 당신이 원하는 거야. 그렇지?

**14 17** **(8) 형용사를 열거할 때**

> 형용사가 병치될 때에는 접속사 없이 쉼표만으로 열거를 할 수 있다.

- This is an *expensive, ill-planned, wasteful* project.
  이 일은 비용이 많이 들고, 계획이 치밀하지 못하며, 낭비적인 사업이다.

## 3. Semicolon (;)

**14 18** **(1) 두 개의 문장 혹은 구를 연결할 때 (접속사 기능)**

> 세미콜론만 가지고서, 두 개의 문장 혹은 구를 연결시킬 수 있다. 의미는 'and, but, or, for' 등 다양하게 쓰인다.

- It is a fine idea; he has prepared to do it.
  = It is a fine idea, *for* he has prepared to do it.
  그가 그것을 하기 위해 준비를 해왔기 때문에 좋은 생각이다.

- Some people work best in the mornings *but* others do better in the evenings.
  = Some people work best in the mornings; others do better in the evenings.
  어떤 사람들은 아침에 일을 가장 잘하지만, 다른 사람들은 저녁에 일을 더 잘 한다.

**14 19** **(2) 2 개의 문장 혹은 구를 접속부사와 함께 연결할 때**

- My parents lent me the money; *otherwise*, I couldn't have afforded the trip.
  부모님께서 내게 돈을 빌려주셨다. 만약 그렇지 않았으면, 여행경비를 댈 수 없었다.

**14 20**

> *Check* otherwise의 접속사 용법 ★★
> otherwise는 현대영어에서는 세미콜론없이 쉼표 뒤에서 접속사처럼 쓰일 수 있다.
>
> - He must be fairly intelligent, *otherwise* he wouldn't have got into university.
>   그는 매우 영리함에 틀림이 없다. 그렇지 않다면 그는 대학에 진학하지 못했을 것이다.

**14 21** **(3) 열거하는 대상의 길이가 상대적으로 길 경우 ★**

- We will increase our cooperation to *stop* the spread of weapons of mass destruction; *work* together on the peaceful use of nuclear energy; *expand* America's efforts to promote the rule of law in China; and *cooperate* to protect the environment.
  = We would increase our cooperation *to stop* the spread of weapons of mass destruction, (to) *work* together on the peaceful use of nuclear energy, (to) *expand* America's efforts to promote the rule of law in China and (to) *cooperate* to protect the environment.
  우리는 대량살상무기의 확산을 중단시키고, 핵에너지의 평화적인 사용에 함께 노력하며, 중국의 법치주의를 촉진시키는 미국의 노력을 증가하고, 환경을 보호하려는 우리의 노력을 증진시킬 것이다.

## 4. Colon (:)

### (1) 앞서 언급된 것을 답변하거나 추가설명을 할 때

- We decided not to go on holiday: we had too little money.
  우리는 휴가를 가지 않기로 결정했다. 돈이 너무나 부족하기 때문이다.

### (2) 인용구나 설명부분을 소개할 때

- Stewart opened his eyes and said: 'Who's your beautiful girlfriend?'
  스튜어트는 눈을 뜨고서는 '누가 너의 아름다운 애인이니?'라고 말했다.

## 5. Apostrophe (')

### (1) 소유격을 나타낼 때 단수명사는 명사 바로 뒤에, 복수명사(~s)는 '~s' 뒤에 아포스트로피를 붙인다.

- the *girl's* father 그 여자아이의 아버지
- my *parents'* house 내 부모님의 집

### (2) 소유격을 나타낼 때, 복수명사가 −s로 끝나지 않거나 고유명사에 −s가 위치해 있는 경우 's를 추가한다.

- the *women's* fingers 여자들의 손가락들
- *Charles's* wife 찰스의 부인

### (3) 개별소유의 경우 단어마다 's를 두며, 공동소유의 경우 뒷 단어의 뒤에 's를 둔다. ★

➲34−15~16 참조

- *John's* and *Marty's* rooms are sunny.
  John의 방과 Marty의 방은 햇볕이 잘 든다.

⇨ John과 Marty가 각각 개별적으로 소유하는 경우에는 두 단어 모두에 's를 위치시킨 것이다.

- *John and Marty's* room is sunny.
  John과 Marty의 방은 햇볕이 잘 든다.

⇨ John과 Marty가 함께 공동으로 소유하는 경우에는 마지막 단어에만 's를 위치시킨다.

### (4) 동사를 줄일 때

- *I'll* give her a valuable present. (=I will)
  나는 그녀에게 귀중한 선물을 줄 것이다.

- *He's* the president of the United States. (=He is)
  그는 미국의 대통령이다.

- *I've* lived in Seoul since 2000. (=I have lived)
  그는 2000년부터 서울에서 살았다.

- I *can't* remember the accident. (=cannot)
  나는 그 사고를 잊을 수 없다.

> **Check** 'is와 has'는 's로 줄일 수 있지만, was는 's로 줄일 수 없다. ☆
>
> - He is walking with his wife *now*.
>   = He's walking with his wife *now*.
> - He *was* walking with his wife *yesterday*.
>   → He's walking with his wife *yesterday*. (×)
>
> ⇨ 's 를 'is'의 축약 형태라고 본다면 과거시제만 통제하는 yesterday와 어울릴 수 없다.

### (5) 숫자, 알파벳, 약자의 복수를 나타낼 때

- There are two *m's* in 'comma'.
  'comma'라는 단어에 'm'이라는 알파벳이 2개가 있다.

- *2000's* 2천 년대

## 6. Hyphen (–)

둘 또는 세 개의 단어를 연결해서 하나의 단어로 만들 경우 쓰인다. ➲28-07 참조

- a *well-known* teacher 유명한 선생님
- *one-third* 1/3
- a *seventeen-year-old* boy 열일곱 살 소년
- an *up-to-date* product 최신상품
- a *first-class* work 최상급의 작품

## 7. Dash (— 또는 --)

동격 표현이나 앞서 등장한 내용의 부연설명을 위해 많이 사용된다. 외국 저명 교재를 보면, dash는 'informal(비문어적인 표현, 구어)'에 많이 쓰인다고 한다. 현대영어에서는 'colon과 dash'을 거의 구분하지 않는다.

- There are three things I can never remember — names, faces, and height.
  내가 결코 기억할 수 없는 세 가지 것들이 있다. 즉, 이름, 얼굴, 키가 그렇다.

**01** We thought the school you had before was not good enough, __________ to build the best school for you. [07. 국회사무처 8급]

① so we wanted ② that we wanted

③ therefore ④ concluded

⑤ so as


**02** ① Cliff's and Al's car ② broke down again, but ③ luckily they knew ④ how to fix it.

[99. 경찰]


**03** ① The worst that can happen is that we'll regain the weight we've lost ② in which case, we can simply go on a diet again. But ③ the more diets you go on, the harder it may become to lose weight. ④ Even more, new evidence indicates that repeated cycles of losings and gaining my raise the risk of heart problems. [04. 선관위 9급]


**04** 다음을 영어로 가장 적절히 옮긴 것은? [99. 행시]

> 아버지가 그렇게 하지 말라고 했음에도 그는 과속운전을 했다.

① In spite of his farther's warning to the contrary, he drove so fast.
② Because of his farther's warning on the contrary, he drove so fast.
③ In spite of his father's warning on the contrary, he drove so fast.
④ Due to his father's warning on the contrary, he drove so fast.
⑤ Due to his father's warning to the contrary, he drove so fast.

## 정답 및 해설

**01** 【해설】② , so that (따라서) 접속사에서 so는 생략할 수 없으며, that이 생략될 수 있다. ③ therefore는 접속부사이므로 쉼표만으로 연결할 수 없다. ④ 동사를 병치시킬 수 있는 접속사가 없으며, ⑤ so as to 부정사는 '~하기 위하여'라는 '구'이다.

【해석】 우리는 당신의 학교가 무척 좋은 것은 아니라고 생각했었다. 따라서 당신을 위한 최고의 학교를 지어주기를 원한다. 【정답】 ①

**02** 【해설】Cliff's and Al's → Cliff and Al's cars | 'Cliff's car and Al's car break down. = Cliff and Al's cars break down.' 문장은 클리프의 차와 알의 차를 각각 말하므로 소유격이 각각 표기됐다.
Cliff's and Al's car breaks down. 수식받는 명사의 수가 '단수'인 'car'가 되므로, '공동소유'가 되는 것이다.

【해석】 클리프와 알의 자동차가 또 고장이 나서 멈춰 섰지만, 다행히도 그들은 수리하는 법을 알고 있었다. 【정답】 ①

**03** 【해설】Even more → Moreover | even more는 앞서 나온 문장과 새롭게 시작하는 문장을 '내용적으로 연결시킬 수 있는 접속부사'기능이 없다.

【해석】 발생할 수 있는 최악의 상황은 우리가 줄였던 몸무게가 다시 증가하는 것이며, 그러한 경우에 있어서 우리는 다시 다이어트를 하기만 하면 된다. 그러나 당신이 다이어트를 하면 할수록 체중 감소가 더 힘들 것이다. 더욱이 새로운 증거에 따르면 체중감소와 증가의 반복이 일어나면 심장질환의 위험이 증가할 수 있다고 한다. 【정답】 ④

**04** 【해설】② ④ ⑤ 'because of = due to'는 '~이기 때문에'라는 '이유' 표현이기 때문에 제시문과 일치하지 못한다.
③ on the contrary는 '접속부사'로서 '이에 반하여, 그러하기는커녕'의 의미이며, ① to the contrary는 '그와 반대의, 그렇지 않다는'의미의 전치사구 이다.

• I will come next month unless you write to the contrary.
그렇지 않다는 편지를 보내지 않으시면(=다른 답변이 없으시면) 제가 다음 달에 방문하겠습니다.

• Does your back feel any better? — On the contrary, it feels much worse.
허리는 좀 좋아졌습니까? — 그렇기는커녕 오히려 더 악화된 것 같습니다.

* 현대영어에서는 위 구분을 엄격히 하지는 않으니 크게 신경 쓰지 않아도 된다. 【정답】 ①

**01** 다음 글의 Broom jumping에 관한 내용과 일치하지 않는 것은? [08. 국가직 9급]

> Broom jumping is most famous in the United States as an African-American wedding custom. The broom holds spiritual significance for many African people, representing the beginning of homemaking for a couple. The ritual itself in America was created during slavery. Because slaves could not legally marry, they created their own ways to honor their unions. Broom jumping is a ritual in which the bride and the groom, either at the ceremony or at the reception, signify their entrance into a new life and their creation of a new family by symbolically sweeping away of their former single lives, and jumping over the broom to enter upon a new adventure as wife and husband.

① It is well-known African-American wedding custom.
② Its origin traces back to the period of slavery in America.
③ It was performed by the slaves who got legally married.
④ It signifies the union of the bride and the groom and their entrance into a new life.

**01**

【해석】 빗자루 뛰어넘기(Broom jumping)는 미국에서 아프리카계 미국인들의 결혼 관습으로 가장 유명하다. 빗자루는 많은 아프리카 사람들에게 정신적으로 중요한 의미를 가지고 있으며, 한 부부를 위한 가정의 시작을 나타낸다. 미국의 그 의식 자체는 노예제도 기간 동안 탄생했다. 노예들은 합법적으로 결혼할 수 없었기 때문에, 자신들의 결혼을 기념하기 위해 자신들만의 방식을 만들어냈다. 빗자루 뛰어넘기는 결혼식이나 피로연에서 신랑 신부가 상징적으로 이전 독신 생활을 쓸어냄으로써, 그리고 아내와 남편으로서 새로운 모험을 시작하기 위해 빗자루를 뛰어넘음으로써, 새로운 삶의 출발과 새로운 가정의 탄생을 나타내는 하나의 의식이다.

【해설】 네 번째 문장인 'Because ~' 문장을 통해 '과거 노예들이 합법적으로 결혼을 할 수 없었음'이 직접 언급되었다.

【정답】 ·············································································· ③

> **Check** **전치사구의 삽입**
>
> in which the bride and the groom, (either at the ceremony or at the reception), signify their entrance into a new life and their creation of a new family
>
> ⇨ 전치사+ 관계대명사(in which) 이하에는 완전한 문장이 위치해야 한다. 'the bride and the groom'이라는 주어와 'signify'라는 동사와 'entrance'라는 '목적어'가 등장했으며, 주어와 동사 사이에 등위 상관접속사인 'either A or B' 구문에 의해 '전치사구'가 병치되어 삽입됐다.

> **Theme** **결혼과 관련된 용어 정리**
>
> ❶ **결혼 관련해서 남자와 여자를 일컫는 용어**
> bachelor 미혼(독신)남자; 학사
>  cf. bachelor party 총각파티 / a bachelor's degree 학사학위
> spinster 노처녀(=old-maid), 미혼여성
> fiance 약혼남 ↔ fiancee 약혼녀
> bride 신부 ↔ groom 신랑
> widow 과부 ↔ widower 홀아비
>
> ❷ **어근 gam(=marriage)**
> monogamy 일부일처(제) *mono(=one)
> polygamy 일부다처(제) * poly(=many)
> bigamy 이중결혼, 중혼(결혼관계가 두 번 있는 경우: 법적으로 무효) * bi(=two)
> digamy 재혼 (앞의 혼인은 이혼이나 사별로 해소되고 새로 결혼하는 것) * di(=two)
>
> ❸ **남녀관계의 진전과 악화 그리고 결별**
> blind date 제3자의 소개로 만나는 안면이 없는 남녀의 데이트
> propose 구혼, 청혼
> engagement 약혼(=betrothal)
> cf. engagement ceremony 약혼식
> bachelor party (결혼식 전야에 신랑 친구들이 베푸는) 총각파티
> marriage 결혼(=matrimony)/ wedding 결혼식
> adultery 간통, 부정(=misconduct)
> separation (부부의) 별거(=living separately)
> divorce 이혼; 이혼한 남자 cf. divorcee(이혼녀)
> break up (결혼이) 깨지다, 헤어지다 * 이불을 완전히 쪼개다
> remarriage 재혼(하다)(=deuterogamy, digamy)
>
> ❹ **dowry 신부의 혼인지참금(=dot)**
> alimony (별거나 이혼시 주는) 부양[생활]비


**VOCABULARY**

- broom 빗자루; 비로 쓸다, 쓸어내다
- African-American 아프리카계 미국인
- custom 관습, 풍습 (cf. customs 세관)
- hold significance 중요한 의미를 가지다
- homemaking 가사
- ritual 의식
- slavery 노예 상태, 노예[농노]의 신분; 노예소유[제도]
- legally 합법적으로
- one's own way 자신만의 방법
- union 혼인, 결합, 조합, 협회
- bride 신부, 새색시
- groom 신랑
- entrance into ~으로의 진입, 등장
- symbolically 상징적으로
- sweep away 쓸어버리다, 일소하다
- enter upon 취임하다
- well-known 유명한, 잘 알려진
- traces back to 거슬러 올라가다, 회귀하다
- signify 의미하다, ~의 전조(조짐)가 되다

**02** 아래의 "독자투고"에 담겨있는 불만으로 가장 적절한 것을 고르시오. [03. CPA]

> Your "50-year face-off" timeline on Korean history states: "1950-1953: North Korea invades South. U.S. and China fight proxy war on Korean soil." Some 40,000 U.S. soldiers died during the Korean War, along with several thousand more allied troops; an estimated 400,000 Chinese troops were killed. Describing that as a proxy war is plain wrong.

① 북한의 남침으로 한국전쟁이 시작되었다고 지적한 점
② 통계 숫자가 잘못 인용되었다는 점
③ 한국전쟁이 정의로운 것이었다고 지적한 점
④ 한국전쟁이 미국과 중국의 대리전쟁이었다고 정의한 점
⑤ 한국전쟁에서 미군이 중국군에 일방적으로 승리했다고 지적한 점

**03** 다음 글을 읽고 물음에 답하시오. [04. 서울시 9급]

> Therapists examining the Friends Reunified Phenomenon say that the pull of an old relationship, particularly a first love, can be overwhelming, particularly to those who feel unhappy, unloved, neglected, irritated or just suffused with boredom in their middle-aged marriages. "It is getting back into that vital happy" said Phillip Hudson, a psychotherapist who was recently contacted by an ex-girl friend (he is married, and remained friendly ...) "First love is well hunger to experience that again before you die, if the alternative is going into a sexual frustration or difficulty or boredom in your current relationship. I know what most people would choose."

1. Phillip Hudson에 대한 설명이 아닌 것은?

① He is a psychotherapist.　　② He had a girl friend.
③ He is middle-aged.　　④ He is married.
⑤ He has never been loved.

2. 'the Friends Reunified Phenomenon'을 경험할 가능성이 높은 사람은?

① teenager　　② the accused
③ juveniles　　④ a divorced senior citizen
⑤ bully

**02**

【해석】 당신은 한국역사에 있어서 "50년간 대치"를 "1950~1953년까지 북한이 한국을 침략했고, 미국과 중국이 한반도에서 대리전을 벌였다."고 쓰고 있다. 약 수천 명 이상의 연합군과 약 4만 명의 미군이 한국전쟁에서 죽었으며, 약 40만 명으로 추정되는 중공군이 사망했다. 이러한 사실을 대리전이라고 말하는 것은 명백히 잘못됐다.

【해설】 마지막 문장을 통해 이러한 참사가 벌어진 '한국전쟁을 대리전이라고 말하는 것은 명백히 잘못이다.'라고 했다.

【정답】 ·········································································································· ④

## VOCABULARY

- ☐ **face-off** 대결, 승부, 시합개시
- ☐ **invade** 침략하다, 침입하다
- ☐ **proxy** 대리, 대리인 *proxy war 대리전
- ☐ **ally** 동맹하다, 연합하다
- ☐ **troop** 군대; 무리, 떼
- ☐ **along with** ~과 함께
- ☐ **estimate** 추정하다, 어림하다, 평가하다 *estimated 추측되는
- ☐ **describe** 말하다, 기술하다, 묘사하다
- ☐ **plain** 분명히, 솔직히; 분명한, 솔직한, 검소한, 못생긴, 평평한

**03**

【해석】 친구가 재결합하는 현상을 연구하는 치료사들은 특히 첫사랑인 과거관계에 대한 매력이 특히나 불행하고, 사랑받지 못하고, 무시당하고, 짜증나거나 지겨움이 가득한 중년 부부들을 압도할 수 있다고 말한다. "생기 넘치는 행복으로 돌아가고 있다"고 최근에 예전여자친구에게 연락을 받았던 심리치료사 필립 허드슨이 말했다. (그는 기혼남이고, 여전히 친하게 지내고 있다.) "너의 첫사랑 대신 선택했던 사람과의 지금의 관계가 성적 좌절이나 권태의 난관에 빠져들고 있다면, 첫사랑은 네가 죽기 전에 다시 경험하기를 갈구하는 샘물인 것이다. 나는 대부분의 사람이 무엇을 선택할지를 안다."

【해설과 정답】

1. Phillip Hudson은 심리치료사이며, 애인이 있었고, 중년이며, 기혼남이라는 설명은 옳다. ⑤ 사랑받지 못했다는 내용은 본문에 없는 내용이다. ···· 【정답】 ⑤

2. 첫 문장을 통해 사랑받지 못하는 (즉, 이혼한) 중년이 친구재결합 현상을 경험할 가능성이 높다는 것을 유추할 수 있다. ① teenager 십대 ② the accused 피고인 ③ juveniles 소년 소녀 ④ a divorced senior citizen 이혼한 중년의 시민 ⑤ bully 약지를 괴롭히는 사람, 뚜쟁이 ····································· 【정답】 ④

## VOCABULARY

- ☐ **therapist** 치료사
- ☐ **pull** 매력, 끌어당기기, 이점; 매혹하다, 끌어당기다
- ☐ **be overwhelming to** ~에 압도적이다
- ☐ **unloved** 사랑받지 못한
- ☐ **neglected** 무시당한
- ☐ **irritated** 짜증나는
- ☐ **be suffused with** ~으로 가득 차 있다
- ☐ **boredom** 권태, 지루함
- ☐ **vital** (생명에게) 중요한, 생명의
- ☐ **psychotherapist** 정신심리학자
- ☐ **ex-girl friend** 전 애인
- ☐ **go into** (상태에) 빠지다
- ☐ **frustration** 좌절

> **Check** 동격은 콤마(,)를 이용해서 연결이 가능하다.
>
> The pull of <u>an old relationship</u>, particularly <u>a first love</u>,
> an old relationship과 a first love는 동격의 관계이다.
>
> can be overwhelming, particularly to those.
> be overwhelming과 to 사이에 particularly라는 부사가 삽입된 형태이다.

**04** Read the following passage and answer each the question.

> In ancient time wealth was measured and exchanged tangibly, in things that could be touched: food, tools, and precious metals and stones. Then the barter system was replaced by coins, which still had real value since they were pieces of rare metal. Coins were followed by fiat money, paper notes that have value only because everyone agrees to accept them.
>
> Today electronic monetary systems are gradually being introduced that will transform money into even less tangible forms, reducing it to arrays of "bits and bytes," or units of computerized information, whizzing between machines at the speed of light. Already, electronic fund transfer allows money to be instantly sent and received by different banks, companies, and countries through computers and telecommunications devices.

1. According to the passage, which of the following was the earliest kind of exchange of wealth?

① Bartered goods      ② Coin currency
③ Fiat money      ④ Intangible forms

2. Which of the following would be the most acceptable title for the passage?
① International Banking Policies
② The History of Monetary Exchange
③ The Development of Paper Currencies
④ Current Problems in the Economy

3. According to the passage, coins once had real value as currency because they
_____________.

① represented a great improvement over barter
② permitted easy transportation of wealth
③ could become collector's items
④ were made of precious metals

4. Which of the following statements about computerized monetary systems is NOT supported by the passage?
① They promote international trade.
② They allow very rapid money transfers.
③ They are still limited to small transactions.
④ They are dependent on good telecommunications systems.

**04**

【해석】 고대에는 음식, 도구, 귀한 금속과 돌과 같이 만질 수 있는 물건들을 통해서 재산이 유형적으로 측정되고 교환되었다. 그 다음에 물물교환제도가 주화로 교체가 되었으며, 그 주화는 희귀한 금속품이었기 때문에 여전히 제대로 된 가치를 보유했었다. 주화에 이어서 명목화폐가 등장했는데, 이는 단지 모든 이가 받아들이기로 동의했기 때문에 가치를 얻게 된 지폐였다.
오늘날 전자화폐 제도들이 점차적으로 도입이 되고 있는데, 이로 인해 화폐는 심지어 덜 유형적인 형태로 바뀔 것이며, 비트와 바이트의 배열로 줄어들게 되는데, 즉 달리 말하자면 컴퓨터화된 정보의 단위를 의미하며, 그 단위는 빛의 속도로 기계들 사이에서 돌아가게 된다. 이미 전자송금방식은 서로 다른 여러 은행과 회사, 그리고 국가가 컴퓨터와 원격 통신 장치를 통해서 돈을 즉시 주고받을 수 있게 해주고 있다.

## 【해설과 정답】

1. Q 본문에 따르면 재산의 교환 수단으로 다음 중 가장 초기의 것은?
가장 초기는 본문에서 첫 문장에서 등장한 'ancient time'을 말한다. 이때에는 물건들을 교환했으므로 '물물교환 상품'이 가장 초기의 재산 교환이 되었을 것이다. ………………………………………………… 【정답】 ①

2. Q 이 문장에 가장 무난한(acceptable) 제목을 고르면?
본문은 '고대'에서부터 '현재'에 이르기까지 '화폐 이용의 변천'을 설명하고 있으므로, 제목 또한 '화폐변천의 역사'라는 시간적 개념이 옳다.
………………………………………………… 【정답】 ②

3. Q 본문에 따르면 주화는 실제로 가치를 가졌는데 그 이유는 __________.
두 번째 문장의 'which~' 관계사절 속에 설명되어 있듯이, '귀한 금속으로 구성'되어 있었던 것이 진정한 가치를 얻게 된 주 이유가 된다.‥ 【정답】 ④

4. Q 다음에 오는 전산화된 금융시스템에 대한 진술 들 중 본문에 의해 확인되지 않는 것은 ?
마지막 문장을 통해서 '국제 상거래, 빠른 송금, 이동통신 시스템에 대한 의존'은 옳지만, 소규모 거래에만 국한된다는 설명은 언급되지 않았다.
………………………………………………… 【정답】 ③

**05** Read the following passage and choose the best answer.

> The distinguishing mark of this discipline among the social sciences is that it includes serious study of other societies than our own. For its purpose any social regulation of mating and reproduction is as significant as our own. To the (a) ____________, our customs and those of another tribe are two possible social schemes for dealing with a common problem. He is interested in human behavior, not as it is shaped by one tradition, our own, but as it has been shaped by any tradition, whatever it may be.
>
> He is interested in the great gamut of custom that is found in various cultures, and his object is to understand the way (b) ____________ these cultures change and differentiate, the different forms through which they express themselves, and the manner (c) ____________ the customs of any peoples function in the lives of the individuals who compose them.

1. Which of the following best fills the blank (a)?

① ethnographer　　　　　　　　② anthropologist
③ astronomer　　　　　　　　　④ astrologer
⑤ psychologist

2. Which of the following best fills the blank (b) and (c)?

① in which -- for which　　　　② by which -- in which
③ in which -- in which　　　　④ how -- how
⑤ how -- that

3. The researcher of this social science is mainly interested in ____________________.

① human behavior in different cultures
② the racial composition of other tribes
③ the distinguishing mark of the science
④ the social regulation of mating and reproduction
⑤ the custom of another tribe he does not belong to

## 05

**【해석】** 사회과학 중에서 이 분야의 두드러진 특징은 우리 사회보다는 다른 사회에 대한 진지한 연구를 포함한다는 것이다. 그 목적 때문에 결혼과 출산에 대한 모든 사회적 규칙이 우리 자신의 것만큼 중요하다. [a] <u>인류학자</u>에게 있어 우리의 관습과 다른 종족의 관습은 사회 일반의 문제를 다루기 위한 두 가지의 가능한 사회적인 체계이다. 그는 하나의 문화권에서 형성된 것이 아니라 어떠한 문화권에서 형성되어 온 인간의 행동이건 간에 어떤 것이든 관심을 갖는다.

그는 여러 문화권에서 발견되는 온갖 영역에 걸친 관습에 관심이 있고, 그의 목적은 이러한 문화들이 변화하고 차별화되는 방식, 문화가 스스로를 표현하는 다른 형식, 어떤 민족의 관습이 그 문화를 구성하는 개인들의 삶에 작용하는 방식을 이해하는 것이다.

**【해설과 정답】**

1. 자신이 속한 사회뿐만 아니라 다른 사회에 대해서도 '관습, 문화'를 연구하는 이는 인류학자가 옳다. ····················· **【정답】** ②

2. how라는 의문사절은 'the way/ manner (in which/ that) S+V'표현으로 이어진다. ····················· **【정답】** ③

3. 자신이 소속된 집단뿐만 아니라 다른 집단들에 대한 관습을 연구한다는 것은 '특정집단이나 종족을' 구분하는 것이 아닌 '모든 인간의 행동'에 관한 연구가 목표가 되는 것이다. ····················· **【정답】** ①

## VOCABULARY

- **distinguishing** 두드러진
- **discipline** 훈련, 규율, 처벌, 학과, 분야
- **mating** 결혼, 짝짓기
- **reproduction** 출산
- **significant** 중요한
- **tribe** 종족
- **scheme** 계획
- **gamut** 전체영역
  * the gamut of 전 영역의
- **differentiate** 차별화하다
- **ethnographer** 민족지학자
- **anthropologist** 인류학자
- **astronomer** 천문학자
- **astrologer** 점성가
- **psychologist** 심리학자

### put

put 은 "뭔가를 어떤 곳에 이동시켜 있게 하다" 가 기본 의미이다. 따라서 물건이면 "어디에 두다", 옷의 경우 "입다", 글의 경우에도 "기록하다" 의 의미로 다양하게 쓰이게 된다.
1. (사물을) 이동해서 어디에 두다, 넣다
2. (사람의 신체를 어디에) 두다 → 상황에 처하게 하다
3. (옷 등을) 몸에 두다 → 입다, 착용하다(on)
4. (의견·제안 등을) 입 밖으로 꺼내다 → 말하다; (글·생각 등을) 옮기다 → 표현하다, 설명하다, 번역하다

## (사물을) 이동해서 어디에 두다, 넣다

**01 put ＊ away** sth ＊ (나중에 쓰려고) 멀리(away) 치워두다(put)
1. 저축해두다, 챙겨두다(=set ＊ aside sth)
2. 〈구어〉 (음식물을) 먹어치우다

**02 put ＊ aside** sth ＊ (나중에 쓰려고) 옆에(aside) 치워두다(put)
1. 한쪽으로 치우다, 제쳐 놓다
2. 저축하다; (후일을 위해) 따로 남기다
(=put by, put away, set aside, lay aside, lay by, lay up, lay away)

**03 put ＊ by** sth ＊ (나중에 쓰려고) 옆에(by) 치워두다(put)
간수하다, 저축해 두다(=save); 피하다

> **＊ put by for a rainy day** 어려운 날을 대비해서 저축하다
>    **= save up for a rainy day**
>    **cf. pinch pennies**
>       절약하다(=economize, save), 인색하게 굴다(=be stingy)

**04 put** sth **on the back burner** ＊ (나중에 요리하려고) 뒤쪽 버너에 두다
(할 일 등을) 뒷전으로 미루다(=leave sth behind)
**= put** sth **on ice** ＊ 지금 요리할 것이 아니므로 재료를 얼음 위에 올려 놓다

**05 put** sth **behind** ＊ 어떤 일을 뒤에(behind) 두다(put)
1. (지난 일 따위를) 잊게 하다
2. (수확 등을) 뒤로 미루다

**06 put[place, set]** sb **on a pedestal**
존경하다(=admire), ~를 연장자로 모시다

**07 put ＊ across** sth ＊ 상대편에(across) 말을 보내다(put)
1. (생각이나 의견을) 이해시키다, 전달하다(=explain, convey)
2. (노래나 연주를) 훌륭히 해내다(=accomplish)
3. ~을 속이다

> **cf. put ＊ over** sth
>    1. (영화 등을) 성공시키다, 해내다
>    (=succeed in sth, accomplish) ＊ ~을 완전히(over) 해두다
>    2. (생각 따위를) 남에게 이해시키다, 설명하다
>    (=put ＊ across sth) ＊ 말을 저 편으로(over) 보내다(put)
>    **cf. put** sth **[it, one] over on** sb ~를 속이다

**08 put through** ＊ ~을 통과해서(through) 가다(put)
1. (전화를) 연결시키다(=connect)
2. (일 등을) 성취하다, 완수하다(=complete); (법안을) 통과시키다
3. 시험에 합격시키다
4. (시련·불쾌한 경험 등을) 겪게 하다

> **= get through**
>    1. (get through sth)~을 끝내다
>    (=finish, complete, put ＊ through sth)
>    2. (get through to sb/sth) ~에 도착하다; ~와 연락하다; 전화가 연결되다

**09 put up with** sb/sth ＊ ~와 함께(with) 다가와 몸을 두다(put)
(싫은 것을) 불평없이 받아 들이다; 참다, 견디다
(=bear, endure, tolerate)

**10 put ＊ up** sb/sth ＊ ~을 위로, 위에(up) 두다(put)
1. (건축물 등을) 짓다, 세우다
2. 숙박시키다, 재워주다
**cf. put up at** sw ~에 숙박하다(=stay at sw)
3. 분투·저항하다
4. (벽 등에 액자나 포스트 등을) 걸다, 붙이다

**11 put ＊ together** sth ＊ 같이 한 쪽에 모아(together) 두다(put)
조립하다(=assemble); (부분, 요소 등을) 모으다, (정보나 사실 등을) 종합하다
**cf. put two and two together**
      (알고 있는 여러 정보 등을 모아서) 짜 맞추어 결론을 내리다

**12 put ＊ off** sth
1. 연기하다, 미루다(=postpone, delay, procrastinate)
＊ 지금 할 일에서 떼어(off) 두다(put)
2. (옷 등을) 벗다(=take ＊ off sth, put ＊ on sth); ~을 제거하다
＊ ~을 떼어(off) 내다(put)

**13 put ＊ out** sth ＊ 바깥으로, 세상으로(out) 내보내다(put)
1. (불을) 끄다(=extinguish), (전기불을) 끄다(=turn ＊ out sth)
2. 출판하다(=publish); 산출하다, 생산하다
＊ 물건을 세상 밖으로(out) 내보내다(put)
3. 내쫓다 ＊ 집 밖으로(out) 내보내다(put)
4. (부가적인 일로 사람을) 번거롭게 하다
＊ 물건을 가지러 바깥으로(out) 내보내다(put)

**14 put an end to** sb/sth
1. ~을 끝내다; 그만두게 하다(=cause to cease)
2. 자살하다

## (사람의 신체를 어디에) 두다 → 상황에 처하게 하다

**15 put oneself in** sb**'s shoes[place]**
누구의 입장이 되어 생각하다, 입장을 바꾸어 보다
**cf. in** sb**'s shoes** ~의 입장이라면
      (=in a position or situation similar to that of another)
**cf. fill** sb**'s shoes/ step into** sb**'s shoes**
      다른 사람을 대신하다

**16 put one's foot in it/ put one's foot in one's mouth**
1. 본의 아니게 실언하다, 남에게 상처를 주는 말을 하다
2. (부주의로 말미암아) 실수하다
(=make a blunder, do the wrong thing)
**= botch ＊ up** sth 실수하여 망쳐버리다(=ruin sth by mistake)

**17 put one's heart and soul into**
~에 심혈을 기울이다
**cf. with (all) one's heart and soul**
      진심으로; 기꺼이; 의심없이; 온 정성을 다하여

**18 put one's life on the line** ＊ 사람의 생명을 전선(line)에 두다(put)
목숨을 걸고 하다(=risk one's life)
**cf. on the line** (직장, 경력, 평판 등이) 위기에 처해 있는
**cf. put (**sth**) on the line** 털어놓고 이야기하다

**19 put one's nose into** sth ＊ ~안으로(into) 킁킁대는 코를 집어 넣다(put)
~에 간섭하다(=interfere in, meddle in, intervene in sth)

> **= poke[thrust] one's nose into** sth
> **= put[stick] one's oar in** sth
>    ↔ **keep one's nose out of** sth ＊ 킁킁대는 코를 ~에서 빼내오다
>       간섭[참견]하지 않다
>    **cf. put[have,get,hold,keep] one's nose to the grindstone**
>       쉴 새 없이 일하다

## (옷 등을) 몸에 두다 → 입다, 착용하다(on)

**20 put ＊ on** sb/sth  ＊ 착용의 on
1. 입다, 신다, 화장을 하다 (↔ take ＊ off sth)
**cf. put on a garb of** sb  ＊ garb (옷,복장 → 외관,외형)
　~의 옷을 걸치다(=assume), 외관을 하다
2. ~인 체 하다(=pretend)
**cf. put it on** 아픈 체하다, 허풍떨다; 엄청난 값을 부르다
3. <구어> 놀리다

**21 put on weight**  ＊ 무게(weight)를 입다, 늘리다(put)
살이 찌다, 몸무게가 늘다(=gain weight)
**= gain weight** 몸무게가 불다

**22 put on an act**  ＊ ~하는 체 하는 행동(act)을 하다(put)
~인 체하다, 시늉을 하다, 가장하다
(=pretend, make believe (that)~)

> - **put on airs**  ＊ airs (잘난체 하는 태도)를 입다(put on)
>   잘난 체하다, 으스대다
> - **put on the dog** 부자인 체 하다, 으스대다, 허세를 부리다
> - **give oneself airs**
>   젠체하다, 점잔빼다(=act in a conceited manner)
> **cf. stuck-up**
>   거드름부리는, 점잔빼는, 거만한(=conceited)

## (의견·제안 등을) 입 밖으로 꺼내다 → 말하다, (글·생각 등을) 옮기다 → 표현하다, 설명하다, 번역하다

**23 put a question to** sb  ＊ ~에게로 질문을 말하다(put)
~에게 질문하다 (=ask sb a question)
**cf. beg the question**
　논점을 미리 옳은 것으로 해 놓고 논의하다,
　논점을 교묘히 회피하다

**24 put ＊ down** sth
1. (전화번호, 주소 등을) 적어 놓다(=write ＊ down sth);
(기부자 등으로) 이름을 올리다  ＊ 생각을 종이에 옮기다(put)

> **= jot ＊ down** sth 적어두다
> - **put down in black and white** 인쇄의 형태로 적다
> - **put ＊ into words (**sth**)** 말로 나타내다, 말로 감정을 표현하다
> - **put ＊ into print (**sth**)** 인쇄하다, 활자화하다
> - **put ＊ on paper (**sth**)** 서류로 작성하다

2. (폭동 등을) 진압하다(=suppress); 억제시키다, 진정시키다
3. (물건 등을 아래로) 내려놓다
4. (사람을) 경시하다(=belittle); 비굴한 마음을 갖게 하다
5. 의 원인을 ~탓으로 돌리다(=attribute to, ascribe in sth)

**25 put[keep] A in mind of B**
A에게 B를 생각나게 하다, 상기시키다(=remind A of B)
**= remind A of B** A에게 B를 생각나게 하다

### set

동사 set 의 의미는 "특정한 곳에 put하다"이다. 기본적으로는
put의 의미를 담고 있으나 set은 계획적인 배치에 가깝다.
1. (물건을) 놓다, 앉히다(put); 고정하다 → 보석을 박아넣다;
정돈하다
2. (사람을) 배치하다, 앉히다(seat); ~상태로 되게 하다
3. (기계 등을) 조정하다, (일정 등을) 맞추다
4. (출발선상에 두다) → 출발하다, 착수하다, 시작하다
5. 해가 지다  ＊ sunrise 일출/ sunset 일몰

## (물건을) 놓다, 앉히다(put); 고정하다 → 보석을 박아넣다; 정돈하다

**26 set ＊ aside** sth  ＊ (나중에 쓰기 위해) 옆에(aside) 제쳐놓다(set)
1. (특별한 목적을 위해) 따로 제쳐 두다(=earmark, separate
and reserve for a special purpose); 저축하다
2. ~을 무시하다, ~을 거절하다; ~을 무효로 하다;
~을 파기하다(=annul)
**cf. set-aside** (특별한 목적을 위해) 유보해둔 것;
　　(정부의 식량·자원의) 비축

**27 set ＊ apart** sb/sth  ＊ 따로 떨어지게(apart) 놓다 → 따로 떨어져 있어서 눈에 잘 띈다
1. 따로 떼어두다(=set ＊ aside sb/sth)
**cf. set oneself apart** 혼자 따로 떨어져 있다, 고립되다
　　(=be isolated/ insulated/ cut off)
2. 눈에 띄게 하다(=distinguish)

**28 set the seal on** sth  ＊ seal(봉인)으로 고정하다(set) → 편지를 다 쓰고 마지막에 봉인하는 것을 연상
~을 마무리하다, 마감시키다

## (사람을) 배치하다, 앉히다(seat); ~상태로 되게 하다

**29 set ＊ back** sb/sth  ＊ 뒤로(back) 주저앉히다(set)
1. 좌절시키다, 퇴보시키다, 저지하다, 늦추다
(=hinder, delay the progress)

> **cf. setback** 방해, 좌절(=frustration); 후퇴, 역행
> **= cook** sb**'s goose** (기회, 계획, 희망을) 좌절시키다, 망치다

2. <구어> ~에게 비용이 얼마가 들다

**30 set[lay] store by** sth  ＊ (중요하기 때문에) 가게(store)에 배치해 놓다(set)
~을 중요시하다(=consider ＊ important, make much of sb/sth,
value highly)
↔ **set no store by** sth ~을 경시하다, 업신여기다

**31 set** sth **at naught**  ＊ 제로, 영(naught)인 상태로 놔두다
무시하다(=ignore), 경멸하다(=disdain)

**32 set ＊ free** sb  ＊ 자유로운(free) 상태로 되게 하다(set)
석방하다(=release, liberate).

**33 set up for** sth  ＊ ~을 바로 할 수 있는 상태로(up) 되게 하다(set)
~을 준비하다(=prepare for sth)

**34 set one's hair in curls**  ＊ set(머리가 세트되다, 모양이 잡히다
곱슬머리를 하다(만들다)

**35 It's all set.**  ＊ (회의 전에) 모든 것(의자, 책상)을 제자리에 배치했습니다
모두 준비되어 있습니다.
**cf. get set/ get ready** 준비하다, 준비를 갖추다

## (기계 등을) 조정하다, (일정 등을) 맞추다

**36 set ＊ up** sth  ＊ 완전히(up) 짜맞추다(set)
1. (건물 등을) 세우다(=construct, erect), 설립하다, 창설하다(=establish)
2. 짜맞추다, 조립하다, 새로이 만들다; 계획을 세우다(=arrange)
3. 속임수로 (사람을) 함정에 빠뜨리다

## 출발하다, 착수하다, 시작하다; (불을) 붙이다

**37 set about** sb/sth  ＊ (시작하기 위해) ~쪽 방향으로(about) 몸을 고정하다
1. 착수하다, 시작하다(=begin, start, launch)
2. 공격하다(=attack)

**38 set ☆ off** sth • ~에서 떨어져 나와(off) 가다(set)

1. (여행 등을)시작하다, 출발하다(=start, depart)
2. 유발하다, 시작하게 하다, 폭발시키다(=trigger)

> **cf. set** sb/sth **on** sb • ~을 하도록 불을 붙이다(set)
> (개 등을 시켜) 공격하게 하다
> **set ☆ onto** sb ☞ 표준어 : 물어넣다.
> (경찰에 나쁜 짓 등을 일러바쳐서) 추적시키다
> **cf. onset** 착수, 개시(=beginning); 습격, 공격(attack); 발병

**39 set out** • 바깥(out)을 향해 가다(set)

1. 출발하다, 여행길에 오르다(=start one's journey)
2. (여행길 등에) 나서다, ~에 착수하다
3. 자세하게 설명하다 • 밖으로 드러나 보이게(out) 두다(set)

**40 set ☆ forth** sth • 앞 쪽으로(forth) 두다/ 가다

1. 보이다(=present), 진열하다, 공개하다, 설명하다
2. (여행을) 시작하다, 출발하다(=start)

**41 set fire to** sth**/ set (** sth **) on fire**

1. ~에 불을 지르다, 불을 붙이다
(=cause sth to burn, ignite, inflame)
↔ **put out a fire** 불을 끄다
2. 흥분시키다(=arouse)

> **cf. set the world on fire**
> 눈부신 성공을 거두다, 크게 출세하다
> (=have a big effect, be very successful)

---

**lay**    lay –laid–laid( 타동사) cf. lie–lay–lain(자동사)

lay 는 "목적에 적합하도록 올바른 장소에 put 하다"이다.
1. (물건을 어디에) 놓다, 눕히다; (설비 등을) 깔다, 설치하다
2. 넘어뜨리다, 쓰러뜨리다
3. (생각·문제 등을) 제시하다, 제출하다; 내기를 걸다
4. (알 등을) 낳다, 까다

---

### (물건을 어디에) 놓다, 눕히다; (설비 등을) 깔다, 설치하다

**42 lay ☆ by** sth • 옆으로(by) 치워 두다

저축하다, 비축하다(=lay aside, put by, put aside, set aside, save)
= **lay ☆ aside** sth 저축하다, 저장하다, 따로 제쳐두다

**43 lay ☆ in** sth • 안에(in) 들여놓다(lay)

~을 사들이다, 사재기하다; 저장하다
(=store ☆ away sth for future use)

> **cf. lay in for** sth ~을 신청하다, 손에 넣으려고 꾀하다
> **cf. lie in** sth ~에 있다(=consist in sth )
> **cf. lie in bed** 자리에 눕다
> **cf. lie in wait for** sb ~을 잠복하여 기다리다
> **cf. lie[hide, wait] in ambush** 매복하다, 잠복하다

**44 lay ☆ out** sth • 물건을 바깥에(out) 놓다(lay)

1. ~을 펼치다(=spread), 전시하다
2. (건물 · 도시 · 정원 등을) 설계 · 계획하다, 배열하다
(=arrange or plan, design)
3. 상세하게 설명하다(=explain sth very carefully)
4. ~에 (돈을) 대량으로 쓰다, 투자하다
5. (불시에) 때려 눕히다
**cf. layout** 배치, 설계(법); 레이아웃; (큰 건조물의) 짜임새

**45 lay ☆ off** sb • 사람을 일에서 떨어지게(off) 두다(lay)

(일시) 해고하다(=fire, dismiss temporarily, discharge,
give the sack to sb)
**cf. layoff** (일시적) 해고(=redundancy); 강제 휴업

**46 lay ☆ bare** sth • 벌거벗은 채(bare)로 두다(lay)

밝히다, 드러내다(=expose, reveal)

---

**47 lay eyes on/ set eyes on** sth • 눈, 시선(eyes)을 ~위에 고정하다(lay, set)

~을 처음으로 보다(=see), 발견하다

> **cf. lay a finger on** sb (해칠 목적으로) 손대다, 건드리다
> **cf. lay[put] one's finger on** sth (원인을) 정확하게 지적하다
> **lay[put] the blame on** sb ~에게 책임을 지우다

### 넘어뜨리다, 쓰러뜨리다

**48 lay ☆ up** sb/sth

1. (병으로) 몸져눕다; 골치 아픈 일을 떠맡다
2. (장래를 위해) 쓰지 않고 모으다
**cf. lay up against a rainy day**
궁할 때를 대비해서 쓰지 않고 모으다

### (생각 · 문제 등을) 제시하다, 제출하다; 내기를 걸다

**49 lay ☆ down** sth • 바닥에(down) 내려놓다 (lay)

1. ~을 땅에 내려 놓다; 무기 따위를 버리다, 항복하다;
(목숨을) 내던지다; 직위·직장 등을 그만두다
2. (규칙·원칙 등을) 규정하다(=prescribe), 정하다;
단언하다(=assert)

> **cf. lay down the law**
> 꾸짖다, 야단치다(=call ☆ down, dress ☆ down sb);
> 규칙 준수를 요구하다
> **cf. lie down** 잠깐 눕다, 쉬다

### (알 등을) 낳다, 까다

**50 lay an egg** • 알을 까다(lay) → 골키퍼가 알을 까다(실패하다)

(새 등이) 알을 까다 → 나쁜 연기를 보여주다, (흥행에) 실패하다
= **cook one's goose** (기회, 계획, 희망을) 좌절시키다, 망치다

> **cf. have all one's eggs in one basket**
> 한 사업에 모든 것을 걸다
> **cf. crush in the egg** • 알을 짓밟아 버리다.
> 미연에 [초기에] 방지하다
> = **nip** sth **in the bud** 미연에 방지하다 • 봉오리 때 따버리다
> **cf. a bad egg** 나쁜 놈; 서툰 계획
> ↔ **a good egg** 훌륭한 사람[물건]

**01** You had better <u>put away</u> some of your money for good buy. [98.고려대 대학원]
① set aside　　② spend
③ deposit　　④ loan

**02** The Germans have always been regarded, and rightly so, as the _____ of people. Few Germans live beyond their means: they manage to put something _____ for a rainy day, or better still, add to or found a little family fortune.
① thriftiest - aside　　② stingiest - up
③ most extravagant - away　④ most prodigal - aside
⑤ richest - up

**03** He put _____ a hundred dollars a month for his summer holidays. [93.고려대 대학원]
① in　　② by　　③ down　　④ forward

**04** This is simply <u>putting the issue on the back burner</u>. [91.서울대대학원]
① securing the issue　　② leaving the issue behind
③ clouding the issue　　④ hiding the issue

**05** The cold weather has _____ the crops behind by a month.
① put　　② set　　③ lay　　④ take

**06** "What do the women want?" asked one confused male. We've set them up as wives and mothers, treated them with great respect, <u>even put them on a pedestal</u>. Isn't that enough?
① even admired them
② even protected them
③ even let them represent us
④ even allowed them to have a career

**07** She failed to <u>put</u> her ideas <u>across</u> at all.
① convey　　② pursue
③ verify　　④ propose

**08** The harbor redevelopment was <u>put through</u> in record time. [00.사법시험]
① designed　　② financed
③ measured　　④ completed
⑤ entertained

---

**01** 물건을 싸게 사기 위해서 네 돈 중 일부를 저축해 두는 것이 좋겠다.
　　　　　　　　　　　　　　　　【정답】①
① set aside 저축해두다
② spend 소비하다
③ eposit 예금하다
④ loan 돈을 빌려주다; 대부금

**02** 독일인들은 항상 가장 검소한 민족으로 여겨져 왔으며, 사실 그렇다. 분수에 맞지 않는 생활을 하는 독일인들은 거의 없다. 그들은 어려울 때를 대비해서 저축을 하며, 아니면 더 낫게는 약간의 가족 유산을 늘리거나 마련한다.
　　　　　　　　　　　　　　　　【정답】①
① thrift 검소한 / put aside 저축해두다
② stingy 인색한
③ extravagant 사치스러운; 가격이 터무니없는 / put away 저축해두다
④ prodigal 낭비하는, 방탕한

**03** 그는 여름휴가철을 위하여 한 달에 100달러를 모아 두었다.
　　　　　　　　　　　　　　　　【정답】②

**04** 이것은 단지 문제의 처리를 뒤로 미루는 것에 불과하다.
　　　　　　　　　　　　　　　　【정답】②
① secure 안전하게 하다, 지키다
② 문제를 뒤에 두다
③ cloud 문제 등을 애매하게 하다
④ 문제를 숨기다

**05** 추운 날씨로 그 농작물의 수확은 한 달 뒤로 미루어졌다.
　　　　　　　　　　　　　　　　【정답】①

**06** "여성들은 무엇을 원하는가?" 혼란에 빠진 한 남자가 물었다. 우리는 그들을 아내로 그리고 어머니로 삼았고 그들을 대단한 존경심으로 대했으며, 심지어는 그들을 받들기까지 했다. 그것으로 충분하지 않은가?
　　　　　　　　　　　　　　　　【정답】①
① 심지어 그들을 존경하기까지 했다.
② 심지어 그들을 보호했다.
③ 심지어 그들이 우리를 대표하게 했다.
④ 심지어 그들이 직업을 가지도록 허용했다.

**07** 그녀는 자신의 생각을 전혀 전달하지 못했다.
　　　　　　　　　　　　　　　　【정답】①
① convey 전달하다　　② pursue 추적하다
③ verify 진실을 입증하다　④ propose 제안하다

**08** 그 항구의 재개발은 기록적인 시간 내에 이루어졌다.
　　　　　　　　　　　　　　　　【정답】④
① design 고안하다　　② finance 자금을 조달하다
③ measure 측정하다　　④ complete 완성하다
⑤ entertain 즐겁게 하다

**09** Steven is allergic to tobacco smoke, so he can't _______ smoking.
① put off
② catch up with
③ put up with
④ let up
⑤ keep up with

**10** At last they found a motel to _______ for the night. [96.고려대 대학원]
① put up at
② feel at home
③ accommodate
④ spend

**11** 다음 빈칸에 공통으로 들어갈 단어는? [02.행자부9급]

> 1) She was willing to _______ me through to the man in charge.
> 2) The boy took the radio apart but he was not able to _______ it together again.
> 3) I can't _______ up with his rude actions any longer.
> 4) They tried to _______ up several new buildings in that block.

① take
② put
③ make
④ get

**12** Some people believe that women who put _______ having a baby often make the best mother.
① on
② off
③ through
④ down

**13** Choose the one which is similar to the meaning of the underlined part. [93.서울시 7급]

> You see women on fire trucks going to <u>put out</u> a blaze.

① This company has <u>put out</u> this magazine for 15 years
② We drank tea rather than <u>put</u> our hostess <u>out</u> to make coffee too.
③ Let's <u>put</u> the cat <u>out</u> and go to bed.
④ <u>Put out</u> the light when you leave the room.

**14** It is up to the police to <u>put an end to</u> these robberies.
① lay stress on
② concern about
③ deal with
④ cause to cease

---

**09** 스티븐은 담배연기를 몹시 싫어한다. 그래서 담배를 피우는 것을 참지 못한다.
【정답】③
① put off 연기하다
② catch up with ~의 뒤를 따라가다
③ put up with ~을 참다, 견디다
④ let up 멈추다, 멎다
⑤ keep up with ~에 뒤떨어지지 않다

**10** 마침내 그들은 그날 밤 묵을 수 있는 모텔을 찾아냈다.
【정답】①
① put up at ~에 숙박하다
② feel at home 편안하게 느끼다
③ accommodate 숙박시키다
④ spend 소비하다

**11** 【정답】②

> 1) 그녀는 기꺼이 나에게 책임자와 통화를 연결해 주려고 하였다. * put~ through (전화를) 연결하다
> 2) 소년은 라디오를 분해했으나 그것을 다시 조립할 수는 없었다. * put together 조립하다
> 3) 나는 더 이상 그의 무례한 행동을 참을 수 없었다. * put up with 참다,견디다
> 4) 그들은 그 블록에 몇 개의 새로운 건물을 지으려 했다. * put up 건축물을 짓다

**12** 어떤 사람들은 아기를 가지는 것을 미루는 사람들이 종종 훌륭한 어머니가 된다고 믿는다 * make ~이 되다
【정답】②
① put on 입다
② put off 연기하다
③ put through 연결하다
④ put down 내려놓다

**13** 【정답】④

> 너는 불을 끄러 가고 있는 소방차 위의 여인들을 본다. * put out 불을 끄다

① 이 회사는 15년째 이 잡지를 출간하고 있다.
② 우리는 커피를 만드느라 여주인을 번거롭게 하기 보다는 (그냥) 차를 마셨다.
③ 고양이를 내보내고 그만 자자.
④ 방을 나올때는 불을 끄도록 해라.

**14** 이런 강도 짓을 종식시키는 것은 경찰에 달려 있다. * be up to ~에 달려있다
【정답】④
① lay stress on ~을 강조하다
② concern about ~을 걱정하다
③ deal with ~을 다루다
④ cause to cease 끝내게 하다

---

**15** One must think of others and _______ himself in their place, and consider what will please and what will wound them.

① pull　　　　　② push
③ point　　　　④ put

**16** You really <u>put your foot in it</u> when you asked Sue how her cat was. Didn't you know it got run over last week?

① imposed　　　② threatened
③ murmured　　④ blundered

**17** 다음 빈 칸에 들어갈 말로 적당한 것은?

> A : If you put your __________ into your work, you'll succeed.
> B : Is that possible? Then I'll try.

① flesh and blood　　② heart and soul
③ bone and skin　　　④ head and heart

**18** The thought of rescuing the boss's daughter didn't inspire many employees to <u>put their lives on the line</u>. [95.행정고시]

① lie down on electric wires
② risk their lives
③ join their lives
④ switch their line of work
⑤ quit their work and face starvation

**19** Don't <u>put your nose into</u> other people's business.

① put your back into
② put your oar in
③ put your finger on
④ put your heart and soul into

**20** Mary claims to be ill but she isn't really ill ; she's only <u>putting it on</u>. [92. 법원직]

① putting her clothes on　② pretending to be ill
③ recovering her strength　④ lying ill in bed
⑤ ruining her health

**21** She has _______ on a lot of weight since last year. [01.경찰]

① made　　　　② put
③ taken　　　　④ gained

---

**15** 사람은 다른 사람을 생각해야 하고 자신을 그들의 입장에 놓아 보아서 무엇이 그들을 기쁘게 하고 무엇이 그들에게 상처를 주는지에 대해 고려해야 한다.

【정답】④

**16** 네가 수에게 고양이는 어떠냐고 물었던 것은 정말 실언한거야. 넌 고양이가 지난 주에 차에 치였다는 것을 몰랐니?

【정답】④

① impose (의무 등을) 부과하다
② threaten 위협하다, 협박하다
③ murmur 중얼거리다; 투덜거리다
④ blunder 큰 실수를 하다

**17** 【정답】②

> A : 네 일에 심혈을 기울인다면, 넌 성공할 것이다.
> B : 그게 가능할까요? 그렇다면 해 볼게요.

**18** 많은 고용인들은 사장의 딸의 목숨을 구하기 위해 자신의 목숨을 걸겠다는 마음이 생기지 않았다.

【정답】②

**19** 다른 사람의 일에 참견하지 마라. 【정답】②

① put one's back into ~에 혼신의 노력을 다하다
② put your oar in ~에 참견하다
③ put your finger on ~을 지적하다
④ put your heart and soul into ~에 심혈을 기울이다

**20** 메리는 아프다고 했지만 진짜로 아프지는 않다. 그녀는 단지 아픈 체 하고 있을 뿐이다.

【정답】②

① 그녀의 옷을 입고 있는
② 아픈 체 하고 있는
③ 그녀의 체력을 회복하고 있는
④ 병으로 누워있는
⑤ 그녀의 건강을 해치고 있는

**21** 그녀는 작년 이래로 체중이 많이 늘었다.

【정답】②

④ gain weight (체중이) 늘다　＊on이 불필요

**22** He's not really happy. He's just <u>putting on an act</u>.
① making a behavior    ② believing it
③ repining    ④ pretending

**22** 그는 사실은 행복하지 않다. 행복한 척 할 뿐이다.
────────────────────────【정답】 ④
③ repine 불평하다, 푸념하다
④ pretend ~인 체하다, 가장하다

**23** If someone ______ the question, they assume something which supports their point of view, even though they have not proved this assumption. [93.서울대 대학원]
① withdraws    ② debates
③ asks    ④ begs

**23** 누군가 논점을 옳은 것으로 가정해 놓고 논의를 전개한다면,입증도 하지 않은 채 자신의 관점을 뒷받침하는 어떤 것을 상정하는 것이다.
────────────────────────【정답】 ④

**24** In his curricula vitae, he <u>put down</u> simply business man for profession. [94.대전시7급]
① wrote    ② reduced
③ considered    ④ attributed

**24** 이력서에, 그는 직업을 사업가라고 간단히 적었다.
────────────────────────【정답】 ①
② reduce 줄이다
④ attribute ~탓으로 돌리다; 속성(특성)

**25** That joke you just told <u>puts me in mind of</u> an experience I had last summer.
① reminds me of    ② deprives me of
③ dissuades me from    ④ talk me out of

**25** 방금 네가 한 농담은 지난 여름에 내가 겪은 일을 떠올리게 한다.
────────────────────────【정답】 ①
① remind A of B A에게 B를 생각나게 한다
② deprive A of B A로부터 B를 빼앗다
③ dissuade ~from ~을 설득하여 그만두게 하다
④ talk ~ out of ~을 설득시켜 ~못하게 하다

**26** 다음 빈 칸에 공통으로 들어갈 단어는?

> 1) Joanne set the manuscript ______ until she had more time to work on it.
> 2) It's wise to set ____ some money for unexpected expenses that may come up in the future.

① up    ② about
③ aside    ④ back

**26** ────────────────────────【정답】 ③

> 1) 조앤은 원고를 쓰기에 충분한 시간이 있을 때까지 그 원고를 제쳐 두었다.
> 2) 앞으로 닥칠지 모를 예기치 않은 지출을 위해 저축해 두는 것이 현명하다. * come up 일어나다, 생기다

**27** Try not to <u>set yourself apart</u> from everyone at the gathering. [97. 고려대 대학원]
① declare    ② maintain
③ isolate    ④ deduct

**27** 모임에서 다른 사람들로부터 혼자 따로 떨어져 있지 않도록 해라.
────────────────────────【정답】 ③
① declare 선언하다    ② maintain 유지하다
③ isolate 고립시키다    ④ deduct 빼다, 공제하다

**28** The party at the embassy <u>set the seal on</u> the president's official visit. [00.사법시험]
① benefited from
② publicly denied
③ found no sign of
④ overtly prevented
⑤ was a suitable way to end

**28** 대사관에서의 연회로 대통령은 공식적인 방문을 마무리했다.
────────────────────────【정답】 ⑤
① benefit from ~로부터 이익을 얻다
② publicly deny 공개적으로 부인하다
③ find no sign of 어떤 표시도 찾지 못하다
④ overtly prevent 공개적으로 금지(제지)하다
⑤ be a suitable way to end 끝내기에 적절한 방법이다.

**29** They intended to <u>set back</u> our plan but in vain.

[93.기술고시]

① establish    ② perform
③ discover    ④ hinder
⑤ help

**29** 그들은 우리의 계획을 좌절시키려 했으나 헛수고였다. * in vain 헛되이

【정답】 ④

① establish 설립하다, 세우다
② perform 수행하다
③ discover 발견하다
④ hinder 방해하다

---

**30** He <u>set store by</u> the advice that his teacher had given him. [06.2차 경찰]

① saved    ② recommended
③ considered important    ④ kept in mind

**30** 그는 그의 선생님이 해주신 충고를 중요하게 생각했다.

【정답】 ③

② recommend 추천하다, 충고하다
③ consider 잘 생각하다, 숙고하다, 간주하다
④ keep in mind 명심하다

---

**31** We cannot <u>set at naught</u> what the lady said about it. [96.세무사]

① tolerate    ② ignore
③ accept    ④ trust
⑤ bring all for naught

**31** 그 여자가 그것에 관하여 말한 것을 우리는 무시할 수 없다.

【정답】 ②

① tolerate 참다    ② ignore 무시하다
③ accept 받아들이다    ④ trust 믿다
⑤ bring all for naught 모두 망쳐놓다

---

**32** The war prisoners were <u>set free</u> after the armistice was signed. [80.행자부 9급]

① killed    ② caught
③ imprisoned    ④ liberated

**32** 전범들은 휴전협정이 조인되고 난 후 석방되었다. * armistice 휴전 협정

【정답】 ④

③ imprison 감옥에 넣다
④ liberate 해방하다

---

**33** Susan's mother <u>set up for</u> dinner very quickly.

① prepared for    ② waited for
③ framed up    ④ cleared off

**33** 수잔의 어머니는 매우 빨리 저녁을 준비하셨다.

【정답】 ①

① prepare for ~을 준비하다
② waite for ~을 기다리다
③ frame up 날조하다
④ clear off 청산하다

---

**34** 다음 대화 중 빈칸에 들어갈 말로 적당한 것은?

> A : Did you see her?
> B : She ______ her hair in curls.

① have    ② wear
③ set    ④ reserve

**34**

【정답】 ③

> A : 그녀를 보셨어요?
> B : 그녀는 곱슬머리를 하고 있었어요.

---

**35** 다음 대화 중 빈칸에 들어갈 말로 적당한 것은? [04.행자부 9급]

> A : I'm on my way to the store. Is there anything you'd like me to get?
> B : Yes. Could you stop at the bakery and pick up a chocolate cake?
> A : A chocolate cake?
> B : Yes, It's Marion's birthday. We're having a party.
> A : Oh, I bet she'll be surprised. Did you invite everyone?
> B : Yes, __________________.

① It's all set.    ② They are finished.
③ It's out of the question.    ④ I'm through with you.

**35**

【정답】 ①

> A : 가게로 가는 중인데, 내가 뭐 사다줄 것 없어요?
> B : 예, 있습니다. 빵집가서 초콜릿 케이크 하나 사다 주세요.
> A : 초콜릿 케이크요?
> B : 예, 마리온 생일이에요. 우리는 파티를 열겁니다.
> A : 오. 그녀가 틀림없이 놀라겠네요. 모두들 초대했나요?
> B : 예, 모든 것이 다 준비되었어요.

① 모두 준비되었어요.
② 그들은 마쳤어요.
③ 그것은 불가능해요.
④ be through with ~와 관계를 끊다

**36** Citing an increasing demand for our products, the board of directors decided to _______ a few more branches. [91.포항공대 대학원]
① close up
② take up
③ keep up
④ set up

**36** 우리 제품에 대하여 증가하는 수요를 인용하면서, 이사회는 좀 더 많은 지점을 설립하기로 결정하였다. * a board of director 이사회
【정답】④
① close up 폐쇄하다
② take up 시작하다
③ keep up 유지하다
④ set up 설립하다

**37** Building a dam single-handed seemed an impossible task, but he __________ it with grim determination. [00.행자부 9급/행정고시]
① put in for
② set on
③ put up with
④ got away with
⑤ set about

**37** 혼자서 댐을 건설한다는 것이 불가능한 작업으로 보였다. 그러나 그는 단호한 의지로 그것을 시작했다. * single-handed 혼자서, 단독으로
【정답】⑤
① put in for 신청하다, 지원하다
② set on 선동하다; 습격하다
③ put up with 참다
④ get away with 처벌받지 않다
⑤ set about 시작하다

**38** The flower bud of a water lily opens at sunset, since its opening is <u>set off</u> by the decreased light.
① regulated
② triggered
③ endured
④ alleviated

**38** 햇빛이 줄어야 개화가 촉발되므로 수련의 꽃봉오리는 해질녘에 핀다.
【정답】②
① regulate 조정하다
② trigger 일으키다, 유발하다
③ endure 견디다
④ alleviate 완화하다

**39** Maria _______ her own business in 1998.
① set at
② set by
③ set down
④ set out

**39** 마리아는 1998년에 그녀 자신의 사업을 시작했다.
【정답】④
① set at ~을 공격하다
② set by 저축하다
③ set down 적어두다
④ set out 시작하다, 착수하다

**40** My duty tonight is to report on the state of the union, and to <u>set forth</u> our responsibilities to form a more perfect union. [97.사법시험]
① start
② present
③ perpetuate
④ illustrate
⑤ communicate

**40** 오늘밤 저의 의무는 조합의 상태에 대해서 보고하고 보다 완벽한 조합을 만들기 위한 우리의 의무를 제시하는 것입니다.
【정답】②
① start 시작하다
② present 나타내다
③ perpetuate 영속시키다
④ illustrate 예를 들어 설명하다
⑤ communicate 의사소통을 하다

**41** During the conflict, protestors _______ the hotel, which burned for five hours before it was finally extinguished.
① opened fire on
② put out the fire
③ set fire to
④ added fuel to fire

**41** 충돌 과정에 시위자들은 호텔에 불을 질렀고, 그 호텔은 불이 완전히 소화되기 전에 다섯 시간 동안 불탔다.
【정답】③
① open fire on ~에 사격을 개시하다
② put out the fire 불을 끄다
③ set fire to 불을 지르다
④ add fuel to fire 불난 집에 부채질하다

**42** During a long career as a medicine man, he <u>laid by</u> a considerable amount of money. [93.서울대 대학원]
① saved
② sacrificed
③ gave away
④ passed by

**42** 약사로서의 오랜 기간 동안 그는 상당한 양의 돈을 모았다. * considerable 상당한
【정답】①
② sacrifice 희생하다
③ give away 거저주다
④ pass by 모른 체하고 지나가다

**43** They _______ a good supply of coal in the summer, when it was low. [95.행자부 9급]
① let up
② laid in
③ laid off
④ let down

**43** 그들은 값이 쌀 때인 여름에 꽤 많은 석탄 물량을 사들였다.
【정답】②
① let up (비 등이) 그치다
② lay in 사들이다; 저장하다
③ lay off 해고시키다
④ let down 실망시키다

**44** But somebody must <u>lay out</u> the standard curriculum for the liberal art college. If the federal or the state governments do not do it, who does?
① let down  ② sturdy
③ save  ④ plan

**45** Business would respond to the sales decrease by reducing their own spending and _________ their employees.
① giving out  ② turning on
③ laying off  ④ calling forth

**46** In the book he <u>lays bare</u> his social relationship.
[91.서울대 대학원]
① exposes  ② deals with
③ emphasizes  ④ discussed

**47** Stereotypes are a kind of gossip that makes us pre-judge people ______ we ever lay eyes on them.
① after  ② ago
③ for  ④ before

**48** Mr. Watkins is ________ with some sort of virus infection.
① let down  ② laid up
③ fallen out  ④ brought on

**49** The purpose of the United Nations, as <u>laid down</u> in its Charter, is to maintain world peace and securiety.
① founded  ② prescribed
③ gained  ④ investigated

**50** She must be losing her touch. She's ______ several eggs since her last best seller.
① stepped on  ② crushed
③ boiled  ④ laid

**44** 그러나 누군가는 교양학부를 위한 표준 커리큘럼을 설계해야 한다. 만일 주정부나 연방정부가 하지 않는다면 누가 하겠는가?
【정답】 ④

**45** 기업은 판매 부진에 대해 기업 자체의 지출을 줄이고 직원들을 감원하는 것으로 대응한다.
【정답】 ③
① give out 배포하다  ② turn on 켜다
③ lay off 해고하다  ④ call forth 불러내다

**46** 그는 책에서 그의 사회적 관계(연고)를 드러낸다.
【정답】 ①
① expose 노출하다  ② deal with 다루다
③ emphasize 강조하다
④ discuss 논의하다, 토론하다

**47** 고정관념은 우리가 그들을 만나보기도 전에 사람을 미리 판단하게 만드는 험담의 일종이다.
* stereotypes 고정관념; 상투적인 문구  gossip 험담, 남의 뒷 말, 가십  prejudge 미리 판단하다
【정답】 ④

**48** 와킨스씨는 일종의 바이러스 감염으로 몸져 누웠다.
【정답】 ②
① let down (명예, 체면 등을) 떨어뜨리다
② lay up (병으로) 눕다
③ fall out 싸우다,다투다
④ bring on 가져오다, 일으키다

**49** 유엔의 목적은 그 헌장에 규정되어 있는 것처럼 세계평화와 안전을 유지하는 것이다.
【정답】 ②
① found 설립하다
② prescribe 처방하다; 규정하다
③ gain 얻다; 획득하다
④ investigate 조사하다, 수사하다

**50** 그녀는 솜씨가 무디어진 것 같아. 지난번 베스트셀러 이후 몇 번째 흥행에 실패하고 있어.
* lose one's touch 솜씨가 떨어지다
【정답】 ④

## 1. scrib/script(=write)

**01 manuscript** *
[mǽnjuskrìpt]
manu(=hand)+script(=write) → 손으로 쓴 것
n. 원고(=draft)
a. 손으로 쓴
동 draft 밑그림, 초안, 초고(=manuscript)

**02 scribe** *
[skráib]
scribe(=write) → 쓰다
n. 사본 필사가, 대서인; 작가(=writer)

> 관련 **script** 손으로 쓴 글, 필적; 대본, 극본
> **postscript** (편지의) 추신(P.S.)
> **scribble** 휘갈겨 쓰다, 아무렇게나 쓰다

> 관련 **editor** 편집자, 교정자; 편집장; 논설위원
> - **editorial** 편집의, 사설의; 논설
> **publisher** 출판업자, 출판사, 발행자
> **author** 저자, 작가; 저작물; 저술하다
> **critic** 비평가, 평론가

**03 inscribe** *
[inskráib]
in(=on)+scribe(=write) → (비석) 표면에 쓰다
vt. (비석 등에) 새기다(=engrave, carve),
기입 하다(=write)
n. inscription 기념비

**04 describe** *
[diskráib]
de(=down)+scribe(=write) → 밑에 깔고 베껴 쓰다
vt. (특징 등을) 묘사하다, 기술하다,
말로 설명하다
n. description
기술, 기재; 서술적 묘사; 기재사항
a. descriptive 설명적인, 묘사하는
반 nondescript
흥미 없는, 뚜렷한 특징이 없는

**05 transcript** **
[trǽnskript]
tran<trans(=through)+script(=write)
→ (원본을) 통하여 쓴 것
n. 1.사본, 등본; 전사, 복사
(=written copy)
2.(학교의) 성적증명서
3.의사록, 필사록
v. transcribe
베끼다, 복사하다; 번역[녹음, 녹화]하다
n. transcription
복사, 필사; 전사; 개작, 편곡; 녹음, 녹화

**06 circumscribe** **
[sə́:rkəmskràib]
circum(=around)+scribe(=write)
→ 둘레에 원을 쓰다
vt. 주위에 경계선을 긋다,
한계를 정하다, 제한하다
n. circumscription 제한, 한정

**07 subscribe** *
[səbskráib]
sub(=under)+scribe(=write)
→ 아래(서명란)에 이름을 쓰다
vi. 1.(신문, 잡지를) 구독하다(to, for)
2.동의하다(to)
vt. (돈을) 기부를 약속하다,
기부하다(=contribute)
n. subscription 기부; 예약구독; 신청

---

| 테마어휘 | 신문, 잡지, 언론 관련 |
|---|---|
| ❶ journal | (일간) 신문, 잡지; 정기간행물 |
| - journalism | (집합적) 신문 잡지, 언론 |
| ❷ press | (the ~; 집합적) 언론, 보도진, 보도기관 ; |
| | (특히) 신문, 정기간행물, 잡지; 출판물 |
| ❸ periodical | 정기간행물 |
| ❹ correspondent | (신문·방송 등의) 특파원, 통신원; |
| | (신문 독자란의) 투고자, 기고가 |
| ❺ columnist | (신문 등의) 특별 기고가 |

**08 prescription** ▼
[priskríp∫ən]
94.입법고시
pre(=before)+scribe(=write)
→ 조제 전에 의사가 써주는 것
n. 1.처방(전); 처방약
2.규정, 명령, 지시, 법규
3.(법률) 시효(時效)
* write out a prescription 처방전을 쓰다
* fill a prescription 처방전대로 조제하다
ⓥ prescribe **
처방하다; 명령[지시]하다; 규정하다,
정하다(=lay down); 시효로 취득하다
ⓐ prescribed * 규정된, 미리 정해진
ⓝ prescript 규정, 규칙; 법령
ⓐ prescriptive 명령하는, 지시하는
ⓝ prescriptivist 규범주의자

> 동 **recipe**
> (요리의) 조리법; 처방전; 비결, 비책
> **rescript** 공식발표, 공고; 칙령

**09 proscribe** *
[prouskráib]
pro(=forward)+scribe(=write)
→ 앞으로 금지하라고 쓰다
vt. (습관·관습 등을) 금지하다(=ban);
추방하다
ⓝ proscription (관습 등의) 금지; 추방

**10 conscript** *
[kənskrípt]

[kánskript]
con(=together)+scribe(=write)
→ 징집 명단을 같이 쓰다
vt. (군대에) 징집하다, 징병하다;
징발하다(=draft)
n. 징집병, 신병
ⓥ conscribe
(한계 등을) 특정하다, 징병하다
ⓝ conscription
징병(제도), 모병, 강제 징집, 징발
동 **confiscate** *
몰수하다, 압수하다; 징발하다
- confiscation 몰수, 압수

**11 ascribe** *
[əskráib]
a<ad(=to)+scribe(=write)
→ 누구 앞으로 달아놓다
vt. (원인·결과 등을) ~에 돌리다(to)
(=attribute)
2. ~에 속하는 것으로 생각하다
(=impute)

## 2. graph/ gram(=write)

**12 graphic** *
[grǽfik]
graph(=write) → 그림이나 그래프처럼 생생한
a. 1.그림의, 도표의
2.(눈앞에서 보는 것 같이) 생생한
(=vivid)
ⓝ graph 도표, 그래프; 그래프로 나타내다

**13 biography** *
[baiágrəfi]
bio(=life)+graphy(=write) → 사람의 일생을 기록한 것
n. 전기, 일대기; 전기문학
ⓝ autobiography * 자서전, 자전 *auto(=self)

## 14 autograph *
[ɔ́ːtəgræf]

auto(=self)+graphy(=write) → 스스로 쓴 것(자필)

n. 자필, 서명
  (=signature, john hancock)
a. 자필의, 친필의

08.서울시 9급

동 John Hancock 자필서명

### 어근보충

❶ geography 지리학; 지형; 화장실의 위치 * geo(=earth)
  - geographic 지리학상의
❷ cacography 악필, 서투른 글씨, 오자 * caco(=bad)
  ↔ calligraphy 달필, 명필; 서예, 서법
  cf. chirography 필적, 서체
❸ holograph 자필의 (문서); 홀로그램(hologram) * holo(=light)
❹ radiograph 방사선 사진 * radio(=light)
❺ cryptogram 암호문 * crypto(=hide)
  - cryptography 암호해독법(=cryptology)
❻ epigram 경구, 풍자시 * epi(=around)
  - epigraph 비석, 비문; 표어
❼ monograph 전공논문
❽ paragraph 절, 단락; 짧은 기사 * para(=beside)
❾ stenographer 속기사 <영> shorthand typist

## 15 uncharted *
[ʌntʃɑ́ːrtid]

un(=not)+chart(지도) → 지도에 없는

a. 지도에도 없는, 미지의
  (=unknown)
ⓝ chart 해도, 도표, 그래프; (환자용)
  병력, 차트; 인기가요의 순위
vt. 해도에 기입하다, 계획하다

### 관련

cartograph (특히 삽화가 있는) 지도
  - cartography 지도 제작
  - cartographer 지도 제작자
charter
  n. 특허장, 면허장; 특권; 전세 계약; 헌장,
    선언서
  vt. 특허장을 주다, 특권을 주다; 전세내다
  - chartered 특허를 받은, 공인된; 전세 낸
    ↔ unchartered 불법의
  - charterage 임대차 계약, 용선 계약

## 3. leg(=read)

## 16 legible
[lédʒəbl]

leg(=read)+ible → 읽을 수 있는

a. (필체·인쇄가) 읽기 쉬운, 판독할
  수 있는(=readable); 명료한
반 illegible *** 읽기 어려운, 판독하기 어려운
동 eligible 적격의, 적임의; 바람직한,
  적합한; 적임자, 적격자, 유자격자

### 어근보충

❶ legend 전설, 전설문학
  - legendary 전설상의, 전설로만 알려진
❷ elegy (죽은 사람을 위한) 애가, 비가, 만가
  - elegiac 애조를 띤, 애수의; 서글픈, 애가체의
❸ lecture 강의, 강연; 질책, 훈계; 강의하다; 꾸짖다
  - lecturer (특히 대학의) 강사

## 17 skim
[skím]

scum(찌끼, 거품) > skim → 스치듯이 찌끼를 걷어 내다

v. 1.대충[대강] 읽다 (over)
  2.스쳐가다, 미끄러지듯 나아가다
  3.(뜬 찌끼 등을) 걷어내다
ⓝ skimming 걷어[떠]낸 것, 뜬 찌끼

### 관련

skip 뛰어다니다; 훑어보다, 건너뛰다
skid * (차·자전거·비행기 등이) 미끄러지다;
  <구어> (물가 등이) 급속히 떨어지다
scan 1. 자세히 조사하다, 정밀 검사하다
  2. <신문·책 등을> 대충 훑어 보다
peruse 숙독하다, 정독하다(=scrutinize);
  잘 살펴보다

## 4. liter(=letter: 문자)

## 18 literacy
[lítərəsi]

liter(=letter: 문자)+acy → 문자를 아는 것

n. 1.읽고 쓰는 능력; 교양 있음,
    교육 받음
  2.(특정 분야에 관한) 지식, 능력
ⓝ literate 글을 쓰고 읽을 수 있는; 교양 있는

## 19 illiterate
[ilítərət]

il<in+liter(=letter: 문자)+ate → 문자를 알지 못하는

a. 1.글자를 모르는(=unable to read or write)
  2.교양이 없는
n. 문맹자
ⓝ illiteracy 문맹; 무식; 무학

## 20 literal
[lítərəl]

liter(=letter)+al → 문자의

a. 원문 어구에 충실한; 산문적인;
  문자 상의
ⓐⓓ literally 글자 그대로; 정말로, 실제로

동 literary 문학의, 문학적인; 문어적인
  literature
    문학, 문헌; 연구보고서; 논문; 인쇄물

## 21 preliterate *
[priːlítərət]

pre(=before)+liter(=letter)+ate
→ 문자가 만들어지기 이전의

a. 문자사용 이전의
n. 문자를 모르는 사람

### 테마어휘  문학작품의 종류

❶ essay 소론; 평론; 수필, 에세이
❷ drama 희곡, 각본; (the ~) 극문학; 연극
  - dramatic 희곡의, 극적인; 급격한
❸ omnibus 선집, 작품집
  cf. compilation 편집물, portfolio 대표작품선집
❹ poetry <집합적> 시 cf. a poem 한편의 시
  * prose poetry 산문시, epic poetry 서사시
    lyric poetry 서정시, satirical poetry 풍자시

### 테마어휘  책의 종류

❶ brochure 가제본한 책, 소책자, (업무 안내 등의) 팸플릿
❷ pamphlet (가철한) 소책자; 시사에 관한 소논문
❸ manual 소책자; 편람, 안내서; 입문서
❹ gazette (시사문제 등의) 정기 간행물; 관보, 공보
❺ tome 크고 묵직한 책, (특히) 학술서

## 22 obliterate *
[əblítərèit]

ob(=away)+liter(=letter)+ate
→ 문자를 지워 없애다

vt. 지우다, 말소하다; 제거하다
  (=efface)
ⓝ obliteration 삭제, 말살

**23 acronym** *
[ǽkrənim]
98.행자부 9급

acro(=high)+onym(=name) → 높은 글자
n. 두문자, 약성어(머리글자로 된 말)
ex) UN(United Nations의 약어)

> **관련** **antonym** 반의어 ↔ **synonym** 동의어
> **homonym** 동음이의어
> ↔ **heteronym** 동철이음이의어
> **onomatopoeia** 의성어

**24 pseudonym** ▽
[sú:dənim]
06.서울시 9급

pseud(=flase)+onym(=name) → 가짜 이름
n. (주로 작가가 본인의 이름 대신에
쓰는) 필명이나 아호 등의 가짜이름
(=pen name, assumed name)
**동** **sobriquet** * [sóubrəkèi]
별명(nickname), 가명

> **뉘앙스** **가명, 필명, 익명, 별명**
> ❶ **alias** [éiliəs] — 특히 범죄인이 쓰는 가명이나 별명
> ❷ **allonym** — 작가의 가명; 가명으로 발표된 저작
> ❸ **anonym** — 진짜 이름을 밝히지 않는 익명 또는 익명의 저작물
>   - **cryptonym** — 익명(=anonym)
> ❹ **moniker** — <속어> 사람이나 사물의 이름을 달리 바꾼 별명
> ❺ **nickname** — 애칭이나 약칭으로서의 이름; 닉네임
> ❻ **surname** — 성(姓) (=family name)
>   - **cognomen** — 성(surname); 별명
> ❼ **john doe** — (소송에서) 피고의 이름이 분명치 않을 때 쓰는 가명
> ❽ **innominate** — 이름이 아직 알려지지 않은, 무명의
> ❾ **unidentified** — 국적·소유·신원이 미확인의, 정체불명의

**25 anonymous** ▽
[ənánəməs]
06.경북 9급
91.행자부 7급

an(=without)+onym(=name)+ous → 이름이 없는
a. 1.작자불명의, 신원불명의
(=unidentified, unknown)
2.익명의, 이름을 안 밝히는
(=incognito)
ⓝ **anonym** 익명, 무명씨(=cryptomym)
**anonymity** ** 익명, 무명, 정체불명
**anonymously** * 익명으로

**26 nominate** *
[námənèit]

nomin(=name)+ate → 이름을 불러주다
vt. 후보로 지명하다, 추천하다, 임명하다
ⓝ **nomination** 지명, 추천(권), 임명(권)
**nominator** 지명권자, 임명권자
**nominee** 지명된 사람, 수상 후보자
ⓐ **nominative**
지명의, 임명의; (증권이) 기명식의

**27 denomination** *
[dinàmənéiʃən]
08.경기도 9급

de(=down)+nomin(=name)+ation → 이름을 붙임
n. 명명, 명칭; 화폐, (증권의) 액면 금액
* **What denominations (do you want)?**
(은행에서) 얼마짜리로 드릴까요?
**cf. redenomination** 화폐단위변경
(예를 들어 1,000원을 10원으로 하기)

**28 nomenclature** *
[nóumənklèitʃər]

nomen(=name)+clature → 이름을 붙임
n. 학명, 명칭, 명명법
(a system of naming things,
especially in a branch of science)
**cf. neologism** 신조어(=new word)

> **관련** 생물 분류법
> **species** 종(種) → **genus** 속(屬) →
> **family** 과(科) → **order** 목(目) → **class**
> 강(綱) → **division** 문(門) → **kingdom**
> 계(界) **cf. variety** 변종(變種)

**29 nominal** ▽
[námənl]
02-10.경찰
97.변리사

nomin(=name)+al → 이름뿐인
a. 1.명목[명의]상의(=titular); 명칭상의
2.아주 적은, 근소한, 하찮은
(=insignificant)
* **nominal head** 명목상 우두머리
**= figure head**



**30 titular** *
[títʃulər]

tit(le)(=title)+ular → 명칭상의
a. 1.명의뿐인, 명목상의, 유명무실한
2.제목의; 직함의, 호칭의
ⓝ **title**
표제, 제목; 자막; 직함, 명칭; 선수권, 타이틀

**31 entitle** *
[intáitl]

en(=make)+title(=title) → (챔피언의) 자격을 주다
vt. 1. 권리·자격을 주다(=empower,
qualify)(to)
* **be entitled to** ~을 받을 자격이
있다(=be eligible to, have a right to)
**반** **disentitle**
~에게서 권리[자격]를 박탈하다



**32 assign** *
[əsáin]

as<ad(=to)+sign → 누구에게 (줄 것을) 사인하다
vt. 할당하다; 지명하다; 임명하다
(=delegate); 양도하다
ⓝ **assignment**
할당(된 일); 연구과제, 숙제; 임명된 직
**assignee** 양수인; 수탁자
**assigner / assignor** 양도인; 위탁자
ⓐ **assignable**
할당할 수 있는; 양도할 수 있는

**33 consign** *
[kənsáin]

con(=together)+sign
→ 같이 주고 받으며 사인하다
vt. (상품을) 부치다; 건네주다,
인도하다; 맡기다, 위탁하다
(=commit)
ⓝ **consignee** 수탁자
**consigner** 위탁자, 하주
**consignment** 위탁, 위탁판매; 탁송

**34 insignificance** **
[ìnsignífikəns] **
02.변리사

in(=not)+sign+i+fic(make)
→ 아무런 표시가 되어 있지 않음
n. 무의미, 무가치; 사소한 일, 하찮
음(=unimportance)
ⓐ **insignificant** ** 대수롭지 않은, 하찮은,
시시한(=nominal, marginal)
**반** **significance**
중요; 의미 있음; 의미, 취지

**35 resign** *
[rizáin]
00.해양경찰

re(=again)+sign → 다시 (퇴직에) 서명하다
v. 1.사임하다, 사직하다
2.포기하다, 양도하다, 위탁하다
3.(운명 등을)체념하여 받아들이
다, 감수하다(oneself)
* **resign oneself to**
(몸을) 맡기다, 따르다, 단념하다,
체념하여 받아들이다(accept)
ⓐ **resigned** 체념한, 감수하는; 사임한
ⓝ **resignation** 사직, 사임; 체념, 감수

**36 designate** ★
[dézignèit]

de(=down)+sign(=sign)+ate
→ 아랫사람을 가리키다
vt. 1.지명하다, 선정하다; 임명하다
  (=appoint)
  2.명시하다, 가리키다, 지적하다
  3.명명하다, ~라고 부르다
a. (명사 뒤에서) 지명을 받은, 지정된
ⓐ **designated** 지정된; 관선의
ⓝ **designation** 지정, 지시; 임명, 지명

## 8. mark(=mark: 표시)

**37 earmark** ★★★
[íərmà:rk] ★★

ear(귀)+mark(표시) → 소 귀에 표시를 붙이다
vt. 1.(자금을 특정 용도에) 지정
  [배당]하다(=set aside, allocate,
  designate)
  2.귀표를 하다
n. 귀표,(소유주의) 표시; 특징

> 관련 **mark**
> n. 1.표, 흔적, 자국; 기호, 인장,
>   2.상표; 점수, 평점;
>   3. [the ~] 한계(점);
>   4.징후, 증거; 감명, 인상
> v. 표를 하다, 기호를 붙이다, 인장을 찍다;
>   채점하다; 주목하다

**38 hallmark** ★★
[hɔ́:lmà:rk]
06.전북9급

hall+mark(표시)
n. 1.품질우량증명[보증]
  (=guarantee, warranty)
  2.특질(=feature),인증
vt. (품질을) 보증하다

**39 landmark** ★★
[lǽndmà:rk]

land+mark(표시) → 땅에 표시된 것
n. 경계표; 현저한[획기적인] 사건
  (=milestone)

**40 token** ★★
[tóukən]

token(버스표)
n. 표, 증거, 상징; 버스 토큰

> 표현
> **in token of** ▽
>   ~의 표시[증거]로(=as a sign of)
> **by the same token**
>   게다가; 같은 이유로; 마찬가지로

**41 qualify** ★
[kwáləfài]

qualify(자격이 있게 하다) → 자격을 주다
vt. 자격을 주다; 권한을 주다;
  진정시키다
ⓝ **qualification** 자격 부여[증명], 면허
ⓐ **qualified** 자격 있는, 적격의; 조건부의
  **qualificatory** 자격을 부여하는; 조건부의

> 반 **unqualified**
>   자격이 없는, 무자격의; 적임이 아닌
> **disqualify**
>   실격시키다, 부적임자로 판정하다

**42 disqualify** ★
[diskwáləfài]

dis(반대)+qualify(자격이 있게 하다) → 자격을 빼앗다
vt. 실격시키다, 부적임자로 판정하다
ⓝ **disqualification**
  자격 박탈; 불합격, 실격
ⓐ **disqualified** 자격을 잃은, 실격된

**01** She read the first <u>draft</u> from beginning to end.

① manuscript  ② thing
③ time  ④ glance

**01** 그녀는 초고를 처음부터 끝까지 읽었다.
　　　　　　　　　　　　　　　　【정답】①

**02** Before the age of printing many people worked as <u>scribes</u>.

① reporters  ② messengers
③ writers  ④ critics

**02** 인쇄술의 시대가 오기 전에는 많은 사람들이 필기사로서 일을 했다.
　　　　　　　　　　　　　　　　【정답】③
① reporter 리포터  ② messenger 전달자
③ writer 필기사  ④ critic 비평가

---

**02-1** 다음 문장이 설명하는 단어는? [93.행자부 9급]

> A person in charge of a newspaper, magazine, etc. who decides what shall be permitted in it.

① author  ② critic
③ editor  ④ publisher

**02-1** 　　　　　　　　　　　　【정답】③

> 신문이나 잡지 등에 무엇을 넣을 것인가에 대해 결정하는 것을 담당하는 사람. - editor 편집자 * in charge of 담당

① author 저자  ② critic 비평가
③ editor 편집자  ④ publisher 출판업자

---

**03** His tombstone was <u>inscribed</u> with his name and the date of his death.

① taken  ② made
③ told  ④ written

**03** 그의 비석에는 그의 이름과 죽은 날짜가 새겨져 있었다. * tombstone 비석
　　　　　　　　　　　　　　　　【정답】④

**04** At the police office, Mandy was asked to _______ the person who took his bag in 22 Apple Street. [07.울산시 9급]

① imagine  ② realize
③ introduce  ④ describe
⑤ play

**04** 경찰지구대에서, Mandy는 Apple 22번가에서 그의 가방을 빼앗아갔던 사람의 인상착의를 설명해 달라는 요청을 받았다.
　　　　　　　　　　　　　　　　【정답】④

**05** The clerk will prepare a <u>transcript</u> of the record. [경찰간부]

① certificate of graduation  ② written copy
③ explanation  ④ criticism

**05** 서기는 기록 사본을 준비할 것이다.
　　　　　　　　　　　　　　　　【정답】②
① certificate of graduation 학위증명서
③ explanation 설명
④ criticism 비평

---

**05-1** 아래 문장이 설명하는 단어는?

> An official document detailing a student's grades at an educational institution.

① transfigure  ② transcript
③ transmission  ④ transaction

**05-1** 　　　　　　　　　　　　【정답】②

> 교육기관에서 학생의 성적을 자세히 다루고 있는 공식 문서 - 성적증명서(transcript)

① transfigure 변형하다  ② transcript 성적증명서
③ transmission 전달, 전도  ④ transaction 처리, 거래

**06** Perhaps nothing can better exemplify the ________ position of women in the 18th century than the fact that Abigail Smith Adams, daughter of a respected minister and wife of the second President of the United States, never in her life attended any school.

① respected　　　　② effusive
③ lofty　　　　　　④ circumscribed

**07** I ________ for Life, Time and the New Yorker.
[94. 입법고시 변형]

① prescribe　　　　② subscribe
③ inscribe　　　　 ④ describe

> **07-1** Most scientists today ________ to the belief that something should be done about the increasing amount of industrial wastes.
>
> ① emphasize　　　② subscribe
> ③ adopt　　　　　④ claim

**08** You need a doctor's ________ to buy this medicine.

① certificate　　　② letter
③ prescription　　 ④ order

> **08-1** The pharmacist was not able to fill the ______ right away.
>
> ① medication　　　② subscription
> ③ proscription　　 ④ prescription

> **08-2** Weight lifting is the gymnastic sport of lifting weights in a <u>prescribed</u> manner.
>
> ① vigorous　　　　② popular
> ③ certain　　　　 ④ careful

> **08-3** The purpose of the United Nations, as <u>laid down</u> in its Charter, is to maintain world peace and security.
>
> ① founded　　　　② prescribed
> ③ gained　　　　 ④ investigated

**09** Some conductors <u>proscribe</u> sound amplification at their concerts.

① ban　　　　　　② propose
③ demand　　　　 ④ permit

---

**06** 존경받는 장관의 딸이며 미국의 제 2대 대통령의 부인이었던 Abigail Smith Adams가 일생동안 어떤 학교에도 다닌 적이 없었다는 사실보다 18세기 여성들의 한정된 지위를 더 잘 예시해주는 것은 아마도 없을 것이다.
* exemplify 예시하다 attend (학교에) 다니다
【정답】④
① respected 훌륭한
② effusive 감정을 분출하는
③ lofty 고상한
④ circumscribed 한정된, 제한된

**07** 나는 『라이프』 와 『타임』 과 『뉴요커』 지를 구독하고 있다.
【정답】②
① prescribe 규정하다, 처방하다
② subscribe for 구독하다
③ inscribe 새기다　　④ describe 묘사하다

**07-1** 오늘날 대부분의 과학자들은 늘어나는 산업폐기물에 대하여 무언가의 조치를 해야 한다는 믿음에 동의하고 있다.
【정답】②
① emphasize 강조하다　　② subscribe to 동의하다
③ adopt 채택하다　　　 ④ claim 요구하다

**08** 이 약을 사려면 의사의 처방전이 필요하다.
【정답】③
① certificate 증명서　　③ prescription 처방전
④ order 주문, 명령

**08-1** 그 약사는 즉시 처방전에 맞추어 약을 처방할 수 없었다. * fill a prescription 처방전대로 조제하다
【정답】④
① medication 약제, 투약　　② subscription 구독, 서명
③ proscription 금지　　　　④ prescription 처방전

**08-2** 역도는 일정한 방식에 따라 역기를 들어 올리는 체육스포츠이다. * gymnastic 체육의
【정답】③
① vigorous 활력 있는　　② popular 인기 있는
③ certain 일정한　　　　④ careful 조심성 있는

**08-3** 국제연합(유엔)의 목적은, 유엔헌장에 규정되어 있는 것처럼, 세계평화와 안전을 유지하는 것이다.
* lay down 규정하다
【정답】②
① found 기초하다　　　② prescribe 규정하다
③ gain 얻다　　　　　④ investigate 조사하다

**09** 일부 지휘자들은 그들의 연주회에서 소리의 증폭을 금한다. * conductor 지휘자 amplification 증폭, 확대
【정답】①
① ban 금하다　　　　② propose 제안하다
③ demand 요구하다　 ④ permit 허용하다

**10** He was <u>drafted</u> by the U.S army and served for three years.

① confiscated　　　② conscripted
③ confused　　　　④ concocted

**11** The police <u>ascribed</u> the automobile accident to fast driving.

① attribute　　　　② contribute
③ described　　　　④ illustrated

**12** The e-mails were so ______ as to leave nothing to the imagination.

① graphic　　　　② abstract
③ hideous　　　　④ confusing

> **12-1** The reporter's <u>graphic</u> description made us feel that we were present at the scene.
> ① odd　　　　② pale
> ③ vivid　　　④ simple

**13** Joseph P. Lash is recognized for writing <u>biographies</u>, one of which is that of Eleanor Roosevelt.

① tales of pioneer hardships
② science fiction mysteries
③ war adventure stories
④ accounts of people's lives

**14** Janet is interested in <u>autographs</u> of famous jazz performers.

① autobiographies　　　② families
③ pictures　　　　　　④ signatures

**15** America is the home of the new you, the <u>uncharted</u> land where pilgrims, convicts and Gatsbys set out to remold themselves from scratch.

① unknown　　　　② unconsecrated
③ extraordinary　　④ unanimous

**16** Most doctors don't have <u>legible</u> handwriting.

[86.행정고시]

① perfect　　　　② legal
③ standard　　　　④ readable

**10** 그는 미군에 징집되어 3년간 복무했다.

* draft 징집하다 serve 복무하다

【정답】②

① confiscate 몰수하다　　② conscript 징집하다
③ confuse 혼란시키다　　④ concoct 섞어서 만들다

**11** 경찰은 그 자동차 사고의 원인을 과속으로 돌렸다.

【정답】①

① attribute (결과를) ~에 돌리다
② contribute 기부하다
③ describe 묘사하다
④ illustrate 예를 들어 설명하다

**12** 그 전자 우편들은 상상의 여지를 남기지 않았을 정도로 아주 사실적이었다.

【정답】①

① graphic 생생한　　　② abstract 추상적인
③ hideous 끔찍한　　　④ confusing 혼란스러운

**12-1** 보도기자의 생생한 묘사는 우리가 마치 현장에 있는 것처럼 느끼게 했다. * scene 현장

【정답】③

① odd 이상한　　　　② pale 창백한
③ vivid 생생한　　　④ simple 단순한

**13** J. P. Lash는 전기를 쓴 것으로 인정받고 있는데, 그 중 하나가 E. Roosevelt에 관한 전기이다.

【정답】④

① 개척자의 어려움에 대한 이야기들
② 공상 과학 미스터리
③ 전쟁 모험 이야기
④ 사람들 생애의 이야기 * account 이야기

**14** Janet은 유명한 재즈 연주자들의 친필사인에 관심이 있다.

【정답】④

**15** 미국은 새로운 이들, 바로 여러분들의 고향이다. 순례자, 죄수, 개츠비들이 아무것도 없는 상태에서 스스로를 개조하기 위해 찾아 나선 미지의 땅이다. * pilgrim 순례자 convict 죄인 from scratch 처음부터

【정답】①

① unknown 알려지지 않은　② unconsecrated 성화되지 않은
③ extraordinary 비범한　　④ unanimous 만장일치의

**16** 대부분의 의사들은 읽기 쉬운 필체를 가지고 있지 않다.

【정답】④

① perfect 완벽한　　　② legal 합법의
③ standard 표준의　　　④ readable 읽기 쉬운

**16-1** 밑줄 친 단어가 잘못 쓰인 문장을 고르시오.

① The ink had faded so much that the writing was barely <u>legible</u>.
② Only juniors and seniors are <u>legible</u> to sit on the council.
③ Please write <u>legibly</u> so that I can read what you have written.
④ At ninety, he still wrote in a bold and <u>legible</u> hand.

**16-2** Some of the stone tablets were in immaculate condition, although the most crucial tablet was ________.

① illegitimate
② eligible
③ illegible
④ indelible

**17** <u>To look quickly through</u> a book is an important study skill.

① skim
② outline
③ summarize
④ paraphrase

**18** Television penetrates nearly every home in the land. Unlike newspapers and magazines, television does not require ________.

① literary
② literature
③ literate
④ literacy

**19** In many censuses, the interviewer asks if each interviewee can read and write in order to find out what proportion of the population is ________.

① literal
② literacy
③ illiterate
④ literature

**20** 다음 빈 칸에 공통으로 들어갈 적당한 것은?

1) A figurative meaning of a word is one that is not ________.
2) A(n) ________ statement is one in which every word means exactly what it says.

① metaphoric
② idiomatic
③ literal
④ impractical
⑤ academic

---

**16-1** 【정답】 ②
① 잉크가 너무 흐릿해져서 글씨를 거의 읽을 수 없었다.
② 오직 3,4학년생들만이 심의회의 임원이 될 자격이 있다.
  (legible → eligible 자격이 있는 )
③ 당신이 쓴 것을 내가 읽을 수 있도록 명료하게 써 주십시오.
④ 90세의 나이에도 그는 여전히 또렷하고 분명한 필체로 썼다.

**16-2** 가장 중요한 서판은 판독할 수 없었지만, 몇몇의 돌로 만든 서판들은 흠이 없는 상태였다. * immaculate 흠이 없는 crucial 중요한

【정답】 ③
① illegitimate 위법의
② eligible 자격이 있는
③ illegible 읽기 어려운
④ indelible 지울 수 없는

**17** 책을 빠르게 훑어보는 것은 중요한 공부의 기술이다.

【정답】 ①
① skim 훑어보다
② outline 윤곽을 그리다
③ summarize 요약하다
④ paraphrase 바꾸어 쓰다

**18** 텔레비전은 지구상의 거의 모든 가정에 스며들고 있다. 신문과 잡지와는 달리, 텔레비전은 읽고 쓰는 능력을 필요로 하지 않는다. * penetrate 스며들다

【정답】 ④
① literary 문학의
② literature 문학
③ literate 글을 아는 사람
④ literacy 읽고 쓸 줄 아는 능력

**19** 많은 인구조사에서, 면접자(조사자)는 어느 정도 비율의 인구가 읽고 쓸 수 없는지를 알아보려고 각각의 피면접자가 읽고 쓸 수 있는지를 물어본다.

【정답】 ③
① literal 글자 그대로의
② literacy 읽고 쓸 술 아는 능력
③ illiterate 글자를 모르는
④ literature 문학

**20** 【정답】 ③
1) 한 단어의 비유적 의미는 글자 그대로가 아닌 것을 의미한다.
2) 글자 그대로의 진술은 모든 단어가 정확하게 그것이 말하는 것을 의미하는 진술이다.

① metaphoric 은유의
② idiomatic 관용적인
③ literal 글자 그대로의
④ impractical 비실용적인
⑤ academic 학구적인

**21** Our narrative begins in ________ times before the invention of reading and writing when our ancestors transmitted their culture orally from one generation to the next.

① reflective      ② emergent
③ antiquarian      ④ generative
⑤ preliterate

**22** Though I tried to forget the incident, I couldn't ______ it from my mind.

① confide      ② obliterate
③ object      ④ obey

> **22-1** The snow was so heavy that it <u>obliterated</u> the highway.
>
> ① distorted      ② blocked
> ③ froze      ④ effaced

**23** As we begin the decade of the 1990s, we find that laser, like the computer, has become a commonplace item in our society. Still, how many of us really know what a laser is and what it is used for? The word itself is __________, a word formed the first letters of other words. [98. 행자부 9급]

① an antonym      ② an acronym
③ an acrobat      ④ a synonym

> **23-1** "Fair" and "Fare" are ______.
>
> ① synonyms      ② homonyms
> ③ antonyms      ④ autonyms

**24** Many novels by the Bronte sisters and other nineteenth century female authors were initially published under masculine ________ in the belief that works by ______ authors would meet more favorable reception. [06.서울시9급/06.가톨릭대]

① aliases - established      ② nicknames - famous
③ criteria - talented      ④ pseudonyms - male

> **24-1** He had been publishing books under an <u>assumed name</u>, with considerable success.
>
> ① antonym      ② metonym
> ③ synonym      ④ pseudonym

---

**21** 우리의 설화 문학은 읽고 쓰는 것을 발명하기 이전인 우리의 조상들이 구전으로만 자신들의 문화를 다음 세대로 전하던 문자 이전의 시기에 시작되었다.
* narrative 설화 (문학) ancestor 조상 transmit 전하다

【정답】⑤

① reflective 반성하는
② emergent 나타나는
③ antiquarian 골동품 연구의
④ generative 생성적인
⑤ preliterate 문자사용 이전의

**22** 비록 나는 그 사고를 잊어버리려 애썼지만 나의 마음에서 지워 없앨 수 없었다.

【정답】②

① confide 신임하다      ② obliterate 지우다
③ object 반대하다      ④ obey 복종하다

**22-1** 눈이 너무 많이 와서 도로의 흔적을 없앴다.

【정답】④

① distort 왜곡하다      ② block 막다, 방해하다
③ freeze 얼리다      ④ efface 지우다, 지워 없애다

**23** 1990년대의 10년을 시작하면서, 우리는 레이저가 컴퓨터처럼 우리 사회에서 흔한 품목이 되어 버린 것을 알고 있다. 그럼에도 불구하고, 우리들 중 얼마나 많은 사람이 레이저가 실제로 무엇이고, 무엇에 쓰이는지를 알고 있을까? (레이저라는) 단어 그 자체는 다른 단어들의 첫 글자를 따서 만든 두문자이다.

【정답】②

① antonym 반의어      ② acronym 두문자어
③ acrobat 곡예사      ④ synonym 동의어

**23-1** 

【정답】②

① synonym 동의어
② homonym 동음이의어(발음은 같지만 뜻이 다른 단어)
③ antonym 반의어
④ autonym 본명, 실명

**24** Bronte 자매나 19세기 다른 여성 작가들이 쓴 많은 소설들은 초기에 남성 작가들의 작품이 더 호의적인 반응을 얻을 것이라는 믿음 하에 남자의 필명으로 출판되었다.

【정답】④

* 서울시 9급에서는 이 문제에 두 번째 빈 칸이 없이 첫 번째 빈 칸만 채우는 문제로 ④ pseudonyms를 정답으로 해서 출제 되었지만 그런 경우에는 ① alias ② nickname도 답이 될 수 있다. 가톨릭대의 문제에서 ④가 정답이 되는 이유는 첫 번째 빈칸 앞에 masculine(남자의) 라는 단서가 있기 때문에 두 번째 빈 칸에는 male(남자)이 들어가야 하기 때문이다. * 브론테 자매 → 여성(female) 저자 → 남자(male) 저자가 더 환영 받을 것 같은 생각 → 남자(masculine) 가명으로 출간

**24-1** 그는 이미 가명으로 책을 출판해서 상당한 성공을 거두고 있었다.

【정답】④

① antonym 반의어      ② metonym 환유어
③ synonym 동의어      ④ pseudonym 가명

**25** I received _______ phone calls warning me not to go to the police about what I'd seen. [06.경북 9급]

① anonymous　　　② industrious
③ precocious　　　④ monotonous

> **25-1** The poem was composed by an <u>anonymous</u> author. [96.사법시험]
>
> ① unknown　　　② excellent
> ③ dead　　　　　④ foreign
> ⑤ famous

**26** When the party refused to <u>nominate</u> him as a candidate in South Kerry, he decided to run as an independent.

① resign　　　　② appoint
③ inaugurate　　④ dismiss

**27** 다음 빈 칸에 들어갈 말로 적당한 것은? [08.경기도 9급]

> A: I'd like to buy some travelers' checks, please.
> B: Ok. In what denomination?
> A: _______________ .

① Twenties.
② LA and California.
③ To my brother in china.
④ I'd like to make a deposit.

**28** I'd become a botanist in a minute, except that I'd never be able to memorize all that botanic _______.

① neologism　　　② nomenclature
③ nemesis　　　　④ moratorium

**29** He is the _______ head of a government that is actually run by the Prime Minister.

① nominal　　　② feminine
③ baptized　　　④ renowned

> **29-1** Susan was really the one who ran things. Alex was just the <u>nominal</u> chairman of the committee.
>
> ① titular　　　　② authentic
> ③ appointed　　　④ nominative

---

**25** 나는 신원불명의 사람에게 전화를 받았는데 그것은 내가 본 것을 경찰에 알리지 말라고 내게 경고하는 것이었다.

【정답】①

① anonymous 익명의　　② industrious 근면한
③ precocious 조숙한　　④ monotonous 단조로운

**25-1** 그 시는 익명의 작가가 쓴 것이다.

* compose 작곡하다, (시 등을) 쓰다

【정답】①

**26** 정당이 그를 South Kerry 선거구의 후보로 지명하는 것을 거부하자, 그는 무소속으로 출마하기로 결심했다. * run 출마하다 independent 독립적; 무소속자

【정답】②

① resign 사임하다
② appoint 지명하다
③ inaugurate 취임하다
④ dismiss 해고하다

**27** 　　　　　　　　　　　　　　　　　【정답】①

> A: 여행자수표 좀 사고 싶은데요.
> B: 네, (액면금액이) 얼마짜리로 드릴까요?
> A: 20달러짜리로요.

④ 예금을 하고 싶습니다.

**28** 모든 식물의 학명을 암기할 수 없다는 것만 제외하면, 나는 당장이라도 식물학자가 될 것이다.
* botanist 식물학자

【정답】②

① neologism 신조어　　② nomenclature 학명
③ nemesis 천벌
④ moratorium 지불정지, 모라토리엄

**29** 그는 실제로는 총리에 의해 운영되는 정부의 명목상의 수장이다. * botanist 식물학자

【정답】①

① nominal 이름만의　　② feminine 여성의
③ baptized 세례를 받은　　④ renowned 유명한

**29-1** 수장이 실제로는 여러 가지 일들을 운영했던 바로 그 사람이었다. 알렉스는 단지 그 위원회의 명목상 의장에 불과했다.

【정답】①

① titular 명의뿐인　　② authentic 진정한
③ appointed 정해진, 지명된　　④ nominative 주격의

---

**29-2** The cost was <u>nominal</u> in comparison with the value of what you received.
① ineffective
② insignificant
③ integral
④ substantial

**29-2** 그 비용은 당신이 받은 것의 가치에 비해 아주 적은 것에 불과한 것이었습니다.
【정답】 ②
① ineffective 무능한
② insignificant 사소한
③ integral 없어서는 안 될
④ substantial 상당한

**30** Whereas in former times father was the undisputed head of the family, today he remains so only a ______ sense.
① premature
② notorious
③ functional
④ titular

**30** 이전까지만 해도 아버지는 가족의 가장이라는 데에 논쟁의 여지가 없었는데 반해, 요즘의 아버지는 이름뿐인 관념으로 남아있을 뿐이다.
【정답】 ④
① premature 조숙한
② notorious 악명높은
③ functional 기능적인
④ titular 이름만 있는

**31** An employee <u>is entitled to</u> a lunch period.
① cannot have
② has a right to
③ wants
④ needs

**31** 고용인들은 점심시간을 가질 권리가 있다.
【정답】 ②

**31-1** The number of United States citizens who are <u>eligible</u> to vote continues to increase.
① encouraged
② enforced
③ expected
④ entitled

**31-1** 투표할 자격이 있는 미국 시민권자의 수가 계속 늘어가고 있다.
【정답】 ④
① encouraged 고무된
② enforced 강제된
③ expected 기대된
④ be entitled to ~할 자격이 있다

**32** Does this task require your personal supervision and attention? If it doesn't, <u>assign</u> it.
① demand
② align
③ share
④ delegate

**32** 이 업무에 대해 직접 감독하고 관심을 쏟을 필요가 있는가? 그렇지 않으면 다른 사람에게 맡겨라.
【정답】 ④
① demand 요구하다
② align 정렬시키다
③ share 나누다
④ delegate 위임하다, 넘기다

**33** They <u>consigned</u> the shipment to us.
① compared
② committed
③ compiled
④ conserved

**33** 그들은 선적 화물을 우리에게 인도했다.
【정답】 ②
① compare 비교하다
② commit 맡기다
③ compile 수집하다
④ conserve 보존하다

**34** It is a matter of <u>insignificance</u>. [96.지방고시]
① interest
② unimportance
③ irregularity
④ investigation
⑤ disbelief

**34** 그것은 별로 중요하지 않은 문제이다.
【정답】 ②
① interest 관심
② unimportance 중요하지 않음
③ irregularity 불규칙
④ investigation 조사, 수사
⑤ disbelief 불신

**35** He finally decided to <u>resign himself to</u> my advice.
① reconsider
② accept
③ refuse
④ ignore

**35** 그는 결국 내 충고를 체념하고 받아들이기로 했다.
【정답】 ②
① reconsider 재고하다
② accept 받아들이다
③ refuse 거절하다
④ ignore 무시하다

**35-1** 다음 빈 칸에 들어갈 알맞은 말은?

A : Did you resign from your company?
B : Actually, I was ______ from my job.

① promoted
② rejected
③ fired
④ retired

**35-1**
【정답】 ③

A: 다니던 회사에서 사직하셨나요? * resign 사직하다
B: 정확히 말하자면 해고되었죠.

① promote 승진하다
② reject 거절하다
③ fire 해고하다
④ retire 은퇴하다

**36** At the party, Mr. Whitaker drank whisky rather than beer, so his friends <u>designated</u> his driver for the trip home.

① appointed     ② discharged
③ deluded     ④ collected

**37** Congress has <u>earmarked</u> funds for research into alternative sources of energy.

① set aside     ② increased
③ turned down     ④ discussed

> **37-1** The waste ground next to the theater has been <u>earmarked</u> for office development.
>
> ① embarked     ② pinpointed
> ③ allocated     ④ purchased
> ⑤ replaced

**38** The <u>hallmark</u> of Jefferson's life was self-confidence.

① reason for success
② guiding light
③ distinguishing characteristic
④ mark of excellence
⑤ personal trait

**39** The U.S. officials regard the sale of airborne radar as an important <u>landmark</u> in establishing defense cooperation with the Chinese.

① landslide     ② milestone
③ treatment     ④ competence

**40** Mary gave him a lighter <u>in token of</u> friendship.

[93. 행자부 7급]

① in return for     ② in terms of
③ as a result of     ④ as a sign of

**41** This position requires someone better ______.

① qualified     ② delayed
③ transferred     ④ arranged

**42** Nick Faldo has been ______ from the golf tournament because he infringed a rule.

① eliminated     ② disqualified
③ dethroned     ④ dismissed

---

**36** 파티에서 Whitaker씨는 맥주보다는 위스키를 마셨다. 그래서 친구들은 그를 집으로 데려다 주기 위해 운전사를 붙여 주었다.

【정답】 ①

① appoint 정하다     ② discharge 해고하다
③ delude 속이다     ④ collect 모으다

**37** 국회는 대체에너지원을 연구하기 위한 자금을 따로 배정해 놓았다. * alternative 대신의, 대안

【정답】 ①

① set aside 따로 떼어 놓다     ② increase 늘리다
③ turn down 거절하다     ④ discuss 토론하다

**37-1** 극장에 인접한 황무지가 사무실 개발 부지로 할당되었다.

【정답】 ③

① embark 승선시키다     ② pinpoint 정확하게 지적하다
③ allocate 할당하다     ④ purchase 사다
⑤ replace 대체하다

**38** 제퍼슨의 인생의 두드러진 특징은 자신감이었다.
* self-confidence 자신감

【정답】 ③

③ 두드러진 특징     ⑤ 성품 * trait 특성

**39** 미국 관리들은 중국과의 방위 협력을 확립하는 데 있어 공중수송용 레이더의 판매를 중요한 이정표로 간주한다. * airborne 공기로 운반되는

【정답】 ②

① landslide 사태; 압승의     ② milestone 이정표
③ treatment 취급     ④ competence 능력

**40** 메리는 우정의 표시로 그에게 라이터를 신물했다.

【정답】 ④

① in return for ~에 대한 답례로
② in terms of ~의 점에서
③ as a result of ~의 결과로서
④ as a sign of ~의 표시로

**41** 이 직책은 보다 자격이 있는 사람을 필요로 한다.

【정답】 ①

**42** Nick Faldo는 규칙을 어겼기 때문에 골프 토너먼트에서 실격처리 되었다. * infringe (규칙을) 어기다

【정답】 ②

① eliminate 제거하다     ② disqualify 실격시키다
③ dethrone 폐위하다     ④ dismiss 해고하다

# Day 15

**G** 전치사[1]

**R** 일치 · 불일치[1]

**I** [기본동사] call/let

**V** [어원] call/cry/ask/seek/answer

## 1 　시간·기간의 전치사

### 15|01　1. by *vs.* until ★★★

| by (~까지) | 동작의 '**완료**'를 의미한다. |
| --- | --- |
| | • He returned *by* noon.<br>그는 정오까지 돌아왔다.<br>→ He returned ~~until~~ noon. (×)<br>⇨ 돌아왔다는 사실은 '돌아옴의 계속'이 될 수 없으므로, '완료'의 by가 옳다. |
| ❷ until (~까지) | 동작의 '**계속**'을 의미하며, 주절의 동사에 'wait, keep, remain'등처럼 '지속성'의 의미를 가진 동사가 위치한다. |
| | • He continued to wait for her *until* noon.<br>그는 정오까지 그녀를 기다렸다.<br>→ He continued to wait for her ~~by~~ noon. (×)<br>⇨ 그녀를 기다린 행위가 정오까지 '계속'됐다는 내용이므로, 동작의 '완료'를 말하는 by는 부적합하다. |

### 15|02　2. for *vs.* during *vs.* since ★★★

| ❶ for (~동안) | 언제인지 모르는 '**불특정**' 기간을 가리킬 때 쓰이며, '**수사(two, five)**'가 많이 동반된다. |
| --- | --- |
| | • I had been waiting *for two* hours.<br>나는 2시간 동안 기다렸다.<br>→ I had been waiting ~~during~~ two hours. (×)<br>⇨ '언제부터 언제까지 특정된 2시간'이 아니기 때문에 for가 위치했다. |
| ❷ during (~동안) | 언제인지 아는 '**특정**' 기간을 가리킬 때 쓰이며, '**한정사(the, my)**'등을 자주 동반한다. |
| | • *During the* summer season, all the hotels were full.<br>여름시즌 동안 모든 호텔은 만실이 된다.<br>→ ~~For~~ the summer season, all the hotels were full. (×)<br>⇨ '언제인지 알기' 때문에, '정관사 the'가 수반되어 during이 위치했다. |
| ❸ since (~한 이후) | 기간이 아닌 '**시점**'을 목적어로 취하며, 현재완료 시제와 결합한다. |
| | • He *has been* seriously ill *since* last year.<br>→ He has been seriously ill ~~for~~ last year. (×)<br>그는 작년 이후 매우 아팠다.<br>⇨ last year는 '특정시점'이 되므로, '기간'을 목적어로 취하는 for와 결합할 수 없다. |

### 15|03　3. after *vs.* before

| ❶ after (~한 이후에) | • I went for a swim *after* breakfast.<br>아침을 먹은 후에 수영하러 갔다. |
| --- | --- |
| ❷ before (~하기 이전에) | • I went for a run *before* breakfast.<br>아침을 먹기 전에 조깅을 했다. |
| ※ 이들 단어는 '접속사와 전치사'기능까지 모두 있다. | |

**15 04**

## 4. at *vs.* on *vs.* in ☆

| | |
|---|---|
| **❶ at** | 구체적인 '때'를 가리켜서, '몇 시, 몇 분, 몇 초, 정오, 새벽, 밤'을 나타낸다. |
| | • It rained *at* night/ *at* noon/ *at* 6.<br>밤에/ 정오에/ 6시에 비가 내렸다. |
| **❷ on** | 요일, 날짜를 가리킨다. |
| | • It rained *on* October 2nd.<br>10월 2일에 비가 내렸다.<br>cf. 특정요일 혹은 특정날짜의 '시간, 오전, 오후'를 가리키면 in이 아니라 on을 사용한다.<br>• It shined *on* the afternoon of Feb 10.<br>2월 10일 오후에는 날씨가 맑았다. |
| **❸ in** | 년, 월, 계절, 오후, 오전을 가리킨다. |
| | • It rained *in* the afternoon/ *in* the morning.<br>오후에/ 오전에 비가 내렸다. |

**시간**

① 시각　• at 9:00
② 밤에, 새벽에
　• at night, at dawn
③ 과거의 그때　• at that time

① 하루, 요일　• on Friday
② 특정한 날　• on my birthday

① 달(월)　• in June of 2009
② 계절　• in the spring
③ 해(년도), 세기
　• in the fifteenth century
④ 아침, 점심, 저녁
　• in the morning/
　　afternoon/evening

**at　on　in**

**공간**

① 건물이나 집 등 특정장소를 콕 찍어 얘기할 때
　• at home, at school
② 어떤 장소의 시작이나 끝 부분
　• at the end of InSa-dong street

① 거리, 층수
　• on the second floor
② 자전거, 오토바이 등 개인적으로 타는 것
　• on bicycle, on foot
③ 동쪽, 서쪽, 좌측, 우측 등 방향
　• on the right

① 대륙, 나라, 주, 도시
　• in Seoul
② 하늘, 바다 등 넓은 장소
　• in the ocean
③ 방, 회의실 등 넓은 공간
　• in the conference room
④ 큰 지역의 동서남북
　• in northern Korea
⑤ 자동차, 비행기 등 탈 것
　• in a bus, in a train

## ② 위치·공간의 전치사

### 1505  1. at *vs.* in *vs.* on *vs.* off ☆

| ❶ at | (장소의) 한 점, 비교적 좁은 장소, 주소, 번지 |
|------|--------------------------------------------|
|      | • She is a student *at* Harvard. [지점]<br>그녀는 하버드 학생이다.<br>• *at* the bus stop |
| ❷ in | 비교적 넓은 장소, 도시, 어떤 구역의 **내부** |
|      | • Daechi-dong is located *in* the south of Seoul. [내부]<br>대치동은 서울의 남쪽에 위치해있다. |
| ❸ on | (장소, 표면)의 **접촉** 혹은 **인접**되어 있는 것, 거리명 |
|      | • South Korea is located *on* the south of North Korea. [인접]<br>대한민국은 북한의 남쪽에 위치해있다.<br>• She lives *on* 3th Albert street.<br>그녀는 알버트 3번가에 산다. |
| ❹ off | (원점, 표면)으로의 분리 |
|      | • There is a narrow lane *off* the main road<br>본길에서 갈라진 작은 길이 있다. |

### 1506  2. above *vs.* below

| ❶ above | (공간) ~의 위에, (정도)~이상으로 |
|---------|----------------------------------|
|         | • He lives *above* his means.<br>그는 수입 이상의 생활을 하고 있다. |
| ❷ below | (공간)~의 아래에, (정도)~이하로 |
|         | • There are many things *below* the table.<br>테이블 아래에 많은 것들이 있다. |

### 1507  3. over *vs.* under ☆

| ❶ over | 수직 개념으로서 '~위의, 어떤 곳 위를 온통 뒤덮거나, ~을 가로 질러'의 개념이 있다. 정도를 나타낼 때에는 '초과'의 개념이다. |
|--------|-----------------------------------------------------------------------------------------------------------------------------|
|        | • Many planes fly *over* America. [가로질러]<br>많은 비행기들이 미국을 가로질러 간다. |
| ❷ under | 어떤 공간의 수직으로 아래, **나이의 '미만'** 을 가리킬 경우, 'under = below = less than'을 사용한다. |
|        | • Passengers put their luggage *under* their seats. [수직으로 아래]<br>승객들이 수화물을 좌석 밑에 놓는다.<br>• No one *under* eighteen is admitted.<br>18세 미만은 입장불가이다. |

## 15|08    4. beneath *vs.* beyond ☆

| | |
|---|---|
| ❶ **beneath** | (공간) ~ 아래, (정도) ~할 가치도 없는 |
| | • *beneath* contempt(=notice) 너무 하찮은, 경멸할 가치도 없는<br>• *beneath* criticism 비난할 가치도 없는<br>• *beneath* one's dignity 위엄을 손상시키는 |
| ❷ **beyond** | beyond (공간) ~위, (정도) ~이상으로 |
| | • *beyond* the reach 감당할 수 없는<br>• *beyond* grasp 이해할 수 없는<br>• *beyond* all hope 아주 절망적인 |

## 15|09    5. after *vs.* before *vs.* behind *vs.* ahead of *vs.* in front of ☆

| | |
|---|---|
| ❶ **after** | 순서적으로 '뒤'를 의미한다. |
| | • Come *after* me. [순서] 제 뒤를 따라오시오.<br>• *After* you, sir. 먼저 하세요. 먼저 가세요. |
| ❷ **before** | 순서적으로는 '먼저', 장소적으로는 '~의 면전에' |
| | • The accused person appeared *before* a judge. [순서]<br>피고인이 재판관보다 먼저 나타났다. |
| ❸ **behind** | ~의 뒤에 |
| | • Put your hands *behind* your head.<br>머리 뒤로 손 올려. |
| ❹ **ahead of** | …보다 앞에 |
| | • Try to get *ahead of* him.<br>그를 앞지르도록 노력해라. |
| ❺ **in front of** | 공간적으로 ~의 앞에, 면전에 |
| | • Everybody gets nervous when they are *in front of* an examiner.<br>누구든지 시험관 앞에 나가면 긴장된다네. |

## 15|10

> **Check** ahead가 단독으로 쓰이면 '부사' 기능만 있다. ☆
>
> • I could see the end of the tunnel *ahead*.
> 나는 앞에 있는 터널의 끝을 볼 수 있었다.
>
> → We have some difficult problems ~~ahead~~ us. (×)
> ⇨ us를 목적어로 취하기 위해서는 ahead가 of와 함께 결합해야 한다.

---

**예제** Mr. Kim was born __ Seoul __ August 21, 1960 __ 3:40 in the afternoon. [01. 경찰]

① at − by − on                        ② in − in − in
③ at − at − on                        ④ in − on − at

【해석】 김 씨는 서울에서 1960년 8월 21 오후 3시 40분에 태어났다.
【해설】 서울이라는 넓은 장소는 'in', 특정한 날은 'on', 시간은 'at'을 연결한다.
【정답】 ④

## 1. from _vs._ **to** _vs._ **for** _vs._ **towards**

| | |
|---|---|
| ❶ from | 출발점(~에서)을 가리킨다. |
| | • The flight *from* San Francisco *to* Seoul is delayed because of heavy snow.<br>폭설 때문에 샌프란시스코에서 서울로 가는 비행기가 지연된다. |
| ❷ to | 목적지(~로) |
| | • My family travelled *to* Europe 10 years ago.<br>나의 가족은 10년 전에 유럽에 여행을 갔었다. |
| ❸ for | 정확한 행선지(~행) |
| | • That train is bound *for* Berlin.<br>저 기차는 베를린 행이다. |
| ❹ toward(s) | 방향(쪽으로) |
| | • They will go *toward(s)* the river.<br>그들은 강 쪽으로 갈 것이다. |

**Check**

1. 전치사 to를 취하는 동사 ★

come, get, go, return + to

• She *returned* to her school. 그녀는 학교로 돌아왔다.

2. 전치사 for를 취하는 동사 ★

leave, start, depart, head, make, be bound + for

• She *departed for* London. 그녀는 런던으로 출발했다.

## 2. in(to) _vs._ **out of** ★

| | |
|---|---|
| ❶ in(to) | '공간'의 외부에서 내부로 이동하는 속성을 가진다. |
| | • Let's go *into* the house. 집안으로 들어가자. |
| ❷ out of | '공간'의 내부에서 외부로 이탈하는 속성을 가진다. |
| | • Get *out of* here! 썩 꺼져!, 나가!<br>• look *out of* the window 창밖을 내다보다 |

## 3. up _vs._ **down**

| | |
|---|---|
| ❶ up | (낮은 곳에서) 높은 곳으로 |
| | • They went *up* the stairs. 그들은 위층으로 올라갔다. |
| ❷ down | (높은 곳에서) 낮은 곳으로 |
| | • They went *down* the stairs. 그들은 아래층으로 내려갔다. |

## 4. around *vs.* by *vs.* through *vs.* across *vs.* along

| | |
|---|---|
| ❶ (a)round | 중심이나 지역의 둘레에(주변에, 사방에) |
| | • The Earth goes *around* the Sun. 지구는 태양 주위를 돈다. |
| ❷ by | 옆, 곁, 가까이 |
| | • There is a house *by* the seaside. 해변가 옆에 집이 있다. |
| ❸ through | 통과·통로·관통(~을 통하여) |
| | • Let's walk *through* a wood. 걸어서 숲을 통과하자. |
| ❹ across | (길, 바다, 강을) 가로질러 |
| | • Let's walk *across* the street. 길을 건너가자. |
| ❺ along | ~을 따라서, 끼고서 |
| | • Let's walk *along* the street 가로를 따라 걸어가자. |

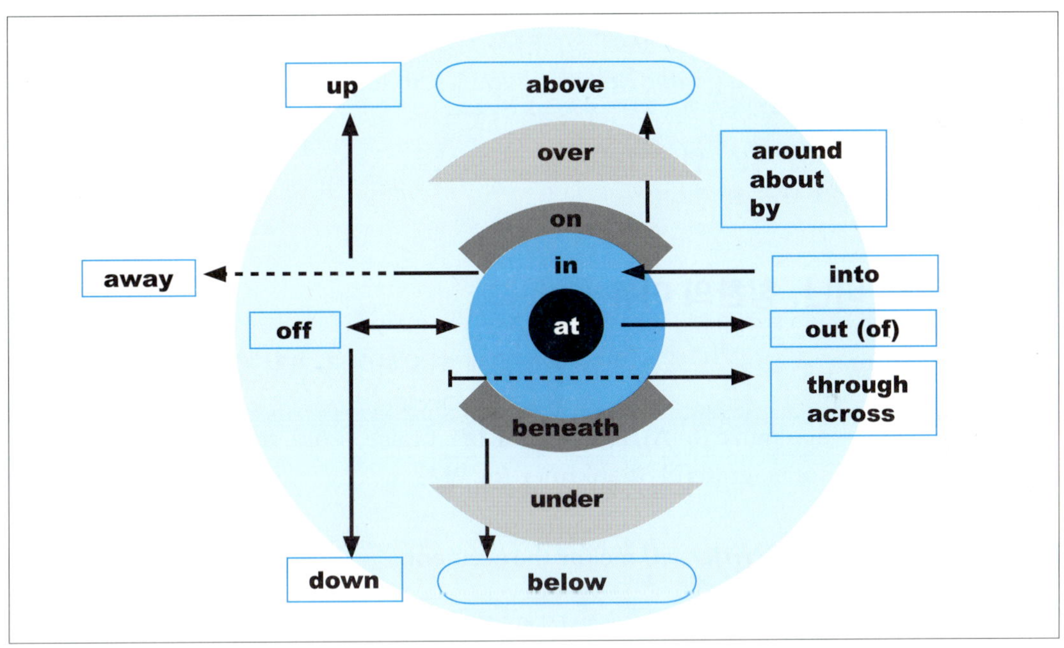


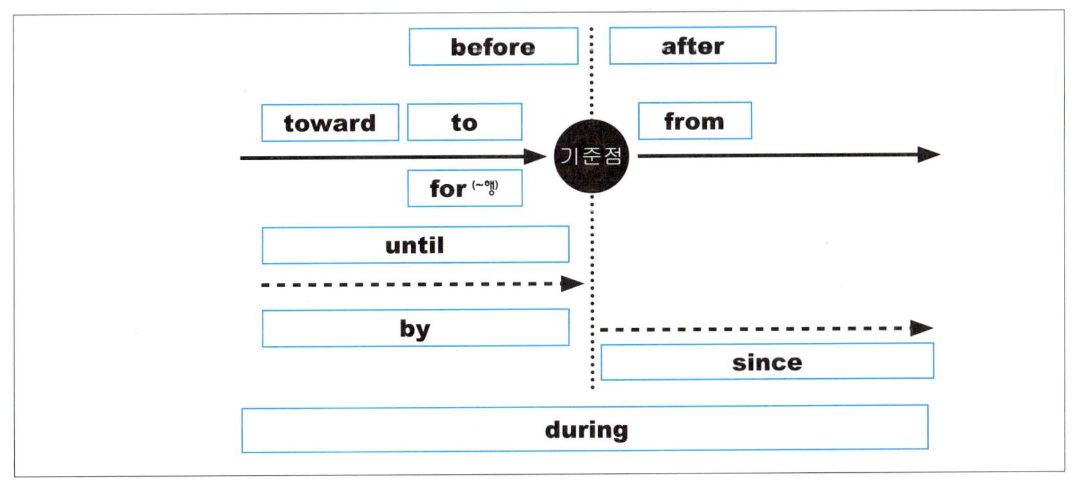

## 15 16  1. because of =due to =owing to =on account of =thanks to ★★★
• I didn't go out *because of*(= *owing to* = *due to* =*thanks to*) the bad weather.
날씨가 나빴기 때문에 외출하지 않았었다.

15 17
> **Check** due의 다양한 용법
> 1. be due to 명사/~ing (A는 B의 탓이다, A는 B 때문이다) ★
> • The accident *was due to* the driver's *failing* to give a signal.
> 사고는 운전자가 신호를 하지 못했기 때문에 일어난 것이었다.
>
> • His good grades *are due to* his *work*.
> 그의 좋은 성적은 그의 노력에 기인한다(덕분이다).
>
> 2. be due to R (~할 예정이다) ☆
> • The train *is due to arrive* at ten o'clock.
> 기차는 10시에 도착하기로 되어 있다.
>
> 3. (부사) 방위와 함께 쓰여 정(正)~
> • From here, you go *due east* until you get to forest.
> 여기서부터 숲에 이를 때까지 정동쪽 방향으로 가세요.
>
> 4. (형용사) 지불, 반납기일이 된
> • *due* date 반납기일, 유효기간

## 15 18  2. for : 비난, 칭찬의 이유 ★★★

> 전치사 for는 특정 동사 또는 형용사 다음에 위치하여 추가적·부가적 이유를 가리키기도 한다.
>
> | 동사 | apologize (to A), blame, criticize, praise, scold, thank A + for B ➲05-24 참조 |
> |------|------|
> | 형용사 | sorry, grateful, thankful + for 명사 |

• They *blamed[criticized]* me *for* the accident.
그들은 그 사고가 나 때문이라고 비난했다.
• We *are sorry for* being late. 늦어서 죄송합니다.

## 15 19  3. die of[from] : 죽음의 이유
• My husband's sister *died of[from]* cancer.
남편의 여동생은 암으로 죽었습니다.

## 15 20  4. out of : 감정의 동기 ★★

> out of가 '감정의 동기'를 나타내는 경우 이하에 '감정을 나타내는 명사'가 결합한다.
> ■ out of +pity/ curiosity/ envy/ friendship/ jealousy/ gratitude

• He agreed *out of pity* for her children.
그는 그녀의 아이들을 동정하는 마음에서 동의했다.

## 15|21| 5. through : 부정적인 이유

'fault, mistake(잘못, 실수)'와 같은 '부정적인 의미'를 가진 명사를 목적어로 취하여, '**부정적인 이유**'를 가리킨다.

- The accident happened **_through_** my fault.
  내 실수 때문에 그 사고가 발생했다.

## 5 목적의 전치사

| | | |
|---|---|---|
| **15\|22\|** | **❶ for** | 가장 일반적인 목적 |
| | | • This present is **_for_** you. 이 선물은 당신을 위한 것이다. |
| **15\|23\|** | **❷ on** | 종사, 용무의 목적 ☆<br>on business 사업차  on an errand 심부름차  on leave 휴가 중인 |
| | | • She is here **_on business_**. 그녀는 업무를 위해 여기에 있다.<br>• His daughter is here **_on an errand_**. 그녀의 딸이 심부름을 위해 여기에 있다. |
| **15\|24\|** | **❸ after** | 추구, 욕망의 목적 ☆<br>take after ~을 닮다, 흉내내다  chase after 추적하다<br>be named after ~의 이름을 따라짓다 |
| | | • I take **_after_** mother more than father.<br>나는 아버지보다 어머니를 더 닮았다. |
| **15\|25\|** | **❹ at** | 목표의 목적, 공격의 대상 |
| | | • I will **_aim at_** success. 나는 성공을 목표로 삼을 것이다. |

---

**예제**  The failure of Exxon Oil Company in the 1980s __________ in large part to high salaries paid to executives. [06. 국회직 8급]

① was due with          ② was due to
③ was due               ④ had been
⑤ has been

【해석】 1980년대 엑슨석유회사의 파산은 부분적으로는 경영진들에게 높은 임금이 지불된 것에 기인한 것이다.

【해설】 문장의 동사가 필요하며, 형용사 보어인 due가 위치했다. 이 due는 전치사 to와 결합하여 '인과'를 나타내는데, 바로 뒤에 위치한 'in large part'는 삽입어구이다. ②는 to가 위치하게 되어 이하의 'to high'의 'to'와 충돌하게 된다.

【정답】 ③

**01** Choose the sentence which is not grammatically correct. [06. 국회직 8급]
① Practically all of the water comes from the Pacific Ocean.
② The guest should come back until 7 p.m.
③ The organization strives for better health throughout the world.
④ An ability to control impulses is at the root of the problem.
⑤ Given a choice, I would probably opt for toys that encourage creativity.

**02** Tom has been the manager of the sales department __________ ever since he moved to the city. [03. 경찰]
① since sixteen years ago　　　② for sixteen years
③ for sixteen years ago　　　④ since sixteen years

**03** Flight 1029 _______ for Seoul will begin boarding immediately at gate. [04. 서울시 9급]
① departed　　　② departures
③ arriving　　　④ departing
⑤ arrived

**04** 제시된 문장을 올바르게 영작한 것은? [07. 국가직 9급]

우리 비행기는 예정보다 10분 늦게 도착했다.

① Our plane would land in about ten minutes.
② Our plane arrived ten minutes behind schedule.
③ Our plane was scheduled to arrive in ten minutes.
④ Our plane was delayed to land in ten minutes.

**05** They went to London _______ the vacation and stayed there _____ three weeks. [91. 강원도 7급]
① for − for　　　② during − during
③ for − during　　　④ during − for

**06** 다음 주어진 사전 뜻풀이 가운데 밑줄 친 out of의 의미로 가장 적절한 것은? [06. 대구시 9급]

Many people have lost faith in modern medicine because researchers have been unable to find cures for a variety of problems, from cancer to the common cold. Some people turn to "alternative medicine" out of curiosity; other <u>out of</u> desperation. What many have realized is that where one treatment is no good, another is often effective; one medical technique can complement another.

① from within to the outside of : I got out of the car.
② not having; lacking : We're out of coffee.
③ because of : I came out of real interest, not just to have a good time.
④ in a position or situation beyond the range, boundaries, limits, or sphere of: The plane flew out of sight.

## 정답 및 해설

**01** 【해설】 until → by | by는 '완료'의 기능인 반면 until은 '계속'의 기능을 가진다. 문장에 위치한 come back(돌아오다)으로 보아 '완료'의 기능을 나타내는 by가 옳다.

【정답】 ②

**02** 【해설】 ① ④ since 이하에는 '2001/ the war'와 같이 '특정시점'이 등장해야 하며, ② for는 '불특정 기간인 sixteen years/ vacation/ ever' 등을 목적어로 취한다. ③ ago는 과거시제만 이끈다.

【해석】 톰은 그 도시로 이사를 온 후 판매부장 역할을 담당했다.

【정답】 ②

**03** 【해설】 문장 동사가 will begin으로 위치해 있으므로, 본동사의 과거시제로 쓰인 ①, ⑤는 틀리다. 또한 arrive는 'in 혹은 at'과 결합하므로 전치사 for와 결합하는 자동사 depart를 이용한 현재분사가 옳다.

【해석】 서울행 1029편 비행기는 개찰구에서 즉시 탑승을 시작할 것이다.

【정답】 ④

**04** 【해설】 ① 우리의 비행기는 대략 10분 내에 도착하려고 했다. (10분 늦었다는 표현이 없다.)
② 우리 비행기는 예정보다 10분 늦게 도착했다.
③ 우리의 비행기는 10분 내에 도착할 예정이었다. (be scheduled to R은 '~할 예정이다'는 표현으로서, '실제 도착했는지는 알 수 없는' 표현이므로 부적절하다.)
④ 우리 비행기는 10분 내에 도착하기 위해 연착됐다. (연착이라는 표현이 없었으며, 이 때 to 부정사는 '목적'이 되므로 부적절하다. )

【정답】 ②

**05** 【해설】 첫 빈칸: the vacation이라는 'the+명사'가 등장했다. the는 '특정'하는 것이므로, '언제인지 아는 특정기간'을 목적어로 취하는 during이 옳다.
두 번째 빈칸: 언제부터 언제까지라는 '특정된 기간'이 아닌 '막연한 3주'를 의미하므로, '불특정 기간'을 목적어로 취하는 for가 옳다.

【해석】 그들은 방학 동안 런던에 갔으며, 3주간 그곳에 머물렀다.

【정답】 ④

**06** 【해설】 ① '분리, 이탈'을 가리킬 경우의 out of이다. : 나는 차에서 내렸다.
② '~이 없는'의 out of이다. : We're out of coffee. 우리는 커피가 없다. 바닥났다.
③ out of의 목적어로서, 'love, curiosity, anger'등의 감정 명시가 위치하면 그 때 out of의 의미는 '~때문에'라는 이유를 가리킨다.: 나는 그저 즐거운 시간을 보내기 위해서가 아니라 순수 호기심 때문에 왔다.
④ '범위, 경계선, 한계선, 영역'을 벗어난 상태를 의미할 수도 있다: 그 비행기가 시야에서 벗어났다.

【해석】 사람들은 연구가들이 암에서 흔한 감기에 이르기까지 여러 문제에 대한 치료책을 찾아내지 못했기 때문에 많은 사람들이 현대의학에 대한 믿음을 잃어버렸다. 몇몇 사람들은 호기심 때문에 "대체의학"에 의존하며 다른 사람들은 절박함 때문에 그러하다. 많은 사람들은 한 가지 치료책이 좋지 못한 상황에서 다른 치료책은 종종 효과가 있다는 것을 알게 되었다. 즉 하나의 의료기술이 다른 의료기술을 보완할 수 있다.

【정답】 ③

**07** 우리말을 영어로 옮긴 것 중 가장 어색한 것을 고르시오. [08. 국가직 7급]
① 어머니는 지갑을 잃어버렸기 때문에 그날 내내 기분이 언짢으셨다.
　　→ All that day my mother was out of bad humor as she lost her wallet.
② 이 책은 지구 온난화의 결과로 일어날 것 같은 기후 변화들에 대해서 주로 다루고 있다.
　　→ This book is mainly concerned with climate changes that are likely to take place as a result of global warming.
③ 길모퉁이에 우연히도 경찰관이 있어서, 나는 그에게 길을 물어볼 수 있었다.
　　→ There happened to be a policeman on the corner, so I could ask him the way.
④ 그가 직면한 임무는 그의 선임자가 직면했던 것과 다르지 않다.
　　→ The task which confronts him is not different from that which faced his predecessor.


**08** 다음 우리말을 영어로 가장 잘 옮긴 것은? [06. 국가직 9급]

> 5세 미만의 9백만 명 아이들이 적어도 한 명의 흡연자가 있는 집에 산다.

① Nine million children below the age of 5 live in homes with one smoker.
② Nine million children above the age of 5 live in home with at least one smoker.
③ Nine million children of the age of 5 live in homes where both parents smoke.
④ Nine million children under the age of 5 live in homes where at least one person smokes.


**09** I had ① a great career ② ahead me, ③ yet I resigned after six months ④ with the company and joined the Marine Corps to learn ⑤ how to fly.


**10** Heather was born ______ Lima ______ August 7, 1996 ______ 3:30 in the afternoon.
① at, by, on　　　　　　　　　② in, in, in
③ in, on, at　　　　　　　　　④ at, at, at


**11** A: Where does he live?
　　B: He lives __________ 144 Wall Street.
① at　　　　　② in　　　　　③ on　　　　　④ by


**12** They have met many people __________ the two years they have been in London.
① about　　　② for　　　③ in　　　④ during


**13** A: Can you repair my watch __________ Tuesday?
　　B: No, I'll need to keep it __________ Saturday.
① by - by　　　　　　　　　② until - by
③ by - until　　　　　　　　④ until - until


**14** Doctoral students who are preparing to take their qualifying exams have been studying in the library every night ________ the last three months.
① until　　　② since　　　③ for　　　④ from

**07** 【해설】 out of bad humor → out of humor 또는 in a bad humor
out of는 '분리 이탈'의 속성을 가지고 있으므로, 직역만 해보아도 '언짢은 유머로부터 벗어나 있다'는 해석이 되어 제시문과 달라진다.
* 언짢은: out of humor = in a bad humor = in an ill humor = in a bad mood
* '하루 종일'이란 표현은 'all day(=from morning to evening)'로 쓰이는데, 정관사 the는 되도록 피한다. 현대영어에서는 all that day도 실제로 많이 쓰인다.
【정답】 ①

**08** 【해설】 ① '적어도(at least)'라는 표현이 누락되었으며, ② 'above'(이상, 초과)은 '미만'이란 말과 반대개념이며, ③ 'of the age of(딱 그 나이를 의미함)'이 아닌 'under the age of'가 옳으며, where절속의 내용은 '두 부모 모두'가 되므로 한글 제시문과 상반된다. '미만'의 의미로 활용되는 전치사 및 표현은 'under= below = less than'이 된다.
【정답】 ④

**09** 【해설】 ahead → ahead of | ahead는 명사를 수식할 수 없는 부사이므로 전치사 'ahead of'가 옳다.
【해석】 내 앞에 멋진 성공이 있었지만, 6개월 후에 그 회사를 그만두고 조종하는 방법을 배우기 위해 해병대에 지원했다.
【정답】 ②

**10** 【해설】 Lima는 도시 명이므로 '비교적 넓은 장소'에 쓰이는 전치사 'in'이 쓰여야 한다. 구체적으로 정해진 특정 날짜, 요일, 특정 날의 아침·오후·저녁에는 전치사 'on'이 쓰여야 한다. 시각 앞이나 새벽, 정오, 밤에는 전치사 at을 쓴다.
【해석】 Heather는 1996년 8월 7일 오후 3시 30분에 Lima에서 태어났다.
【정답】 ③

**11** 【해설】 거리 명을 나타낼 때에는 전치사 on을 쓴다. 반면 단순히 번지를 나타낼 때에는 전치사 at을 쓴다.
【해석】 A: 그는 어디에 살죠?
B: 월스트리트 144번지에 살아요.
【정답】 ③

**12** 【해설】 during은 언제인지 아는 특정기간을 나타내며, 흔히 한정사인 'the, one's, this, that'등을 동반한다.
【해석】 그들이 런던에 있는 2년 동안 많은 이들을 만났다.
【정답】 ④

**13** 【해설】 by는 동작의 완료를 가리키는 반면, until은 '동작의 계속'을 말한다. 문맥상 첫 번째 괄호에는 '수리의 완료'를 말하므로 by가 옳고, 두 번째 괄호는 '보관의 유지'를 말하므로 until이 옳다.
【해석】 A: 화요일까지 제 시계를 고쳐주실 수 있으세요?
B: 안되겠는데요. 토요일까지 이 시계를 가지고 있어야겠어요.
【정답】 ③

**14** 【해설】 for는 수사를 동반하여 일정한 시간의 길이를 나타내며, 'for the past 15 years, for the last three weeks'와 같은 형태를 취하여 현재완료를 통제한다.
【해석】 자격시험을 치르기 위해 준비하는 박사과정의 학생들은 지난 3개월 동안 매일 밤 도서관에서 공부했었다.
【정답】 ③

**15** 다음 중 문법적으로 틀린 문장을 고르시오.

① Have you seen him since we last met?
② I have known Smith during a very long time.
③ They remained calm throughout the conference.
④ I hope to get to your company by 9:00 at the latest.


**16** A: Whose fault?
　　 B: The accident resulted _________ your carelessness.

① in　　　　　② on　　　　　③ from　　　　　④ for


**17** 밑줄친 due와 같은 쓰임의 문장을 고르시오. [06. 강원도 소방직]

> Isn't it <u>due to</u> the internet's positive aspects of anonymity that things like asking for advice, criticizing on idea, on talking openly on line, are possible?

① The plane is <u>due to</u> arrive at? 4:00.
② His good grades are <u>due to</u> his work.
③ Thanks are <u>due to</u> all those who took park.
④ From here, you go <u>due</u> east until you get to forest.

## 정답 및 해설

**15** 【해설】 ② during → for | during은 특정 기간의 명사를 수반하여 '동작·상태의 계속'
을 설명하며, 흔히 한정사인 'the, one's, this, that'등을 동반한다. 반면 for
는 언제인지 모르는 불특정 단위 기간을 나타내며, 흔히 '수사'를 동반한다. 　【정답】 ②

**16** 【해설】 result 동사는 '결과 + result from + 원인' 또는 '원인 + result in + 결과' 형
태를 취하며, 본 지문은 문맥상 전자가 옳다.

　　　【해석】 A: 누구 잘못이니?
　　　　　　 B: 그 사고는 네가 부주의해서 발생한 거야. 　【정답】 ③

**17** 【해설】 주어진 지문은 ~ 때문에(원인)을 나타내는 것으로 쓰였고 그와 같은 의미로
쓰인 것은 ②이다. ①은 ~할 예정인, ③ ~덕분인 ④는 방향상의 정동(正東)
의 의미로 쓰였다. 　【정답】 ②

## 1. 유형정의

설문 자체에 어느 단서를 제시하지 않고서, 위 글 전체의 내용과 보기항에 등장하는 각각의 문장과 일치하느냐 혹은 일치하지 않느냐를 판단하는 유형이다.

## 2. 공략방법

(1) 지문에서 중요한 내용을 담고 있는 문장만 보기항에 등장하는 것이 아니라, 중요성이 낮은 문장도 보기항에 나오기 때문에 글 전체의 정확한 이해를 필요로 한다.

(2) 지문에 등장한 문장을 그대로 다시 옮겨 놓기 보다는, 재진술하는 경우가 많기 때문에 동의어 선택 및 동사의 태, 시제에 대해서 조심해야 한다.

(3) 다른 어느 유형보다도 글의 세부적인 이해를 필요로 하다 보니, 초보자가 가장 벅차하는 유형이긴 하지만, 학습시간이 증가하면 점수 상승이 가장 용이한 경우이다. 따라서 어느 독해 지문을 공부하던 간에 전체의 이해만 할 것이 아니라, 세부적인 문장 하나마다 철저한 복습을 한 학생이 점수를 얻을 수 있는 유리한 유형이 되겠다.

> **Tip** 보기항을 먼저 보고 키워드를 기억해 두자. 어떤 정보를 가지고 재진술했는지 미리 알고서 지문을 대하면 해석할 때 그 강약을 조절할 수 있다. 완전긍정 또는 완전부정은 오답일 확률이 높으니 함정에도 유의하자.

## 3. 설문형태

• 다음 글의 내용과 일치하는 것을 고르시오.
• 윗글의 내용과 거리가 먼 것은?
• 윗글의 내용과 다른 것은?
• 윗글의 내용과 일치하는 것은?
• 본문의 내용과 가장 일치하는 것은?
• 다음 글의 내용과 부합하는 것을 고르시오.

• Which of the following statements is true according to the passage?
• Which of the following is most relevant to the passage?
• Which is true about the above passage?
• Which of the following is NOT true according to the passage?
• Which of the following is irrelevant to the above passage?
• According to the passage, which of the following statements is not true?
• According to the passage, which one is NOT true?
• According to the passage, which of the following is true?
• According to the following passage, which is true to the content?
• According to the passage, which of the following is not true?
• According to the passage, which of the following is true?
• Choose the one which is not true of the passage.
• Choose the best statement which corresponds with the following passage.

**01** 다음 글의 내용과 일치하는 것을 고르시오. [08. 국가직 7급]

> Simple playthings like balls, jump ropes, hula hoops and riding toys do more for encouraging physical activity than swings, jungle gyms and other stationary playground equipment, according to a new report in the January issue of the American Journal of Preventive Medicine. Kids were far more likely to be active at centers that scheduled more playtime, both inside and outdoors, and offered physical activity training and education for staff and students. Children in centers that had more portable playground toys and other characteristics showing support for active playtime reported about 80 more minutes of moderate to vigorous physical activity and 140 fewer minutes of sedentary activity each week compared to centers that were viewed as less supportive of physical activity.

① Children benefit from sedentary activity.
② If you want your child to be more active, try him throwing a ball.
③ Children were more likely to be active in places with slides and swings.
④ If you support your child's physical activity, he or she will come to like stationary playground equipment.

**02** Which of the following is most relevant to the passage? [04. 서울시 9급/00. 법원서기보]

> It is common knowledge that ability to do a particular job and performance on the job do not always go hand in hand. Persons with great potential abilities sometimes fall down on the job because of laziness or lack of interest in the job, while persons with mediocre talents have often achieved excellent results through their industry and their loyalty to the interests of their employers. It is, therefore, that the final test of any employee is his performance on the job.

① 특정한 일을 수행하는 남다른 능력을 갖춘 사람은 늘 좋은 성과를 내기 마련이다.
② 피고용인이 좋은 성과를 내느냐 못 내느냐 하는 것은 모두 고용주가 어떻게 피고용인을 대하느냐에 달렸다.
③ 고용주의 기대를 저버리는 피고용인은 능력이 보통인 피고용인이다.
④ 근면하게 일을 수행하여 좋은 성과를 내는 사람은 종종 평범한 자질을 갖춘 피고용인이다.
⑤ 훌륭한 성과는 과감한 투자에서 나온다.

## 01

**【해석】** 미국 예방의학 저널 1월호의 새로운 보고서에 따르자면, 공, 줄넘기, 훌라후프와 타기용 장난감 같은 간단한 놀이기구들은 그네, 철골 놀이기구와 고정된 기타 놀이터 장비보다 육체적인 활동을 장려하기에 더 유익하다고 한다. 아이들은 실내나 실외에서 보다 많은 놀이시간표가 마련되어 있고 직원들과 학생들을 위한 신체활동 훈련과 교육이 마련된 종합 센터에서 훨씬 활동적이 될 가능성이 높았다. 활동적인 놀이시간을 장려하는 휴대용 놀이터 장난감들과 다른 특징들을 보유하고 있는 종합 센터에 있던 아이들은 대략 80분 정도 가량 적절하고 활발한 육체활동을 보였으며, 매주 가만히 앉아 있는 시간은 육체활동에 대한 장려가 부족한 것으로 간주되는 종합센터에 비해 140분가량 더 적었다고 보고되었다.

**【해설】** '공, 줄넘기'와 같은 놀이가 '활동성'이 많아진다고 첫 문장에서 설명했으므로, '아이가 활발해지기를 원한다면 공 던지기를 시켜보시오.'라는 ②번이 적합하다. 보기 ③이 틀린 이유는, 첫 문장을 보면 '미끄럼틀과 그네'같은 고정된 놀이기구는 '공놀이, 줄넘기'보다 육체적인 활동을 장려함에 있어 덜 유익하다고 했다.

**【정답】** ....................................................................................... ②

> **Check** **병치의 혼동**
>
> Children in centers (that had more portable playground *toys* (가) <u>and</u> other characteristics showing support for active playtime) reported about *80 more minutes* of moderate to vigorous physical activity (나) <u>and</u> *140 fewer minutes* of sedentary activity each week (compared to centers that were viewed as less supportive of physical activity).?
>
> ⇨ (가)의 and는 주격 관계대명사절 내의 동사인 had의 목적어로서, 'toys와 characteristics'를 병치시키는 것이며, (나)의 and는 전체 문장의 정동사인 reported의 목적어로서, '80 more minutes ~ activity와 140 fewer week'를 병치시키는 것이다. * 두 개의 괄호는 '주격관계대명사절과 분사구문'임

## VOCABULARY

- **plaything** 장난감
- **jump rope** 줄넘기
- **do much for** ~에 유익하다; ~을 돋보이게 하다
- **swing** 그네
- **jungle gym** 철골놀이기구
- **stationary** 움직이지 않는, 고정된
- **playground** (학교 따위의) 운동장; 놀이터
- **playtime** 노는 시간; (연극의) 흥행[개막] 시간
- **inside** 안에서
- **outdoors** 밖에서
- **portable** 휴대가 가능한
- **moderate** 삼가는, 절제하는(=temperate), 온건한; 알맞은, 적당한
- **show support** 지지하다
- **view A as B** A를 B로 간주하다
- **sedentary** 앉아 있는, 앉아서 하는, 정주성의
- **vigorous** 원기 왕성한, 활발한
- **compared to** ~과 비교하여

## 02

**【해석】** 특정한 일을 행하는 능력과 일의 수행이 항상 병행되는 것이 아니라는 점은 상식이다. 대단한 잠재능력을 가진 사람들도 이따금씩은 게으름과 일에 대한 관심이 부족하기 때문에 실패하기두 한다 반면에 평범한 능력을 가지 사람들은 종종 그들의 근면함과 고용주에 대한 충성심을 통해 훌륭한 결과를 얻이낸다. 그리므로 이떤 직원에 대힌 최종적 평기는 업무 수챙능력이디.

**【해설】** 잠재력이 뛰어난 사람들이 실패하는 경우도 많으며, 오히려 평범한 직원들이 근면하고 충성하여 훌륭한 결과를 만들 수 있다고 했다.

**【정답】** ....................................................................................... ④

> **Check** **가주어 it과 진주어 that 절**
>
> that절이 문장 내에서 주어로 쓰였을 경우, 가주어 it이 먼저 위치하는 경우가 흔하다. 이 경우 that절은 문장이 끝나고 뒤에 위치한다.
>
> <u>That ability to do a particular job and performance on the job do not always go hand in hand</u> <u>is</u> <u>common knowledge</u>.
> that 절 주어 　　동사　　보어
>
> = <u>It</u> <u>is</u> <u>common knowledge</u> that ability to do a particular job and performance
> 　동사　　보어　　　　　　　진주어 that 절
>
> on the job do not always go hand in hand.

## VOCABULARY

- **common knowledge** 상식
- **go hand in hand** 협조하다, 병행되다
- **potential** 잠재력이 있는; 잠재력
- **fall down on the job** 직무 수행을 잘 하지 못하다
- **laziness** 게으름
- **lack of** ~의 부족
- **mediocre** 평범한
- **industry** 근면; 산업; 업계
- **loyalty** 충성

**03** According to the passage, which of the following is not true? [01. 공무원 9급]

> When we're little, our mother is the center of our attention, and we are the center of hers. So our mother's characteristics leave an indelible impression, and we are forever after attracted to people with her facial features, body type, personality, even sense of humor. If our mother was warm and giving, as adults we tend to be attracted to people who are warm and giving. If our mother was strong and even-tempered, we are going to be attracted to a fair-minded strength in our mates.

① 어머니에 대한 인상은 강하게 남는다.
② 외모가 어머니와 비슷한 사람을 좋아한다.
③ 어머니와 같은 성격을 가진 사람에게 끌린다.
④ 성인이 되어야 서서히 어머니의 영향을 벗어난다.

**04** According to the passage, which of the following is true?

> "Break a leg." Bill cheered her up. When Nora got to the place, there were already ninety hopefuls ahead of her. She was given a number and tried to find a place to sit. It was one o'clock when she got the chance to read. It was impossible to tell how well she had done. The producer and author sat with impassive faces.

① Nora just broke her leg.
② Nora went to the library for reading.
③ Nora had a party for ninety people.
④ Nora was sure to pass the test.
⑤ Nora had an audition for a play.

## 03

**【해석】** 우리가 어릴 때 어머니에게 우리의 관심이 집중되고 어머니 또한 마찬가지이다. 그래서 우리 어머니의 특징들은 지워지지 않는 인상을 남겨서 그 후에도 우리는 영원히 어머니의 얼굴모습, 체형, 성격, 심지어 유머감각을 가지고 있는 사람에게 끌리게 된다. 만일 우리 어머니가 따뜻하고 베푸는 분이셨다면, 우리가 성인이 되었을 때도 우리는 따스하고 베풀 줄 아는 사람에게 끌리는 경향이 있다. 만약 우리 어머니가 강하고 침착한 분이라면, 우리는 배우자에 있어서도 공정하며 강한 사람에게 이끌리게 될 것이다.

**【해설】** '성인이 되어야 서서히 어머니의 영향을 벗어난다.'는 설명은 '성인이 되어서도 어렸을 적 어머니와 닮은 상대를 찾는다.'는 본문의 내용과 상반된다.

**【정답】** ...................................................................................... ④

### VOCABULARY

- □ **characteristic** 특질, 특색, 특성
- □ **indelible** 지울 수 없는, 생생한
- □ **impression** 인상, 감명
- □ **attract** 주의를 끌다, 매력이 있다
- □ **personality** 개성, 성격; 저명인사
- □ **feature** 특징, 얼굴 생김새
- □ **giving** 베푸는
- □ **even-tempered** 침착한
- □ **fair-minded** 공정한
- □ **strength** 힘, 세기, 강점
- □ **mate** 배우자

## 04

**【해석】** '행운을 빌어' 빌이 그녀를 격려했다. Nora가 그곳을 갔을 때, 그녀 앞에 90명의 지원자들이 있었다. 그녀는 번호를 받고 앉아 있을 곳을 찾았다. 한시가 되어서야 그녀는 글을(대본을) 읽을 기회를 얻었다. 그녀가 얼마나 잘 했는지는 알 수 없었다. 프로듀서와 작가는 무표정한 표정으로 앉아 있었다.

**【해설】** 90명의 지원자, 프로듀서와 작가가 언급된 것으로 보아 Nora는 오디션을 보러 갔음을 유추할 수 있다.

**【정답】** ...................................................................................... ⑤

### VOCABULARY

- □ **break a leg** 기운내! 잘해! 행운을 빌어!
- □ **cheer up** 격려하다
- □ **get to** ~에 도착하다(reach)
- □ **hopeful** 지원자, 유망자
- □ **ahead of** ~ 앞에
- □ **get the chance to R** ~할 기회를 얻다
- □ **impassive** 무표정한, 냉담한
- □ **be sure to R** (필자가) 확신하다

Certain individuals have a biological predisposition to addiction. The most serious problem that young people face if they use alcohol or other drugs is the possibility of becoming addicted. Although not everyone who drinks or uses drugs becomes addicted, there is no way to tell who will be _______ or to what extent the use of alcohol or other drugs will impair their success in life. Some people have a biological predisposition to addiction, especially if any of their relatives are alcoholic. Children of alcoholics have a four to ten times greater risk of becoming alcoholics than children of non-alcoholics. Parents should advise children of any family history of alcoholism or other drug addictions and alert them to the risks of becoming addicted.

1. 밑줄 친 곳에 들어갈 단어로 가장 알맞은 것은?

① profitable      ② proficient
③ diffused      ④ convergent
⑤ vulnerable

2. 윗글의 내용과 거리가 먼 것은?

① Children with an alcoholic cousin have a greater risk of getting addicted to alcohol than children without one.
② Young people may use alcohol and other drugs because they are not properly informed of alcoholism in their family history.
③ Impaired judgement may lead to regrettable or even dangerous situations that may range from the destruction of property to communicative disorders.
④ Alcohol and other drugs have a fatal effect on children's life.
⑤ One of the reasons why children should not take alcohol or other drugs is the high possibility of getting addicted.

**05**

【해석】 어떤 사람들은 중독에 잘 빠지는 생물학적 소질이 있다. 젊은이들이 술이나 기타 약물(마약)을 습관적으로 사용한다면 그들이 직면하게 되는 가장 중대한 문제는 중독에 빠져들 가능성이 있다는 것이다. 비록 술을 마시거나 마약을 복용하는 모든 이가 중독에 빠져드는 것은 아닐지라도, 누가 유혹에 넘어갈지 또는 어느 정도까지의 술이나 마약의 복용이 출세를 망치는지는 알 수가 없다. 특히나 그들 친척들 중 어느 누구라도 알코올 중독자가 있다면 몇몇 이들은 중독에 빠져들 생물학적 소질이 있다. 알코올 중독자들의 아이들은 그렇지 않은 아이들보다 4~10배 정도 알코올 중독자가 될 위험이 더 크다. 부모들은 알코올 중독이나 다른 마약 중독에 대한 가족력을 아이들에게 알려 주어야 하며, 중독성의 위험에 대해서 경계를 시켜야 한다.

【해설과 정답】

1. or 이하에서 '인생의 성공을 망치게 된다.'는 부정적인 내용이 나오므로, 앞의 괄호에서도 부정적인 내용을 담고 있는 'vulnerable'이 옳다.

·················································································· 【정답】 ⑤

2.
① 알코올 중독인 사촌을 가진 아이들은 그렇지 않은 아이들보다 중독될 위험이 훨씬 크다. (본문에서 "그들 친척들 중 어느 누구라도 알코올 중독자가 있다면 몇몇 이들은 중독에 빠져들 소질이 있다."라고 했으므로 맞는 지문)
② 젊은이들은 그들의 가족력에 알코올 중독증이 있는지에 대해 적절하게 듣지 못했으므로 알코올이나 다른 마약 등을 음용할지도 모른다. (마지막 문장으로 보아 유추가능하다.)
③ 손상된 판단력은 재산의 탕진으로부터 언어장애에 이르기까지 후회스럽거나 심지어 위험한 상황으로 이끌지도 모른다. (이러한 내용은 본문에 전혀 언급이 되지 않았다.)
④ 알코올이나 다른 마약 등은 아이들의 인생에 치명적인 결과를 가져다준다.
⑤ 아이들이 알코올을 마시거나 다른 마약 등을 음용해서는 안되는 하나의 이유는 중독에 빠져들 가능성이 매우 높기 때문이다 .(두 번째 문장에 내용이 나온다.) ········································· 【정답】 ③

---

| **Theme** 약, 마약 | |
|---|---|
| **■ 약, 의약품** | **■ 마약류의 향정신성 의약품** |
| ☐ **medicine** 일반적인 치료 및 예방을 위한 의약품으로 특히 내복약 | ☐ **drug** 주로 "마약(=narcotic drug)의 뜻으로 많이 쓰임 |
| - **powder** 가루약, **tablet** 정제, **pill** 알약, **liquid medicine** 물약 | - **drug abuse** 마약 남용<br>- **hemp** 대마초 **ecstasy** 환각제(略 XTC) |
| ☐ **medicament** 내복, 외용을 포함하는 의미의 의약품 | ☐ **narcotic** 마취약의, 마취성의; 최면성의; 마약 |
| - **ointment** 연고 **suppository** 좌약 | ☐ **dope** 마약(narcotic drug), 근육 증강제 |
| ☐ **remedy** 치료약의 의미, 치료의 의미로 많이 사용 | - **doping test** 도핑테스트 (운동선수의 금지 약물 복용여부 검사) |
| ☐ **placebo** 플라시보; 약효 성분이 없는 심리 효과용 가짜약 | ☐ **opium** [óupiəm]아편 *양귀비에서 추출 |
| | ☐ **aphrodisiac** 성욕을 일으키는, 최음성의; 최음제 * 사랑의 여신인 아프로디테에서 유래 |
| | ☐ **toxic** 유독한, 중독성의; 유독 화학 약품 |

## VOCABULARY

☐ **predisposition** 경향
☐ **addiction** 중독
☐ **addicted** 중독된
☐ **use** 습관적으로 사용하다(마시다)
☐ **to what extent** 얼마나 많이(=how much)
☐ **impair** 손상시키다
☐ **relative** 친척
☐ **alcoholic** 알코올 중독자; 알코올의
☐ **alcoholism** 알코올 중독
☐ **family history** 가족력
☐ **alert A to B** A에게 B를 경계시키다
☐ **diffused** 확산된, 널리 퍼진
☐ **convergent** 집중적인, 한 군데로 모이는
☐ **vulnerable** 취약한, 상처받기 쉬운, 유혹받기 쉬운
☐ **have a risk of ~ing** ~할 위험성이 있다
☐ **be informed of** ~을 알다
☐ **range from A to B** A에서 B까지 퍼지다·이르다
☐ **have an effect on** ~에 영향을 미치다
☐ **take a drug** 약물을 복용하다

Plato advocates the opinion that a just man — that means in this connection, a man who obeys the law — and only a just man, is happy; whereas an unjust man — a man who violates the law — is unhappy. Plato says, that "the most just life is the most pleasant." Plato, ___________, admits that perhaps in one case or another the just man may be unhappy and the unjust man happy. But, asserts the Philosopher, it is absolutely necessary that the individuals, subject to the legal order, believe in the truth of the statement that only the just man is happy, even if it should not be true; for otherwise nobody would obey the law. Consequently the government has, according to Plato, the right to spread among the people by means of propaganda the doctrine that the just is happy and the unjust unhappy, even if this doctrine be a lie. If this is a lie, says Plato, it is a very useful lie, for it guarantees obedience to the law. "Could a lawgiver, who was worth his salt, find any more useful lie than this, or one more effective in persuading all men to act justly in all things willingly and without constraint? If I were a legislator, I should endeavor to compel the poets and all the citizens to speak in this sense." The government, then, is fully justified in making use of a useful lie. Plato places justice — and that means here, what the government considers to be justice, namely, lawfulness —above truth; but there is no sufficient reason not to place truth above lawfulness and to repudiate as immoral a governmental propaganda based on lies, even if it serves a good purpose.

1. Which of the following statements is true according to the passage?

① Plato believes that it is not possible for the unjust man to be happy.
② Plato has sufficient reason to place truth above lawfulness.
③ Plato says that the government should not lie in any case.
④ Obedience to the law brings us a happy life, thinks Plato.

2. 밑줄 친 부분에 들어갈 가장 알맞은 것은?

① therefore
② however
③ by the way
④ accidentally

## 06

**【해석】** 플라톤은 올바른 사람이란 이와 같은 점에서는 법을 준수하는 사람이며 올바른 사람만이 행복하며, 반면에 옳지 못한 사람은 법을 어기는 사람으로서 불행하다는 견해를 지지한다. 플라톤은 말하기를, "가장 정당한 인생이 가장 행복하다"고 한다. 그러나 플라톤은 아마도 이런 저런 경우에 올바른 사람이 불행할 수 있으며, 부당한 사람이 행복할 수도 있다고도 인정한다. 그러나 이 철학자(플라톤)가 주장하기를, 사람들은 법질서에 순응해야 하고 올바른 사람만이 행복하다는 말의 진실을 믿는 것이 절대적으로 중요하다고 했다. 그렇지 않으면 법에 복종하는 자는 없을 것이기 때문에 그것이 설사 진실이 아닐지라도 말이다. 플라톤에 따르자면 결론적으로 대중선동을 통하여 사람들 사이에서 올바름이 행복이며 부정은 불행이라는 이론을 확산시키는 권리를 정부가 갖고 있다. 설사 이 이론이 거짓일지라도 말이다. 플라톤은 이것이 만약 거짓이라도 그것은 선의의 거짓말이며 그 이유는 이것이 법의 준수를 보장하기 때문이라고 말한다. 플라톤은 "밥값을 제대로 하는 입법자가 이것보다 더 유용한 거짓말이나, 아니면 모든 이들에게 강제 없이 모든 일을 자발적으로 정의롭게 행동하라고 설득할 수 있는 더 효과적인 방법을 찾아낼 수 있을까? 만일 내가 입법가라면 시인들과 모든 시민들에게 이런 뜻으로 이야기하라고 노력했을 것이다."라고 말했다. 그러면 정부는 선의의 거짓말을 이용한다는 점에서 충분히 정당화된다. 플라톤은 정의를 진실 위에 둔다. – 여기서 정의의 의미는 정부가 정의라고 생각하는 것, 즉 준법이다 – 그러나 준법위에 진실을 두어서는 안 될 이유도, 그리고 거짓에 기반을 둔 정부의 대중선동을 도덕적이지 못하다고 거부하지 말아야 할 충분한 이유도 없다. 설사 그것이 좋은 목적에 적합하다 할지라도 말이다.

### 【해설과 정답】

1. ① 플라톤은 정의롭지 못한 사람이 행복할 가능성은 없다고 믿는다. (X : 플라톤은 부당한 사람이 행복할 수도 있다고도 인정한다는 내용이 본문에 나온다.)
② 플라톤은 진실을 준법 위에 두어야 할 충분한 이유를 가지고 있다.(X : 플라톤은 진실 위에 준법을 두어야 한다고 했다.)
③ 플라톤은 어느 경우에도 정부는 거짓말을 해서는 안된다고 말한다. (X : 플라톤은 정부가 선의의 거짓말을 해도 된다고 했다.)
④ 플라톤은 법에 대한 복종은 행복한 삶을 가져온다고 생각한다. (O : 플라톤은 첫 문장과 세 번째 문장을 통해 '법을 준수해야만 (그것이 악법이라 할지라도) 우리는 행복한 삶을 영위할 수 있다고 생각했다. ·········· 【정답】 ④

2. '가장 올바른 삶이 가장 즐겁다'는 내용과 '올바른 사람은 불행할 수도 있으며, 올바르지 못한 사람이 행복해 질 수 있다.'는 내용은 '역접'의 관계이다. ·············································· 【정답】 ②

Eskimos look like Chinese people. Their hair is black and straight. They live in the North of America, in Siberia and in Greenland. They do not grow things because the weather is too cold. They eat fish and meat. Sometimes the food is boiled, but often it is not cooked at all. When they travel, they often make a new house every night. A house like this is not cold because there is a lamp inside it and this warms it. The lamp is important in that it does three things. It warms the house; it gives light and it cooks food. Before they met the white man, the Eskimos' knives and other things were made from stone or parts of animals. Now they use guns and knives. They do not fight with each other and do not steal. They do not hit their children at all. The boys grow up quickly and go with their fathers and look for food. The life of the Eskimos is hard but they are strong and patient.

1. What would be the most suitable topic of the passage?
① Eskimo's appearance
② Eskimo's weapons
③ Eskimo's children
④ Eskimo's life style
⑤ The weather of Siberia and Greenland

2. According to the passage, which of the following is true?
① In Greenland some of the newspapers and some books are in the Eskimo language.
② Some Eskimos live in big villages or near big towns.
③ Small boats are used to catch animals and fish.
④ The women watch the children, make clothes and cook.
⑤ Although their life is hard, they are patient.

## 07

【해석】에스키모인은 중국인들과 닮았다. 머리는 검고 직모이다. 그들은 미국 북부, 시베리아와 그린란드에서 산다. 날씨가 너무 춥기 때문에 그들은 작물을 재배하지 않는다. 그들은 생선과 고기를 먹는다. 때때로 음식을 끓여 먹지만 종종 조리하지 않고 먹는다. 그들은 이동을 할 때 매일 새로운 집을 짓는다. 램프가 집안에 있어 따뜻하게 해주기 때문에 이러한 집은 춥지 않다. 램프는 세 가지 기능을 한다는 점에서 중요하다. 집을 따뜻하게 해주고, 빛을 주며, 음식을 조리하는데 쓰인다. 에스키모인이 백인을 만나기 전에는 에스키모인의 칼들과 다른 도구들은 돌이나 동물의 신체부위로 만들어졌다. 지금 그들은 총과 칼을 사용한다. 그들은 서로 싸우지 않고 훔치지도 않는다. 그들은 자신의 아이들을 때리지 않는다. 아이들은 빨리 성장하며 자신의 아버지와 같이 다니며 음식을 구한다. 에스키모인의 삶은 힘들지만, 그들은 강하고 인내심이 있다.

【해설과 정답】

1. 이 글은 특정한 주제에 치우치지 않고, 글 전체의 내용에 걸쳐서, '에스키모인의 모습은 어떠하며, 거주 지역은 어디이며, 음식은 어떠한 것을 즐기며, 삶의 도구'는 어떠한지에 대해서 전반적으로 서술하고 있다. 즉, 이 글의 제목은 '에스키모인의 삶의 방식'이다. ····························· 【정답】 ④

2. ① 그린란드의 일부 신문들과 책들은 에스키모어로 되어 있다. (X 본문에 전혀 언급이 없는 내용이다.)
② 일부 에스키모인은 큰 마을이나 큰 도시 근처에 산다. (X 글에서는 자주 이동을 하고 집을 새로 짓는다고 했으므로 틀린 내용이다.)
③ 작은 보트들은 동물과 물고기를 잡기 위해 쓰인다. (X 본문에 전혀 언급이 없는 내용이다.)
④ 여성들은 아이를 돌보고 옷과 음식을 만든다. (X 본문에서 여성에 대한 언급은 전혀 없다.)
⑤ 그들의 삶이 힘들다 하더라도, 그들은 인내심이 있다. (마지막 문장에 있는 내용이다.) ····························· 【정답】 ⑤

### VOCABULARY

- boil 끓이다
- **not at all** 전혀 ~이 아니다
- steal 훔치다
- **be made from** ~으로 만들어지다
- look for ~을 찾다
- appearance 모습, 외관
- weapon 무기

---

### call

call 은 "어떠한 신호를 보내다 → 부르다" 이다.
1. 큰 소리로 부르다; 출석을 부르다; 이름을 ~라고 부르다
2. 전화하다; (사람, 경찰, 의사 등을) 부르다
3. 회의를 소집하다; 요청하다, 요구하다
4. (장소·사람을) 방문하다
5. N. 신호, 호각, 호출

## 큰 소리로 부르다; 출석을 부르다; 이름을 ~라고 부르다

**01 call it a day**  * 이것을 하루라고 부르자
하루일을 마치다(=stop working); 단념하다

> **= call it a night**
>   (그날 밤의 일을) 끝내다(=call it quits); 활동을 중지하다
> **= call it quits**
>   무승부로 하다; 그만두다, 중단하다, 끝내다(=stop, finish)
> **cf. call a halt (to** sth**)** 끝내다, 중지를 명하다
> **cf. call it square** 결말을 짓다; 피장파장이라고 보다

**02 call a spade a spade**  * 카드게임에서 스페이드를 스페이드라고 부르다
사실대로 말하다, 꾸미지 않고 똑바로 말하다
(=be outspoken, speak plainly)

**03 call** sb **names** 비난하다, 욕하다(=abuse, curse)

**04 call** sb **down**  * 아래로(나쁘게) 부르다
꾸짖다(=scold, chide, reproach, reprehend)

> **cf. calling down** 질책, 징계
> **cf. call** sb **on the carpet** 꾸짖다, 불러 호통을 치다
>   * 야단을 치기 위해 카페트가 깔린 사장실로 부르다
> **cf. call to account**  * account(설명, 답변, 변명)
> 해명을 요구하다; 꾸짖다

## 전화하다; (사람, 경찰, 의사 등을) 부르다

**05 call ★ up** sb  * 일어나라고(up) 전화하다(call)
1. 〈미〉 ~에게 전화를 걸다; ~을 전화로 깨우다
   〈영〉 **ring ★ up** sb/sth

> - **call** sb **collect**
>   ~에게 수신자 부담전화를 하다(=the receiver pays for the call)
>   **cf. a collect call** 수신자 부담 전화
> - **call in sick** 전화로 병가를 내다
> - **call back** 사람의 전화에 응답하다; 나중에 다시 전화하다

2. 〈영〉 군대를 소집하다 〈미〉 **draft**  * 〈전쟁터〉 쪽으로(up) 부르다

> **= call out**  * 바깥으로 나올 것을 명하다
>   큰소리로 외치다; 군대를 소집하다; 파업을 지령하다
>   **cf. call-out** 출장 명령; 직장 복귀명령

## 회의를 소집하다; 요청하다, 요구하다

**06 call for** sb/sth
1. ~을 요청하다, 요구하다(=request)  * ~을(for : 대상) 요구하다
2. ~을 필요로 하다(=require, demand, need)
   * ~을 위해(for : 목적) 요구되다

**07 call ★ off** sb/sth
1. (약속·모임·계획 등을) 취소하다(=cancel)  * off를 선언하다
2. 주의를 딴 곳으로 돌리다(=distract)  * ~에서 떨어지도록 외치다

## (장소·사람을) 방문하다

**08 call on** sb
(사람을) 방문하다(=visit); 요구하다, 부탁하다; 지명하다
**cf. call at** sw (장소를) 방문하다(=visit)

## N. 신호, 호각, 호출

**09 a close call/ a close shave/ a close escape/
a narrow squeak/ a narrow escape**
위기일발, 아슬아슬한 순간

---

### let

let 은 "~하는 것을 허용하다(allow to), ~시키다, ~하게 하다"이
다. 세를 주거나 임대하는 것(임대하다)도 사용하는 것을 허용하
는 것이며, 감정을 터트리는 것도(탄식하다) 마찬가지로 감정을
억제하지 않고 터트리도록 내버려 두는 것이다.
1. ~하는 것을 허용하다(allow sb/sth to R), ~시키다,
   ~하게 하다; 세놓다
2. (액체·공기를) 새게 하다 → (감정·말 등을) 밖으로 내뱉다

## ~하는 것을 허용하다(allow sb/sth to R), ~시키다, ~하게 하다; 세놓다

**10 Let me ~. [Let** sb/sth **R = allow** sb/sth **to R]**
내가 ~할 수 있도록 해주세요, ~할게요.
- **Let me see.** 〈회화〉 어디보자.
- **Let me know.** 〈회화〉 내게 알려 줘

**11 Let's go ~.**  * 우리(us)가 가게(go) 합시다.(let)
~하러 가자, ~에 가자

**12 let go (of** sb/sth**)/ let** sb/sth **go**  * 가게(go) 내버려 두다(let)
1. 쥐었던 것을 놓다; 해방하다, 놓아주다(=release); 해고하다
2. 나쁜 일에 처벌하지 않고 넘어가다, 더 이상 언급은 않다,
   더 이상 문제 삼지 않다

> **cf. let oneself go**  * 자기 자신을 제멋대로 가게 놔두다
>   1. 완전히 긴장을 풀고 마음껏 즐기다
>     (=relax completely and enjoy yourself)
>   2. 자기 자신(특히 용모)을 돌보지 않다
>     (=not take care of oneself)
> **= let down one's hair**
>   * 긴장되어 빳빳이 섰던 머리카락을 아래로 늘어뜨리다
>   긴장을 풀다, 자연스럽게 행동하다
>   (=act freely and naturally)

**13 let ★ down** sb/sth  * ~을 (실망감으로 인해) 고개를 숙이게(down) 하다
1. (사람을) 실망시키다(=disappoint)
2. (물건을) 아래로 내리다; (지위 등을) 낮추다
3. (옷 따위를) 풀다, 늘리다(=make sth longer)

**14 let up**  * 잠시 자리에서 일어나(up) 쉬게 하다(let)
(비나 눈이) 멈추다, 잠잠해지다(=stop), 약해지다(=lessen);
(일을) 그만두다
**cf. letup** (노력·강도 등의) 정지, 휴지(=cessation, pause),
완화(=relief); 감소
- **without letup** 중단없이, 쉬지 않고(=without a pause)

**15 let alone**  * ~은 혼자 내버려 두고도(빼더라도)
~은 말할 것도 없이, ~은 물론이고(=not to mention)

**(액체·공기를) 새게 하다 → (감정·말 등을) 밖으로 내뱉다**

**16 let[blow] off steam** • 스팀(증기; 울분)을 새어나가게 하다
〈구어〉 울분을 토하다, 감정을 속시원하게 쏟아내다

> **cf. let ✶ off** sb/sth
>   (액체.기체따위를) 새어나가게 하다; 발설하다;
>   처벌을 면해주다(=get off)
> - **let** sb **off the hook**
>   (처벌이나 약속을) 면해주다(=get off the hook)
> - **let** sb **off lightly[easily]** 가볍게 처벌하다
>   **cf. get off with** sth **easily** 가벼운 처벌만 받다

**17 let go with** sth • 하고 싶은 말을 마음껏 내게 내버려 두다
~을 격렬하게 소리내거나 표현하다(=speak violently),
(고함이나 비명을) 지르다

**18 let on (that ~)/ let** sb **in on** sth • 어떤 것을 수면 위로(on) 드러나게 하다
드러내다, 밀고하다, 누설하다(=reveal, disclose, divulge)

**19 let ✶ out** sth • 밖으로(out) 나가게 하다(let)
1. (비밀 따위를) 무심코 누설하다, 입 밖에 내다
(=allow a secret to be known)
2. (옷 등을) 늘리다(=make large)
↔ **take ✶ in** sth 옷을 줄이다
3. ~을 밖으로 내보내다; 해방하다; 해고하다
↔ **let** sb/sth **in** 들이다, 안으로 들여보내다
4. (학교·집회·연극 등이) 끝나다, 파하다
(=end, come to a close), 해산하다(=dismiss)

**20 let the cat out of the bag** • 고양이를 가방 밖으로 내어놓다
(무심결에) 비밀을 누설하다(=divulge a secret)

> **= spill the beans**
>   (무심코) 비밀을 누설하다; 계획을 뒤집어 엎다.
> **= let slip** sth**/ let (it) slip that ~**
>   • 혀에서 말이 미끄러지면서(slip) 새어 나오다(let)
>   (무심코) ~을 입 밖에 내다; 누설하다)
>   **cf. let it all hang out** • 모든 것을 바깥에 걸어두다
>   숨기지 않다; 솔직하게 (모든 것을) 말하다

**01** 다음 대화의 흐름으로 보아 밑줄 친 곳에 들어갈 가장 적절한 것을 고르시오. [07.국가직 9급]

> A : Did we finish packing all the orders?
> B : No, we still have to do about ten more.
> A : I'm tired of packing this stuff.
> B : Maybe we could finish it later.
> A : Sure, we could do it tomorrow morning.
> B : O.K. ___________________

① Those were the days.
② Let's call it a day.
③ Why don't we call it off now?
④ You know we don't have all day.

**02** He is the kind of person who always <u>calls a spade a spade</u>. [93.기술고시]
① has no common sense
② speaks plainly
③ talks about small things
④ gossips about others
⑤ knows everything

**03** At my last school, they <u>called me names</u> because I was so slow. [07.국가직 9급]
① abused me          ② deceived me
③ call the roll       ④ finished with me

**04** The teacher <u>called down</u> Amy in front of everybody.
① reprimanded        ② praised
③ insulted            ④ flattered

**05** I'll call you ________ at 8:30 and give you a lift to work. [91.건국대 대학원]
① in       ② for       ③ at       ④ up

**06** The argument <u>calls for</u> future negotiations.
① postpones          ② requires
③ cancels            ④ refuses

**07** Tomorrow's match has been called ________ because of the icy weather.
① on       ② in
③ off      ④ for

---

**01** ─────────────────────────── 【정답】②

> A : 모든 주문에 대해 포장을 마쳤나요?
> B : 아뇨. 아직 10개 정도 더 해야 할 것이 남았어요.
> A : 난 이것들 포장하는데 지쳤어요.
> B : 뭐 나중에 끝내도록 합시다.
> A : 네. 내일 아침에 해요.
> B : 좋아요. 오늘은 그만합시다.

① Those were the days. 그때가 좋았어!, 옛날이 좋았어!
② Let's call it a day. 그만합시다.
③ 지금 당장 취소하시지요? * call off 취소하다
④ 우리가 시간이 넉넉하지 않다는 걸 알잖아요.
    * have all day 시간이 넉넉하다

**02** 그는 언제나 솔직하게 말하는 사람이다.
─────────────────────────── 【정답】②
① common sense(상식)가 없다
② 꾸밈없이(plainly) 말하다
③ 사소한 것들을 이야기하다
④ gossip 잡담; 잡담하다

**03** 지난 학교에서는, 내가 너무 둔하다고 그들이 나를 욕했다.
─────────────────────────── 【정답】①
① abuse 욕하다
② deceive 속이다
③ call the roll 출석을 부르다

**04** 선생님은 모두 앞에서 에이미를 꾸짖었다.
─────────────────────────── 【정답】①
① reprimand 꾸짖다        ② praise 추켜세우다
③ insult 모욕하다         ④ flatter 아부하다

**05** 네게 8시 30분에 전화하고 너를 직장까지 데려다 줄게. * give ~ a lift 태워주다
─────────────────────────── 【정답】④
① call in 잠깐 들르다      ② call for 요구하다
③ call at (장소) 방문하다

**06** 그 논쟁은 장차 협상이 필요하다.
─────────────────────────── 【정답】②
① postpone 연기하다
② require 필요로 하다
③ cancel 취소하다
④ refuse 거절하다

**07** 내일 시합은 추운 날씨 때문에 취소되었다.
─────────────────────────── 【정답】③
① call on 방문하다
② call in 불러들이다
④ call for 요청하다

**08** Many enjoy calling __________ their friends at Christmas time.
① on　　　　② of
③ off　　　　④ to

**09** 대화의 흐름상 빈칸에 가장 적합한 단어는? [00.공인회계사]

> A : What's up? You look quite upset.
> B : A car nearly hit me. It was a close _____.
> A : Did you get hurt?
> B : No. I just got startled.

① prevention　　　② call
③ cure　　　　　④ attention
⑤ collusion

**10** 다음 밑줄 친 곳에 알맞은 것은? [97.일반경찰]

> She lets me do the work by myself.
> = I __________ do the work by myself.

① am allowed to　　② am let
③ was let to　　　④ let

**11** 빈칸에 들어갈 가장 적합한 것은? [99.특수기동대]

> A : My room is on the second floor.
> B : Let's go __________ .

① to upstairs　　　② upstair
③ upstairs　　　　④ to upstair

**12** The foolish dog took his own shadow on the lake for another dog with a piece of meat larger than his own, and <u>let go of</u> his own meat so that he could attack the other dog and get his meat from him. Of course he lost his own meat by this, for it sank to the bottom and he was not able to get it back.

[04. 행자부 9급]

① ignored　　　　② clutched
③ released　　　　④ grasped

---

**08** 많은 사람들은 크리스마스 때 자신들의 친구를 방문하는 것을 즐긴다.

【정답】 ①

**09** 【정답】 ②

> A : 무슨 일이야? 안 좋아 보이는구나.
> B : 차에 치일 뻔했어. 위기일발이었어.
> A : 다쳤니?
> B : 아니, 단지 놀랐을 뿐이야. * startled 깜짝 놀란

① prevention 예방
② a close call 위기일발
④ attention 주의
⑤ collusion 음모

**10** 【정답】 ①

> 그녀는 나 혼자 그 일을 하게 한다.
> * by oneself 혼자

**11** 【정답】 ③

> A : 내 방은 2층에 있어.
> B : 2층으로 올라가자.
> 　　* go upstairs 2층에 올라가다; (침실에) 자러 가다

**12** 그 어리석은 개는 호수에 비친 자신의 그림자를 자기 것보다 더 큰 고기를 물고 있는 다른 개로 착각했다. 그리고는 그 개를 공격하고 고기를 빼앗기 위해 자신의 고기를 내뱉어버렸다. 물론 개는 이로 인해 자신의 고기를 잃었다. 고기가 바다에 가라앉아서 꺼내 올 수 없게 되었기 때문이다.
* take A for B A를 B로 잘못 맡다

【정답】 ③

① ignore 무시하다
② clutch 단단히 쥐다, 붙들다
③ release 해방하다, 풀어주다
④ grasp 붙잡다, 움켜쥐나

**13** 다음 빈칸에 공통으로 들어가기에 가장 적합한 것은? [07.경남9급]

> 1) By quitting school, I _________ my parents.
> 2) My trousers shrank in the wash, so I will ______ them _______.
> 3) Please _________ a rope so that I can climb up.

① let down      ② put down
③ come down      ④ go down

**14** Everything seemed in place. It had been a sweltering day but finally the heat had <u>let up</u> and a fresh breeze had begun to cool the land.

① lessened      ② increased
③ strengthened      ④ flared

**15** She can speak German, <u>let alone</u> English.

[01.인천시9급]

① in addition to      ② except for
③ not to mention      ④ as regards
⑤ above all

**16** 다음 빈 칸에 들어갈 말로 적당한 것은? [06.경북 9급]

> A : You look so angry. What happened?
> B : Nothing. I'd rather not talk about it. Just don't ask.
> A : Come on I think you need to let ______ some steam. Besides, you shouldn't keep your feelings pent up. That'll eat you alive. So, talk to me.

① on      ② out      ③ off      ④ down

**17** In the course of his speech, the lawyer <u>let go with</u> a vicious attack on the tactics of his opponent.
① released the grasp
② spoke violently
③ let down
④ played on words

**18** He knew the truth but he didn't let _____.
① off      ② down      ③ up      ④ on

**19** To allow a secret to be known is to _________.

[84.행정고시]

① put out      ② come about
③ let up      ④ let out

---

**13** ________________ 【정답】 ①

> 1) 학교를 그만둠으로써, 나는 부모님을 실망시켰다.
> 2) 내 바지가 세탁으로 인해 줄어 들었다. 그래서 나는 그것들을 늘릴 예정이다.
> 3) 내가 오를 수 있도록 로프를 내려 주세요.

② put down 적어놓다; 내려놓다; 진압하다
③ come down 유산 등이 내려오다; 넘어지다; 가격을 내리다
④ go down 물가 등이 내리다; 해가 지다

**14** 모든 것이 적절해 보였다. 찌는듯한 날이 있었지만 결국 그 열기는 수그러들고 신선한 산들바람이 대지를 식히기 시작했다.
 * in place 적절한, 제자리에   sweltering 무더운

________________ 【정답】 ①

① lessen 줄이다; 줄다      ③ strengthen 강화하다
② increase 증가시키다; 늘다 ④ flare 확 타오르게 하다

**15** 그녀는 영어는 물론이고, 독일어도 할 수 있다.

________________ 【정답】 ③

① in addition to ~에 더하여
② except for ~을 제외하고
③ not to mention ~은 말할 것도 없이
④ as regards ~에 관해서는
⑤ above all 무엇보다도

**16** ________________ 【정답】 ③

> A : 매우 화나 보이네. 무슨 일 있었니?
> B : 아무것도 아냐. 별로 말하고 싶지 않으니 묻지마.
> A : 에이! 그냥 속시원하게 털어버리는게 나을 것 같은데. 게다가, 네 감정을 가두어 두면 안돼. 그것이 결국 너를 괴롭힐거야. 자, 내게 털어놔 봐!
>  * pent up 갇힌, 억압된 eat ~ alive ~를 못살게 굴다

**17** 변론 과정에서 그 변호사는 상대편의 술책에 대해서 맹렬한 공격을 퍼부었다.

________________ 【정답】 ②

① 통제를 풀어주다
② violently 맹렬하게, 난폭하게
③ let down 실망시키다; ~을 내리다
④ play on words 음이 비슷한 말을 이용한 말장난(을 하다)

**18** 그는 진실을 알고 있었지만 그는 내색하지 않았다.

________________ 【정답】 ④

**19** 비밀을 알려지게 둔다는 것은 누설하는 것이다.

________________ 【정답】 ④

① put out 불을 끄다; 생산하다
② come about 일어나다
③ let up 멈추다

**19-1** To let out a dress means to __________.
① throw it away
② make it large
③ make it smaller
④ lengthen it

**20** 다음 대화의 빈 칸에 들어갈 말로 적당한 것은? [07.법원직]

A : What's in the box, Ralph? I'm so curious.
B : A necklace. Well, you know tomorrow is Cindy's birthday. I've planned a special surprise for her. Please don't __________________.

① judge by appearances
② cry over the spilt milk
③ say curiosity killed the cat
④ let the cat out of the bag

**20-1** Four out of ten Americans who admit to keeping a secret from their husband or wife are afraid to __________ not on the extramarital affairs but on the price tag of their purchases.
① spill the beans      ② split the scene
③ spoil the broth      ④ spin the wheels

---

**19-1** 옷을 늘린다는 것은 그것을 크게 하는 것을 의미한다.
【정답】②

① throw away 버리다
④ lengthen 길게 하다(기장 등을 늘이다)

**20** 【정답】④

A : 박스 안에 뭐가 들었어? 몹시 궁금하네.
B : 목걸이야. 흠, 너 내일 신디 생일인거 알지. 내가 그녀에게 깜짝선물을 준비했거든. 무심결에 얘기하지마.

① Don't judge by appearances.
   겉모습만 보고 판단하지 마라.
② Don't cry over the spilt milk.
   지난 일은 후회해도 소용없다.
③ Curiosity killed the cat.
   과도한 호기심은 위험하다.
④ let the cat out of the bag.
   무심결에 비밀을 누설하다.

**20-1** 남편이나 아내에게 비밀을 가지고 있다고 시인한 열 명의 미국인 중 네 명은 혼외정사에 대한 것이 아니라 그들이 구입한 가격 정가표가 누설되는 것을 두려워한다. * extramarital 혼외의
【정답】①

① spill the beans 비밀을 누설하다
② split the scene 돌아오다
③ Too many cooks spoil the broth.
   사공이 많으면 배가 산으로 오른다.
④ spin the wheel 바퀴를 굴리다

## 1. call/cil(=call)

### 01 recall
[rikɔ́:l]
re(=again)+call(=call) → 다시 불러오다
vt. 1.상기하다, 생각해내다;
　　연상시키다(=recollect, remember)
　　2.(명령이나 말을) 취소하다
　　3.(대사를) 소환[파면]하다
　　4.(물건을) 회수하다
n. 회상, 상기; 기억력; 소환; 취소,
　　철회; 회수

> 동 **recollect** 생각해 내다(=remember),
> 회상하다; 기억나다
> **ring a bell** 생각나게 하다

### 02 conciliator
[kənsílièitər]
con(=together)+cil<call(=call)
→ 싸운 두 사람을 불러 모으는 사람
n. 조정자(=mediator), 회유자
ⓐ **conciliatory**
　　타협적인(=diplomatic), 회유적인
　　**conciliable** 달랠 수 있는, 화해할 수 있는
ⓝ **conciliation** 달램, 조정, 화해

### 03 reconcile
[rékənsàil]
re(=again)+con(=together)+cil<call(=call)
→ 다시 "여보"라고 부르게 하다
vt. 1.화해시키다, 융화시키다;
　　조화시키다
　　2.(분쟁 등을) 중재[조정]하다
　　3.(수동형) 스스로 체념케하다
ⓐ **reconciliatory** 화해의; 조정의
　　**reconcilable**
　　조정할 수 있는; 조화시킬 수 있는
ⓝ **reconciliation** 화해; 조정, 조화

> 표현 **make up**
> (분쟁 등을) 원만히 해결하다, 화해하다

### 04 irreconcilable
[irékənsàiləbl]
ir<in(=not)+re(=again)+conciliable
→ 화해할 수 없는
a. 조화하지 않는, 양립할 수 없는
　　(=incompatible);
　　타협[화해]할수 없는
n. 비타협적인 사람

## 2. vow/vouc/voc/vok(=call)

### 05 disavow
[dìsəváu]
dis(=not)+a(=to)+vow(=call) → 아니라고 외치다
vt. 부정하다, 부인하다, 거부하다
ⓝ **disavowal** 부인, 부정, 거부

> 반
> **avow** 공언하다; (솔직히) 인정하다, 고백하다
> 　- **avowal** 공언, 시인; 고백
> 　- **avowed** 스스로 인정한, 공언한, 공공연한
> 동 **vow** 맹세, 서약; 맹세하다, 단언하다

### 06 vouch
[váutʃ]
vouch(=call) → 크게 옳다고 외치다
vi. (~의 신뢰성을) 보증[보장]하다(for)
vt. 옳다고 단언하다, 보증하다

> 관련 **voucher** 영수증, 전표; 상품권, 할인권
> 　**avouch** 단언하다, 시인하다, 보증하다

### 07 vocal
[vóukəl]
voc(=call)+al → 소리를 외치는
a. 1.목소리의, 성악의
　　2.목소리를 내는, 시끄럽게 구는
ⓐ **vocalist** 성악가, 가수
관련 **vocative** 부르는, 호격의
　　**vociferous** 큰소리로 외치는, 소란한

### 08 equivocal
[ikwívəkəl]
equi(=equal)+voc(=call)+cal
→ 같은 소리를 내서 구별이 애매한
a. 1.두 가지 뜻으로 해석되는
　　(=ambiguous, ambivalent)
　　2.(말 등이) 모호한; 분명치 않은
　　(=dubious)
ⓥ **equivocate**
　　모호한 말을 쓰다, 얼버무리다
ⓐⓓ **equivocally** 애매모호하게
반 **unequivocal** 모호하지 않은; 명확한

### 09 advocate
[ǽdvəkèit]
[ǽdvəkət]
ad(=to)+voc(=call)+ate → ~에 유리하게 외치다
vt. 옹호[지지]하다, 변호하다,
　　주장하다
n. 지지자, 옹호자, 변호사
ⓝ **advocacy** 변호, 옹호; 지지

### 10 avocation
[ævəkéiʃən]
a(=to)+voc(=call)+ation → ~에 유리하게 외치다
n. 취미; 부업; <구어> 직업

<table>
<tr><td colspan="2">뉘앙스　직업의 종류</td></tr>
<tr><td>❶ job</td><td>직업이나 일자리를 뜻하는 가장 일반적인 말</td></tr>
<tr><td>❷ occupation</td><td>대체로 정규직(어느 정도의 업무훈련을 요함)</td></tr>
<tr><td>❸ profession</td><td>변호사, 의사 등 대체로 전문직</td></tr>
<tr><td>❹ career</td><td>주로 전문적인 직업; 이력, 경력</td></tr>
<tr><td>❺ business</td><td>실업, 상업 등 영리를 추구하는 직업</td></tr>
<tr><td>❻ calling</td><td>천직 ★ 신의 명령에 의한 일</td></tr>
<tr><td>❼ vocation</td><td>원래는 천직이라는 의미(생업, 직업에 두루 사용)</td></tr>
<tr><td>❽ trade</td><td>목수 등 손의 기술을 요하는 직업; 무역, 통상</td></tr>
<tr><td>❾ 업계(業界)</td><td>trade, industry</td></tr>
</table>

### 11 evoke
[ivóuk]
e<ex(=out)+vok(=call)+e → 밖으로 불러내다
vt. 1.(기억 따위를) 되살려내다,
　　환기하다
　　2.(웃음 따위를) 일으키다
　　3.(영혼을) 불러내다
동 **convoke** 불러 모으다, (회의를) 소집하다

### 12 invoke
[invóuk]
in(=in)+vok(=call)+e → 마음 안으로 불러내다
vt. 1.빌다, 호소하다, 염원하다
　　2.(마음에) 떠오르게 하다,
　　연상시키다(=elicit)
　　3.(영혼을) 불러내다

> 동 **elicit** (사실·대답·웃음 등을)
> 이끌어내다(=draw forth, invoke)
> ＊ e<ex(out)+lic(=entice)+it :
> 밖으로 유인해내다

### 13 provoke
[prəvóuk]
pro(=forward)+vok(=call)+e → 앞으로 불러내다
vt. 화나게 하다,
　　(감정을) 불러일으키다
ⓝ **provocation** 성나게 함; 화남, 분노;
　　도발, 자극(=incitement)
ⓐ **provocative**
　　약 올리는, 성나게 하는; 흥분성의; 흥분제

**14 revoke** ★
[rivóuk]

re(=again)+vok(=call)+e → 다시 외치다
vt. 1.(명령·약속·면허 등을) 취소
   [철회]하다(=withdraw, retract)
   2.폐지하다, 무효로 하다
   (=repeal, abrogate)
   3.해약하다
ⓐ revocable 폐지[취소]할 수 있는
ⓑ irrevocable*
   변경할 수 없는, 철회할 수 없는

## 3. cit(=call, arouse)

**15 cite** ★
[sáit]

cite(=call) → 딴데서 불러오다
vt. 1.인용하다(=quote), 예로 들다
   2.소환하다, 출두를 명하다
ⓝ citation 인용
ⓐ citable 인용할 수 있는, 소환할 수 있는
혼 site[sait]
   대지, 부지, 유적, 장소, 웹사이트

> 동 excerpt* 발췌; 인용구
>   (=short selection); 인용하다
>   quote 인용하다; 인용문

**16 recite** ★
[risáit]

re(=again)+cite(=call) → 큰소리로 부르다
v. 1.낭송하다, 낭독하다; 열거하다
   2.암송하다(=repeat from memory)
ⓝ recital 암송, 낭송; 독주회, 독창회

**17 incitement** ★
[insáitmənt]

in(=in)+cite(=call)+ment → 안으로 불러오는 것
n. 자극, 선동(=provocation);
   유인(책)
ⓥ incite 자극하다, 선동하다

**18 solicit** ★
[səlísit]
06.강원도 9급

sol(=entire)+i+cit(=call) → 온 몸으로 부르다(매춘부가 몸짓으로 부르는 것을 연상)
vt. 1.간청하다, 요청하다
   (=beseech, ask for); 권유하다
   2.(악행을) 부추기다
   3.(공공장소에서) 손님을 끌다
ⓝ solicitation 간청, 졸라대기; 유혹
   solicitor 간청하는 사람; 선거운동자;
   소송 대리인

> 표 solicitude 근심, 걱정; 염려; 안달
>   solicitous
>   (복지 등을) 걱정해주는, 염려하는

> 동 accost*
>   (모르는 사람에게) 말을 걸다; 손님을 끌다

## 4. claim/clam(=cry, shout)

**19 claim** ★★
[kléim]

claim(=shout) → 소리를 질러대다
v. 1.(사실을) 주장하다
   2.(권리를) 주장하다,
   (손해배상을) 요구하다(=demand)
   3.(병 등이) 목숨을 빼앗다
   4.(사람의 주의 등을) 끌다
n. 권리의 주장(=assertion); 청구,
   손해배상 청구액
ⓝ claimant 요구자, 신청인; 원고
관련 counterclaim
   반대 요구, (특히 피고의) 반소

**20 clamor** ★
[klǽmər]

clam(=shout)+or → 소리를 질러대는 것
n. 소란, (항의의) 아우성소리
v. 시끄럽게 요구하다, 떠들어대다
ⓐ clamorous* 시끄러운, 소란한(=vociferous)

> 관 exclaim 외치다, 고함치다, 소리 지르다
>   - exclamation 절규, 외침; 감탄(사)

**21 acclaim** ★★★
[əkléim]

ac<ad(=to)+claim(=shout)
→ (스타를) 향해 외치다, 소리치다
v. 1.갈채하다, 환호하다, 찬양하다
   (=praise, hail, laud)
   2.큰소리로 말하다, 외치다

> 표현 give a standing ovation
>   기립박수를 주다
>   - get a standing ovation
>   기립박수를 받다

**22 proclaim** ★★
[proukléim]

pro(=forward)+claim(=shout)
→ 대중 앞에서 외치다
v. 선언(공표)하다, 정식 포고하다
   (=declare, publicize)
ⓝ proclamation 선언, 선포, 포고; 성명서

**23 disclaim** ★
[diskléim]

dis(=not)+claim(=shout) → 권리를 주장하지 않다
v. 1.(책임·관계 따위를) 부인하다
   (=deny)
   2.(요구·권한 따위를) 거부하다
   3.(청구권을) 포기하다
ⓝ disclaimer* 포기자; 부인, 거부, 포기,
   기권; (제품이나 TV의) 주의(경고·게시)문,
   면책조항
   disclamation
   부인, 거부(행위); 권리의 포기

> 표 declaim
>   맹렬히 비난하다; (시를) 낭독하다
>   - declamation 낭독, 열변, 연설

**24 reclaim** ★
[rikléim]

re(=again)+claim(=cry) → 다시 쓸 수 있다고 외치다
vt. 1.개간하다; 간척하다(=recover)
   2.교정(矯正)[개선]하다,
   개심시키다
   3.(천연 자원을) 이용하다;
   (폐물을) 재생하다
   4.(동물 등을) 길들이다
   5.(반환을) 요구하다

## 5. quir/quisit/quest/quer(=ask, seek)

**25 beseech** ★
[bisí:tʃ]

be(=make)+seech(=seek) → 얻으려고 하다
vt. 간청하다, 탄원하다
   (=entreat, solicit)
ⓐ beseeching* 간청하는(=pleading)

**26 acquire**
[əkwáiər]

ac<ad(강조)+quire(=seek) → 완전히 구하다
vt. 1.취득하다, 습득하다, 배우다
　(=obtain, come by, take on)
　2.<구어> ~을 훔치다
ⓝ acquirement 취득, 획득
　acquisition 취득, 획득; 구입도서
ⓐ acquired* 획득한, 후천적인(↔ inherent)
　acquisitive*
　얻으려고 하는, 탐내는, 욕심 많은
쥰 perquisite 임시 수입, 초과 이득;
　부수입, 수당, 상여금

> **표현**
> take on ▽
> 　1.(일·역할을) 떠맡다(=undertake)
> 　2.고용하다
> 　3. (형태·성질·태도 따위 등을) 취하다;
> 　~인 체하다(=assume)
> 　4. ~을 상대로 싸우다(=fight)
> come by ▽
> 　1. (구하기 힘들거나 희귀한 것을)
> 　얻다, 구하다, 획득하다(=obtain, get)
> 　2. (가는 길에) 잠깐 들르다
> 　3. (come by car/train/bus ) ~을 타다

**27 inquisitive** ▽
[inkwízətiv]

in(=in)+quisit(=ask,seek)+ive → 안으로 캐묻고 들어가는
a. 1.탐구적인, 호기심이 강한
　(=curious)
　2.꼬치꼬치 캐묻기 좋아하는
　(=prying, nosy)
n. 호기심이 강한 사람
ⓥ inquire 묻다; 질문[문의]하다;
　조사하다(=ask, investigate)
ⓝ inquisition 심리, 조사, 취조; 심문
　inquisitor 조사자, 심문자
　inquiry 연구, 탐구; 조사, 취조; 질문, 조회
　query 질문; 물음표; 질문하다, 캐묻다

> 윤 nosy 코가 큰 → 참견하기 좋아하는
> 　prying (호기심을 가지고) 엿보는;
> 　캐기 좋아하는(=inquisitive)

**28 exquisite** *
[ikskwízit]

ex(=out)+quisit(=seek) → 바깥나라에서 구해 온
a. 1.아주 아름다운(=very beautiful),
　훌륭한
　2.절묘한, 정교한, 섬세한

**29 requisite** *
[rékwəzit]

re(강조)+quisit(=seek) → 절실하게 요구되는
a. 필요한(=required), 필수의,
　없어서는 안 될
n. 필수품
ⓝ requisition* (권력에 의한) 요구
　(=request); 징발, 청구서; 명령서;
　국제적 범인 인도 요구; 요구하다; 강제
　사용하다; 징발[징용]하다

07.울산 9급

> 관련 prerequisite***
> 　1.미리 필요한, 전제가 되는, 불가결한
> 　2.필요조건(=requirement); 필수과목

**30 question** ▽
[kwéstʃən]

quest(=ask)+ion → 묻는 것
vt. 질문하다, 묻다(=ask); 문제 삼다
ⓝ questioning 질문, 심문; 캐묻는
　↔ unquestioning
　무조건적인, 의심하지 않는
　unquestionable 의심할 나위없는
n. 1.물음, 질문
　* question and answer
　<무관사> 질의응답
　* put a question to ~에게 질문하다
　2.논점, 의제, 현안; 문제
　* in question* 본~, 당해; 논쟁중인,
　검토 중인(=under consideration)
　3.의문, 의심
　* out of question* 의심의 여지가
　없이, 확실한(=undoubtedly)
　= beyond question 틀림없이, 물론
　4. 가능성, 기회
　* out of the question▽
　불가능한(=impossible, unthinkable)

> 관련 quest 탐색; 탐구, 추구; 탐구하다
> 　request 요구, 부탁; 요구하다
> 　bequest 유증, 유물, 전해져 내려오는 것
> 　inquest 심리;검시; 조사, 음미; 사후검토

**31 sequester** *
[sikwéstər]

se(=apart)+quest(=ask) → 떨어지라고 요구하다
vt. 1.격리하다, 고립시키다
　2.압류하다, 몰수하다
vi. (미망인이) 재산 요구를 포기하다
ⓐ sequestered* 은퇴한, 고립된(=remote)
통 sequestrate 가압류하다; 몰수하다

**32 conquer** **
[káŋkər]

con(강조)+quer(=ask) → (조공을) 요구하다
v. 1.정복하다, 이기다; 승리하다
　(=defeat)
　2.(곤란·장애 등을) 극복하다
　3.(명성 등을) 획득하다
ⓝ conqueror 정복자, 승리자
　conquest 정복; 전리품
반 unconquerable** 극복[정복]하기 어려운
　(=impregnable, invincible)
통 vanquish* 정복하다, 패배시키다, 이기다
표현 carry the day* 승리를 거두다(=win)

**어근보충**

❶ disquisition 논설, 논문(treatise); 연설
❷ querulous 불평 많은, 성 잘 내는, 짜증내는

**6. rog(=ask)**

**33 arrogant** *
[ǽrəgənt]
07.서울시 9급
03.행자부 7급

ar<ad(=to)+rog(=ask) → (건방지게) 감히 요구하는
a. 거만한, 오만한(=haughty); 건방진
ⓝ arrogance/ -cy 거만, 오만, 불손
ⓐⓓ arrogantly 거만하게

> 쥰 arrogate
> 　타인의 권리를 침해하다, 횡령하다
> 　- arrogation 사칭, 월권
> 관 rogue 악한, 무뢰한 * 삥 뜯는
> 　- roguish 악한의; 장난치는

## 34 abrogate
[ǽbrəgèit]

ab(=away)+rog(=ask)+ate
→ 멀리 치워버릴 것을 요구하다
vt. (공식적으로) 폐지하다, 폐기하다
(=abolish, revoke, do away with)
ⓝ **abrogation** 폐지
ⓐ **abrogative** 폐지한

## 35 derogatory*
[dirágətɔ̀:ri]

de(=down)+rog(=ask)+atory
→ 밑으로 길 것을 요구하는
a. (명예·품격 등을) 손상하는
(=contemptuous)
ⓥ **derogate** (명예를) 떨어뜨리다, 손상시키다
ⓝ **derogation** (명예·가치 등의) 손상, 훼손
훕 **surrogate** .대리의, 대용의; 대리인
* sur<sub(=secondary)+rog(=ask)+ate
→ 대신 해 줄것을 요구하는 것

## 36 prerogative★★
[prirágətiv]

pre(=down)+rog(=ask)+ative
→ 먼저 요구할 수 있는
n. (관직 등에 따르는)특권, 특전
(=special privilege)
a. 특권을 가진
97.일반경찰
홈 **privilege**★★
특권, 특별 취급; 면책특권; 특허

## 37 interrogate★★
[intérəgèit]

inter(=between)+rog(=ask)+ate
→ 둘 사이에서 묻는
v. 질문하다, 심문하다
(=question, examine)
ⓐ **interrogative**
의문의, 미심쩍은; 의문(대명)사
**interrogatory** 심문의

### 7. pet(it)/pit(=seek)

## 38 petition★★
[pitíʃən]

petit(=ask)+ion → 요구하는 것
n. 청원, 신청서, 소장
v. 청원하다(for)
ⓝ **petitioner** 청원자; (이혼 소송의) 원고

## 39 competitive★
[kəmpétətiv]

com(=together)+petit(=seek)+ive
→ 서로 구하려고 하다
a. 경쟁의, 경쟁적인
ⓥ **compete**★★ 경쟁히디, 겨루디
ⓝ **competition** 경쟁, 시합
**competitor** 경쟁자, 경쟁자

## 40 competent★★
[kámpətənt]

com(=together)+petit(=seek)+ent
→ 모든 것을 구한
a. 1.유능한, 능력[자격]이 있는
(=capable, intellectual)
2.요구를 충족시키는, 충분한
ⓝ **competence** 유능
**competency** 능력, 적성
밴 **incompetent**★★
무능한, 쓸모없는(=incapable)

## 41 perpetual ▽
[pərpétʃuəl]

per(=thoroughly)+pet(=seek)+ual → 계속 요구하는
a. 영속하는, 끊임없 는; 계속해서
반복되는(=constant, everlasting,
unceasing, incessant)
ⓥ **perpetuate*** 영속화시키다, 항구화하다
ⓝ **perpetuity**
영속, 불멸; 영원한 것; 종신연금
훕 **perpetrate***
(나쁜 짓, 죄를) 행하다, 범하다

## 42 propitious *
[prəpíʃəs]

pro(=forward)+pit(=seek)+ious → 미래가 보장된
a. 1.상스러운, 길조의(↔ominous)
2.유리한; 마음씨 고운
(=favorable, agreeable)
ⓥ **propitiate** 달래다, 위로하다(=appease)

### 8. spond(=promise, answer)

## 43 correspond *
[kɔ̀:rəspánd]

cor<com(=together)+re(=again)+spond(=answer)
→ 서로 대답을 주고 받다
vi. 1.서신왕래를 하다(with)
2.~에 상당하다; 대등하다(to)
3.일치하다, 부합하다(with)
ⓐ **corresponding**
상응하는, 일치하는, 유사한
(=congruent, similar)
ⓐⓓ **correspondingly**
대응하여, 상당하게; 일치하여
ⓝ **correspondent** 특파원, 통신기자

## 44 irresponsible★
[ìrispánsəbl]

ir<in(=not)+re(=again)+spond(=answer)+ible
→ 다시 응답 주지 않는
a. 무책임한, 신뢰할 수 없는
(=undependable)
밴 **responsible**
책임이 있는; 신뢰할 수 있는
* be responsible for (원인이 되다)
ⓥ **respond** 응답하다, 대답하다; 반응하다
ⓐ **responsive**
대답하는; 감동받기 쉬운; 민감한

## 45 despondent★★
[dispándənt]

de(=away)+spond(=answer)+ent
→ (신의) 응답으로부터 멀어진
a. 의기소침한, 낙담한, 실망한
(=depressed)
n. 낙담한 사람
ⓝ **despondency /despondence**
낙심, 실망, 의기소침

## 46 spouse *
[spáus]

spouse(=promise) → 장래를 약속한 사람
n. 배우자(남편, 아내)
ⓐ **spousal** 결혼의(=conjugal)
훕 **espouse** (학설을) 지지하다, 신봉하다

**01** I <u>recalled</u> the way they had been dancing together.

① recollected  ② rebuked
③ retracted  ④ recanted

**02** A number of our most famous senators are skilled <u>conciliators</u>.

① mediators  ② speakers
③ parliamentarians  ④ lawyers

> **02-1** The leader was chosen because of her <u>conciliatory</u> talents.
> ① warm  ② diplomatic
> ③ creative  ④ abstruse

**03** They had a terrible quarrel, but later became <u>reconciled</u>.

① made out  ② made over
③ made up  ④ made with

**04** They have <u>irreconcilable</u> differences.

① heuristic  ② incompatible
③ agreeable  ④ irrepressible

**05** The mayor <u>disavowed</u> any involvement in the scandal.

① accused  ② denied
③ acknowledged  ④ approved

**06** John is an honest man. I can vouch _____ him.

① by  ② for
③ of  ④ on

**07** If you are too _____ in your complaining, the tournament's organizers may not permit you to participate next time.

① revocable  ② vocative
③ equivocal  ④ vocal

**08** He always takes an <u>equivocal</u> position on matters of hot debate.

① ambiguous  ② erroneous
③ manifest  ④ equivalent

---

**01** 나는 그들이 같이 춤추었던 방법을 떠올렸다.

【정답】①
① recollect 생각해내다  ② rebuke 비난하다
③ retract 취소하다  ④ recant 취소하다

**02** 우리의 가장 유명한 상원 의원들 상당수가 노련한 중재자이다.  * senator 상원의원

【정답】①
① mediator 중재자  ② speaker 연설자
③ parliamentarian 하원 의원
④ lawyer 법률가

**02-1** 그녀의 타협의 재능 때문에 지도자로 선택되었다.

【정답】②
① warm 따뜻한  ② diplomatic 협상의 수완이 있는
③ creative 창조적인  ④ abstruse 난해한

**03** 그들은 심하게 다투었으나 그 후 화해했다.

【정답】③
① make out 이해하다  ② make over 양도하다
③ make up 화해하다  ④ make with 사용하다

**04** 그들은 서로 양립할 수 없는 차이점들이 있다.

【정답】②
① heuristic 학습을 돕는  ② incompatible 양립할 수 없는
③ agreeable 상냥한  ④ irrepressible 억압할 수 없는

**05** 시장은 어떤 스캔들에의 연루도 부인했다.

【정답】②
① accuse 비난하다  ② deny 부인하다
③ acknowledge 인정하다  ④ approve 승인하다

**06** 존은 성실한 사람이에요. 제가 장담할 수 있어요.  * vouch for ~을 보장하다

【정답】②

**07** 너무 불평의 소리를 많이 내면, 대회조직위에서 다음번에 참가를 못하게 할지도 모른다.

【정답】④
① revocable 폐지할 수 있는  ② vocative 호격의
③ equivocal 모호한  ④ vocal 잔소리를 많이 하는

**08** 그는 뜨거운 논쟁의 문제에 대해서는 항상 모호한 입장을 취한다.

【정답】①
① ambiguous 모호한  ② erroneous 잘못된
③ manifest 명백한  ④ equivalent 동등한

**08-1** When one thinks it unwise to take a definite stand, he or she is likely to ______.

① equivocate  ② enjoy
③ adhere  ④ condone

**09** They <u>advocated</u> building more schools than roads.

① implied  ② opposed
③ determined  ④ supported

**10** My father plays golf. What is your father's ______?

① ability  ② abhorrence
③ avocation  ④ avoidance

**11** The sight of the old tower always ______ a sense of wonder to him.

① evoked  ② provoked
③ invoked  ④ convoked

**12** Dr. Wilder Penfield, a Canadian neurosurgeon, proved that by stimulating their brains electrically, he could <u>elicit</u> the total recall of complex events in his subjects' lives.

① invoke  ② deceive
③ eliminate  ④ understand

**13** The Civil War <u>provoked</u> bitter hatreds but also saw many acts of chivalry and grace.

① caused  ② appreciated
③ rewarded  ④ ridiculed

**13-1** There would have been no fight if you hadn't <u>made</u> your brother <u>angry</u> by calling him names.

① prohibited  ② progressed
③ protruded  ④ provoked

**14** The state ______ his driver's license because he had had too many accidents.

① delayed  ② revoked
③ confirmed  ④ renewed



**08-1** 명확한 입장을 취하는 것이 현명하지 못하다고 생각할 때에는, 사람은 얼버무리기 쉽다. * stand 입장

【정답】①
① equivocate 얼버무리다  ② enjoy 즐기다
③ adhere 고수하다  ④ condone 묵과하다

**09** 그들은 도로보다는 학교를 지을 것을 주창했다.

【정답】④
① imply 암시하다  ② oppose 반대하다
③ determine 결심하다  ④ support 지지하다

**10** 나의 아빠는 골프를 치시는데·너의 아빠는 취미가 무엇이니?

【정답】③
① ability 능력  ② abhorrence 질색인 것
③ avocation 취미, 부업  ④ avoidance 기피

**11** 그 오래된 탑의 모습은 그에게 항상 경이로움을 불러일으킨다.

【정답】①
① evoke 감정을 일으키다  ② provoke 화나게 하다
③ invoke 호소하다  ④ convoke 소집하다

**12** 캐나다 신경외과 의사인 Wilder Penfield 박사는 피실험자들의 뇌를 전기적으로 자극하여 그들의 생활 속의 복잡한 사건에 대한 완전한 기억을 이끌어낼 수 있음을 입증했다. * total recall 완전한 기억

【정답】①
① invoke 빌다, 호소하다  ② deceive 속이다
③ eliminate 제거하다  ④ understand 이해하다

**13** 남북전쟁은 쓰라린 증오심을 불러 일으켰지만, 기사도적이며 기품있는 많은 행동들도 볼 수 있었다. * bitter 쓰라린 chivalry 기사도

【정답】①
① cause 일으키다  ② appreciate 감상하다
③ reward 보답하다  ④ ridicule 비웃다

**13-1** 당신이 욕설을 함으로써 동생을 화나게 하지 않았더라면 싸움은 벌어지지 않았을 것이다.
* call ~ names ~를 욕하다

【정답】④
① prohibit 금하다  ② progress 진보하다
③ protrude 튀어나오다  ④ provoke 화나게 하다

**14** 그가 너무 많은 사고를 낸 까닭에 정부에서는 그의 운전면허를 취소했다.

【정답】②
① delay 늦추다  ② revoke 취소하다
③ confirm 확인하다  ④ renew 갱신하다

**14-1** The authorities have <u>revoked</u> their original decision. [00.사법시험]

① accepted  ② consigned  ③ supported  ④ withdrawn

**14-2** He is the very man that made repeated attempts to <u>revoke</u> those decrees.

① repeal  ② enact  ③ promulgate  ④ enforce

**15** His famous book on the origin of the universe has been <u>cited</u> by scientists and scholars the world over.

① read  ② quoted  ③ bought  ④ discussed

**16** She <u>repeated from memory</u> the poem she had selected.

① rebuked  ② repealed  ③ rallied  ④ recited

**17** Wild pigs are fierce and courageous fighters and may charge with little or no <u>provocation</u>.

① warning  ② protection  ③ assistance  ④ incitement

**18** The young chicks of gulls <u>solicit</u> feeding by pecking at their parents bills. [96.사법시험]

① ask for  ② turn down  ③ take care of  ④ provide for  ⑤ enjoy

**18-1** The beggar <u>solicited</u> passers-by for money.

① requested  ② scowled at  ③ chased  ④ bargained with

**19** A watch was found at the train station. If anyone is missing one, please come and _____ it.

① snatch  ② steal  ③ claim  ④ grab

---

**14-1** 당국은 당초의 결정을 철회했다. * authorities 당국

【정답】④
① accept 수락하다  ② consign 위탁하다
③ support 지지하다  ④ withdraw 철회하다

**14-2** 그는 그 법령들을 폐지하려고 수차례 시도했던 바로 그 사람이다. * decree 법령

【정답】①
① repeal 폐지하다  ② enact (법을) 제정하다
③ promulgate 공표하다  ④ enforce 시행하다

**15** 우주의 기원에 대한 그의 유명한 책은 세계 각지의 과학자들이나 학자들에 의해 인용되어 왔다.

【정답】②

**16** 그녀는 자신이 고른 시를 암송했다.

【정답】④
① rebuke 비난하다  ② repeal 폐지하다
③ rally 집결하다  ④ recite 암송하다

**17** 멧돼지는 사납고 용감한 싸움꾼이라서 아주 사소한 자극에도 달려들 수 있다. * charge 습격하다

【정답】④
① warning 경고  ② protection 보호
③ assistance 도움  ④ incitement 자극

**18** 갈매기의 어린 새끼는 어미의 부리를 쪼아대는 행동으로 모이를 달라고 간청한다.
* chick 새끼 새  peck 부리로 쪼다  bill 부리

【정답】①
① ask for 요청하다  ② turn down 거절하다
③ take care of 돌보다  ④ provide for 제공하다
⑤ enjoy 즐기다

**18-1** 그 거지는 행인들에게 돈을 구걸했다.
* passer-by 행인

【정답】①
① request 청하다  ② scowl at 눈살을 찌푸리다
③ chase 뒤쫓다  ④ bargain with ~와 흥정하다

**19** 시계 하나가 열차 역에서 발견되었습니다. 누구든 시계를 잃어버리신 분은 꼭 와서 찾아가세요.

【정답】③
① snatch 잡아채다  ② steal 훔치다
③ claim 권리를 주장하다  ④ grab 부여잡다

**19-1** Every citizen in a democratic country may <u>claim</u> the protection of the law.
① reject
② accept
③ refuse
④ demand

**20** There was a <u>clamor</u> when the employees were asked to take pay cuts.

① loud noise
② dark cloud
③ angry argument
④ reasonable request

**20-1** The crowd grew <u>vociferous</u> in its anger and threatened to take the law into its own hands.
① intrinsic
② clamorous
③ somnolent
④ humid

**21** This poet has been <u>acclaimed</u> as one of the most talented writers in Korea. [94.기술고시]

① studied
② praised
③ criticized
④ viewed

**21-1** They <u>acclaimed</u> him as the best writer of the year.
① denied
② hailed
③ doubted
④ rumored

**22** Their religion encouraged them to <u>proclaim</u> their position on the issue.

① publicize
② recast
③ procrastinate
④ depict

**22-1** In 1863 President Lincoln <u>proclaimed</u> all slaves to be free.
① dedicated
② requested
③ decided
④ declared

**23** Some sites post a <u>disclaimer</u> stating that the term papers are for research purposes only and that they should not be submitted as a students' own work.

① right or state of being an owner
② statement that something is true or is a fact
③ legal right to control all use of an original work
④ statement that you are not responsible for something

---

**19-1** 민주국가에서의 모든 시민은 법의 보호를 요구할 수 있다.
【정답】④
① reject 거절하다
② accept 수락하다
③ refuse 거절하다
④ demand 요구하다

**20** 종업원들이 임금삭감을 요구받자 한바탕 소란이 있었다. * a pay cut 임금삭감
【정답】①

**20-1** 군중들은 분노로 점점 시끄러워졌고 자신들이 직접 제재하겠다고 위협했다. * take the law into one's own hands (법률의 힘을 빌리지 않고) 임의로 제재를 가하다
【정답】②
① intrinsic 본질적인
② clamorous 시끄러운
③ somnolent 졸리는
④ humid 습한

**21** 이 시인은 한국에서 가장 재능 있는 작가 중 한 사람으로 추앙받아 왔다.
【정답】②

**21-1** 사람들은 그를 그 해의 최고의 작가로 찬양했다.
【정답】②
① deny 부인하다
② hail 환호하다
③ doubt 의심하다
④ rumor 소문내다

**22** 그들의 신조는 그 문제에 대한 그들의 입장을 공표하게끔 용기를 북돋았다. * religion 신조, 신앙(심)
【정답】①
① publicize 공표하다
② recast 고쳐 만들다
③ procrastinate 연기하다
④ depict 그리다

**22-1** 1863년에 링컨대통령은 모든 노예들은 자유롭다고 선언했다.
【정답】④
① dedicate 헌신하다
② request 요청하다
③ decide 결정하다
④ declare 선언하다

**23** 어떤 사이트는 논문이 오로지 연구를 위한 것이며 학생들의 과제로 제출되서는 안 된다는 경고문을 게시해 놓고 있다. * submit 제출하다 a term paper 학기말 보고서[논문]
【정답】④

**24** From earliest recorded history, humans have tried to farm fertile land <u>reclaimed</u> from floodplains.

① restructured　　　② soaked
③ recovered　　　④ reinhabited

> **24-1** A great amount of ______ rubber is salvaged from used tires, old tubes, and other discarded rubber articles.
>
> ① acclaimed　　　② reclaimed
> ③ proclaimed　　　④ declaimed

**25** Jane came near to her husband and looked up into his face with <u>beseeching</u> eyes. [06.감정평가사]

① pleading　　　② suspicious
③ undaunted　　　④ bewildered
⑤ benign

**26** The company has just <u>acquired</u> a further 5% of the shares.

① inquired　　　② obtained
③ sold　　　④ given up

> **26-1** Statistics indicate that children who have congenital myopia are increasingly outnumbered by those who have ______ form of the disease.
>
> ① a controlled　　　② an acquired
> ③ a contagious　　　④ an outgrown

**27** Johnny is very ______; he likes finding out about things around him especially secret things.

[08.경기도 9급]

① innocuous　　　② frivolous
③ lucrative　　　④ inquisitive

> **27-1** Even as a child Thomas Edison had a very <u>inquisitive</u> mind; at the age of three he performed his first experiment.
>
> ① mature　　　② curious
> ③ brilliant　　　④ complex

> **27-2** Science, in its most fundamental definition, is a fruitful mode of ______, not a list of enticing conclusions.
>
> ① conversation　　　② debate
> ③ conjecture　　　④ inquiry

---

**24** 유사 이래 인간은 범람원을 개간한 비옥한 땅을 경작하기 위해 노력해 왔다.
* fertile 비옥한 floodplain 범람원
【정답】③
① restructure 재구성하다　② soak 적시다
③ recover 개간하다　　　④ reinhabit 다시 거주하다

**24-1** 많은 양의 재생고무가 중고 타이어, 낡은 튜브 및 기타 버려진 고무제품으로부터 회수된다.
* salvage 폐품을 이용·하다, 구출하다
【정답】②

**25** 제인은 남편 곁으로 다가가 그의 얼굴을 간청하는 눈빛으로 뚫어지라 올려다보았다.
【정답】①
① pleading 탄원하는　　　② suspicious 의심하는
③ undaunted 겁내지 않는　④ bewildered 당황한
⑤ benign 인자한

**26** 그 회사는 막 5%의 추가 지분을 획득했다.
【정답】②

**26-1** 통계자료는 선천적인 근시의 아이들보다 후천적인 근시의 아이들의 수가 점점 더 많아지고 있다는 것을 보여준다. * congenital 선천적인 myopia 근시 outnumber 수적으로 우세하다
【정답】②
① controlled 통제된　　　② acquired 후천적인
③ contagious 전염성의　　④ outgrown 웃자란

**27** 자니는 매우 호기심이 많다. 그는 특히 자기 주변에 있는 비밀스런 일들을 들추어 내는 것을 좋아한다.
【정답】④
① innocuous 해 없는　　　② frivolous 사소한
③ lucrative 이익이 되는　④ inquisitive 호기심이 많은

**27-1** 어렸을 때도 아인슈타인은 대단히 호기심이 많았다. 세 살 때 그는 그의 첫 실험을 했다.
【정답】②
① mature 성숙한　　　② curious 호기심이 강한
③ brilliant 훌륭한　　④ complex 복잡한

**27-2** 가장 근본적인 정의로, 과학이란 유혹적인 결론들의 목록이 아니라, 효과적인 연구의 방법이다.
* fundamental 기본적인 enticing 유혹적인
【정답】④
① conversation 대화　　② debate 토론
③ conjecture 추측　　　④ inquiry 연구, 조사

**27-3** People don't like <u>prying</u> persons who try to find out too much about the affairs of others.
① inquisitive ② candid
③ naïve ④ verbose

**28** Her songs were so <u>exquisite</u> that all audience were deeply moved.
① boring ② noisy
③ sad ④ silent
⑤ beautiful

**29** He has not gotten the <u>requisite</u> qualifications for this job.
① examined ② required
③ oriented ④ prepared

**29-1** The department chairman refused to authorize the <u>requisition</u>.
① transfer ② grant
③ request ④ project

**29-2** There's no <u>prerequisite</u> for Professor Smith's Italian Renaissance course, is there?
① requirement ② disadvantage
③ permission ④ disappointment

**30** The student who _____ his teacher learns more than the one who accepts everything his teacher says.
① acquires ② deserves
③ appeases ④ questions

**30-1** It is <u>out of the question</u> to describe the accident in detail. [99.경찰간부]
① easy ② impossible
③ questionable ④ obscure

**30-2** His success is <u>out of question</u>.
① impossible ② certain
③ doubtful ④ indispensable

**30-3** Have we ever discussed the matter <u>in question</u>?
① in doubt ② as a matter of fact
③ in all probability ④ under consideration

---

**27-3** 사람들은 다른 사람의 일에 관하여 너무 많은 것을 알려고 드는 캐기 좋아하는 사람을 좋아하지 않는다.
【정답】 ①
② candid 솔직한
③ naïve 순진한
④ verbose 말이 많은

**28** 그녀의 노래들은 너무나 아름다워서 모든 청중들이 깊이 감동받았다.
【정답】 ⑤
① boring 지루한 ② noisy 시끄러운

**29** 그는 이 일에 필수적인 자질을 갖추고 있지 않다. * qualification 자격, 자질
【정답】 ②

**29-1** 부장은 그 요청을 허가하기를 거부했다.
【정답】 ③
① transfer 이동, 이전 ② grant 수여, 교부
③ request 요청, 청구 ④ project 계획

**29-2** 스미스 교수님의 이탈리안 르네상스 과목을 듣기 위해서 먼저 들어야 할 선수과목은 없어, 그렇지?
【정답】 ①
① requirement 필요조건 ② disadvantage 불이익
③ permission 허가 ④ disappointment 실망

**30** 선생님께 질문하는 학생이 선생님께서 하시는 말씀을 전부 받아들이는 학생보다 더 많이 배운다.
【정답】 ④
① acquire 습득하다 ② deserve ~할만하다
③ appease 달래다 ④ question 질문하다

**30-1** 그 사고를 상세하게 묘사하기란 불가능하다.
【정답】 ②
① easy 쉬운 ② impossible 불가능한
③ questionable 수상쩍은 ④ obscure 분명치 않은

**30-2** 그의 성공은 의심할 여지가 없다.
【정답】 ②
① impossible 불가능한 ② certain 확실한
③ doubtful 의심스러운 ④ indispensable 없어서는 안 될

**30-3** 검토 중인 그 문제를 우리가 언제 토의해 본 적이 있나요?
【정답】 ④
① in doubt 불확실하여 ② as a matter of fact 사실은
③ in all probability 십중팔구 ④ under consideration 고려 중인

**31** His house was in a <u>sequestered</u> village in the hills.

① remote  ② old fashioned
③ scenic  ④ strange

**32** The Romans <u>defeated</u> many neighbor countries in the past.

① supported  ② conquered
③ satisfied  ④ separated

> **32-1** She <u>vanquished</u> the delegation.
> ① refused to see  ② scolded
> ③ defeated  ④ praised

**33** The Queen was detached and even <u>arrogant</u>.

① distrustful  ② disgusting
③ obscene  ④ haughty

**34** Congress must <u>abrogate</u> the new tax law.

① abscond  ② assimilate
③ revoke  ④ establish

**35** The word "hack" means "journalist," but it has a <u>derogatory</u> connotation.

① vague  ② suggestive
③ complimentary  ④ laudatory
⑤ contemptuous

**36** Constitutional changes are exclusively the <u>prerogative</u> of the parliament.

① superior power  ② special privilege
③ written direction  ④ higher rank
⑤ dangerous situation

**37** The police officer <u>interrogated</u> the suspect for two hours.

① baited  ② watched
③ infiltrated  ④ questioned

---

**31** 그가 사는 집은 언덕의 외딴 마을에 있다.

【정답】①
① remote 외딴  ② old fashioned 구식의
③ scenic 경치가 좋은  ④ strange 낯선

**32** 로마는 과거에 많은 이웃국가들을 정복했다.

【정답】②
① support 지지하다  ② conquer 정복하다
③ satisfy 만족시키다  ④ separate 분리하다

**32-1** 그녀는 그 대표단을 제압했다. * delegation 대표단

【정답】③
① 만나기를 거절했다  ② scold 꾸짖다
③ defeat 패배시키다  ④ praise 칭찬하다

**33** 여왕은 냉담했으며 심지어 오만했다.

【정답】④
① distrustful 의심 많은  ② disgusting 역겨운
③ obscene 음란한  ④ haughty 오만한

**34** 의회는 그 새로운 세법을 폐지해야 한다.

【정답】③
① abscond 도망하다  ② assimilate 동화시키다
③ revoke 폐지하다  ④ establish 제정하다

**35** "hack(구어: 신문기자)"은 신문기자를 의미하지만, 경멸적인 언외의 의미를 담고 있다.
* connotation 언외의 의미

【정답】⑤
① vague 모호한  ② suggestive 암시의
③ complimentary 칭찬하는  ④ laudatory 칭찬의
⑤ contemptuous 경멸적인

**36** 헌법을 바꾸는 것은 오로지 의회의 특권이다.
* constitutional 헌법의 exclusively 오로지

【정답】②
① 상사의 권한  ② 특별한 권리
③ 문서로 된 지침  ④ 보다 높은 계급
⑤ 위험한 상황

**37** 그 경찰관은 용의자를 두 시간 동안 심문했다.
* the suspect 용의자

【정답】④
① bait 미끼로 꾀어들이다  ② watch 지켜보다
③ infiltrate 침투시키다  ④ question 심문하다

**38** Pressure groups work on behalf of a particular section of society or for a specific issue. They aim to influence the government to the benefit of their members or the cause they support. They may draw attention to problems by asking people to sign a _______.

① application
② contract
③ petition
④ memorandum

**39** The development of agriculture and that of industry act and react on each other; they are complementary and no _______.

① redundant
② organized
③ concentrated
④ competitive

**39-1** In life, as in a race, a person must _______ with others in order to succeed.

① collaborate
② compete
③ combine
④ cease

**40** I don't think Johnson will succeed in his new job, for he is not _______ to do that type of work.

① compatible
② consistent
③ conspicuous
④ competent

**40-1** Her husband is very <u>competent</u>; he will repair the roof himself.

① capable
② industrious
③ thrifty
④ careful

**41** Jefferson felt that the present should never be chained to customs which have lost their usefulness. " No society," he said, " can make a <u>perpetual</u> constitution, or even a perpetual law." [97. 행자부 7급]

① impecunious
② deciduous
③ perpendicular
④ everlasting

**41-1** Laura Smith hoped that her son would _______ the family business, but he was too involved with chimerical schemes to want to run a restaurant.

① neutralize
② culminate
③ diffuse
④ perpetuate

---

**38** 압력단체는 사회의 특정집단의 이익을 위해 또는 어떤 특정한 이슈를 위해 활동한다. 그들은 정부에 영향력을 행사해 그들 단체의 구성원들의 이익이나 그들이 지지하는 대의명분을 지키고자 한다. 그들은 사람들에게 탄원서에 서명을 부탁함으로써 문제에 대한 이목을 끌기도 한다.

* draw attention to 이목을 끌다

【정답】③

① application 신청서 ② contract 계약서
③ petition 청원서 ④ memorandum 양해각서

**39** 농업과 산업의 발전은 서로에게 작용하고 반작용을 받는다. 즉, 농업과 산업은 서로 경쟁적인 관계가 아니라 상호 보완적인 관계이다.

* react 반작용하다 complementary 보완적인

【정답】④

① redundant 여분의, 잉여의 ② organized 조직된
③ concentrated 집중된 ④ competitive 경쟁적인

**39-1** 경주에서와 같이, 인생에서 사람이 성공하기 위해서는 다른 사람과 경쟁해야만 한다.

【정답】②

① collaborate 협력하다 ② compete 경쟁하다
③ combine 결합하다 ④ cease 중지하다

**40** 나는 존슨이 그의 새 일자리에서 성공할 것이라 보지 않는다. 그런 종류의 일에 그는 유능하지 않기 때문이다.

【정답】④

① compatible 양립 가능한 ② consistent 일관된
③ conspicuous 눈에 띄는 ④ competent 유능한

**40-1** 그녀의 남편은 매우 유능하다. 그가 지붕도 직접 수리하니 말이다.

【정답】①

① capable 유능한 ② industrious 근면한
③ thrifty 검소한 ④ careful 주의 깊은

**41** 제퍼슨은 현재가 그 유용성을 잃어버린 관습에 결코 얽매여서는 안 된다고 생각했다. "어떠한 사회도 영구적인 헌법이나 영구적인 법률을 만들 수는 없다"라고 그는 말했다.

【정답】④

① impecunious 돈 없는 ② deciduous 낙엽성의
③ perpendicular 수직의 ④ everlasting 영구적인

**41-1** Laura Smith는 그녀의 아들이 가업을 잇기를 바랐으나, 그는 비현실적인 계획에 푹 빠져서 레스토랑을 운영하기를 원치 않았다. * chimerical 공상적인

【정답】④

① neutralize 중립화하다 ② culminate 최고조에 달하다
③ diffuse 퍼뜨리다 ④ perpetuate 영속시키다

**41-2** The thieves were trying to <u>perpetrate</u> a robbery in the office building.
① stop
② view
③ commit
④ interfere with

**42** Conditions were <u>propitious</u> for development.
① favorable
② belittling
③ prerequisite
④ discouraging

**42-1** Some people believe that the appearance of a black cat is a propitious sign; others believe that black cats are ________.
① profitable
② conventional
③ favorable
④ ominous

**43** This building exactly corresponds ________ my needs. [90.법원직]
① to
② for
③ of
④ with

**44** He told me that when his wife left him he felt really ________. Life didn't seem worth living to him. He even considered committing suicide.
① despondent
② terrified
③ offended
④ embarrassed

**45** People who spend more than they earn are said to be <u>undependable</u> about money.
① crumpled
② shambled
③ irresponsible
④ grave

**46** Eleanor Roosevelt, the <u>spouse</u> of President Franklin D. Roosevelt, is known as a tireless campaigner for human rights and international cooperation.
① wife
② sister
③ cousin
④ mother

---

**41-2** 그 도둑들은 그 사무실 빌딩에서 강도짓을 저지르려 하고 있었다.
【정답】③

**42** 발전하는데 여러 상황들이 순조로웠다.
【정답】①
① favorable 유리한
② belittling 얕보는
③ prerequisite 미리 필요한
④ discouraging 낙담시키는

**42-1** 어떤 이들은 검은 고양이의 출현이 상서로운 징조라고 믿는 반면, 다른 이들은 검은 고양이는 불길하다고 믿는다. * propitious 상서로운, 길조의
【정답】④
① profitable 이익이 되는
② conventional 인습적인
③ favorable 유리한
④ ominous 불길한

**43** 이 건물은 정확하게 나의 필요에 부합한다.
* correspond with ~에 부합하다
【정답】④

**44** 그는 나에게 자신의 아내가 떠났을 때 정말로 절망했다고 말했다. 삶이 그에게 살만한 가치가 없는 듯 보였다. 그는 심지어 자살까지도 생각했다.
【정답】①
① despondent 절망한
② terrified 무서워하는
③ offended 성난
④ embarrassed 당황한

**45** 자신이 버는 돈보다 더 많이 쓰는 사람을 돈에 대해 신뢰할 수 없는 사람이라고 한다.
【정답】③
① crumpled 뒤틀린
② shamble 비틀거리다
③ irresponsible 무책임한
④ grave 중대한

**46** F.D. Roosevelt의 배우자였던 E. Roosevelt는 인권운동과 국제협력을 위한 지칠 줄 모르는 운동가로 알려져 있다.
【정답】①

# Day

# 16

**G** 전치사[2]

**R** 일치 · 불일치[2]

**I** [기본동사] cut/tear

**V** [어원] cut/short/part

## **6** 관련사항의 전치사 : ~에 관해, ~에 대한, ~에 관하여

### 1601  1. about : 가장 일반적인 경우 ★★

> about = as to = as for = concerning = respecting = regarding ➲28-29 참조

- There are many *jokes about/ as to/ concerning* the president.
대통령에 관한 많은 농담들이 존재한다.

### 1602  2. on : 주제에 관한 경우

- I have to write a report *on* the Civil War.
나는 남북전쟁에 관한 보고서를 작성해야만 한다.

### 1603  3. over : 감정에 관한 경우

- There are worries *over* the future of the steel industry.
철강산업의 미래에 대한 걱정요소들이 있다.

## **7** 양보의 전치사

### 1604  1. despite =in spite of ★★★

> despite와 in spite of는 전치사일 뿐 접속사 기능이 없다.

- He attended the meeting *in spite of* his illness.
  = He attended the meeting *despite* his illness.
  → He attended the meeting in spite his illness. (×)
  → He attended the meeting *despite* of his illness. (×)
  → He attended the meeting despite he was ill. (×)
그는 아픔에도 불구하고 회의에 참석했다.

  ▷ 'despite of'와 'in spite'형태로는 전치사 기능을 발휘할 수 없다. 또한 문장을 연결시키는 접속사 기능도 없다.

- He attended the meeting *in spite of the fact that* he was ill.
  = He attended the meeting *despite the fact that* he was ill.
  ▷ 이 문장의 경우, in spite of와 despite는 the fact라는 명사를 목적어로 취했을 뿐이고, that 절은 the fact와 동격으로 쓰였을 뿐이다.

### 1605  2. for all =with all : ~에도 불구하고 ★

- *With all* her wealth, she is still unhappy.
  = *For all* her wealth, she is still unhappy.
그만한 부를 가졌음에도 불구하고 그녀는 여전히 불행하다.

## 3. notwithstanding : ~에도 불구하고 ★

notwithstanding은 전치사 기능을 하게 되는데, **명사어구 앞·뒤에** 모두 올 수 있다.

- *Notwithstanding* your opinion, I won't accept it.
  = You opinion *notwithstanding*, I won't accept it.
  당신의 의견에도 불구하고 나는 그것을 받아들이지 않을 것이다.

## 8 포함·예외의 전치사

### 1. between *vs.* among ☆

| | |
|---|---|
| ❶ **between**<br>(둘 사이에) | '둘'의 개념을 가진 복수명사 혹은 집단을 목적어로 취한다.<br>**between A and B** 형태를 주로 취한다.<br><br>• The distance *between* two places are long.<br>두 장소 간의 거리가 길다.<br><br>→ The distance ~~among~~ two places are long. (×)<br>⇨ among은 셋 이상의 명사를 목적어로 취하기 때문에 'two'를 목적어로 취할 수 없다. |
| ❷ **among**<br>(셋 사이에) | '셋 이상'의 개념을 가진 복수명사 혹은 집단을 목적어로 취한다.<br>⊃ 40-02 참조<br><br>• The chairman will be chosen from *among* the members.<br>의장은 회원들 중에서 선출된다. |

### 2. beside *vs.* besides ★

| | | |
|---|---|---|
| ❶ **beside** | 전치사 | ~곁에, ~과 비교하여, ~을 벗어나서<br><br>• He sat *beside* me.<br>그는 내 곁에 앉아 있있다.<br><br>• He seemed small *beside* her.<br>그는 그녀에 비해 작아 보였다.<br><br>• He was *beside himself* with grief.<br>그는 비탄에 빠져 이성을 잃었다. |
| ❷ **besides** | 전치사 | ~외에도 ⊃ 25-16A 참조<br><br>• *Besides* the mayor, many other notables were present.<br>시장 외에도 많은 명사들이 참석했다. |
| | 접속부사 | 게다가(in addition) ⊃ 14-03~08 참조<br><br>• I'm tired. *Besides* I am sleepy.<br>나는 피곤하다. 게다가 졸리다.<br><br>• I'm tired. ~~Beside~~ I am sleepy. (×)<br>⇨ beside는 '접속부사' 기능이 없기 때문에 문장과 문장의 내용을 연결시킬 수 없다. |

## 3. except *vs.* but(~을 제외하고) ★

| ❶ except<br>= excepting<br>= except for | 비교대상이 있을 경우에는 'except'를 사용하며, 비교대상이 없을 경우에는 'except for'를 사용한다. |
|---|---|
| | • He works every day *except (for)* Saturday and Sunday.<br>그는 토요일과 일요일을 빼고는 매일 일한다. |
| ❷ but | but 앞에 '부정어(none), 전체(all), 최상급(the most)'이 위치했을 경우 전치사 기능이 있다. ➒12-06 참조 |
| | • I know nothing, *except that* she was there.<br>그녀가 거기에 있었다는 것 이외에는 아무것도 모른다.<br><br>• There's been *nothing but* trouble since he came.<br>그가 떠난 이후 어려운 일만 있다. |
| ＊ except와 but은 명사절 및 to 부정사를 목적어로 취할 수 있다. ➒13-13, 22-07 참조 | |

## ❾ 기타 전치사



### 1. 재료 from *vs.* of ☆

| ❶ from | '화학적 변화'로서 재료가 변해서 제품이 되는 경우에 쓰인다. |
|---|---|
| | • Bread *is made from* flour. 빵은 밀가루로 만든다. |
| ❷ of | '물리적 변화'로서 재료의 형태가 제품에 남아 있는 경우에 쓰인다. |
| | • The table *is made of* wood. 식탁은 나무를 가지고 만든다. |
| ＊ 주로 make, build, construct와 같은 '만들다' 동사들과 함께 쓰인다. | |



### 2. 수단 by *vs.* with ★

| ❶ by | '~에 의하여'라는 뜻으로, '이동·전달·방법'을 나타낸다.<br>➒ 35-15, 36-06 참조<br>교통수단은 'by+무관사 명사'로 나타내지만, 관사를 쓸 경우 'in a bus, on a train'처럼 나타낼 수도 있다. ➒ 35-15, 36-06 참조 |
|---|---|
| | • All supplies are transported *by* air/sea/land/road/rail.<br>모든 보급품들은 공중/ 바다/ 육지/ 도로/ 철도로 수송된다. |
| ❷ with | '~을 사용하여/ ~으로'라는 뜻으로, '도구'를 나타낸다. |
| | • What will you buy *with* the money? 그 돈으로 너는 무엇을 살 거니? |

## 3. as *vs.* like ★★

| | |
|---|---|
| **❶ as** | **(자격) ~로(서)**<br><br>• As a managing director, I expected to provide effective leadership.<br>전무이사로서 나는 효과적인 지도력을 발휘하기를 기대했다.<br><br>→ ~~Like~~ a managing director, I expected to provide effective leadership. (×)<br>⇨ 주절의 주어인 'I'의 자격을 밝히는 것이므로 as가 옳다. |
| **❷ like** | **(유사성) ~처럼, ~같은**<br><br>• Her hair is dark brown *like* mine.<br>그녀의 머리는 나의 머리처럼 짙은 브라운색이다.<br><br>→ Her hair is dark brown ~~as~~ mine. (×)<br>⇨ 두 번째 문장은 '그녀의 머리와 나의 머리색깔'의 유사성을 설명하고 있다. |

## 4. by : ~만큼, ~에 의거하여 ★

목적어로 '수량'을 두어서 '차이, 정도'를 설명할 수 있다.

• House prices rose *by* an average 23% last year.
부동산시세가 작년에 평균 23%까지 증가했다.

• Owen broke the world record *by* 2.4 seconds.
오원은 2.4초로 세계기록을 깼다.(=세웠다)

## 5. 착용의 in *vs.* on ★

| | |
|---|---|
| **❶ in** | **옷을 입고 있는 상태에 중점**<br><br>• He looked very handsome *in* his *uniform*.<br>그가 유니폼을 입고 있으니 매우 핸섬해 보였다.<br><br>• lady in red 빨간 옷을 입은 여자<br>• men in black 검은 옷을 입은 사람들 |
| **❷ on** | **옷을 입는 동작에 중점 : put on ~을 입다**<br><br>The lady wanted to *put on* the beautiful evening dress.<br>그 숙녀는 아름다운 이브닝드레스를 입기를 원했다.<br><br>cf. have on (옷·모자·구두 등을) 걸치고 있다, 입고 있다<br>• She *has* gloves *on*. 그녀는 장갑을 끼고 있다. |

**예제** ___________ all his faults, he is loved by all. [98. 경찰/86. 서울시 7급]

① At　　　　② By　　　　③ In　　　　④ With

【해석】 그의 단점에도 불구하고, 모든 사람들이 그를 사랑한다.
【해설】 '단점'과 주절의 내용인 '사랑 받는다'는 '역접-양보'의 관계이며, 'with all = for all'은 '~에도 불구하고'라는 뜻을 가졌다.
【정답】 ④

**01** 다음 밑줄 친 부분 중에 잘못 쓰인 것은? [92. 서울시 9급]
① This book is <u>above</u> me.
② It is five <u>below</u> zero today.
③ His accusations are <u>beneath</u> notice.
④ The girl is endowed <u>by</u> very great gifts.
⑤ You have to put quality <u>before</u> quantity.

**02** What other interests do you have, ___________ listening to music? [88. 공무원 7급]
① besides     ② beside     ③ except     ④ within

**03** You can move more freely ________ jeans. [95. 군무원 9급]
① in     ② on     ③ by     ④ with

**04** 밑줄 친 but과 그 용법이 같은 것을 고르시오. [01. 경찰/83. 경찰간부]

> There is nothing to do <u>but</u> to obey her.

① She heard the news <u>but</u> now.
② No one <u>but</u> her would do so.
③ There is nobody <u>but</u> has his fault.
④ She would have failed <u>but</u> that he helped her.
⑤ The plan caused not prosperity <u>but</u> ruin.

**05** _______________, the world is still a dangerous place.
① Despite of the end of the Cold War
② Owing to the end of the Cold War
③ On account of the end of the Cold War
④ By means of the end of the Cold War
⑤ The end of the Cold War notwithstanding

**06** The welfare reform bill was ① <u>segmented</u> ② <u>and then</u> divided ③ <u>between</u> three different subcommittees ④ <u>of</u> the Congress.

**07** The panel of judges will surely be considering some of the contestant's attributes ___________ their physical beauty.
① but     ② besides     ③ except     ④ unlike

## 정답 및 해설

**01** 【해설】 ④ by → with | endow A with B 구문은 'A에게 B를 주다, 부여하다'의 의미이며, 수동태로 전환하면 전치사 with가 결합되어 'A is endowed with B'는 'A는 B를 타고나다'는 뜻이 된다. ① above me: 나에게 벅찬 ② below zero: 영하의 ③ beneath notice: 주목할 가치가 없는 ⑤ put A before B: B보다 A를 중시 여기다 　　【정답】 ④

**02** 【해설】 '다른 취미는 무엇이 있냐?'고 물어보므로, 첨가의 'besides'가 옳다. ① besides는 '~이외에도' ② beside는 '~곁에, ~과 비교하여, ~을 벗어나' ③ except는 '~을 제외하고서'

　　【해석】 음악을 듣는 것 이외에 다른 취미는 무엇이 있으신지요? 　　【정답】 ①

**03** 【해설】 전치사 'in'은 '의상 착용'의 기능이 있다. cf. on과 비교하여 'put on(옷 등을) 입다' 와 같이 착용의 동작에는 주로 on을 쓰는 반면, 입은 상태를 표현할 때는 in을 쓴다. 그리고 in은 색과 결합하여 'lady in red(빨간 옷을 입은 여자), men in black(검은 옷을 입은 사람들)' 로도 자주 쓰인다.
She was dressed in a blue linen suit. 　　【정답】 ①

**04** 【해설】 본문의 but은 to 부정사를 목적어로 취한 '전치사(=except)'로 쓰였다. ① '그녀는 지금에서야 그 소식을 들었다.'는 의미로서, now를 수식하는 부사 but(=only)로 쓰였다. ② '그녀를 제외하고서 어느 누구도 그와 같은 행동을 하지 않을 것이다.'는 의미로서, 부정어(no one) 뒤에 'but+명사(her)' 구조를 취하며 이 때 but은 '전치사(except; ~을 제외하고서)'의 기능을 가지게 된다. ③ '실수를 범하지 않는 사람은 없다'는 의미로서, 'There is nobody that doesn't have his fault.' 구문에서, '관계대명사 that+부정어 not'이 'but'이라는 관계대명사로 축약된 형태이다. ④ 앞에 가정법 과거완료(would have failed)이하에서 'but that +직설법 과거' 구문이 쓰인다면 이는 'if not'의 의미를 가지게 된다. ⑤ not A but B 구문으로서, 접속사로 쓰인 경우이다. 　　【정답】 ②

**05** 【해설】 '냉전의 종식'과 '세상은 위험하다'는 내용은 '역접의 양보 관계'이므로 이를 충족시킬 수 있는 전치사는 명사 앞·뒤에서 모두 수식이 가능한 notwithstanding이다. ① despite ~에도 불구하고(=in spite of) * of 가 생략되면 답이 될 수 있다. ② owing to ~덕택에 ③ on account of ~ 때문에 ④ by means of ~~에 의하여

　　【해석】 냉전의 시대가 종결되었을지라도, 세상은 여전히 위험한 곳이다. 　　【정답】 ⑤

**06** 【해설】 between → among | between은 '두개'의 개체를 포함하며, among은 '세 개 이상'의 개체를 포함하므로, 본 지문에서는 among을 써야 한다.

　　【해석】 복지개혁안이 분리되어 3개의 다른 소위원회로 할당되었다. 　　【정답】 ③

**07** 【해설】 고려하는 대상에 대해서 첨가하는 내용이 올바르므로, 전치사로서 '~이외에도', 부사로서 '게다가, 그 뿐만 아니라'는 뜻을 가진 besides가 옳다.

　　【해석】 심사위원진은 참가자들의 신체의 아름다움 이외에 몇몇 특성들도 고려할 것이다. 　　【정답】 ②

**08** _________ my surprise, I found him sitting ________ himself _________ the corner.

① In - for - on  　　　　　　　② To - by - in
③ To - for - in  　　　　　　　④ For - in - at

**09** The bond issue, proposed ① <u>as</u> a way ② <u>financing</u> ③ <u>a centennial celebration</u>, failed ④ <u>in</u> a narrow margin.

**10** A: Where is she sitting?
　　 B: She is sitting __________ me.

① near to  　　② next by  　　③ next  　　④ next to

**11** Choose the one that is grammatically correct.
① Today thank to the Internet, you can do all your Christmas shopping from home.
② Despite of all our efforts to save the school, the authorities decided to close it.
③ The children seemed tiny beside him.
④ As many women of her age, she struggled to find a balance between her career and her children.
⑤ Accused for a two million pound investment fraud, a former businessman has gone on trial.

## 정답 및 해설

**08** 【해설】 추상명사 surprise는 전치사 to와 결합하여 '놀랍게도'라는 뜻을 가지며, 'by oneself'는 '혼자서, 스스로'라는 뜻을 가진다. in the corner는 '구석에서' 뜻이다.(at the corner는 '모퉁이에서')

【해석】 놀랍게도 나는 그가 혼자 구석에 앉아 있는 것을 발견했다. 【정답】 ②

**09** 【해설】 in → by | 전치사 by는 '~의 정도만큼'의 의미를 가져서 '정도 혹은 비율의 차이·폭'을 의미한다. ex) little by little 조금씩, by a minute 1분의 차이로, by a narrow margin 간발의 차이로

【해석】 100주년 기념행사에 자금을 조달하기 위한 수단으로 제시된 채권 발행이 아슬아슬하게 실패했다. 【정답】 ④

**10** 【해설】 next는 형용사로서 '다음의'라는 의미를 갖지만, 부사로서는 '다음에, 다음 번에'라는 뜻으로서, 전치사 to와 결합하여 '~의 옆에'라는 구 전치사 기능을 가진다.

【해석】 A: 그 여자는 어디에 앉아 있죠?
B: 제 옆에 앉아 있네요. 【정답】 ④

**11** 【해설】 ① thank to → thanks to | thanks to는 전치사로서 's'가 탈락되어서는 안 된다.
② Despite of → Despite 또는 In spite of | '~에도 불구하고'라는 표현은 'despite' 또는 'in spite of'가 옳다.
④ As → Like | As가 전치사로서 쓰이면 '~로서'라는 '자격·동격'을 나타내며, like가 전치사로 쓰이면 '~처럼'이란 '유사성'을 나타낸다. 문맥상 '그녀 또래의 많은 여자들처럼'이라는 '유사성'의 'like'가 옳다.
⑤ for → of | accuse 동사는 'A of B' 구조를 취하여 'B라는 이유로 A를 기소·고발하다'는 뜻을 가진다. 【정답】 ③

**01** 다음 글의 내용과 일치하는 것은? [08. 선관위 9급]

Human beings have been producing wealth for millennia, and despite all the poverty on the face of the planet, the long-term reality is that we, as a species, have been getting better at it. If we hadn't, the planet would not now be able to support nearly 6.5 billion of us. We wouldn't live as long as we do. And, for better or worse, we shouldn't have more overweight people than undernourished people on earth - as we do. We've achieved all this, if we want to call it an achievement, by doing more than inventing plows, chariots, steam engines and Big Macs. We did it by collectively inventing a succession of what we have been calling wealth systems. In fact, these are among the most important inventions in history.

① Morality is considered more important than wealth.
② We should be in good shape in the modern society to be healthy.
③ In spite of continuous effort, we seldom solve the issue of the poverty.
④ We can manage to support our population on earth through wealth systems.

**02** 다음 글의 내용과 일치하는 것은?

Next time you need to travel by plane or boat, make sure to stock up on bottled water for the trip. On a number of occasions in recent years, passengers on cruise ships have gotten sick in large numbers. The problem has been traced to the quality of the tap water on those boats. A recent test of tap water quality on domestic and international flights came up with similar findings. About 12 percent of plane water tested positive for E. coli bacteria, which can cause diarrhea, nausea and abdominal cramps. (참고: E. coli 대장균; abdominal cramps 복부경련, 위경련)

① Airlines and cruise ships don't offer any water at all.
② Water provided by airlines and cruise ships is sanitary.
③ Drinking bottled water may prevent passengers from getting sick.
④ Passengers should purchase tap water before boarding.

## 01

**【해석】** 인간은 수 천년 동안 부를 창출해오고 있으며, 지구상의 모든 가난에도 불구하고 우리가 하나의 종(種)으로서 잘해내고 있다는 것이 장기간에 걸친 현실이다. 우리가 그러지 못했다면 지구는 거의 65억 가량 되는 우리 사람들을 부양할 수 없을 것이다. 우리가 살아 온 만큼 오래 살지도 못할 것이다. 그리고 좋건 나쁘건 간에 우리가 그러듯이 지구상에 영양부족 상태에 빠진 사람들보다 비만인 사람들이 더 많아서도 안 될 것이다. 우리가 그것을 성취라고 부르고자 한다면, 쟁기, 마차, 증기기관차와 빅맥을 발명해 낸 이상을 해냄으로써 우리는 이 모든 것을 성취해 왔다. 우리가 부의 시스템이라고 일컬었던 일련의 것들을 모두 발명해 냄으로써 우리는 성공했었다. 사실, 이것들은 역사에서 가장 중요한 발명들 중 하나가 되는 것이다.

**【해설】** ① 도덕은 언급되지 않았으며, ② 건강에 대한 내용도 언급되지 않았다. ③ 가난은 첫 문장의 내용에서 언급했듯이 극복 못하지 않았으며, ④ 두 번째 문장에서 '우리가 잘 해내고 있기 때문에 65억명을 부양한다.'는 내용을 '현재사실'과 반대되는 가정법으로 전달했다. 따라서 '그럭저럭 부의 시스템을 통해 인간들을 부양할 수 있다.'는 내용은 옳다.

**【정답】** ················································································· ④

> **Check** **조동사 다음의 본동사의 생략**
>
> 앞서 나온 동사가 뒤 이어서 등장할 경우, 생략을 해도 의미 전달에 하자가 없을 경우에는 조동사만 남겨놓고 본동사는 생략할 수 있다.
>
> If we **hadn't** (gotten better at it), the planet would not now be able to support nearly 6.5 billion of us.
> ⇨ 앞 문장에서 등장한 'getting better at it'이 다음 문장에서, 과거완료의 'pp'로 등장하기 때문에 과거완료의 조동사인 had만 위치한 것이다.

## 02

**【해석】** 당신이 다음번에 비행기나 배로 여행을 할 때는 반드시 병에 든 물(생수)을 비축해 두라. 최근 몇 년 사이에 항해중인 많은 승객들이 병에 걸리는 사례가 많았다. 문제는 배에 있는 수돗물의 수질인 것으로 밝혀졌다. 국내외 비행기 내의 수돗물에 대한 최근의 수질조사도 유사한 결과를 내놓았다. 테스트를 했던 비행기의 물 중 약 12%가 대장균에 대해 양성반응을 보였는데, 그것은 설사나 메스꺼움, 위경련을 일으킬 수 있다.

**【해설】** 배에 배치된 수돗물이 병을 야기할 수 있기 때문에 첫 문장에서 생수를 미리 준비해 두라고 했다. 즉, 생수는 배탈을 막을 수 있다는 논리이다.

**【정답】** ················································································· ③

---

**VOCABULARY**

- millennia 천년
- the face of the planet 지표면
- long-term 장기간의
- get better 더 나아지다
- nearly 거의
- for better or worse 좋건 굿건, 어떠한 운명이 닥쳐올지라도
- undernourished 영양실조에 걸린
- plows 쟁기
- chariots 마차
- steam engines 증기기관차
- Big Mac 빅맥 (미국 맥도날드 체인의 대형 햄버거; 상표명); 우수한
- collectively 집합적으로, 공동으로
- a succession of 일련의
- be in good shape (건강, 정신적인 면에서) 좋은 상태에 있다
- manage to R 그럭저럭 ~하다; 어떻게든 해서 ~하다

**VOCABULARY**

- make sure to R ~을 명심하다
- stock up 비축하다
- bottled water 생수, 병에 든 물
- tap water 수돗물
- come up with (생각 등을) 제시하다
- positive 양성의; 긍정적인
- abdominal 복부의
- cramp 경련, 쥐, 심한 복통; 꺽쇠

**03** According to the following passage, which is true to the content? [04. 서울시 9급]

> Around the world, people are wrestling with the question of humane death - especially in the face of painful terminal illnesses. The dilemma has become more complicated in recent years, as advanced medical technology has enabled doctors to keep patients alive much longer in even the most extreme cases. Of course, patients have the right to refuse medical treatment at any time; requesting lethal injections, however, is another matter. Therefore, although it officially endorsed euthanasia in 1984, the Netherlands issued strict guidelines on how to perform it, and proclaimed that doctors who don't follow the guidelines can be imprisoned for up to 12 years.

① Advanced medical science lengthened people's life expectancy as long as they want.
② Patients with terminal illnesses can ask for euthanasia anywhere in the world.
③ The right for euthanasia should be fully given to an individual.
④ In the Netherlands, humane death is allowed only if performed by strict guidelines.
⑤ Lethal injections may cause doctors to be imprisoned for up to 12 years.

**03**

【해석】 세상 사람들은 특히 고통스런 말기에 있는 질병에 직면하여 인간적인 죽음에 대한 문제와 씨름하고 있다. 이 딜레마는 최근 몇 년 동안 더욱 더 복잡해졌다. 왜냐하면 선진 의학 기술이 의사들로 하여금 환자들이 심지어 가장 극단적인 치료에서도 더 오래 살 수 있게 하기 때문이다. 물론 환자들은 언제나 의학치료를 거절할 권리를 가지고 있다. 그러나 독극물 주사를 요청하는 것은 다른 문제이다. 그리하여, 1984년에 공식적으로 안락사를 인정했을지라도, 네덜란드는 안락사를 실행하는 방법에 대한 엄격한 지침을 정했으며, 이 지침을 따르지 않는 의사들은 최대 12년 형을 받을 수 있다고 공포했다.

【해설】 네덜란드에서는 엄격한 지침이 설정된 법의 제도 하에서만 안락사가 허락되므로 옳은 설명이다. 5번이 정답이 안 되는 이유는 이 독극물 주사를 법의 지침을 따르지 않고 안락사에 이용했을 경우에 형의 선고를 받는 것이지 단순히 독극물 주사만 가지고서 형을 받게 되는 것은 아니다.

【정답】 ····································································································· ④

---

**Check**  **Semicolon과 접속부사의 관계**

세미콜론(;)만으로도 문장과 문장을 연결시킬 수 있지만(접속사 기능), 그 문장 간의 관계를 명확히 설명해 주기 위해서 세미콜론 바로 뒤에 접속부사가 위치하는 것이 원칙이다. 그러나 however라는 접속부사는 그 위치가 '문두, 문중, 문미' 모두 위치가 가능하다.

Patients have the right to refuse medical treatment at any time; requesting lethal injections is another matter. ⇨ 세미콜론만으로 문장과 문장을 연결(접속사 기능)
= Patients have the right to refuse medical treatment at any time; *however*, requesting lethal injections is another matter. ⇨ 세미콜론 + 접속부사(문두 위치)
= Patients have the right to refuse medical treatment at any time; requesting lethal injections, *however*, is another matter. ⇨ 세미콜론 + 접속부사(문중 위치)
= patients have the right to refuse medical treatment at any time; requesting lethal injections, is another matter, *however*. ⇨ 세미콜론 + 접속부사(문미 위치)

---

**Theme**  **생명윤리와 관련된 issue들 (안락사, 낙태, 인간복제)**

■ 안락사: euthanasia
– 소극적 (치료중시): passive[negative] euthanasia
– 적극적 (약물투입): positive[active] euthanasia

■ 낙태: abortion, aborticide, feticide    cf. miscarriage 유산
– 태  아: embryo, a fetus, an unborn child
– 낙태아: an abortive offspring
– 낙태약: an abortive drug, an abortifacient

■ 유전자 복제: genetic copying

---

## VOCABULARY

□ **wrestle with**
  싸우다, ~에 노력하다
□ **terminal**
  말기의, 종착역의
□ **in the face of**
  ~에 직면하여,
  ~에도 불구하고
□ **complicated** 복잡한
□ **enable**
  ~할 수 있게 하다
□ **extreme** 극단적인
□ **lethal** 치명적인
□ **injection** 주사, 투입
□ **endorse** 승인하다
□ **euthanasia** 안락사
□ **issue guideline**
  지침을 정하다
□ **proclaim**
  포고·공포하다
□ **up to** 최대 ~까지
□ **imprison** 투옥하다

**04** Choose the one which is not true of the passage. [03. 공무원 9급]

> As you no doubt know a lot of Americans across the country have been struggling with the flu. In some 14 states the illness has reached epidemic or near epidemic proportions. Sections of another 20 states are experiencing widespread outbreaks. And overseas British health officials say that country is also facing a sweeping outbreak of epidemic proportions. It's expected to worsen before it gets better.
>
> Britain has started the new century with a record number of cases of the flu. Authorities now say it's an epidemic. That means 400 cases per 100,000. Health officials admitted today that they had underestimated the scale of the outbreak and virulence of the virus. It has infected twice the number as previously thought, they said.
>
> Hospital workers are worried about the huge influx of flu patients and the pressure on the health service. Intensive care wards are filled with elderly victims who are vulnerable to complications such as pneumonia.

① 독감이 미국과 영국 전역에서 발병되고 있다.
② 당국은 독감을 전염병으로 규정하였다.
③ 중환자실에는 독감에 걸린 노인들로 붐볐다.
④ 당국이 앞장서서 대비한 결과 상황이 호전되었다.

**04**

【해석】 의심할 여지없이 여러분도 알고 있듯이, 전국에 있는 많은 미국인들은 독감과 싸우고 있습니다. 약 14개 주에서 이 독감은 전염병 또는 전염병에 가까운 수준에 이르렀습니다. 또 다른 20개 주의 지역들은 광범위한 질병의 급증을 겪고 있습니다. 그리고 해외에서는 영국 보건 관리들이 영국도 역시 전염병 수준에 이르는 광범위한 질병발생에 직면해 있다고 말하고 있습니다. 그것은 상황이 호전되기도 전에 더욱 악화될 것으로 예상되고 있습니다.
영국은 기록적으로 많은 독감의 증상으로 새로운 세기를 시작했습니다. 당국은 이제 그것을 전염병이라고 말합니다. 그것은 100,000명 중 400명이 독감환자들이라는 것을 의미하고 있습니다. 보건국 관리들은 오늘 바이러스의 발생규모와 유독성을 과소평가 했었다고 인정했습니다. 그들은 이전에 생각했던 것의 두 배가 전염되었다고 말했습니다.
병원관리자들은 엄청나게 많이 밀려들어오는 독감환자들과 의료서비스에 대한 압박을 걱정하고 있습니다. 중환자실은 폐렴과 같은 합병증에 취약한 노인 독감 환자들로 넘쳐나고 있습니다.

【해설】 이 바이러스로 인한 피해가 호전되기보다는 악화된다는 점, 그리고 바이러스의 정도를 과소평가했다는 점으로 미루어 보아 피해가 적었다는 내용은 틀리다.

【정답】 ……………………………………………………………………… ④

## VOCABULARY

- **no doubt** 의심할 여지없이
- **struggle** 싸우다, 투쟁하다
- **flu** 독감
- **epidemic** 유행병, 전염병; 전염병의, 유행병의
- **proportion** 비율, 규모
- **section** 구역
- **widespread** 널리 퍼진
- **outbreak** 발생, 발발, 창궐
- **overseas** 해외의
- **face** 직면하다
- **health officer** 검역관, 위생관
- **sweeping** 전반적인
- **worsen** 악화되다
- **get better** 호전되다
- **record number** 기록적인 수치
- **authorities** 당국
- **underestimate** 과소평가 하다
- **scale** 규모
- **virulence** 유독성, 악성
- **infect** 감염시키다
- **hospital** 병원
- **huge** 거대한, 엄청난
- **influx** 유입, 쇄도
- **pressure** 압력
- **intensive care ward** 집중치료병동, 중환자실
- **be filled with** ~이 가득하다
- **elderly** 나이가 지긋한, 중년이 지난
- **victim** 희생자
- **vulnerable** 상처받기 쉬운, 저항력이 없는
- **complications** 합병증
- **such as** ~와 같은
- **pneumonia** 폐렴, 결핵

European women have, ___________, only 1.5 children today, when 2.1 would be needed to stop the population from falling. At the same time, life expectancy across the European Union is expected to rise by about five years over the next five decades to 83, meaning the share of over-65-year-olds will double to almost 50 percent.

This means that at today's employment rates, the EU's work force would shrink by 14 million over the next 30 years, trimming gross domestic product in the region by 7 percent, the Organization for Economic Cooperation and Development estimates. If women were working in the same proportion as men, the economy could expand as much as 6 percent in the period, the OECD said.

1. Which one is the most appropriate in the blank?

① for average　　　　　② by average
③ on average　　　　　④ to average
⑤ through average

2. Which is true about the above passage?

① European women are having more babies than necessary.
② Life expectancy in the EU is expected to decrease.
③ The EU's work force is expected to remain stable.
④ If the current birth rate continues, EU's gross domestic product is expected to rise.
⑤ If more women work, it will have a positive impact on the economy.

**05**

【해석】 인구가 감소되는 것을 막기 위해서는 2.1명의 아이들이 필요한 오늘날, 유럽의 여성은 평균적으로 1.5명의 아이들을 가지고 있다. 동시에 유럽연합에 걸친 수명은 다음 50년 동안 83세까지 5살 가량 높아질 것으로 보이며, 이러한 사실은 65세 이상의 노인의 비율이 두 배로 늘어 거의 50%까지 증가할 것임을 의미한다. 이는 경제협력기구가 추산하건데, 오늘날의 고용비율로는 유럽연합의 노동력이 다음 30년 동안 1400만이 줄어들어서 이 지역의 국내총생산이 7% 줄어들것임을 의미한다. 만일 여성이 남성과 동일한 비율로 일을 한다면 이 기간에 경제는 6% 정도 성장할 수 있을 것이라고 경제협력기구는 말했다.

【해설과 정답】

1. '평균적으로'라는 뜻은 'on average'처럼 전치사 on과 결합한다.
ex) Nearly 40% of Iraq citizens on average turn out to vote.
평균적으로 대략 40%의 이라크 국민들이 투표를 한 것으로 판명된다.
················································································· 【정답】 ③

2. 마지막 문장에서 '여성이 남성과 동일한 비율로 일을 한다면 이 기간에 경제는 6% 정도 성장할 수 있을 것'이라고 했으므로, 현재보다 많은 여성이 일을 한다면 경제에 긍정적인 효과를 낼 것임을 알 수 있다.
················································································· 【정답】 ⑤

---

**Theme** 경제용어

① **GNP**(Gross National Product : 국민총생산) : the total value of all the goods and services produced by a country in one year, including the total income from foreign countries

* 한 나라가 일정기간 보통 1년에 생산한 재화와 용역을 시장 가격으로 평가한 것으로 여기에서 중간 생산물을 뺀 최종 생산물의 총액을 말한다. 그 나라 기업이나 그 국민이 외국에서 생산 활동을 한 것도 포함한다. 단 외국인이나 외국기업이 그 나라에서 생산한 것은 포함하지 않는다.

② **GDP**(gross domestic product : 국내총생산) the total value of all the goods and services produced by a country in one year

* 국내 총생산(Gross Domestic Product ; GDP)은 일정 기간 동안 한 국가에서 생산된 재화와 용역의 시장 가치를 합한 것을 의미하며 보통 1년을 기준으로 측정한다. 1980년대까지는 한 나라의 경제규모 등을 나타내는 국민소득의 지표로 국민 총생산(GNP,Gross National Product)이 주로 사용되었으나, 국내에 거주하는 국민의 실제적인 복지를 측정하는 데에는 GDP가 더 적합하다는 의식 하에 지금은 GDP가 널리 쓰이고 있다.

---

## VOCABULARY

- **stop A from ~ing** A가 ~하지 못하게 하다
- **life expectancy** 수명
- **European Union** 유럽연합
- **about/around** (+기수) 대략
- **share** 몫, 비율
- **over-65-year-olds** 65세 이상의 사람들
- **double** 두 배로 늘어나다
- **work force** 노동력
- **shrink** 움츠리다, 겁먹다
- **trim** ~을 깎아 다듬다, (예산, 인원을) 삭감하다
- **gross domestic product** 국내총생산(GDP)
- **Organization for Economic Cooperation and Development** 경제협력개발기구(OECD)
- **estimate** 추정하다, ~이라고 어림잡다
- **as much as** ~만큼
- **on average** 평균적으로
- **have an impact on** ~에 영향을 미치다(affect)

The people who pushed the frontier westward across the United States probably never thought of themselves as brave pioneers. They simply wanted to improve their lives, and the West offered an opportunity to do so. In overcoming the hardship they encountered on the way, though, they displayed great courage and determination.

Individuals and families who planned to travel west usually met in St. Louis, Missouri. There experienced scouts who knew the best routes and places to camp mobilized approximately one hundred covered wagons into wagon trains. The wagons were pulled by mules or oxen, sure-footed and strong animals that could handle the heavy loads and navigate the narrow trails.

Because these cross-country journeys took between four and five months, all wagon trains left in the spring. It was essential to traverse the Rocky Mountains before snow blocked the mountain passes. There was no time for ambling, and the pioneers traveled fifteen to twenty miles each day. Although their itineraries included brief stops at forts or settlements to repair equipment and buy supplies, no one relaxed until after the trip.

1. Why did all the wagon trains start in the spring?

① Spring is a good season to begin a new project.
② They had to travel over the Rocky Mountains before snow-fall.
③ The cross-country journeys by the wagon trains took more than half a year.
④ The pioneers wanted to overcome their hardship as soon as possible.
⑤ The forts and settlements opened only in the spring.

2. According to the passage, which of the following statements is not true?

① The pioneers believed themselves to be brave.
② The pioneers went to the West to improve their lives.
③ St. Louis was the place where people planning to travel west met.
④ The wagon trains traveled fifteen to twenty miles a day.
⑤ The wagon trains used to stop at forts and settlements.

## 06

【해석】 미국을 가로질러 국경을 서쪽으로 이동시킨 사람들은 아마도 그들 자신을 용감한 개척자라고 전혀 생각하지 않았을 것이다.. 그들은 단순히 자신들의 삶을 개선시키길 원했고, 서부는 그렇게 할 수 있는 기회를 제공했을 뿐이었다. 하지만, 그들이 도중에 마주쳤던 역경을 극복하는 과정에 있어서 그들은 위대한 용기와 결단을 보여 주었다.

서부로 이동할 계획을 세웠던 개인들과 가족들은 대개 미주리의 세인트루이스에서 만났다. 거기서 최고의 경로와 야영할 장소를 알았던 노련한 정찰대가 약 100대의 포장마차를 마차수송대로 편성했다. 마차들은 무거운 짐을 나르고 좁은 길을 지나갈 수 있는 다리가 튼튼하고 강한 노새와 황소가 끌었다.

국토를 횡단하는 여정이 네 달에서 다섯 달이 걸려서 모든 마차수송대가 봄에 출발했다. 눈이 록키산맥을 가로막기 전에 통과하는 것이 필수적이었다. 느린 걸음을 한 시간은 없었고 개척자들은 하루에 15마일에서 20마일을 이동했다. 장비를 보수하고 물품을 구입하기 위해서 시장이나 마을에 그들의 여정을 잠깐 멈추었을지언정, 여행이 끝나기까지는 어느 누고도 긴장을 늦추지 않았다.

【해설과 정답】

1. Q 모든 마차 행렬이 왜 봄에 출발을 했는가?
세 번째 단락 두 번째 문장을 통해서 '눈이 내리기 전에 로키 산맥을 넘어가야 했음'을 알 수 있다. ················································· 【정답】 ②

2. 첫 문장을 통해 개척자들은 자신들이 용감하다고 생각하지는 않았을 것임을 알 수 있다. 즉, 서부개척은 자신들의 용감성의 발휘가 아닌 '자신들의 삶의 향상'이라는 소박한 목적이 발판이 되었던 셈이다. ············· 【정답】 ①

## VOCABULARY

- frontier 국경
- westward 서부의
- probably 대개는, 아마도
- pioneer 개척자
- overcome 극복하다
- hardship 역경
- encounter 우연히 만나다
- on the way 도중에
- determination 결심
- experienced 노련한
- scout 정찰대
- route 길
- mobilize 동원하다, 편성하다
- approximately 대략
- train 행렬
- mule 노새
- ox 소
- sure-footed 발·받침이 튼튼한
- load 짐
- navigate 항해하다, 통과하다
- trail 오솔길, 거친 길
- cross-country 국토를 가로지르는
- traverse 횡단하다
- block 막다, 차단하다
- mountain pass 산길
- amble 천천히 걷다
- itinerary 여정, 여행기; 여행의
- brief 간결한, 짧은
- fort 교역시장; 요새, 신재
- settlement 부락, 정착, 정리, 안성
- snow-fall 강설
- journey 여행

Millions of Americans wake up to news about how unhealthy their air is, especially in the summer when air pollution is worst. Although many states have air that is much cleaner than it was twenty years ago, studies show over half of all Americans breathe polluted air.

The pollution problem is caused, in part, by expanding cities and suburbs. Many cities in the U.S. are overcrowded, forcing housing builders to start new communities on land outside city limits. This spread of housing developments and strip malls is called "urban sprawl." In major cities like Chicago, Washington, and New York, people who live in the suburban communities surrounding these cities must drive almost everywhere, including to their jobs. And as more people move to the suburbs and commute to the cities, the levels of traffic and pollution increase.

More cars on the streets and highways mean more traffic jams. And as cars sit in traffic, they burn gasoline and give off pollutants called hydrocarbons and nitrogen oxides. When sunlight hits these compounds, they form ozone, a dangerous form of oxygen. Ozone creates smog and makes daily life difficult for people across the country.

1. The good news about the air in America is that ___________.

① less and less Americans drive to their jobs
② the air in many of American states is much cleaner than it used to be
③ the air is better in the winter than in the rest of the year
④ the air quality in the United States is better than in other countries
⑤ the levels of traffic and pollution have decreased as more people commute to the cities

2. Which of the following is irrelevant to the above passage?

① Urban sprawl occurs because many American cities are overcrowded.
② Many Americans are aware of their unhealthy air.
③ People who live in the suburbs and commute to the cities are increasing.
④ The air quality in the suburban areas is getting better.
⑤ Ozone is created when sunlight hits the pollutants given off by cars.

**07**

【해석】 특히 공기오염이 최고로 심한 여름에는, 수백만 명의 미국인들이 대기가 얼마나 오염됐는지에 대한 뉴스의 중요성을 깨닫게 된다. 여러 주들이 20년 전보다 더 맑은 공기를 가지고 있을지라도, 연구에 의하면 절반이상의 미국인들은 오염된 공기를 마시며 산다고 한다.

오염 문제는 부분적으로는 도시와 교외지역을 확장함으로서 야기된 것이기도 하다. 미국의 많은 도시들이 인구밀도가 너무 높아서 주택건설자들은 시의 경계를 벗어난 부지에 새로운 거주지역을 건설해야 했다. 이러한 주택개발과 큰길에 길게 늘어선 쇼핑몰의 확장이 '도시 스프롤 현상'이라고 일컬어진다. 시카고, 워싱턴, 뉴욕과 같은 주요 도시들의 경우 이러한 도시의 근교 주거지역에 사는 사람들은 직장을 포함하여 어느 곳을 가더라도 운전을 하여야만 한다. 더욱 더 많은 사람들이 교외로 이사하고 도시로 출근함으로써 교통과 오염의 정도도 증가한다.

길거리와 고속도로에 차가 많아지는 것은 교통체증의 증가를 의미한다. 그리고 차들이 꽉 막혀 있을 때 차들은 휘발유를 태움으로써 탄화수소와 산화물이라고 불리는 오염물질을 내뿜는다. 이 화합물에 햇빛이 비치면 오존이라고 하는 위험한 산소를 생산한다. 오존은 스모그를 만들며 전국의 사람들에게 생활을 힘들게 한다.

## 【해설과 정답】

1. 첫 단락 두 번째 문장에서 '미국 여러 주의 공기가 과거보다 더 깨끗해졌다'고 했으므로, 이는 미국인에게 좋은 소식이라고 판단할 수 있다. ················· 【정답】 ②

2. 두 번째 단락 마지막 문장을 통해서, '교외로 이동을 하고 통근을 하기 때문에 교통량과 오염의 정도가 증가한다.'고 언급했으므로 '교외지역의 공기 상태가 좋아진다.'는 내용은 틀린 설명이다. ···················· 【정답】 ④

---

**Theme  교외, 근교**

□ **urb** <미 구어> 도시, 도회지, 시내 **cf. urban** 도시의; 도시특유의; 도시에 사는

□ **suburb** (주택지로서의) 교외; (도시의) 근교; 주변 **cf. suburban** 교외의, 교외거주자의

□ **exurb** <미> 준(準)교외 (교외보다 더 떨어진 고급 주택지)

□ **outskirts** 변두리, 교외; 한계 * **on the outskirts of** ~의 변두리에

□ **environs** (도시의) 주위, 근교, 교외; 환경

□ **new town** 교외[변두리] 수백시

---

## VOCABULARY

□ **wake up to** ~의 중요성을 깨닫다

□ **unhealthy** 건강에 좋지 못한

□ **polluted** 오염된

□ **in part** 부분적으로

□ **expanding** 확대되는

□ **suburbs** 교외

□ **overcrowded** 인구밀도가 높은

□ **housing builder** 주택 건설자

□ **strip mall** 소규모 쇼핑몰

□ **urban sprawl** (도시 등의) 스프롤 현상 (도시의 불규칙하고 무계획한 교외(郊外)로의 확장)

□ **strip** 작은 조각

□ **traffic jams** 교통 혼잡 (=traffic congestion)

□ **sit in traffic** (차가) 막히다

□ **give off** 방출하다

□ **pollutant** 오염물질

□ **hydrocarbon** 탄화수소

□ **nitrogen oxide** 질소 산화물

□ **compound** 화합물

## cut

cut 는 "자르다, 베다, 절단하다" 가 기본개념이다. 잘라낸다고 해서 "줄이다, 단축하다" 의 의미가 나오며, 부탁을 단호하게 잘라 거절한다는 뉘앙스에서 "모른 체 하다" 뜻도 나온다
1. 베다, 자르다, 절단하다; (조각 등을) 깎아 다듬다
2. (비용 등을) 줄이다, 삭감하다, 단축하다; 길을 내다, 가로지르다
3. 중단하다; (관계를) 끊다, 모른 체하다, 무시하다; 상처를 주다

### 베다, 자르다, 절단하다; (조각 등을) 깎아 다듬다

**01 cut no ice**　• 얼음조차 자르지 못하다
아무런 효과가 없다, 아무 영향도 주지 못하다
(=have no effect)
↔ **cut ice** 효과가 있다(=have effect)

**02 cut a fine figure**　• 선명한 외관(fine figure)으로 잘라내다
(모습 등이) 이채를 띠다; (능력 등이) 두각을 나타내다

**03 clean-cut**　• 머리를 깨끗하게(clean) 자른(cut)
(외모 등이) 단정한; (의미가) 명확한(=sharp, definite)

**04 cut-and-dried**　• 미리 잘라서(cut) 말린(dried)
1. 미리 준비된, 미리 결정된
(=already settled and unlikely to be changed)
2. 신선함이 없는, 진부한(=banal, cliche, stereotyped)

**05 cutting-edge**　• 끝을 뾰족하게(edge) 잘라낸(cutting) → 尖(뾰족할 첨)端(끝 단)
(기술이나 제품 등이) 최첨단의(=most advanced)

> **cf. cutting edge** (기술이나 제품의) 최첨단
> **cf. be on the cutting edge** 지도적 입장에 있다; 앞장서다
> **cf. top-of-the-line** 최고급품의, 최신식의

**06 be cut out for** sth **/ be cut out to be** sth
(직업 등을 위해 필요한) 자질을 갖추다, 일이 체질에 맞다
(=naturally well-suited for sth)

> **cf. cut one's eyeteeth on** sth　• 송곳니(eyeteeth)가 나다(cut)
> 세상 물정을 알게 되다, 철이 들다;
> (학문·기술 등을) 처음으로 배우다
> **cf. cut teeth** (아이가) 이빨이 나다

**07 cut** sb **to the quick**　• 손톱 밑의 생살·아픈 곳(quick)을 자르다(cut)
감정을 심하게 다치게 하다(=hurt one's feelings deeply),
~에게 깊은 상처를 주다

> **- to the quick** 절실히, 뼈에 사무치게(=deeply)　• quick(속살)
> **cf. cut** sb **to the bone**　• 뼛속까지(to the bone) 살을 에다(cut)
> (바람이) 뼛속까지 스미다; (비용을) 최대한으로 줄이다
> **- to the bone**
> 최소한으로(=to the minimum); 철저히(=thoroughly)

**08 cut the Gordian knots**
어려운 문제를 단번에 해결하다

### (비용 등을) 줄이다, 삭감하다, 단축하다, 길을 내다, 가로지르다

**09 cut** ★ **down (** sth **)/cut down (on** sth **)**
줄이다(=reduce, lower, lessen, cut ★ back (sth))
**= trim** ★ **down (** sth **)** 삭감하다, 줄이다, 작게 하다

**10 cut** ★ **back (** sth **)/ cut back (on** sth **)**
(비용 등을) 줄이다, 절감하다(=reduce, curtail)
**cf. cutback** (인원·생산 등의) 축소, 삭감(=reduction)

**11 cut corners**　• 모퉁이를 가로지르다
지름길로 가다(=take a shorter way); (돈·시간·노력을)
절약하려고 일을 불완전하게 하다(=economize)

> **cf. shortcut** 지름길; 손쉬운 방법; (방법이) 손쉬운
> **cf. cut** ★ **short** sth (계획했던 것보다) 빨리 끝내다
> **cut** sb **short** 남의 말을 가로막다

**12 cut across** sth
1. ~에 영향을 미치다(=affect)　• 가로질러서 자르다
2. ~을 질러가다　• 가로질러서(across) 거리를 줄이다(cut)
3. ~을 넘다, 초월하다

### 중단하다; (관계를) 끊다, 모른 체하다, 무시하다; 상처를 주다

**13 cut out**　• 완전히(out) 잘라내다(cut) → 관계를 끊고(cut) 밖으로(out) 나오다
1. 제거하다, 베어내다(=remove, weed ★ out, get rid of sb/sth,
eliminate); 기사 등에서 잘라내다(=omit)
**cf. cut out the deadwood**
생산성이 떨어지는 사람을 직장에서 해고하다
2. 〈구어〉 그만둬, 닥쳐(=cut the crap)
3. (자리 등에서) 떠나다

**14 cut** ★ **off** sb/sth　• 잘라서 분리시키다(off)
1. (공급 등을) 중단하다, 끊다; 고립시키다(=isolate), 떼어 놓다
2. (통화 등을) 중단하다(=stop speaking), 끊다(=disconnect);
(통화 등을) 가로막다
**cf. cutoff** 절단, 차단, 분리; 결산일; 지름길; (골프) 컷오프

**15 cut** sb **dead**　• 어떤 사람을 죽은 사람처럼 모른체 하다(cut)
보고도 보지 못한 체 하다
(=refuse to recognize sb you know in order to be rude)

## tear

tear[tεə:r]는 "찢다, 잡아 째다(rip)" 가 기본 의미이다. 찢어지는 것은 유형물(찢다)일 수도 있고 사람의 마음(사이가 벌어지다; 마음을 갈기갈기 찢다)일 수도 있다. 또한 "눈물, 눈물을 흘리다" 의 tear[tiə:r]는 전혀 기원이 다른 단어이다.

**16 tear** ★ **down** sth　• 무너지도록(down) 찢어 발기다
(건물 등을) 헐다(=demolish), (기계 따위를) 해체 하다
(=dismantle); 비난하다

> **= tear** ★ **apart** sb/sth (집 등을) 허물다; 분열시키다,
> 교란시키다; 혹평하다; (남의) 마음을 갈기갈기 찢어놓다
> **cf. tear** ★ **up** sth
> 갈가리 찢다; 계약이나 협정 등을 파기하다(=rip ★ up sth)

**01** His arguments cut no _____ with me. They are not impressive at all.
① ice ② choice
③ place ④ water

**02** Korean students are <u>cutting a fine figure</u> at the finest schools in the United States of America.
[02.일반경찰/95.외시]
① living with no difficulty
② cutting the shortest way
③ having their tests with ease
④ getting good results in their studies
⑤ making themselves changed differently

**03** The traditional goal of science has been to discover how things are, not how they ought to be, but can a <u>clean-cut</u> distinction between fact and value in the interaction of science and society be sustained any longer? [96.외무고시]
① sanitary ② violent
③ sharp ④ theoretical
⑤ understandable

**04** The government made a <u>previously-decided</u> decision about the subway.
① cut-and-run ② clean-cut
③ cutting-edge ④ cut-and-dried

**05** 다음 빈 칸에 들어갈 알맞은 말은? [07.여자기동대]

> A : This new sound system is at the _______ technology.
> B : Yes, it's most advanced of its kind.

① outbreak ② expense
③ cutting edge ④ side effect

**06** He is <u>cut out for a sailor</u>.
① cut and severely injured by a sailor
② dismissed from his post of a sailor
③ naturally suited for a sailor
④ prejudiced against a sailor

**07** The remark cut him <u>to the quick</u>. [92.외무고시]
① deeply ② sensationally
③ quickly ④ fast

---

**01** 그의 주장들은 나에게 아무런 영향을 주지 않는다. 그것들은 전혀 인상적이지 못하다.
【정답】①

**02** 한국 학생들은 미국에서 가장 훌륭한 학교에서 두각을 나타내고 있다.
【정답】④
① 아무런 어려움이 없이 살고 있는
② 지름길로 가는
③ 시험을 쉽게 치르고 있는
④ 학업에서 좋은 결과를 내고 있는
⑤ 그들 자신을 다르게 변화시키고 있는

**03** 과학의 전통적인 목적은 사물의 존재의 당위성이 아니라 사물이 어떻게 존재하나를 발견하는 것이다. 그러나 과학과 사회가 서로 상호작용을 하는 상황에서 사실과 가치사이의 명확한 구별이 더 이상 유지가 가능할까?
【정답】③
① sanitary 위생의, 위생적인
② violent 폭력적인
③ sharp 예리한; 선명한, 뚜렷한
④ theoretical 이론상의
⑤ understandable 이해할 수 있는, 알 만한

**04** 정부는 지하철에 관해서 미리 정해놓은 결정을 했다.
【정답】④
① cut-and-run 몹시 허둥대는
② clean-cut 명확한
③ cutting-edge 최첨단의
④ cut-and-dried 미리 결정된

**05** 【정답】③

> A : 이 새 음향 시스템은 최첨단 기술입니다.
> B : 맞아요, 그것은 그 분야에서 가장 첨단의 것이죠.

① outbreak 발발; 격증 ② expense 지출, 비용
③ cutting edge 최첨단 ④ side effect 부작용

**06** 그는 타고난 뱃사람이다.
【정답】③
① 뱃사람에게 칼로 베이고 심하게 상처를 입은
② 선원이 지위에서 해고된
③ 천성적으로 뱃사람에 적합한
④ 뱃사람에 대해 선입견을 가진

**07** 그 말은 그에게 마음 속 깊이 상처를 주었다.
【정답】①
① deeply 깊숙이 ② sensationally 선풍적으로
③ quickly 빨리, 서둘러서 ④ fast 빨리, 급속히

**08** Churchill had the habit of blithely cutting <u>Gordian knots</u> in a manner which often upsets experts, but he was not a frivolous man. [92.사법시험]
① unanswerable answers  ② foes
③ difficult problems  ④ enemies

**08** 처칠은 종종 전문가조차도 당황하게 하는 방법으로 어려운 문제를 유쾌하게 해결해버리는 습성이 있었으나 결코 경솔한 사람은 아니었다.
* blithely 즐겁게, 유쾌하게 frivolous 천박한, 경박한
【정답】③
① 반박할 수 없는 답변들  ② foe 적, 반대자
③ 어려운 문제들  ④ enemy 적

**09** I think you had better start _______ on expenses.
① saving up
② cutting up
③ cutting down
④ decreasing

**09** 난 네가 지출을 줄이기 시작하는 것이 좋겠다고 생각한다.
【정답】③
① save up 돈을 모으다, 저축하다
② cut up 자르다, 분할하다
③ cut down 줄이다
④ decrease 줄(이)다, 감소하다 * on 때문에 정답 X

> **09-1** The compiler <u>cuts down</u> the article to make it fit the space available in a magazine.
> ① removes  ② isolates
> ③ reduces  ④ interrupts

**09-1** 그 편집자는 기사를 줄임으로써 잡지에 이용 가능한 공간에 맞추는데 성공했다. * compiler 편집자
【정답】③
① remove 제거하다
② isolate 고립시키다, 분리시키다
③ reduce 줄이다, 축소하다
④ interrupt 방해하다, 중단하다

**10** A majority of industries started to <u>cut back on</u> labor cost in the wake of the energy shortage. [92.법원직]
① cut short  ② reduce
③ yield  ④ increase
⑤ cut into halves

**10** 대부분의 산업체들이 에너지 부족 이후에 노동비를 줄이기 시작했다. * in the wake of ~에 뒤이어
【정답】②
① cut short 빨리 끝내다
② reduce 줄이다
③ yield 양보하다; 생산하다
④ increase 증가하다
⑤ cut into halves 절반으로 자르다

**11** I would like to buy a new car so I have begun to <u>economize</u> on my daily expenses.
① come clean  ② chime in
③ cast around  ④ cut corners

**11** 나는 새 차를 사고 싶었고 그래서 내 일상적인 지출들을 절약하기 시작했다.
【정답】④
① come clean 털어 놓다  ② chime in 참여하다
③ cast around (해결책을) 찾아다니다
④ cut corners 절약하려고 줄이다

**12** When there is violence and vengeance, it <u>cuts across</u> family, tribe, religion, and class. [06.공인회계사]
① affects  ② kills
③ unites  ④ dispels

**12** 언제나 폭력과 복수가 있을 때는, 그것은 가족, 부족, 종교와 계층에 영향을 미친다.
【정답】①
① affect ~에 영향을 미치다
③ unite 결합하다, 통합하다
④ dispel 쫓아버리다

**13** They cut out __________ it. [02.일반경찰]
① double of  ② all both
③ half of  ④ two-thirds

**13** 그들은 그것의 절반을 잘라냈다.
【정답】③
① double of → double  ② all both → all
④ two-thirds → two-third of * it이 단수이므로

**14** The New York State Electric and Gas Corporation cut _______ gas because he did not pay the bill.
① out  ② off  ③ about  ④ with

**14** 뉴욕주 전기가스 공사는 그가 요금을 지불하지 않았기 때문에 가스를 끊었다.
【정답】②

**14-1** He <u>cut off</u> abruptly, for he was beginning to quiver all over.
① broke into laughter　② died
③ interrupted　④ intervened
⑤ stopped speaking

**14-1** 그는 온몸이 떨리기 시작해서 갑자기 **말을 중단했다**. * abruptly 갑자기, 무뚝뚝하게
────────────────────────【정답】⑤
① break into laughter 웃음이 터지다
③ interrupt 방해하다
④ intervene 방해하다; 중재하다

**15** Amy <u>cut me dead</u> when she saw me in the park.
[08.세무직 9급 변형]
① greeted me with smile
② deliberately ignored me
③ cut me to the quick
④ hurt me deeply

**15** 에이미는 공원에서 나를 보았을 때 **일부러 못 본 체 했다.**
────────────────────────【정답】②
① 웃으면서 내게 인사했다
② 일부러 무시했다
③ 마음에 상처를 주었다
④ 깊은 상처를 주었다.

**16** In the 1960's the upper level of Pennsylvania Station in New York City was <u>torn down</u> and replaced by Madison Square Garden. [03.공인회계사]
① detracted　② demoted
③ distended　④ dismantled

**16** 1960년대에 뉴욕시의 펜실베이니아 역의 상층부는 **헐리고** 매디슨 스퀘어 가든으로 대체되었다.
* replace 대체하다 tear down 허물다
────────────────────────【정답】④
① detract 딴데로 돌리다, 비방하다
② demote 강등하다
③ distend 넓히다
④ dismantle 분해하다

## Part A - cut/ sharp ↔ dull

### 1. cut/curt(=cut)

**01 cutlery** *
[kʌ́tləri]
96.기술고시

n. 1.(집합적) 식탁용 날붙이
(나이프·포크 따위)
2.칼 제조업

**관련 cutler** 칼장수
**cutlet** 얇게 저민 고기
**cutty** 짧게 자른, 치수가 짧은; 성미 급한
**cuttage** 삽목, 꺾꽂이(법)

| 테마어휘 | 칼의 종류와 구성부분 |
| --- | --- |
| ❶ knife | 일반적으로 두루 쓰이는 칼 |
| | – kitchen knife 식칼 / cutter 절단기 / razor 면도칼 |
| ❷ sword | 검 (주로 무력적인 것과 관련) |
| | – dagger 단검 / saber 기병대 검; 무력, 군정 |
| | – bayonet 총검; (the) 무력; [pl.]보병 |
| ❸ foil | 끝이 뭉툭한 플뢰레/ epee 끝이 뾰족한 에페 |
| | – foible 펜싱 칼의 가는 부분: 단점 |
| | – forte 펜싱 칼의 굵은 부분: 장점 |
| ❹ guillotine | 기요틴, 단두대, 참수형; 재단기 |
| | – pillory (손과 목을 끼우는 형틀인) 칼; 오명 |
| ❺ blade | (주로 면도기, 스케이트 등의) 칼날 |
| ❻ scabbard | (칼·검 따위의) 집  cf. scabbard fish 갈치 |
| ❼ sheath | 칼집, 덮개; ~을 집어넣다, ~을 쌓다 |
| ❽ wield | (칼, 권력 등을) 휘두르다, 쓰다 |

**02 cutting edge** ★
[kʌ́tiŋ édʒ]
07.여자기동대

cutting(=cut)+edge → 矢(뾰족할 첨) 端(끝 단)
n/a. (기술의) 최첨단(의)
(=most advanced)
ⓐ **cutting** 절단; 예리한, 신랄한
표현 **top-of-the-line** 최고급품의, 최신식의

### 2. tail(=cut, 꼬리)

**03 curtail** ▽
[kərtéil]

curt(=short)+tail(cut) → 짧게 자르다
vt.1.(일정 등을) 짧게 줄이다, 단축
하다, 생략하다(=shorten, reduce)
2.(비용 등을) 삭감하다
3.(권리 등을) 축소하다; 박탈하다
ⓝ **curtailment** 단축, 삭감
명 **curt** 짧은; 퉁명스러운
(=rudely brief in speech)
cf. **abbreviate** (말 등을) 짧게 줄여 쓰다

**04 detail** ★
[díːteil]

de(=down)+tail(cut)
→ 아래로(지방으로) 잘라 보내다(파견하다)
n. 1.세부, 지엽적인 일,
[pl.] 상세한 설명
2.특별임무, 특파부대
vt.1.상술하다, 열거하다
2.파견하다, 특파하다
표현 **ins and outs** * 세부곡절, 자초지종(=details)

**05 retail** ★
[ríːteil]

re(=again)+tail(cut) → 소매상이 다시 마진을 잘라먹다
vt. 소매하다
n. 소매, 소매상
ⓝ **retailer** 소매상인

반 **wholesale** 도매; 도매의; 도매로 팔다
- **wholesaler** 도매상

**06 entail** ★
[intéil]

1. en(=make)+tail(꼬리) 2. en(강조)+tail(=cut)
vt.1.(필연적인 결과로서) 일으키다,
수반하다(=cause, involve)
2.(노력 · 비용 등을) 들게 하다
3.상속인을 한정하여 양도하다
ⓝ **entailment** 세습 재산

### 3. tom(=cut)

**07 epitome** ★
[ipítəmi]

epi(=upon)+tom(=cut) → 딱 잘라낸 단면
n.1.(the ~) 전형(적인 예)
(=essence, quintessence)
2.줄거리, 발췌, 요약
ⓥ **epitomize** ***
~의 전형이다(=typify, exemplify); 요약하다

**08 dichotomy** ★
[daikátəmi]

di(=two)+cho(=into)+tom(=cut)+y → 둘이 되게 자름
n. 이분법, 양단법; 이분, 양분(=division)
ⓐ **dichotomous** 양분된, 양분법의

관련 **anatomy** 해부학
**atomic** 원자(력)의; 극히 작은 *a (=not)
**entomology** 곤충학

### 4. sect(=cut)

**09 dissect** ★
[disékt]

di(=two)+sect(=cut) → 두 개로 잘라봄
n. 1.절개하다, 해부하다
2.(상세히) 분석하다(=analyze),
세밀하게 조사하다(=scrutinize)
ⓝ **dissection** 절개, 해부, 해체; 정밀분석
관련 **vivisect** 생체해부를 하다 * viv(=life)

**10 cesarean
(section)** ★
[sizéəriən sékʃən]
08.경남 9급

<연상> 시저가 역사상 최초로 제왕절개를 통해 태어남
n. 제왕 절개 수술(=cesarean operation)
관련 **section** 절단, 절개; 단면; 구획; 부문
동 **hysterotomy** 제왕 절개술, 자궁 절개
* hystero(자궁)+tom(=cut)

### 5. sever(=cut, serious)

**11 sever** ★
[sévər]

sever(=cut) → 자르다, 분리하다
vt.1.자르다, 절단하다; 분할하다
(=devide)
2.관계를 끊다(=dissolve);
이간시키다
vi. 갈라지다, 끊어지다
ⓝ **severance** 절단, 단절; 분리, 격리
ⓐ **severable** 분리할 수 있는, 가분의

동 **dissever** * dis(=apart)
분리하다, 분할하다(=separate)
명 **asseverate** 맹세코 단언하다(=assert)

**12 severe** ★
[səvíər]

sever(=cut, serious) → 살을 자르는 듯한
a. 1.엄한, 엄격한; 가혹한, 호된
(=harsh)
2.간소한, 소박한
3.(태풍 등이) 심한, 맹렬한
ⓐⓓ **severely** 가혹하게, 심하게(=drastically)
ⓝ **severity** 엄격, 혹독; 가혹한 처사

**13 persevere**
[pə́:rsəvíər]

per(=through)+sever(=serious)
→ 혹독한 곤경을 통과하다
vi. 1. 참다, 견디다(=endure)
2. 끈기 있게 노력하다, 관철하다
(=persist)
ⓝ **perseverance** 인내, 인내력, 참을성, 끈기
ⓥ **perseverant** 인내심이 강한, 불요불굴의
ⓐ **perseverate** 집요하게 계속[반복]하다

## 6. cise/scind (=cut)

**14 rescind**
[risínd]

res(=back)+cind<cis(=cut)
→ 딱 잘라 뒤로 보내다
vt. (법률·조약 등을) 무효로 하다,
폐지하다(=repeal, annul)
ⓝ **rescission** 폐지, 취소, 무효로 함

**15 concise**
[kənsáis]

con(강조)+cise(=cut) → 핵심만 잘라낸
a. (문체 등이) 간결한, 간명한
(=brief, simple, succinct, terse)

**16 precise**
[prisáis]

pre(강조)+cise(=cut) → 완전히 딱 맞게 자른
a. 1. 정확한, 정밀한; 명확한
(=exact, accurate)
2. (수량 따위가) 딱 들어맞는
3. 까다로운, 꼼꼼한
ⓝ **precision** 
정확, 정밀; 꼼꼼함(=accuracy, exactness)
**precis** 대의, 개략; 요약(=compendium)
ⓓ **precisely** 정밀하게, 정확하게; 꼼꼼히;
(동의의 대답) 바로 그렇다; (말머리에)
도대체
ⓐ **precisive** 어떤 것에만 한정하는; 정확한
ⓑ **imprecise** 부정확한, 불명확한

**17 indecisive**
[ìndisáisiv]

in(=not)+de(강조)+cise(=cut)
→ 요구를 딱 잘라 거절하지 못하는
a. 결단력이 없는, 우유부단한
ⓝ **indecision** 우유부단, 주저

> ⓑ **decisive** 결정적인, 중대한; 과단성 있는
> - **decision** 결정, 결심

**18 excise**
[éksaiz]
[iksáiz]

ex(강조)+cise(=cut) → (이익에서) 세금을 잘라내다
n. (종종 the ~ tax) 소비세; 면허세
vt. 1. (소비세를) 부과하다
2. 잘라내다; (문장 등을) 삭제하다
(from)
ⓝ **excision** 절제, 삭제, 제명

**19 incisive**
[insáisiv]

in(=on)+cis(=cut)+ive → 칼로 피부를 자르는 것 같은
a. 1. 예리한, 날카로운
2. (말·문장 등이) 통렬한
(=trenchant)
ⓥ **incise** 절개하다, 째다; 새기다(=carve into)
ⓝ **incision** 절개(술), 짼 자국

## 7. trench (=cut)

**20 trenchant**
[tréntʃənt]
95.행자부 7급

trench(=cut)+ive → 칼로 자르는 것 같은
a. 1. (윤곽 등이) 뚜렷한(=distinct)
2. (말 등이) 통렬한, 신랄한,
날카로운(=incisive)
3. (사람·정책 등이) 강력한,
유력한, 효과적인
ⓝ **trenchancy**
(말 등이) 날카로움; 격렬함; 명확함

> 혼
> **trench** 참호; 깊은 도랑; 도랑[참호]을 파다
> **entrench** 참호를 두르다, 방비하다; 확립하다
> - **entrenchment** 참호, 보루; (권리의) 침해
> **retrench** (비용을) 긴축하다, 절약하다
> 동 **truculent***
> (논평 등이) 공격적인, 거친, 통렬한

## 8. ac/acu/acr (=sharp)

**21 sharp**
[ʃá:rp]

샤프의 연필심은 매우 날카롭고 찔리면 아프다
a. 1. 날카로운, 예리한, 뾰족한
(=cutting)
2. 가파른(=steep), (변화가) 급격한
3. (윤곽이) 뚜렷한(=distinct)
4. (감각이) 예민한; 빈틈없는;
영리한(=shrewd)
5. (비평 등이) 신랄한, 독기에 찬
(=bitter)
6. (고통이) 심한, 쓰라린(=acute)

**22 acrimonious**
[ækrəmóuniəs]

acr(=sharp)+i+mon(=warn)+ious
→ 날카롭게 충고하는
a. (태도·말 등이) 통렬한, 신랄한
(=bitter)
ⓝ **acrimony** 매서움, 신랄함, 통렬함
ⓓ **acrimoniously** 신랄하게
관련 **acrid** 자극적인, 쏘는; 신랄한
**acid** 산; 신, 신맛이 나는; 신랄한

**23 acute**
[əkjú:t]

acu(=sharp)+ate → 날카로운
a. 1. (끝이) 뾰족한, 예리한;
(감각이) 예민한(=keen)
2. (통증·감정이) 격렬한, 강렬한
3. (상황·사태 등이) 심각한, 중대한
4. (병이) 급성의(↔ chronic: 만성의)
06.제주 9급
* **SARS : severe acute respiratory
syndrome** 중증 급성 호흡기 증후군
ⓓ **acutely***
강렬하게(=strongly), 예리하게(=keenly)
07.경기 9급
ⓝ **acuity*** 예민(=sharpness), 격렬, 신랄

> 관련 **acumen** 날카로움, 예민, 총명
> **acupuncture** 침술, 침 치료
> * punct (=prick)
> **acme** 정상, 정점(=zenith)

## 24 keen
[kíːn] ★★

<연상> 킨 사이다의 톡 쏘는 맛에 혀가 얼얼하다
a. 1.열심인, 열중한; 열망하는(on)
  (=eager about)
  2.(칼 등이) 날카로운;
  (감각이) 예민한(=acute)
  3.신랄한, 통렬한(=incisive)
  4.(추위가) 살을 에는 듯한;
  (고통이) 심한
  5.<구어> 훌륭한, 멋진
ad **keenly** 날카롭게, 통렬하게, 빈틈없이

> **kin** <집합적> 친척, 친족; 혈연관계
> **ken** (이해·지식의) 범위; 시야, 시계

## 25 shrewd
[ʃrúːd] ▼
03.행자부 7급
92.서울시 9급

shrew(=cut)+ed → 날카로운
a. 영리한, 날카로운; 빈틈없는,
  재빠른(=sharp, clever, astute)
ad **shrewdly** 기민하게(=astutely), 현명하게
n **shrewdie** <구어> 빈틈없는 사람
  **cf. shrew** 잔소리가 심한 여자
관련 **shred** 조각, 단편, 조금; 조각조각 찢다

---

**뉘앙스**  **총명함, 영리함**

❶ intelligent, smart, clever, bright
  두뇌가 명석해서 이해나 학습능력이 뛰어난 → 명석한
❷ agile, nimble 머리 회전이나 동작이 빠른 → 기민한, 민첩한
❸ astute, shrewd
  상황 판단력이 뛰어나고 이를 이용할 줄 아는 → 약삭빠른
❹ sharp, acute 사물의 인식이나 판단능력이 뛰어난 → 예리한
❺ ingenious 새로운 것을 잘 구상해내는 → 독창성이 있는
❻ canny 특히 장사나 정치에 있어 영리하고 판단력이 좋은
❼ sagacious 판단력이나 이해력이 좋은 → 현명한

---

### 9. 무딘, 뭉툭한, 지루한(=dull)

## 26 dull
[dʌl] ★★

dull → 덜 떨어진
a. 1.(칼 등이) 무딘; 머리가 둔한
  (=blunt)
  2.단조롭고 지루한, 따분한,
  재미없는(=tedious, insipid, vapid)
  3.활기 없는, 침체된
  4.(날씨 등이) 우중충한

## 27 blunt
[blʌnt] ★
03.101단
경찰간부

07.인천 9급

blund<blind (눈 먼)
a. 1.(칼 등이) 무딘, 뭉뚝한(=dull)
  2.퉁명스러운, 무뚝뚝한
* **To be blunt~** 사실대로 말하면;
  대충 말하면(=roughly speaking)
ad **bluntly**
  무뚝뚝하게, 퉁명스럽게(=brusquely)

> **blunder** 큰 실수(를 하다),
>  (얼떨결에) 입 밖에 내다
> **blurt** 불쑥 말하다; 무심결에 누설하다
> **brunt** (공격 등의) 예봉

## 28 tedious
[tíːdiəs] ▼

a. 지루한, 지겨운, 따분한
  (=boring, irksome, tiresome, prosaic)
n **tedium** 지겨움, 권태, 지루함

## 29 prosaic
[prouzéiik] ★★

prose(산문체)+aic → 산문체의, 지루한
a. 1.산문(체)의
  2.무미건조한, 재미없는; 활기 없는,
  지루한(=boring, tedious)

---

n **prose**
  산문; 산문체; 평범, 단조; 지루한 이야기
a **prosy** 산문체의; 평범한, 지루한, 단조로운
동 **humdrum**
  평범한, 단조로운(=repetitious)

> 관련 **글의 문체**
>  **lyric** 서정적인, 서정시의; 음악적인
>  **epic** 서사시의; 서사시적인 → 웅장한

## 30 ennui
[ɑːŋwíː] ★

<연상> (항상 사고치는 아들에게) 네 안위
(ennui)를 걱정하는 것도 지겹다.
n. 권태, 따분함, 무료함(=boredom)
n **ennuye** 따분해 하는 (사람)

## 31 drudgery
[drʌdʒəri] ★

<연상> 너의 고된 일을 내가 덜어주리?
n. (지루하고 따분한) 고된 일, 싫은 일
n **drudge**
  틀에 박힌 지겨운 일; 악착스레 일하다
  **drudger** (고된 일을) 악착스럽게 하는 사람
ad **drudgingly** 애써서, 악착스레, 꾸준히

> 동 **moil** 힘든 일, 고역; 뼈 빠지게 일하다
> **toil** (뼈 빠지는) 일, 노역; 힘써 일하다
>  - **toil and moil** 부지런히 일하다
> **chore** 자질구레한일, 허드렛일, [pl.]잡일, 가사
> **travail** 하기 싫거나 불쾌한 일, 어려운 문제

---

# Part B - short ↔ long

### short ↔ long

## 32 short
[ʃɔːrt] ▼

a. 1.(길이가) 짧은, (거리가) 가까운

* **cut the shortest way** 지름길로 가다
* **shortcut**
  지름길; 손쉬운 방법; (방법이) 손쉬운
* **shortsighted** 근시안의
* **short-term** 단기의(↔long-term 장기의)

  2.간결한, 간단한

* **shorten** 짧게 하다, 줄이다, 삭감하다
* **shortly** 곧, 얼마 안 있어, 간단히, 짧게
* **In short / In brief** 간단히 말해서
* **make short work of ~**
  재빨리 해치우다(=finish rapidly),
  일을 척척 해내다
* **cut** sth **short**
  (계획했던 것보다) 일찍 중단하다, 빨리 끝내다
* **cut** sb **short**
  남의 말을 가로막다

  3.불충분한, 부족한

* **shortage** 부족, 결핍; 결점
* **shortfall** 부족, 부족분
* **shortcoming** 결점, 단점
* **fall short of** 미치지 못하다
* **run short (of)**
  바닥이 나다, 부족하다(=run out of)
* **shorthanded**
  일손이 부족한, 인원이 부족한

  4. 무뚝뚝한
ad.갑자기, 짧게, 무뚝뚝하게,
  부족하게

**33 abridge** ★★
[əbrídʒ]

a(=to)+bridge → 다리를 놓아 거리를 단축하다
vt. 1. 요약하다, 줄이다(=shorten)
　　2. 단축하다, 삭감하다
　　3. 빼앗다, 박탈하다
ⓐ **abridged** 짧게 한
　↔ **unabridged** 생략하지 않은
　　(=not shortened), 완전한; <미> 완본 사전
ⓝ **abridgment** 요약본, 축약본

**34 abbreviate** ★★
[əbríːvièit]

ab<ad(=to)+brev<brief(=short)+ate → 짧게 하다
v. (낱말을) 줄여 쓰다, 생략하다,
　단축하다(=shorten)
ⓝ **abbreviation** 약어, 생략형, 약자
관련 **acronym** 머리글자어, 두문자어, 약성어

**35 brevity** ★★★
[brévəti]

brev<brief(=short)+ity
→ (시간이 짧으면) 순간, (문장이 짧으면) 간결
n. 1. (문장, 문체의) 간결
　　(=briefness, conciseness)
　　2. (시간의) 짧음, 순간
ⓐ **brief** 잠시의; 단명한; N. 적요, 개요
ⓝ **briefing** 요약 보고, 브리핑

**36 longevity** ★★
[landʒévəti]

long(=long)+ev(=time,age)+ity → 나이(수명)가 긴 것
n. 1. 장수(長壽)(=long life)
　　2. 수명(=life span)

┌─────────────────────────────────┐
관련 **어근 ev[=time,age]**
**coeval** 동갑의, 동시대의; 같은 시대의 사람
**primeval** 원시 시대의, 태고의 *prim(=first)
**medieval** 중세의, 중세풍의 * med(=middle)
└─────────────────────────────────┘

**37 prolong** ★★
[prəlɔ́ːŋ]

pro(=forth)+long(=long) → 앞으로 길게 늘이다
vt. (기간을) 연장하다(=elongate);
　(공간을) 늘이다
ⓝ **prolongment** 연장, 연기
　**prolongation**
　연장, 연기; 연장부분, 연장선
동 **elongate***
　길게 하다, 잡아 늘이다; 길어지다

**38 length** ▽
[léŋθ]

n 길이, 키; (시간의) 길이; 범위,
　정도
ⓥ **lengthen**
　길게 하다(=make longer); 길어지다
　(=become longer), 늘이다, 연장하다
관련 **breadth** 폭, 나비(width); 넓이; 관용
　　- **widen**
　　넓히다, 넓어지다(=become wider)

┌─────────────────────────────────┐
표현
**at length**** 마침내(=at last); 오랫동안, 자세히
**keep at arm's length** 멀리하다
**go to great lengths / go to any length**
(필요한 것은) 무슨 짓이든지 하다(=endeavor)
**over the length and breadth of**
~의 전반에 걸쳐
**the length and breadth of**
~의 구석구석
└─────────────────────────────────┘

**39 dilate** ▽
[dailéit]

di<dis(=away)+late(=wide) → 멀리까지 나르다
vt. 넓히다, 팽창시키다
　(=expand, widen)
vi. 넓어지다, 팽창하다
　(=widen, become wider)

---

ⓝ **dilatation** 팽창, 확장
ⓐ **dilated** 팽창한, 넓어진
혼 **dilatory** * lat(=carry)
　더딘, 느린; 시간을 끄는
관련 **longitude** 경도 ↔ **latitude** 위도

# Part C - part

부분(part)과 편견

**40 participate** ★
[pɑːrtísəpèit]

part(=part)+cip(=take)+ate
→ (자리의) 한 부분을 차지하다
vi. 참여하다, 관여하다(in)
ⓝ **participation** 관여, 참가
ⓐ **participant** 참여하는, 관여하는; 참가자
표현 **take part in*** 참여하다(=go in for)

**41 compartment** ★
[kəmpɑ́ːrtmənt]

com(=together)+part(=part)
→ 같이 부분을 이루는 것
n. 칸막이(=section, partition);
　(객차 내) 개인용 침실
ⓝ **compart** 구획하다, 칸막이하다
동 **partition** 분할, 구획; 칸막이 방; 구획선

┌─────────────────────────────────┐
관련
**apartment** <미>아파트;<영>임대아파트,셋방
**flat** <영> 아파트, 공동주택
**condominium** 분양 아파트
└─────────────────────────────────┘

**42 counterpart** ★
[káuntərpɑ̀ːrt]

counter(=contrary)+part(=part) → 반대되는 부분
n. 상대물, 대응되는 흡사한 사람[물건]
　(=equivalent, person or thing closely
　resembling another)

**43 impart** ★
[impɑ́ːrt]

im<in(=in, to)+part(=part) → 부분을 ~에게 주다
vt. 1. 나누어 주다, 주다(to)
　　2. (지식 등을) 알리다, 가르치다(to)
　　3. (사물에 성질을) 덧붙이다

**44 nonpartisan** ★
[nànpɑ́ːrtizən]

non(=not)+part(=part)+isan → 어디에도 속하지 않는
a. 초당파의; 객관적인, 공평한(=just)
반 **partisan**
　일당, 패거리; 유격대; 당파심이 강한

**45 impartial** ★
[impɑ́ːrʃəl]
06.울산시 9급

im<in(=not)+part(=part)+ial
→ 일부분(part)에 치우치지 않는
a. 치우치지 않는, 편견이 없는; 공평한
　(=fair, just, unbiased, equitable)
ⓝ **impartiality** 공평무사, 공명 정대

┌─────────────────────────────────┐
반 **partial**
　불공평한, 편파적인; 유달리 좋아하는
　* **be partial to**
　~을 편애하다, ~를 특히 좋아하다
　　(=have a strong liking for)
　- **partiality**
　편파, 불공평, 편애(=preference)
└─────────────────────────────────┘

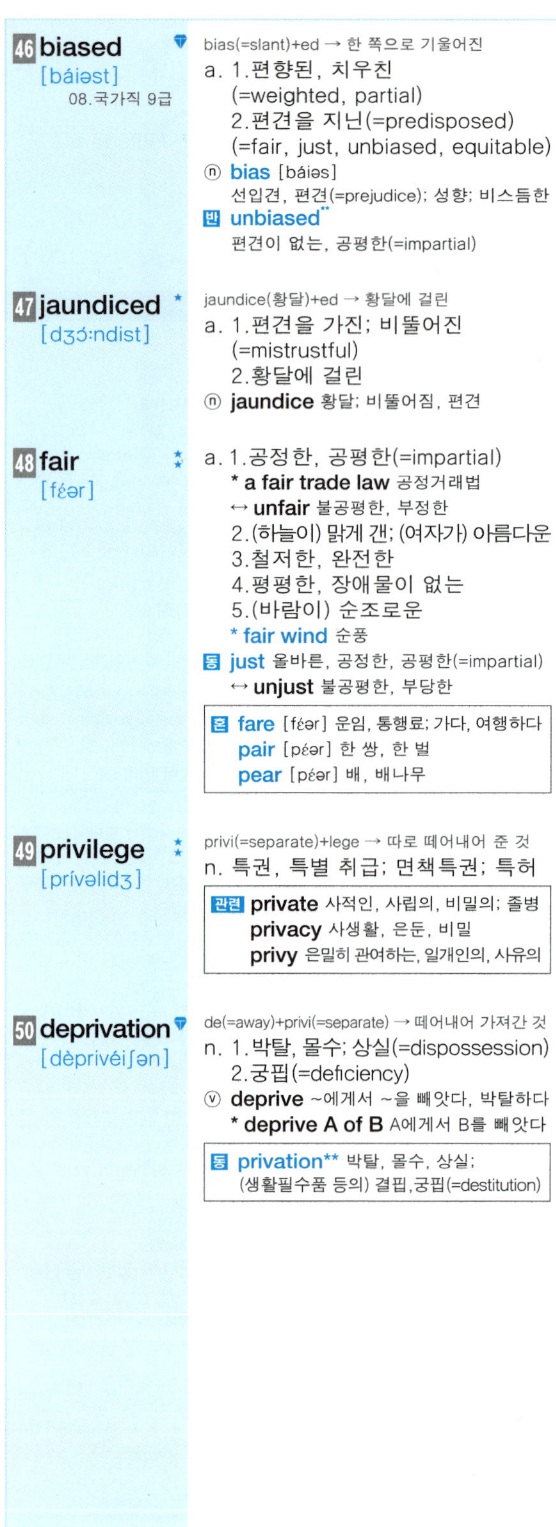

**46 biased**
[báiəst]
08.국가직 9급

bias(=slant)+ed → 한 쪽으로 기울어진
a. 1.편향된, 치우친
   (=weighted, partial)
   2.편견을 지닌(=predisposed)
   (=fair, just, unbiased, equitable)
ⓝ **bias** [báiəs]
   선입견, 편견(=prejudice); 성향; 비스듬한
🔳 **unbiased**
   편견이 없는, 공평한(=impartial)

**47 jaundiced** *
[dʒɔ́:ndist]

jaundice(황달)+ed → 황달에 걸린
a. 1.편견을 가진; 비뚤어진
   (=mistrustful)
   2.황달에 걸린
ⓝ **jaundice** 황달; 비뚤어짐, 편견

**48 fair**
[fέər]

a. 1.공정한, 공평한(=impartial)
   * **a fair trade law** 공정거래법
   ↔ **unfair** 불공평한, 부정한
   2.(하늘이) 맑게 갠; (여자가) 아름다운
   3.철저한, 완전한
   4.평평한, 장애물이 없는
   5.(바람이) 순조로운
   * **fair wind** 순풍
🔳 **just** 올바른, 공정한, 공평한(=impartial)
   ↔ **unjust** 불공평한, 부당한

🔲 **fare** [fέər] 운임, 통행료; 가다, 여행하다
   **pair** [pέər] 한 쌍, 한 벌
   **pear** [pέər] 배, 배나무

**49 privilege**
[prívəlidʒ]

privi(=separate)+lege → 따로 떼어내어 준 것
n. 특권, 특별 취급; 면책특권; 특허

🔲 **private** 사적인, 사립의, 비밀의; 졸병
   **privacy** 사생활, 은둔, 비밀
   **privy** 은밀히 관여하는, 일개인의, 사유의

**50 deprivation**
[dèprivéiʃən]

de(=away)+privi(=separate) → 떼어내어 가져간 것
n. 1.박탈, 몰수; 상실(=dispossession)
   2.궁핍(=deficiency)
ⓥ **deprive** ~에게서 ~을 빼앗다, 박탈하다
   * **deprive A of B** A에게서 B를 빼앗다

🔲 **privation**** 박탈, 몰수, 상실;
   (생활필수품 등의) 결핍, 궁핍(=destitution)

**1** I want you to design a new set of <u>cutlery</u> that will be both attractive and distinctive. [96.기술고시]
① pottery    ② knives
③ porcelain    ④ garments
⑤ machinery

**2** The story lines were the stuff of Saturday serials, but the film-making was <u>cutting-edge</u> and delivered what films have always promised: they showed us something amazing that we hadn't seen before.
① most advanced    ② fascinating
③ credulous    ④ appalling

**3** The evening's entertainment was ________ by an electrical power cut. [92. 연세대 대학원]
① abbreviated    ② compressed
③ condensed ·    ④ curtailed

> **3-1** The minister's illness meant that, his visit had to be <u>curtailed</u>.
> ① shortened    ② arranged
> ③ remade    ④ postponed

**4** He did not elaborate with further ________.
① retails    ② entails
③ details    ④ curtail

**5** The wholesale price of cotton clothing has fallen considerably in the last year. Thus, although the ________ price of cotton apparel at stores has not yet fallen, it will inevitably fall.
① default    ② retail
③ rebate    ④ receipt

**6** A bad report will <u>entail</u> his dismissal from the service of the state. [95.기술고시]
① develop    ② enhance
③ cause    ④ monopolize
⑤ enlist

> **6-1** Plays that <u>entail</u> direct interaction between actor and audience present no unusual difficulties for actors.
> ① advocate    ② involve
> ③ exaggerate    ④ announce

---

**1** 저는 당신이 매력적이면서 특이한 식탁용 칼 한 벌을 새로 디자인했으면 합니다.
* attractive 매력적인  distinctive 특이한
　　　　　　　　　　　　　　　　　　　【정답】②
① pottery 도기류    ③ porcelain 자기류
④ garment 옷, 의상    ⑤ machinery 기계류, 장치

**2** 그 줄거리는 주말 연속극 수준이었지만, 영화 제작은 최첨단이었고 영화들이 항상 약속했던 결과물을 내놓았다. 즉, 그것들은 우리가 이전에는 보지 못했던 굉장한 무언가를 보여 주었다.
* stuff 시시한 물건, 작품 deliver (기대에 맞는 결과를) 내놓다 amazing 굉장한
　　　　　　　　　　　　　　　　　　　【정답】①
① most advanced 가장 최근의
② fascinating 매혹적인
③ credulous 속기 쉬운, 잘 믿는
④ appalling 무시무시한; 형편없는

**3** 저녁 연회는 정전으로 인해 단축되었다.
* power cut 정전
　　　　　　　　　　　　　　　　　　　【정답】④
① abbreviate (말을) 줄여 쓰다
② compress 압축하다    ③ condense 요약하다
④ curtail 행사를 빨리 끝내다

**3-1** 목사는 병에 걸려서 그의 심방일정을 줄여야 했다.
　　　　　　　　　　　　　　　　　　　【정답】①
① shorten 줄이다    ② arrange 준비하다, 조정하다
③ remake 개조하다    ④ postpone 연기하다

**4** 그는 더 이상의 세부내용은 상세히 말하지 않았다. * elaborate 상세히 말하다
　　　　　　　　　　　　　　　　　　　【정답】③
① retail 소매    ② entail 필연적 결과
③ details 상세한 설명    ④ curtail 줄이다

**5** 면제품 의류의 도매가격은 작년에 상당히 떨어졌다. 그러므로 상점의 면제품 의류의 소매가격이 아직 떨어지지 않았다 하더라도, 불가피하게 가격이 내려갈 것이다. * wholesale 도매(의) clothing/ apparel 의류 inevitably 불가피하게
　　　　　　　　　　　　　　　　　　　【정답】②
① default 채무 불이행    ② retail 소매(의)
③ rebate 환불, 리베이트    ④ receipt 영수증

**6** 나쁜 소문 때문에 그는 공직에서 물러나게 될 것이다. * bad report 바쁜 소문 dismissal 해산, 면직
　　　　　　　　　　　　　　　　　　　【정답】③
① develop 발달시키다    ② enhance 강화하다
③ cause 일으키다    ④ monopolize 독점하다
⑤ enlist 입대시키다

**6-1** 배우와 청중 간에 직접적인 상호 작용을 수반하는 연극이 배우들에게 특별한 어려움을 주는 것은 아니다.
* interaction 상호작용
　　　　　　　　　　　　　　　　　　　【정답】②
① advocate 옹호하다    ② involve 수반하다
③ exaggerate 과장하다    ④ announce 알리다

**7** The American auto industry, the <u>epitome</u> of arrogance to customers, is an awful candidate for a bailout.
① expectancy
② essence
③ protocol
④ pronoun

> **7-1** Bill gates and Microsoft <u>epitomize</u> the concept of capitalism; survival of the fittest, aggressive action, and flexibility.
> ① invent
> ② rectify
> ③ criticize
> ④ exemplify

**8** Encouraged by the discovery of such structural differences of the brain, many researchers have begun looking for <u>dichotomies</u> of function as well.
① divisions
② correlations
③ goals
④ purposes

**9** You should have <u>dissected</u> the contract before you agreed to it.
① scrutinized
② discarded
③ deferred
④ segregated

**10** During a cesarean _________, the baby is delivered through surgical incisions made in the abdomen and the uterus. [08.경남 9급]
① cancer
② section
③ injury
④ fraction

**11** Microsurgery is now used successfully to reattach <u>severed</u> limbs.
① burned
② connected
③ reorganized
④ divided

> **11-1** John Adams sought to <u>sever</u> his personal ties with the British King.
> ① improve
> ② proclaim
> ③ dissolve
> ④ embellish

**12** Legislators are considering whether the drug laws for possession of marijuana are too <u>severe</u>.
① vague
② diverse
③ harsh
④ covert

---

**7** 소비자에 대한 거만함의 전형인 미국의 자동차 산업은 구제금융의 강력한 후보이다. * arrogance 거만 awful 끔찍한 candidate 후보 bailout 구제금융
【정답】②
① expectancy 기대, 예상
② essence 정수, 진수
③ protocol 의정서
④ pronoun 대명사

**7-1** 빌게이츠와 Microsoft사는 자본주의 개념을 적자생존, 적극적인 조치 그리고 융통성이라고 예시하고 있다. * capitalism 자본주의 survival of the fittest 적자생존 aggressive 공격적인 flexibility 융통성, 유연성
【정답】④
① invent 발명하다, 날조하다
② rectify 개정하다
③ criticize 비난하다
④ exemplify 예시하다

**8** 그러한 뇌의 형태상의 차이의 발견에 고무된 많은 과학자들은 기능상의 구분 또한 살펴보기 시작했다. * structural 형태적인, 구조상의
【정답】①
① division 구분, 분리
② correlation 상관관계
③ goal 목적
④ purpose 목적

**9** 너는 그 계약에 동의하기 전에 그것을 세밀하게 따져봐야 했었는데. * contract 계약(서)
【정답】①
① scrutinize 철저히 조사하다
② discard 버리다
③ defer 연기하다
④ segregate 격리하다

**10** 제왕절개수술 동안, 아기는 복부와 자궁에서 이루어지는 절개 수술을 통해 분만된다.
* deliver 분만하다 surgical 수술의 incision 절개 abdomen 복부 uterus 자궁(=womb) cesarean section 제왕절개수술
【정답】②
① cancer 암
② section 절단, 절개(=incision)
③ injury 상해, 손상
④ fraction 파편, 소량

**11** 현미경 수술은 현재 절단된 팔다리를 다시 붙이는 데에 성공적으로 이용되고 있다.
* reattach 다시 붙이다 limb 사지, 팔다리
【정답】④
① burn 태우다
② connect 연결하다
③ reorganize 재편성하다
④ divide 나누다

**11-1** 존 애덤스는 영국 왕과의 개인적인 유대관계를 끊으려고 했다. * tie 유대관계
【정답】③
① improve 개선하다
② proclaim 선언하다
③ dissolve 해산하다, 관계를 끊다
④ embellish 꾸미다

**12** 의원들은 마리화나 소지에 관한 마약법이 지나치게 엄격한지 여부를 검토하고 있다.
【정답】③
① vague 모호한
② diverse 다른, 다양한
③ harsh 거친, 가혹한
④ covert 은밀한, 숨은

**12-1** People began to disagree with the <u>severity</u> of the death penalty.
① validity
② efficiency
③ strength
④ cruelty

**13** 다음 빈 칸에 들어갈 적당한 단어는?

A : I hate this diet. I'm not losing weight fast enough.
B : You've got to _________ if you want to see results.

① persevere
② pervade
③ sojourn
④ obstinate

**14** The president <u>rescinded</u> the order when he realized it would cause too much friction.
① appealed
② enforced
③ issued
④ repealed

**15** 각 문장의 빈칸에 공통으로 들어갈 가장 알맞은 단어는?

1) To be ______ is to say much with few words.
2) The scientist's explanation was ______ ; it was brief and it helped us understand the difficult concept.

① concise
② opaque
③ verbose
④ tedious
⑤ talkative

**15-1** In business, we state our business <u>concisely</u>.
① accurately
② briefly
③ fully
④ politely

**16** It was difficult to measure the <u>precise</u> impact of the labor action.
① primary
② exact
③ provocative
④ concise

**16-1** Laser technology has enhanced the <u>precision</u> of many surgical procedures.
① cost
② development
③ innovation
④ accuracy

**17** The ______ man was readily persuaded to change his mind again.
① decisive
② indecisive
③ incisive
④ precisive

---

**12-1** 사람들은 사형의 가혹함에 대해 반대하기 시작했다.
* death penalty 사형
【정답】④
① validity 유효성
② efficiency 효율성
③ strength 설득력, 장점
④ cruelty 잔학성

**13** 【정답】①

A : 나는 이 식이요법이 싫어. 체중이 만족할 만큼 빨리 줄지 않아. * diet 식이요법
B : 효과를 보려면 끈기 있게 견뎌야 해.

① persevere 인내하다
② pervade 널리 퍼지다
③ sojourn 체재하다
④ obstinate 고집 센

**14** 대통령은 그 훈령이 너무 심한 마찰을 일으킬 것이란 걸 깨달았을 때 그것을 폐지했다. * friction 마찰
【정답】④
① appeal 호소하다, 항소하다
② enforce 실시하다
③ issue 발포하다
④ repeal 폐지하다

**15** 【정답】①

1) 간명하다는 것은 몇 마디의 말로 충분히 말한다는 것을 말한다.
2) 과학자들의 설명은 간단명료했다. 설명은 짧았지만 우리가 어려운 개념을 이해하는데 도움을 주었다.

① concise 간단명료한
② opaque 불명료한
③ verbose 말수가 많은
④ tedious 지루한
⑤ talkative 말이 많은

**15-1** 비즈니스에 있어서, 우리는 용건을 간단하게 말한다. * state 진술하다
【정답】②
① accurately 정확히
② briefly 간단히
③ fully 충분히
④ politely 공손히

**16** 노조행위로 인한 정확한 파급력을 측정하기란 쉽지 않다. * impact 충돌, 충격, 영향력
【정답】②
① primary 첫째의, 주요한
② exact 정확한, 엄중한
③ provocative 성나게 하는
④ concise 간명한

**16-1** 레이저 공학은 많은 수술의 정확성을 높였다.
* enhance 높이다 surgical procedure 수술
【정답】④
① cost 비용
② development 진화, 전개
③ innovation 혁신
④ accuracy 정확성

**17** 그 우유부단한 남자는 마음을 바꾸도록 쉽게 설득 당했다.
【정답】②
① decisive 결정적인, 중요한
② indecisive 결단력이없는
③ incisive 예리한
④ precisive 정확한, 정밀한

**17-1** It was a <u>decisive</u> victory for the French and turned the tide of the war.
① glorious ② easy
③ conclusive ④ facile

**17-1** 그것은 프랑스에 결정적인 승리였으며 그로 인해 전세가 뒤집어졌다. * turn the tide of the war 전세를 뒤었다
【정답】③
① glorious 영광의 ② easy 손쉬운
③ conclusive 결정적인 ④ facile 손쉬운

**18** __________ is another tax of production that is added to the price of product and shifted to the consumer.
① Income tax ② Wealth tax
③ Property tax ④ Excise tax

**18** 소비세는 생산품에 대한 또 다른 세금으로서 제품의 가격에 합산되고 소비자에게 전가된다.
* add 합하다 shift 전가하다 consumer 소비자
【정답】④
① Income tax 소득세 ② Wealth tax 부유세
③ Property tax 재산세 ④ Excise tax 소비세

**19** His essays were always ________ ; he never wasted any words, and his reasoning was always sharp and persuasive.
① prosy ② incisive
③ indecisive ④ lyric

**19** 그의 수필은 언제나 예리했다. 그는 어떤 단어도 함부로 쓰는 법이 없었고, 그의 논거는 항상 날카로웠으며 설득력이 있었다. * persuasive 설득력이 있는
【정답】②
① prosy 산문체의, 평범한 ② incisive 예리한
③ indecisive 결단력이 없는 ④ lyric 서정적인

**20** The argument by her lawyer was marked by <u>trenchant</u> observation.
① incisive ② negative
③ fulsome ④ cagey

**20** 그녀의 변호사의 주장은 날카로운 관찰력이 돋보였다. * marked 눈에 띄는 observation 관찰력
【정답】①
① incisive 예리한 ② negative 부정적인
③ fulsome 메스꺼운; 종합적인; 집요한
④ cagey 터놓으려 하지 않는

**20-1** As American writers at one time or another have been reporters, their journalism has been written in a <u>trenchant</u> English.
[95.행자부 7급]
① distinct ② reluctant
③ obstinate ④ amiable

**20-1** 미국의 작가들은 한번쯤은 기자였었기 때문에, 그들의 저널리즘은 명확한 영어로 쓰여 왔다.
【정답】①
① distinct 명확한 ② reluctant 마음이 내키지 않는
③ obstinate 고집 센 ④ amiable 상냥한

**21** 다음 빈 칸에 공통으로 들어갈 말은?

1) There was a _____ downturn in the economy.
2) He is well-known for his ________ criticism.
3) He is very _____, a quick thinker and swift with repartee.

① dull ② cunning
③ sharp ④ short

**21** 【정답】③
1) 급격한 경기하강이 있었다.
   * sharp 급격한 downturn 하강
2) 그는 독설에 찬 비평으로 유명하다. * sharp 신랄한
3) 그는 예리하고, 이해가 빨라서 빠르게 재치있는 응답을 한다. * repartee 재치 있는 응답

**22** Relations between the competing candidates were so ________ that each refused to acknowledge the presence of the other.
① acrimonious ② immune
③ optimistic ④ successful

**22** 경쟁하는 후보들 사이의 관계가 너무 살벌해서 각 후보는 상대방의 존재를 인정하기를 거부했다.
* compete 경쟁하다 candidate 후보, 지원자 acknowledge 인정하다
【정답】①
① acrimonious 통렬한, 신랄한
② immune 면역(성)의
③ optimistic 낙천주의의
④ successful 성공적인

**22-1** We tried to ignore her <u>acrimonious</u> comment but that took considerable restraint.

[93. 변리사]

① crazed      ② cunning
③ confused      ④ proper
⑤ bitter

**23** 다음 빈 칸에 공통으로 들어갈 말은?

1) If your eyesight is _______ , you can see things that other people can't.
2) A(n) _______ mind is a quick, intelligent one.
3) A(n) _______ pain is a sharp pain.

① autonomous      ② dogmatic
③ acute      ④ speedy
⑤ dormant

**24** John is very <u>keen on</u> tennis. [96. 세무사]

① good at      ② critical to
③ against      ④ involved in

**24-1** Dogs have a <u>keen</u> sense of smell.
① dull      ② acute
③ acid      ④ proper

**25** The delegates hammered out an agreement actually a bundle of <u>shrewd</u> compromises.
① practical      ② unfair
③ important      ④ clever

**25-1** He was <u>shrewd</u> man who had become a rich merchant with many ships. [92.서울시 9급]
① diligent and sincere      ② clever and sharp
③ slow and dull      ④ honest and honorable

**26** After many thrilling escapades and wondrous adventures in new lands, the retired sailor was dissatisfied with life at home, which was to him extremely _______ .
① dull      ② frightening
③ refreshing      ④ exciting

**27** These scissors are <u>blunt</u> and cannot cut papers.

[03.101단]

① weak      ② dull
③ broken      ④ rough

---

**22-1** 우리는 그 여자의 독설을 무시하려고 애를 썼지만 그러기 위해서는 상당한 자제력이 필요했다.

* comment 말, 논평 considerable 상당한 restraint 자제

【정답】 ⑤

① crazed 발광한      ② cunning 교활한
③ confused 혼란스러운      ④ proper 적절한, 예의바른
⑤ bitter 쓴, 지독한, 통렬한

**23** 【정답】 ③

1) 당신의 관찰력이 예리하다면, 다른 사람이 보지 못하는 것들을 볼 수 있다. * acute 예리한
2) 명민한 두뇌는 이해가 빠르고 영리한 머리이다.
    * acute 예민한, 기민한
3) 격통은 심한 통증이다. * acute 통증이 격렬한

① autonomous 자율의, 자치의
② dogmatic 교의상의
④ speedy 빠른
⑤ dormant 잠자는, 휴면의

**24** 존은 테니스에 아주 열성이야.

【정답】 ④

① be good at ~을 잘 한다   ② critical to ~에 비판적인
④ be involved in ~에 열중하다

**24-1** 개는 예민한 후각을 지니고 있다.

【정답】 ②

① dull 둔한      ② acute 예민한
③ acid 산의      ④ proper 적절한

**25** 대표단은 사실상 한 묶음의 영리한 절충안으로 협정을 이끌어냈다. * delegate 대표, 사절 hammer out 애써 만들다 compromise 절충안, 협상

【정답】 ④

① practical 실용적인      ② unfair 불공정한
③ important 중요한      ④ clever 영리한

**25-1** 그는 많은 배를 가진 부호가 된 영리한 사람이었다.

【정답】 ②

**26** 낯선 나라에서 스릴이 넘치는 일탈과 놀라운 모험 후에, 은퇴한 선원은 고국에서의 삶에 곧 불만을 느꼈다. 왜냐하면 그러한 삶이 그에게 너무나 지루했기 때문이었다. * escapade 탈선행위 dissatisfied with ~에 만족하지 못한

【정답】 ①

① dull 지루한
② frightening 깜짝 놀라게 하는
③ refreshing 상쾌한
④ exciting 흥분시키는

**27** 이 가위는 무뎌서 종이를 자를 수 없다.

【정답】 ②

---

**27-1** It is, <u>to be blunt</u>, a popular cause.
① however                     ② naturally enough
③ willy-nilly                  ④ roughly speaking

**28** Filing papers at the office is <u>a tedious</u> job.
① a fast                      ② a boring
③ a variable                  ④ an imprecise

**29** Some movies are <u>prosaic</u>. [96.고려대 대학원]
① colorful                    ② poetic
③ professional                ④ boring

**30** The monotonous routine of hospital life induced a feeling of <u>ennui</u> which made him moody and irritable. [92.행정고시]
① enrapture                   ② boredom
③ candor                      ④ encouragement
⑤ brevity

**31** The test of a vocation is the love of the <u>drudgery</u> in involves.
① happy work                  ② unworthy work
③ unpleasant work             ④ worthy work

**31-1** The obligation to close was satisfied without physical contact or as much emotional <u>travail</u>.
① drudgery                    ② upside
③ perusal                     ④ vanity

**32** 다음 빈 칸에 들어갈 알맞은 말은?

A: May I ask you a question, ma'am?
B: Hold on a moment, sir. I will be right back with you ________.

① suddenly                    ② currently
③ solely                      ④ shortly

**33** The president of the company asked the secretary to <u>abridge</u> the report. [00.입법고시]
① shorten                     ② dictate
③ analyze                     ④ hide
⑤ distribute

---

**27-1** 대체적으로 말해서, 그것은 하나의 대중적인 주제이다. * cause 주장, 주제
【정답】④
③ willy-nilly 무질서하게, 막무가내로
④ roughly speaking 대충 말하자면

**28** 사무실에서 서류 정리하는 일은 매우 지루한 업무이다.
【정답】②
① fast 빠른, 고정된          ② boring 지루한
③ variable 변하기 쉬운       ④ imprecise 부정확한

**29** 어떤 영화들은 지루하다.
【정답】④
① colorful 화려한            ② poetic 낭만적인
③ professional 직업의        ④ boring 지루한

**30** 병원에서의 단조로운 일상은 그로 하여금 기분이 침울하고 짜증나게 만드는 권태감을 느끼게 했다. * monotonous 단조로운 routine 판에 박힌 일, 일상 induce 야기하다, 유도하다 moody 침울한 irritable 짜증을 잘 내는
【정답】②
① enrapture 황홀하게 하다 ② boredom 지루함
③ candor 공평, 정직         ④ encouragement 격려
⑤ brevity 짧음

**31** 천직에 대한 평가기준은 그 직업이 포함하고 있는 하기 싫은 일에 대한 애정을 가지고 있느냐이다.
* test 평가기준 vocation 천직, 사명감
【정답】③

**31-1** 물리적인 접촉이나 그만한 감정적인 불쾌한 일 없이 문을 닫을 의무가 충족되었다. * obligation 의무 contact 접촉
【정답】①
① drudgery 고역, 싫은 일      ② upside 위 쪽
③ perusal 통독, 숙독          ④ vanity 허영심

**32** 【정답】④
A: 부인 질문 하나 해도 되겠습니까?
B: 잠시만 기다려주실래요. 금방 돌아올게요.
* hold on a moment 잠시 기다리다
① suddenly 갑자기
② currently 지금, 일반적으로
③ solely 혼자서
④ shortly 얼마 안 있어, 간단히

**33** 그 회사의 사장은 비서에게 보고서를 요약해줄 것을 부탁했다.
【정답】①
① shorten 줄이다
② dictate 받아쓰게 하다, 지시하다
③ analyze 분석하다
④ hide 숨기다
⑤ distribute 분배하다, 배포하다

**34** DNA is made up of four building blocks: chemicals called adenine, thymine, cytosine and guanine, often ______ to the letters A, T, C and G.
① attributed  ② abbreviated
③ confined  ④ exposed

**35** The essays were written with admirable <u>brevity</u>.
① humor  ② description
③ briefness  ④ magnificence

**36** The governor commented on the disadvantages of political ______, saying that after his extended tenure in office the voters had grown used to blaming him for everything.
① decorum  ② debate
③ longevity  ④ skill

**37** Senior party officials took the podium, arguing the government's tax audit was aimed at <u>prolonging</u> its rule at next year's presidential election.
① enforcing  ② elongating
③ consolidating  ④ guaranteeing

**38** The carpenter measured the ______, width, and height of the cabinet.
① longth  ② length  ③ long  ④ longing

**38-1** He told us about the trip to Africa ______.
① as a rule  ② by and large
③ all in all  ④ at length

**38-2** He was kept at <u>arm's length</u> from the committee's decision. [92. 외무고시]
① closed tightly  ② denied access to
③ broken with his arms  ④ fold his arms

**38-3** The ambitious politician travelled the length and ______ of the nation in a bid to reach out to those in need.
① width  ② diameter
③ distance  ④ breadth
⑤ stretch

**39** The pupil of human eye <u>dilates</u> when the level of light is low. [97. 행자부 7급]
① numbs  ② reacts
③ focuses  ④ expands

---

**34** DNA는 네 가지 구성성분들로 이루어져 있다. 그것은 아데닌, 티민, 시토신, 구아닌이라 불리는 화학물질로서 흔히 A, T, C, G로 약칭한다.
* be made up of ~으로 구성되다 block 덩어리
【정답】②
① attribute ~에 돌리다  ② abbreviate 줄여 쓰다
③ confine 한정하다  ④ expose 노출시키다

**35** 그 에세이는 놀랄 만큼 간결하게 쓰였다.
* admirable 감탄할 만한
【정답】③
① humor 유머  ② description 묘사
③ briefness 간결  ④ magnificence 웅장, 훌륭함

**36** 주지사는 그의 임기가 연장된 후에 유권자들이 모든 것에 대해 그에게 비난의 화살을 돌리곤 하는 일이 부쩍 늘었다라고 말하면서, 정치적으로 장수하는 것에 대한 불편한 점을 말했다. * disadvantage 불편[불리]한 점 extend 뻗다, 연장하다 tenure 임기, 재직기간
【정답】③
① decorum 단정, 예절  ② debate 토론
③ longevity 장수, 수명  ④ skill 솜씨, 기술

**37** 고위당직자들은 (의사당의) 단상을 차지하고는, 정부의 세무감사가 내년에 있을 대통령 선거에서 여권의 집권을 연장하려는 것을 목표로 하고 있다고 주장했다. * podium 연단 audit 회계감사 aim 목표삼다
【정답】②
① enforce (법을) 실시하다  ② elongate 연장하다
③ consolidate 합병하다  ④ guarantee 보증하다

**38** 목수는 그 장식장의 길이, 넓이, 그리고 높이를 쟀다. * length 길이, width 넓이, height 높이
【정답】②

**38-1** 그는 아프리카 여행에 대해 우리에게 상세하게 얘기해 주었다.
【정답】④
① as a rule 대개  ② by and large 대체로
③ all in all 대강 말하면  ④ at length 상세하게, 장황하게

**38-2** 그는 위원회의 결정으로루티 베세뇌였나.
【정답】②
① close tightly 단단하게 닫다
② deny access to 접근을 거부하다
③ break with his arms 팔을 부러뜨리다
⑤ fold his arms 팔짱을 끼다

**38-3** 그 야심 많은 정치가는 가난한 이들에게 다가가기 위해 전국 구석구석을 순방했다. * travel the length and breadth of the nation 전국 방방곡곡을 여행하다 in a bid to do ~할 목적으로 those in need 빈곤한 사람들
【정답】④
① width 폭, 너비; 넓음  ② diameter 직경
③ distance 거리  ④ breadth 폭, 너비
⑤ stretch 뻗침

**39** 사람 눈의 동공은 조도가 낮아질 때 확장된다.
* pupil 동공
【정답】④
① numb 감각을 잃게 하다  ② react 반응하다
③ focus 초점을 맞추다  ④ expand 넓어지다

**39-1** The shutter of a camera will become wider in darkness in a way similar to the pupil of one's eye.
① increase
② dilate
③ amplify
④ amass

**40** It is a great honor to participate in the Olympics.
① take a back seat
② take part in
③ take place in
④ take the place of

**41** I had a first-class compartment to myself.
① commotion
② unison
③ section
④ complexion

**42** The Korean President is the ______ of the Japan's Prime Minister.
① exponent
② partisan
③ proponent
④ counterpart

**43** Beyond imparting these intellectual qualities, a college should lay a foundation for the creative use of leisure time.
① creating
② assuming
③ emphasizing
④ giving

**44** Tax collection agencies should be nonpartisan.
① strong
② active
③ just
④ normal

**45** Everyone felt that the referee's decision was impartial.
① wrong
② biased
③ stupid
④ fair

**45-1** I don't think it is impartial for the professor to flunk my chemistry test.
① compatible
② unbiased
③ excessive
④ effusive

**46** A judge should not be ______, but rather she should weigh the evidence before making up her mind on any aspect of the case.
① biased
② unbiased
③ impartial
④ equitable

---

**39-1** 카메라의 셔터는 사람의 동공과 비슷한 방식으로 어둠 속에서 더 크게 확장된다.
* similar to ~와 유사한
【정답】②
① increase (수량 등을) 늘리다, 늘다
② dilate 넓어지다
③ amplify (소리 등을) 증폭하다
④ amass 모으다

**40** 올림픽에 참가한다는 것은 매우 명예로운 일이다.
【정답】②
① take a back seat 일선에서 물러나다
③ take place (행사 등이) 열리다
④ take the place of ~를 대신하다

**41** 나 혼자 1등석 칸을 독차지했다.
【정답】③
① commotion 동요, 소동   ② unison 조화
③ section 구역, 구분   ④ complexion 안색

**42** 한국의 대통령은 일본의 수상과 대응되는 사람이다. * prime minister 수상
【정답】④
① exponent 대표자, 옹호자   ② partisan 일당
③ proponent 제안자   ④ counterpart 상대역

**43** 이런 지적인 소질을 전수하는 것을 넘어서, 대학은 여가의 창조적인 활용을 위한 기초를 제공해야 한다. * lay a foundation (for) (~의) 기초를 놓다
【정답】④
① create 창조하다   ② assume 추측하다, 맡다
③ emphasize 강조하다

**44** 세금징수기관은 공정해야 한다.
* tax 세금  collection 수집, 징수  agency 기관
【정답】③

**45** 모든 사람은 심판의 판정이 공정하다고 생각했다.
【정답】④
① wrong 틀린   ② biased 편파적인
③ stupid 어리석은   ④ fair 공정한

**45-1** 나는 그 교수가 내 화학 시험에 낙제점수를 준 것이 공평하다고 생각하지 않는다. * flunk 낙제 점수를 주다
【정답】②
① compatible 양립할 수 있는   ② unbiased 공평한
③ excessive 과도한   ④ effusive 감정이 넘쳐 흐르는

**46** 판사는 편견에 치우쳐선 안 되며, 오히려 사건의 어떤 면에 관한 것이든 결심을 하기 전에 증거를 심사숙고해야 한다. * weigh 심사숙고하다 make up one's mind 결정하다 aspect 관점, 국면
【정답】①
① biased 편견에 치우친   ② unbiased 공평한
③ impartial 공평한   ④ equitable 공정한

**46-1** The juror showed no <u>bias</u>.
① interest
② contempt
③ prejudice
④ hatred

**47** He looks on all these modern ideas with a rather <u>jaundiced</u> eye.
① friendly
② mistrustful
③ hostile
④ envious

**48** 다음 빈 칸에 공통으로 들어갈 적당한 단어는?

1) This book ______ is held here periodically.
2) We completed our journey safely thanks to the ______ wind.
3) If the price is acceptable to the buyer and seller, then it is a ______ trade.

① pair
② pear
③ fair
④ fare

**49** 다음 정의에 해당하는 단어는? [97.경찰/89.행자부 9급]

Right or advantage available to only a particular person, class or rank.

① sovereign
② patent
③ servitude
④ nobility
⑤ privilege

**50** There have been instances in which children have grown to adolescence in complete linguistic <u>deprivation</u>.
① dispossession
② difficulty
③ hardship
④ expertise

**50-1** Poverty had by no means been eliminated, but the extreme <u>privation</u> that had earlier characterized large sections of the country had disappeared.
① indulgence
② insecurity
③ anxiety
④ destitution

---

**46-1** 그 배심원은 어떤 선입견도 보이지 않았다.
【정답】③
① interest 관심
② contempt 경멸, 모욕
③ prejudice 편견
④ hatred 증오

**47** 그는 이 모든 현대적 사상들을 비뚤어진 시각으로 바라본다.
【정답】②
① friendly 친한, 우호적인
② mistrustful 불신하는
③ hostile 적대적인
④ envious 질투하는

**48**
【정답】③
1) 이 도서박람회는 이곳에서 정기적으로 열린다.
  * book fare 도서박람회
2) 우리는 순풍 덕분에 여정을 안전하게 끝냈다.
  * fair wind 순풍
3) 가격이 사는 사람이나 파는 사람에게 모두 만족스럽다면, 그것은 공평한 거래이다. * fair trade 공정한 거래
① pair 한 쌍, 한 벌
② pear 배, 배나무
③ fair 공정한; 바람이 순조로운; 박람회, 시장
④ fare 운임, 통행료; 가다, 여행하다

**49**
【정답】⑤
특별한 사람이나 계급, 계층만 가질 수 있는 권리나 기회
① sovereign 주권자, 주권국
② patent 특허
③ servitude 노예 상태
④ nobility 귀족(계급)
⑤ privilege 특권

**50** 어린이들이 언어를 습득할 수 있는 환경이 완전히 박탈된 채로 사춘기에 이른 사례가 있다.
* instance 사례 adolescence 사춘기 linguistic 언어의
【정답】①
① dispossession 탈취, 박탈
② difficulty 어려움
③ hardship 곤경
④ expertise 전문적 기술

**50-1** 가난이 결코 사라진 건 아니지만, 예전에 그 나라 대부분 지역을 특성짓던 극단적인 궁핍은 사라졌다.
* eliminate 제거하다 privation 궁핍
【정답】④
① indulgence 방종, 응석
② insecurity 불안정
③ anxiety 걱정, 불안
④ destitution 결핍, 궁핍

---

# 17

**G** 관계사[1]

**R** 일치 · 불일치[3]

**I** [기본동사] break/crack

**V** [어원] break/gnaw/destroy/stone

## 1 관계대명사의 기능

두 문장을 잇는 방법에는 앞서 공부한 등위 접속사 및 종속 접속사 이외에 명사를 수식하는 관계대명사를 이용하는 방법도 있다. 문장을 예로 들어 설명하겠다.

- I discussed it with *my brother*.
  나는 형과 그것을 상의했다.

- *He* was a lawyer.
  그는 변호사이다.

  ⇨ my brother와 He가 지칭하는 것이 동일인인 경우 두 문장을 아래와 같이 한 문장으로 이을 수 있다.
  → I discussed it with *my brother who* was a lawyer.
  나는 변호사인 내 형과 그것에 대해 상의했다. (who = and he)

  ⇨ 관계대명사절 'who is a lawyer'는 선행사인 my brother를 수식해 주는 역할을 한다.

즉, 관계대명사는 앞의 선행사를 대신하는 '대명사'기능과 '문장과 문장을 이어주는 접속사' 역할을 하며 관계대명사가 이끄는 절은 명사를 수식하는 형용사절 기능을 한다.

## 2 관계대명사의 종류

| 구분 | 주격 관계대명사(원칙적으로 생략 불가능) | 목적격 관계대명사(생략 가능) | 소유격 관계대명사(생략 불가능) |
| --- | --- | --- | --- |
| 선행사가 사람인 경우 | who, that | whom, that | whose |
| 선행사가 사물인 경우 | which, that | which, that | whose, of which |
| 전치사의 목적어인 경우 | – | 전치사+whom/which | – |

## 3 주격관계대명사

### 1. 주격관계대명사의 격과 일치

주격인지 아닌지는 선행사를 기준으로 하는 것이 아니라 **관계사절 자체의 역할에 따라 결**정되는 것이다. 또한 **주격관계사가 주어를 대신하므로, 주격관계사절 안에 다시 주어가 나**오면 **틀린다.** 주격 관계사절안의 동사의 수는 선행사에 일치시킨다.

- He is a man *who* used to live in Russia.
  → He is a man ~~who~~ he used to live in Russia. (×)
  그는 러시아에서 살았었던 사람이다.

- He is a man who lives in Russia.
  → He is a man *who* ~~live~~ in Russia. (×)
  그는 러시아에 살고 있는 사람이다.

## 2. 선행사가 사람일 경우: who 또는 that

> 선행사가 사람일 경우 관계대명사의 주격은 who 또는 that이 위치하며, 이 주격 관계대명사는 **생략이 불가능**하다.

- The people are my fellows. And *they* live over the road.
- The people *who live* over the road are my fellows.
  = The people *that* live over the road are my fellows.
  길 건너편에 사는 사람들은 내 동료들이다.

  → The people ~~live~~ over the road are my fellows (×)
  ⇨ 마지막 문장은 주격 관계대명사가 생략이 되어서 틀린 표현이 된다.

## 3. 선행사가 사물일 경우 : which 또는 that

> 선행사가 사물, 동물인 경우에 관계대명사의 주격은 which 또는 that이 위치하며, 주격 관계대명사 which는 생략할 수 없다.

- I read the letter. And it came yesterday.
  = I read the letter *which came* yesterday.
  = I read the letter *that came* yesterday.
  → I read the letter ~~came~~ yesterday. (×)
  ⇨ 마지막 문장은 주격 관계대명사가 없으므로 틀린 문장이다.

---

**Check** **which의 특별용법**(선행사가 사람인 경우에 which를 쓰는 경우)

1. 선행사가 '구, 절, 문장 전체, 형용사, 부정사 구'일 경우 which를 쓴다. ★★
- I want *to marry Jessica Gomes, which* is impossible. [to marry 이하가 선행사]
  나는 제시카 고메즈와 결혼하기 원하지만 그것은 불가능한 일이다.

- Cathy told me that *she was a model, which* was a lie. [that 이하의 문장이 선행사]
  캐시는 나에게 자신이 모델이라고 말했지만 거짓말이었다.

  ⇨ 선행사가 얼핏 보기에 'Jessica Gomes와 model'이라는 '사람'처럼 보이지만, 해석상 각각 'to 부정사구'와 '문장'이므로 which가 사용되었다.
- They think him *bright, which* he is really not. [형용사 bright가 선행사]
  그들은 그가 영리하다고 생각하는데, 실제로는 그렇지가 않다.

2. 사람 선행사가 관계사절의 보어인 경우 ★
선행사가 사람일 경우 주격 관계대명사는 'who 또는 that'이지만, 콤마 뒤에서 계속적 용법으로 쓰이면서 그 선행사가 '사람의 **성격 · 지위 · 신분**'을 나타내는 **관계사절의 보어 역할**'을 한다면, 설사 선행사가 사람일지라도 'which 혹은 that'을 쓴다.
- He seems to be *a good teacher, which he was* really.
  그는 좋은 선생님처럼 보이며, 정말 그렇다.

  ⇨ 관계사절 내 was (2형식 be동사)의 보어가 선행사 a good teacher이므로 which가 옳다.

---

## 4. 주격 관계대명사와 삽입절 ★★★

> 주격관계사절 안에 주관적 판단을 나타내는 'I think, I believe, I suppose, I know 등'의 삽입절이 들어가 있는 경우에는 삽입절을 제외하고 관계대명사의 격을 판단해야 한다.

■ 주어+think/ guess/ believe/ find/ imagine/ know/ say/ be sure/ be afraid

- *The soldier* betrayed us. + *But* I thought *he* was our force.
  = The soldier *who* was our force betrayed us.
  = The soldier *who I thought* was our force betrayed us.
  아군이라고 생각했었던 그 군인이 우리를 배신했다.

  → The soldier ~~whom~~ *I thought* was our force betrayed us. (×)
  ⇨ 'I thought'는 삽입절에 불과하므로 주격 관계대명사가 와야 한다.
  → The soldier *who I thought* ~~he~~ was our force betrayed us. (×)
  ⇨ who가 곧 주어역할을 하므로 뒤의 he는 빠져야 한다.
  → The soldier who I thought ~~were~~ our force betrayed us. (×)
  ⇨ 선행사가 soldier라는 단수명사이므로 동사 또한 단수가 옳다. 아래의 문장도 마찬가지 맥락이다.

- The man *who (you know) is always* on time will be late for this meeting.
  언제나 정각에 오는 그 사람이 이번 모임에는 늦을 것 같다.

> **Check** 단, 관계대명사 절 안의 동사구문에 따라 삽입절인지의 여부를 결정해야 한다.
>
> ➔ 02-35 참조 ★
>
> The soldier *whom* I thought *to be* our force betrayed us.
>                    V5        목적격 보어
>
> The man *whom* you know *to be* always on time will be late for this meeting.
>            V5       목적격 보어
>
> ⇨ 이 두 문장에서 think와 know가 'A to be B'구조로서 5형식 동사로 쓰였다. 따라서 think와 know의 목적어를 선행사로 선택한 것이므로 '목적격 관계대명사'가 옳은 것이다.

---

**예제**　It was raining in the mountains, _________ made the fresh green of the leaves all the more graceful. [00. 공무원 9급]

① that　　　　　② those　　　　③ which　　　　④ what

【해석】 산 속에 비가 내리고 있었고, 그로 인해 신선한 녹색의 나뭇잎이 더 우아해졌다.
【해설】 의미적으로 앞 문장 전체가 선행사이며, 뒤에 주어가 비어 있으므로, 앞 문장 전체를 선행사로 수식할 수 있는 which가 옳다. ① that은 쉼표 뒤에 쓰일 수 없으며, ④ what은 선행사 없이 불완전한 문장을 명사절로 취하게 된다.
【정답】 ③

## **4** 　목적격 관계대명사

### 1. 목적격 관계대명사의 격

목적격인지 아닌지는 선행사를 기준으로 하는 것이 아니라 **관계사 절 자체 내에서 결정하며, 관계사 절 안에 동사의 목적어 또는 전치사의 목적어가 없어야 한다.**

- Stewardesses *whom I met at the airport* were very kind.
  → Stewardesses *whom I met* ~~them~~ *at the airport* were very kind. (×)
  → Stewardesses ~~who~~ *I met* at the airport were very kind. (×)
  내가 공항에서 만났던 여승무원들은 매우 친절했다.

## 2. 선행사가 사람일 경우 – whom 또는 that

선행사가 사람일 경우 목적격 관계대명사로 whom 또는 that을 취할 수 있으며, **생략이 가능**하다.

- *The children* were very kind. + I met *them* at the airport.
  = The children *whom* I met at the airport were very kind.
  = The children *that* I met at the airport were very kind.
  = The children I met at the airport were very kind. (목적격 관계대명사는 생략이 가능.)
  내가 공항에서 만났던 아이들은 매우 친절했다.

## 3. 선행사가 사물일 경우 – which 또는 that

선행사가 사물일 경우 목적격 관계대명사로 which 또는 that을 취할 수 있으며, **생략이 가능**하다.

- Is this the church? + And his father built it 27 years ago?
  = Is this the church *(which)* his father built 27 years ago?
  = Is this the church *(that)* his father built 27 years ago?
  이것이 그의 아버지가 27년 전에 만드신 교회인가?

## 4. 전치사의 목적어로 쓰인 목적격 관계대명사

### (1) 목적격 관계대명사가 생략이 되면 전치사는 관계사절의 끝에만 위치할 수 있다.

- Sally is a native speaker. + And we talked *with her*.
  = Sally *whom* we talked *with* is a native speaker.
  = Sally *that* we talked *with* is a native speaker. [목적격 관계대명사 that]
  = Sally we talked *with* is a native speaker. [목적격 관계대명사가 생략된 형태]
  우리와 대화를 나누었던 샐리는 원어민이다.

  ⇨ talk는 자동사로서 목적어를 둘 경우 전치사 with가 필요하다.

- Tsunami was *a disaster*. And people were totally unprepared *for it*.
  = Tsunami was a *disaster which* people were totally unprepared *for*.
  = Tsunami was a *disaster that* people were totally unprepared *for*. [목적격 관계대명사 that]
  = Tsunami was a *disaster* people were totally unprepared *for*. [목적격 관계대명사가 생략된 형태]
  쓰나미는 사람들이 전혀 예기치 못했던 재난이었다.

### (2) 전치사가 관계대명사 앞에 위치한 경우 관계대명사는 생략이 불가능하며, 이때 that 은 쓸 수 없다. ★★★

- Sally *with whom* we talked is a native speaker.
  → Sally with that we talked is a native speaker. (×)
  → Sally with we talked is a native speaker. (×)

- Tsunami was a *disaster for which* people were totally unprepared.
  → Tsunami was a *disaster for that* people were totally unprepared. (×)
  → Tsunami was a *disaster for* people were totally unprepared. (×)

### Check  1. 전치사 + 목적격 관계대명사의 pattern

(1) 전치사 + 목·관 + 주어 + 자동사 ➲ 01-01~31 참조

• There are many matters *which* we will *deal with*.
 = There are many matters *with which* we will *deal*.
 → There are many matters ~~which~~ we will *deal*. (×)
 우리가 처리해야할 문제들이 산적해있다.

➪ deal은 자동사로서 선행사인 matters를 목적어로 취하려면, 전치사 with가 필요하며, 이 전치사는 관계대명사 바로 앞, 혹은 동사 뒤에 위치할 수 있다.

(2) 전치사 + 목·관 + 주어 + is 형용사 ➲ 07-12~15, 28-30 참조

• We will discuss natural resources *which* Norway's economy is dependent *on*.
 = We will discuss natural resources *on which* Norway's economy is dependent.
 노르웨이의 경제가 달려 있는 천연자원문제를 우리는 토론할 것이다.

➪ be dependent는 동사와 같은 의미(의존하다= depend)를 가진다. 따라서 선행사인 resources를 목적어로 취하려면, 전치사 on이 필요하며, 이 전치사는 관계대명사 바로 앞 혹은 형용사 뒤에 위치할 수 있다.

(3) 전치사 + 목·관 + 주어 + 타동사 + 명사 ➲ 07-20 참조

• There are many miserable children *on whom* parents' violence has an effect.
 = There are many miserable children *whom* parents' violence has an effect *on*.
 부모의 폭력에 영향을 받은 많은 비참한 아이들이 있다.

➪ 구동사인 have an effect는 전치사 on이 있어야만 선행사인 children을 목적어로 취할 수 있으며, 전치사는 관계대명사 바로 앞, 혹은 명사 뒤에 위치할 수 있다.

(4) 전치사를 뒤로 보낼 수 없는 경우

age, extent, rate, temperature, manner와 같이 '비율, 속도, 가격, 무게' 등의 명사가 선행사인 경우 관계대명사를 목적어로 취하는 전치사는 관계사절 맨 뒤로 보낼 수 없다.

• They experimented on *the extent to which* parents' violence has an effect on their children.
 그들은 부모의 폭력이 아이들에게 영향을 얼마나 많이 미치는지를 연구했다.

### 2. 부정대명사/ 부분표시어 of+목적격관계사 ➲ 38-18/25/30/33/37 참조 ★★

• I met many students, *and some of them* speak English.
 = I met many students, *some of whom* speak English.

• I met two students, *and both of them* speak English.
 = I met two students, *both of whom* speak English.

• I met two students, *and neither of them* speaks English.
 = I met two students, *neither of whom* speaks English.

• The car has new tires, *and both of them* are flat
 = The car has new tires, *both of which* are flat.

---

**예제**　In ① <u>my</u> evaluating feelings and beliefs, there ② <u>is</u> a moral ground ③ <u>which</u> I am ④ <u>absolutely</u> certain. [예상]

【해석】 나의 감정과 신념을 평가할 때 내가 절대적으로 확신하는 것은 도덕적 근거이다.

【해설】 which → of which | be certain of (~을 확신하다)의 목적어로 앞의 선행사 a moral ground가 있으므로, 'be certain of'의 구문에서 전치사 of가 관계대명사 which 앞으로 위치할 수 있다.

【정답】 ③

## **5** 소유격 관계대명사

**17 15**

### 1. 종류

| ❶ whose | (사람·사물) 선행사 + whose |
|---|---|
| ❷ of which the+명사<br>= the+명사 of which | (사물) 선행사 + of which the 명사<br>= (사물) 선행사 + the 명사 of which |
| * whose와 of which 다음에는 '주어, 목적어, 보어'가 포함된 완전한 문장이 위치해야 한다. | |

**17 16**

### 2. whose는 선행사로 사람·사물 모두를 수식한다. ★

- There is a woman. *And her* sick husband is very old.
  = There is a woman *whose* sick husband is very old.
  나이가 매우 많은 병든 남편이 있는 여자가 있다.

- I have the house. *And its* roof is green.
  = I have the house *whose* roof is green.
  나에게는 지붕이 초록색인 집이 있다.

  ⇨ 위 두 문장처럼 선행사가 사람이건 사물이건 구분하지 않고 whose로 모두 수식이 가능하다.

**17 17**

### 3. 선행사가 사물인 경우에는 'of which the 명사 또는 the 명사 of which' 도 가능하다. ★★

- I have the *house whose* roof is green.
  = I have the *house of which the* roof is green.
  = I have the *house the roof of which* is green.
  ⇨ 선행사가 the house라는 사물이므로 whose 또는 of which 로 모두 수식이 가능하다.

**17 18**

> *Check* 이 경우 the가 생략되면 안 된다. ★
> I have the *house ~~of which roof~~* is green. (×)

**17 19**

### 4. whose 바로 뒤에 위치하는 명사는 앞에 위치한 선행사와 의미적으로 소유관계에 있어야 한다. ★

> 이 때 관계사절 내의 문장 중 '주어, 목적어, 보어' 중 하나가 선행사와 소유관계에 있어야 하며, 설령 **목적어와 보어라 할지라도** whose **바로 뒤에 위치하게 된다.**

- This is a grammar book, *and* I have never met *its* author.
  = This is a grammar *book, whose <u>author</u>* I <u>have never met</u>.
    목적어 주어　　　동사

  → This is a grammar book, *whose* I have never met ~~its author~~. (×)
  이것은 문법책인데 나는 그 책의 저자를 만난 적이 없다.

  ⇨ whose 바로 뒤에 위치한 명사(author)는 그것이 동사 뒤에 등장해야 할 목적어라 할지라도 whose의 선행사(book)와 의미적으로 소유관계에 있다면 whose 바로 뒤(whose author)에 위치해야 한다.

**17 20**

### 5. whose 바로 뒤에 위치한 명사앞에 정관사 및 소유격이 수식할 수 없다. ★

- → I have the *house whose* ~~the~~ roof is green. (×)
  ⇨ the(정관사)는 한정사이고 whose 역시 소유격(한정사)을 내포하고 있으므로 단독사용이 원칙이다. ➲ 27-15 참조

## 6. that이 대신할 수 없으며, 생략이 불가능하다. ★★

→ I know a man ~~that~~ father is a teacher. (×) (that으로 대체 불가능)
→ I know a man father is a teacher. (×) (생략 불가능)

## 7. 전치사의 목적어로도 가능하다. ★

- There is a case *whose* problem we will deal *with*.
  = There is a case *with whose* problem we will deal.
  우리가 해결해야 할 문제가 있는 사건이다.

> **예제** There ① are many organizations ② which purpose is ③ to help ④ endangered animals. [01. 공무원 9급]
>
> **【해석】** 멸종위기에 처한 동물들을 돕고자 하는 목적을 가진 많은 기관들이 존재한다.
> **【해설】** which → whose 또는 of which the | 선행사 organizations(기관들)과 뒤에 위치한 명사 purpose(목적)의 관계가 '소유'가 되며, 이하에 완전한 문장이 위치했으므로 whose가 옳다. 또한 선행사가 사물이므로 of which the도 옳다.
> **【정답】** ②

## 6  관계대명사의 계속적 용법 ★★★

| 구분 | 제한적 용법 | 계속적 용법 |
| --- | --- | --- |
| ❶ 콤마(,) 여부 | X | O |
| ❷ that의 대체가능 여부 | O | X |
| ❸ 수식대상 | 관계사절이 선행사를 수식 | 관계사절이 선행사를 설명 |
| ❹ 목적격관계대명사의 생략 가능여부 | O | X |

※ 이 두 용법의 문법문제로서의 쟁점은 관계사 앞에 콤마가 있느냐 없느냐의 구분으로 족하다. 독해에서 '쉼표' 뒤에 관계대명사가 나오면 그 관계사절의 해석을 '이유, 목적, 조건, 양보' 정도로만 하면 된다.

- John had three sons, *who* became judges.
  존은 두 아들이 있는데, 둘 다 판사이다.

  → John has three sons, ~~that~~ became judges. (×)
- My friend lent me a book, *which* I found very boring.
  친구가 나에게 책 한권을 빌려 주었는데, 나는 그 책이 매우 지루함을 알게 되었다.

  → My friend lent me a book, ~~that~~ I found very boring. (×)
  → My friend lent me a book, I found very boring. (×)
  ⇨ 콤마(,) 뒤에 관계대명사 that은 쓸 수 없으며, 목적격 관계대명사의 생략이 불가능하다.


## 7  관계대명사 that

## 1. that이 대신할 수 있는 경우

제한적용법의 주격 관계사 who, which와 목적격 관계사 whom, which를 대신할 수 있다.
⊃ 13-10~15 비교

- I'd like to buy the house *that* (=which) stands on a hill. [주격]
  언덕 위에 있는 그 집을 구입하고 싶다.

- The handsome man *that* (=whom) many women had loved blindly was found dead. [목적격]
  많은 여성들이 맹목적으로 사랑했었던 그 잘생긴 남자가 죽은 채 발견됐다.

## 2. that이 대신할 수 없는 경우

### (1) 계속적 용법인 콤마에 이어서 쓸 수 없다. ★★★

- There are lots of things, ~~that~~ I need to buy before the trip. (×) [which가 옳음]
  많은 것들이 있으며, 그것들은 여행 가기 전에 구입할 필요가 있다.

### (2) 전치사의 목적어인 관계사로서 쓸 수 없다. ★★★

- Mr. Park is my colleague *from* ~~that~~ I borrowed $ 2,000 last year. (×) [whom이 옳음]
  박군은 내가 작년에 2,000불을 빌렸던 내 동료이다.

### (3) 소유격 관계대명사 대신 쓸 수 없다. ★★★

- Peter is the man ~~that~~ car was made in German. (×) [whose가 옳음]
  피터는 독일제 차를 소유하고 있는 사람이다.

## 3. that 으로만 쓰이는 경우

### (1) 선행사 앞에 the only/ the same/ the very/ the first/ the last/ all/ no+명사/ −body/ −thing/ little/ much 등이 있을 때 ★★

- She is *the only* woman *that* I want to marry in the world.
  그녀는 이 세상에서 내가 결혼하고픈 유일한 여성이다.

- This is *all that* I want.
  이것이 내가 원하는 전부이다.

  ⇨ 현대영어에서는 앞의 선행사가 사람이면 그 격에 따라서 who, whom을 쓰기도 하고, 앞의 선행사가 사물이면 which를 쓰기도 하므로 절대적인 원칙은 아니다. 문법문제에서는 상대적인 보기항 선택을 해야 한다.

### (2) 선행사가 '사람+동물 전체' 일 경우 ★

- *A girl and her dog that* are crossing this bridge are lovely.
  이 다리를 건너고 있는 소녀와 강아지가 사랑스럽다.

### (3) 의문대명사 who가 선행사일 때 ⇨ 26-03 참조 ★

- *Who* (*that* has common sense) can believe such a lie?
  상식이 있는 사람이라면 누가 그런 거짓말을 믿을 것인가?

  ⇨ 선행사가 who라는 의문대명사이므로, 재차 who로 그 주격을 나타내지는 않는다.

---

**예제**   She spent all evening ① talking about her latest books, ② that ③ none of us had ever heard ④ of. [94. 서울시 9급]

【해석】 그녀는 밤새 자신이 최근에 읽은 책들에 대해 얘기했으며, 우리들 모두 이전에 들어본 적이 없었던 것들이었다.

【해설】 that → which | 쉼표 뒤에 관계대명사 that은 쓰일 수 없다.

【정답】 ②

**01** Today ① <u>the number</u> of workers ② <u>which</u> go ③ <u>on strike</u> for higher wages is ④ <u>almost</u> <u>twice that</u> of twenty years ago.

**02** ① <u>He who</u> reads a book twice with speed is ② <u>not necessarily</u> a better reader ③ <u>than him</u> who reads ④ <u>but once</u> with care. [95. 공무원 9급]

**03** The boy ___________ I believed to be honest deceived me. [93. 서울시 9급/97. 경찰]
① who          ② whom          ③ whose          ④ which

**04** They ① <u>revolve around</u> the alleged ② <u>original</u> purpose of the building and the bad feelings the building ③ <u>supposedly</u> ④ <u>evoking</u>. [96. 공무원 7급]

**05** The ideas ① <u>upon which</u> American society ② <u>is based</u> ③ <u>is primarily those</u> of Europe and not ones ④ <u>derived from</u> the native Indian culture.

**06** 다음 중 어법상 옳지 않은 것은? [04. 공무원 9급]
① Please explain to me how to join a tennis club.
② She never listens to the advice which I give it to her.
③ My father was in hospital for six weeks during the summer.
④ The fact that she is a foreigner makes it difficult for her to get job.

**07** One of my patients was self-made man ① <u>used to getting</u> his way. A cynic, he never trusted his workers to do their jobs. He always double-checked them, and this often led to conflict and angry outbursts. But he believed his temper had contributed to his success. One autumn afternoon a motorist ② <u>cut him off</u> as he rushed from one job site to another. Ordinarily he would have leaned on the horn. But suddenly he felt as though a red-hot poker ③ <u>were being thrust</u> into his chest. He barely managed to drive to the nearest hospital, ④ <u>which</u> <u>he was admitted</u> to the coronary-care unit. [05. 공무원 9급]

## 정답 및 해설

**01** 【해설】 which → who | ② 이하의 내용이 '임금인상을 위해 파업하다'는 내용이므로 선행사는 앞에 위치한 'workers(노동자들)'이다. 따라서 사람이 선행사인 주격 관계대명사 who가 옳다.

【해석】 임금인상을 위해 파업을 하는 노동자들의 수가 20년 전보다 거의 두 배는 높다. 【정답】 ②

**02** 【해설】 than him → than he | who reads라는 '주격관계대명사+동사'가 나오므로 대명사의 격 은 '주격'이 옳다.

【해석】 신중히 딱 한 번만 읽는 사람보다 빠르게 두 번 읽는 사람이 꼭 더 뛰어난 독서가라는 법은 없다. 【정답】 ③

**03** 【해설】 The boy deceived me. + But I believed him to be honest. believe가 5형식 동사로 쓰여서 목적보어인 'to be honest'가 등장했으며, 선행사가 사람이므로 목적격인 whom이 옳다.

【해석】 정직하다고 믿었던 그 소년이 나를 속였다. 【정답】 ②

**04** 【해설】 evoking → evokes | 선행사인 feelings를 뒤에서 수식하는 '목적격 관계사절'인 'the building supposedly evokes'가 옳다. 그렇지 않으면 feelings라는 명사와 the building이 충돌되기 때문이다. * alleged ~이라고들 말하는, 주장된

【해석】 그들은 흔히 말하는 건물의 본래의 목적과 건물이 아마도 불러일으키는 나쁜 느낌들을 다루고 있다. 【정답】 ④

**05** 【해설】 is → are | the ideas가 주어이며, 'upon~society'까지는 선행사 ideas를 꾸며주는 관계대명사절이다. 따라서 선행사 ideas 가 복수형이므로 동사의 수는 복수로 일치시킨다. * derive from ~에서 유래되다

【해석】 미국 사회의 기반이 되는 사상들은 원주민 인디언 문화에서 유래된 것들이 아니라 주로 유럽의 사상들이다. 【정답】 ③

**06** 【해설】 it → 제거 | give 동사의 목적어가 선행사인 advice이므로 관계사절 내에 목적어가 빠져야 한다. 【정답】 ②

**07** 【해설】 which → to which | which가 옳다면 이하에 '주어, 목적어' 중 하나가 빠져야 되는데, 완전한 문장이 위치했다. 'be admitted to the hospital'은 '병원에 입원하다'는 뜻으로서, 전치사 to가 추가적으로 들어가야 한다.

【해석】 내 한자 중에 한면은 자기 마음대로 하는데 익숙한 자수성가한 사람이었다. 냉소적인 그는 결코 자기 직원들이 일을 하는 것을 믿지 못했다. 그는 항상 그 일들을 두 번 확인했고, 그래서 이것이 종종 갈등과 분노의 폭발을 초래했다. 그러나 그는 그의 이 같은 성격이 그의 성공에 기여했다고 믿고 있었다. 어느 가을 오후에 그가 한 일터에서 다른 일터로 급히 가고 있는데 한 운전자가 그의 길을 가로막았다. 평상시로 보면 그는 경적소리를 눌렀어야 했다. 그러나 갑자기 벌겋게 달아오른 부지깽이가 그의 가슴속으로 찌르는 것같이 느꼈다. 그는 근처 병원까지 간신히 운전해 갔고, 그 병원 심장병동에 입원을 하게 되었다. 【정답】 ④

**08** 문법적으로 올바른 문장을 고르시오. [95. 공무원 7급]
① The information to which we can rely is severely limited.
② During the first year of imprisonment, he suffered terribly in loneliness and boredom.
③ We must recognize that we owe much for the mercy of nature.
④ I am going to visit my classmate who was in a traffic accident.

**09** 다음 중 문법적으로 옳은 문장을 고르시오.
① The movie that Loretta and Jack went yesterday was Rain Man, which they loved.
② My economics professor will let me take my final exam after vacation, for which I am very grateful.
③ 96.5 F.M. is one radio station that I listen a lot.
④ This is the kind of plant that you usually have to fertilize it regularly.

**10** In ① most parts of the United States there ② is many ③ an organization which persons ④ interested in cats may ⑤ belong.

**11** Censors delete scenes from movies shown on television ___________ younger family members should not see.
① that thinks      ② that they think
③ to think      ④ when thinking

**12** The ① biggest single hobby in Korea, ② the one ③ on that Koreans spend ④ most leisure time, ⑤ is watching TV.

**13** Most doctors are profoundly troubled over the extent ___________ the medical profession today is taking on the trappings of a painkilling industry.
① of which      ② to which
③ on which      ④ which

**14** This is the girl ___________ father is a well-known doctor. [91. 대전시 9급]
① who      ② that
③ which      ④ whose

**15** Like the human body, an industrial society has its vital organs, ___________ paralyzes the whole organism.
① the destruction of which      ② of which destruction
③ destruction of which      ④ to destroy which

**08** 【해설】 ① to → on | rely 동사는 on과 결합한다. 선행사 information 뒤에서 '전치사+목적격 관계대명사'구조로 쓰였다.
② in → from | suffer는 from과 결합한다.
③ for → to | owe A to B 구문은 'A를 B에게 빚지다'는 표현이다. 【정답】 ④

**09** 【해설】 ① that → to which | went to의 목적어가 선행사인 the movie이므로 '전치사+관계사'구문을 취해야 한다.
③ to which | listen to의 목적어가 선행사인 one radio station이므로 '전치사+관계사'구문을 취해야 한다.
④ it 삭제 | fertilize(비료를 주다)의 목적어가 관계사절의 선행사인 'the kind of planet'이므로 관계사절 안에 목적어가 없어야 한다. 【정답】 ②

**10** 【해설】 belong → belong to | belong은 자동사로서 전치사 to를 취해야만 목적어를 수반할 수 있다. '전치사+관계대명사'구문에서 그 전치사가 관계사절 안의 동사 또는 형용사와 수반될 수 있는 경우, 관계사절 안에 전치사가 그 동사 또는 형용사 뒤에 위치할 수 있다.
【해석】 미국의 대부분 지역에 고양이들에게 관심을 가지는 사람들이 소속된 많은 조직들이 있다. 【정답】 ⑤

**11** 【해설】 보기 2의 'that'은 관계대명사이며, 'they think (that) younger family members should not see'문장에서 see 동사의 목적어인 선행사 movies를 수식하는 목적격 관계대명사절이다.
【해석】 검열관들은 TV에 방영되는 영화들에서 어린 가족구성원들이 시청해서는 안 될 것으로 생각되는 장면을 삭제했다. 【정답】 ②

**12** 【해설】 on that → on which | 관계대명사 또는 종속접속사 that은 전치사의 목적어로 쓰일 수 없다. 따라서 the one은 hobby를 가리키므로 which가 옳다.
【해석】 한국에서 한국인들이 여가시간의 대부분을 보내는 가장 큰 취미는 TV를 시청하는 것이다. 【정답】 ③

**13** 【해설】 앞의 선행사를 관계사절 속에 넣어보면 이미 관계사절 전체가 완전한 문장이 되어 있어서 수석 또는 목적격 관계시절이 될 수가 없다. 따라서 잎의 신행사 the extent를 대신하면서 전치사 to의 목적어로 쓰인 '전치사 + 관계대명사' 구문인 'to which'가 옳다. extent는 전치사 to와 결합하기 때문이다.
【해석】 대부분의 의사들은 현재 의료계가 진통제 산업이라는 허울을 떠맡고 있다는 점에 심히 걱정한다. 【정답】 ②

**14** 【해설】 선행사 '여자아이(girl)'와 괄호 뒤의 명사 '아버지(father)'의 관계가 '소유'이며, 괄호 이하에 완전한 문장이 위치했으므로, whose가 옳다.
【해석】 이 여자아이의 아버지는 매우 유명한 의사이시다. 【정답】 ④

**15** 【해설】 소유격 관계대명사는 그 선행사가 사물일 경우 'of which + the 명사' 또는 'the 명사 + of which'형태로 쓸 수 있다. 이 경우 정관사가 탈락해서는 안 된다. * paralyze 마비시키다
【해석】 인간의 신체처럼 산업사회는 중요한 기관들을 갖고 있다. 그 기관들의 파괴는 전체 조직을 마비시킨다. 【정답】 ①

**16** Children _______ curiosity survives parental discipline and _______ manage to grow up are invited to join the Yale faculty.

① and - who
② whose - who
③ whom - who
④ whose - which

**17** The parade, ① its origin ② is unknown, ③ has become a national event ④ for our country.

**18** From time to time we must look up words _________.
① meanings of which we do not know them
② whose meanings we do not know
③ we do not know their meanings
④ whose meanings we are not familiar

**19** Sheila is an English teacher ① whose voice is very husky, but she is one of the very few teachers ② whom I know can control their classes without raising voice, ③ which is an ability ④ which children appreciate highly. [00. 법원서기보]

**20** 문법적으로 틀린 문장을 고르시오. [02. 공무원 7급]
① The sister whom I am going to visit is single.
② My maternal grandmother, who lived until she was 95, was active in the civil rights movement.
③ There are other psychologists, many of which theories about motivation are not well known.
④ The prison to which many prisoners of conscience were sent was filthy.

**21** All __________ is a continuous supply of food and water. [07. 국가직 9급]
① what is needed
② which is needed
③ the things needed
④ that is needed

**22** ① Strictly speaking, she is a good manager ② that ③ biggest asset is her ability ④ to organize a project.

**23** He was the first man _________ came here at the party.
① who      ② whom      ③ that      ④ which

## 정답 및 해설

**16** 【해설】 첫 빈 칸에는 'curiosity'의 소유격 역할을 하며 관계사절 전체의 선행사가 되는 소유격 whose, 두 번째 빈 칸에는 'manage to'동사의 주격이 될 수 있는 주격관계대명사 who가 들어가야 한다.

【해석】 부모의 훈육(쓸데없는 짓을 하지 말라는)에도 불구하고 호기심이 살아있고 꿋꿋하게 성장한 아이들은 예일 학부에 입학하도록 초청받았다. 【정답】 ②

**17** 【해설】 its origin → whose origin | 문장 안에 두 개의 동사가 있을 경우, 접속사나 관계사가 이끌어 주어야 한다. 또한 '퍼레이드'와 'origin'의 관계는 소유 관계이므로 '소유격 관계대명사 whose'가 옳다.

【해석】 기원도 알려져 있지 않은 그 퍼레이드가 우리나라의 국가적 행사가 되어왔다. 【정답】 ①

**18** 【해설】 소유격 관계대명사는 그 선행사가 사물일 경우 'of which + the 명사' 또는 'the 명사 + of which'형태로 쓸 수 있다. ① meanings앞에 정관사가 없으며, know의 목적어 them이 불필요하다. ② whose는 사람·사물 선행사 모두를 취할 수 있으며, ③ 완전한 문장 두 개가 접속사 없이 연결되어서 틀리며, ④ familiar 뒤에 전치사 with가 있어야 meanings를 수식할 수 있다. * look up (사전 등에서) 찾다

【해석】 때때로, 우리가 의미를 알지 못하는 단어들은 반드시 (사전에서) 찾아봐야 한다. 【정답】 ②

**19** 【해설】 whom → who | I know는 삽입절로서 관계대명사의 격을 결정하는 역할을 하지 못한다. 이하에 동사 'can ~'가 등장하므로 주격이 옳다.

【해석】 Sheila는 허스키한 목소리를 가진 영어 선생님이다. 그러나 그녀는 아이들이 높이 평가하는 능력인 목소리를 높이지 않고 학급을 통제할 줄 아는 내가 아는 매우 드문 선생님이시다. 【정답】 ②

**20** 【해설】 many of which → whose | 부정대명사+관계사 이하의 문장에서는 문장구성성분요소인 주어가 생략되어야 한다. 그러나 본 지문은 이하에 완전한 절이 있으며, 선행사인 '심리학자들'과 '이론들'의 관계는 소유이므로, 소유격 관계사 whose가 옳다. 【정답】 ③

**21** 【해설】 all이 선행사로 등장했을 경우, 그 all을 수식하는 관계대명사는 'who, whom, which'보다는 'that'을 사용하는 것이 정통 문법이다.

【해석】 식량과 물의 지속적인 공급이 필요로 하는 전부이다. 【정답】 ④

**22** 【해설】 that → whose | that은 소유격 관계내명사를 내신해서 쓰일 수 없다.

【해석】 엄밀히 말하자면, 그녀는 훌륭한 관리자이며 그녀의 가장 큰 자질은 사업을 체계화할 수 있는 능력이다. 【정답】 ②

**23** 【해설】 선행사 앞에 the only/ the same/ the very/ the first/ the last 등이 있을 때 관계사는 that을 쓰는 것이 일반적이다.

【해석】 그는 여기 파티에 처음 온 사람이었다. 【정답】 ③

**01** 다음 글의 내용과 부합하는 것을 고르시오. [04. CPA]

> A good speaker almost invariably is someone who can listen to or "read" the mood or tenor of an audience, even when the audience is not communicating verbally. Good speakers can sense nervousness, restlessness, or hostility among a group, and they learn to use the mood of the crowd to their own advantage. Listening also involves asking questions and paying attention to the answers.

① Good speakers read many books on diverse subjects.
② Today, listening usually requires special technological devices.
③ Good speakers are sensitive to their audience.
④ Processing information has nothing to do with asking questions.
⑤ Non-verbal communication is not important in understanding others.

**02** Which one of the following statements is true? [01. 변리사]

> They saw that the hearing children made many different, varied motions with their hands. However, there appeared to be no pattern to these motions. The deaf babies also made many different movements with their hands, but these movements were more consistent and deliberate. The deaf babies seemed to make the same hand movements over and over again.

① Some children couldn't make motions with their hands.
② The hearing children's hand movements had a pattern.
③ The deaf children's hand movements had a pattern.
④ Only the deaf children made many different movements with their hands.
⑤ The deaf children could resume the hearing capacity.

## 01

【해석】 훌륭한 연설자라 함은 심지어 청중들이 말로 의사전달을 하지 않을지라도, 언제든 청중의 기분이나 취지를 귀 기울이고 읽어낼 수 있는 사람을 말한다. 훌륭한 연설자들은 군중들 사이에서 신경질, 불안함, 또는 적대감을 감지할 수 있으며, 청중의 감정을 자신들에게 득이 되게끔 이용할 수 있다. 또한 귀 기울인다는 것은 질문들을 하고 그에 대한 답변들에 주의를 기울이는 것을 포함한다.

【해설】 청중의 취지를 듣거나 읽어 내고, 혹은 짜증, 불안감까지도 감지한다는 것은 예민하고 감수성이 높다는 말이다.

【정답】 ③

### VOCABULARY

- □ **invariably** 항상, 불변한 채로
- □ **mood** 감정
- □ **tenor** 경향, 취지, 방침
- □ **verbally** 말로써
- □ **nervousness** 신경질
- □ **restlessness** 침착하지 못함, 불안함
- □ **hostility** 적대감
- □ **to one's advantage** ~가 유리하게끔
- □ **pay attention to** ~을 주목하다
- □ **diverse** 다양한
- □ **sensitive** 민감한
- □ **have nothing to do with** ~과 아무 관련이 없다
- □ **non-verbal** 비언어적인, 말을 하지 않는

## 02

【해석】 그들은 들을 수 있는 아이들이 자신의 손으로 다양한 여러 가지 동작을 한다는 것을 알았다. 그러나 이런 동작에 무슨 패턴이 있는 것 같지는 않다. 들을 수 없는 아이들도 자신의 손으로 다양한 동작을 하지만, 보다 더 일관되고 신중했다. 이 청각장애 아이들은 여러 번 동일한 손동작을 반복하는 것으로 보였다.

【해설】 청각장애 아이들의 손동작은 동일한 손동작을 계속 반복해서 했으므로 이는 패턴이 있는 것이다.

【정답】 ③

### VOCABULARY

- □ **see that S+V** ~을 이해하다, 깨닫다
- □ **hearing** 청각을 가진
- □ **varied** 다채로운
- □ **motion** 동작, 발의
- □ **consistent** 일관된
- □ **deliberate** 신중한
- □ **over and over again** 계속해서, 다시
- □ **resume** (건강을) 회복하다, 갱신하다, 되찾다
- □ **capacity** 능력

### Theme 신체적·정신적 장애

- □ **deaf-blind** 시청각 장애의
- □ **deaf-mute** (특히 선천적인) 농아자
  - * 들을 수 없기 때문에 말을 못하는 사람
- □ **speech impediment[defect]** 언어장애
- □ **developmental disorder** 발달 장애(자폐증 등)
- □ **mental retardation** 지능장애; 정신지체
- □ **trauma** 정신적 충격, 쇼크
- □ **mental deficient** 정신박약자
- □ **hang-up** 심리적 장애, 콤플렉스
- □ **mogilalia** (말더듬 따위의) 언어장애
- □ **autism** 자폐증

 According to the passage, which of the following is true?

> Job seekers are discovering that smoking can endanger their careers. Newspaper classified advertisements frequently specify that employers are looking for "nonsmokers only." One of the first questions asked of job applicants at Vanguard Electronic Tool in Redmond, Washington, is "Do you smoke?" If the answer is "Yes," the interview is over. That is perfectly legal.

① You don't have to kick the habit of smoking until it endangers your career.
② It is getting very difficult for employers to hire nonsmokers.
③ Many newspapers advertise only for the employers looking for nonsmokers.
④ If you smoke, you'd better not apply for a job at Vanguard Electronic Tool.
⑤ Although companies want to hire smokers, it is strictly forbidden by law.

**04** According to the passage, which of the following is true?

> Physical contact is an important factor in an infant's overall development. Infants usually satisfy this very basic need in the course of an ordinary day spent with their parents. However, children given up for adoption at a tender age and placed in poorly run orphanages, children brought up by unaffectionate parents, and children whose parents touch them only to beat them — all these types of children run the risk of never reaching their potential as fully developed adults.

① If a baby is deprived of affectionate parental contact, he or she will not be likely to develop fully.
② Sometimes parents should punish their children in order to correct their behaviors.
③ In order for children to grow independently, parents should not provide too much affection for them.
④ Children who were brought up in poorly run orphanages tend to become violent.
⑤ Infants usually cannot fulfill their tactile desire by spending time with their affectionate parents.

## 03

**【해석】** 구직자들은 흡연이 자신들의 경력에 해를 끼친다는 사실을 알아가고 있다. 신문의 항목별 광고(3행 광고)들은 고용주들이 "비흡연자"들만을 찾는다고 자주 명시한다. 워싱턴 레드먼드에 있는 Vanguard Electronic Tool 사의 구직자들이 받는 첫 번째 질문들 중 하나는 "담배를 피우시는지요?"라는 질문이다. 만일 "네"라고 대답한다면, 인터뷰는 끝난다. 그것은 완벽하게 합법적이다.

**【해설】** Vanguard 회사의 고용주들이 비흡연자들만을 원하니, 흡연자들은 이 회사에 지원하지 않는 편이 낫다.

**【정답】** ·········································································· ④

### VOCABULARY

- **job seeker** 구직자
- **endanger** 위험에 빠뜨리다(=imperil)
- **classified** 분류된, 항목별의, 기밀 취급되는
- **applicant** 지원자(=candidate)
- **kick the habit of ~ing** ~하는 습관을 없애다
- **forbidden** 금지된, 금단의

## 04

**【해석】** 신체적인 접촉은 유아의 전반적인 성장의 중요요소이다. 유아들은 부모님과 보내는 일상 속에서 바로 이런 원초적인 본능을 충족시킨다. 그러나 어린 나이에 입양을 위해 버려진 아이들, 형편없이 운영되는 고아원에 맡겨진 아이들, 애정이 없는 부모들이 키우는 아이들, 부모가 때릴 때만 손이 가는 아이들, 이런 모든 유형들의 아이들은 완전히 성장한 어른들로서 자신이 가진 잠재력을 거의 발견해 내지 못할 처지에 놓이게 된다.

**【해설】** 마지막 문장을 통해 부모의 사랑을 박탈당한 아이들은 완전하게 성장하기 어려울 것이라는 실명이 옳다.

**【정답】** ·········································································· ①

### Theme 사람의 성장과정

- □ 태아기: **the fetal[prenatal] life**
  - 태아 **embryo, fetus, unborn child**
- □ 유아기(1~7세): **babyhood**
  - **infant** (7세 미만의)유아; 미성년자
  - **nestling** 젖먹이, 유아; 갓 깐 병아리
  - **toddler** 아장아장 걷는 아이
- □ 유년기(5~11세): **childhood**
  - **juvenile** 소년, 소녀; 어린이다운; 미숙한
- □ 사춘기(12~17세): **adolescence, puberty**
- □ 청년기: **youth**
- □ 장년기: **manhood, the prime of the life**
- □ 노년기(65세 이상): **old age, maturity**

### VOCABULARY

- **physical contact** 신체적 접촉
- **factor** 요소
- **overall** 종합적인
- **infant** 유아
- **in the course of** ~ 중에
- **ordinary day** 일상
- **adoption** 입양, 채용, 채택
- **tender** 어린, 부드러운
- **poorly** 형편없이
- **bring up** 키우다, 가르치다, (안건을)제시하다
- **unaffectionate** 애정이 없는 (↔ affectionate)
- **run the risk of** ~할 위험을 무릅쓰다
- **potential** 잠재적인
- **deprive A of B** A에게서 B를 박탈하다
- **fully** 완전히
- **punish** 혼내다, 처벌하다
- **violent** 폭력적인
- **fulfill** 이행하다
- **tactile** 촉각의, 만져서 알 수 있는

**05** Choose the best statement which corresponds with the following passage?

> Whereas the ends of conscientious objection do not go as far as those of civil disobedience, the ends of revolution go beyond; so do the means. Civil disobedience is intended to persuade by symbolic acts and to defy law only to press for limited specific changes within the legal and political system. Revolution, however, is intended to change the whole political system and to coerce unpersuaded opponent to overthrow the government and to gain power for the revolutionaries.

① Civil disobedience seeks to change the whole legal and political system.
② The ends of conscientious objection go beyond the ends of the government.
③ The ends of revolution go beyond those of civil disobedience, but not the means.
④ The ends and means of revolution go beyond those of civil disobedience and conscientious objection.
⑤ Revolution coerces unpersuaded opponents to press for limited specific changes within the legal system.

**06** Which of the following is true according to the passage? [97. 공무원 7급]

> Children are particularly susceptible to the effects of television because their minds are growing, developing, and learning much faster than those of adults. Whereas television could be used as an educational tool for children, more often simple, entertaining cartoons with little or no educational value are shown. Social scientists, teachers, and parents are troubled by the kinds of television programs children choose to watch. These groups of people are concerned about the media's impact on young children. They are worried about the effects of televised violence on society as well as commercials for sugarcoated food. Most importantly, however, they feel television is one factor that causes declining math and reading scores among school children. Because of the excessive time spent watching TV, children are spending less time reading and thinking independently.

① Adults are more likely to be influenced by television than children.
② Social scientists are concerned about what children watch on TV.
③ Schoolchildren can learn how to read scores from watching TV.
④ Children who watch TV cannot read or think independently.

## 05

【해석】 양심적 거부의 목적은 시민 불복종만큼 위력적이지는 않지만, 혁명의 목적은 이를 능가하며, 그 수단 또한 그렇다. 시민 불복종은 법적이고 정치적인 시스템 안에서 제한적이고 특정한 변화를 위해서 상징적인 행위들을 수단으로 설득하고 오직 내리누르려고만 하는 법에 대해 반항하는 의도를 가진다. 그러나 혁명은 모든 정치체계를 갈아치우고 완강한 반대자들을 강제하고 정부를 전복시키며 그리고 혁명론자들을 위해 권력을 얻으려는 의도가 있다.

【해설】 첫 문장을 통해서 '혁명의 목적과 수단이 시민 불복종과 양심거부의 목적을 능가한다.'는 내용이 분명히 밝혀진다.

【정답】 ④

### VOCABULARY

- end 목적
- conscientious 양심적인
- go far 상당히 효과가 있다(work well)
- disobedience 불복종
- means 수단, 재산
- go beyond 능가하다, ~보다 낫다
- symbolic 상징적인, 부호의
- defy 저항하다
- press (for) ~을 강요하다
- specific 구체적인
- coerce 강요하다
- unpersuaded 설득당하지 않는, 완강한
- overthrow 전복시키다
- revolutionary 혁명당원; 혁명의
- seek to R ~을 추구하다
- coerce A to R A로 하여금 ~하도록 강요하다

## 06

【해석】 아이들의 정신이 어른들의 정신보다 더 빨리 성장하고, 개발되고, 학습하기 때문에 아이들은 TV의 영향에 특별히 예민하다. TV가 아이들을 위한 교육 도구로서 사용될 수 있는 반면에, 교육적인 가치가 아주 적거나 아예 없는 단순하고 오락적인 만화가 보다 자주 상영된다. 사회학자들, 선생님들, 그리고 부모님들은 아이들이 시청하려고 선택하는 TV프로의 종류 때문에 애를 먹는다. 이 부류의 사람들은 매체가 어린 아이들에 미치는 영향을 걱정한다. 그들은 설탕이 들어간 음식의 광고방송뿐만 아니라 TV에 나오는 폭력이 사회에 미치는 영향에 대해서도 걱정한다. 그러나 가장 중요하게도, 학교아이들 사이에서 수학 및 독시 성적을 떨어뜨리는 원인을 제공하는 것이 TV라고 생각한다. TV를 지나치게 오래 시청하기 때문에 아이들은 독자적으로 글을 읽고 생각하는데 시간을 덜 쓰고 있다.

【해설】 '부모님, 선생님들뿐만 아니라 사회과학자들'도 아이들이 어떠한 TV프로그램을 볼 것인지에 대해서 걱정을 한다.

【정답】 ②

### VOCABULARY

- particularly 특별히
- be susceptible to ~에 민감하다, ~에 영향 받기 쉽다
- effect 결과, 효과, 영향
- cartoon 만화
- be concerned about ~에 대해 걱정하다
- be worried about ~에 대해 걱정하다
- impact 충돌, 충격; 영향력
- commercial 상업광고방송; 상업적인
- factor 요인, 원인
- sugarcoated 설탕이 들어간
- decline 기울다, 내려가다, 하락하다
- score 득점, 점수; 악보
- excessive 과다한
- independently 독자적으로, 홀로
- be likely to R ~할 것 같다
- influence 영향; ~에 영향을 미치다

**07** 다음 문장을 읽고 질문에 답하시오. [03. 행시]

> The brain of Albert Einstein has clear differences from an average person's gray matter, according to a California researcher. But any possible link between these differences and his great intelligence is still unknown, she added. To investigate whether the brain of a genius might show special features, Dr. Dahlia W. Zaidel of the University of California, Los Angeles, examined two slides made from the physicist's brain shortly after his death in 1955 at age 76. The slides contained samples of Einstein's hippocampus, a part of the brain responsible for memory and word associations. Zaidel compared Einstein's brain with tissue from 10 individuals of ordinary intelligence who ranged in age from 22 to 84 at the time of death. The neurons on the left side of the Nobel Prize winner's hippocampus were consistently larger than those on the right. Zaidel said these findings were 'markedly different' from those seen in the brains of individuals with normal intelligence. She presented her findings Monday at the Society for Neuroscience's annual meeting in San Diego, California.

1. 윗글의 중심 소재는?

① Einstein's gray matter
② age differences and neurons
③ the future of neuroscience
④ Nobel Prize winners
⑤ the past of neuroscience

2. 윗글의 내용과 다른 것은?

① Einstein's brain is different from those of other individuals.
② Dr. Zaidel compared Einstein's brain with tissue from 10 individuals of various age.
③ Einstein's intelligence is closely related to the texture and hardness of his brain.
④ Slides of Einstein's brain were made just after his death.
⑤ Dr. Zaidel gave a talk on her results at a certain neuroscience conference.

**07**

【해석】 한 캘리포니아의 연구자에 따르면 알버트 아인슈타인의 두뇌는 일반인들의 두뇌와는 분명한 차이가 있다고 한다. 그녀는 이러한 차이점들과 그의 뛰어난 지능 사이에 어떤 가능한 연결고리가 있는지는 아직 알려지지 않은 상태라고 덧붙였다. 천재의 두뇌에 특이한 특징이 있는지를 연구해 보기 위하여 UCLA 대학의 Dahila W. Zaidel 박사는 1955년에 76세로 죽었던 물리학자 아인슈타인의 뇌 슬라이드사진을 그가 죽은 직후에 연구했다. 그 슬라이드 사진들에는 아인슈타인의 해마상 융기의 표본이 포함되어 있었고, 그것은 뇌에서 기억과 단어 연상을 담당하는 부분이었다. Zaidel 박사는 아인슈타인의 두뇌를 22세에서 84살 사이에 죽었던 평범한 10명의 사람들에게서 추출한 조직과 비교했다. 노벨상을 수상했던 아인슈타인의 해마 좌측에 있던 뉴런들은 우측 뉴런들보다 일관되게 더 컸다. Zaidel 박사는 이 연구결과가 지능이 평범한 이들의 뇌에서 나타나는 것들과 분명히 다르다고 말했다. 그녀는 월요일 캘리포니아주 샌디에고에서 열린 신경과학 연례 모임에서 연구결과를 발표했다.

【해설과 정답】

1. 아인슈타인의 두뇌는 일반인들과 분명한 차이들이 있다는 내용이 이 글의 주제이다. 이하에서 등장하는 'the physicist'나 'the Noble Prize Winner'는 아인슈타인을 언급하는 것이다. ┈┈┈┈┈┈┈┈┈┈┈┈┈┈┈┈┈┈ 【정답】 ①

2. 여섯 번째 문장에서 '아인슈타인의 해마 좌측에 있었던 뉴런들은 우측 뉴런들보다 일관되게 더 컸다'는 내용이 특징일 뿐, 아인슈타인의 지능이 자신의 두뇌 조직 또는 견고함과 연관되어 있다는 내용은 언급된 바 없는 설명이다. ┈┈┈┈┈┈┈┈┈┈┈┈┈┈┈┈┈ 【정답】 ③

---

**Theme · 사람의 머리와 두뇌**

- **brains** 지능, 생각할 줄 아는 머리
  - rack[cudgel, drag, beat] one's brain(s) 머리를 짜내다
- **cerebral** 대뇌의, 뇌의; 지적인
- **skull** 두개골, 해골; <속어> 지식인
- **mind** 사고·의지 등의 작용을 하는 마음
- **mentality** 사고방식, 정신상태; 지능, 지성
- **academic** 대학의; 학구적인; 이론적인
- **reason** 현명한 판단을 하는 판단력, 이성
- **rational** 이성이 있는, 이성적인; 합리적인
- **intelligence** 사고, 학습, 이해할 수 있는 능력
  - intelligence quotient 지능 지수 (IQ)
  - cf.emotional quotient 감성 지수 (EQ)
- **scholarly** 학자[학구]적인, 박식한; 학술적인

---

## VOCABULARY

- **average person** 일반인
- **gray matter** 두뇌, 회백질
- **link** 연결, 결합
- **unknown** 알려지지 않은
- **add** 덧붙이다, 추가설명을 하다
- **feature** 특징
- **slide hippocampus** 해마, 해마상 융기
- **contain** 담고 있다, 포함하다; 용기, 그릇
- **shortly after** 직후에
- **responsible for** ~에 책임이 있는, ~을 맡고 있는
- **intelligence** 지능
- **range from A to B** A에서 B까지 걸치다
- **neuron** 뉴런, 신경단위
- **prize** 상; 높이, 평가하다
- **winner** 수상자
- **consistently** 일관되게
- **finding** 발견물, 연구결과
- **markedly** 현저하게, 뚜렷이
- **neuroscience** 신경과학
- **annual meeting** 연례 모임
- **neuron** 신경단위, 뉴런
- **compare A with B** A와 B를 비교하다
- **tissue** 세포조직, 직물
- **closely** 면빌히
- **be related to** ~과 관련이 있다
- **texture** 조직, 직물
- **hardness** 견고함

## break　break-broke-broken

break 는 "사물의 완전함을 깨뜨리다, 시간의 연속성을 끊다" 가 기본 개념이다.
1. (사물의) 완전함을 깨뜨리다 → 부수다, 고장내다; 기록을 깨다; 약속·규칙을 어기다; 파산하다; 평화로움을 깨다; 뉴스가 전해지다; 갑자기 시작하다
2. (시간의) 연속성을 끊다 → 나쁜 버릇을 끊다, 중단하[되]다, 휴식하다, 관계를 끊다, 방해하다; 갑자기 시작하다
3. N. 분열, 파괴, 중단, 단절; 짧은 휴식; 실언; 기회, 행운

### (사물의) 완전함을 깨뜨리다 → 고장나다, 기록을 깨다, 약속·규칙을 어기다

**01　break down**
1. 고장나다(=be out of order)　• 차가 고장이 나서 주저 앉다(down)
2. (협상 등이) 깨지다, 결렬되다, 실패하다　• 완전히 깨뜨리다
3. 분류하다(=subdivide, classify)　• 깨뜨려서 여러 개로 나누다
4. (사람이) 울며 주저앉다(=cannot control one's feelings)
5. 파괴하다　• 부셔서 주저 앉히다(down)
6. 건강이 쇠약해지다
**cf. breakdown** 명세, 내역(=details); 분류; 고장; 몰락

**02　break ground (for** sth **)**　• 땅을 갈아부수다(break)
공사를 시작하다(=start in), 착공하다; 새 사업을 시작하다

> **cf. pave the way for** sb/sth　• 길에 포장을 깔다(pave)
> ~의 길을 열다, ~을 가능케하다

**03　break through (** sth **)**　• ~을 깨부수며(break) 통과하다(through)
강행 돌파하다; 장애 등을 극복하다
**cf. breakthrough**
　　(과학 분야 등에서) 획기적인 발견, 약진; 돌파구, 타개책

**04　break out**　• 평화로움을 깨고(break) 바깥으로 나오다
1. (전쟁·화재·질병 등이) 발생하다(=begin)
**cf. outbreak** (전쟁·질병 등의) 발발, 돌발; 돌연한 발생[출현]; 격증, 급증; 폭동, 소요
2. 여드름, 뾰루지 등이 나다　• (곪았던 염증이) 밖으로 깨고 나오다
**cf. break out in a cold sweat** 식은 땀을 흘리다
3. 탈출하다, 도망치다　• 감옥에서(out of) 부수고 나오다(break)
**cf. break prison** 탈옥하다/ **prison break** 탈옥

**05　break the news to** sb
~에게 중요한 소식(대개 나쁜 소식)을 전하다
**cf. breaking news** (CBS 등 외국 방송의) 긴급속보

**06　break the ice**　• 냉랭함(ice)을 깨뜨리다(break)
1. (가벼운 대화 등으로) 어색한 분위기를 깨뜨리다; (낯선 사람과) 말을 시작하다(=start to speak)
**cf. icebreaker** 어색한 분위기를 바꾸는 것 (춤이나 게임)
2. 어려운 일의 돌파구를 찾다(=make a start by overcoming intial difficulties)

### (시간의) 연속성을 끊다 → 나쁜 버릇을 끊다, 중단해[되]다, 휴식하다, 관계를 끊다, 방해하다

**07　break off**　• 깨고 들어가서(break) 완전히 끊다(off)
1. (갑자기 말 등을) 중단하다, 멈추다 (=stop abruptly, halt, come to an end)
2. 부러지다, 깨지다; 부러뜨리다
3. (협상이) 결렬되다
4. (약혼 관계 등을) 끝내다

**08　break into** sth
1. 갑자기 ~하다(=burst into sth)　• 갑자기 눈물로 변하다

> - **break (out) into tears/ break out in tears**
>   갑자기 울기 시작하다
> - **break into smile** 갑자기 웃음을 터트리다
> - **break into applause** 갑자기 박수를 보내다
> - **break into run** 갑자기 뛰기 시작하다

2. 새 일자리를 얻다; 새로운 분야로 사업을 진출하다
3. ~에 침입하다, 밀고 들어가다　• ~안으로 깨고 들어가다

**09　break in**　• 안으로(in) 깨부수고 들어가다
1. (동물 등을) 길들이다, 훈련시키다(=tame); (새 신발 또는 옷을) 써서 길들이다
2. 침입하다(=invade)
3. 끼어들다, 말참견하다(=cut[butt] in (on sb/sth), interfere (with sb/sth); 방해 하다(=interrupt)
**cf. break-in** 난입, 주거침입; (길들이기 위한) 시운전

**10　break up**
1. (약혼 등을) 끝내다(=to put an end to sth), 부부가 이혼하다
**cf. break (up) with** sb 관계를 끊다; 헤어지다 (=discontinue an association)
2. (학교가) 방학에 들어가다　• 완전히(up) 휴식을 취하다(break)
**cf. When are you to break up for** sth**?** (언제부터 (휴가, 방학등이) 시작입니까?)
3. 분리하다; 해산시키다, 해체하다(=disband, dismiss)
**cf. Break it up!** (싸우는 두 사람에게) 그만둬!
4. (사람을) 웃게 하다, 배꼽이 빠지도록 웃게 하다
• 사람을 완전히(up) 쪼개다
**cf. breakup** (부부간의) 이별, 해산; 배꼽잡고 웃는 일

### N. 분열, 파괴, 중단, 단절; 짧은 휴식; 실언; 기회, 행운

**11　take a break**　• break(휴식시간)을 가지다(take)
잠시 휴식을 가지다, 쉬다

> - **coffee break** 차 등을 마시며 갖는 휴식시간
> - **lunch break** 점심 휴게시간
> - **without a break** 쉬지않고, 계속해서
> - **at break (time)** (학교에서 수업과 수업사이의) 쉬는 시간에

**12　get the big break**　• break(기회)
(성공할 수 있는) 큰 기회를 얻다

> **cf. Give me a break!**
> 　1. (한 번 더) 기회를 줘 2. 이제 그만(괴롭혀라)! 그만 해둬!
> 　**Break a leg!** 행운을 빈다!　• break(행운)
> 　**lucky break** 행운 ↔ **tough break** 불운
> 　**bad break** 실언, 실책; 불운(=bad luck)

### A. 파산한, 무일푼인

**13　be dead broke/ be flat broke/ be stone broke/ be stony broke**
완전히 파산이다, 무일푼이다

> **cf. go broke** 무일푼이 되다, 파산하다
> **cf. break the bank** 은행을 파산시키다
> 　- **bankrupt** 파산하다　• bank + rupt(break)
> **cf. break even** 손실과 이득이 없이 되다, 비기다

## crack

1. 금가게 하다, 부수다, 깨다
2. 농담 등을 하다(crack a joke)
3. 어려운 문제를 풀다, 암호를 풀다

**14　crack down on** sb/sth　• 범죄집단을 강하게(down) 깨부수다(crack)
단속하다(=enforce law); 엄벌에 처하다 (=take strong and severe action to deal with sth bad)
**cf. crackdown** 일제 단속; 법률 등의 엄격한 시행

**15　a hard[tough] nut to crack**
어려운 문제[사람], 다루기 어려운 것[사람] (=a difficult question or person to deal with)
**cf. The nut is very hard to crack.**
　　호두는 잘 깨지지 않는다.
= **hot potato** 뜨거운 감자 → 곤란한 문제, 어려운 문제

**16　crack a joke/ break a joke/ tell a joke**
농담하다(=tell a humorous story)

**01** We had only gone five miles when the car broke
________.
① away          ② down
③ off           ④ up

**02** Late in 1973, probably near Rogersville Tenn, the Atomic Energy Commission planned to <u>break ground</u> for a new kind of nuclear power plant.

[85.서울대 대학원]

① dig          ② expose
③ start in      ④ arrange

**03** The jet engine was a major <u>breakthrough</u> in air transport.
① most crucial situation
② most significant advance
③ most abrupt invention
④ most serious problem

**04** By the time the war <u>broke out</u>, most of the people had already left.
① began
② spoiled the country
③ intervened
④ became less widespread

**05** When are you going to <u>break</u> the news to your family?
① leave         ② destroy
③ find          ④ tell

**06** Nobody said anything at the meeting, so I plucked up my courage and <u>broke the ice</u>.
① started to speak
② worsen the situation
③ closed the meeting
④ ruined the atmosphere

**07** Is it true that he has broken ________ his engagement to Jane?
① off           ② in
③ down          ④ out

**01** 우리는 겨우 5마일 정도 가다가 차가 고장났다.
————————————— 【정답】 ②

**02** 1973년 후반, 아마도 테네시주 로저빌 근처에서, 원자력에너지위원회는 새로운 종류의 원자력 발전소를 착공할 것을 계획했다.
————————————— 【정답】 ③
① dig 땅을 파다
② expose 노출시키다
③ start in 시작하다
④ arrange 정돈하다

**03** 제트엔진은 항공수송에 있어서 하나의 주요한 획기적 진전이었다.
————————————— 【정답】 ②
① 가장 중대한 시점 * crucial 중대한
② 가장 중요한 진전 * significant 중요한 advance 진전
③ 가장 뜻밖의 발견 * abrupt 갑작스러운, 뜻밖의
④ 가장 심각한 문제

**04** 전쟁이 발발했을 때에는, 이미 대부분의 사람들이 떠난 후였다.
————————————— 【정답】 ①

**05** 가족들에게 언제 소식을 알릴 예정입니까?
————————————— 【정답】 ④

**06** 모임에서 아무도 말을 하지 않아서 나는 용기를 내어 대화의 물꼬를 텄다.
* pluck up one's courage 용기·기운을 내다
————————————— 【정답】 ①
① 대화를 시작했다.
② 상황을 악화시켰다.
③ 회의를 마쳤다.
④ 분위기를 망쳤다.

**07** 그가 제인과의 약혼을 파기했다는 것이 사실인가?
————————————— 【정답】 ①
① break off 관계를 끝내다
② break in 길들이다
③ break down 실패하다
④ break out 발생하다

**08** As President Regan's car appeared, the waiting crowds _____ loud cheers.
① blew out        ② blew up
③ broke into      ④ broke out

**09** With the process of evolution, man <u>broke in</u> some cattle to labor. [04.서울시 9급]
① raised          ② beat
③ fed             ④ interfered
⑤ tamed

> **09-1** I don't want to <u>break in on</u> their meeting, but there is an important call.
> ① interrupt       ② inspire
> ③ adjust          ④ sustain

**10** 다음 중 연결이 잘못된 것은? [86.행정고시]
① break down - to stop functioning properly
② break in - to burst out
③ break off - to discontinue
④ break out - to escape
⑤ break up - to put an end to

**11** 다음 대화 중 빈 칸에 들어갈 말로 적당한 것은?

> A : Let's play that song again.
> B : We've rehearsed it enough. ___________
> A : The concert is tomorrow. We need more practice.

① We'd better hurry.      ② It's about time.
③ Let's take a break.      ④ He can make it.

**12** Small thinkers don't get the big <u>breaks</u>. If you want to get richer, think bigger first.
① parts           ② deals
③ profits         ④ opportunities

**13** I wish I could dine out tonight, But <u>I am completely broke</u>.
① I am awfully busy.
② I have a stomachache.
③ I have no money.
④ I have another appointment.

---

**08** 레이건 대통령의 차가 나타나자, 기다리던 군중들은 갑자기 큰 환호성을 터트렸다.
━━━━━━━━━━━━━━━━ 【정답】 ③
① blow out 빵꾸나다; 폭파하다
② blow up 폭파하다
③ break into 갑자기 ~하다
④ break out 발생하다

**09** 진화가 계속되면서, 인간은 일을 시키기 위해 몇몇 가축을 길들여왔다.
━━━━━━━━━━━━━━━━ 【정답】 ⑤
④ interfere 간섭하다, 말참견하다, 훼방놓다
⑤ tame 길들이다

**09-1** 그들의 회의를 방해하기는 싫지만, 중요한 전화가 와 있다.
━━━━━━━━━━━━━━━━ 【정답】 ①
① interrup 방해하다          ② inspire 영감을 불어넣다
③ adjust 조절하다, 조정하다    ④ sustain 떠받치다, 유지하다

**10** ━━━━━━━━━━━━━━━━ 【정답】 ②
① break down - 적절하게 기능하는 것을 멈추다
② break in - 길들이다, 침입하다 / burst out 터트리다
③ break off - 중단하다(discontinue)
④ break out - 탈출하다, 도망치다(escape)
⑤ break up - 끝내다(put an end to)

**11** ━━━━━━━━━━━━━━━━ 【정답】 ③

> A : 자. 그 노래 다시 연주해 봅시다.
> B : 우린 충분히 연습했어요. 잠깐 쉽시다.
> A : 콘서트가 내일입니다. 우리는 더 많은 연습이 필요해요.

① 서두르는게 좋겠네요.
② * It's about time. 그럭저럭 시간이 됐다; 뭘 꾸물거리고 있는 거야.
③ 잠깐 쉽시다.
④ 그는 해낼 수 있어. * make it 성공하다, 해내다

**12** 생각이 좁은 사람은 큰 기회를 얻지 못한다. 당신이 보다 부자가 되고자 한다면 우선 보다 크게 생각하라.
━━━━━━━━━━━━━━━━ 【정답】 ④
① part 부분              ② deal 거래, 계약
③ rofit 이윤             ④ opportunity 기회

**13** 나는 오늘 저녁에 외식하고 싶지만, 돈이 한푼도 없다.
━━━━━━━━━━━━━━━━ 【정답】 ③
① 너무 바쁘다.            ② 배가 아프다.
③ 가진 돈이 없다.         ④ 다른 약속이 있다

**14** The police <u>cracked down on</u> the selling of liquors to minors. [99.사시]
① broke ground
② did a double take
③ did good
④ hit and ran
⑤ enforced laws

**15** 다음 대화를 읽고 문항에 답하시오.

Matt : I can't find precisely why business is bad. It's ①______ .
Shelly : Are you reckless when you buy merchandise?
Matt : Sometimes I get influenced by strong emotions But I usually buy ②________ .
Shelly : Let's try to pinpoint it. Is your rent too high?
Matt : What I pay would frighten you.
Shelly : If that's the problem, maybe you should move to another location.

1. ①에 들어갈 말로 적당한 것은?

① a hard nut to crack
② holding you up
③ making sense
④ takeover

2. ②에 들어갈 말로 적당한 것은?

① at odds
② in a rush
③ within reason
④ off and on

**16** Every time Tom ________ , his buddies broke up laughing.
① cracked a record
② cracked a nut
③ cracked the code
④ cracked a joke

---

**14** 경찰은 미성년자들에게 주류를 판매하는 것을 단속했다. ┈┈┈┈┈┈┈┈┈┈ 【정답】⑤
① break ground 시작하다
② do a double take 놀라서 두 번 보다
③ do good 이익이 되다
④ hit and run 뺑소니치고 달아나다
⑤ enforce laws 법을 집행하다

**15**

Matt : 사업이 잘 안되는 이유를 모르겠어. 정말 풀기 어려운 문제야.
Shelly : 너는 상품을 구매할 때 무모하지?
Matt : 때때로 충동에 이끌리기도 하지만, 보통은 이성적으로 구입하지.
Shelly : 문제를 정확히 짚어 보자. 임대료가 너무 비싸지 않니?
Matt : 내가 지불하는 금액을 알면 놀랠 걸.
Shelly : 그게 문제라면, 다른 곳으로 이전하는 것이 좋을 것 같다.

1. ┈┈┈┈┈┈┈┈┈┈┈┈┈┈ 【정답】①

2. ┈┈┈┈┈┈┈┈┈┈┈┈┈┈ 【정답】③
① at odds 불화 중인, 다투는
② in a rush 서둘러, 성급히
④ off and on 이따금씩 일어나는

**16** 톰이 농담을 하기만 하면, 그의 친구들은 우스워서 자지러졌다.
┈┈┈┈┈┈┈┈┈┈┈┈┈┈ 【정답】④
① crack a record 기록을 깨다
② crack a nut 호도를 깨다
③ crack the code 암호를 풀다
④ crack a joke 농담하다

## Part A - break

### 1. frag/fring/fra/fract(=break)

**01 broke** ★
[bróuk]
97.행,외시

(재정이) 완전히 깨져버린
a. 파산하여, 무일푼으로
* **flat broke** 파산한, 무일푼의
동 **broker*** 브로커, 중개인; 중개하다
　* 끼어드는 사람

**02 breakthrough** ▽
[bréikθrù:]

break+through → 어려움을 뚫고 나가는 것
n. (과학 분야 등에서) 획기적인
　발견, 약진(=advance, progress);
　돌파구, 타개책; 해명
표현 **break through**
　강행 돌파하다; 장애 등을 극복하다

**03 fragile** ▽
[frǽdʒəl]
07.세무사
92.행자부 7급

frag(=break)+ile → 깨지기 쉬운
a. 1.부서지기[깨지기] 쉬운
　(=breakable, brittle, flimsy)
　2.무른, 허약한, 연약한
　(=weak, delicate)
　3.덧없는(=unstable, fugitive)
ⓐ **fragility**
　부서지기 쉬움, 여림, 허약; 허무함

> 동 **frangible** 깨지기[부서지기] 쉬운, 약한
> **flimsy** (종이가) 얇은, 연약한(=frail,
> weak), 부서지기 쉬운; 근거가 박약한
> **breakable** 깨지기 쉬운

**04 frail** ★
[fréil]

fra(=break)+il → 깨지기 쉬운
a. 깨지기 쉬운; 연약한, 허약한(=weak)
ⓝ **frailty** 여림, 무름, 약함, 의지박약; 덧없음

**05 flimsy** ★
[flímzi]

film(필름)<flim → 필름같이 얇은
a. 1.(종이나 천이) 얇은
　2.연약한(=frail, weak), 부서지기
　쉬운; 근거가 박약한
n. 얇은 종이, 복사지; (pl.) 얇은 여성복
관련 **film** [fílm] 얇은 막; 필름; 영화

**06 brittle** ★★
[brítl]

britt(=break)+le → 깨지기 쉬운
a. 1.부서지기 쉬운, 깨지기 쉬운;
　연약한(=fragile, breakable, delicate)
　2.상처입기 쉬운; 불안정한
　3.(성질이) 다루기 힘든; 성마른

**07 refrain** ▽
[rifréin]

re(=back)+frain<frag(=break)
→ 버릇을 끊어(break) 뒤로 보내다
vi. 그만두다, 삼가다, 자제하다(from)
　(=stop, abstain)
n. 후렴, 반복구
ⓝ **refrainment** 자제, 억제

**08 infringe** ★★
[infríndʒ]

in(=in)+fringe(break) → 깨고 안으로 들어가다
vi. (법 등을) 위반하다; 침해하다(on)
　(=trespass on, encroach upon)
ⓝ **infringement*** (법규) 위반;
　(특허권 등의) 침해(=encroachment)

> 참 **fringe**** 1.술 장식; 가장자리, 변두리
> (=periphery)  2.한 패, 패거리
> 3.부수적인, 2차적인  4.~에 술을 달다

**09 infraction** ★
[infrǽkʃən]

in(=in)+fract(=break)+ion
→ 창문을 깨고 안으로 들어옴
n. 1.(법률·규칙 등의) 위반, 반칙
　(=violation, breach)
　2.(권리 등의) 침해, 침범
ⓥ **infract** (법률·서약 등을) 어기다, 위반하다

**10 breach** ★
[bríːtʃ]
06.감평사

breach<break → 약속을 깨다
vt. (법률·약속·협정 등을) 위반하다
　(=break)
n. 1.(법률·약속 등의) 위반, 불이행
　* **a breach of contract** 계약 위반
　2.갈라진 틈; 절교, 불화(=rupture)
동 **bleach** [blíːtʃ] 표백하다; 표백제

**11 fracas** ★
[fréikəs]

frac(=break)+as → 깨고 부수는 것
n. 소동, 싸움(=quarrel), 난리(=brawl)

**12 fragment** ★
[frǽgmənt]

frag(=break)+ment → 산산이 깨부수다
v. 산산이 부수다; 부서지다
n. 부서진 조각, 파편
ⓐ **fragmentary** 단편적인; 토막토막의
　(=incomplete)
ⓝ **fragmentation** 분열, 파쇄

**13 fraction** ★
[frǽkʃən]

fract(=break)+ion → 깨부순 것
n. 1.작은 부분, 소량, 조금
　2.파편; 분수; 분파
ⓥ **fractionate** (혼합물을) 분류하다
동 **friction*** 마찰; 알력, 불화, (의견) 충돌
　(=disagreement) * fric(=rub)

**14 fracture** ★
[frǽktʃər]
98.일반경찰

fract(=break)+ure → (뼈가) 부서짐, 깨짐 → 골절
v. 1.(뼈를) 부러뜨리다(부러지다)
　(=crack)
　2.(발목 등을) 삐다(=sprain)
　3. 부수다(부서지다), 파쇄하다
n. 1.부서짐, 깨짐, 부러짐, 파쇄; 분열
　2.(뼈의) 골절, 좌상
　3.갈라진 곳[틈]
ⓐ **fractural** 파쇄성의, 골절의
유 **sprain one's ankle** 발목을 삐다
　**disjoint** 관절을 삐게 하다, 탈구시키다

**15 suffrage** ★
[sʌ́fridʒ]

sub<suf(=under)+frage(=break)
→ 권력을 세분해서 나누어 준 것
n. 투표권, 선거권(=voting right);
　참정권(=franchise)
ⓝ **suffragette** 여성 참정권론자
　**suffragist** 참정권 확장론자
관련 **franchise** 특권, 참정권, 독점영업권

**16 refractory** ★
[rifrǽktəri]

re(=again)+fract(=break)+ory
→ 또 다시 규칙을 어기는
a. 1.다루기 힘이 드는, 순종하지 않는;
　2.난치의
동 **fractious***
　성마른, 성미 까다로운; 다루기 어려운

> 참 **refract** (광선을) 굴절시키다
> - **refraction** 굴절(작용); (눈의) 굴절력 (측정)
> - **refractive** 굴절하는, 굴절력을 가진
> - **refractor** 굴절렌즈

## 2. rupt(=break)

**17 rupture**
[rʌ́ptʃər]
93.기술고시

rupt(=break)+ure → (친구) 관계가 깨짐
n. 1.파열, 균열; 결렬, 단절(=breach)
　　2.탈장(=hernia)
v. 1.(혈관 등을) 파열하다(시키다)
　　2.(관계 등을) 단절[결렬]하다
　　(=break off with)

> 혼 **rapture** * rapt(=take)
> 큰 기쁨, 황홀; 황홀하게 하다
> 　- **enrapture** 기뻐서 어쩔 줄 모르게 하다

**18 abruptly**
[əbrʌ́ptli]

ab(=off)+rupt(=break)+ly → 깨져 떨어져 나온듯한
ad.갑자기, 불시에, 급격히
　　(=suddenly, sharply)
ⓐ **abrupt**
　　1.갑작스러운, 불시의
　　2.(말씨·태도가) 퉁명한, 무뚝뚝한
　　3.(문장이) 비약이 많은
ⓝ **abruption** 분리, 분열, 중단, 종결
표현 **out of the blue** 갑자기, 예고 없이

**19 bankrupt**
[bǽŋkrʌpt]

bank+rupt(=break) → 은행의 잔고가 박살난
a. 파산한, 지불 능력이 없는(=insolvent)
n. 파산자, 지불불능자
ⓐ **bankruptcy** 파산, 파탄(↔solvency)

**20 corrupt**
[kərʌ́pt]

cor<con(=강조)+rupt(=break)
→ 도덕성이 완전히 부수어진
a. 1.타락한, 퇴폐한, 부도덕한;
　　사악한(=depraved)
　　2.부정한, 뇌물이 통하는
　　3.오염된
vt. 타락시키다, (뇌물로) 매수하다
ⓝ **corruption** 타락, 매수; 부패; 개악
ⓐ **corruptive** 부패[타락]시키는, 퇴폐적인
　　**corruptible**
　　타락[부패]하기 쉬운, 뇌물이 통하는
반 **incorruptible*** 매수되지 않는, 청렴결백한

> 통 **depraved** 타락한, 저열한(=corrupt)
> 　- **deprave** 나쁘게 만들다, 타락시키다

**21 disrupt**
[disrʌ́pt]
04.서울시 9급

dis(=apart)+rupt(=break) → 따로 따로 깨뜨리다
vt.1.(제도·국가 등을) 붕괴시키다;
　　분열시키다
　　2.(모임 등을 일시적으로) 혼란시키다
　　3.(물건을) 분쇄하다; 파열시키디
　　4.(교통·통신 등을) 두절시키다
vt. 타락시키다, (뇌물로) 매수하다
ⓝ **disruption** 분열; 붕괴; 중단, 두절; 혼란
　　**disrupture** 중단; 분열, 파열
ⓐ **disruptive**
　　분열[붕괴]시키는; 혼란을 일으키는

**22 erupt**
[irʌ́pt]

e<ex(=out)+rupt(=break) → 바깥으로 나오다
v. 1.(화산 등이) 분출하다, 폭발하다
　　(=explode)
　　2.(감정이) 복받치다
　　3.(이가) 나다; (피부에) 발진이
　　돈다(=break out)
ⓝ **eruption** 폭발, 분출, 발생

---

**23 interrupt**
[ìntərʌ́pt]

inter(=between)+rupt(=break)
→ (사이에 끼어들어) 깨뜨리는
vt.1.(말 등을 중간에) 중단시키다
　　2.방해하다; 가로막다, 저지하다
　　3.(일 등을 잠시) 중단하다
ⓐ **interrupted** 중단된, 방해받은
ⓝ **interruption** 훼방, 방해; 중단; 방해물
　　**interrupter** 방해자; (전류) 단속장치

| 뉘앙스 | 훼방, 방해 |
|---|---|
| ❶ heckle | 연설 등을 방해하기 위해 청중이 심한 말을 퍼 붓다 |
| ❷ filibuster | 의안이나 법률 통과를 방해하기 위해 연설 등을 천천히 하거나 길게 하는 것; 의사진행방해 |
| ❸ sabotage | 쟁의중인 노동자에 의한 공장 설비·기계 등의 파괴; 생산 방해 |
| ❹ public nuisance | 소음이나 악취 등의 공적 불법방해; 민폐 |
| ❺ disturbance | 질서나 치안의 방해, 교란 |
| ❻ jamming | 전파방해 |

## 3. 붕괴, 분열, 고장

**24 crack**
[kræk]

<의성어> 발음자체가 깨지는 소리같이 날카로움
v. 1.깨지다, 부서지다; 찰칵하며
　　부서지다
　　2.컴퓨터에 불법으로 침입하다;
　　(암호 등을) 풀다
　　3.쇠약해지다; 붕괴하다
　　4.(농담 등을) 하다
　　* **crack a joke** 농담하다
n. 갈라진 금, 틈; 날카로운 소리;
　　재치 있는 농담
a. 아주 우수한, 일류의
ⓝ **cracker** 컴퓨터 불법침입자[해커와는 다름]
ⓐ **cracked**
　　깨진, 금이 간, (신용, 평판 따위가) 손상된,
　　상궤(常軌)를 벗어난, 미친; 목쉰, 변성한
관련 **crackdown** 일제 단속; 법의 엄격 시행
　　- **crack down** 단속하다(=enforce law)

> 혼 **clack** <의성어> 딸깍하는 소리; 지껄여대다
> 　　**crackle** <의성어> 탁탁 소리내다
> 　　**clang** <의성어> 땡그랑 하고 울리다
> 　　**crank** ㅣ 자형 손잡이; 변덕; 괴짜;
> 　　　　크랭크를 돌려서 촬영하다
> 　　- **crank up** 시작하다

**25 schism**
[sízm]

n.(단체의) 분리, 분열, 분파
ⓐ **schismatic** 분리적인; (교회) 분리론자
n. 엉킴; 장애, 지체, 고장, 중단

| 테마어휘 | 분리, 분열, 붕괴, 해체 |
|---|---|
| ❶ split | 쪼개짐, 균열, 파편→분열, 불화, 분파 |
| ❷ cleavage | 쪼개짐, 분할; 정당 등의 분열 |
| ❸ disunion | 분리, 분열; 내분, 알력, 불화 |
| ❹ breakup | 분산; 붕괴, 파괴; 불화; 해산 |
| ❺ disintegration | 분해, 붕괴, 분열; 풍화작용 |
| ❻ debacle/collapse/landslide | 와해, 붕괴; 시장의 폭락; 산사태 |
| ❼ severance | 절단, 분리; (관계 따위의) 단절 |
| ❽ disorganization | (조직의) 해체, 분열; 혼란; 무조직 |
| ❾ disjunction | 분리, 분열; 염색체의 분리 |
| ❿ fission | 분열; 원자의 핵분열 |

**26 hitch** *
[hítʃ]

n. 급정지, 엉킴, 장애(=problem)
vt. 1.(고리·밧줄 등을) 걸다;
    (갑자기) 홱 움직이다
    2.낚아채다; <속어>결혼시키다
vi. 힘 있게 움직이다; 걸리다;
    잘 어울리다
    * hitch a ride
    <구어> 히치하이크하다; 편승하다
    * without a hitch 거침없이, 술술, 무사히

> **관련**
> hitchhike 히치하이크하다
> - hike* 도보여행하다; <미> (물가 등을)
>   갑자기 올리다; (가격 등의) 인상

---

### 4. 구멍, 틈

**27 niche** **
[nítʃ]

n. 1.(수익 가능성이 높은) 틈새시장
    2.벽의 움푹 들어간 곳; 특정 분야

> **관련** nick 새김눈(notch), 깨진 홈
> * in the nick of time
>   아슬아슬하게 때 맞춰
> notch 새김눈, 칼자국; 단계, 급
> - topnotch*
>   최고점; 일류의, 훌륭한(=excellent)
> gash* 깊은 상처(=deep cut), 갈라진 틈

**28 aperture** *
[ǽpərtʃər]

n. 구멍(=hole); 갈라진 틈(=orifice),
   균열

> **동**
> orifice* (관·굴뚝·상처 등의) 구멍, 뚫린 데
> interstice** 갈라진 틈(=narrow space)

**29 hiatus** *
[haiéitəs]

n. 1.갈라진 틈(=opening, gap), 금, 균열
    2.(행위의 일정기간 동안의) 중단,
    간극(=break)

| 테마어휘 | 구멍, 틈 |
|---|---|
| ❶ chasm | (지면·바위 등의) 크게 갈라진 틈; 깊은 수렁 |
| ❷ chink | (빛·바람 등이 새는) 좁은 틈; (법의) 빠져나갈 구멍 |
| ❸ cleft | 갈라진 틈; 쪼개진 조각 |
| ❹ crack | 갈라진 금, 틈, (문·창 등의) 조금 열린 틈 |
| | cf. ajar (문이) 조금 열려있는 |
| ❺ crevice | (바위 등의 좁고 깊게) 갈라진 틈, 균열 |
| ❻ gap | 갈라진 틈, 구멍; 단절, 공백; (문화·사회적인)격차 |
| ❼ rift | (갈라진) 금, 균열; 단층 |
| ❽ crater | (화산의) 분화구; (운석이 떨어져 생긴) 구멍 |
| ❾ pit | (지면의) 구멍, 팬 곳, 구덩이 |
| ❿ hollow | 멍; 계곡, 우묵한 땅, 분지 |
| ⓫ hole | 일반적인 구멍 |
| ⓬ opening | 틈, 입구; 빈자리, 공석; 개시, 개장 |
| ⓭ slit | 가늘고 긴 구멍; 가느다랗게 째다 |
| ⓮ slot | 돈 넣는 구멍 따위 cf. slot machine |
| ⓯ groove | (목재·금속 따위 표면에 새긴) 홈 |

**30 perforation** *
[pə́ːrfəréiʃən]

n. 뚫은 구멍(=hole), 천공, 절취선
ⓥ perforate*
  (~에) 구멍을 내다; 꿰뚫다(=pierce)

> **동** porous 작은 구멍이 많은; 스며드는
> - porosity 다공성; 작은 구멍
> cf. osteoporosis 골다공증
>   * osteo(뼈)+ poros(구멍)

**31 cavern** *
[kǽvərn]

cave(=hollow) → hollow<cave<cavern
n. (큰) 동굴(=tunnel)
ⓐ cavernous*
  동굴 같은(=large and hollow, cavate)

> **어근** cave(=hollow)
> cave 동굴(hollow보다 크고 cavern보다 작은 것)
>   - cavity 구멍; 움푹한 곳; 충치의 구멍
> cf. a concave lens 오목렌즈
>   - a convex lens 볼록렌즈
>   - concavo-convex 요철(凹凸)의

**32 excavate** *
[ékskəvèit]

ex(=out)+cave(=hollow) → 동굴을 파내다
vt. 굴을 파다; 발굴하다
  (=exhume, unearth)
ⓐ excavation* 굴, 굴착; 발굴, 발굴물
  excavator 굴착자, 굴착기

**33 burrow** *
[bə́ːrou]

스타크래프트의 러커가 "버로우"하다
n. (여우 등의) 굴; 피신처, 은신처
v. 굴을 파다; 잠복하다;
   깊이 조사하다(into)

> **혼** bureau <미> (관청의)국(局)
>   cf. <영> department
>   cf. FBI
>     Federal Bureau of Investigation
> **동** den (야수가 사는) 굴; 도둑의 소굴;
>     남성의 서재
>   lair (들짐승의) 굴; 도둑의 소굴
>   hive 꿀벌통; 활동의 중심지

**34 pit** *
[pít]

얼핏하면 웅덩이에 빠지기 쉽다
n. 1.구멍, 웅덩이, 움푹 들어간 곳,
    탄광
    2.함정(pitfall)
    3.맹수 우리, 투견장
    * pit bull
    투견, 매우 공격적이고 무자비한 사람
    4. (복숭아 등의) 씨, 핵
v. 1.겨루게 하다, 경쟁시키다
    (against)
    2.구멍을 내다; 움푹 들어가다

## Part B - gnaw, grind, rub, bite, build

### 1. ros/rod/rot(=gnaw)

**35 rot** *
[rát]

rot(=gnaw) → 부식시켜 약하게 하다
vi. (동,식물이) 썩다, 부패하다
   (=decay); 쇠약해지다
vt. 썩게 하다, 부패시키다
n. 부패, 타락; <영속어> 헛소리

ⓐ **rotten** 썩은(=spoiled);타락한; 열등한
ⓥ **gnaw** 갉아 먹다, 부식시키다, 침식하다
  **decay** 부식하다, 벌레먹다;쇠퇴하다, 타락하다

**36 corrosive** *
[kəróusiv]

cor<com(강조)+ros(=gnow)+ive → 썩게 하는
a. 1.(화학작용으로 쇠가) 부식하는;
    부식성의 (=caustic)
    2.(비판·풍자 따위가) 통렬한
n. 부식제
ⓥ **corrode** 부식시키다, 좀먹다
  **corrosion*** 부식(작용)

**37 erode** ▽
[iróud]

e<ex(=away)+rod(=gnaw) → 갉아먹어 없애다
v. 1.(바람이나 비가) 조금씩 침식하다;
    좀먹다
    2.서서히 손상시키다
    (=gradually wash away,
    wear away, wear down)
ⓝ **erosion***** 침식
ⓐ **erosive** 침식적인

| 뉘앙스 | 부식, 침식, 산화, 풍화 |
| --- | --- |
| ❶ erode | to gradually destroy the surface of sth(rock, soil) through the action of wind, rain, etc. (바람이나 비 따위가 바위나 토양 등의 표면을 조금씩 침식시키다.) |
| ❷ corrode | to destroy sth slowly, especially by chemical action (화학작용이 쇠 따위를 점차 부식시키다.) |
| ❸ rust | a reddish–brown substance that is formed on some metals by the action of water and air (물과 공기의 작용으로 쇠의 표면에 적갈색 물질이 형성된 것[녹]) |
| ❹ oxidize | to combine with oxygen, especially in a way that causes (산소와 결합하여 녹이 슬다[산화시키다] |
| ❺ gnaw | to keep biting sth or chewing it hard, so that it gradually disappears (물어뜯거나 격렬하게 씹어서 점차 사라지게 만들다[갉아먹다] |

**38 antiseptic** *
[æntəséptik]

anti(=against)+sept(=cause to rot)
→ 썩는 것을 방지하는
n. 방부제 (=germ–killing substance)
a. 방부제의

| 관련 | **septic** 부패성의; 패혈증(의) |
| --- | --- |
| | **aseptic** * a(=not) |
| | 무균의;(외과의) 방부 처리의; 방부제 |



**39 spoil** ****
[spóil]
93.서울시 9급

<연상> 영화를 스포일러 때문에 망쳐버렸다
vt. 1.망치다, 상하게 하다,
     못쓰게 만들다(=mar)
     2.응석을 받아주다,
     (아이를) 버릇없이 기르다
vi. 상하다, 못쓰게 되다,
     (음식물 등이) 부패하다
n. 1.(pl.) 전리품, 노획품, 약탈품
    2.(pl.) <미> 관직, 이권
ⓝ **spoilage** 손상, 망치기; 손상물
  **spoiler** 약탈자, 망치는 사람,
    (영화의 내용을 미리 알려주는) 스포일러

| 관련 | **despoil** |
| --- | --- |
| | 약탈하다;(환경 등을) 파괴하다; 손상시키다 |
| | **despoliation*** 약탈; (자연환경의) 파괴 |

**40 putrid** *
[pjú:trid]
02.선관위 9급

putr(=rotten)+id → 썩는 냄새가 나는
a. 1.(짐승이나 식물이) 썩거나 고약
    한 냄새가 나는(=of dead animals
    or plants decaying and therefore
    smelling very bad)
    2.<구어>매우 불쾌한
ⓥ **putrefy** 시체 등이 썩어 악취가 나다

**41 rancid** *
[rǽnsid]

ranc(=rotten)+id → 썩는 냄새가 나는
a. 1.썩은 냄새[맛]가 나는; 상한
    (=spoiled)
    2.불쾌한, 역겨운
ⓝ **rancidity** 썩은 냄새; 악취

**42 odorous/ odoriferous** ***
[óudərəs/ òudərífərəs]

odor(=scent)+(i+fer)+ous → 냄새가 나는
a. 1.(좋거나 나쁜) 냄새가 나는
    2.향기로운(=fragrant, aromatic)
    3.(도덕적으로) 부당한, 구린
ⓝ **odor*** 냄새; 악취; 향기; 기미, 낌새(=scent)
🔲 **malodorous** 고약한 냄새가 나는
  **inodorous** 냄새가 없는
🔲 **fragrant*** 향기로운, 방향성의; 유쾌한
  cf. **flagrant**
  (실수 등이) 명백한; 악명 높은
  **aromatic** 향기로운, 방향의; 방향, 방향제



**43 grind** ▽
[gráind]

ranc(=rotten)+id → 썩는 냄새가 나는
n. <구어> 고되고 단조로운 일,
    지루하고 하기 싫은 공부
v. 1.갈다, 으깨다, (맷돌을) 돌리다;
    연마하다
    2.<수동형으로> 아주 지치게 하다

> 표현
> **have an ax(e) to grind****
> 딴 속셈이 있다(=have hidden intention);
> 원한이 있다.
> **= hold a grudge against**
>   ~에게 원한을 품다
> **keep [have, put, hold] one's nose to the grindstone** 폭으라고 일만 하다
> (=work hard all the time)

**44 demolish** **
[dimáliʃ]

de(=away)+mol(=grind)+ish → 갈아서 없애다
vt. 1.(건물 따위를) 파괴하다, 헐다
    (=destroy, tear down)
    2.(계획·제도 따위를) 폐지하다
ⓝ **demolition** 파괴, 폭파; (pl.)황폐; 폭약

> 어근보충
> ❶ **molar** 어금니(=grinding tooth); 갈아 부수는 * mol(=grind)
> ❷ **molest** 괴롭히다, 성가시게 굴다
> ❸ **molecule** 분자 * cule(=small)
> ❹ **emolument** 수당, 이익, 보수, 봉급(=wage) * mol(=heap)
> ❺ **immolate** 제물로 바치다, 희생하다
> ❻ **mollusk** 연체동물 * mol(=soft)

## 4. ras/raz/rack(=rub, scrape)

**45 raze** ★
[réiz]

raze(=rub) → 문질러 없애다
vt. 1.(도시·집 등을) 남김없이 파괴하다,
　　무너뜨리다(=demolish)
　　2.<고어> (기억 등을) 지우다

> 관련 **razor** 면도칼로 베다; 면도칼
> **eraser** 고무지우개
> **erase** (글자 등을) 지우다;
> 문질러 없애다; 삭제하다
> **rash** 발진, 뾰루지; 경솔한; 성급한

**46 abrasive** ★
[əbréisiv]

ab(=away)+ras(=rub)+ive
→ (거친 부분을) 문질러 없애는 것
n. 연마제 (Abrasives are sharp, hard
　materials used to wear away the
　surface of softer, less resistant
　materials.)
a. 문질러 닳게 하는; 귀에 거슬리는
ⓝ **abrasion** 연마; 소모, 침식; 찰과상
> 관련 **lubricant**˙ 미끄럽게 하는; 윤활유

**47 rack** ★
[rǽk]

rack(=rub) → 생각하면서 머리를 긁적거리는
n. 1.걸이, 선반, 시렁

> * **rack up** (많은 이윤을) 축적하다
> (=accumulate, amass), 달성하다
> (=achieve); (스포츠 팀이) 승수를 쌓다

　2.고문; 파괴, 파멸
vt. 1.고문하다, 고통을 주다
　　2.(생각을) 짜내다, 착취하다

> * **rack one's brain(s)**˙ 생각을 짜내다
> = cudgel[drag, beat] one's brains
> = put one's heads together
> = think very hard

## 5. trit/tri(=rub)

**48 contrite** ★★
[kəntráit]
02.변리사

con(=together)+trit(=rub) → (머리를) 긁적이는
a. 죄를 깊이 뉘우치고 있는, 회개하는
　(=repentant)
ⓝ **contrition** 뉘우침, 회오, 회한

> 동 **repent** 후회하다, ~을 뉘우치다
> - **repentant** 후회하는, 뉘우치는
> 관련 **stand in a white sheet**˙
> 죄를 뉘우치다(=repent)

**49 detrimental** ▽
[dètrəméntl]

de(=away)+tri<trit(=rub)+ment+al
→ 닳아 없어지게 하는
a. 손해를 입히는, 불이익의; 해로운
　(=harmful, damaging)
n. 해로운 사람[것]
ⓝ **detriment**˙˙˙ 손실, 손해, 상해
　(=damage, injury); 유해물, 손해의 원인

---

| 뉘앙스 | 손해, 손실, 상해, 불이익 |
|---|---|
| ❶ damage | (남에게서 받은) 손해, 피해 |
| ❷ loss | (분실, 유실 등 잃음으로써 입은) 손해 |
| ❸ injury | (사고 등에 의한) 상해, 손상 |
| ❹ harm | (행위나 사건으로 인해 일어난) 피해, 상해 |
| ❺ hurt | 육체적 상처 또는 (배신이나 부당한 대우 등으로 받은) 마음의 상처 |
| ❻ handicap | 신체적 장애, 불리한 조건 |
| ❼ disadvantage | 불리한 조건[처지]이나 그로 인한 손해 |
| ❽ disbenefit | 불이익 |

어근보충
❶ **attrition** 마찰(=friction), 소모, 마멸; 저항력의 약화
❷ **trite** 진부한(=cliché), 상투적인 ★ 닳고 닳은

## 6. mors/mord(=bite)

**50 remorse** ★
[rimɔ́:rs]

re(=again)+mors(=bite)
→ 후회스러워 입술을 지끈 깨무는 것
n. 후회(=regret), 양심의 가책;
　연민, 자비
ⓐ **remorseful**
　후회하는, 양심의 가책을 느끼는
　↔ **remorseless**
　뉘우치지 않는, 무자비한

**51 morsel** ★
[mɔ́:rsəl]

mors(=bite)+el → 한 입에 물은 만큼
n. 한 입, 한 조각; 소량(=tidbit),
　조금(=fragment)

> 관련 **mordant** 신랄한, 통렬한; 부식성의
> **mordacious**
> 무는 버릇이 있는, 물고 늘어지는; 신랄한
> **mordacity** 무는 버릇, 독설

## 7. 파괴, 황폐

**52 havoc** ▽
[hǽvək]

<연상> 대규모의 파괴로 인한 회복(해복)불능상태
n. 1.(대규모의) 파괴, 황폐
　(=destruction, devastation, damage)
　2.대혼란, 무질서
　* **play[work, create] havoc with**
　　~을 파괴하다
　= wreak [wreck] havoc on
　= make havoc of

**53 sabotage** ★★
[sǽbətà:ʒ]

→ 프랑스 노동자들이 쟁의 중에 나막신(sabot)
으로 기계를 파괴한 데서 유래
n. 1.사보타주, 고의에 의한 파괴[방해]행위
　2.(특히 쟁의중인 노동자에 의한)
　　공장 설비·기계 등의 파괴, 생산 방해
vt. 고의로 방해하다, 파괴하다(=destroy)

---

---

<table>
<tr><td>뉘앙스</td><td>파괴하다, 황폐시키다</td></tr>
<tr><td>❶ demolish</td><td>(특히 오래된 건물 등을) 완전히 허물다</td></tr>
<tr><td>❷ destroy</td><td>완전히 파괴하거나 허물어서 더 이상 존재하지 않게 하다.</td></tr>
<tr><td>❸ dilapidate</td><td>(건물 등이 낡아서) 헐다</td></tr>
<tr><td>❹ dismantle</td><td>(기계나 건물을 부분을) 분해[해체]하다</td></tr>
<tr><td>❺ devastate</td><td>(국토를) 황폐시키거나 완전히 파괴하다</td></tr>
<tr><td>❻ ravage</td><td>(전쟁·질병·자연 재해 등이 지역, 나라, 경제 등을) 황폐화 시키다</td></tr>
<tr><td>❼ ruin</td><td>(사람, 건강, 여자의 몸을) 망치다, 타락시키다</td></tr>
<tr><td>❽ wreck</td><td>완전히 파괴하거나 망가뜨리다</td></tr>
<tr><td>❾ vandalism</td><td>(정복국이 피정복국의) 예술·문화를 고의적 파괴하는 행위; (비문화적) 야만 행위</td></tr>
<tr><td>❿ sabotage</td><td>노동자들이 자신의 조건을 관철하기 위해 공장 생산 시설 등을 임의로 파괴하거나 생산을 방해하는 행위</td></tr>
</table>

## 8. struct/str (=build)

**54 destroy** *
[distrɔ́i]

de(반대)+str(=build)+oy → '세우다'의 반대
vt. 1. 파괴하다(=raze), 훼손하다
　　2. <수동형으로> 사람이나 동물을 죽이다
　　3. (계획을) 망치다
**표현 wipe out***
　　기억에서 지우다, 전멸시키다(=destroy)

**55 indestructible*** 
[ìndistrʌ́ktəbl]

in(=not)+de(반대)+struct(=build)+ible → '세우다'의 반대
a. 파괴할 수 없는, 불멸의
ⓥ **destruct** 자동 파괴하다, 자폭시키다
ⓐ **destructive**
　　파괴적인, 해를 끼치는, 부정적인
ⓝ **destruction** 파괴, 멸망; 대량 살인

**56 constructive** *
[kənstrʌ́ktiv]

con(=together)+struct(=build)+ive → 같이 만드는
a. 건설적인, 구조적인, 구성적인
　　(↔ destructive)
ⓥ **construct**
　　건설하다(=erect), 조립하다, 꾸미다; 구조물
ⓐ **constructional** 건설상의; 구조상의
ⓝ **construction** 건설, 공사, 건축; 구조
　　* under construction
　　건설[공사] 중인
반 **reconstruct** 재건하다, 개조하다

**57 obstruct** *
[əbstrʌ́kt]

ob(=against)+struct(=build)
→ ~에 대항해 (바리게이트를) 세우다
vt. 막다, 차단하다, 방해하다(=block)
ⓝ **obstruction** 방해물, 방해, 차단
ⓐ **obstructive** 방해가 되는; 방해물

**58 instrument*** 
[ínstrəmənt]
07. 국가직 7급

in(=in)+stru(=build)+ment → 하나 안에 구성되는 것
n. 1. 기구, 악기, 기계(=device)
　　2. 수단, 방법; 앞잡이
ⓝ **instrumental***
　　수단이 되는, 도움이 되는(in); 악기의
동 **ministerial***
　　성직자의; 정부의; 이바지하는,
　　수단이 되는(=instrumental)

**59 construe** **
[kənstrú:]

con(=against)+strue(=build) → 같이 뜻을 구성하다
vt. 추론하다(=infer); 해석하다, 번역하다(=interpret)

## 9. del(=destroy)

**60 delete** **
[dèlitíəriəs]

delete(=destroy)
v. 삭제하다, 지우다(from)
　　(=take out, remove)
**표현 take out**
　　(얼룩 등을) 지우다(=delete, remove)

**61 indelible** 
[indélibl]

in(=not)+del(=destroy)+ible → delete 할 수 없는
a. 지울[씻을] 수 없는; 잊히지 않는
　　(=permanent)
ⓐⓓ **indelibly*** 지울 수 없게, 영구히
반 **delible** 삭제[말소]할 수 있는

**62 deleterious** 
[dèlitíəriəs]

delete(=destroy)+rious → delete 해버리는
a. (심신에) 해로운, 유해한
　　(=harmful, noxious)

## 10. 돌(stone)과 관련된 어휘

**63 dilapidated** 
[dilǽpədèitid]

di<dis(=away)+lapid(=stone)+ate
→ 주춧돌이 사라진
a. 황폐한, (건물 등이) 낡아빠진
　　(=disordered, worn-out, run-down)
ⓥ **dilapidate** (건물 등을) 헐다, 헐어지다
ⓝ **dilapidation** 황폐, 무너짐, 사태
동 **worn-out**** 써서 닳은, 낡아 빠진
　　**run-down**** 지친, 병든, 황폐한

**64 crumble** *
[krʌ́mbl]

vt. (빵 등을) 가루로 만들다
vi. 부스러지다, 산산이 무너지다, 붕괴하다
n. 빵가루; 파편
ⓐ **crumbling***
　　무너지는, 쇠퇴하는(=ramshackle)
동 **ramshackle*** (집 등이) 쓰러져 가는, 넘어질듯한(=crumbling)

**65 milestone** **
[máilstòun]

mile+stone → 1마일마다 서있는 이정표
n. 이정표, 획기적인 사건(=landmark)

**66 monolithic*** 
[mànəlíθik]

mono(=one)+lith(=stone)+ic → 돌 하나로 이루어진
a. 획일적이고 자유가 없는(=unified), 융통성이 없는

관련 **Paleolithic** 구석기 시대의
　　**Neolithic** 신석기 시대의
　　**the Bronze Age** 청동기 시대
　　**the Iron Age** 철기 시대

**67 petrify**
[pétrəfài]

petr(=stone)+i+fy(=make) → 돌로 굳게 만들다

vt. 1. 돌처럼 굳게 하다;
   석질로 만들다(=stone)
   2. 무감각하게 하다; 경직시키다
   3. 깜짝 놀라게 하다(=terrify);
   망연자실하게 하다
vi. 돌이 되다; 굳어지다; 망연자실하다
ⓐ petrified** (정신을 잃을 정도로)
   술이 취한; 극도로 겁에 질린; 돌같이 된
㊟ putrefy 부패시키다, 썩게 하다
   cf. putrid 부패한, 타락한
관련 petroleum 석유/ petrology 암석학

**68 fossil**
[fásəl]

n. 화석(化石); 구식사람, 낡은 제도
a. 화석의; 구식의
   * fossil fuel
      화석 연료 (석유·석탄·천연 가스 등)
ⓥ fossilize 화석으로 되다; 고정화되다

**69 gem**
[dʒém]

n. 보석; 보석처럼 귀중한 것(사람)
   (=jewel, precious)
ⓐ gemmy 보석을 함유한[박은]; 보석 같은
ⓝ gem(m)ology 보석학
   gemmologist 보석 학자, 보석 감정인
   gemstone 보석의 원석, 준보석
   cf. lapidary  * lapid(=stone)
      보석 세공인; 보석 전문가

03.일반경찰

표현 the apple of the eye*
   아주 소중한 것[사람]

**1** 다음 대화 중 빈칸에 들어갈 알맞은 것은?

> A: Oh! What a poor guy! You became flat ______.
> B: Don't look at me that way. I don't want to be an object of your pity.

① broken
② broke
③ flank
④ plain

**2** It is one of the most remarkable aspects of science that we often don't know where the next practical ______ will come from.

① correlation
② breakthrough
③ paroxysm
④ ratification

**3** The parcel was labelled: "______, handle with care."

① Fragrant
② Feasible
③ Fragile
④ Farfetched

> **3-1** His overall condition remained <u>fragile</u>.
>
> [97. 서울대 대학원]
>
> ① delicate
> ② forceful
> ③ robust
> ④ decisive

**4** Although my grandmother is old and <u>frail</u>, she still enjoys playing cards and listening to dance tunes.

① deaf
② unhappy
③ unpleasant
④ weak

**5** The cabin was made with <u>flimsy</u> material.

① strong
② second-hand
③ weak
④ crafty

**6** The stalagmite formations in this cave are very ______, so do not touch them.

① boisterous
② brilliant
③ brittle
④ rowdy

> **6-1** This may help to understand the <u>brittle</u> truce that exists between the two countries.
>
> ① indissoluble
> ② fragile
> ③ long-term
> ④ mutual

---

**1** ───────────────── 【정답】②

> A: 오! 이런 불쌍한 지고. 넌 알거지가 되었구나.
> B: 나를 그런 식으로 보지 마. 난 너의 동정을 받고 싶지 않아. * pity 동정, 연민

① broken 부서진
② flat broke 무일푼의
③ flank 옆구리, 측면
④ plain 명백한, 솔직한

**2** 이것은 다음번의 실용성이 있는 획기적인 발견이 어디에서 나올지 알 수 없을 정도로 가장 괄목할 만한 과학적 관점들 중 하나이다. * remarkable 주목할 만한 aspect 관점, 양상

───────────────── 【정답】②

① correlation 상화관련, 상호작용
② breakthrough 획기적인 발견
③ paroxysm 발작
④ ratification 비준, 인가

**3** 소포에는 '깨지기 쉬움, 취급주의'라고 표시되어 있었다. * parcel 소포, 소화물

───────────────── 【정답】③

① fragrant 향기로운
② feasible 실행 가능한
③ fragile 깨지기 쉬운
④ farfetched 에두른

**3-1** 그의 전반적인 건강상태는 허약한 상태였다.
* overall 전반적인

───────────────── 【정답】①

① delicate 허약한; 맛좋은
② forceful 힘있는
③ robust 강건한
④ decisive 결정적인

**4** 우리 할머니는 연로하시고 연약하시지만, 그래도 여전히 카드놀이를 즐기시고 댄스곡을 들으신다.

───────────────── 【정답】④

① deaf 귀가 먼
② unhappy 불행한
③ unpleasant 불쾌한
④ weak 약한

**5** 그 오두막은 약한 재료로 지어졌다. * cabin 오두막

───────────────── 【정답】③

① strong 강한
② second-hand 중고의
③ weak 약한
④ crafty 교묘한

**6** 이 동굴안의 석순 층은 깨지기 쉬우니, 만지지 마라. * stalagmite 석순 cave 동굴

───────────────── 【정답】③

① boisterous 떠들썩한, 사나운
② brilliant 훌륭한
③ brittle 부서지기 쉬운
④ rowdy 난폭한

**6-1** 이것은 두 나라 사이에 존재하는 깨지기 쉬운 휴전협정을 이해하는데 도움이 될 지도 모른다. * truce 휴전

───────────────── 【정답】②

① indissoluble 확고한, 굳은
② fragile 깨지기 쉬운
③ long-term 장기간의
④ mutual 상호의

**7** Please <u>refrain</u> from doing that. [91.연세대 대학원]
① continue　　　　② be proud of
③ stop　　　　④ forget

**7** 제발 그 일을 삼가 주십시오.
───────────────────【정답】③
① continue 계속하다　　② be proud of ~을 자랑하다
③ stop 멈추다, 그만두다　④ forget 잊다

**8** By not allowing the students to publish a newspaper, the school was ______ on their rights to free speech.
① infringing　　　　② imposing
③ encouraging　　　　④ plagiarizing

**8** 학생들이 신문을 발행하는 것을 허용하지 아니함으로써, 그 학교는 자유로운 언론에 대한 학생들의 권리를 침해하고 있었다. * allow 허용하다, 허락하다
───────────────────【정답】①
① infringe 침해하다　　② impose 부과하다, 강요하다
③ encourage 장려하다　④ plagiarize 표절하다

**8-1** I've always liked offices during the ______ hours, early morning and in the evening. It's liberating to spend peaceful time in a place that's normally frantic.
① fringe　　　　② rush
③ regular　　　　④ prolific

**8-1** 나는 항상 이른 아침이나 저녁의 자투리 시간 동안 사무실에 있기를 좋아했다. 그것은 보통은 광란적인(일로 매우 바쁜) 장소에서 조용한 시간을 보낼 수 있도록 자유를 주기 때문이다. * liberate 자유롭게 해주다, 해방하다 frantic 광란의
───────────────────【정답】①
① fringe 언저리, 주변　　② rush 분주한 활동, 혼잡
③ regular 정기적인　　　④ prolific 풍부한

**9** Sometimes a habitual <u>infraction</u> of a social convention is punished merely by expressions of social disapproval or gossip.
① divergence　　　　② breach
③ discrimination　　　　④ depreciation

**9** 때때로 사회적 전통을 습관적으로 위반하면 단지 사회적인 비난이나 쑥덕거림이라는 형태로 혼나게 된다. * habitual 습관적인 convention 전통 punish 혼내주다 disapproval 불승인, 비난 gossip 가십, 험담
───────────────────【정답】②
① divergence 분기, 일탈　② breach 위반
③ discrimination 차별, 식별 ④ depreciation 가치 하락

**10** The Prudential, Britain's largest insurer with assets of \$75 billion, was yesterday found guilty of <u>breaching</u> Stock Exchange Rules.
① creating　　　　② effecting
③ heeding　　　　④ breaking

**10** 영국에서 자산 규모가 750억 불에 이르는 최대 보험사인 푸르덴셜은 어제 증권거래 규정을 위반한 것으로 유죄판결을 받았다.
* asset 자산 be found guilty of 유죄판결을 받다
───────────────────【정답】④
① create 창조하다　　② effect 초래하다, 결과
③ heed 주의하다, 주의　④ break 위반하다

**11** The police were called in to break up the <u>fracas</u>.
① rally　　　　② party
③ meeting　　　　④ quarrel

**11** 경찰은 싸움을 해산하기 위해 호출되었다.
───────────────────【정답】④
① rally 집회　　　　② party 정당
③ meeting 회의　　　④ quarrel (말)다툼

**12** As the empire was weakened and ______ local rulers took over the power to mint coins.
① rectified　　　　② transgressed
③ fortified　　　　④ fragmented

**12** 제국이 약화되고 산산조각이 나자 지역의 통치자들이 주화를 주조할 권한을 넘겨받았다.
* empire 제국 take over 인계받다 mint (화폐를) 주조하다
───────────────────【정답】④
① rectify 개정하다, 고치다 ② transgress 침입하다
③ fortify 강화하다　　　④ fragment 산산조각이 나다

**12-1** Humankind possesses only a <u>fragmentary</u> history of ancient times.
① incomplete　　　　② incomparable
③ indispensable　　　　④ invaluable

**12-1** 인류는 고대에 대한 단편적인 역사만을 알고 있을 뿐이다. * possess 알다
───────────────────【정답】①
① incomplete 불완전한　　② incomparable 비교할 수 없는
③ indispensable 필요 불가결한 ④ invaluable 매우 귀중한

**13** It takes only a ______ of a second for the supercomputer to sort out those materials.
① memory　　　　② fraction
③ partition　　　　④ contraction

**13** 슈퍼컴퓨터가 그러한 자료들을 분류하는 데에는 아주 짧은 시간만이 걸린다. * sort out 분류하다
───────────────────【정답】②
① memory 기억장치　　② fraction 아주 조금
③ partition 분할, 칸막이　④ contraction 수축, 단축

**14** Both legs were already ________ when she arrived at the hospital. [98.일반 경찰]
① frangible　　② fragile
③ raptured　　④ fractured

> **14-1** The skull may be <u>fractured</u> by sharp blows.
> ① punctured　　② cracked
> ③ bruised　　④ flattened

> **14-2** I badly ______ my ankle when I fell on my way home last night.
> ① stretched　　② cut
> ③ sprained　　④ caught

**15** The movement for women's <u>suffrage</u> was a social, economic and political reform movement, aimed at extending the suffrage to women.
① voting right　　② freedom
③ monogamy　　④ divorce right
⑤ marriage right

**16** ____ disease or illness is hard to treat or cure.
① An acquired　　② An acute
③ A refractory　　④ A respiratory

**17** John's telephone call to Peter caused a <u>rupture</u> in their four-year friendship. [93.기술고시]
① breach　　② slander
③ platitude　　④ moderation
⑤ contingency

**18** He ended his speech <u>abruptly</u>. [92. 연세대대학원]
① sadly　　② shortly
③ gradually　　④ suddenly

**19** My uncle's company is <u>bankrupt</u>.
① prestigious　　② lucrative
③ impressive　　④ insolvent

**20** He was an ineffective and ______ ruler, taking bribes and speculating on land.
① sagacious　　② corrupt
③ honorable　　④ competent

---

**14** 그녀가 병원에 도착했을 때에는 이미 양 다리가 부러져 있었다.
【정답】④
① frangible 깨지기 쉬운　② fragile 깨지기 쉬운
③ rapture 황홀하게 하다　④ fracture 부러지다

**14-1** 두개골은 심한 타격을 받으면 골절될 수 있다.
* skull 두개골 sharp 심한 blow 타격, 구타
【정답】②
① puncture 구멍을 내다　② crack 깨지다, 금이 가다
③ bruise 멍들게 하다　④ flatten 평평하게 하다

**14-2** 어젯밤 집으로 오는 도중에 넘어졌을 때 나는 심하게 발목을 삐었다. * sprain one's ankle 발목을 삐다
【정답】③
① stretch 뻗치다　　② cut 자르다
③ sprain 삐다

**15** 여성의 참정권 운동은 참정권을 여성에게까지 확대하려는 사회적, 경제적, 정치적 개혁운동이었다.
* movement 운동, reform 개혁, aim 목표로 하다. extend 넓히다
【정답】①
① voting right 투표할 권리　② freedom 자유
③ monogamy 일부일처　④ divorce right 이혼할 권리
⑤ marriage right 결혼할 권리

**16** 난치병이란 치료나 치유가 힘든 질환이다.
【정답】③
① acquired disease 후천적 질환
② acute disease 급성 질환
③ refractory 난치병
④ respiratory disease 호흡기 질환

**17** 존이 피터에게 걸었던 전화 때문에 4년 동안의 그들의 우정에 금이 갔다.
【정답】①
① breach 절교, 불화　② slander 비방, 중상
③ platitude 평범, 진부　④ moderation 절제
⑤ contingency 우연성

**18** 그는 연설을 갑자기 끝냈다.
【정답】④
① sadly 슬프게　　② shortly 간단히
③ gradually 점차　④ suddenly 갑자기

**19** 삼촌의 회사는 파산했다.
【정답】④
① prestigious 일류의　② lucrative 수지맞는
③ impressive 인상적인　④ insolvent 지불 불능한

**20** 그는 뇌물을 받고 땅 투기나 하는 무능하고 부패한 통치자였다. * ineffective 무능한 bribe 뇌물 speculate on[in] ~에 투기하다
【정답】②
① sagacious 슬기로운　② corrupt 부패한, 타락한
③ honorable 존경할만한　④ competent 유능한

**20-1** Our own country is considered utterly <u>corrupt</u>.
① submitted      ② sublimated
③ wrecked        ④ depraved

## 21
Avalanches not only endanger life but block important avenues of communication and _______ commercial activity. [04. 서울시 9급]
① deplore        ② disguise
③ disrupt        ④ implore
⑤ erupt

**21-1** Their quarrels seem likely to <u>disrupt</u> the coalition.
① disorder       ② split
③ disdain        ④ dispute

## 22
Mount St. Helens <u>erupted</u> in March 1980 after one hundred and twenty-three years of silence.
① exploded       ② split
③ roared         ④ disintegrated

## 23
The receptionist had to _______ the conversation in order to wait on a customer.
① hurry          ② begin
③ interrupt      ④ continue

**23-1** The audience <u>interrupted</u> the speaker several times. [행정고시]
① cheered        ② heckled
③ praised        ④ scolded

## 24
다음 빈 칸에 공통으로 들어갈 단어는?

1) Don't put boiling water in the glass, or it will ______.
2) It took them nearly two months to ______ the code.
3) I didn't like his ______ about her being overweight.

① clack          ② crack
③ clash          ④ crash

**24-1** Each time the store manager went to the walk-in refrigerator, the heavy metal door ______ shut behind her.
① cracked        ② crackled
③ clanged        ④ clogged

---

**20-1** 우리 나라는 완전히 부패한 나라로 여겨진다.
* utterly 완전히

【정답】 ④
① submitted 제출된, 정복된      ② sublimated 승화된
③ wrecked 난파된                ④ depraved 타락한

**21** 눈사태는 생명을 위험하게 할 뿐만 아니라 의사 소통의 중요한 수단을 차단하고 상행위를 두절시킨다. * avalanche 눈사태 endanger 위험에 빠뜨리다  block 차단하다 avenue 큰 가로, 수단

【정답】 ③
① deplore 비탄하다            ② disguise 숨기다, 위장하다
③ disrupt 붕괴시키다, 두절시키다
④ implore 간청하다            ⑤ erupt 분출시키다

**21-1** 그들의 다툼은 그 제휴관계를 분열시킬 것으로 보인다. * coalition 연합, 제휴

【정답】 ②
① disorder 어지럽히다        ② split 쪼개다
③ disdain 경멸하다           ④ dispute 논쟁하다

**22** St. Helens산은 123년 동안 조용하다가 1980년 3월에 폭발했다.

【정답】 ①
① explode 폭발하다           ② split 쪼개다
③ roar 으르렁거리다          ④ disintegrate 붕괴되다

**23** 그 접수원은 고객의 시중을 드느라고 대화를 중단해야 했다. * wait on ~의 시중을 들다

【정답】 ③

**23-1** 관중들은 연설자(의 연설을)를 몇 번이나 중단시켰다.

【정답】 ②
① cheer 갈채하다             ② heckle 연설을 중단시키다
③ praise 칭찬하다            ④ scold 꾸짖다

**24**

【정답】 ②
1) 유리잔에 끓는 물을 담지 마라. 그렇게 하면 유리잔이 깨질 거야. * crack 깨지다
2) 그들이 암호를 푸는데 거의 2개월이 걸렸다.
   * crack the code 암호를 풀다
3) 그 사람이 그녀가 뚱뚱하다고 농담하는 것을 나는 좋아하지 않는다. * crack 농담

① clack 지껄여대다           ③ clash 충돌하다, 충돌
④ crash 충돌; 무너지다

**24-1** 상점 지배인이 초대형 냉장고에 갈 때마다, 육중한 철문이 그녀 뒤에서 철커덩하고 닫혔다.
* walk-in refrigerator 걸어서 들어갈 수 있는 초대형 냉장고

【정답】 ③
① crack 깨지다
② crackle 우지직 (타는) 소리를 내다
③ clang 철커덩 소리를 내다
④ clog 길을 막다

**25** Apologies are powerful. They resolve conflict without violence, repair _______ between nations, and restore equilibrium to personal relationship.
① alimony      ② schisms
③ encomium      ④ sequences

**26.** There was no <u>hitch</u> in the negotiations.
① progress      ② compromise
③ concession      ④ problem

**27** They spotted a ______ in the market, with no serious competition.
① hitch      ② notch
③ niche      ④ nick

**27-1** Choose one which is defined incorrectly.
① Bridge Bank - An organization which is created to serve as a vehicle to transport damaged loans or securities from an ailing financial institution
② Moratorium - An authorization to a debtor, such as a bank or nation, permitting temporary suspension of payments
③ Mortgage - A voluntary lien filed against property to secure a debt, usually a loan
④ Niche marketing - The promotion of a product by developing strategies for packaging, displaying, and publicizing it

**28** Squeezing through the <u>aperture</u> between the rocks, she found herself in a cool, dark cave.
① chasm      ② path
③ orifice      ④ confluence

**29** After a <u>hiatus</u> of some 23 years, the Volkswagen Beetle returned to the American automotive market place.
① break      ② failure
③ heyday      ④ investment

**29-1** After a brief <u>hiatus</u>, the band returned to the studio in 2009 to begin work on their third full length album.
① branch      ② disease
③ gaiety      ④ opening

---

**25** 사과의 힘은 강력하다. 사과는 폭력 없이 싸움을 해결하고, 국가 간의 분열도 회복하게 하며, 대인관계의 안정도 찾아준다. * resolve 해결하다 conflict 싸움 restore 회복시키다 equilibrium 안정[균형] 상태
【정답】②
① alimony 별거 수당      ② schism 분리, 분열
③ encomium 칭찬하는 말      ④ sequence 연속

**26** 그 교섭은 아무 탈 없이 잘 진행되었다.
* negotiation 협상, 교섭
【정답】④
① progress 진전, 진보      ② compromise 타협, 양보
③ concession 양보, 이권      ④ problem 문제, 골칫거리

**27** 그들은 치열한 경쟁이 없는 틈새시장을 발견했다. * spot 발견하다, 탐지하다
【정답】③
① hitch 장애, 고장      ② notch 새김 눈, 단계
③ niche (시장의) 틈새      ④ nick 새김 눈, 깨진 흠

**27-1** 【정답】④
① Bridge Bank(브리지 뱅크) – 부실 금융기관으로부터 부실대출이나 담보를 (정부 또는 정부기관으로) 이송시키기 위한 수단으로서의 역할을 하기 위해 만들어진 기구
② Moratorium(모라토리엄) – 은행이나 국가와 같은 채무자에게 일시적으로 지불 유예를 인정하는 권한 * suspension 지불 유예
③ Mortgage(모기지, 저당권 부채) – 대출금을 담보하기 위해 자산에 제기되는 자발적 담보권 * lien 담보권
④ Niche marketing(틈새시장 마케팅) – 상품을 포장 전시 광고하기 위한 발전된 전략에 의한 상품의 판매촉진(X)

**28** 바위 사이의 구멍을 비집고 들어가다가, 그녀는 서늘하고 어두운 동굴에 다다랐다.
* squeeze through 비집고 들어가다 cave 동굴
【정답】③
① chasm 깊게 갈라진 틈      ② path 작은 길
③ orifice 구멍      ④ confluence 합류한 하천

**29** 약 23년간 (판매가) 중단된 후에, 폭스바겐 비틀(차 이름)은 미국 자동차 시장에 돌아왔다.
* market place 시장
【정답】①
① break 중단, 휴식      ② failure 실패
③ heyday 전성기      ④ investment 투자

**29-1** 짧은 공백기 후에, 그 밴드는 2009년에 그들의 3집 정규앨범 작업을 시작하기 위해 스튜디오로 돌아왔다.
* full length 표준길이의
【정답】④
① branch 가지, 지사      ② disease 병
③ gaiety 명랑      ④ opening 틈, 공백

**30** The card had <u>perforations</u> in the upper left corner.
① holes　　　　　② numbers
③ symbols　　　　④ lines

> **30-1** An arrow has a sharp pointed head which <u>perforates</u> its target.
> ① follows　　　　② pierces
> ③ flies toward　　④ faces toward

**31** All of the following mean a hole in the ground: which of them could be called <u>a tunnel</u>? [97. 고려대 대학원]
① a burrow　　　　② an excavation
③ a cavern　　　　④ a pit

**32** Archaeologists made an exciting discovery in Egypt in 1954. During an ______ near the base of the Great Pyramid, they uncovered an ancient tomb for a dead Egyptian pharaoh, or king.
① exposition　　　② excavation
③ execution　　　 ④ excursion
⑤ expatriation

**33** All foxes are ________ animals, though they sometimes make their homes in hollow stumps or rock crevices.
① nocturnal　　　　② burrowing
③ carnivorous　　　④ predatory
⑤ amicable

> **33-1** Many animals rest as well as live in their underground <u>burrows</u>.
> ① hives　　　　② colonies
> ③ swamps　　　④ holes

**34** 밑줄 친 단어의 쓰임이 바르지 않은 것은?
① I'd love to do some of that winter <u>pit</u> hole fishing you spoke of.
② If you take the <u>pit</u> from a peach and plant it, a peach tree may grow.
③ The <u>pit</u> bull is largely misunderstood and misrepresented by the public today.
④ Under the cover of "free trade", the corporate and banking oligarchy <u>pitted</u> workers against each other in every part of the planet.

---

**30** 그 카드 왼쪽 위 귀퉁이에는 구멍이 여러 개 있었다.
【정답】①

**30-1** 화살은 그 표적을 꿰뚫는 날카로운 화살촉을 가지고 있다. * sharp pointed 날카로운, 끝이 뾰족한
【정답】②
② pierce 꿰뚫다　　　④ face toward ~쪽으로 향하다

**31** 아래의 것들은 모두 땅의 구멍을 의미한다. 이들 중에서 터널이라 부를 수 있는 것은? * tunnel 굴
【정답】③
① burrow 굴　　　　② excavation 굴, 굴착
③ cavern 큰 동굴　　④ pit 구멍, 구덩이

**32** 고고학자들은 1954년 이집트에서 흥미로운 발견을 했다. 그들은 대 피라미드의 지반 근처에서 발굴을 하던 중 죽은 이집트의 파라오, 즉 왕의 무덤을 발견했다.
* archaeologist 고고학자 uncover 발견하다, 폭로하다
【정답】②
① exposition 전시, 박람회　② excavation 발굴
③ execution 실행, 사형　　　④ excursion 소풍
⑤ expatriation 국외 추방

**33** 모든 여우들은 굴 속에 사는 동물들이다. 하지만 때때로 속이 빈 그루터기나 바위틈에 집을 짓기도 한다. * hollow 속이 빈 stump 그루터기 crevice 갈라진 틈
【정답】②
① nocturnal 밤의, 야행성의　② burrowing 굴을 파는
③ carnivorous 육식성의　　　④ predatory 육식하는
⑤ amicable 우호적인

**33-1** 많은 동물들은 그들의 땅 아래에 있는 굴에서 살 뿐만 아니라 휴식을 취한다.
【정답】④
① hive 꿀벌통　　　　② colony 식민지, 거류지
③ swamp 늪　　　　　④ hole 구멍, 굴

**34**
【정답】①
① 나는 네가 말했던 그런 겨울 얼음낚시를 하고 싶다.
　* pit hole → water hole 얼음구멍
② 네가 복숭아에서 씨를 빼내 그것을 심으면 복숭아 나무로 자랄지도 몰라. * pit (복숭아 등의) 씨
③ 투견은 오늘날 사람들에 의해 오해되고 잘못 전해지고 있다. * pit bull 투견
④ '자유무역'이란 미명하에 독점의 무역회사와 은행이 지구상의 모든 지역에서 근로자들이 서로 자기들끼리 경쟁하도록 만들었다. * pit 겨루게 하다, 경쟁시키다

**35** Dried fruit resists <u>rotting</u> much better than fresh fruit.
① decaying      ② cooking
③ chewing      ④ freezing

**36** Because the salt used to de-ice highways in snowbelt states is highly <u>corrosive</u>, it can turn the reinforcing bars in the concrete highways, bridges, and parking garages into rusty mush.
① adhesive      ② erosive
③ delusive      ④ cohesive

> **36-1** The instant the metal is exposed to air, its surface acquires a transparent film that seals the interior against further _________. [94. 사법시험]
> ① erosion      ② dissolution
> ③ prevention      ④ corrosion
> ⑤ dilapidation

**37** The lands are unendingly subject to a complex of activities of ceaseless wearing down summarized in the term ______.
① revolution      ② subdivision
③ relief      ④ erosion

> **37-1** The tourists built a new trail where rain was <u>eroding</u> the soil.
> ① falling heavily on
> ② slowly flowing into
> ③ slowly running down
> ④ gradually washing away

> **37-2** Abrasives are sharp, hard materials used to <u>wear away</u> the surface of softer, less resistant materials.
> ① add roughness to      ② erode
> ③ fortify      ④ provide a gloss on

**38** Where is the <u>antiseptic</u>? [93.서울대 대학원]
① remedy for poison
② germ-killing substance
③ stain remover
④ soothing ointment

---

**35** 건조시킨 과일은 신선한 과일보다 훨씬 잘 썩지 않는다. * resist 견뎌내다
【정답】①
① decay 부패하다      ② cook 요리하다
③ chew 씹다      ④ freeze 얼리다

**36** 호설지대(눈이 많이 내리는 지역)의 주들에서 도로의 제빙을 위해 쓰이는 소금은 부식성이 강하기 때문에, 콘크리트 도로, 교량, 차고에 쓰이는 철근을 녹슬어 허물허물하게 만들 수 있다.
* reinforcing bar 철근 rusty 녹슨 mush 걸쭉한 것
【정답】②
① adhesive 점착성의      ② erosive 부식성의
③ delusive 기만적인      ④ cohesive 응집성의

**36-1** 쇠는 공기에 노출되자마자 더 이상의 부식을 막고자 내부를 밀폐시키는 투명한 막이 생기게 된다. * The instant ~하자마자 be exposed to ~에 노출되다 surface 표면 acquire 얻다 transparent 투명한 seal 밀폐시키다 interior 내부
【정답】④
[tip] ① erosion은 주로 바람이나 물에 의해 토양이나 바위가 깎여져 나가는 "침식"작용을 의미하고 ④ corrosion은 화학작용(산화)에 의해 발생하는 "부식"작용을 의미하므로 문제에서는 ④가 옳은 정답이다. 영한사전에서는 둘 다 '부식'으로 표기하고 그것을 구분하지 않고 있는 현실에서 정확한 뉘앙스까지 구별해야 하는 매우 까다로운 문제였다. (아래 37번 문제와 대조)
① erosion 침식      ② dissolution 해산
③ prevention 예방, 방지      ④ corrosion 부식
⑤ dilapidation 황폐

**37** 땅은 침식이라는 용어로 요약되는 끊임없는 복합적 마모의 활동을 끝없이 겪는다. * ceaseless 끊임없는 wear down 닳아 없어지게 하다, 마멸시키다
【정답】④
① revolution 혁명, 변혁      ② subdivision 구획 분할
③ relief 양각, 부조      ④ erosion 침식

**37-1** 관광객들은 비가 흙을 침식시키는 곳에 새 등산로를 만들었다. * soil 흙, 토양
【정답】④
① 억수같이 떨어지는      ② 천천히 안으로 유입되는
③ 시시히 낡아가는      ④ 점진적으로 씻겨나가는

**37-2** 연마재는 보다 부드럽고 저항력이 적은 물질의 표면을 낮게 하기 위해 사용되는 날카롭고 단단한 물질이다. * abrasive 연마재 resistant 저항력이 있는
【정답】②
① 더 거칠게 하는
② erode 침식하다
③ fortify 강화하다
④ 광택이 나게 하는 * gloss 광택

**38** 방부제란 무엇인가?
【정답】②
① 해독제
② 세균을 죽이는 물질 * germ 세균
③ 얼룩제거제 * stain 얼룩
④ 통증을 완화시키는 연고 * soothing 완화시키는 ointment 연고

**39** The U.S. Food and Drug Administration provides basic information about disease-causing germs that are spread via _________ food or unsanitary food-preparation practices.
① spoiled
② spilled
③ splashed
④ poured

**39-1** An experiment can be <u>spoiled</u> by poor planning.
① qualified
② disclosed
③ delayed
④ marred

**39-2** She was <u>badly brought up</u>. [93. 서울시9급]
① was unhappy
② was spoiled
③ was too selfish
④ was too proud of herself

**40** Carcasses are a vulture's typical diet and its scavenging habits are an important link in checking and containing the spread of infectious diseases among animals and even human beings. Whenever there are occurrences of cattle epidemics causing large-scale deaths or during natural calamities like floods and droughts, nature assigns the vulture with the job of cleansing the earth of ______ carcasses thus speedily preventing deadly germs from spreading.
① sanitary
② putrid
③ fragrant
④ delicate

**41** The package of butter we used to bake the cake must have been <u>rancid</u>.
① discolored
② fresh
③ spoiled
④ organic

**42** This hybrid tea rose is more <u>odorous</u> than the one you have in your garden. [01.여자경찰]
① mundane
② stingy
③ eminent
④ fragrant

**42-1** Mint is a herb that is well known for the <u>aromatic</u> oil distilled from all parts of the plant.
① valuable
② medicinal
③ fragrant
④ flavorful

---

**39** 미국의 식품의약국은 상한 음식이나 비위생적인 식사준비행위에 의해 퍼지는 질병 유발 세균에 대한 기본 정보를 제공한다.
* spread 퍼지다 via ~을 매개하여 unsanitary 비위생적인
【정답】①
① spoil 상하다, 망치다
② spill 엎지르다
③ splash 튀기다
④ pour 쏟다, 흘리다, 따르다

**39-1** 어설픈 계획은 실험을 망칠 수 있다.
【정답】④
① qualify 자격을 주다
② disclose 폭로하다
③ delay 연기하다
④ mar 망쳐놓다

**39-2** 그녀는 버릇없이 자랐다.
【정답】②
① 불행했다
② 버릇없이 키워졌다
③ 너무 이기적이다
④ 너무 자만했다

**40** 시체는 독수리의 전형적인 일상의 음식이며 독수리의 썩은 고기를 먹는 습성은 동물과 심지어는 인류 사이에 전염성의 질병들이 확산되는 것을 저지하고 견제하는 것에 중요한 관련이 있다. 대규모의 죽음을 가져오는 가축 전염병이 발생하거나 홍수나 가뭄 같은 자연재해가 일어날 때마다 대자연은 독수리에게 지구상의 썩은 냄새가 나는 시체들을 청소하는 일을 맡기고, 그로서 치명적인 세균이 퍼지는 것을 방지하고 있다. * carcass 시체 vulture 독수리 typical 전형적인 diet 일상의 음식물 scavenge 썩은 고기를 찾아다니다 check 저지하다 contain 억누르다 infectious 전염성의 occurrence 발생 epidemic 유행병 large-scale 대규모의 calamity 큰 재난, 재해 flood 홍수 drought 가뭄 assign 할당하다, 위탁하다 prevent 방지하다 deadly 치명적인 germ 세균 spread 퍼지다
【정답】②
① sanitary 위생적인
② putrid 썩은 냄새가 나는
③ fragrant 향기로운
④ delicate 맛좋은

**41** 우리가 케이크를 구울 때 쓰던 버터가 상했음이 틀림이 없다.
【정답】③
① discolored 변색된
② fresh 신선한
③ spoiled 상한
④ organic 유기농법의

**42** 이 잡종 월계화가 네 정원에 있는 것보다 더 향기롭다. * hybrid 잡종의 tea rose 월계화
【정답】④
① mundane 평범한
② stingy 인색한
③ eminent 뛰어난
④ fragrant 향기로운

**42-1** 박하는 그 식물의 모든 부분으로부터 증류한 향기로운 기름으로 잘 알려져 있는 향료 식물이다. * distill 증류하다
【정답】③
① valuable 가치가 있는
② medicinal 약의
③ fragrant 향기로운
④ flavorful 맛좋은

**43** 다음 빈 칸에 들어갈 적절한 말은?

> A: You look down, What's up?
> B: Oh, nothing serious. __________ But thanks for asking.
> A: I know what you mean. How about going to a movie?

① I'm not raising a finger.
② I'm really crazy about my job.
③ I'm in the mood for a horror film.
④ I'm not feeling down in the dumps.
⑤ I'm just tired of the same old grind.

**44** By beginning of last year, part of the school had to be <u>demolished</u> as its foundation had become too unstable.
① rebuilt　　　　② moved
③ destroyed　　　④ remodeled

**45** The old building was _____ and a new high rise took its place.
① razed　　　　　② rendered
③ remodeled　　　④ renovated

**46** Modern industry depends on _______, the hard, sharp, and rough substances used to rub and wear away softer, less resistant surfaces.
① additives　　　② preservatives
③ lubricants　　　④ abrasives

**47** She <u>racked her brains</u>, trying to remember exactly what she had said.
① thought very hard　　② combed her hair
③ asked her assistance　④ took a deep breath

**48** "I will never do it again." she promised <u>contritely</u>.
① smoothly　　　　② repeatedly
③ repentantly　　　④ tiredly
⑤ joyfully

**49** Despite the <u>detrimental</u> effects of cigarette smoking, many people refuse to give up the habit.
① harmful　　　　② wholesome
③ addictive　　　④ lasting

---

**43** ───────────── 【정답】⑤

A: 안 좋아 보인다, 무슨 일이니?
　　* look down 우울해 보이다
B: 엉, 별거 아냐. __________ 물어 줘서 고마워.
A: 무슨 말인지 알겠다. 영화나 보러 가는 게 어때?

① * not lift[raise] a finger 손가락 하나 까딱하지 않다, 조금도 노력하지 않다
② 나는 정말 내 일에 푹 빠져 있다.
　　* crazy about ~에 푹 빠지다
③ 난 공포영화를 보고 싶어.
　　* in the mood for ~할 기분이 나서
④ 나는 우울하지 않아. * feel down in the dumps 우울하다
⑤ 난 단지 똑같은 일상이 지겨울 뿐이야.
　　* tired of the same old grind 똑같은 일상에 싫증난

**44** 지난 해 초까지 학교 건물의 기초가 너무 불안 정해서 학교의 일부를 헐어야만 했다.
* foundation 기초, 초석 unstable 불안정한
───────────── 【정답】③
① rebuild 재건하다　　② move 이사하다
③ destroy 파괴하다　　④ remodel 개조하다

**45** 오래된 건물이 헐렸고 새로운 고층 건물이 그 자리에 들어섰다. * new rise 고층건물
───────────── 【정답】①
① raze 무너뜨리다　　② render 주다, 만들다
③ remodel 개조하다　　④ renovate 쇄신하다

**46** 현대 산업은 부드럽고 저항이 적은 표면을 문질 러 닳게 하는 데 사용되는 단단하고 날카로우며 거 친 물질인 연마제에 의지한다.
───────────── 【정답】④
① additive 첨가물
② preservative 방부제, 예방법
③ lubricant 윤활유　　④ abrasive 연마재

**47** 그녀는 그녀가 했던 말이 무엇인지 정확히 기억 해내려고 머리를 짜냈다.
───────────── 【정답】①
① 매우 열심히 생각했다　② 그녀의 머리를 빗었다
③ 그녀의 도움을 요청했다　④ 깊게 숨을 들이쉬었다

**48** "다시는 그러지 않겠습니다."고 그녀는 뉘우치 듯 약속했다.
───────────── 【정답】③
① smoothly 유창하게　　② repeatedly 되풀이하여
③ repentantly 뉘우치듯　④ tiredly 지쳐서
⑤ joyfully 기쁨에 넘쳐

**49** 흡연의 해로운 영향에도 불구하고, 많은 사람들 은 흡연습관을 버리기를 거부한다.
* give up 그만두다
───────────── 【정답】①
① harmful 해로운　　② wholesome 건강에 좋은
③ addictive 중독성의　④ lasting 영구적인, 내구적인

**49-1** He worked to the <u>detriment</u> of his health.
① injury        ② serenity
③ fortitude      ④ recovery

**50** The drunken driver was filled with _______ for having caused the fatal injuries to the child.
① remorse      ② desire
③ hangover     ④ ecstasy

**51** John instantly decided that he would not touch a <u>morsel</u> of the food.
① tidbit       ② world
③ host        ④ whale

**52** The environmental _____ created in economically poor countries includes destruction of forests and other habitats, erosion, and extinction of species.
① filth        ② havoc
③ rapture      ④ entreaty

**52-1** The tornado wreaked <u>havoc</u> on the town.
① devastation      ② distortion
③ confusion       ④ convolution

**53** They deliberately introduced errors into the file to <u>sabotage</u> the plan. [94. 고려대 대학원]
① protest against     ② overwhelm
③ reject            ④ destroy

**54** Before the 18th century, epidemics from unsanitary conditions used to <u>wipe out</u> entire towns.
① plunder      ② allay
③ destroy       ④ contaminate

**55** Rain forests have so much rich growth that people have long thought that they were _________. [99.사법시험]
① irresponsible     ② unrecoverable
③ indestructible    ④ incurable
⑤ impressionable

**56** [반의어] Constructive : _____________.
① instructive      ② destructive
③ distinctive      ④ abrasive

---

**49-1** 그는 자신의 건강을 해칠 만큼 일을 했다.
【정답】 ①
① injury 위해, 해침      ② serenity 고요함, 평온
③ fortitude 꿋꿋함       ④ recovery 회복

**50** 그 술에 취한 운전자는 아이에게 치명상을 일으킨 것에 대해 양심의 가책에 사로잡혔다. * fatal 치명적인
【정답】 ①
① remorse 후회, 양심의 가책 ② desire 욕망
③ hangover 숙취, 후유증    ④ ecstasy 황홀경, 환희

**51** 존은 즉시 그 음식에 한 입도 대지 않겠다고 마음먹었다. * a morsel of 한 조각의
【정답】 ①
① tidbit 한 입        ② a world of 아주 많은
③ a host of 다수의    ④ a whale of 대단한

**52** 경제적으로 빈곤한 나라들에서 일어나는 환경파괴에는 삼림과 다른 서식처들의 파괴와 토양의 침식, 각종 동식물의 멸종 등이 포함된다. * destruction 파괴 habitat 서식지 erosion 침식 extinction 멸종 species 종
【정답】 ②
① filth 오물, 불결       ② havoc 파괴, 황폐
③ rapture 큰 기쁨, 환희   ④ entreaty 간청

**52-1** 토네이도가 그 마을을 완전히 초토화시켰다.
* wreak havoc on 완전히 파괴하다
【정답】 ①
① devastation 파괴      ② distortion 왜곡
③ confusion 혼동, 혼란   ④ convolution 얽힘, 분규

**53** 그들은 그 계획안을 망치기 위해 잘못된 것들을 서류철에 의도적으로 끼워 넣었다.
【정답】 ④
① protest against ~에 항의하다
② overwhelm 압도하다
③ reject 거절하다       ④ destroy 파괴하다

**54** 18세기 이전에는, 비위생적인 상태로 인해 발생한 유행병이 마을 전체를 쓸어버리곤 했다.
* epidemic 유행병 unsanitary 비위생적인
【정답】 ③
① plunder 약탈하다      ② allay 진정시키다, 완화하다
③ destroy 파괴하다      ④ contaminate 오염시키다

**55** 열대 다우림은 매우 울창하게 자라서 사람들은 오랫동안 그것들이 파괴되지 않을 것이라고 생각했다.
【정답】 ③
① irresponsible 무책임한
② unrecoverable 회복 불능의
③ indestructible 파괴할 수 없는
④ incurable 치유할 수 없는
⑤ impressionable 감수성이 풍부한

**56** constructive 건설적인 : 파괴적인
【정답】 ②
① instructive 교육적인     ② destructive 파괴적인
③ distinctive 특징적인     ④ abrasive 연마용의

**57** Choking occurs when the flow of air to the lungs is <u>obstructed</u>.
① restructured　　② rejected
③ vented　　④ blocked

**58** The supreme practical science-that to which all others are subordinate and <u>ministerial</u>- is politics as we might be more inclined to call it, social science.
[07.국가직 7급]
① minimal　　② temporary
③ instrumental　　④ governmental

**59** I did not know how to <u>construe</u> his statement.
① interpret　　② tell
③ rewrite　　④ revise

**60** I had to <u>take out</u> a number of words from my report because it was too long. [97. 연세대 대학원]
① affirm　　② eradicate
③ treat　　④ delete

**61** My name was written in <u>indelible</u> ink on the inside of my suit.
① indefinite　　② indelicate
③ incredible　　④ irremovable

> **61-1** The picture I took in Italy made the memories of my trip <u>indelible</u>.
> ① permanent　　② interesting
> ③ colorful　　④ vivid

**62** Mineral wealth can be <u>deleterious</u> to poor countries' economic health. Natural resources often breed corruption and waste.
① noxious　　② notorious
③ luminous　　④ lucrative

**63** When you go walking through the poorer districts of cities, you will find that many of the buildings are ________, or run down. [03.입법고시]
① restored　　② enlarged
③ decorated　　④ dilapidated
⑤ rehabilitated

---

**57** 질식은 공기가 폐까지 가는 흐름이 막혔을 때 일어난다. * choke 질식시키다 occur 일어나다
　　　　　　　　　　　　　　　【정답】④
① restructure 재구성하다　② reject 거절하다
③ vent 구멍; 감정을 터뜨리다
④ block 방해하다

**58** 다른 모든 학문들이 종속적이고 수단이 되는 최고의 실용적 학문은 우리가 사회과학이라고 일컫는 경향이 있는 정치학이다. * practical science 실용학문 supreme 최고의, 궁극의 subordinate 하급자
　　　　　　　　　　　　　　　【정답】③
① minimal 최소의　　② temporary 일시적인
③ instrumental 수단이 되는 ④ governmental 정부의

**59** 그의 말을 어떻게 이해해야 할지 모르겠다.
　　　　　　　　　　　　　　　【정답】①
① interpret 해석하다, 통역하다
② tell 말하다　　③ rewrite 고쳐 쓰다
④ revise 개정하다, 수정하다

**60** 보고서가 너무 길었기 때문에 나는 많은 단어들을 삭제해야만 했다.
　　　　　　　　　　　　　　　【정답】④
① affirm 단언하다, 확인하다 ② eradicate 근절하다
③ treat 대우하다, 다루다　④ delete 삭제하다, 지우다

**61** 내 이름은 내 양복 안쪽 면에 지워지지 않는 잉크로 쓰여 있었다.
　　　　　　　　　　　　　　　【정답】④
① indefinite 명확하지 않은　② indelicate 조잡한
③ incredible 믿기지 않는, 놀라운
④ irremovable 제거할 수 없는

**61-1** 내가 이탈리아에서 찍었던 사진은 여행에 대한 기억을 잊히지 않게 했다. * take a picture 사진을 찍다
　　　　　　　　　　　　　　　【정답】①
① permanent 영속하는　　② interesting 흥미있는
③ colorful 색채가 화려한　　④ vivid 선명한

**62** 광물지원은 가난한 나라들의 경제적 건강에 해로울 수도 있다. 천연 자원은 종종 타락과 낭비를 일으키기도 한다. * mineral wealth 광물자원 resource 자원 breed 낳다, 일으키다 corruption 타락, 부패 waste 낭비
　　　　　　　　　　　　　　　【정답】①
① noxious 유해한　　② notorious 악명 높은
③ luminous 빛을 내는, 계몽적인
④ lucrative 수지맞는, 이익이 되는

**63** 도시의 빈곤한 지역을 걸어가 보면, 헐어빠졌거나 낡은 많은 건물들을 볼 수 있을 것이다.
* run down 낡은, 황폐한
　　　　　　　　　　　　　　　【정답】④
① restored 복원된　　② enlarged 확장된
③ decorated 장식된　　④ dilapidated 낡은
⑤ rehabilitated 복구된

**63-1** At Boston's Quincy Market, <u>dilapidated</u> buildings were converted into a lively complex of shops and restaurants.
① empty
② industrial
③ run-down
④ single story

**63-1** 보스턴의 Quincy Market에 있는 황폐한 건물들은 가게와 레스토랑들이 들어찬 활기찬 복합 건물로 개조되었다.
* convert 개조하다, 전환하다 complex 복합건물
【정답】③
① empty 빈
② industrial 산업의
③ run-down 낡은
④ single story 단층의

**64** The Kremlin believes the U.S. has passed its zenith as a global power and Pax Americana is ________.
① powerful
② crumbling
③ lasting
④ permanent

**64** 크렘린(소련정부)은 미국이 세계적 강대국으로서 전성기를 지났고 팍스 아메리카나(미국 지배 하의 평화)가 붕괴되고 있다고 생각한다.
【정답】②
① Reinforcing 강화하는
② crumbling 쓰러져가는
③ lasting 영속하는
④ permanent 영속하는, 영원한

**64-1** The tall, white pillars and broken windows made the place looked <u>ramshackle</u>, like a haunted house.
① cozy
② crumbling
③ secure
④ classy

**64-1** 높고 하얀 기둥들과 깨진 창문들은 그 집을 마치 유령이 나오는 집처럼 쓰러질 듯 보이게 했다.
* pillar 기둥 haunted 유령이 출몰하는
【정답】②
① cozy 아늑한
② crumbling 쓰러져가는
③ secure 안전한
④ classy 고급의

**65** Marian Anderson's first performance at the Metropolitan Opera House in New York was a <u>milestone</u> in American music.
① windfall
② mainstay
③ landmark
④ battleground

**65** 뉴욕의 메트로폴리탄 오페라하우스에서 있었던 Marian Anderson의 첫 연주는 미국 음악계에 있어 하나의 이정표였다.
【정답】③
① windfall 뜻밖의 횡재
② mainstay 대들보, 기간산업
③ landmark 획기적 사건
④ battleground 전쟁터

**66** China might look like a <u>monolithic</u> one-party dictatorship, but it's not.
① unified
② socialist
③ diversified
④ bureaucratic

**66** 중국이 획일적인 일당 독재체제인 것처럼 보일지 모르지만, 그렇지가 않다. * dictatorship 독재정권
【정답】①
① unified 통일된, 획일적인 ② socialist 사회주의의
③ diversified 다각적인
④ bureaucratic 관료정치의

**67** There are ________ forests, places where the remains of trees have turned to stone.
① verdant
② rain
③ petrified
④ untapped

**67** 석화된 숲이 있는데 그곳은 나무의 잔해가 돌로 변한 곳이다. * remain 잔해
【정답】③
① verdant 초록의, 신록의
③ petrified 석화한
④ untapped 이용되지 않은

**67-1** Hiding under furniture while your life is in mortal danger from aerial bombardment is a <u>petrifying</u> experience.
① paralyzed
② exhilarating
③ terrifying
④ impressionable
⑤ long-lasting

**67-1** 공중 폭격으로부터 생명이 치명적인 위험에 처해 있는 동안에 가구 밑에 숨어 있는 것은 끔찍한 경험이다.
* mortal 치명적인  aerial 항공기의  bombardment 폭격
【정답】③
① paralyzed 마비된
② exhilarating 기분을 돋우는
③ terrifying 겁나게 하는
④ impressionable 감수성이 풍부한
⑤ long-lasting 오랫동안 지속되는

**67-2** 밑줄 친 단어가 잘못 쓰인 문장을 고르시오.
[91. 서울대 대학원]

① Meat that is left for too long begins to <u>petrify</u>.
② I was <u>petrified</u> when I saw that the boat was about to turn over.
③ After millions of years, trees that have been buried have slowly become <u>petrified</u>.
④ My first plane trip was <u>petrifying</u> experience, but now I quite enjoy flying.

**67-2** 　　　　　　　　　　　　【정답】①
① 고기를 너무 오랫동안 두면 썩기 시작한다. (petrify →putrefy)
② 보트가 막 방향을 틀려고 할 때 나는 완전히 굳어버렸다.
③ 수백만 년 후에, 묻힌 나무들은 천천히 석화되어갔다.
④ 내가 처음으로 비행기 여행을 했을 때는 극도로 무서운 경험이었지만, 이제는 매우 비행을 즐긴다.

**68** 다음 빈 칸에 공통으로 들어갈 단어는?

Paleontologists study ancient life. They used to have a problem. How could they study ______ without destroying the ______? Sometimes, that was difficult. ______ are often found embedded in rock.

① petroleum
② fossils
③ coal
④ mineral

**68** 　　　　　　　　　　　　【정답】②
고생물학자들은 원시생물을 연구한다. 그들에겐 늘 어려움이 존재했었다. 어떻게 그들은 화석의 손상없이 화석을 연구할 수 있었을까? 때때로 그 과정은 까다로웠다. 종종 화석은 암석 속에 묻혀서 발견된다.
* paleontologist 고생물학자 embedded 박혀 있는
[tip] 고생물학자가 원시생물을 연구하기 위해 주로 이용하는 것과 바위 속에서 발견되는 것, 두가지 조건을 모두 충족하는 것은 화석(fossil)이다.

① petroleum 석유
② fossil 화석
③ coal 석탄
④ mineral 광물

**69** 다음 밑줄 친 부분의 의미와 가까운 것은?

A: My husband says whatever I do is OK with him.
B: He sounds like a real <u>gem</u>.

① simpleton
② gentleman
③ jewel
④ gallant

**69** 　　　　　　　　　　　　【정답】③
A: 내 남편은 내가 하는 건 다 찬성이야.
B: 정말 좋은(소중한) 사람이네.

① simpleton 바보
② gentleman 신사
③ jewel 소중한 사람
④ gallant 멋진 신사

# 18

**G** 관계사[2]

**R** 일치 · 불일치[4]

**I** [기본동사] beat / strike / hit / kick / bite

**V** [어원] beat / strike / hit / thrust / prick / press

## 8 관계대명사 what

### 1. what의 격 ★★

지금까지 공부한 'who, whom, which, whose, that' 관계대명사들은 선행사를 수식하는 형용사절 기능을 했지만, 'what'은 명사절 기능을 수행하여 **선행사를 포함**하고 있으므로, **what이 이끄는 절 안에는 주어, 타동사의 목적어 또는 전치사의 목적어가 생략**되어 있어야 한다.

**18 01**

#### (1) 주격

- You should not delay *what* can be done today.
  오늘 할 수 있는 일을 미루어서는 안 된다.

  = You should not delay *the thing which* can be done today.
  → You should not delay *what* ~~it~~ can be done today. (×)

**18 02**

#### (2) 목적격

- *What* I said was not trivial.
  = *The thing that* I said was not trivial.
  내가 말했던 것은 사소한 것이 아니었다.

- This matter is *what* we have complained about.
  = This matter is *the thing that* we have complained about.
  이 문제는 우리가 불평해 왔던 것이다.

### 2. what의 기능 ★★★

what은 명사절 기능을 하므로 **문장 전체 내에서 주어, 보어, 타동사의 목적어, 전치사의 목적어 역할**이 가능하다.

**18 03**

#### (1) 주어

- *What is good and right* is always beautiful.
  S              V2              SC
  선하고 올바른 것은 언제나 아름답다.

**18 04**

#### (2) 목적어

- Can you understand *what she said*?
  S       V3              O
  그녀가 말했던 것을 이해할 수 있니?

- We are very sorry for *what we did*.
  전치사          O
  우리가 했던 행동에 대해 정말 유감입니다.

  ⇨ 첫 문장은 '타동사 understand'의 '목적어'로 쓰였으며, 두 번째 문장은 전치사 'for'의 목적어로 쓰인 문장이다.

**18|05**

### (3) 보어

- This computer is **what I really wanted**.
  <br>　　　　　　　　S　　V2　　　　SC
  이 컴퓨터는 정말로 내가 원하던 것이다.

**18|06**

## 3. what의 관용표현 ★★★

| | |
|---|---|
| ❶ what one is 인품·성격 | ❼ what is called = what they call<br>소위(=so called) |
| ❷ what one does 직업 | |
| ❸ what one has 재산, 가지고 있는 것 | ❽ A is to B what/as C is to D<br>　= What/As C is to D, A is to B<br>A와 B의 관계는 C와 D의 관계와 같다 |
| ❹ what is more 더욱이 | |
| ❺ what is better 더욱 좋은 것은, 금상첨화로 | ❾ what with A and (what with) B<br>　= what by A and (what by) B<br>A 때문이기도 하고 B 때문이기도 하고 |
| ❻ what is worse<br>　= what makes matters worse<br>설상가상으로 | |

- A man should be judged not by **what he has** but by **what he is**.
  인간은 재산이 아니라 성품을 보고 판단되어져야 한다.

- We lost our car, and **what was worse**, we ran out of food.
  = We lost our car, and **what made matters worse**, we ran out of food.
  우리는 차를 잃어 버렸고, 설상가상으로 먹을 것도 다 떨어졌다.

- A mother **is to** a child **what** a doctor **is to** a patient.
  = A mother **is to** a child **as** a doctor **is to** a patient.
  = **What** a doctor **is to** a patient, a mother **is to** a child
  = **As** a doctor **is to** a patient, a mother **is to** a child
  어머니와 아이의 관계는 의사와 환자와의 관계와 같다.

- **What with** fear, and (**what with**) hunger, he has become very weak.
  두려움과 허기로 인해 그는 매우 약해졌다.

---

**예제**　① That the judge has to do during the trial ② includes taking notes so that he can sum up ③ what ④ is said by the counsel for both sides and the witnesses.

[97. 서울시 9급]

**【해석】** 판사가 재판동안 해야 하는 일에는 양 당사자의 변호사와 증인들이 말하는 내용을 취합할 수 있도록 메모를 하는 것이 포함된다.

**【해설】** that → what | 조동사 'has to'의 본동사인 do 동사의 목적어를 선행사로 포함시켜서, 전체 동사인 includes의 주어 역할을 할 수 있는 what이 옳다.

**【정답】** ①

### 18|07  1. 목적격 관계대명사 ★★

- He is my professor (*whom*) I can't criticize at all.
  그는 내가 전혀 비판할 수 없는 교수님이시다.

### 18|08  2. 주격 관계대명사 + be동사

- The breakfast (*which was*) cooked by my wife goes bad.
  내 아내가 차려 놓았던 아침식사가 상해 버렸다.

  ⇨ 주격관계대명사+be동사가 생략됨으로써 명사 뒤에서 수식하는 분사구문이 성립된다.

### 18|09  3. 관계대명사가 주격보어를 대신하는 경우 ★

- Erica is not the woman (*that*) she used to be.
  에리카는 예전의 그녀가 아니다.

  ⇨ be동사의 보어인 선행사를 수식하고 있으므로 that이 선택되어졌고 이 경우 that은 생략이 가능하다.

### 18|10  4. 삽입절이 위치한 주격 관계대명사

- He is the first man (*that*) *I think* came here
  그는 내가 생각하기에 여기에 온 첫 번째 사람이다.

  ⇨ 원래 주격관계대명사는 생략할 수 없지만, 'I think'라는 주관적 판단의 삽입절이 왔으므로 주격관계사가 구어체에서 생략될 수 있다. 문제로 출제된 경우 상대적인 보기항 선택을 해야 한다.

### 18|11  5. There is 구문과 Here is 구문의 주격 관계대명사

- He is the best lecturer (*that*) *there is* in Korea.
  그는 한국 최고의 강사이다.

- *There is* a child (*who*) has cried at the door.
  문에서 우는 아이가 하나 있다.




### 18|12  1. 정의

유사 관계대명사란 as, than, but이 다른 어구와 어울려 관계대명사의 역할을 하는 경우를 말한다.

## 2. as



선행사 앞에 the same/such/so/as의 어구가 올 때 뒤에 오는 as가 관계대명사로 쓰인다.
또한 앞 문장 전체를 의미적으로 선행사로 수식할 때에도 마찬가지이다.

### (1) such/so ~ as ⊃ 37-40 참조 ★★

- You should read *such* books *as* are informative. [주격]
  당신은 유익한 책들을 읽어야 한다.

- You should read *so* many books *as* you bought. [목적격]
  당신은 구입해 놓은 많은 책들을 읽어야만 한다.

  → You should read *such* books ~~which~~ are informative. (×)
  → You should read *so* many books ~~that~~ are informative. (×)
  ⇨ books라는 사물 명사가 위치했으므로 위의 두 문장처럼 which 혹은 that이 올 수 있을 것처럼 보이지만, 각각 'such'와 'so'가 선행사 'books' 앞에 위치했으므로 관계대명사는 as가 와야 한다.

### (2) as ~ as ⊃ 31-02~04(B) ★

- Will you show me *as* many ways *as* are necessary? [주격]
  꼭 필요한 많은 방법들을 저에게 알려 주실 수 있나요?

- Will you lend me *as* much money *as* you have? [목적격]
  당신이 가지고 계신 많은 돈을 저에게 빌려 주실 수 있나요?

  → Will you show me as many ways ~~which~~ you know?
  → Will you lend me as much money ~~which~~ you have?
  ⇨ ways와 money라는 사물 명사가 위치했으므로 which 혹은 that이 올 수 있을 것처럼 보이지만, 'as'가 선행사 'ways'와 'money' 앞에 위치했으므로 관계대명사는 as가 와야 한다.

### (3) 앞 문장 전체가 선행사일 때 ★★

- *He is intelligent*, *as* is evident from his speech and conduct.
  = *He is intelligent*, *which* is evident from his speech and conduct.
  말하는 것과 행동에서 분명히 드러나듯이 그는 영리하다.

  ⇨ 관계 대명사 이하의 내용을 가리키는 선행사가 논리상 '앞 문장' 전체가 되는데, 이렇게 앞 문장 전체가 선행사일 경우 관계대명사는 as와 which 모두 가능하다. ⊃ 17-06 참조

---

**Check**

1. as is often the case (with 명사) ★★
'~에게 흔히 있는 경우로서'라는 의미이며, 이 때 as 대신에 which를 쓸 수 없다.
- *The lecturer was late for that lesson*, *as is often the case with* him.
  → The lecturer was late for that lesson, ~~which~~ is often the case with him. (×)
  강사는 그 수업에 늦었는데, 그것은 종종 있는 일이다.

2. 앞 문장 전체를 선행사로 수식하는 'as 관계사절'을 주절보다 먼저 둘 수 있다.
이 경우 as 대신에 which를 쓸 수 없다. ★
- *As* is evident from his speech and conduct, he is intelligent.
- *As* is often the case with him, the lecturer was late for that lesson.
  → ~~Which~~ is evident from his speech and conduct, he is intelligent. (×)
  말하는 것과 행동에서 분명히 드러나듯이 그는 영리하다.

## (4) the same … as (동종물) vs. the same … that (동일물) ☆

- I'll buy **the same** book **as** I lost yesterday.
  어제 잃어버린 것과 같은 종류의 책을 살 것이다.

- I'll find **the same** book **that** I lost yesterday.
  어제 잃어버린 바로 그 책을 찾을 것이다.

⇨ 과거 영어에서는 'the same 명사 뒤'에 'as'관계대명사가 위치하면 '동종물'이라 판단했으며, 'that' 관계대명사가 위치하면 '동일물'이라고 판단했지만, 현대영어에서는 거의 구분하지 않고 쓰는 추세이다. ➲ 37–43 참조



# 3. more/~er … than ★

> 선행사에 비교급 'more/ ~er'이 있을 경우에 than이 관계대명사로 쓰인다. ➲ 31–18~21 참조

- You can't use **more** words **than** are necessary. [주격]
- You can't use **more** words **than** you need. [목적격]
  필요 이상의 단어를 사용하지 말아야 한다.

  → You can't use *more* words ~~that~~ are necessary. (×)
  → You can't use *more* words than ~~they~~ are necessary. (×)

⇨ 선행사 words 앞에 more가 있으므로 which나 that이 아닌 than을 써야 한다.



# 4. not/no/never/none/few/little 부정어 … but ★★★

> 선행사에 부정어인 'not, no, never, none, few, little' 혹은 의문사인 'who'등이 있을 경우에 but이 관계대명사로 쓰이는데, 이때의 but은 'that …not(~하지 않는, ~이 아닌)'이란 자체에 부정의 뜻을 가지고 있다. 이 but은 주격 관계대명사로만 쓰인다. 이 경우 but 이하에 부정어가 위치하면 틀린 문장이 된다. ➲ 10–14 비교

- There is **no** rule **but** has exceptions. [주격]
  = There is **no** rule **that does not** have exceptions.
  예외 없는 규칙은 없다

- There is **nobody but** has his faults. [주격]
  = There is **nobody that** does **not** have his faults.
  단점이 없는 사람은 없다.

  → There is *no rule* ~~but~~ *does* ~~not~~ have some exceptions. (×)
  → There is *nobody* ~~but~~ does ~~not~~ have his faults. (×)

⇨ 선행사가 부정어인 'no+명사'와 'nobody'가 온 상태에서 관계사절의 내용 또한 '부정내용'일 때 그 관계대명사를 but으로 사용할 수 있다. but이 관계대명사로 쓰일 때 다음에는 부정어가 절대 올 수 없다.

---

**예제**   Mary was absent that day, _________ is often the case with her. [04. 전북직 9급]

① who      ② as      ③ what      ④ that      ⑤ which

【해석】 메리는 그날 결석을 했는데, 그것은 종종 있는 일이다.
【해설】 앞 문장 전체를 선행사로 삼을 경우, which와 as 모두 가능하지만, 'is often the case'와 결합을 할 경우에는 'as'만 옳다.
【정답】 ②

---

## 11 관계부사

### 18 20  1. 정의

관계대명사는 선행사를 대신하는 '대명사+접속사' 역할을 하는 반면에, 관계부사인 **'when** (때)/ **where** (장소)/ **why** (이유)/ **how** (방법)'는 '**접속사+부사**'의 역할을 한다. 관계부사는 '전치사+관계사'로 바꿀 수 있으며, 관계대명사와 마찬가지로 선행사를 가진다. 관계부사가 이끄는 문장은 완전한 문장이어야 한다.

### 18 21  2. when ★★★

선행사가 '시간명사'인 'time, day, year, week, month' 등일 경우, 이하의 완전한 문장을 when이 수식하여 앞서 등장한 시간명사를 수식하는 형용사절로 이끌 수 있다. 이 때 when은 'that' 혹은 '전치사+관계대명사'로 바꾸어 사용할 수 있으며, 생략 또한 가능하다. ➋ 26-18 비교

- I remember the day. And I first met you on the day.

  = I remember the **day when** I first met you. [관계부사 when]

  = I remember the **day that** I first met you. [that으로 대신]

  = I remember the **day** I first met you. [생략 가능]

  = I remember the **day on which** I first met you. [관계부사=전치사+관계대명사]

  = I remember **when** I first met you. [선행사가 빠지면 명사절이 됨]

  → I remember the **day** ~~on when~~ I first met you. (×)

  나는 당신을 처음 본 그 날을 기억한다.

  ➪ 관계부사는 '전치사+관계대명사'가 되는 것이므로 '시간명사+전치사+관계부사 when'은 허용될 수 없다.

### 18 22  3. where ★★

선행사가 'place, apartment, building, park, city, country' 등의 '장소명사'인 경우, 이하의 완전한 문장을 where가 수식하여 앞서 등장한 장소명사를 수식하는 형용사절로 이끌 수 있다. 이 때 where는 '전치사+관계대명사'로 바꾸어 사용할 수 있지만 **생략은 불가능**하다. ➋ 26-21 비교

- This is the city. And my grandmother was born in the city.

  = This is the **city where** my grandmother was born. [관계부사 where]

  = This is the **city in which** my grandmother was born. [관계부사=전치사+관계대명사]

  = This is **where** my grandmother was born. [선행사가 빠지면 명사절이 됨]

  → This is the city ~~in where~~ my grandmother was born. (×)

  이곳은 할머니께서 태어나신 도시이다.

  ➪ 마지막 문장처럼 '장소명사+전치사+관계부사 where' 형태는 틀린다.

> **Check** **관계부사 where의 특수용법 ★**
>
> 선행사가 장소명사(building, house)가 아닌 '상황, 입장, 경우, 환경, 수준(case, circumstance, point, situation, level)'일 때에도 where가 관계부사로 쓰일 수 있다.

- She is in trouble *situation where* she is forced to fail.
  그녀가 실패할 수밖에 없는 힘든 상황에 처해 있다.

## 4. why ★★★

> 선행사가 '이유'를 의미하는 명사인 'reason'일 경우, 이하의 완전한 문장을 why가 이끌어서 reason을 수식하는 형용사절을 만든다. 이때 why는 that 혹은 for which로 바꾸어 사용할 수 있으며, 생략 또한 가능하다. 단, reason이 주어로 등장했을 경우, 보어 자리에는 'why, because, due to' 등이 올 수 없다. ➎ 26–27 비교

- I don't know the *reason why* my brother became angry. [관계부사 why]

  = I don't know the *reason that* my brother became angry. [that으로 대신]

  = I don't know the *reason* my brother became angry. [생략 가능]

  = I don't know the *reason for which* my brother became angry. [관계부사=전치사+관계대명사]

  = I don't know *why* my brother became angry. [선행사가 빠지면 의문사 why의 명사절이 됨]
  나는 형이 화가 났었던 이유를 모르겠다.

- The *reason why* my brother became angry was *that* I lied.
  → The *reason why* my brother became angry was ~~why~~ I lied. (×)
  형이 화가 났던 이유는 내가 거짓말을 했기 때문이다.

## 5. how ★★★

> 선행사가 'way/ method/ manner' 등의 '방법 명사'인 경우, that 또는 in which로 바꾸어 사용할 수 있으며 생략이 가능하다. 단, 'the way how' 형태로는 쓰지 못한다.
> ➎ 26–24 참조

- He explained *how* the system worked. [관계부사]
- He explained *the way that* the system worked. [the way+that]
- He explained *the way in which* the system worked. [the way+in which]
- He explained *the way* the system worked. [that 혹은 in which의 생략]
  → He explained ~~the way how~~ the system worked. (×)
  ⇨ the way와 how는 절대로 함께 쓰일 수 없다.

**예제** The reason I didn't go to China was ___________ a new job. [90. 공무원 9급]

① due to                  ② that I got

③ because I got          ④ because of my getting

【해석】 내가 중국에 가지 않는 이유는 새로운 직장을 다니기 때문이다.

【해설】 주어가 reason으로 쓰였기 때문에 보어에는 ① ③ ④처럼 '이유'를 가리키는 연결사를 쓸 수 없다. 따라서 완전한 문장을 명사절로 이끄는 that이 옳다.

【정답】 ②

**01** Public transportation vehicles are what ___________ as a chief cause of the deterioration of the ozone. [04. 국회사무직 8급]

① have many identified ecologists      ② have identified many ecologists
③ many ecologists have identified      ④ have many ecologists identified
⑤ many have identified ecologists

**02** Of course I am quite unable to judge the attitude of her mind, but I think, ___________ I knew of her, that there had been a misunderstanding between you. [97. 서울시 7급]

① from which      ② what
③ from what      ④ from that
⑤ of that

**03** Silences make the real conversations between friends. Not the saying but the never needing to say is ___________ counts. [01. 경찰]

① that       ② which       ③ much       ④ what       ⑤ some

**04** The concern we have always had is ① that if Asian countries don't recover, this ② could spread to other countries and ③ that is a minor problem for our country ④ could become a severe problem. [99. 공무원 7급]

**05** 우리말을 영어로 옮긴 것 중 옳지 않은 것은? [05. 공무원 9급]
① 당신이 갈등을 해결할 때, 그것을 어떻게 말하느냐가 무엇을 말하느냐 만큼 중요하다.
    In resolving conflict, what you say it is as important as how you say.
② 차이점이 아니라 우리가 공통으로 가지고 있는 것에 집중하라.
    Focus on what we have in common, not on our differences.
③ 당신이 하겠다고 결단하는 것보다 당신의 인생을 만들어 가는 것은 없다.
    Nothing shapes your life more than the commitments you choose to make.
④ 사랑하지 않고 줄 수는 있으나, 주지 않고 사랑할 수는 없다.
    You can give without loving, but you can't love without giving.

**06** ① Since the poets and philosophers discovered the unconscious ② before him, ③ that Freud discovered was the scientific method ④ by which the unconscious can ⑤ be studied.

[07. 서울시 9급]

**07** Then he remembered ① that had ② happened after the evening party. ③ It ④ was decided ⑤ that lawyer should live in a garden wing of the banker's house.

## 정답 및 해설

**01** 【해설】 be 동사의 보어로서 what절이 등장했으므로, 주어와 what 절의 내용은 같은 것이어야 한다. ① ② 의 해석은 각각 '동일시 해온 많은 생태학자인 것', '많은 생태학자들을 동일시해 온 것'이 되므로 틀리며, ④의 have는 사역동사가 되어 '많은 과학자들이 동일시되게 한 것'이 되어 틀린다. ⑤ what 이하에는 '주어, 목적어, 보어' 중 하나가 누락되어야 하는데, 완전한 문장이 위치하여 틀리다.

【해석】 대중 운송수단은 많은 생태학자들이 오존층 악화의 주범으로 동일시해 온 것이다. 【정답】 ③

**02** 【해설】 'I think'와 목적어인 that 절 사이에 '삽입된 표현'을 선택해야 한다. ① which의 선행사로서 앞에 '사물'이 없으며, ② what절만 등장하면 '명사절'이 되어 '삽입절'이 될 수 없다. ③ what은 이하의 knew 동사의 목적어를 선행사로 가지며, 전치사 from의 목적어인 명사절이 가능하며, ④ ⑤ that 절의 that은 전치사의 목적어가 될 수 없다.

【해석】 물론 내가 그녀의 마음가짐을 완전히 판단할 수는 없지만, 내가 그녀에 대해 아는 바에 의하면 당신과 그녀 사이의 어떤 오해가 있었다고 생각된다. 【정답】 ③

**03** 【해설】 be 동사의 보어로서 '명사절'이 필요하다. 빈칸 다음에 온 counts는 자동사이기 때문에 주어만 있어도 충분하므로, 선행사 자체를 포함해서 '명사절'을 만드는 what이 적합하다.

【해석】 침묵은 친구 간에 진정한 대화를 만들어낸다. 중요한 것은 말이 아니라 전혀 말할 필요가 없는 것이다. 【정답】 ④

**04** 【해설】 that → what | concern ~ is 이하에서 be 동사의 보어 역할을 하면서 명사절 내부에서 는 주어 역할을 할 수 있는 것이 와야 한다. 자체에 선행사를 포함하고 있는 what이 옳다.

【해석】 우리가 항상 가지고 있었던 염려는 만일 아시아 국가들의 경기가 회복되지 않는다면 이것이 다른 나라들로 확산될 수 있으며, 우리나라에서는 작은 문제인 것이 심각한 문제로 될 수 있다는 것이다. 【정답】 ③

**05** 【해설】 ① In resolving ~ → In your resolving / what you say it → what you say | 동명사의 의미상의 주어가 '당신'을 의미하므로 별도로 소유격이 와야 하며, what은 주어, 보어 또는 목적어기 비이 있는 불원전힌 문징을 이끌므로 목적어 it을 삭제해야 한다. 【정답】 ①

**06** 【해설】 ③ that → what | was가 동사이므로 앞의 문장은 명사절이 되어야 한다. that 이하에는 완전한 문장이 와야 하며, what 이하에는 '주어, 복석어, 보어'중 하나가 누락되어 있어야 한다. 타동사 discover의 목적어가 없으므로 what이 옳다.

【해석】 시인들과 철학자들이 프로이드보다 먼저 무의식의 상태를 발견했기 때문에, 프로이드가 발견한 것은 무의식상태를 연구할 수 있는 과학적 방법이었다. 【정답】 ③

**07** 【해설】 that → what | remember 동사의 목적어 역할을 하면서 명사절의 주어 역할을 하는 선행사를 가지고 있는 what이 옳다.

【해석】 그때 그는 저녁 파티를 마친 후에 발생했었던 일들을 기억했다. 그 변호사가 은행가의 집의 정원에 딸린 부속건물에 살아야 한다고 결정되었다. 【정답】 ①

**08** The malaise, mass neurosis, irrationality, and ① free-floating violence ② already apparent in contemporary life ③ are merely a foretaste of ④ what it may lie ahead ⑤ unless we come to understand and treat this disease.

**09** Mary was obstinate enough to refuse to accept the idea __________.
① I suggested to her
② that I suggested her
③ which to her I suggested
④ by which I suggested to her

**10** The first chapter of this manual explains the basic skills __________.
① you need them working with Windows
② you need working with Windows
③ you need them to work with Windows
④ you need to work with Windows
⑤ you need to working with Windows

**11** Who's there now __________ knows the earth is not the center of the universe? [02/87. 서울시 9급]
① that　　② which　　③ but　　④ who

**12** 주어진 문장이 뜻하는 것은? [96. 대전시 9급]

> There is no one but believes what she said.

① No one believes what she said.
② There is no one that does not believe what she said.
③ All the people except one believe what she said.
④ Only one person believes what she said.

**13** 우리말을 영어로 옮긴 것 중 어색한 것은? [00. 공무원 9급]
① 나라를 사랑하지 않는 사람은 아무도 없다
　= There is no man but does not love his country.
② 적은 지식은 네가 그것이 적다는 것을 알고 있는 한 위험하지 않다
　= A little learning is not dangerous so long as you know that it is little.
③ 부모의 사랑만큼 그렇게 이타적인 사랑은 없다.
　= There is no love so unselfish as parental love.
④ 우리의 인생은 짧은 것이 아니라 우리가 그렇게 만드는 것이다.
　= Our life is not short, but we make it so.

**14** 다음 표현 중 잘못된 하나는? [94. 전북 9급]
① This is why I refuse to go.
② This is the reason I refuse to go.
③ This is the reason of which I refuse to go.
④ This is the reason for which I refuse to go.
⑤ This is the reason why I refuse to go.

## 정답 및 해설

**08** 【해설】 what it may lie → what may lie | 전치사 of의 목적어 역할을 하고 있는 what이다. what은 자체에 '주어, 보어 또는 목적어' 역할을 하는 선행사를 자체에 가지고 있으므로 주어 it이 불필요하다. * malaise 불쾌, 불안

【해석】 현대의 삶에 이미 분명하게 나타나는 불쾌감, 집단 노이로제, 비합리성 그리고 사방에 난무하는 폭력은 우리가 이 병을 깨닫고 치료하지 않는다면 우리 앞에 놓여 있을지도 모르는 그 무엇의 맛보기일 뿐이다. 【정답】 ④

**09** 【해설】 suggested의 목적어를 선행사로 하고 있으므로 관계대명사 없이 'I suggested to her'의 형태가 가능하다. ② suggest는 4형식 동사로 쓰이지 않는다.

【해석】 Mary는 내가 그녀에게 제안했던 것을 거절하기에 충분할 만큼 고집스러웠다. 【정답】 ①

**10** 【해설】 need의 목적어로서 앞에 위치한 선행사 the basic skills가 있으므로 빈칸은 목적격 관계사절이 적당하다. 목적격 관계대명사는 생략이 자유롭다.

【해석】 이 매뉴얼의 첫 장에서는 윈도우를 작동하기 위해 당신이 필요로 하는 기본 기술들을 설명한다. 【정답】 ④

**11** 【해설】 Who's there now that doesn't know the earth is not the center of the universe?
= Who's there now but knows the earth is not the center of the universe?
선행사에 부정어(no, none) 또는 의문사(who)가 왔을 때, '관계대명사(that)+부정어(not)'는 'but'으로 바꿔 쓸 수 있다.

【해석】 지구가 우주의 중심이 아니라는 사실을 알지 못하는 사람이 누가 있겠는가? 【정답】 ③

**12** 【해설】 선행사에 부정어(no one)가 위치했을 때, '관계대명사(that)+부정어(not)'은 'but'으로 줄일 수 있으며, 이 때 해석은 '~이 아닌, ~하지 않는'으로 한다.

【해석】 ① 어느 누구도 그녀가 말하는 것을 믿지 않는다. ② 그녀가 말하는 것을 믿지 않는 이는 없다. ③ 한 사람을 제외하고서 모든 이가 그녀가 말하는 것을 믿는다. ④ 딱 한 사람만이 그녀가 말하는 것을 믿는다. 【정답】 ②

**13** 【해설】 ① does not love → loves | 선행사에 부정어인 'not, no, never, none, few, little'등이 있을 경우에 but이 관계대명사로 쓰이는데, 이 but은 자체에 부정어를 담고 있으므로 재차 부정어가 포함되어서는 안 된다.
There is no man but loves his country.
= There is no man who does not love his country. 【정답】 ①

**14** 【해설】 ③ of which → for which | reason을 수식하는 '관계부사 why'는 '생략' 또한 가능하며, 'for which'로 바꿔 쓸 수 있으며, 'that'으로 대신할 수 있다. the reason이 없다면 간접의문문으로서, 명사절을 이끈다.
This is the reason why I refuse to go.
= This is the reason I refuse to go.
= This is the reason for which I refuse to go.
= This is why I refuse to go. 【정답】 ③

**15** To be sure, human beings have turned almost every technological advance to the service of the destructive impulse. But mankind ① has already brought war - making powers to the point ② which civilization can be destroyed in a day. We can't save ourselves in this respect ③ by banning robots. All over the world, people fear war, and this general fear, which grows yearly, ④ may succeed in putting an end to war - in which case there will be no warrior robot.

[00. 공무원 9급]

**16** I look forward ① to ② an America ③ where will reward achievement in the arts ④ as we reward achievement in business or ⑤ statecraft. [02. 감정평가사]

**17** Disputes that may have been settled for American workers in the first half of the twentieth century have now reemerged as global struggles, with companies outsourcing their labor to countries ______________. [06. 공무원 7급]
① which sweatshop conditions are commonplace
② have been commonplace sweatshop conditions
③ where sweatshop conditions are commonplace
④ with which sweatshop conditions being commonplace

**18** During the War of 1812, the British attacked Washington, D.C., and the White House, __________ the president works and lives, was burned and important government buildings were destroyed.
① which                           ② where
③ what                            ④ that

**15** 【해설】 ② which ~ → where ~ | which는 주격 또는 목적격 관계대명사로 쓸 수 있지만, which 이하의 문장이 완전하므로 which는 틀렸다. 따라서 the point(정도)를 수식하는 관계부사 where가 옳다.

【해석】 확실히, 인간은 거의 모든 과학 기술 발전을 파괴적인 충동을 만족시키는데 이용했다. 그러나 인간들은 문명이 하루 만에 파괴될 수 있을 만큼의 군대를 구성하면`서 이미 전쟁을 일으켰었다. 우리는 이러한 면에서, 로보트 제작을 금지하는 것으로 우리 자신을 지킬 수는 없다. 전 세계에 걸쳐, 사람들은 전쟁을 두려워하고, 이러한 전반적인 공포는 해마다 커져서 전쟁을 종식시키게 할지도 모른다. 그리고 이러한 경우에는 어떤 전투 로봇도 존재하지 않을 것이다.

【정답】 ②

**16** 【해설】 ③ where → which 또는 that | 관계부사 where절은 그 절 안에서 완전한 문장이 성립해야 한다. 그러나 본 지문은 where이하에서 주어가 없으므로 주격관계사 역할을 하며 앞의 선행사 America를 수식할 수 있는 that이나 which가 옳다.

【해석】 나는 경제나 정치의 업적에 대해 보상을 하는 것처럼 예술의 업적에 대해서도 보상을 해 주는 미국을 기대한다.

【정답】 ③

**17** 【해설】 선행사인 장소명사 countries 이하에서 관계부사 where가 완전한 문장을 통해 '형용사절'로 수식을 하고 있다.

【해석】 20세기 전반기에 미국 노동자들이 감수했던 분쟁들은, 회사들이 노동력을 착취하는 공장들이 흔해빠진 국가들에다가 노동하청을 주면서, 전 세계적인 분쟁으로 다시 오늘날 등장했다.

【정답】 ③

**18** 【해설】 빈 칸 다음에 완전한 문장이 왔고, the white house라는 장소가 있으므로 이를 수식하는 where가 오는 것이 옳다.

【해석】 1812년에 벌어진 전쟁동안에, 영국이 워싱턴을 공격하였고, 대통령이 일하고 거주하는 백악관이 불에 탔으며, 중요한 건물들이 파괴되었다.

【정답】 ②

**01** 다음 글의 내용과 일치하는 것을 고르시오. [07. 서울시 9급]

> Galileo Galilei was long obsessed with Copernicus's theory of the nature of the universe, and planned to publish a book that supported it. However, his plan was changed by the pope's injunction of 1624 that he should not publish such a book. Although the publication was delayed, Galilei finally published the book in 1632. The book was an immediate success, largely because it was extremely controversial. Clearly violating the ban of the church, Galileo defended the Copernican theory. Certainly, the pope was furious, and Galileo was summoned to Rome to stand trial. He was judged to have supported the Copernican theory against the teachings of the church. He was ordered to recant and did so against his will.

① Galilei's enemies were satisfied when the church imprisoned Galilei.
② The Copernican theory was not approved by the church in Galilei's time.
③ On trial, Galilei firmly refused to recant his support of the Copernican theory.
④ Galilei's book of 1632 did not bring forth much response from the public.
⑤ The pope encouraged Galilei to develop a new scientific discovery before 1632.

**02** Choose the one which is not true of the passage. [03. 공무원 9급]

> From the day the first motor car appeared on the streets it had to me appeared to be a necessity. It was this knowledge and assurance that led me to build to the one end a car that would meet the wants of the multitudes.
>
> All my efforts were then and still are turned to the production of one car — one model. And year following year, the pressure was, and still is, to improve and refine and make better, with an increasing reduction in price.

① The writer devoted himself to the reduction of price in producing a car.
② The writer did all his might to produce one car — one model.
③ The writer asserts that cars should satisfy the wants of the multitudes.
④ The writer emphasizes the improvement of a car according to a reduction in price.

## 01

【해석】 갈릴레오 갈릴레이는 우주의 본질에 관한 지동설에 오랫동안 사로잡혔으며, 지동설을 뒷받침할 책을 출간할 계획을 세웠다. 그러나 그의 계획은 그런 책은 출간할 수 없다는 1624년의 교황 금지령으로 인해 변경되었다. 출간은 연기됐을지라도, 갈릴레이는 1632년도에 마침내 출간을 했다. 그 책은 즉시 성공을 거두게 되었는데 그 주된 이유는 엄청난 논란이 되었기 때문이었다(= 사람들 입에 칭찬이던 비난이던 자주 오르내려서). 명백하게 교회의 금지령을 위반했던 갈릴레오는 지동설을 지지했다. 확실히 교황은 분노했으며, 갈릴레오는 재판을 받기 위해 로마로 소환되었다. 그는 교황청의 가르침에 반하는 지동설을 지지했다는 것으로 판결이 났다. 그는 철회하도록 명령받았으며(지동설에 대한 지지를 포기하라고 명령받았으며), 자신의 의지에 반해 그렇게 했다.(어쩔 수 없이 지동설 지지를 포기했다).

【해설】 'Clearly violating ~' 문장에서, 교황은 격분했으며 갈릴레오를 소환했다고 했으므로, '지동설은 갈릴레오가 살던 시대에 교황청의 승인을 받지 못했다.'는 내용이 위 글에 부합한다.

【정답】 ················································································ ②

> **Check 지시부사 so**
>
> so는 앞서 등장한 '구, 절'을 가리키는 지시부사 기능이 있으며, 해석은 '그렇게'로 한다.
>
> He was ordered to recant and did *so*. 그는 철회하라는 명령을 받았으며, 그렇게 했다.
> ⇨ 이 때의 so는 to부정사구인 'to recant'를 가리키는 지시부사로 쓰인 경우이다.

### VOCABULARY

- **be obsessed with** ~에 (마음이) 사로잡히다
- **Copernicus's theory** 지동설
- **injunction** 금지[강제]명령; 권고
- **largely** 주로, 대부분
- **extremely** 매우, 극단적으로
- **controversial** 논쟁의, 논쟁이 벌어지는
- **violate** (법률·맹세·약속·양심 따위를) 어기다
- **ban** 금지령
- **furious** 격분한, 화가 난
- **be summoned to** ~로 소환되다
- **stand trial** 재판을 받다
- **be judged to R** ~하라는 판결을 받다
- **be ordered to R** ~하도록 명령받다
- **recant** 철회하다
- **against one's will** 의지에 반하여
- **imprison** 투옥하다
- **firmly** 확고하게
- **bring forth** 생기게 하다, 낳다; 제시하다

## 02

【해석】 최초의 자동차가 거리에 출현했던 날로부터 그것은 나에게 필수품인 것처럼 생각되었다. 내가 단 하나의 목적으로서 대중들의 욕구에 부응할 차를 만들게끔 한 것은 바로 이러한 생각과 확신이었다. 그 때 내가 할 수 있는 모든 노력은 한 가지 자동차를 만들어내는데 있었고 지금도 마찬가지다. 그리고 해마다 그리고 현재도 그러하지만, 자동차 가격을 인하하면서, 더 좋고 세련된 자동차를 만들기 위해 노력한다.

【해설】 가격인하는 부수적인 내용일 뿐, 헌신을 다한 부분은 아니며, 글쓴이가 최선을 다한 짐은 차의 질 향상과 세련미였다.

【정답】 ················································································ ①

### VOCABULARY

- **necessity** 필수품, 필요
- **assurance** 확신, 보증
- **end** 목적
- **meet** 충족시키다
- **wants** 필요
- **multitude** 다수, 대중
- **turn A to B** A를 B로 향하다
- **year following year** 해마다
- **refine** 세련되게 하다
- **make better** 개선시키다
- **increasing** 점진적인
- **reduction** 감소
- **devoted oneself to** ~에 전념하다
- **might** 힘
- **assert** 단언하다, 강력히 주장하다
- **emphasize** 강조하다
- **improvement** 개선

The world of the older people has vanished, and they do not understand all of the problems of the modern world. On the other hand, the younger people have grown up with these problems, and they are deeply concerned about them. The older generation still controls the power in business organization, government, and education. The younger people want to make changes in these areas to fit the needs of modern society. In order to reconcile their difference, both generations must realize that the world has changed, and that new responses are necessary for many of the problems of society.

1. What would be the most suitable title of the passage?

① Problems of Younger Generation
② Older Generation and the Power
③ Resolving the Generation Gap
④ Business in the Modern World

2. 위 글의 내용과 일치하는 것은?

① The older generation has no hope for the future.
② The world would remain unchanged as it is now.
③ The younger people are indifferent to the power in business.
④ The world people need the cooperation of both generations.

## 03

【해석】 어른들의 세상은 사라졌고, 그들은 현 세상의 모든 문제점들을 이해하지 못한다. 반면에, 젊은이들은 이 문제점과 함께 성장하며 그 문제점들에 대해 깊게 걱정한다. 어른 세대는 여전히 사업체, 정부와 교육에서 권세를 여전히 통제한다. 젊은이들은 현대사회의 요구사항들을 충족시키기 위하여 이 분야들이 변화하기를 원한다. 양쪽의 의견 차이를 조화시키기 위해서, 두 세대들은 세상이 변하고 있으며 사회의 많은 문제점들을 위해서 새로운 반응이 필수적이라는 것을 깨달아야만 한다.

【해설과 정답】

1. 어른들과 젊은이들의 의견 차이를 극복하기 위해서는 상대를 이해하여야 한다는 마지막 문장이 주제이다. 따라서 '세대 간의 차이를 해결하는 것'이 제목으로서 타당하다. ················································ 【정답】 ③

2. 마지막 문장에서 두 세대 모두 사회의 많은 문제들에 대해서 새로운 반응들이 필요하다는 점을 깨달아야 한다고 했으므로, 이는 두 세대간의 협력이 필요하다는 내용과 일치된다. ····························· 【정답】 ④

## VOCABULARY

- □ vanish 사라지다
- □ be concerned about ~에 대해 걱정하다
- □ fit 채우다, 충족시키다
- □ in order to R ~하기 위하여
- □ reconcile 조화·조정하다, 화해하다
- □ generation gap 세대차이
- □ resolve (문제를) 풀다, 해결하다; 결심하다
- □ unchanged 요지부동의, 변하지 않는
- □ indifferent 무관심한
- □ cooperation 협력, 협조, 협동

**04** 본문의 내용과 가장 일치하는 것은? [08. 지방직 7급]

> Like all eating disorders, anorexia nervosa tends to occur in pre- or post-puberty, but can develop at any major life change. Anorexia nervosa predominantly affects adolescent girls and young adult women, although it also occurs in men and older women. One reason younger women are particularly vulnerable to eating disorders is their tendency to go on strict diets to achieve an "ideal" figure. This obsessive dieting behavior reflects today's societal pressure to be thin, which is seen in advertising and the media. Others especially at risk for eating disorders include athletes, actors, dancers, models, and TV personalities for whom thinness has become a professional requirement.

① Advertising and the media impact on the obsessive dieting behavior.
② Anorexia nervosa does not affect men and older women.
③ Older women are more sensitive to eating disorders than athletes and actors.
④ You will get immunity to the illness when you grow old.

## 04

【해석】 모든 섭식장애들처럼 신경성 식욕부진은 사춘기 이전 혹은 이후에 발생하는 경향이 있지만, 어떤 중요한 생활의 변화 때문에 일어날 수 있다. 신경성 식욕부진은 남성과 나이가 많은 여성에게서도 발생하지만, 사춘기 시절의 여자아이들과 젊은 성인 여성들에게 현저하게 영향을 미친다. 젊은 여성들이 특히 섭식장애에 취약한 이유는 '이상적인' 몸매를 얻기 위하여 엄격한 다이어트를 계속 하는 경향 때문이다. 강박관념에 사로잡힌 다이어트 행동은 광고와 미디어에서 보이는 날씬해지려는 오늘날의 사회적 압박을 반영한다. 특히 섭식장애의 위험에 빠져 있는 다른 사람들은 운동선수, 배우, 무용수, 모델 및 TV 등장인물들을 포함하며, 이들의 경우 날씬함은 직업상 필수적인 요소가 되었다.

【해설】 세 번째 문장에서 '광고와 언론이 강박관념에 사로잡힌 다이어트 행동에 영향을 미친다.'라고 나온다.

【정답】 ①

## VOCABULARY

- **eating disorder**
  섭식장애
- **anorexia nervosa**
  신경성 식욕부진
- **pre-puberty**
  사춘기 이전의
- **post-puberty**
  사춘기 이후의
- **develop** (병에) 걸리다;
  (습관·취미 따위를)
  몸에 붙이다, (성질을)
  갖게[띠게] 되다
- **predominantly**
  현저하게, 탁월하게
- **adolescent**
  사춘(기)의; 미숙한
- **go on** 계속 ~을 하다
- **figure** 몸매, 모습;
  인물; 수치; 비유
- **obsessive** 강박관념의
- **thinness**
  희박; 야윔; 빈약

 Read the following passage and choose the best answer to each question. [03. 세무사]

> Suicide in the United States tends to occur more frequently among males than among females. The sex ratio for suicide is approximately four to one. Older people commit suicide more frequently than do younger people. The relationship of age to ___________ rates of suicide is direct and highly consistent. The rate of suicide among married persons is far lower compared with single, widowed, or divorced persons. In addition, among married persons, the rate of suicide is far lower among those couples having children compared with childless couples. Whites commit suicide far more frequently than non-whites, particularly blacks. With respect to religion, Protestants tend to have a higher suicide rate than Catholics and Jews.

1. Which would be most appropriate for the blank?

① decrease                          ② increasing
③ be decreasing                     ④ be increasing
⑤ be increased

2. Which one is the best title of the above passage?
① Why Older People Don't Want to Die?
② When Do People Want to Kill Themselves?
③ Where Do People Go to Commit Suicide?
④ How Do People Kill Themselves?
⑤ Who Is More Likely to Commit Suicide?

3. According to the passage, which one is NOT true?
① More men commit suicide than women.
② As one gets old, he is more likely to kill himself than before.
③ Many people commit suicide because of their children.
④ Afro-Americans commit suicide less than whites in the US do.
⑤ Less Jewish people kill themselves compared with Protestants.

**05**

【해석】 미국에서 자살은 여성보다 남성들 사이에서 더 많이 자주 발생하는 경향이 있다. 그 자살 성비율이 거의 4:1이다. 어른이 젊은이들보다 보다 더 빈번하게 자살을 한다. 자살 증가율에 대한 연령관계는 직접적이며 매우 일관되어 있다. 기혼부부 사이의 자살률이 독신이나, 과부나, 이혼자들에 비해서 훨씬 적다. 더욱이, 기혼부부들 사이에서, 아이가 없는 부부들에 비해 아이를 가진 부부들 사이에서 자살률이 훨씬 적다. 백인들이 비백인들보다 훨씬 더 많이 자살을 하는데 특히 흑인들이 그렇다. 종교와 관련해서는 개신교 신자가 천주교 신자나 유대교 신자보다 자살률이 높은 추세이다.

【해설과 정답】

1. relationship은 '전치사 to'와 연결되어 '~에 대한 관계'라는 뜻을 가지므로, 원형부정사가 위치한 1, 3, 5번은 모두 문법적으로 틀리며, 앞 문장에서 자살을 많이 하는 사람은 나이가 많은 사람들이었으므로, '증가하는 자살률'이 논리상 적합하다. ·························································· 【정답】 ②

2. 이 글은 미국의 사회 계층 중 '성별, 연령별, 자녀유무, 인종'과 같은 여러 부류 중 자살을 누가 더 많이 하는가에 대한 비교가 주제이다. ·························································· 【정답】 ⑤

3. 아이들 때문에 자살을 하려면 최소한 아이들이 있어야 하는데, 본문에서는 아이들이 없는 어른들이 더 자살을 많이 한다고 했다. 따라서 아이들 때문에 자살을 한다는 내용은 틀린 설명이다. ··························· 【정답】 ③

---

## VOCABULARY

- suicide 자살
  - * commit suicide 자살하다
- male 남성
- female 여성
- ratio 비율
- approximately 거의, 대략
- widowed 과부의, 미망인의
- divorced 이혼한
- in addition 더욱이, 게다가
- non-white 백인이 아닌 사람들
- with respect to ~에 관하여
- protestant 개신교도
- get old 나이가 들다
- Afro-American 흑인계미국인
- compared with ~과 비교하여

Many years ago I was married (A) to/with a man who used to shout at me, "I do not give you the right to raise your voice to me, because you are a woman and I am a man." This was frustrating, because I knew it was unfair. But I also knew just what was going on. I ascribed his unfairness (B) for/to his having grown up in a country where few people thought women and men might have equal rights. Now I am going out with a man who is a partner and friend. We come (C) from/to similar backgrounds and share values and interests. It is a continual source of pleasure to talk to him. It is wonderful to have someone I can tell everything to, someone who understands.

1. 위 글의 내용과 가장 일치하는 것을 고르시오.

① The author has never met a person who understands her.
② Her previous marriage failed because she couldn't adjust to a foreign country.
③ She has no idea about why her previous marriage had to fail eventually.
④ Her new partner is a better communicator with her than her previous husband.
⑤ She is happy with her new partner despite not having many things in common.

2. (A)와 (B)와 (C)에 가장 적절한 표현으로 이루어진 것을 고르시오.

① to - for - from　　　　　　② to - for - to
③ to - to - from　　　　　　④ with - to - from
⑤ with - for - to

**06**

【해석】 수 년 전에 "당신은 여자이고 나는 남자이기 때문에 당신이 나에게 고함을 칠 수 있는 권리를 주지 않겠어."라고 나에게 소리를 치곤했던 한 남자와 나는 결혼을 했다. 나는 그 말이 부당하다는 것을 알았기에 실망했었다. 그러나 나는 바로 무슨 일이 생길지도 알았다. 나는 그의 부당함을 그가 시골에서 자란 환경으로 그 탓을 돌렸다. 그 시골에서 남성과 여성이 같은 권리를 가져도 좋다고 생각하는 이는 거의 없었다. 현재 나는 동반자이자 친구인 한 남자와 만나고 있다. 우리는 비슷한 출신이며 가치와 취미를 공유한다. 그에게 이야기하는 것이 끝없는 행복의 원천이다. 내 모든 것을 얘기할 수 있으며 이해하는 사람이 있다는 것은 기쁜 일이다.

【해설과 정답】

1. 옛 남편은 남성과 여성의 평등을 무시했지만, 새 남자는 그녀의 동반자이자 친구라고 좋게 평가한다. ·················································· 【정답】 ④

2. (A) 'A와 B가 결혼하다'는 표현은 'A marry B = A is married to B'로 쓴다. ·············································································· 【정답】 ③
ex) She married my brother.
　　= She was/ got married to my brother. (O)
　　　She married with my brother. (X)
　　　She was/ got married with my brother. (X)
(B) ascribe는 'ascribe A to B' 형태를 취하여, 'A의 탓을 B로 돌리다'는 뜻을 가진다.
ex) You should not ascribe your failure to your friends.
(C) come은 전치사 'from'과 결합하여 '~출신이다, ~의 결과로서 발생하다'는 뜻을 가진다.
ex) I come from Seoul originally. Most of her problems come from expecting too much money.

---

## VOCABULARY

- **raise one's voice** 소리치다
- **frustrating** 실망시키는
- **unfair** 부당한
- **ascribe A to B** A의 탓을 B로 돌리다
- **go out with** ~와 사랑에 빠지다
- **similar** 비슷한, 유사한
- **background** 성장환경, 배경
- **continual** 계속적인, 자주 일어나는
- **come from** ~출신이다
- **have no idea about** ~에 대해 전혀 모르다
- **previous** 이전의
- **adjust** 맞추다, 순응하다, 조절하다
- **eventually** 결국

**07** 다음 글을 읽고 물음에 답하시오.

> Don't complain about stress. According to the world's top expert today it's vital to life. If we were not under some stress or other, we would all die. Professor Hans Seyle says in a report to the World Health Organization that stress provides the body's survival mechanism. But some stresses are harmful. The Montreal University Director advises: "The best way to avoid harmful stress is to select an environment - a wife, a boss, your friends - in line with our preferences."

1. Which of the following is NOT true according to the passage?
① Stress is essential to our life.
② Some stresses are beneficial.
③ There is no choice but for us to accept harmful stress.
④ We may not live even a day without stress.
⑤ WHO reports that stress is the body's survival system

2. One of the best ways for us to avoid bad stress may be ___________.
① not to be under stress
② to accept WHO's advice
③ not to complain about stress
④ to select an environment without stress
⑤ to have favorite friends

**07**

**【해석】** 스트레스를 불평하지 마라. 세계최고의 전문가의 말에 따르자면 스트레스는 사는데 있어서 필수적이다. 만일 우리가 이런 저런 스트레스를 받지 않으면 우리 모두는 죽을 것이다. Hans Seyle 교수는 세계보건기구의 한 보고서에서 스트레스가 신체의 생존 메커니즘을 제공한다고 했다. 그러나 몇몇 스트레스는 해롭다. 몬트리올 대학의 학장은 이렇게 충고한다. "해로운 스트레스를 피하는 최선의 방법은 아내, 상관, 친구와 같은 주위환경을 우리의 선호에 맞춰서 선택하는 것이다."

**【해설과 정답】**

1. 마지막 문장에서 해로운 스트레스를 피할 수 있는 최선책으로 '주위환경의 개선'을 제시했으므로 해로운 스트레스를 받아들이지 않을 수 없다는 설명은 틀렸다. ………………………………………… 【정답】 ③

2. 일반적인 스트레스는 필요악이라고 설명했으므로, '해로운 스트레스를 피할 수 있는 해결책'에 대한 설문과 1/ 3/ 4번 보기는 올바르게 연결되지 못하며, 마지막 문장에서 당신의 기호에 맞는 친구를 선택하는 것이 해로운 스트레스를 피하는 최선책이라고 언급했으므로 5번이 옳다. ………… 【정답】 ⑤

## VOCABULARY

- **complain about/ of** ~에 대해 불평하다
- **expert** 전문가
- **vital** (생명유지에) 필수적인
- **under stress** 스트레스를 받는
- **WHO** 세계보건기구
- **harmful** 해로운
- **avoid** 피하다
- **preference** 기호, 선호
- **in line with** ~과 조화되어
- **there is no choice but to R** ~하지 않을 수 없다

## hit

hit 는 "치다, 때리다" 의 의미이다. (후술하는 strike와 의미적으로 유사)
"한번에 힘을 모아서 친다" 는 의미에서 반복해서 치는 beat와 조금 다르다.
1. 치다, 때리다; 덥치다; 부딪히다; (과녁에) 명중하다; 죽이다
2. 시작하다; 움직이다, 작동하다
3. 생각이 갑자기 떠오르다, 인상을 주다
4. (장소에) 도착하다; (물가 등이)~에 이르다

### 때리다; 덥치다; 부딪히다; (과녁에) 명중하다; 죽이다

**01 hit and run** • 치고(hit) 달아나다(run)
(사람을 치고) 뺑소니치다; [야구] 히트앤드런을 하다
**cf. hit-and-run** 뺑소니
**02 hit the nail on the head** • 못(nail)의 머리를 제대로 때리다(hit)
바로 알아 맞히다(=arrive at the correct answer),
핵심을 찌르다(=say exactly the right thing)

> = go home 홈런을 치다, 정곡을 찌르다(=hit the target)
> = hit home/ strike home 아픈데를 찌르다, 정곡을 찌르다
> - hit the bull's eye 명중시키다; 정곡을 찌르다
> - hit the mark 적중하다, 목적을 달성하다
> cf. wide of the mark 적절치 못한(=irrelevant), 요점에서 벗어난
> - too wide of the mark 터무니없는(=too irrelevent)

**03 hit the bottle** • 술병(bottle)을 짠짠 부딪치다(hit)
(매우 힘든 상황을 잊어버리기 위해) 과음하다

> = hit the booze 술을 마시다, 술에 취하다(=hit the bottle)
> cf. drink like a fish[horse] 술을 과하게 마시다
> cf. Bottoms up!/ Let's toast!/ Cheers! 건배

**04 hit it off (with sb)** • ~와 서먹서먹함을 털어버리다(off)
~와 빨리 친해지다, 성격이 잘 맞다; ~와 타협하다

### 시작하다; 움직이다, 작동하다

**05 hit the road** 출발하다, 여행을 떠나다 • 길바닥을 때리다

### 생각이 갑자기 떠오르다, 인상을 주다

**06 hit on[upon] sth** • 좋은 생각이 머리에 떠오르다(hit)
(묘안 등을) 생각해 내다; 생각이 떠오르다(=come upon sth)

### (장소에) 도착하다; (물가 등이) ~에 이르다

**07 hit the ceiling[roof]** • 화가 천장(ceiling)까지 오르다
몹시 화나다(=become angry); (주가 등이) 최고에 달하다

> = go through the roof
> = fly off the handle
> = lose one's temper
> cf. hit bottom 밑바닥에 닿다; 최악의 사태에 빠지다

## strike　strike–struck–struck (or stricken)

strike 는 "치다, 때리다(hit)" 이다.
1. 치다, 때리다, 공격하다(attack); 충돌하다
2. 갑자기 시작하다
3. 충격을 주다 → 마음에 떠오르다, 생각나다; 인상을 주다
4. N. 공격; 동맹파업, 노동쟁의; (금광의) 발견, 대성공

**08 strike sb dumb/ be struck dumb with sth**
(분노·놀람·공포 등으로) 말문이 막히게 하다, 놀라게 하다

**09 strike up (sth)** • 본격적으로(up) 드럼을 치다(strike)
1. (대화·연주를) 시작하다(=begin, start)
2. 우정을 쌓다; 협정을 맺다

**10 go on strike** • 스트라이크(파업)을 계속 진행하다(go on)
파업 중이다

> - call a strike 파업을 선언하다
> - call off a strike 파업을 중지하다
> - break a strike (정부가 나서서) 파업을 깨다
> - a general strike 총파업

## beat

beat 는 "반복해서 치다, 두들기다(strike)" 의 의미이다. 여러번 두들겨서 상대방을 "이기다" 의 의미와, 많이 맞게 되면 지치게 되므로 "지친" 이란 형용사적 의미도 가진다.
N. 박자, 심장의 박동; 순찰 구역

**11 beat about** • 주변을 두들겨 보다
이리저리 찾다(=seek anxiously)
**12 beat around the bush** • 할말을 못하고 수풀 주변을 톡톡 치다
빙빙 둘러 말하다. 요점을 피하다
(=refuse to come to the point, talk around the point)
**cf. beat the bushes** 샅샅이 조사하다 • 수풀에 숨었는지 두드려 보다
↔ **come to the point** 핵심을 찌르다, 요점으로 들어가다
**13 deadbeat nation** 채무 불이행 국가 • 빚 때문에 녹초가 된 나라
**cf. dead beat** 녹초가 된; 참패한
**14 beat-up** • 흠씬(up) 두들겨 맞은(beat)
(물건 등이) 오래 써서 낡은, 닳은(=worn, rundown); 지쳐 빠진

> cf. beat ＊ up sb/ beat up on sb • ~를 완전히(up) 패다
> ~을 마구 두들겨 패다, 때리다

## kick

kick 은 "발로 걷어차다"의 의미이다. 걷어차 버린다는 의미에서 "마약이나 악습을 끊다", "구혼자를 차버리다, 거절하다, 해고하다" 등의 의미로 발전한다. 명사로는 "자극, 흥분, 스릴, 즐거운 경험" 등의 의미로도 쓰인다. 또 "the kick"은 해고라는 뜻이다.

**15 kick the bucket** <속어> 죽다(=die)
**16 kick[go] into high gear** • 고속기어(high gear)를 밟다
최고 속도로 움직이다
**cf. high gear** 최고 속도, 최고조/ **in high gear** 최고 속도로
**17 get a kick out of sth**
~으로 큰 기쁨[활력, 흥분]을 얻다

> cf. get the kick 해고당하다/ give the kick 해고하다
> kick ＊ out sb 쫓아내다, 해고하다
> cf. kickout 해고 • 발로 차서 바깥으로(out) 내 보내다

## bite

bite 는 "이로 무엇을 물다, 물어 뜯다" 이다. 개나 모기 등의 곤충이 무는 것은 물론, 사람이 손톱을 물어 뜯는 모습에서 "(걱정 등이) 괴롭히다" 라는 뜻도 나온다.
cf. crunch 으드득 깨물다/ gnaw 앞니로 갉다/ chew 어금니로 씹다

**18 bite the bullet** • 마취가 없던 시절 부상병이 총알(bullet)을 물고(bite) 수술을 받은데서 유래
어려움을 감내하다, 고통을 참다(=bravely accept sth unpleasant)

**01** 밑줄친 부분의 올바른 해석은? [01.101단]

> At that time a car <u>hit him down</u>.

① 그 사람은 스쳐 지나갔다.　② 그 사람을 치었다.
③ 그 사람을 울렸다.　④ 그 사람을 데려다 주었다.

**02** I believe <u>he has hit the nail on the head</u>. [92.사법시험]
① what he has said is to the point
② he has unexpectedly gone mad
③ what he has done is disgusting
④ he happened to succeed
⑤ he happened to meet a friend

**03** 다음 중 관용표현이 잘못 설명된 것은? [06.경북 9급]
① Baker's dozen : thirteen of anything for the price of twelve
② hit the bottle : to swallow a drink in one gulp
③ call it a day : to stop work for the day
④ easy as pie : requiring practically no effect.

**04** What does the woman mean?

> Man : How was your blind date last night?
> Woman : We <u>hit it off</u> right away.

① She and her date got along well.
② She and her date left quickly.
③ She and her date knocked something down.
④ She had a quarrel with her date.

**05** When Jack's wife left him, he felt a desire to travel, so he __________.
① hit the ceiling　② hit the road
③ hit and run　④ hit the sack

**06** Always seeking a new way to entertain, Mr. James <u>hit upon</u> the idea of singing together with his audience. [97.인천시 9급]
① knocked on　② succeeded in
③ hurt　④ came upon

---

**01** ________________________________ 【정답】②

> 그 때 차가 그를 치었다.

**02** 그가 핵심을 찔러 말했네.
________________________________ 【정답】①
① 그가 말한 것은 적절하다
② 그는 갑자기 화를 냈다
③ 그가 한 짓이 역겹다
④ 그는 우연히 성공했다
⑤ 그는 우연히 친구를 만났다

**03** ________________________________ 【정답】②
① Baker's dozen : 12개 값으로 13개를 의미하는 관용표현
② hit the bottle : to begin drinking alcohol heavily often because one is depressed, grieving, under stress, etc
　　* in one gulp 한 입에, 단숨에
③ call it a day : 하루일을 마치다
④ easy as pie : 아주 간단한, 식은 죽 먹기

**04** ________________________________ 【정답】①

> 남자 : 어젯밤에 맞선 보신 것 어땠어요?
> 　　　* blind date 소개로 만나는 만남
> 여자 : 우리는 바로 마음이 잘 통했어요.
> 　　　* right away 곧, 지체하지 않고

① get along 잘 지내다, 호흡이 맞다
③ knock down 때려 눕히다; 패배시키다
④ have a quarrel with ~와 말다툼하다
　　* date <구어> 데이트 상대

**05** 잭의 부인이 떠났을 때, 그는 여행을 떠나고 싶은 욕망이 들었고, 그래서 여행길에 나섰다.
________________________________ 【정답】②
① hit the ceiling 몹시 화나다
② hit the road 여행을 떠나다
③ hit and run 뺑소니치다
④ hit the sack 잠자리에 들다

**06** 즐겁게 하는 새로운 방법을 항상 찾고 있는 제임스씨는, 그의 청중과 함께 노래부르는 아이디어를 생각해냈다.
________________________________ 【정답】④
① knock on 추진하다, 밀고 나가다
② succeed in 성공하다
④ come upon 우연히 만나다; 문득 떠오르다

**07** 다음 대화의 밑줄 친 부분에 들어갈 가장 알맞은 표현은?

> A : What did your father do when you came back
>      home late last night?
> B : He almost hit the _________ .

① floor          ② furniture
③ ceiling        ④ wall

**08** The last scene of the horror movie was so
terrorizing that I was _______ dumb. [07:세무사]
① put          ② hit
③ felt         ④ struck
⑤ caught

**09** Mary was an affable girl; she could <u>strike up</u> a
pleasant conversation with almost anyone.
① end         ② begin
③ stop        ④ finish

**10** Unionized hospital workers went _____ strike
for a second day yesterday, aggravating inconve-
nience to patients.
① at          ② on
③ in         ④ out of

**11** The prisoner <u>beat about</u> for a way to escape.
① gave up his hope
② broke the wall
③ sought anxiously
④ dug a tunnel

**12** She tried to hide her lack of knowledge by
<u>beating around the bush</u>. [04.경찰]
① talking around the point
② coming directly to the subject
③ sing unkind words
④ supporting her own idea

**13** The United States might be delinquent in its
payment of dues to the United Nations, said Helms,
but it was not "<u>a deadbeat nation</u>".
① 채무 불이행 국가      ② 녹초가 된 국민
③ 참패한 국가        ④ 유랑국가
⑤ 게으른 국민성

---

**07** ──────────────────────── 【정답】③

> A: 네가 어젯밤에 늦게 들어갔을 때 아버지께서 어떻
>    게 하셨어?
> B: 노발대발 하셨어.

**08** 그 공포영화의 마지막 장면은 너무나 무서웠
고 난 두려움에 말을 잃었다.
──────────────────────── 【정답】④

**09** 메리는 붙임성이 있는 소녀였다. 그래서 그
녀는 어느 누구와도 유쾌한 대화를 시작할 수 있
었다.
──────────────────────── 【정답】②

**10** 병원노조는 어제 이틀째 파업을 계속하여 환
자들의 불편을 가중시켰다.
──────────────────────── 【정답】②

**11** 그 죄수는 이리저리 탈출할 방법을 찾았다.
──────────────────────── 【정답】③
① break the wall 벽을 허물다
③ seek-sought-sought
④ dig a tunnel 터널을 파다

**12** 그녀는 빙빙 둘러 말함으로써 자신의 지식이
부족함을 숨기려 했다.
──────────────────────── 【정답】①

**13** Helm씨는 미국이 국가 연합에 분담금을 체납
하게 될지도 모르지만, "채무 불이행 국가"는 아
니라고 말했다.
* delinquent in ~을 체납한 dues 세금, 부과금
──────────────────────── 【정답】①

**14** My uncle drove <u>a beat-up</u> old Chevrolet that belched black smoke into the air.
① a rundown  ② a stout
③ an expensive ④ an annoying

**15** Stop nagging me. If I <u>kick the bucket</u> right now, I bet you'll miss me. [06.강원도 소방직]
① leave home  ② die
③ drop by   ④ fail

**16** After months of preparation and heightened publicity, the World Cup _____ into high gear with the opening ceremonies. [99.서울대 대학원]
① ran   ② raced
③ changed ④ kicked

**17** This book is just the kind you like and you'll get a _____ out of it.
① touch  ② kick
③ hit   ④ beat

**18** Decisions have to be taken, and as director you have to <u>bite the bullet</u>. [00.행정고시]
① turn against someone who helps you
② receive a pleasant surprise that you don't expect
③ take on a task that is more than you can accomplish
④ bravely accept something unpleasant
⑤ be ashamed of what you have said

---

**14** 나의 삼촌은 시커먼 매연을 내뿜는 **낡아빠진** 구형 시보레를 몰고 다녔다.
* belch 연기 등을 내뿜다
【정답】①
① rundown 지친, 낡은 ② stout 뚱뚱한, 살찐
③ expensive 값비싼  ④ annoying 성가신, 귀찮은

**15** 그만 좀 징징거려. 내가 **콱 죽어버리면** 넌 아마 날 그리워할걸. * nag 성가시게 잔소리하다
【정답】②

**16** 몇 달간의 준비와 많은 선전 후, 월드컵은 개막식 행사와 더불어 **최고조에 올랐다.**
【정답】④

**17** 이 책은 네가 좋아하는 바로 그런 책이어서 넌 그것에서 **활력을 얻을 수 있을 거야.**
【정답】②

**18** 결정은 이루어져야 하고, 당신은 이사로서 **어려움을 감내해야만 합니다.**
【정답】④
③ 당신이 성취할 수 있는 것 이상의 일을 맡다
④ 불쾌한 것을 용감하게 받아들이다

# Part A - beat/strike/hit

## 1. 치다, 때리다

**01 maul**
[mɔ:l]
- <연상> 몰매를 때리다
- vt. 1.뭇매질하다(=beat); 할퀴어 상처를 내다
  2.난폭하게 다루다; 혹평하다
- n. (나무로 만든) 큰 메, 망치
- ⓝ **mauler** 혹평가
- 힐 **mall** [mɔ:l] <미> 쇼핑몰, 쇼핑센터

> 동 **pound** 마구 치다, 빻다
> **batter** 난타하다, 때려 부수다

**02 smack**
[smǽk]
- <연상> 프로레슬링 경기 중 하나인 스맥다운
- vt. 1.찰싹 치다, 세게 부딪치다; 소리내어 내려놓다
  * **smack down** 콧대를 꺾다
  2.혀를 차다; 입맛을 소리내어 다시다
- n. 찰싹하는 소리; 입맛 다심, 혀차기
- 동 **bash*** 강타하다; 맹렬히 비난하다

| 테마어휘 | 물다, 할퀴다, 꼬집다, 때리다 |
| --- | --- |
| ❶ bite | 물다, 깨물다; 특히 모기·벼룩 등의 곤충이나 뱀 등이 물다 |
| ❷ snap | (짐승 등이) 물어뜯다, 덥석 물다 |
| ❸ nip | (개 등이) 손가락을 물다, 물고 늘어지다 |
| ❹ claw | (고양이나 매 등의 날카롭고 굽은) 발톱(으로 할퀴다) |
| ❺ scratch | 가려운 곳을 긁다, 할퀴어 상처를 내다 |
| ❻ pinch | (신체의 한 부분을) 꼬집다 → 몹시 절약하다 |

## 2. 싸우다, 말다툼하다

**03 grapple**
[grǽpl]
- grab(붙잡다) → grapple
- v. 1.꽉 껴안고 싸우다(=struggle with)
  2.문제해결에 노력하다(with)
- 동 **struggle** 싸우다, 분투하다, 애쓰다
- 표현 **at odds with▽** 의견이 일치하지 않는(=in disagreement with)

**04 hustle**
[hʌ́sl]
- <연상> 그 선수는 허슬 플레이로 인기가 높다
- v. 1.난폭하게 밀치다, 떼밀다, 밀어넣다(into)
  2.서두르[게 하]다; 재촉하다
  3.척척 해치우다, 힘차게 해내다, 분투하다
- n. 정력적 활동, 원기; 대활약; 분투
- 동 **shove*** 난폭하게 밀다, 떼밀다, 밀치다 (=push, crowd, jostle)
  **cf. shovel** 삽; (삽으로) 뜨다
  **jostle*** (난폭하게) 밀다, 밀치며 나아가다(=push)

**05 haggle**
[hǽgl]
- v. 1.말다툼하다, 따지다(=argue with)
  2.(값을 깎으려고) 옥신각신하다 (over/with)

---

**06 wrangle**
[rǽŋgl]
- <연상> wr+angle: 대립각(angle)을 세우다
- vi. 논쟁하다, 말다툼하다
- vt. 말하여 설득하다
- n. 논쟁, 말다툼

> 동 **squabble***
> (중요하지 않은 일로) 말다툼하다; 말다툼
> **bicker***
> 사소한 일로 말다툼을 벌이다.(=squabble)
> **brawl*** (공공장소의 시끄럽고 폭력적인) 말다툼(하다)
> **bicker**
> 말다툼하다, (사소한) 말다툼(=brawl)

**07 skirmish**
[skə́rmiʃ]
08.선관위 9급
- vi. (군대가) 작은 교전을 하다; 사소한 싸움을 벌이다(with)
- n. 작은 접전, 사소한 충돌
- 힐 **battle** (특정 지역에서의 조직적이며 장기간에 걸친)전투

| 테마어휘 | 싸움, 격투, 전투 |
| --- | --- |
| ❶ fracas | 거칠고 시끌벅적하게 벌어지는 싸움 |
| ❷ tussle | 난투; 서로 부둥켜안고 격렬하게 싸우다 |
| ❸ scuffle | 마구잡이로 치고받는 싸움; 난투하다 |
| ❹ tiff | 애인·가까운 친구 간에 사소한 말다툼을 하다 |

## 3. flict (=strike)

**08 stroke**
[stróuk]
- vt. 어루만지다(=caress); 달래다, 어르다
- n. 타격; 울림; 발작; 스트로크

> 동 **caress** 애무하다, 껴안다
> **grope** (특히 여자의 몸을) 손으로 더듬다
> **pet** (사람이나 동물을) 어루만지다; 애무[페팅]하다
> **fondle** 애지중지하다; 애무하다

**09 striking**
[stráikiŋ]
01.행자부 9급
- a. 이목[주의]을 끄는, 두드러진; 인상적인(=noticeable)
- ⓐⓓ **strikingly*** 현저하게(=remarkably)
  * **striking distance** 공격 유효 거리, 사정거리
  * **within striking distance** 아주 가까운 곳에

**10 conflict**
[kánflikt]
07.국가직 9급
- con(=together)+flict(=strike) → 서로 때리다, 싸우다
- vi. 대립하다, 충돌하다; 싸우다
- n. 싸움, 전투; 충돌(=strife)
- ⓐ **conflicting*** 서로 싸우는, 상충되는 (=clashing, mutually disagreeing)
- 동 **strife*** 투쟁, 다툼, 싸움; 경쟁
  **cf. stripe** 줄무늬; 채찍질

**11 afflict**
[əflíkt]
- af<ad(=to)+flict(=strike) → 누구를 향해 때리다
- vt. (심신을) 괴롭히다(=torment)
  * **be afflicted with** ~에 시달리다
- ⓝ **affliction*** 고통; 불행(=misery); 재앙
- 힐 **inflict**
  고통을 주다, 형벌 등을 과하다, 괴롭히다
  - **infliction**
  고통을 가하기; 형벌, 고통, 시련

## 12 collide ★
[kəláid]

col<con(=together)+lide(=strike)
→ 서로 같이 때리다
vt. 1. 부딪치다, 충돌하다(with)
　　2. (의견 등이) 일치하지 않다,
　　　 상충하다(with)
ⓝ collision 충돌, 격돌; 상충, 대립

## 13 crash ★
[kræʃ]

v. 때려 부수다; 부서지다; 실패하다;
　 추락하다, 파산하다
n. 큰 음향; 충돌; 파산
혼 clash 종이 울리다, 큰소리를 내며
　　충돌하다; 무력충돌, 소규모 전투

---

### 4. bat (=strike)

## 14 combat ★
[kámbæt]

com(=together)+bat(=strike)
→ 서로 때리다, 싸우다
v. 전투하다, 싸우다(with)
n. 전투, (범죄와의) 전쟁
　* combat/fight/war against
　　~와의 전쟁
ⓐ combative 호전적인
ⓝ combatant
　전투원, 전투부대; 교전국; 투사

혼 battle 전쟁, (특정 지역에서의 조직적
이며 장기간에 걸친) 전투
* fight a losing battle*
승산 없는 싸움을 하다

## 15 debatable ★
[dibéitəbl]

de(강조)+bat(=strike)+able → 서로 치고 박고 할 수 있는
a. 논쟁의 여지가 있는,
　 이론(異論)이 있는(=arguable)
ⓥ debate 논쟁하다, 토론하다; 숙고하다

## 16 abate ★
[əbéit]
06.서울시 9급

a(=not)+bat(=strike) → 비바람이 창문을 때리지 않다
vi. (비바람이) 잦아들다, (열이) 내리다,
　 줄다(=lessen, decrease)
vt. 감소시키다, 줄이다, 누그러뜨리다
혼 abase
　(지위, 평가를) 떨어뜨리다(-debase)

표현 let up▼ (비나 눈이) 멈추다,
삼삼해지다(=stop), 약해지다(=lessen);
(일을) 그만두다

---

### 5. plaud/plaus (=strike)

## 17 applaud ★★★
[əplɔ́ːd]
98.일반경찰

ap<ad(=to)+plaud(=strike) → ~를 향해 박수를 치다
vi. 박수갈채하다, 칭찬하다(=clap)
ⓝ applause 박수갈채; 칭찬
ⓐ applausive 칭찬의
관련 plaudit 갈채, 박수, 칭찬

표현 handclap 손뼉, 박수
clap one's hands 박수하다
give someone a big hand
큰 박수를 보내다
give a standing ovation*
기립박수를 주다

---

## 18 plausible ▼
[plɔ́ːzəbl]

plaus(=strike)+ible → 박수를 칠 만한
a. (말·진술 등이) 그럴듯한, 정말 같은
　 (=probable, acceptable, specious)
ⓝ plausibility 그럴듯함; 그럴듯한 말
밴 implausible** 믿기 어려운,
　그럴듯하지 않은(=unbelievable)

어근보충
❶ explode 폭발시키다, (감정이) 폭발하다
　- explosive 폭발하기 쉬운; 폭약, 폭발물
　- explosion 폭발, 파열; (분노·웃음 등의) 격발
❷ implosion 안쪽으로의 파열; (급격한) 내부 붕괴
❸ apoplexy 졸도, 졸중, 출혈

---

### 6. buk(=strike)/ pugn(=attack, fight)

## 19 rebuke ★★
[ribjúːk]

re(=back)+buke(=strike)
→ (화장실) 뒤로 데리고 가서 때리다
vt. 비난하다, 꾸짖다(=reprove)
n. 비난, 힐책

표현
take sb to task 꾸짖다(=scold)
call down 꾸짖다
dress down 꾸짖다, 매질하다
lay down the law 꾸짖다, 야단치다

## 20 impugn ★
[impjúːn]

im(=on)+pugn(=attack) → ~을 공격하다
vt. 1. (남의 행동·의견·성실성 등에)
　　 이의를 제기하다(=denigrate)
　　2. 비난 공격하다, 논박하다
통 oppugn
　비난하다, 반박하다, 이의를 주장하다

## 21 pugnacious ★
[pʌgnéiʃəs]

pugn(=attack)+acious → 싸움을 잘 거는
a. 싸움하기 좋아하는(=quarrelsome)

## 22 repugnance ★
[ripʌ́gnəns]

re(=against)+pugn(=fight)+ance → 대항해 싸우는 것
n. 혐오, 싫증, 증오, 반감(=aversion)
ⓐ repugnant 비위에 거슬리는,
　아주 싫은; 반감을 품은

## 23 reluctant ▼
[rilʌ́ktənt]

re(=against)+luct(=struggle)+ant
→ 하기 싫어 ~에 대해 다투는
a. 마음 내키지 않는; 마지못해 하는
* be reluctant to R ~하기를 꺼리다
ⓝ reluctance** 싫어함, 마지못해 함; 저항
ⓐⓓ reluctantly* 마지못해 (=with reluctance)
관련 ineluctable 불가항력의, 피할 수 없는
　- ineluctability 불가항력; 필연성

---

### 7. bell(=war), arm(=weapon)

## 24 belligerent ★★
[bəlídʒərənt]

bell(=war)+ig(=drive)+erent → 싸움으로 몰고가는
a. 1. 호전적인, 싸우기 좋아하는
　　 (=hostile, warlike)
　　2. 교전중인; 교전국의, 적국의
　　3. 용감한
n. 교전국, 전투원
통 bellicose* 호전적인, 싸우기 좋아하는

**25** **rebellious** ★
[ribéljəs]

re(=against)+bell(=war)+ious → ~에 대항해 싸우는

a. 1.반항하는(=disobedient);
     반체제의
  2.(병이) 낫기 힘든, 난치의
  3.(사물이) 다루기 힘든
ⓝ **rebel*** [rébəl] 반역자, 반항자
     [ribél] 반란을 일으키다(=mutiny)
   **rebellion*** 모반, 반란, 폭동; 반항, 저항
ⓢ **mutiny****
   (특히 함선·군대 등에서의) 폭동, 반란
   (=rebellion); 반란을 일으키다(=rebel)

> ⓢ **revel** [révəl] 주연을 베풀다,
>    한껏 즐기다; 술잔치, 연회
>   **libel** [láibəl] <구어> 비방, 명예훼손
>   **rival** [ráivəl] 경쟁자, 라이벌
>   **label** [léibəl] 라벨; 라벨을 붙이다
>   **labor** [léibər] 노동; 노동하다

| 테마어휘 | 고집 센 → 난치의, 불치의 |
| --- | --- |
| ❶ refractory | 다루기 힘든→ (병이) 난치의 |
| ❷ intractable | 고집스러운→ (병이) 난치의 |
| ❸ obstinate | 완고한, 고집 센 → (병이) 난치의 |
| ❹ stubborn | 고집 센, 완강한 → (병이) 좀처럼 낫지 않는 |
| ❺ confirmed | 굳어버린, 상습적인 → (병이) 만성의, 불치의 |
| ❻ rebellious | 반항하는, 반항적인 → (병이) 난치의 |
| ❼ incurable | 교정이 안 되는 → 불치의; 불치병 환자 |
| ❽ fatal | 치명적인 → (병이) 불치의 |
| ❾ hopeless | 희망을 잃은, 절망적인→ (병이) 불치의 |

**26** **armistice** ★
[á:rməstis]
07.인천 9급

arm(=weapon)+i+stic(=stand, stop)
→ 무기를 세워놓는 것

n. 휴전(협정), 정전(=truce, ceasefire)
ⓢ **truce** 휴전(협정), 정전; 중단; 휴전하다

**어근보충**

❶ **army** 군대, 육군
 - **armor** 갑옷, 방호구 / **armory** 무기고, 병기고(=arsenal)
❷ **armada** 함대, (the A~) 스페인의 무적함대
❸ **armament** 군비, 군사력; 병력, 무기
 - **rearmament** 재무장, 재군비
❹ **disarm** 무장을 해제하다, 군비를 축소하다
 - **disarmament** 무장해제, 군비축소 * dis(=away)
❺ **disarming** 흥분, 두려움 등을 가라앉히는, 안심시키는
     * 안심시켜 무기를 내려놓게 하는

**8. fend/fens(=hit, strike)**

**27** **offend** ★
[əfénd]

ob<of(=against)+fend(=strike) → 부정적으로 가격하다

v. 1.~의 감정을 상하게 하다,
     불쾌하게 하다
   * **take offence (at)**
     기분 상하다, 성내다(=be annoyed)
  2.(법을) 위반하다, (죄를) 범하다
ⓝ **offender** 범죄자, 위반자; 무례한 사람
   **offense / offence**
   위반, 범죄; 무례; 공격 (↔defense)
ⓐ **offensive**
   불쾌한, 거슬리는; 무례; 공격적인
   ↔ **inoffensive**
   해를 안 끼치는; 악의가 없는

**28** **defend** ★★
[difénd]

de(=down)+fend(=strike) → 아래에 깔린 채 때리다

v. 방어히디; 번호히디, 옹호히디
   (=stand up for)
ⓝ **defendant*** <민사 소송에서의> 피고(의)
   ↔ **plaintiff** (원고)
   cf. the accused <형사 소송> 피고인
ⓝ **defender** 방어자
   cf. **public defender** 관선(官選) 변호인
   **defense** 방어, 변호, 수비; (the~) 피고측
ⓐ **defensive** 방어적인, 수비의; 수세의

**29** **fend** ★
[fénd]

fend(=strike)

vt. (타격·질문 등을) 받아넘기다,
    피하다 (off)

> * **fend off** 피하다, 다가오지 못하게 하다
>   = **ward off**** 피하다, 물리치다
>   = **stave off*** (위험 등을) 막다(=prevent)

vi. 꾸려가다; 부양하다(for); 저항하다
    * **fend for** 꾸려가다, 부양하다
    (=look after, take care of)

09.지방직 9급

> 관련 **fender** (자동차 등의) 흙받이, 완충 장치
>   **fender bender*** 경미한 자동차사고
>   * 범퍼가 약간 구부러질 (bend) 정도의 사고

08.경남 9급

# Part B - twist/thrust/prick/press

**1. tort/tor(=twist)**

**30** **distorted** ★
[distó:rtid]

dis(강조)+tort(=twist)+ed → 강하게 비틀려진

a. 일그러진, 비틀린; 곡해된, 왜곡된
   (=warped)
ⓥ **distort** 뒤틀다; 왜곡하다, 잘못 전하다
ⓝ **distortion*** 찌그러뜨림; 왜곡, 곡해

> ⓢ **warp** 뒤틀다, 구부리다; 왜곡하다(=distort)
>   **contort** 찌그러뜨리다; 왜곡하다

**31** **extort** ★★
[ikstó:rt]

ex(=out)+tort(=twist)+ion → 밖으로 비틀어 짜냄

vt. 1.강제로 탈취하다(from)(=hold up)
   2.(약속·자백 등을) 무리하게
     강요하다
ⓝ **extortion** 강요, 강탈; 착취
ⓐ **extortionate**
   강요하는, (가격·요구 등이) 터무니없는

**32** **retort** ★
[ritó:rt]

re(=again)+tort(=twist)
→ 상대방 말에 대해 비틀어 치다

vt. (비난·공격 따위에) 되받아치다,
    말대꾸하다(=reply)
n. 말대꾸, 반박(=quick, sharp reply)

**33** **torment** ★
[tó:rment]

tort(=twist)+ment → 비틀어 짜는 듯한 아픔

vt. 심한 고통을 주다, 괴롭히다
n. 고통, 고뇌

> 관련
> **torture** 고문; (고문에 의한)고통; 고민거리;
> 고통을 주다; 고문하다; 곡해하다
>  - **tortuous**
>    비뚤어진, 뒤틀린; 완곡한; 사악한
>  - **torturous**
>    고문의, 고통스러운; 일그러진

## 2. trus/trud(=thrust)

**34 protruding** ☆☆
[proutrú:diŋ]

pro(=foreward)+trud(=thrust) → 앞으로 툭 삐져나온
a. 돌출한, 툭 튀어나온
　(=projecting, prominent)
　* protruding teeth 뻐드렁니
ⓥ **protrude** 밀어내다; 튀어나오다(=project)
ⓝ **protrusion** 돌출, 융기
ⓐ **protrusive**
　튀어 나온, 돌출한; 주제넘게 나서는
　**protrudent** 툭 튀어 나온
관련 **thrust** 갑자기 세게 밀다, (칼 따위로)
　찌르다, 밀기, 찌르기; 공격, 비난, 혹평

**35 obtrude** ☆
[əbtrú:d]

ob(=against)+trude(=thrust) → ~에 대항해 나서다
v. 1.(의견 등을 무리하게) 강요하다
　2.쑥 내밀다(=emerge)
　3.참견하고 나서다
ⓝ **obtrusion** (의견 따위의) 강요; 참견
ⓐ **obtrusive**˙
　참견하고 나서는, 주제넘은(=officious)
　↔ **unobtrusive**˙ 주제넘지 않은
　(=not meddlesome); 겸손한, 삼가는
동 **blatant**˙˙
　노골적인(=obvious), 뻔뻔한(=obtrusive)

**36 intrude** ☆
[intrú:d]

in(=in)+trude(=thrust)
→ 남의 집 안방에 밀고 들어가다
vi. 1.침입하다(into)(=trespass)
　2.(남의 일에) 참견하다, 방해하다
　(on/upon)
vt. 억지로 들이닥치다, 강요하다(upon)
ⓝ **intrusion** (의견의) 강요; (장소에의) 침입
　**intruder** 침입자, 방해자; 강도
ⓐ **intrusive**
　주제넘게 참견하는, 방해하는; 침입의

관련
**extrude** 밀어내다, 쫓아내다, 추방하다
　- **extrusion** 밀어냄; 분출, 추방; 압출 성형
　- **extrusive** 밀어내는; (화산의) 분출암

**37 abstruse** ▽
[æbstrú:s]
02.일반경찰

abs<ab(=away)+trus(=thrust)
→ 밀고 들어가서 사라짐
a 난해한, 심오한(=hard to understand,
　difficult, abstract)
표현 **It's all Greek to me.**˙
　전혀 알아들을 수 없다

## 3. sti/sting/stig/stim/stinct/tinct(=prick)

**38 stingy** ☆
[stíndʒi]

sting(=prick)+y → 찔러도 피 한 방울 안 나오는
a. 1.인색한, 쩨쩨하게 구는
　2.쏘는, 날카로운
ⓥ **stint** 돈을 절약하다, 아끼다, 아까워하다

관련
**sting** (곤충 등의) 침, 독침,
(바늘, 침으로) 찌르다, 쏘다; 괴롭히다
**prick** v.1.(바늘로) 따끔하게 찌르다; 괴롭히다
　　　2.<고어>자극하다
　　　3.(개가) 귀를 쫑긋 세우다(up)
　　　4.찔러서 표를 하다, 골라내다
　　　n.바늘, 찌름, 양심의 가책, 상처 자국

**39 stigma** ▽
[stígmə]
05.노동부 9급

stig(=prick)+ma → 찔러서 생긴 것 → 흉터 → 낙인
n. 1.오명, 오점; 치욕
　(=disgrace, feeling of shame)
　2.반점; 흉터; (죄수의) 낙인(=brand)
　3.(병의) 증후, 증상
ⓥ **stigmatize**
　~에 오명을 씌우다; ~을 비난하다
ⓐ **stigmatic** 오욕의, 치욕의, 오명의

**40 stimulate** ☆☆☆
[stímjulèit]
07.경북 9급

stim(=prick)+ul+ate → 옆구리를 찔러 ~하게 하다
vt. 1.자극하다(=incite, spur);
　활기 띠게 하다
　2.격려[고무]하다(=promote);
　자극하여 ~하게 하다
ⓝ **stimulus** 자극, 격려; 흥분제; 침
　**stimulant** 흥분제, 자극성 음료; 자극물

**41 instigate** ☆
[ínstəgèit]

in(=on)+stig(=prick)+ate → 피부를 찔러 ~하게 하다
vt. 유발시키다(=cause); 선동하다,
　부추기어 ~하게 하다
ⓝ **instigation** 선동, 교사
　**instigator** 선동자, 교사자

**42 stir** ☆
[stə́:r]

stir(=prick) → ~하도록 마구 휘젓다
vt. 1.휘젓다, 뒤섞다
　2.자극[선동]하다; 분발시키다(up)
　(=agitate, enkindle, galvanize)
n. 휘젓기; 혼란, 동요; 감동, 자극

동 **churn** (통에 넣어) 휘젓다,
　고도하게 매매 회전시키다
　- **churn out**
　　(영화나 제품을) 대량 생산하다

**43 spur** ☆
[spə́:r]
07.경북 9급

<연상> 박차[말이 빨리 달리도록 발로 차는 것]를 차다
v. 박차를 가하다, 격려하다, 자극하다

표현 **on the spur of the moment**˙˙
　아무 생각 없이 당장, 앞뒤를 가리지 않고
　(=without previous thought)
　**on the spur** 전속력으로, 매우 급히

동 **spurn** 쫓아내다, 퇴짜 놓다

**44 extinguish** ▽
[ikstíŋgwiʃ]
07.경기 9급
00.일반경찰

ex(=out)+ting<sting(=prick)+ish
→완전히 찔러 없애다
vt. 1.(불·빛 등을) 끄다(=put out,
　snuff out)
　2.(사상·희망 등을) 잃게 하다
　3.(권리 등을) 소멸시기다
　4.(종족을) 멸종시키다
ⓝ **extinguisher** 불을 끄는 사람, 소화기
　**extinguishment** 소화, 소등; 절멸

표현
**put out** (불을) 끄다(=extinguish),
　　　(전깃불을) 끄다(=turn out)
**snuff out** (촛불 따위를) 심을 잘라 끄다 ;
　　　~을 멸망시키다(=extinguish);
　　　<구어> 죽다(=die)
**sputter out**
불꽃 등이 튀는 소리를 내며 꺼지다

**45 extinct** ☆☆☆
[ikstíŋkt]

ex(=out)+ting<stinct(=prick)
→ 완전히 찔러 없애버린
a. 1.(생물·제도 등이) 멸종된, 소멸된
    2.(화산 등이) 활동을 멈춘;
    (불 등이) 꺼진

02.법원직
ⓝ **extinction**···
    멸종, 소멸(=disappearance); 폐지; 소화
ⓐ **extinctive** 소멸적인, 소멸성의

**46 instinctive** ☆
[instíŋktiv]

in(=in)+stinct(=prick) → 마음(본능)을 찌르는
a. 본능적인, 직관적인(=visceral)
ⓝ **instinct** 본능, (pl.) 직관, 직감
ⓢ **visceral*** 본능적인(=instinctive)
    cf. **eviscerate** 내장을 꺼내다

**47 prestigious** ☆☆
[prestídʒəs]

pre(=before)+stig(=prick)+ious → 미리 골라낸
a. 유명한; 고급의, 일류의, 훌륭한
    (=eminent, outstanding, reputable)
ⓝ **prestige** 위신, 명성; 세력; 명문의, 일류의

**48 distinguished*** ☆
[distíŋgwiʃt]

dis(=apart)+sting(=prick)+ish+ed → 따로 떨어져 삐져나온
a. 유명한, 저명한, 현저한(=eminent)
ⓥ **distinguish** 구별하다, 차별하다, 분별하다
    ↔ **indistinguishable** 구별할 수 없는
ⓐ **distinct** 뚜렷한, 명백한, 분명한
    **distinctive** 차이를 나타내는; 특유의
ⓝ **distinction** 구별, 차별; 식별, 판별; 특징

## 4. point/poign/pung/punc/punct(=prick)

**49 point** 🔹
[pɔ́int]

<연상> 뾰족한 침(으로 가리키다)
n. 1.뾰족한 끝, 바늘 끝; 점
    * **have a low boiling point***
    화를 잘 내다
    2.점수, 득점(=score)
    3.요점, 핵심; 목적; (중요한) 국면

* **beside the point[mark]***
요점을 벗어난
* **to the point[purpose]*****
적절한(=pertinent)
* **get a [the, one's] point***
이야기의 요점을 이해하다
* **get[come] to the point*****
핵심에 이르다, 정곡을 찌르다
* **on the point of ~ing***
~하려는 찰나에(=be about to)
* **make a point of ~ing***
반드시 ~하다; ~을 강조[중시]하다

v. 1.(길을) 가리키다; 지시하다,
    지적하다

* **point out*****~을 지적하다
* **point a finger at***
~을 공공연하게 비난하다
* **point up*** (이야기 등을) 강조하다

2.점을 찍다
ⓐ **pointed** 예리한, 예민한
    **pointless**
    뾰족한 끝이 없는; 무의미한, 목표가 없는

**50 point-blank** ☆
[pɔ́int-blǽŋk]

point(=prick)+blank(=white)
→ 하얀 백지에 검은 점을 찍는
ad.딱 잘라, 정면으로, 드러내놓고
    (=directly)

**51 disappoint*** 
[dìsəpɔ́int]

dis(=not)+ap<ad(=to)+point(=prick)
→ appoint (지명하다)하지 않다
v. 1.실망[낙심]시키다, 실망하다
    2.(계획을) 좌절시키다
ⓐ **disappointed** 실망한, 기대가 어긋난
    **disappointing** 실망시키는
ⓝ **disappointment** 실망, 기대에 어긋남

ⓡ **appoint** 지명[임명]하다; 약속을 정하다
    - **appointment** 약속, 지정, 임명

**52 punctual** ☆☆
[pʌ́ŋktʃuəl]

punct(=prick)+ual → (시계의 초침을) 콕 찌르는
a. 1.시간을 잘 지키는, ~에 늦지
    않는(=on time)
    2.규칙적인; 정확한
ⓝ **punctuality*****
    시간 엄수(=being on time)

**53 punctuate** 
[pʌ́ŋktʃuèit]

punct(=prick)+ate → 마침표(점)을 콕 찍다
vt.구두점을 찍다 → (말을) 중단시키다
    (=interrupt)
ⓝ **punctuation** 구두점, 구두법, 중단
ⓢ **punctate** 작은 반점이 있는
    - **punctum** (생물) 반점(=spot), 점

**54 acupuncture*** 
[ǽkjupʌ̀ŋktʃər]

acu(=sharp)+punct(=prick)+ure → 날카로운 침
n. 침술, 침

ⓢ **puncture**
    v. 타이어를 펑크 내다; 구멍을 내다,
       뾰족한 것으로 찌르다(=prick)
    n. 타이어의 펑크
    cf. **flat tire** 바람 빠진 타이어

**55 punctilious** ☆
[pʌŋktíliəs]

punct(=prick)+ili+ous → 마침표(점)을 콕 찍다
a. 격식에 치우친, 딱딱한; 꼼꼼한
    (=meticulous)
ⓝ **punctilio**
    미세한 점; (격식 등에) 지나치게 꼼꼼함

**56 poignancy*** 
[pɔ́injənsi]

poign(=prick)+ancy → 날카로움
n. 날카로움, 매서움; 신랄(=intensity)
ⓐ **poignant** 날카로운, 매서운; 신랄한
관련 **pungent**
    (냄새, 맛이) 얼얼한, 톡 쏘는; 자극적인

**57 compunction*** 
[kəmpʌ́ŋkʃən]

com(=together)+punct(=prick)+ion → 양심의
가책으로 망설이게 됨
n. 양심의 가책, 뉘우침 → 주저,
    망설임(=reluctance)

## 5. press(=press)

### 58 pressing
[présiŋ] ★★

press(=press)+ing → 일의 압박이 내리누르는

a. (문제·용무 따위가) 긴급한 처리를 요하는, 절박한(=urgent)
ⓥ press 내리누르다, 강요하다, 압박하다
**pressurize**
압력을 가하여 ~하게 하다(=coerce)
ⓝ **pressure** 누르기, 압력; 중압(감)
* **under pressure** 억지로 시켜, 할 수 없이

### 59 impressionable
[impréʃənəbl] ★★

in(=on)+press(=press)+ion+able → 느낌을 잘 받는

a. 감수성이 예민한, 민감한
ⓐ **impressive**
강한 인상을 주는, 인상적인, 감동적인
**impressed** 감명을 받은, 좋은 인상을 받은
**impressionistic**
인상에 근거한; 인상주의자(impressionist)
ⓝ **impression**
인상, 감명; 생각; (눌러서 된) 자국
관련 **expression**
(말, 표정에 의한) 표현, 표정; 말, 말씨

### 60 suppress
[səprés] ▽

sup<sub(=under)+press(=press)
→ 아래로 내리 찍어 누르다

vt. 1. (폭동 등을) 억압[진압]하다
(=keep down)
2. (감정·하품 등을) 억누르다,
참다(=check)
3. (책 등을) 발매 금지하다
4. (사실을) 은폐하다
5. (출혈·배설 등을) 막다, 멈추게 하다
ⓐ **suppressive**
억압[억제]하는, 억누르는; 은폐하는
ⓝ **suppression** 억압, 진압; 은폐; 발매금지

图 **keep down***
(반란을) 진압하다; (감정을) 억누르다
**quell*** (반란 등을) 진압하다; 정복하다;
(공포 등을) 억누르다, 가라앉히다

### 61 oppress
[əprés] ★

ob<op(=against)+press(=press)
→ ~에 대해 억누르다

vt. 1. 억압하다, 압제하다, 탄압하다
2. <수동형으로> 중압감을 주다
3. 졸음 등이 덮치다
ⓐ **oppressive** 압제적인; 가혹한; 답답한
ⓝ **oppression** 압제, 탄압, 압박감
**oppressor** 압제자, 박해자
* **the oppressed** 억압받는 사람들

### 62 repress
[riprés] ★

re(=back)+press(=press) → 뒤로 억눌러 보내다

vt. 1. (욕망을) 억제하다, 억누르다,
저지하다
2. (사람을) 억압하다,
(폭동을) 진압하다
ⓐ **repressed** 억압된, 억제된
ⓝ **repression** 진압, 억제
관련 **compress**
압축하다, 요약하다; 습포, 압박붕대

### 63 depressed
[diprést] ★

de(=down)+press(=press)ed → 아래로 내리 눌린

a. 1. 억압된; 의기소침한(=despondent)
2. 불경기의, 궁핍한
ⓝ **depression** 의기소침, 우울, 불경기, 불황

관련
**dystopia** 반 유토피아(utopia의 반대말)
(=an imaginary place or state in which
everything is extremely bad or unpleasant)
**Utopia** 유토피아
(=an imaginary place or state in which
everything is perfect)

| 테마어휘 | 느슨함, 침체, 부진, 불경기 |
|---|---|
| ❶ slackness | 느슨함, 태만 |
| ❷ inactivity | 무활동, 무기력; 불활성 |
| ❸ slump | (활동·원기의) 슬럼프; 부진; 불경기 |
| ❹ dullness | 둔함; 둔감; 느림, 불경기 |
| ❺ stagnation | 경기 침체, 정체, 부진, 불경기 |
| ❻ depression | 실업률의 증대가 수반된 광범위한 불경기 |
| ❼ recession | (일시적) 경기 후퇴, 불경기 |
| ❽ stagflation | 경기 침체하의 인플레이션 |

**1** We must prevent one person from <u>mauling</u> another.
① beating     ② cuddling
③ throwing     ④ trapping

**2** She <u>smacked</u> her books down on the table.
① tore     ② slanted
③ bashed     ④ slashed

**3** As researchers <u>grapple</u> with these questionable results, theorists are asking why man domesticated dogs and cats.
① struggle     ② wriggle
③ believe     ④ talk over

**4** 밑줄 친 단어의 의미가 다른 하나는?
① Dr. Gong <u>hustled</u> me into a room, had me lie down on a cot, and went to work.
② He <u>hustled</u> straight up the aircraft steps without looking round or waving goodbye.
③ You'll have to <u>hustle</u> if you're going to get home for supper.
④ They had finished the exam and the teacher was <u>hustling</u> to get the papers gathered up.

> **4-1** She couldn't avoid being <u>jostled</u> by the crowd. [97. 고려대 대학원]
> ① pushed     ② jeered
> ③ threatened     ④ amused

**5** What are "A" and "B" doing?

> A : Twenty-five? Why, that's a total rip-off!
> B : OK, then, name your price.
> A : Can you make it fifteen?
> B : No way! Twenty. And that's my final offer.

① Bargain hunting     ② Debating
③ Confirming     ④ Haggling

**6** Most cowboy movies include a scene with a barroom <u>wrangle</u>.
① concord     ② concurrence
③ revel     ④ brawl

---

**1** 우리는 사람들이 서로 상대방을 거칠게 다루지 못하게 해야 한다. * prevent A from A ~하지 못하게 하다
【정답】①
① beat 때리다     ② cuddle 꼭껴안다, 포옹하다
③ throw 던지다     ④ trap 덫을 놓다

**2** 그녀는 자기 책을 탁자 위에 찰싹 소리를 내며 내려놓았다.
【정답】③
① tear 찢다     ② slant 기울게 하다
③ bash 강타하다     ④ slash 깊이 베다

**3** 과학자들이 이 의심스러운 결과들을 해결하려 씨름할 때, 이론가들은 왜 인간이 개와 고양이를 가축으로 길들였나 하는 질문을 던지고 있다.
* questionable 의심스러운, 문제가 되는 domesticate 길들이다
【정답】①
① struggle 애쓰다     ② wriggle 꿈틀거리다
③ believe 믿다     ④ talk over 설득하다

**4** 【정답】①
① 공박사는 나를 어떤 방에 밀어 넣어 침대에 눕히고는 일하러 나가버렸다.
② 그는 주변을 둘러보거나 손을 흔들어 인사하지도 않고 비행기 계단을 곧장 서둘러 올라갔다.
③ 네가 집에 가서 저녁을 먹으려면 서둘러야 할 것이다.
④ 그들은 시험을 마쳤고 선생님은 서둘러 시험지를 걷고 있었다.

**4-1** 그녀는 군중에게 떠밀릴 수밖에 없었다.
* avoid 피하다, 막다
【정답】①
① push 떠밀다     ② jeer 조롱하다
③ threaten 위협하다     ④ amuse 재미있게 하다

**5** 【정답】④
A : 25달러요? 어머, 완전 바가지네.
　　* rip-off 사기, 강탈
B : 알았어요. 그럼 원하시는 가격을 말해보세요.
　　* name one's price 원하는 가격을 부르다
A : 15달러에 주실 수 있나요?
B : 말도 안돼요. 20달러 내세요. 더 이상은 안돼요.
　　* No way! 말도 안 돼!

① Bargain hunting 염가품을 찾아다니기
② Debating 토론하기     ③ Confirming 확정하기
④ haggling 가격 흥정

**6** 카우보이 영화의 대부분은 술집에서 싸움이 벌어지는 장면이 들어간다.
【정답】④
① concord 일치, 조화     ② concurrence 동시 발생
③ revel 술잔치     ④ brawl 말다툼, 싸움

**6-1** While a financial crisis may force a couple pull together, realizing a fortune may cause a couple to _______ about things that were not debatable before.
① recognize
② destabilize
③ ponder
④ squabble

**7** He got a deadly wound inflicted in the _______ with well-trained enemy squad. [08.선관위 9급]
① boorish
② flourish
③ skirmish
④ sluggish

**8** Billy asked, <u>stroking</u> his sister's hair.
① caressing
② tying
③ extracting
④ pulling out

**9** The meeting was a <u>striking</u> contrast to the previous one. [01. 행자부 9급]
① disagreeable
② noticeable
③ natural
④ disappointing

**10** Reviews on caffeine and conception __________. One study of 2,817 women found no effect on their chances of conceiving, while another of 1,909 women linked more than 300 milligrams of caffeine daily to a delay conception. [07.국가직 9급]
① conflict
② coincide
③ make sense
④ manifest themselves

**10-1** The government adroitly maneuvered the <u>conflicting</u> demands of the two business factions. [93.사법시험]
① confronting
② confusing
③ frustrating
④ compromising
⑤ clashing

**10-2** Industrial <u>conflict</u> seems to be more rampant in some countries in times of prosperity.
① competition
② strife
③ demand
④ proliferation

**11** The instructor was <u>afflicted</u> by the fact that several students failed the entrance examination. [07.광주 9급]
① reinforced
② tormented
③ infuriated
④ saturated

---

**6-1** 재정적 위기는 부부가 서로 협력하게 만들 수도 있지만, 돈을 버는 것은 이전에는 논쟁거리도 아니었던 문제로 부부를 싸우게 만든다. * pull together 협력하여 일하다 debatable 논쟁의 여지가 있는 realize a fortune 돈을 벌다
【정답】④
① recognize 인정하다
② destabilize 불안정하게 하다
③ ponder 숙고하다
④ squabble 말다툼하다

**7** 그는 잘 훈련된 적의 분대와의 전투에서 치명상을 입었다.
* deadly 치명적인 inflict 상처를 입히다 squad 분대
【정답】③
① boorish 촌티 나는
② flourish 번성하다
③ skirmish 작은 접전
④ sluggish 게으름 피우는

**8** 빌리는 여동생의 머리카락을 어루만지면서 물었다.
【정답】①
① caress 어루만지다
② tie 매다, 묶다
③ extract 뽑다
④ pull out 잡아 뽑다

**9** 그 모임은 이전의 모임과 확연한 대조를 보였다.
* contrast 대조, 차이 previous 앞의, 이전의
【정답】②
① disagreeable 불쾌한
② noticeable 눈에 띄는
③ natural 타고난
④ disappointing 실망시키는

**10** 카페인과 임신에 관한 관찰들은 상충된다. 2,817명의 여성들에 대한 한 연구에서는 카페인이 그들의 임신가능성에 어떤 영향도 미치지 않았음을 발견했지만, 반면에 1,909명의 여성들에 대한 또 다른 한 연구는 하루 300밀리그램 이상의 카페인을 임신 지연과 연관지었다. * conception 개념, 임신 conceive 임신하다 link A to B A를 B와 연결하다
【정답】①
① conflict 충돌하다
② coincide 일치하다
③ make sense 이치에 닿다
④ manifest 명시하다

**10-1** 정부는 두 경제적 파벌의 상충하는 요구를 교묘하게 처리했다. * adroitly 교묘하게 maneuver 교묘하게 처리하다 faction 파벌, 분파
【성납】⑤
① confronting 직면한
② confusing 혼란시키는
③ frustrating 좌절시키는
④ compromising 명예를 훼손시키는
⑤ clashing 충돌하는

**10-2** 일부 나라에서는 노동 분쟁이 호황기에 더 기승을 부리는 것 같다. * rampant 유행하는 prosperity 번영
【정답】②
① competition 경쟁
② strife 투쟁, 분쟁
③ demand 요구
④ proliferation 격증

**11** 선생님은 몇몇 학생들이 입학 시험에서 낙제했다는 사실 때문에 괴로워했다. * instructor 교사
【정답】②
① reinforce 강화하다
② torment 괴롭히다
③ infuriate 격노하게 하다
④ saturate 흠뻑 적시다

**11-1** Their affections and assistance can bring relief during the heavy <u>affliction</u>.
① blessing      ② misery
③ prosperity      ④ emotion

**11-1** 그 엄청난 고통을 겪는 동안 그들의 애정과 원조는 위안을 가져다 줄 수 있다.
* affection 애정 assistance 도움 relief 고통의 경감, 위안 【정답】②

① blessing 축복      ② misery 불행, 고통
③ prosperity 번영      ④ emotion 감동, 감정

---

**12** The two drivers were injured in the <u>collision</u>.
① speed      ② crash
③ cross      ④ carelessness

**12** 두 명의 운전자들이 그 충돌사고에서 부상을 입었다. * injure 상처를 입히다 【정답】②

① speed 속력      ② crash 충돌
③ cross 십자가, 불행      ④ carelessness 부주의

---

**13** After a day's hard work, Mr. Craig _______ on the sofa.
① crushed      ② cracked
③ crashed      ④ creaked

**13** 힘든 하루 일과를 끝낸 후, Craig씨는 소파에 쿵하고 주저앉았다. 【정답】③

① crush 밟아 뭉개다      ② crack 금이 가다
③ crash 추락하다      ④ creak 삐걱거리다

---

**14** 다음 빈 칸에 들어갈 말로 적당하지 않은 것은?

We must consolidate coordinated action in the _______ against organized crime.

① truce      ② fight
③ war      ④ combat

**14** 【정답】①

우리는 조직범죄와의 전쟁에 있어 공동대응 조치를 강화하여야 한다. * consolidate 강화하다 coordinated 공동의, 협동의 organized crime 조직범죄 fight/ war/ combat against ~와의 전쟁

① truce 휴전

---

**14-1** Our team _______ a losing battle from the time the game started.
① tried      ② played
③ fought      ④ retreated
⑤ completed

**14-1** 우리 팀은 경기 시작부터 승산 없는 싸움을 했다.
* fight a losing battle 승산없는 싸움을 하다 【정답】③

---

**15** The light from most stars takes millions of years to reach us, so not only is the present existence of these stars _______, but so are the very concepts of "the present" and "existence."
① invincible      ② detectable
③ debatable      ④ indecorous

**15** 별에서 나오는 빛이 우리에게 도달하기 위해서는 수 백 년이 걸리고, 그래서 현재의 이런 별들의 존재뿐만 아니라 "현재"와 "존재"의 그 개념조차 논란의 여지가 있다. 【정답】③

① invincible 정복할 수 없는
② detectable 발견할 수 있는
③ debatable 논란의 여지가 있는
④ indecorous 버릇없는

---

**16** Rather than leaving immediately, they waited for the storm to _______. [06.서울시 9급]
① abate      ② abjure
③ abridge      ④ abrade
⑤ abolish

**16** 그들은 바로 떠나기 보다는 폭풍이 수그러들기를 기다렸다. * immediately 곧, 즉각 【정답】①

① abate 줄다, 잦아들다      ② abjure 맹세하고 버리다
③ abridge 단축하다      ④ abrade 닳다
⑤ abolish 폐지하다

---

**16-1** It snowed for three days before it <u>let up</u> and we could go outside.
① stopped      ② exploded
③ overcast      ④ became mild

**16-1** 3일 동안 내리고 나서야 눈이 그쳤고 우리는 밖으로 나갈 수 있었다. * let up 멈추다, 약해지다 【정답】①

① stop 멈추다
② explode 폭발하다
③ overcast 구름으로 덮다, 흐리다

**17** At the end of the play, the audience _________ enthusiastically. [98. 일반경찰]
① applauded
② invoked
③ retorted
④ stood

**17-1** The audience <u>applauded</u> enthusiastically after the performance. [91.연세대대학원]
① clasped
② clapped
③ craved
④ shouted

**17-2** The audience <u>gave</u> him <u>a big hand</u>.
① applauded
② grasped
③ provided
④ helped

**18** Her explanation seemed entirely <u>plausible</u> to me.
① feasible
② incredible
③ valuable
④ comparable

**18-1** His version of the story is <u>implausible</u> because it changes every time he tells it.
① irrelevant
② versatile
③ prolific
④ unbelievable

**19** The teacher continually _______ the pupil for the missing assignments. [86 서울대대학원]
① regarded
② rebuked
③ revoked
④ refined

**19-1** John was <u>taken to task</u> over the poor quality of his work. [96. 입법고시]
① given
② paid
③ praised
④ fooled
⑤ scolded

**19-2** If you neglect what you are to do, you will be <u>dressed down</u>. [96.외무고시]
① sent to the dress section
② asked to leave your post
③ asked to sell dress
④ deprived of your dress
⑤ reproached

**20** I do not <u>impugn</u> the motives of any one opposed to me.
① condone
② sanction
③ override
④ denigrate

**17** 연극이 끝난 후에 청중들은 열광적으로 박수를 보냈다. * audience 청중 enthusiastically 열광적으로
【정답】①
① applaud 박수치다
② invoke 호소하다
③ retort 말대꾸하다
④ stand 일어서다

**17-1** 청중은 그 공연이 끝난 후 열렬히 박수갈채했다.
* performance 연극, 공연
【정답】②
① clasp 고정시키다, 꽉 쥐다
② clap 박수를 치다
③ crave 갈망하다
④ shout 소리 지르다

**17-2** 청중은 그에게 큰 박수를 보냈다.
【정답】①
① applaud ~에게 박수를 보내다
② grasp 움켜잡다
③ provide 제공하다
④ help 돕다 cf. give a hand 돕다

**18** 그녀의 설명은 아주 그럴듯해 보였다.
* entirely 완전히, 아주
【정답】①
① feasible 그럴싸한, 실행가능한
② incredible 놀라운
③ valuable 가치가 있는
④ comparable 유사한

**18-1** 그 이야기에 대한 그 사람의 설명은 말할 때 마다 변해서 믿을 수가 없다.
【정답】④
① irrelevant 관계없는
② versatile 다재다능한
③ prolific 다작의, 풍부한
④ unbelievable 믿을 수 없는

**19** 숙제를 안 해온 학생에게 선생님은 계속 야단치셨다. * continually 계속해서 pupil 학생 assignment 숙제, 할당
【정답】②
① regard 여기다, 존경하다
② rebuke 꾸짖다
③ revoke 취소하다
④ refine 맑게 하다

**19-1** 그가 한 작업의 질이 낮아서 존은 꾸지람을 들었다.
【정답】⑤
① give 주다
② pay 지불하다
③ praise 칭찬하다
④ fool 놀리다
⑤ scold 꾸짖다

**19-2** 해야 할 일을 게을리 한다면, 너는 질책을 당할 것이다.
【정답】⑤
① 의상부서로 보내질 것이다.
② 사임을 요구받을 것이다.
③ 옷을 팔기를 요청받을 것이다
④ deprive 빼앗다
⑤ reproach 비난하다, 꾸짖다

**20** 저를 반대하는 사람이 누구든 그 저의를 의심하지 않습니다.
【정답】④
① condone 용서하다
② sanction 인가하다
③ override 무시하다
④ denigrate 모욕하다

**21** Nowhere do we find Johnson more <u>pugnacious</u> than in his friendship with Garrick. [92.연세대 대학원]
① persistent
② punishable
③ good-tempered
④ quarrelsome

**21** 우리는 Johnson이 Garrick과의 친구 관계에 있어서만큼 보다 더 호전적인 모습을 어디서도 찾을 수 없다.
【정답】④
① persistent 고집 센
② punishable 처벌할 만한
③ good-tempered 성격이 좋은
④ quarrelsome 싸우기 좋아하는

**22** She was trying to overcome her <u>repugnance</u> for him.
① ignorance
② aversion
③ ambivalence
④ impatience

**22** 그녀는 그에 대한 혐오감을 극복해보려고 노력하고 있었다.
【정답】②
① ignorance 무지
② aversion 싫음
③ ambivalence 양면 가치
④ impatience 성급함

**23** Linda wanted to stay home, but she finally agreed, very ______, to go to the movies. [99.세무사]
① reluctantly
② briskly
③ absolutely
④ lavishly
⑤ willingly

**23** 린다는 집에 그냥 있고 싶었지만, 마지 못해 결국 영화를 보러 가기로 동의했다.
【정답】①
① reluctantly 마지못해
② briskly 활발하게
③ absolutely 완전히, 전적으로
④ lavishly 아낌없이
⑤ willingly 자진해서

> **23-1** Many customers are <u>reluctant</u> to buy new hardware because of a shortage of innovative software. [01.사법시험]
> ① sorry
> ② frantic
> ③ unwilling
> ④ irrational
> ⑤ enthusiastic

**23-1** 많은 고객들은 혁신적인 소프트웨어가 부족하기 때문에 새로운 하드웨어를 구매하기를 꺼려한다.
* shortage 부족, 결핍 innovative 혁신적인
【정답】③
① sorry 유감인
② frantic 광란의, 미친
③ unwilling 마음 내키지 않는
④ irrational 불합리한
⑤ enthusiastic 열렬한

**24** Throughout its history, the country has been very <u>belligerent</u>.
① unstable
② wealthy
③ productive
④ warlike

**24** 그 나라 역사전체를 통틀어, 그 나라는 매우 호전적이었다.
【정답】④
① unstable 불안정한
② wealthy 부유한
③ productive 생산적인
④ warlike 전쟁을 좋아하는

> **24-1** Despite the <u>bellicose</u> rhetoric coming from the rulers of the country, most of its people remained unaffected.
> ① threatening
> ② appeasing
> ③ beautified
> ④ warlike

**24-1** 그 나라의 통치자로부터 나온 호전적인 언사에도 불구하고, 대부분의 국민들은 아무런 영향을 받지 않았다.
* rhetoric 수사학, 웅변 unaffected 영향을 받지 않은
【정답】④
① threatening 험악한
② appeasing 회유적인
③ beautified 미화된
④ warlike 전쟁을 좋아하는

**25** She felt that no one loved her. This made her angry, resentful, and <u>rebellious</u>. [04.변리사]
① disobedient
② bitter
③ impatient
④ courageous
⑤ depressed

**25** 그녀는 아무도 자기를 좋아하지 않는다고 생각했다. 이것이 그녀를 화나고 분개하고 반항적이게 했다. * resentful 분노한
【정답】①
① disobedient 순종하지않는
② bitter 쓰라린, 신랄한
③ impatient 성급한
④ courageous 용기있는
⑤ depressed 의기소침한

> **25-1** At last the sailors <u>mutinied</u> against the captain's unjust use of his power; they seized the ship, and put him in an open boat to float at the mercy of the sea. [00.변리사]
> ① gathered
> ② rebelled
> ③ complained
> ④ yielded

**25-1** 마침내 선원들은 선장이 부당하게 자신의 권력을 휘두르는 것에 대항해 반란을 일으켰다. 선원들은 배를 탈취했고 선장을 작은 보트에 태워서 바다에 운명을 맡기게끔 떠내려 보냈다. * at the mercy of ~에 좌우되어
【정답】②
① gather 모이다
② rebel 반란을 일으키다
③ complain 불평하다
④ yield 굴복하다

**26** The two Koreas are still in state of war since the 1950-53 Korean War ended with an ______.
① combat
② belligerent
③ collision
④ armistice

**26-1** 다음 중 의미가 다른 어휘 하나는? [07.인천 9급]
① resumption
② armistice
③ truce
④ peace

**27** He <u>offended</u> me by the way he spoke and behaved. [82.사법시험]
① assisted
② defended
③ criticized
④ displeased
⑤ impressed

**27-1** I'd like to give him some advice, but I think he'd <u>take offence</u>. [96. 연세대 대학원]
① follow my advice
② do the opposite
③ attack me
④ be annoyed

**28** His mother <u>stood up for</u> him when he was questioned.
① awoke
② believed
③ defended
④ opposed

**28-1** In a civil law court the ______ is the person who makes a legal complaint about another person, the ______. [01.사법시험 변형]
① jury - judge
② accuser - accused
③ witness - reference
④ plaintiff - defendant
⑤ executioner - prosecutor

**29** From the time her eldest was 10, her children had to <u>fend for</u> themselves.
① build up
② comply with
③ keep up with
④ take care of

**29-1** Pumpkin carving was introduced to America by Irish immigrants, who sculpted turnips to <u>ward off</u> evil spirits on the eve of the Celtic New Year.
① fend off
② waste away
③ care for
④ bank on

---

**26** 1950-1953년에 한국 전쟁이 휴전협정으로 끝난 관계로 남과 북은 여전히 전쟁 중인 상태이다.
【정답】④
① combat 전투
② belligerent 교전중인,교전국
③ collision 충돌
④ armistice 휴전협정

**26-1** 【정답】①
① resumption 재개, 회복
② armistice 휴전
③ truce 휴전
④ peace 평화 조약

**27** 그는 말과 행동으로 나를 불쾌하게 했다.
【정답】④
① assist 돕다
② defend 방어하다, 변호하다
③ criticize 비난하다
④ displease 불쾌하게 하다
⑤ impress 깊은 인상을 주다

**27-1** 나는 그에게 약간의 충고를 하고 싶지만, 그는 기분 상해 할 것이다.
【정답】④
① 내 충고를 따르다
② do the opposite 반대로 행하다
④ be annoyed 화가 나다

**28** 그가 의심을 받고 있었을 때 그의 어머니는 그를 옹호했다.
【정답】③
① awake 깨우다
② believe 믿다
③ defend 옹호하다
④ oppose 반대하다

**28-1** 민사 법정에서 원고는 다른 사람 즉 피고에 대해 법적인 제소를 하는 사람이다. * plaintiff 원고(민사소송을 제기한 사람) legal 법적인 complaint 불만, 고소 defendant 피고(민사소송을 당한 사람)
【정답】④
① jury 배심 – judge 판사
② accuser 고소인 – accused 피고인
③ witness 증인 – reference 참고인
④ plaintiff 원고 – defendant 피고
⑤ executioner 사형집행인– prosecutor 검사

**29** 그녀의 맏아이가 10살이 되던 때부터, 그녀의 아이들은 스스로를 돌봐야만 했다.
【정답】④
① build up 쌓아 올리다
② comply with 따르다
③ keep up with ~에 뒤떨어지지 않다
④ take care of 돌보다

**29-1** 호박을 조각하는 것은 아일랜드 이민자들에 의해 미국에 소개됐는데, 그들은 켈트족의 신년 전야에 악령을 물리치기 위해 순무를 조각했다.
【정답】①
① fend off 물리치다
② waste away 헛되이 보내다
③ care for 좋아하다
④ bank on ~을 믿다, ~에 의지하다

**30** Time talks.  It speaks more plainly than words. The message it conveys comes though loud and clear. Because it is manipulated less consciously, it is subject to less _______ than the spoken language. It can shout the truth where words lie. [96. 서울대 대학원]
① acquisition　　　② distortion
③ automation　　　④ substitution

**31** Landlords often try to make more money by ______ high rents from tenants.
① extorting　　　② exasperating
③ expatriating　　　④ exonerating

> **31-1** That deal certainly <u>held</u> you <u>up</u> for that new car. Tom got the same model for $200 less.
> ① delayed　　　② overcharged
> ③ extorted money from　　④ endured

**32** To the derogatory comments from the older generation the teenagers might <u>retort</u> that new fashions and styles are adopted by the elders with alacrity.
① reply　　　　　② understand
③ surrender　　　④ smooth

**33** Her image was constantly in my mind; her absence was a perpetual <u>torment</u>.
① bliss　　　　　② torture
③ reminiscence　　④ memory

**34** The boy's arm was broken, but the bone did not _______ through the skin.
① provide　　　　② proscribe
③ protract　　　　④ protrude

**35** Anxiety arises in response to inner stimuli which <u>obtrude</u> from the unconscious levels of the mind.
① vanish　　　　　② relinquish
③ suffer　　　　　④ emerge

> **35-1** The children's <u>obtrusive</u> disregard for conventional manners embarrasses their old relatives.
> ① deliberate　　　② protracted
> ③ blatant　　　　④ ambitious

---

**30** 시간도 말을 한다. 시간은 말보다 더 간단하게 얘기한다. 시간이 전해주는 메시지는 큰 소리로 또렷하게 전달된다. 그것은 입으로 하는 말보다 의식적으로 덜 조작되기 때문에, 덜 왜곡되기 쉽다. 시간은 말이 거짓을 말하는 곳에서 진실을 외칠 수 있는 것이다. * be subject to ~하기 쉽다
【정답】②
① acquisition 획득　　② distortion 왜곡
③ automation 자동화　　④ substitution 대리

**31** 집주인들은 종종 세입자들로부터 높은 임대료를 착취함으로써 더 많은 돈을 벌려고 한다.
* landlord 집주인, 지주　tenant 세든 사람
【정답】①
① extort 강제로 탈취하다　　② exasperate 화나게 하다
③ expatriate 국외로 추방하다　④ exonerate 면제하다

**31-1** 너 그 새 차 산 거 완전히 바가지 쓴거야. 똑같은 모델을 톰은 200달러나 싸게 샀거든. * hold up 강도짓을 하다
【정답】③
① delay 늦추다　　② overcharge 부당한값을청구하다
③ extort 강제로 탈취하다　④ endure 견디다

**32** 구세대로부터 듣는 악담에 대해서 10대들은 새로운 유행과 스타일을 어른들도 재빠르게 받아들이지 않느냐고 반박할지 모른다. * derogatory 명예를 손상하는 adopt 받아들이다 alacrity 민활
【정답】①
① reply 대꾸하다
② understand 이해하다
③ surrender 넘겨주다, 항복하다

**33** 그녀의 모습은 항상 내 마음속에 있었다. 그래서 그녀가 없는 것이 끝없는 고통이었다. * constantly 끊임없이 perpetual 끊임없는
【정답】②
① bliss 더없는 기쁨　　② torture 고문
③ reminiscence 회상　　④ memory 기억, 추억

**34** 그 아이는 팔이 부러졌지만, 뼈가 살갗 밖으로 튀어나오지는 않았다.
【정답】④
① provide 제공하다　　　② proscribe 금지하다
③ protract 연장하다　　　④ protrude 내밀다,튀어나오다

**35** 불안은 정신의 무의식적인 단계에서 나타나는 내적 자극에 반응하여 일어난다. * anxiety 걱정, 불안 arise 일어나다, 생기다 stimuli 자극(stimulus의 복수형) unconscious 무의식의
【정답】④
① vanish 사라지다　　　② relinquish 양도하다,그만두다
③ suffer 괴로워하다　　　④ emerge 나오다, 나타나다

**35-1** 전통적인 예의범절에 대한 그 아이들의 뻔뻔스런 무시는 그들의 나이든 친척들을 어리둥절하게 한다.
* conventional 전통적인 embarrass 어리둥절하게 하다
【정답】③
① deliberate 신중한　　　② protracted 연장된
③ blatant 뻔뻔스러운　　④ ambitious 야망적인

**36** The roots of my neighbor's tree began to <u>intrude</u> upon my property.
① preserve　　　② contain
③ trespass　　　④ negotiate

**37** Mr. Kim remained confounded on account of the <u>abstruse</u> expression of words. [02. 10.여자경찰/93.사법시험]
① verbose　　　② satisfied
③ amazing　　　④ difficult

**38** You malign a generous person when you call him a ______ person.
① benevolent　　　② bountiful
③ stinky　　　④ stingy

**39** He will be shunned by his friends, and the <u>stigma</u> could last a lifetime. [95.기술고시]
① duty　　　② task
③ trial　　　④ disgrace

**39-1** Having a child out of wedlock no longer carries the <u>stigma</u> it did twenty-five years ago. [06.회계사]
① pregnancy　　　② comfort
③ pain　　　④ disgrace

**40** Stronger measures will have to be taken to <u>stimulate</u> domestic consumption and foreign investment.
① endorse　　　② impose
③ affect　　　④ promote

**41** The climatic conditions could have <u>instigated</u> such migratory behavior.
① instilled　　　② revealed
③ caused　　　④ resulted from

**42** Agitators who ______ divisions in a nation are dangerous.
① spurn　　　② stir up
③ churn out　　　④ rebuke

**43** Just as China's economic boom fueled a roaring demand for raw materials across the world, so too did it ______ a frenzy for recyclable paper, plastic and metals.
① exceed　　　② contain
③ spur　　　④ extinguish

---

**36** 이웃집 나무의 뿌리가 내 집 땅을 침범하기 시작했다.
【정답】③
① preserve 보호하다　　② contain 포함하다
③ trespass 침입하다　　④ negotiate협상하다

**37** 난해한 말들로 된 표현들 때문에 김씨는 당황했다. * confound 당황케 하다 on account of ~ 때문에
【정답】④
① verbose 말 수가 많은　　② satisfied 만족한
③ amazing 놀랄만한　　④ difficult 어려운

**38** 네가 그를 인색한 사람이라고 한다면, 너는 관대한 사람을 비방하는 것이다.
* malign 헐뜯다 generous 관대한
【정답】④
① benevolent 자비로운　　② bountiful 아낌없이 주는
③ stinky 악취가 나는　　④ stingy 인색한

**39** 그의 친구들은 그를 멀리할 것이고, 그 오점은 평생 동안 지속될 수도 있다. * shun 피하다
【정답】④
① duty 의무　　② task 직무
③ trial 공판, 시련　　④ disgrace 불명예

**39-1** 사생아를 출산하는 것이 25년 전에 그랬던 것처럼 더 이상 치욕은 아니다. * out of wedlock 사생아의
【정답】④
① pregnancy 임신　　② comfort 위로
③ pain 아픔　　④ disgrace 불명예

**40** 내수 진작과 외국 투자를 증진하기 위해 보다 강한 조치들이 취해져야 할 것이다.
* measures 조치 domestic 국내의 consumption 소비
【정답】④
① endorse 배서하다　　② impose 부과하다
③ affect 영향을 미치다　　④ promote 증진시키다

**41** 기후적인 조건들이 그런 이주 습성을 부추겼을 수도 있다 * migratory 이주하는
【정답】③
① instill 스며들게 하다　　② reveal 드러내다
③ cause 일으키다　　④ result from 유래하다

**42** 국가에 있어 분열을 책동하는 선동가는 위험분자이다. * agitator 선동가
【정답】②
① spurn 쫓아내다　　② stir up 선동하다
③ churn out 대량생산하다　　④ rebuke 비난하다

**43** 중국 경제의 붐이 전 세계에 걸쳐 원자재에 대한 활발한 수요를 부채질했듯이 재생가능한 종이, 플라스틱, 고철 등에 대한 열풍 또한 불러 일으켰다.
* fuel 부채질하다 roaring 대성황의 frenzy 격분, 열풍
【정답】③
① exceed 도를 넘다　　② contain 포함하다
③ spur 박차를 가하다　　④ extinguish (불을) 끄다

**44** The huge forest fire was <u>put out</u> by the heavy rain. [00.여자경찰]
① slackened　　② extinguished
③ continued　　④ caused

**44** 폭우로 인해 대형 산불이 꺼졌다.
* huge 거대한 heavy rain 폭우
　　　　　　　　　　　　　　　　【정답】②
① slacken 느슨해지다　② extinguish (불을) 끄다
③ continue 계속하다　④ cause 일으키다

**45** The most serious threat to the majority of species at risk of _______ is habitat reduction.
① destruction　　② fall
③ collapse　　④ extinction

**45** 멸종의 위기에 처한 대부분의 종들에게 가장 심각한 위협은 서식지 감소이다.
* habitat 서식지 reduction 감소
　　　　　　　　　　　　　　　　【정답】④
① destruction 파괴　② fall 낙하
③ collapse 무너짐, 급락　④ extinction 멸종

**46** The response was less analytical than <u>visceral</u>.
① efficacious　　② instinctive
③ sycophantic　　④ responsive

**46** 그 답변은 분석적이라기보다는 본능적이었다.
* analytical 분석적인
　　　　　　　　　　　　　　　　【정답】②
① efficacious 효과있는　② instinctive 본능적인
③ sycophantic 아첨하는　④ responsive 대답의

**47** The <u>prestigious</u> Ivy League colleges naturally have higher admission standard. [02. 여자경찰]
① predated　　② eminent
③ preposterous　　④ intricate

**47** 명성 있는 Ivy League 대학들은 당연히 더 높은 입학허가기준을 갖고 있다. * admission 입학 허가
　　　　　　　　　　　　　　　　【정답】②
① predated 시간이 앞선　② eminent 저명한
③ preposterous 불합리한　④ intricate 복잡한

**48** Tom Johnson was <u>distinguished</u> both as a critic and as a writer.
① eminent　　② inventive
③ dynamic　　④ enthusiastic
⑤ luxurious

**48** Tom Johnson은 비평가이자 작가로서 모두 유명했다. * critic 비평가
　　　　　　　　　　　　　　　　【정답】①
① eminent 저명한
② inventive 창의력이 풍부한
③ dynamic 역동적인
④ enthusiastic 열렬한
⑤ luxurious 사치스러운

**49** His speech was short, but <u>to the point</u>. [97.일반경찰]
① to the minute　　② on purpose
③ not long　　④ to the purpose

**49** 그의 연설은 짧았지만 적절했다.
　　　　　　　　　　　　　　　　【정답】④
① to the minute 정각에　② on purpose 고의로, 일부러
③ not long 길지 않게
④ to the purpose 적절한, 요령있는

**50** She refused <u>point-blank</u> to join in.
① angrily　　② indifferently
③ directly　　④ politely

**50** 그녀는 참여하는 것을 딱 잘라서 거절했다.
* refuse 거절하다
　　　　　　　　　　　　　　　　【정답】③
① angrily 화가 나서　② indifferently 사심없이
③ directly 직접적으로, 솔직하게　④ politely 공손하게

**51** On the contrary, she seems to be kind of _______ in him. [97.일반 경찰]
① disappoint　　② disappointing
③ disappointment　　④ disappointed

**51** 반면에, 그녀는 약간 실망한 듯 보인다.
* on the contrary 반면에 kind of 약간
　　　　　　　　　　　　　　　　【정답】④
① disappoint 실망시키다　② disappointing 실망시키는
③ disappointment 실망　④ disappointed 실망한

**52** The successful salesman is always <u>punctual</u> for his appointments.
① on time　　② prepared
③ anxious　　④ anticipating

**52** 성공한 영업사원은 항상 약속 시간을 정확히 지킨다. * appointment 약속
　　　　　　　　　　　　　　　　【정답】①
① on time 제시간에　② prepared 준비가 되어 있는
③ anxious 걱정하는　④ anticipating 기대하는

**52-1** <u>Punctuality</u> is the art of guessing how late the other fellow is going to be.
① Making a pun
② Making a prediction
③ Being honest
④ Being critical
⑤ Being on time

**53** The president speech was <u>punctuated</u> by constant applause. [01. 사법시험 변형]
① promoted
② serialized
③ interrupted
④ aggravated
⑤ transplanted

**54** Some 12 million Americans have turned to ______ for pain relief. Those hair-thin needles are thought to trigger the release of naturally occurring chemicals and hormones, especially endorphin.
① acupuncture
② meditation
③ chiropractic
④ biofeedback

**55** My uncle is <u>punctilious</u> about using the right tool for each job.
① meticulous
② stressed
③ punctual
④ casual

**56** It is this close identity between the audience and the characters that lends such <u>poignancy</u> to the tragedy.
① intensity
② meaning
③ popularity
④ beauty

**57** She had no <u>compunction</u> about overeating if she thought that her meal was low in fat.
① calculation
② estimation
③ reluctance
④ retrospection

**58** You should hurry up to cope with that <u>pressing</u> business.
① dejected
② moderate
③ useless
④ urgent

---

**52-1** 시간 잘 지키기란 상대방이 얼마나 늦을 것인가를 추측해내는 기술이다.
【정답】⑤
① Making a pun 말장난하기
② Making a prediction 예언하기
③ Being honest 정직한 것
④ Being critical 비판적인 것
⑤ Being on time 시간을 잘 지키는 것

**53** 대통령의 연설은 끊임없는 박수로 **중단되었다.**
* constant 끊임없는 applause 박수
【정답】③
① promote 고무하다, 승진하다
② serialize 연재하다
③ interrupt 가로막다
④ aggravate 악화시키다
⑤ transplant 옮겨 심다

**54** 약 천이백만 명의 미국인들이 진통을 가라앉히기 위해 **침술**에 의지해왔다. 머리카락만큼 얇은 그 바늘(침)들은 자연적으로 생기는 화학물질들과 특히 엔돌핀 같은 호르몬들의 배출을 촉발시킨다고 생각된다. * turn to ~에 의지하다 pain relief 고통 완화 trigger 촉발시키다 release 배출 occur 일어나다, 생기다
【정답】①
① acupuncture 침술
② meditation 명상, 묵상
③ chiropractic 지압 요법
④ biofeedback 생체자기제어

**55** 삼촌은 제각기 일에 알맞은 도구를 사용하는 것에 대해 **꼼꼼하다.**
【정답】①
① meticulous 꼼꼼한
② stressed 스트레스를 받는
③ punctual 시간을 잘 지키는
④ casual 대충하는

**56** 그 비극적인 연극에 그런 **통렬함**을 더해주는 것은 관객과 등장인물들 간의 긴밀한 일체감이다.
* close 긴밀한 identity 동일성, 일체감 lend 주다, 더하다 tragedy 비극
【정답】①
① intensity 격렬, 집중
② meaning 의미
③ popularity 인기
④ beauty 아름다움

**57** 그녀는 식사가 저지방이라고 생각되면 많이 먹는 것을 **주저**하지 않았다.
【정답】③
① calculation 계산, 추정
② estimation 추징, 견적
③ reluctance 꺼림, 내키지 않음
④ retrospection 회고

**58** 저 **화급한** 일을 처리하기 위해 서둘러야 할 것입니다. * hurry up 서두르다 cope with 처리하다
【정답】④
① dejected 낙심한
② moderate 온건한, 알맞은
③ useless 쓸모없는
④ urgent 긴급한

**59** We often use the phrase that "children are ________." We mean that children do not see the world through the same filter of experience that adults do.
① impressed
② impressive
③ impressionable
④ impressionistic

**60** Although Christa Wolf was one of Germany's most famous authors, her works were often ________ and thus often unavailable.
① suppressed
② imitated
③ revised
④ tolerated

> **60-1** The army managed to <u>suppress</u> the population of the occupied country.
> ① keep off
> ② keep on
> ③ keep down
> ④ keep up

> **60-2** He tried to <u>suppress</u> his anger. [93.행자부 7급]
> ① keep up with
> ② keep on
> ③ keep at
> ④ keep down

**61** We know through painful experience that freedom is never voluntarily given by the (A) ________ ; it must be demanded by the (B) ________ .

(A)　　　　(B)
① politicians - slaves
② oppressor - oppressed
③ judges - accused
④ power - spirit

**62** One of the goals of psychoanalysis is to bring <u>repressed</u> conflicts to the level of consciousness.
① inexplicable
② buried
③ unending
④ troublesome

**63** People who are anti-social may be extremely narrow in their range of interests, or they could be <u>depressed</u>.
① despotic
② despondent
③ despicable
④ derogatory

---

**59** 우리는 종종 "아이들은 감수성이 예민하다."라는 말을 쓴다. 그것은 어른들은 세상을 바라볼 때 경험이라는 필터를 통해 세상을 바라보지만 아이들은 그렇지 못한다(좋지 못한 것을 보고 더 상처를 받는다)는 것을 의미한다.

【정답】③

① impressed 감명을 받은
② impressive 강한 인상을 주는
③ impressionable 감수성이 강한
④ impressionistic 인상에 근거한; 인상주의자
　(impressionist)

**60** 크리스타 볼프가 독일의 가장 유명한 작가 중 하나였음에도 불구하고, 그녀의 작품은 종종 발매금지를 당했고 그래서 구할 수 없었다.

【정답】①

① suppress 발매를 금지하다　② imitate 모방하다
③ revise 개정하다　　　　　④ tolerate 묵인하다

**60-1** 군대는 점령국의 주민을 간신히 진압할 수 있었다.
* manage to 가까스로 ~하다　occupied 점령된·

【정답】③

① keep off (장소에) 들어가지 않다
② keep on 계속하다
③ keep down 진압하다
④ keep up 유지하다

**60-2** 그는 자신의 분노를 억누르려 애썼다.

【정답】④

① keep up with 뒤떨어지지 않다
② keep on 계속하다
③ keep at 귀찮게 조르다
④ keep down 억누르다

**61** 우리는 고통스런 경험을 통해서 자유는 절대 억압하는 사람이 자발적으로 주는 것이 아니라는 것을 안다. 즉, 자유는 억압당하는 사람들이 요구하는 것이다. * voluntarily 자발적으로 [tip] freedom(자유)가 핵심 단서이다. 자유를 스스로 주지 않는 사람은 압제자요, 자유를 요구하는 사람들은 억압받는 사람이다.

【정답】②

① politician 정치인 – slave 노예
② oppressor 압제자 – the oppressed 피억압자
③ judge 판사 – the accused 피고인
④ power 힘 – spirit 정신

**62** 정신분석의 목표 중 하나는 억제된 갈등을 의식수준 단계에까지 끄집어내는 것이다.
* psychoanalysis 정신분석　conflict 상충, 갈등　consciousness 의식

【정답】②

① inexplicable 설명할수없는　② buried 묻혀 있는
③ unending 끝없는　　　　　④ troublesome 까다로운

**63** 반사회적인 사람은 관심사가 극단적으로 좁다거나 의기소침해있을 수 있다.
* anti-social 반사회적인　range 범위

【정답】②

① despotic 독재적인
② despondent 기가 죽은
③ despicable 비열한
④ derogatory 명예를 손상시키는

# Day

# 19

## 12 관계형용사

which와 what이 주격 또는 목적격으로 쓰이지 않고, 명사를 수식하는 형용사 역할을 하는 것을 관계형용사라고 한다.

### 1. 관계형용사 which

#### 19 01 (1) 계속적 용법 ★

계속적 용법으로 쓰이는 'which +명사'의 경우 'and +the/this/that+명사'와 같은 역할을 하게 된다. 즉, 관계형용사 which는 **접속사+한정사** 기능을 수행하는 것이다. 이 경우 which 뒤에 위치하는 명사는 관계사절 내에 위치한 '목적어와 보어'도 가능하다.

- She may have missed the train, in *which* case she will not arrive for another hour.
  = She may have missed the train, *and* in *that* case she will not arrive for another hour.
  그녀가 기차를 놓쳤을 수도 있으며, 만일 그러한 경우라면 한 시간 내에 도착하지 못할 것이다.

- He spoke to her in English, *which language* she couldn't understand.
  = He spoke to her in English, *but* she couldn't understand *the* language.
  그는 그녀에게 영어로 말했고, 그녀는 그 언어를 이해할 수 없었다.

⇨ 두 번째 문장의 경우 language는 understand의 목적어인데, 이렇게 관계형용사 which의 수식을 받게 될 경우 주어보다도 먼저 앞으로 이동한다.

#### 19 02 (2) 제한적 용법 ★

제한적 용법으로 쓰이는 'which +명사'의 경우 선택을 제한하는 기능을 하여 '(~하는 것은) 어느 ~이든지'라는 뜻으로 쓰인다.

- Take *which books* you want from the bookshelves.
  = Take *any* books *that* you want from the bookshelves.
  서가에서 어느 책이든지 원하는 책을 가져가라.

#### 19 03 2. 관계형용사 what ★

관계형용사 what은 '막연한 선택'으로서 종종 '얼마 되지 않지만'이란 의미를 가지며, 명사 앞에 little/few를 부가하여 '얼마 되지 않음'을 강조하기도 한다. what이 관계형용사로 쓰일 경우에는 콤마 뒤에 계속적 용법으로 쓰이지 않는다.

■ 관계형용사 <u>what</u>+(few/ little) 명사 = <u>all the</u> (few/ little) 명사 + <u>that</u>
　~하는 것 (얼마 되지 않지만) 모두

- I gave my friend *what* cash I had.
  = I gave my friend *all the* cash *that* I had.
  내가 가진 현금 모두를 친구에게 주었다.

- I gave my friend *what little* cash I had.
  = I gave my friend *all the little* cash I had.
  → I gave my friend *what* cash ~~that~~ I had. (×)
  내가 가진 현금은 얼마 되지 않지만 모두 친구에게 주었다.

⇨ 관계 형용사 what이 cash앞에서 수식을 하고 있으므로, 관계대명사 that은 불필요하다.

## **13** 복합관계사

### 1. 복합관계대명사

**(1) whoever ★★★**

**1) 명사절**

> whoever가 명사절에 쓰인 경우 '~인(~할) 사람은 누구든지'라는 의미이며, 풀어쓰면 'anyone who'가 된다. 따라서 whoever 이하에는 '주어 또는 주격보어인 명사'가 빠져야 한다.

- I may give this ring to *whoever* loves you.
  = I may give this ring to *anyone who* loves you.
  = I may give this ring to *whoever* (I think) *loves* you. [삽입절이 위치한 경우]
  → I may give this ring to ~~whomever~~ (I think) loves you. (×)
  너를 사랑하는 사람이라면 누구든지 나는 이 반지를 줄 수 있다.

  ⇨ I think는 삽입절이며 다음에 동사(loves)가 나오므로 주격인 'whoever = anyone who'가 옳다. 전치사 to의 목적어라고 해서 목적격인 'whomever'가 나오는 것은 아니다.

**2) 부사절**

> whoever가 부사절로 쓰인 경우 '~인(~할) 누구라도'라는 의미이며, 풀어쓰면 'no matter who'가 된다. 따라서 whoever 이하에는 '주어 또는 주격보어인 명사'가 빠져야 한다.

- *Whoever* she may be, I can't believe her.
  = *No matter who* she may be, I can't believe her.
  → ~~Whomever~~ she may be, I can't believe her. (×)
  그녀가 누구이든 간에, 나는 그녀를 믿을 수 없다.

  ⇨ be동사의 주격 보어가 빠져 있으므로 주격인 'whoever=no matter who'가 옳다.

**(2) whomever ★★★**

**1) 명사절**

> whomever가 명사절로 쓰인 경우 '누구를 ~하던지'라는 의미이며, 풀어쓰면 'anyone whom'이 된다. 따라서 whomever 이하에는 '동사의 목적어 혹은 전치사의 목적어'가 빠져야 한다.

- *Whomever* you like may be invited to this party.
  주어 기능하는 명사절

  = *Anyone whom* you like may be invited to this party.
  네가 좋아하는 사람이면 누구든 이 파티에 초대해도 좋다.

- *Whomever* you complain to may do harm to you.
  = *Anyone whom* you complain to may do harm to you.
  누구에게 불평하든 너에게 해를 입힐 수도 있다.

  → ~~Whoever~~ you like may be invited to this party. (×)
  → ~~Whoever~~ you complain to may do harm to you. (×)
  ⇨ 전체 문장의 주어라고 해서 주격인 'whoever'가 아니라, whomever 이하에 like라는 타동사와 전치사 to의 목적어가 빠졌으므로 목적격인 'whomever = anyone whom'이 옳다.

**2) 부사절**

whomever가 부사절로 쓰일 경우 '~할 누구라도'라는 의미를 가지며, 풀어쓰면 'no matter whom'이 된다. 따라서 whomever 이하에는 '타동사의 목적어 혹은 전치사의 목적어'가 빠져야 한다.

- *Whomever* you ask, you won't be able to get the answer to the difficult question.
  = *No matter whom* you ask, you won't be able to get the answer to the difficult question.
  누구에게 물어보든 간에, 당신은 그 어려운 문제에 대한 답변을 얻을 수 없을 것이다.

- *Whomever* you may speak to, you must always be polite.
  = *No matter whom* you may speak to, you must always be polite.
  당신이 누구와 대화를 하든지 간에 언제나 정중해야 한다.

  ⇨ 각각 ask라는 타동사와 to라는 전치사의 목적어가 필요하므로 목적격인 whom이 옳다.



**Check** 복합관계대명사가 'whoever'인지 'whomever'인지 판단은 절의 내부를 통해 판단해야 한다. ★★★
- I'll take *whoever* wants to go.
  가고자 하는 사람은 누구든지 데려갈 것이다.

  → I'll take ~~whomever~~ wants to go. (×)
  ⇨ take라는 타동사의 목적어가 필요하므로 목적격인 whomever가 옳은 것처럼 보이지만, 복합관계대명사의 격은 복합관계대명사절 내부를 보고 판단해야 한다. whoever 이하에 wants라는 동사가 등장하고 주어가 없으므로 주격인 whoever가 옳은 것이다.

## (3) whichever ⊃ 04-36 ★★



**1) 명사절**

whichever가 명사절로 쓰일 경우 '~인(~할) 어느 것이라도'라는 의미이며 풀어쓰면 'anything that'이 된다. 따라서 whichever 이하에는 '주어, 주격보어, 목적어' 중 하나가 빠져야 한다.

- *Whichever* <u>you like</u> shall be yours.
  주어 기능하는 명사절

  = *Anything that* you like shall be yours.
  네가 좋아하는 것이면 어느 것이라도 네 것이 될 것이다.

- Whichever <u>of these books</u> you like shall be yours. [전치사구가 삽입된 형태]
  네가 좋아하는 것이면 이 책들 중 어느 것이든 네 것이 될 것이다.

- *Whichever* you like it shall be yours. (×)
  ⇨ whichever가 복합관계대명사로 쓰일 경우, 이하에는 '주어, 목적어, 명사 보어' 중 하나가 빠져야 되므로 목적어인 it을 제거해야 한다.



**2) 부사절**

whichever가 부사절로 쓰일 경우 '어느 것을 ~할지라도'라는 의미이며 풀어쓰면 'no matter which'가 된다. 따라서 whichever 이하에는 '주어, 주격보어, 목적어' 중 하나가 빠져야 한다.

- *Whichever* you may choose, you won't regret it.
  = *No matter which* you may choose, you won't regret it.
  네가 어느 것을 선택하든, 너는 그것을 후회하지 않을 것이다.

### (4) whatever ★★

**19 11**

**1) 명사절**

whatever가 명사절로 쓰일 경우 '무엇을 ~하더라도' 혹은 '무엇이 ~이라도'라는 의미이며 풀어쓰면 'anything that'이 된다. 따라서 whatever 이하에는 '주어, 주격보어, 목적어' 중 하나가 빠져야 한다.

- The scientist succeeds in *whatever* he undertakes.
  = The scientist succeeds in *anything that* he undertakes.
  그 과학자는 그가 맡은 어떤 것이든 성공했다.

**19 12**

**2) 부사절**

whatever가 부사절로 쓰일 경우 '무엇이 ~일지라도' 또는 '무엇을 ~할지라도'라는 의미이며 풀어쓰면 'no matter what'이 된다. 따라서 whatever 이하에는 '주어, 주격보어, 목적어' 중 하나가 빠져야 한다.

- *Whatever* may happen, you must be calm.
  = *No matter what* may happen, you must be calm.
  어떤 일이 일어나든 간에, 너는 침착해야 한다.

**08 68**

### (5) whosever ★

**1) 명사절**

whosever가 명사절로 쓰일 경우 '누구의 것이라도'라는 의미를 가지며, 풀어쓰면 'anyone whose'가 된다.

- I object to *whosever* opinion is arbitrary.
  = I object to *anyone whose* opinion is arbitrary.
  나는 어느 누구의 독단적인 의견이라도 반대한다.

**2) 부사절**

whichever가 부사절로 쓰일 경우 '누구의 것이라도'라는 의미를 가지며, 풀어쓰면 'no matter whose'가 된다.

- *Whosever* opinion is arbitrary, I object to it.
  = *No matter whose* opinion is arbitrary, I object to it.
  독단적이라면 누구의 이견이라도, 나는 그것에 반대한다.

## 2. 복합관계형용사

### (1) whichever ★

**19 13**

**1) 명사절**

whichever는 '제한된 선택으로서' 명사절 내의 '주어, 목적어, 보어'를 수식하여, '~인(~할) 어느 것'이라는 의미이며 풀어쓰면 'any+명사+that' 구조가 된다.

- You may take *whichever* books you want to read.
  　　　　　　　　　　　　　O　　　S　V3　to부정사(의미적으로 books를 목적어로 취함)
  = You may take *any* books *that* you want to read.
  네가 읽고 싶은 책은 그 중 어느 것이라도 가져가도 좋다.

#### 2) 부사절

whichever는 '제한된 선택으로서' 부사절 내의 '주어, 목적어, 보어'를 수식하여, '어느 것을 ~할지라도'라는 의미이며 풀어쓰면 'no matter which' 구조가 된다.

- *Whichever* book may be borrowed, you should return it tomorrow.
  = *No matter which* book may be borrowed, you should return it tomorrow.
  어느 책을 빌려가시던 그 책을 내일 반납하셔야만 합니다.

### (2) whatever ★



#### 1) 명사절

whatever는 '막연한 선택으로서' 명사절 내의 '주어, 목적어, 보어'를 수식하여, '무엇을 ~하더라도' 혹은 '무엇이 ~이라도'라는 의미이며 풀어쓰면 'any+명사+that' 구조가 된다.

- You may ask *whatever* questions you want to know.
  = You may ask *any* questions *that* you want to know.
  당신이 알고 싶으신 문제라면 무엇이든 물어 보셔도 좋습니다.



#### 2) 부사절

whatever는 '막연한 선택으로서' 부사절 내의 '주어, 목적어, 보어'를 수식하여 '어느 것을 ~할지라도'라는 의미를 가지며 풀어쓰면 'no matter what' 구조가 된다.

- *Whatever* questions you may ask, I'll answer them.
  = *No matter what* questions you may ask, I'll answer them.
  당신이 어느 질문을 하셔도 저는 답변해 드리겠습니다.

### (3) whosever

#### 1) 명사절

whosever가 명사를 수식하여 명사절을 만들 경우 뒤에 완전한 문장이 위치하며, 그 수식받는 명사가 목적어와 보어라 할지라도 whosever 바로 뒤에 위치해야 한다.

- *Whosever* horse comes in first wins the prize.
  = *Anyone whose* horse comes in first wins the prize.
  처음으로 들어오는 말이 상을 받게 된다.

#### 2) 부사절

whosever가 명사를 수식하여 명사절을 만들 경우 뒤에 완전한 문장이 위치하며, 그 수식받는 명사가 목적어와 보어라 할지라도 whosever 바로 뒤에 위치해야 한다. 풀어 쓰면 'no matter whose'가 된다.

- *Whosever* computer it may be, it must be carefully handled.
  = *No matter whose* computer it may be, it must be carefully handled.
  그것이 누구의 컴퓨터이든 조심스럽게 다뤄야 한다.

## 3. 복합 관계부사

### (1) whenever ☆

whatever가 시간부사절로 쓰이면 '~할 때는 언제나(at any time when 또는 every time)'라는 뜻을 가진다. 반면 양보 부사절로 쓰일 경우에는 '언제 ~할지라도(no matter when)'이란 뜻을 가진다. 두 개의 구분이 엄격한 것은 아니다.

- ***Whenever*** you may come, I will consult you.
  = ***No matter when*** you may come, I will consult you.
  당신이 언제 오시더라도 상담해 드리겠습니다.

### (2) wherever ☆

wherever가 장소부사절로 쓰이면 '~하는 곳은 어디든지(at any place where)'라는 뜻을 가진다. 반면 양보 부사절로 쓰이면 '어디에서 ~할지라도(no matter where)'라는 뜻을 가진다. 두 개의 구분이 엄격하지는 않다.

- Be polite ***wherever*** you live.
  = Be polite ***no matter where*** you live.
  어디에서 살든 간에 정중하세요.

### (3) however ★

however는 양보부사절로서 '아무리 ~일지라도·할지라도(no matter how)'의 뜻을 가진다.

- ***However*** tired you may be, you must do it.
  = ***No matter how*** tired you may be, you must do it.
  아무리 피곤하더라도 그것을 해야 한다.

> **Check** **however + 형용사/ 부사** ★★
> however가 이끄는 부사절 내에 부사 또는 보어로서 형용사가 있다면, 그 부사와 형용사는 however 바로 뒤에 위치해야 한다. ➲ 26-24 참조
> - ***However carefully*** I explained it, she still didn't understand.
>   = ***No matter how carefully*** I explained it, she still didn't understand.
>   → ***However*** I explained it ***carefully***, she still didn't understand. (×)
>   아무리 신중히 설명을 할지라도 그녀는 여전히 이해를 하지 못했다.

---

**예제** He tells the same story to __________ will listen. [91. 국회직 7급]
① whoever ② whom ③ whichever ④ who ⑤ whomever

【해석】 그는 경청하고자 하는 누구에게라도 같은 이야기를 한다.
【해설】 전치사 to의 목적어로서, '이하의 will listen'이라는 동사의 주어까지 포함한 '복합관계대명사'의 주격 'whoever'가 옳다. ③ whichever는 사물을 의미하므로 들을 수 없는 주체이다.
【정답】 ①

## 14 관계대명사절의 축약(형용사절의 분사화)

### 1. 관계사절에서 시작!

- The man *who built* the apartment was her father.
  그 아파트를 건축한 사람은 그녀의 아버지이다.

- The apartment *that was* built by her father stood on a hill.
  그녀의 아버지가 건축한 아파트가 언덕 위에 자리하고 있었다.

### 2. 주격관계사를 생략하며, 동사 자체를 ing로 바꾼다.

- The man (*who built the* apartment) was her father. [능동형]
  = The man (*building the* apartment) was her father. [주격관계사의 생략+분사화]

- The apartment (*that was built* by her father) stood on a hill. [수동형]
  = The apartment (*being built* by her father) stood on a hill. [주격관계사의 생략+분사화]
  = The apartment (*built* by her father) stood on a hill. [주격관계사의 생략+분사화]
  ⇨ 'be pp'형태에서 분사로 줄이면 'being pp'가 되는데, 이 경우 being은 생략이 가능하다. 즉, 분사로서 'being'은 생략할 수 있다.

### 3. 분사의 완성

- The man (*building* the apartment) was her father. [분사]
  = The man (*who built* the apartment) was her father. [관계사절]

- The apartment (*built* by her father) stood on a hill. [분사]
  = The apartment (*that was built* by her father) stood on a hill. [관계사절]

### 4. 분사의 위치

- *Building* the apartment, the man was her father. [부사절을 줄인 분사]
- The man *building* the apartment was her father. [형용사절을 줄인 분사]

**01** _________ comes back first is supposed to win the prize. [07/ 94. 서울시 9급]
① Those who  ② Anyone  ③ Whoever  ④ Whomever

**02** A wise ① <u>and</u> experienced administrator ② <u>will assign</u> a job to ③ <u>whomever</u> is best ④ <u>qualified</u>. [93. 서울시 7급]

**03** 다음 중 어법 상 틀린 것을 고르시오. [97. 서울시 9급]
① There is no one but does not know the fact.
② You can give it to whoever you think is honest.
③ This is what I have been looking for.
④ What one likes one will do well.

**04** 문법적으로 옳지 않은 것은? [07. 국가직 7급]
① She runs on average 15 miles a day, whatever the circumstances, whatever the weather.
② Everybody who goes into this region, whomever they are, is at risk of being taken hostage.
③ He moved carefully over what remained of partition walls.
④ Whichever fitness classes you opt for, trained instructors are there to help you.

**05** 다음 우리말을 영어로 가장 잘 옮긴 것은? [01. 공무원 9급]

> 아무리 배가 고파도 천천히 먹어야 한다.

① How hungry you are, you have to eat slow.
② How you are hungry, you have to slowly eat.
③ However hungry you are, you should eat slowly.
④ However you are hungry, you should eat slowly.

**06** 다음 우리말을 영어로 가장 잘 옮긴 것을 고르시오. [01. 행시]

> 아무리 열심히 훈련해도 당신은 결코 최고의 선수가 될 수 없다.

① However hard you train, you will never make a top-class athlete.
② How much you hard train, you will never become a top-class athlete.
③ However hardly you may train, never you won't make a top-class athlete.
④ How you may train hardly, you won't never make a top-class athlete.
⑤ However hard train you, never will you make a top-class athlete.

## 정답 및 해설

**01** 【해설】 ① those는 복수취급하므로 동사(comes 및 is)의 수와 맞지 않으며, ② comes라는 동사와 is라는 동사가 접속사 없이 등장하며, ③ comes라는 동사와 결합하여 이하의 is라는 정동사의 주어 역할을 하는 '주격 복합관계대명사'가 된다. ④ whomever는 이하에 '타동사 혹은 전치사의 목적어'가 빠져 있어야 한다.

【해석】 첫번째로 돌아오는 사람이라면 누구든 입상하게 될 것이다.　　【정답】 ③

**02** 【해설】 whomever → whoever | 복합관계대명사의 격은 절 내부를 보고 판단한다. 이하에 is라는 동사가 등장하므로 주격이 옳다.

【해석】 현명하고 경험 있는 행정관에 가장 적격인 사람이라면 누구에게라도 일이 할당될 것이다.　　【정답】 ③

**03** 【해설】 ① does not know → knows | 선행사에 부정어가 위치했을 경우(no one), '관계대명사+부정(that does not know)'은 'but knows'로 줄일 수 있다. 이 경우 but 이하에 부정어는 위치할 수 없다.　　【정답】 ①

**04** 【해설】 whomever they are → whoever he is | 이하에 are라는 be 동사(2형식)가 위치하므로, 주격 보어가 필요하다. 따라서 복합관계대명사의 격 또한 '주격'이 옳다. everybody는 단수 취급해야 하므로 they are는 틀렸다.　　【정답】 ②

**05** 【해설】 ① how는 양보절을 이끌 수 없으며, '먹다'라는 동사의 동작을 수식하는 '부사인 slowly'가 옳다.
② how는 양보절을 이끌 수 없으며, to 부정사를 수식하는 부사는 'to eat slowly'처럼 뒤에 위치해야 한다.
④ how와 however 절 내의 '보어'역할을 하는 '형용사'는 how와 however 바로 뒤에 위치해야 한다.　　【정답】 ③

**06** 【해설】 ② how는 '양보'의 의미를 가지지 않으며, ③ hardly는 '부정'의 의미로서, '거의 ~않다'는 뜻으로서 한글제시문과 일치하지 않으며, ④ 또한 보기 ② ③과 동일맥락이며, ⑤ 'you train'처럼 '정치'되어야지 도치될 이유가 없다.　　【정답】 ①

## 1. 유형정의

지칭어 추론은 지문의 내용 중 지시어(it, them, him, her, that, this, those 등)가 가리키는 것이 무엇인지를 판단하는 유형이며, 의미 추론은 특정표현이나 특정 문장이 전하는 내용을 추론해 내는 문제유형이다.

## 2. 공략방법

(1) 지칭어 추론의 경우 앞에서 나온 대상을 가리키는 경우가 대부분이며, 이따금씩 뒤 문장의 대상을 가리키기도 한다.

(2) 의미추론의 경우 Idiom 혹은 추상적인 내용이 나와서 당황하는 경우도 있지만, 보통은 글의 전체 흐름과 간접적으로 반드시 이어지기 때문에 앞 뒤 내용의 정확한 이해를 해야만 하겠다.

(3) 시험은 알고 있는 전제 하에 문제를 풀겠다는 생각을 가져야만 한다. 모르는 숙어와 단어가 나와서 앞 뒤 관계를 보고 풀겠다는 생각은 최후의 방법이 되어야만 한다. 따라서 평소 학습 자세부터 내가 접하는 어휘와 숙어는 반드시 모두 머릿속에 저장시키겠다는 생각부터 가져야만 할 것이다.

**Tip 1** 대명사란 앞에 분명히 언급된 정보를 받는 말이므로, 지칭어는 가까운 곳에 있기 마련이다. 따라서 정답이 멀리 있든 가까이 있든, 앞 문장은 이미 읽었으므로 거꾸로 올라가면서 찾는 게 유리하다. 정답이 2개 이상으로 보일 때, 일차적으로는 단복수를 따져 수가 일치되는지 확인하고, 좀 더 눈을 크게 뜨고 글 전체의 문맥에 비추어 정답으로 의심되는 지칭어를 넣었을 때 문장과 문장 간에 응집이 얼마나 잘 되는지 확인하는 습관을 들이자.

**Tip 2** 의미추론에서 전혀 본적이 없는, 다른 의미로 쓰인 어휘나 표현을 만났을 때, 필자가 뭔가 단서를 글 속에 남겼음을 빨리 알아채야 한다. 단서는 글 전체가 될 수도 있고 전후문장의 흐름, 특정어구가 될 수 있다. 이 때 상상력을 펼치기 보단, 주어진 보기항을 빠르게 대입하여 문맥이 잘 통하는지 따져보자. 정답이 명확히 보이지 않을 때, 일단 주어진 표현이 들어간 문장은 '빈칸' 이라 생각하고 전체 글을 읽고 나서 연결사를 찾는 문제와 마찬가지로 문맥상 그 자리에 '꼭 있어야만 하는' 보기항을 선택하는 것이 유리하다.

## 3. 질문유형

- 밑줄 친 this가 가리키는 것은?
- 밑줄 친 부분이 의미하는 것은?
- 다음 밑줄 친 것 중 그 의미하는 바가 다른 하나는?
- 다음 밑줄 친 Janissaries에 대한 설명으로 옳은 것은?
- 밑줄 친 ~를 대체할 수 있는 가장 적합한 표현은?
- 밑줄 친 ~의 범주에 속하는 것들로만 알맞게 짝지은 것은?


- What does the underlined "this" refer to?
- In the first sentence, this business tool refer to ______.
- Which of the following is the closest in meaning to the underlined word ~?
- Which of the following expressions is closest to the meaning of the underlined part ~?
- Which of the following may replace the underlined sentence?
- Choose the one which underlined parts (a) and (b) refer to.

**01** 밑줄 친 this가 가리키는 것은? [04. 서울시 9급]

> <u>This</u> is generally used in summer for the circulation of air. In Korea, this helps to keep rooms cool and shaded. This also makes the interior of a room almost invisible from the outside. Yet this allows a person seated inside to see out, providing some privacy even when windows and doors are open. Hung above a door, this is designed to be rolled or lifted up. Because of its woven patterns and decorative metal hangers, this can also serve as a wall hanging.

① 멍석
② 부채
③ 병풍
④ 발
⑤ 문

**02** What does the underlined " others" refer to? [00. 세무직 9급]

> Life is really a dream, and we human beings are like travelers floating down the eternal river of time, going aboard at a certain point and getting off again at another point in order to make room for <u>others</u> waiting below the river to come aboard.

① descendants
② forefathers
③ people in other rivers
④ people in other countries

## 01

【해석】 <u>이것은</u> 대체로 여름에 공기순환을 위하여 사용된다. 한국에서 이것은 방을 시원하고 그늘지게 하는데 도움을 준다. 이것 때문에 또한 방안 내부를 밖에서 거의 볼 수 없게 된다. 그러나 이것은 안에서 밖은 볼 수 있게 해주며 사람들은 안에 앉아서 밖을 볼 수 있으며, 창문과 문이 열려 있을 때, 약간의 사생활을 제공한다. 문 위에 걸려 있는 이것은 말거나 올릴 수 있도록 되어 있다. 짜여진 구조와 장식용 금속 걸이로 인해, 이것은 또한 벽걸이로도 사용된다.

【해설】 발(a bamboo blind)은 말을 수도 있고, 올릴 수도 있으며, 밖에서 내부를 볼 수 없게도 만든다.

【정답】 ································································································ ④

### VOCABULARY

- circulation 순환
- shaded 그늘진
- invisible 눈에 보이지 않는
- privacy 사생활, 비밀
- roll 말다
- lift up 들어 올리다
- decorative 장식의, 장식용의
- hanger 옷걸이, 교수형집행인
- wall hanging 벽걸이

## 02

【해석】 인생은 정말로 꿈이다. 우리 인간은 시간이라는 영원한 강을 떠내려가는 여행자와 같다. 어떤 곳에서는 배에 승선하고 어떤 곳에서는 강 아래에서 승선하려고 기다리고 있는 <u>다른 사람들</u>에게 자리를 만들어 주기 위해서 다시 배에서 내리기도 한다.

【해설】 인생을 비유적으로 묘사한 글이다. 태어나는 것을 배에 오르는 것으로, 죽는 것을 배에서 내리는 것으로 묘사하고 있다. 따라서 자리를 내 주려는 다른 사람은 '후손'이 적절하다.

【정답】 ································································································ ①

### VOCABULARY

- float down 떠내려가다
- eternal 끝없는, 영원한
- aboard (배 등에) 타고, 승선하여
- get off 내리다
- make room for ~볼 위해 자리를 비우다
- descendant 후손
- forefather 조상

Albert Einstein once attributed the creativity of a famous scientist to the fact that he never went to school, and therefore preserved <u>the rare gift of thinking freely</u>. There is undoubtedly truth in Einstein's observation; many artists and geniuses seem to view their schooling as a disadvantage. But such a truth is not a criticism of schools. It is the function of school to civilize, not to train explorers. The social order demands unity and widespread agreement, both characteristics that are destructive to creativity. There will be conflict between the demands of society and the impulses of creativity of genius.

① impulse
② creativity
③ conflict
④ genius


**04** What does the underlined "tube" refer to? [97. 공무원 9급]

Nowadays, millions of inexperienced young people are growing up in front of the <u>tube</u> without close guidance of elders. Many Americans worry that the nation could be ruined by a generation that gets its moral values from soap operas and its cultural values from situation comedies.

① television
② radio
③ computer
④ vending machine

## 03

【해석】 알버트 아인슈타인은 한 때 어떤 유명한 과학자의 창조성이 그가 학교에 간 적이 없기 때문이라고 했다. 그러므로 자유롭게 사고할 수 있는 훌륭한 재능을 보존할 수 있었다는 것이다. 아인슈타인의 이 말은 의심할 바 없이 사실이지만, 많은 예술가나 천재들은 그들의 학교교육이 자신들에게 별 도움이 되지 않는 것으로 보는 것 같다. 그러나 그러한 사실이 학교에 대한 비난은 아니다. 학교의 기능은 문명화 시키는 것이지 탐구자들을 양성하는 것이 아니다. 사회질서는 조화와 광범위한 동의를 필요로 하는데, 두 특성들은 창조성을 파괴하는 것이다. 사회적 요구와 천재의 창조성에 대한 자극 사이에는 갈등이 있을 것이다.

【해설】 '자유롭게 사고할 수 있는 훌륭한 재능' 이란 결국 창조성(=creativity)을 의미한다.

【정답】 ················································································ ②

| Theme | 재능, 능력, 재주, 소질 |
| --- | --- |

- **ability** 할 수 있음, 능력, 재능 (일반적인 말)
- **attainment** (타고난) 재능, 기술
- **talent** (타고난 특수한) 재능, 소질
- **gift** 선천적인 기술(독창적 여부 불문)
- **genius** 발명하거나 창조하는 뛰어난 능력 (천재성), 천재
- **aptitude** (학과목이나 예술 분야의) 천부적인 능력, 재능; 적성
- **capacity** 사물을 이해하는 능력; 수용력
- **faculty** 어떤 특수한 지적, 정신적 능력
- **flair** 천부적인 재능; 예민한 직감
- **knack** 어떤 일을 쉽게 할 수 있는 자질, 능력

### VOCABULARY

- **attribute A to B** A를 B의 탓으로 돌리다
- **creativity** 창의성
- **preserve** 보존하다
- **rare** 드문, 진기한, 희귀한; 훌륭한
- **gift** 재능, 능력
- **undoubtedly** 의심할 여지없이
- **observation** 말, 진술; 관찰, 주목
- **genius** 천재
- **view A as B** A를 B라고 여기다
- **civilize** 교화시키다
- **explorer** 탐험자
- **widespread** 널리 보급된, 광범위한
- **conflict** 갈등, 대립
- **impulse** 충격, 자극, 충동
- **creativity** 독창력, 창조력

## 04

【해석】 요즘에는 수백만 명의 미숙한 젊은이들이 어른들이 옆에서 지도해 주지도 않는 상태에서 TV 앞에서 성장해가고 있다. 많은 미국인들은 멜로드라마에서 도덕적 가치를 배우고, 시트콤에서 문화적 가치를 배우는 세대로 인해 나라가 망할 수도 있다고 걱정한다.

【해설】 tube는 관, 튜브 용기, 텔레비전(TV), 지하철 등 다양하게 쓰이는데 'soap operas(연속극)'와 'situation comedies(시트콤)'를 통해서 tube는 'television'을 가리킨다는 것을 유추할 수 있다.

【정답】 ················································································ ①

### VOCABULARY

- **inexperienced** 경험이 없는, 미숙한
- **grow up** 자라다, 성장하다
- **tube** 관, 튜브 용기, 텔레비전(TV), 지하철
- **guidance** 지도, 안내
- **elder** 연장자, 노인, 장로, 원로
- **ruin** 파멸, 몰락; 파멸시키다
- **soap opera** 멜로드라마
- **situation comedies** 시트콤
- **vending machine** 자동판매기

**05** 다음 밑줄 친 것 중 그 의미하는 바가 다른 하나는? [07. 법원서기보]

> I remember the time my roommate, Ellen, got really mad at me. It was cold that morning, and I borrowed a sweater from her. By lunchtime ① it was warm, so I took ② the sweater off. I forgot about the sweater and left it in the cafeteria. When I went back to get it, ③ it was gone. Ellen was angry with me. The sweater had been ④ a gift from an old friend of hers. Ellen was so angry and upset that she didn't speak to me for a week.

**06** Read the following passage and answer each the question.

> When personal computers began showing up on desktops, there was the idea that this business tool would lead to something called the "paperless office."
>
> The "paper office" theory went like this: people would use magnetic discs and computers in place of file folders and paper. Paper use, therefore, would decrease. This was supposed to help preserve resources and improve the world's solid-waste disposal problem.

1. What is the report about?

① Selling computers
② Desktop publishing
③ The "paperless office"
④ World problems

2. In the first sentence, this business tool refer to __________.

① screwdrivers
② magnetic discs
③ desktops
④ personal computers

3. What would the "paperless office" have done?

① Preserved resources
② Confused secretaries
③ Cut costs
④ Improved communication

## 05

**【해석】** 나의 룸메이트인 엘렌이 나에게 정말로 화가 났던 순간을 기억한다. 그 날 아침은 추웠으며 나는 그녀에게서 스웨터를 빌렸다. 점심 때 따뜻해져서 스웨터를 벗었다. 나는 스웨터를 깜빡 잊고서 구내식당에 두고 왔다. 내가 그것을 찾으러 돌아갔을 때 그 스웨터는 없었다. 엘렌은 나에게 화가 났다. 그 스웨터는 그녀의 오래 된 친구가 준 선물이었다. 엘렌은 너무나 화가 나고 당황해서 일주일 동안 나에게 아무 말도 하지 않았었다.

**【해설】** 보기 ①의 it은 날씨를 가리키는 '비인칭 주어'이며, 나머지 보기는 '스웨터'를 가리킨다.

**【정답】** ①

### VOCABULARY

- □ **cafeteria** 구내식당, 카페티리아
- □ **take off** ~을 벗다
- □ **upset** 당황한, 걱정한; 뒤집힌

## 06

**【해석】** 개인용 컴퓨터가 책상 위에 모습을 드러냈을 때, <u>이 사무용 도구</u>가 '종이가 없는 사무실'이라 불리는 그 무엇으로 이끌 것이란 생각이 있었다. '종이 사무실' 이론은 즉 이러하다. 사람들은 서류철 폴더와 종이 대신에 자기 디스크와 컴퓨터를 사용할 것이라는 것이다. 따라서 종이의 이용은 감소할 것이다. 이것이 자원을 보존하고 전 세계의 고형폐기물 문제를 개선시키는데 도움을 줄 것으로 추정되었다.

**【해설과 정답】**

1. 이 글은 '컴퓨터 따위의 정보처리 시스템과 전자우편 따위의 비즈니스 통신망을 이용하여 종이를 일체 쓰지 않는 사무 합리화 시스템'인 'paperless office'에 관한 내용이 주제이다. **【정답】** ③

2. 첫 문장에서 책상위에 개인용 컴퓨터가 출현했다고 했으므로 이것을 가리키는 것이다. **【정답】** ④

3. 마지막 문장에서 '자원보존'과 '고형폐기물 문제 해결'에 도움을 준다고 했다. **【정답】** ①

### VOCABULARY

- □ **show up** 나타나다, 폭로하다
- □ **business tool** 사무도구
- □ **paperless** 정보나 데이터를 종이로 쓰지 않고 전달하는
- □ **lead to** ~로 이어지다, ~로 이끌다
- □ **go like** ~하게 진행되다
- □ **magnetic** 자석의, 매력 있는
- □ **in place of** ~을 대신하여(=in lieu of, instead of)
- □ **decrease** 줄다, 감소하다(↔increase)
- □ **be supposed to R** ~하기로 되어 있다, ~하기로 기대된다
- □ **preserve** 보존하다, 보호하다
- □ **improve** 개선하다, 향상시키다
- □ **solid-waste** 고형폐기물
- □ **disposal** 폐기, 처리, 처분
- □ **screwdriver** 나사돌리개

Smoking damages almost all aspects of sexual, reproductive and child health, a hard-hitting report by the British Medical Association said on Wednesday. The report estimated around 120,000 men aged 30~50 were impotent because of smoking. "The sheer scale of damage that smoking causes to reproductive and child health is shocking," said Dr. Vivienne Nathanson, the BMA's Head of Science and Ethics. The BMA called on the government to ramp up its anti-smoking drive and introduce legislation to make enclosed public places smoke-free. Women who smoke are twice as likely to be infertile as non-smokers, the report said. Furthermore, smoking is linked to up to 5,000 miscarriages a year and around 1,200 cases of malignant cervical cancer. "Women are generally aware that they should not smoke while pregnant but the message needs to be far stronger," Nathanson told reporters. "Men and women who think they might one day want children should bin cigarettes."

1. Which of the following is not correct according to the passage?

① Most women understand that smoking is harmful in pregnancy.
② Smoking may make men impotent.
③ Smoking in an enclosed public place is prohibited by the law.
④ BMA warns that smoking is likely to cause infertility.
⑤ More woman smokers cannot be pregnant than non-smokers.

2. Which of the following may replace the underlined sentence?

① It is surprising that smoking causes harm to reproductive and child health.
② It is amazing to see that smoking affects badly on reproductive and child health.
③ The harm that smoking causes to reproductive and child health is tremendous.
④ The damage that smoking causes to reproductive and child health is measurable in scale.
⑤ It is surprising to see that the smoking damage extends to reproductive and child health.

3. Which of the following is the closest in meaning to the underlined word bin?
① reduce          ② keep
③ prohibit        ④ be careful about
⑤ throw away

**07**

【해석】 흡연은 성적, 생식적, 그리고 아이의 건강의 거의 모든 측면에서 피해를 준다라고 수요일에 영국의학협회의 충격적인 보고서에서 밝혔다. 그 보고서는 30대~50대의 대략 12만명의 남성들이 흡연 때문에 성불구자가 됐다고 추정했다. "담배가 생식능력과 아이의 건강에 미친 피해의 순 규모치가 충격적이다."라고 영국의학협회의 과학윤리과 학과장인 Vivienne Nathanson 박사는 밝혔다. 영국의학협회는 정부가 금연운동을 강화하고 실내공공장소를 금연지역으로 만드는 법을 도입할 것을 요청했다. 보고서가 밝혔듯이, 흡연여성은 금연여성보다 2배는 더 불임일 가능성이 있다고 한다. 더욱이, 흡연은 연간 최대 5천 건에 달하는 유산과 약 천이백 건의 악성 자궁경부암과 관련이 있다. "여성들은 일반적으로 자신들이 임신한 동안은 담배를 피워서는 안된다고 인식하지만, 그 메시지가 더 강해질 필요가 있다"고 Nathanson 박사는 전한다. "언젠가는 아이를 갖고 싶다고 생각하는 사람들은 담배를 쓰레기통에 <u>버려야</u>만 한다."고 말했다.

【해설과 정답】

1. 실내 공간 금연 법안 채택을 정부에 요구한 것뿐이지, 아직 법이 제정이 된 것은 아니다. ……………………………………………………………【정답】③

2. 피해규모가 충격적이라는 것은 "피해가 엄청나다"는 것과 같은 말임 ……………………………………………………………………………………【정답】③

3. bin = throw away (버리다) ex) 'What should I do with this pen?' 'Just bin it!'……………………………………………………………………………【정답】⑤

---

| **Theme** 임신, 출산관련 용어 정리 | |
|---|---|
| □ **pregnancy** 임신, 임신기간; 의미의 함축 | □ **delivery** 분만, 출산 |
|   - **pregnant** 임신한; 충만한; 의미심장한 | □ **Caesarean operation** 제왕절개수술 |
| □ **conception** 개념, 생각; 착상, 고안; 임신 | □ **stillbirth** 사산(死産) |
| □ **gravidity** 임신 |   - **premature birth** 조산(早産) |
|   - **gravida** 임부의 상태 (회임 횟수); 임산부 | □ **miscarriage** (자연) 유산 |
| □ **gestation** 임신; 임신기간; (생각의) 형성 |   (임신 12주로부터 28주의 기간 내의) |
|   - **gestate** 임신하다; 생각 따위가 형성되다 | □ **abortion** (주로 의도적인) 낙태; 실패 |
| □ **fetation** 태아 형성; 임신 | □ **pro-life** |
|   - **fetus** 임신 9주 후의 태아 |   임신 중절 합법화에 반대하는(=anti-abortion) |
| | ↔ **pro choice** |
| |   임신 중절 지지의(=proabortion) |
| | □ **baby shower** 출산기념 선물파티 |
| | □ **contraceptive** 피임약 |
| | □ **morning sickness** 입덧 |
| | □ **obstetrician** 산과의사 |
| |   - **gynaecologist** 부인과 의사 |
| | □ **fertility** 다산, 번식력, 출산률 |
| | ↔ **sterility** 불임, 불모 |

□ **embryo** (임신 8주까지의 태아) → **fetus** (임신 9주 후의 태아) → **neonate** (생후 1개월 내의 신생아) → **infant** (7세 미만의 유아, toddler) → **child** (14세 이하의 아동)
→ **adolescent** (18세 이하의 청소년, teens)

---

 Read the passages and answer the questions.

> Trade exists for many reasons. No doubt it started from a desire to have something different. Men also realized that different men could make different productions. Trade encouraged specialization, which led to improve in quality. Trade started from person to person, but grew to involve different towns and different land. Some found work in transporting the goods or selling them. Merchants grew rich as the demand for products increased. Craftsmen were able to sell more products at home and abroad. People in general had a greater variety of things to choose.
>
> The knowledge of new products led to an interest in the lands which produced them. More daring persons went to see other lands. Others stayed at home, but asked many questions of the travellers. As people learned about the products and the conditions in other countries, (a) <u>they</u> compared them with their own. This often led to a desire for better conditions or hope for a better life. Trade was mainly an economic force, but (b) <u>it</u> also had other effects.

1. Choose the one which underlined parts (a) and (b) refer to.

① the products and the conditions -- economic force
② merchants -- knowledge of new products
③ people -- trade
④ craftsmen -- better life
⑤ new products -- desire

2. Which statement is true about the above passage?

① People compared other countries with their own countries.
② More adventurous people kept asking questions of travellers.
③ Trade was nothing but an economic force.
④ Some people got new jobs in transporting or selling goods as trade grew.
⑤ Curiosity didn't arise in spite of the knowledge of new products in the lands which produced them.

## 08

**【해석】** 무역은 많은 이유 때문에 존재한다. 의심할 바 없이, 무역은 무엇인가 다른 것을 갖고자 하는 욕구에서 시작되었다. 사람들은 또한 다른 사람들이 다른 생산품을 만들 수 있는 것을 깨닫게 되었다. 무역은 분업화를 촉진시켰고, 이것은 질적인 발전을 이끌어 냈다. 무역은 사람들 사이에서 시작되었지만, 점점 발전하여 여러 도시와 나라들까지 참여하였다. 어떤 사람들은 물품들을 운송하거나 판매하는 직업을 찾아냈다. 상품의 수요가 증가함에 따라 상인들은 부자가 되었다. 장인들은 국내와 국외로 더 많은 상품을 팔 수 있게 되었다. 일반인들은 선택할 수 있는 다양한 물건들이 보다 많아졌다.

새로운 생산품에 대한 지식은 그것을 생산한 지역에 대한 관심을 야기했다. 보다 과감한 사람들은 다른 나라를 보러 갔다. 다른 이들은 살던 곳에 머물렀지만, 여행자들에게 (다른 나라에 대해) 많은 질문을 했다. <u>사람들이</u> 다른 나라의 상품들과 상황들을 알면서 그것들을 자신들의 것과 비교하였다. 이는 더 나은 삶에 대한 희망과 더 나은 상황에 대한 욕망을 야기 시켰다. 무역은 대개 경제적인 힘이었지만, <u>그것은</u> (무역은) 또한 다른 효과도 가져왔다.

**【해설과 정답】**

1. 상품과 상황을 비교하는 주체는 사람들(people)이며, it은 문맥상 but앞의 문장의 주어인 trade를 가리킨다. ································· **【정답】** ③

2. 첫 단락 다섯 번째 문장에서 ④에 대한 직접적인 설명이 언급되었다. ································· **【정답】** ④

---

### VOCABULARY

- **no doubt** 의심할 바 없이
- **encourage** 권장하다, 격려하다
- **specialization** 분업화
- **lead to** 야기하다, 초래하다
- **grow to R** 성장해서 ~하다
- **transport** 운송하다
- **craftsman** 장인
- **people in general** 일반인
- **a variety of** 다양한(different)
- **daring** 용감한, 뻔뻔한
- **compare A with B** A와 B를 비교하다
- **hope for** ~을 희망하다
- **mainly** 가장, 우선
- **adventurous** 대담한, 모험을 즐기는
- **curiosity** 호기심
- **keep ~ing** 계속 ~을 하다
- **ask A of B** A를 B에게 물어보다
- **nothing but** 단지 ~일 뿐이다
- **arise** 발생하다

## fall　fall-fell-fallen

fall 은 "높은 곳에서 아래로 떨어지다"가 기본개념이다. 떨어지는
것은 가치·질·가격 등도 포함되고, 건물의 경우 "붕괴하다", 사
람의 경우 "죽다"의 의미로 확장된다.
1. (아래로) 떨어지다, (눈·비가) 내리다, (가치·질·가격 등이) 하락
하다, (온도가) 내려가다(drop) ↔ rise
2. (사람이) 쓰러지다, 죽다; (건물이) 무너지다, 붕괴되다; (도시가)
함락되다, (정부가) 전복되다
3. (졸음 등이) 덮치다, (재난 등이) 닥치다; (보어와 함께) 어떤 상
태로 되다(become)

### (아래로) 떨어지다, (눈, 비가) 내리다, (가치·질·가격 등이) 하락하다, (온도가) 내려가다(drop) ↔ rise

**01 fall off**　• ~에서 떨어져나와 (off) 떨어지다(fall)

1. (분리되어) 떨어지다
2. (양·정도·사이즈가) 줄다, 감퇴되다(=decrease, drop off)
**cf. falloff** 감소; 저하, 감퇴

> = **fall away** 떨어져 나가다; 배반하다; 줄다, 사라지다
> (=diminish, decline); 경사지다

**02 fall in with** sb/sth　• 한 공간 안에(in) 같이(with) 떨어지다(fall)

1. (특히 우연히 만나) 친한 사이가 되다
2. (의견이나 계획에) 동조하다(=agree with sth)

**03 fall out**　• (있던 곳에서) 떨어져 나와 떨어지다(fall)

1. [with sb ]~와 다투다, 싸우다(=quarrel with sb)
2. [over sth ](~을 이유로) 다투다
**cf. falling-out** 싸움, 불화, 충돌
3. (치아·머리카락 따위가) 빠지다
4. 대열에서 이탈하다; 중퇴하다, 탈락하다
**cf. fall-out** 방사능 낙진; (예기치 않은) 결과, 부산물

**04 fall back on** sb/sth　• ~에게(on) 기대서(back) 쓰러지다(fall)

의지하다, 의존하다(=rely on, depend on, count on sb/sth)

> = **count on** sb/sth 의지하다, 믿다(=depend on sb/sth)
> = **rely on** sb/sth
> 　~에 의지하다, 신뢰하다, 기대하다(=count on sb/sth)
> = **depend on** sb/sth ~에 의존하다, ~에 달려 있다
> = **bank on** sb/sth 의지하다(=rely on sb/sth), 믿다

**05 fall through**　• 완전히(through) 바닥으로 떨어지다(fall)

수포로 돌아가다(=come to nothing), 실패하다

> = **fall down on the job**
> 　제대로 일을 안하다, 실패하다(=fail to do sth properly)
> **cf. fall down** 쓰러지다, 병으로 눕다
> = **fall flat (on one's face)**　• flat 납작하게, 완전히

### (졸음 등이) 덮치다, (재난 등이) 닥치다; (보어와 함께) 어떤 상태로 되다(become)

**06 fall on[upon]** sb/sth

1. ~의 의무가 되다(=be obligation of sb/sth)
• ~에게로(on) (할 일이) 떨어지다(fall)
2. 습격하다, 공격하다(=attack) • ~위로 덮치다(fall)
3. 불행 등이 닥치다 • 불행이 사람 위로(on) 덮치다(fall)
4. 우연히 마주치다, (생각이) 갑자기 떠오르다
(=come upon sb/sth) • 생각이 머리 위로 떨어지다(fall)
5. (일 등에) 달려들다, ~을 시작하다(=fall to sth)
• ~에(on) 떨어지듯이 달려들다(fall)

**07 fall into** sth　• 안으로(into) 빠지다  cf. into(변화)

1. ~에 빠지다, ~상태로 되다

> **cf. fall asleep** 잠들다
> - **fall into servitude** 노예상태로 되다(=become enslaved)
> - **fall into a trap** 함정에 빠지다, 계략에 말려들다
> - **fall into place/ fall in place** • 있어야 할 장소에 떨어지다
> 　제자리에 들어가다(=fit together, become organized);
> 　(이야기나 주장이) 앞뒤가 맞다
> - **fall into line/ fall in line**
> 　줄지어 서다; 제자리를 찾아 정리되다; 규정·조약에 따르다
> - **fall in love (with** sb**)** 사랑하게 되다, 사랑에 빠지다.

2. ~으로 나뉘다, 분류되다
**cf. fall into the hands of** sb
　~의 수중에 들어가다, ~의 손에 맡겨지다
3. (이야기 등을) 시작하다

**08 fall (a) prey to** sb/sth　• ~의(to) 먹이(prey)로 던져지다, 전락하다(fall)

~의 희생양이 되다(=become the victim of sb/sth),
(흉계 따위에)넘어가다
**cf. bird of prey** 맹금(독수리 따위)

**09 fall to** sth　• ~에게(to) 함락되다(fall)

1. (일·의논·싸움 따위)를 시작하다(=start)
2. 먹기 시작하다 (=fall on sth)
3. 정복당하다, 함락되다

**10 fall to pieces/ fall to bits**　• 여러 조각(pieces, bits)으로 되다(fall to)

산산이 부서지다; (계획이) 좌절되다, (조직 등이) 엉망이 되다
(=fall apart)

> = **fall apart/ fall apart at the seams** • 따로 따로 떨어지다
> 　1. 부서지다, 조각나다, 고장나다
> 　2. (조직 등이) 와해되다; 부부가 헤어지다
> 　3. (심리적으로) 동요하다, 감정을 주체하지 못하다
> **cf. fall to the ground** • 땅바닥으로 떨어지다
> 　(계획 등이) 실패로 돌아가다
> 　　**fall (to the ground) between two stools** • stool 걸상, 변소
> 　　두 가지 일을 한꺼번에 하려다가 둘 다 그르치다

**11 fall[drop] short of** sth　• 멀리 던지기에서 원하는 곳보다 짧게(short) 떨어지다

(기대 등에) 미치지 못하다, 부족하다, 모자라다)
= **be shy of** sth　~이 부족하다, (기대 등에) 미치지 못하다

## drop

drop 은 "갑자기 떨어지다(fall), 떨어뜨리다"가 기본개념이다.
fall 보다는 순간적이고 돌발적이다.
1. 물건을 떨어뜨리다; 방울져 떨어지다, (땀·눈물을) 흘리다; 엎
지르다; 쓰러지다
2. (수·양 등을) 줄이다, 낮추다; 줄다
3. (승객을) 차에서 내려주다; 우연히 들르다
4. 물방울; 소량; 급강하, 공중낙하; (주식 가격 등의) 하락

**12 drop off (** sb/sth**)**

1. (차로 가는 길에) 태워주다; 하차하다[하차시키다]
• 차에서 똑 떨어뜨리다(drop)
2. (단추 등이) 떨어지다 • 분리되어(off) 떨어지다
3. (어느새) 잠들다; 쇠약해지다; (갑자기) 죽다

> = **drop dead** • 물방울이 똑 하고 떨어지듯이 쓰러지다
> 　갑자기 죽다, 급사하다(=die suddenly)
> 　**cf. Drop dead!** 〈속어〉 썩 꺼져버려!

4. 차츰 없어지다[줄다]; 사라져 가다
**cf. They waited for the wind to drop.**
　그들은 바람이 잦아지기를 기다렸다.

**13 drop out** • 바깥으로(out) 떨어져 나가다
떠나다; 사라지다; 낙오하다, 중퇴하다
**cf. drop-out** 낙오자

**14 drop in (on** sb**/at** sth**)/ drop by (**sth**)**
잠깐 들르다, 방문하다(=visit)

**15 drop** sb **a line** • 편지 한 줄을 떨어뜨리다
(~에게) 편지쓰다, 몇 자 적어 보내다(=write a short letter)

---

### throw

throw 는 "(손과 팔을 사용하여) 내던지다" 의 의미이다. 던지는 대
상은 사물 뿐만 아니라 시선 · 의심 · 새끼 등 다양하다.
1. (사물을) 던지다 → 던지다, 투척하다, (총알을) 발사하다,
빛을 쏘다, 새끼를 낳다
2. (시선을) 던지다; (말을) 던지다; (의심을) 두다
3. (몸을) 던지다 → (옷을) 급하게 입다(옷에 몸을 던져넣다);
(댄스파티 등의) 모임을 열다

---

**16 throw** ★ **away/ throw** ★ **aside** sth
버리다, 팽개치다(=discard, throw out, do away with sth)

**17 throw out the baby with the bathwater**
중요한[좋은] 것을 쓸데없는[나쁜] 것과 함께 버리다
**cf. throw** ★ **out/ cast** ★ **out** sb/sth
버리다; (직장이나 조직에서) 내쫓다

**18 throw in the towel[sponge]**
패배를 인정하다(=admit defeat), 항복하다(=surrender)

**19 throw up one's hands (in defeat)**
두 손 들다, 굴복하다, 단념하다(=surrender)

**20 throw[have] a fit/ throw a tantrum**
신경질적으로 반응하다, 매우 화가 나다
(=become upset, be very angry)

**21 throw[cast] in one's lot with** sb/sth
운명을 같이하다, 동맹하다(=support)

**01** He's also shown that warts can be cured through hypnosis, by having the patient imagine that the warts are falling ________. [00.행자부 9급 변형]
① on
② into
③ through
④ off

**02** A man was on his way from Jerusalem down to Jericho when he <u>fell in with</u> robbers.
① yielded
② agreed with
③ met by chance
④ keep up with

**03** Harry and Sally have <u>fallen out</u> over the education of their children.
① blustered
② quarrelled
③ worried
④ retreated

**04** In an emergency, we can always <u>fall back on</u> our savings. [02.101단/87.행자부9급/외무고시]
① mobilize
② rely on
③ use up
④ squander

**05** After all his efforts, the deal <u>fell through</u>.
① paid off
② was finalized
③ materialized
④ came to nothing

**06** It ________ Smith as an only child to support his mother as his father died. [95.외무고시]
① drew upon
② fell upon
③ insisted upon
④ pulled on

**07** We must never allow our nation to <u>fall into servitude</u>. [01.경찰/93.행자부 9급]
① fail in service
② fall into ruin
③ fall in altitude
④ become enslaved

**08** Today's democracies have <u>fallen a prey to</u> technological euphoria. [94.입법고시]
① become the victims of
② taken advantage of
③ run short of
④ died of
⑤ become a friend of

---

**01** 그는 또한 환자에게 사마귀가 저절로 떨어져 나가는 것을 상상하게 함으로써, 최면을 통해 사마귀를 치료할 수 있다는 것을 보여주었다.
* wart 사마귀
【정답】④

**02** 그가 강도들을 우연히 만나게 된 것은 예루살렘으로부터 제리코로 내려오던 길이었다.
【정답】③
① yield 굴복하다, 양보하다
② agree with 의견이 일치하다
③ meet by chance 우연히 만나다
④ keep up with 뒤떨어지지 않다

**03** 해리와 샐리는 아이들 교육 문제로 다퉜다.
【정답】②
① bluster 거세게 몰아치다, 고함치다
② quarrel 다투다
③ worry 걱정하다
④ retreat 후퇴하다, 물러가다

**04** 비상시에 우리는 항상 저축해 놓은 돈에 의지할 수 있다.
【정답】②
① mobilize 군대에 동원하다
② rely on 의지하다
③ use up 다 써버리다
④ squander 낭비하다

**05** 그의 온갖 노력에도 불구하고 거래는 수포로 돌아갔다.
【정답】④
① pay off 청산하다, 복수하다
② finalize 결말을 짓다, 완성하다
③ materialize 구체화하다
④ come to nothing 실패로 돌아가다

**06** 아버지가 돌아가셨을 때, 스미스는 외아들로서 어머니를 부양하지 않으면 안 될 처지가 되었다.
【정답】②
① draw upon 시간 등이 다가오다
② fall upon ~의 의무가 되다
③ insist upon 고집하다
④ pull on ~을 뽑다

**07** 우리는 국가가 노예상태가 되는 것을 결코 용납해서는 안 된다.
【정답】④
① fail in service 서비스에 게을리하다
② fall into ruin 멸망하다
③ fall in altitude 고도가 떨어지다
④ become enslaved 노예가 되다

**08** 오늘날의 민주주의는 기술적인 도취감의 희생양이 되었다. * euphoria 행복감, 만족감
【정답】①
① victim 희생자, 피해자
② take advantage of ~을 이용하다
③ run short of 부족하다, 부족하게 되다
④ die of (병 등으로) 죽다

**09** The whistle was the signal for the men to <u>fall to</u> their work.
① leave　　　　　② start
③ abandon　　　④ delay

**10** When his reputation _________ pieces, all his friends desert him. [86.서울대 대학원]
① fall into　　　② is shattered
③ fall to　　　　④ is broken

**11** The book fell ______ of my expectations.
① short　② small　③ little　④ meager

**12** 다음 밑줄 친 부분에 들어갈 말로 적당한 것은?

Bill : I haven't seen you on campus for a long time.
John : Right. I took off for a year. In fact, I'm headed for the admission office now.
Bill : _________ I'm going that way.
John : Yes, thanks. I'd appreciate the lift.

① Drop me a line.　　　② I goofed up.
③ Far from it.　　　　　④ Can I drop you off?

**13** Jack said he signed up for a history course but ______ because he couldn't keep up with the other students in the class.
① got out　　　　② dropped out
③ drawn out　　　④ kept out

**14** I wish he wouldn't <u>drop in on</u> me so often. [92.변리사]
① disturb　　　　② irritate
③ speak ill of　　④ visit
⑤ invite

**14-1** He sometimes <u>drops in</u> to see me in the evening.
① comes down in
② falls down in
③ pays an unexpected visit
④ falls in drops

**09** 그 휘슬은 그 사람들에게 일을 시작하라는 신호였다.
【정답】 ②

① leave 떠나다
② start 시작하다
③ abandon 버리다
④ delay 늦추다, 미루다

**10** 명성이 산산이 부서지면, 그 사람의 모든 친구들은 그를 저버린다.
【정답】 ③

① fall into ~상태로 되다
② shatter 부수다, 부숴지다
③ fall to pieces 산산이 부서지다.

**11** 그 책은 우리의 기대에 미치지 못했다.
【정답】 ①

④ meager 메마른, 빈약한

**12** 【정답】 ④

Bill : 오랜만에 학교에서 널 보는구나.
John : 맞아. 1년 동안 휴학했었어. 사실 나는 입학과로 가는 중이야. * take off 휴가를 내다, 쉬다
Bill : 태워다 줄까? 나도 그 길로 가는 중이야.
John : 그래, 고마워. 태워줘서 고맙다.

① 내게 편지 보내.
② (시험을) 망쳤어. * goof up 실수로 망쳐 버리다
③ * Far from it. 그런 일은 절대로 없다, 어림도 없다.
④ 태워다 줄까?

**13** 잭은 전에 역사과목을 수강신청했지만 그 반의 다른 학생들을 따라 잡을 수가 없어서 중도포기했다고 말했다. * sign up for 응모/참가/가입하다
keep up with 따라잡다
【정답】 ②

① get out 나가다
② drop out 중도포기하다, 중퇴하다
③ draw out 문서를 작성하다; 뽑아내다
④ keep out ~안에 들이지 않다

**14** 나는 그가 너무 자주 나를 찾아오지 잃기를 바란다.
【정답】 ④

① disturb 방해하다　　　　② irritate (짜증나게) 괴롭히다
③ speak ill of 비난하다　　⑤ invite 초대하다

**14-1** 그는 때때로 저녁에 나를 보러 들리곤 한다.
【정답】 ③

① come down in 영락하다
② fall down in 졸도하다
③ 갑작스럽게 들리다
④ 방울져 떨어지다

**15** If you have time, <u>drop me a line</u> now and then while you are abroad. [01.행자부 9급/공사]
① get in touch with me by telephone
② call me briefly
③ write briefly to me
④ remember me

**15** 해외에 나가 있는 동안에 시간이 나시면 이따금 편지주세요.

【정답】③

① 전화로 연락주세요. * get in touch with 연락하다
② 짧게 전화 주세요.
③ 짧게라도 편지주세요.
④ 저를 기억해 주세요.

**16** Why do you want to <u>throw away</u> those books?
① imitate      ② discuss
③ extract      ④ discard

**16** 그 책들을 왜 버리려고 하니?

【정답】④

① imitate 흉내내다.    ② discuss 토론하다
③ extract 추출하다; 뽑다    ④ discard 버리다

**17** "TV has a value. If you ban it entirely from your child's life, it's like __________," says the author of TV-proof Your Kids.
① throwing out the baby with the bath water
② sending a person on a fool's errand
③ being a cat on a hot tin roof
④ betting one's bottom dollar
⑤ playing the fox

**17** "TV는 가치가 있다. 만약 당신이 자녀의 삶에서 텔레비전을 전적으로 추방한다면 그것은 사소한 것 때문에 소중한 것까지 버리는 것과 같다"고 "당신의 자녀를 TV로부터 보호하라"의 저자는 주장한다.

【정답】①

① 사소한 것과 함께 중요한 것을 버리다
② send a person on a fool's errand ~에게 헛걸음을 시키다
③ like a cat on a hot tin roof 안절부절못하여
④ bet one's bottom dollar
    가진 것을 몽땅 걸다; 확신하다
⑤ play the fox 교활하게 굴다, 꾀부리다

**18** A good therapist might be able to figure out why she is so eager to <u>throw in the towel</u> at the first sign of trouble.
① admit defeat
② wash her hands
③ camouflage herself
④ run away with

**18** 좋은 치료사는 그녀가 왜 병의 첫 징후에 굴복하려 했는지에 대해서 이해할 수 있을 것이다.
* therapist 치료사 figure out ~을 이해하다

【정답】①

① 패배를 인정하다
② wash one's hands (일에서) 손을 떼다
③ camouflage 위장하다
④ run away with ~을 가지고 도망가다

**18-1** Michael was about to <u>throw in the sponge</u> when I telephoned him to convey the news to him.
① leave the room
② grow angry
③ get upset
④ admit defeat

**18-1** 내가 그 뉴스를 전하려고 전화했을 때 마이클은 막 패배를 인정하려 할 참이었다.

【정답】④

① leave the room 방을 나가다; 화장실에 가다
② grow angry 성이 나다
③ get upset 속상해하다, 화를 내다

**19** In the end, Republicans who were opposed to imposing economic sanctions against South Africa simply <u>threw up their hands</u>.
① scored a big win
② suffered a heavy damage
③ protested
④ surrendered

**19** 남아프리카에 대한 경제적 제재를 부과하는 것을 반대하였던 공화당은 결국에는 간단하게 두 손을 들었다. * oppose 반대하다 impose 부과하다 economic sanctions 경제적 제재

【정답】④

① 크게 이기다
② 큰 손해를 입다
③ protest 항의하다
④ surrender 항복하다

**20** She <u>threw a fit</u> when the TV broke.
① played a game
② felt happy
③ became upset
④ became moody

**21** The film <u>throws in its lot with</u> the rabble rather than the aristocracy.
① pacifies     ② reacts against
③ shows      ④ supports

**20** 그녀는 TV가 고장나자 매우 신경질을 냈다.
————————— 【정답】③
④ moody 침울한

**21** 그 영화는 귀족층보다는 하층민의 편에 섰다.
* rabble 어중이떠중이; 하층사회, 서민들
aristocracy 귀족, 귀족사회
————————— 【정답】④
① pacify 진정시키다, 달래다
② react against ~에 반발하다

## Part A - throw

### 1. "던지다" 관련어휘

**01 cast**
[kǽst]

throw와 거의 비슷하지만 보다 형식적이고 딱딱한 느낌이 강하다

vt. 1. 던지다; (표를) 던지다; (빛을) 쏘다
2. (시선, 의혹 등을) 던지다
3. (불필요한 것을) 던져 버리다; 허물을 벗다
4. 배역을 주다
n. 던지기; 허물; 배역; 거푸집, 색조

[표현]
**be cast away** 배가 난파되어 섬에 홀로 남다
- **castaway** 버림받은 (사람), 난파한 (사람)
**be cast down** 낙담하다, 기가 죽다
- **downcast** 풀이 죽은; 눈을 내리 뜬
**cast out** 내쫓다, 추방하다
- **outcast** 쫓겨난, 버림받은; 추방된 사람, 부랑자
**cast the first stone** 먼저 돌을 던지다; 먼저 비난하다; 성급하게 판단하다
**cast pearls before swine** 돼지에게 진주를 던지다
**cast doubt on** ~에 의구심을 갖다 (=be doubtful, be suspicious)
**cast a ballot[vote]** 투표를 하다, 한 표를 던지다
- **casting vote** 캐스팅보트(=decisive vote)

**02 shed**
[ʃéd]

→ 눈물이 떨어지듯 자연스럽게 떨어져 내리는 뉘앙스이다.

v. 1. 아래로 떨어뜨리다;
2. (낙엽 등이 저절로) 떨어지다
3. (피·눈물을) 흘리다
4. (빛 등을) 발산하다
5. (불필요한 것을) 던져 버리다
6. (껍질, 옷을) 벗다
n. 오두막, 광, 간이창고

[표현]
**shed light on** / **throw (a) light on** 설명하다(=explain, clarify)
**shed blood** 피를 흘리다; (특히 전쟁이나 싸움에서) 죽이다, 살해하다(=kill)
**shed tears** 눈물을 흘리다, 울다(=cry)
**shed crocodile tears** 거짓 눈물을 흘리다(=pretend grief)

**03 hurl**
[hə́:rl]

→ throw 보다 훨씬 세게 던지는 것이다.

v. 1. (난폭하게) 힘껏 던지다
2. 욕설을 퍼붓다
ⓝ **hurling** 던짐, 투척
圄 **toss** (가볍게) 던지다

**04 dart**
[dá:rt]

→ 화살을 쏘는 것처럼 빠른 움직임을 의미한다.

vi. 1. (던진 화살처럼) 날아가다;
2. 돌진하다(=dash)
vt. (화살 등을) 쏘다
n. 화살 던지기; 다트

[표현]
圄 **dash**
vt. 내던지다; (물을) 끼얹다; 낙담시키다
vi. 돌진하다; (세차게) 충돌하다

---

**rush**
vi. 돌진[쇄도]하다; 성급하게 행동으로 옮기다
vt. 서두르게 하다; 몰아대다; 돌파하다; 끈덕지게 구애하다
* **be in a rush**
서두르다; 서둘러[성급히] 결정하다
* **I'm in no rush.** 전 바쁘지 않아요.

| 뉘앙스 | 던지는 것도 각양각색 |
|---|---|
| ❶ throw | "던지다"를 뜻하는 가장 일반적인 말 |
| ❷ cast | "가벼운 것(표, 시선, 빛)을 던지다"의 격식 차린 말 |
| ❸ hurl | 난폭하게 힘껏 던지다→ 욕설을 퍼붓다 |
| ❹ toss | 위쪽을 향하여 가볍게 던지다→ 배구의 토스 |
| ❺ fling | 세차게 획 내던지다, 내동댕이치다 →욕설을 퍼붓다, 곤경에 빠뜨리다 |
| ❻ sling | 투석기나 고무총 등으로 던지다, 쏘다 |
| ❼ dart | 화살을 던지다, 쏘다 |
| ❽ pitch | 어떤 목표를 향하여 던지다→야구의 피칭 |

### 2. ject/jac/jet(=throw)

**05 eject**
[idʒékt]

e<ex(=out)+ject(=throw) → 밖으로 던져버리다
vt. 1. 내쫓다(=expel), 추방하다
2. 배설하다
vi. (조종사가 비행기에서) 긴급 탈출하다
ⓝ **ejection** 방출, 배출, 퇴거

**06 reject**
[ridʒékt]

re(=back)+ject(=throw) → (서류를) 뒤로 던져버리다
vt. 거절하다, 각하하다; 불합격시키다 (=turn down, rebuff, veto, dismiss)
n. 불합격자[품]
ⓝ **rejection**
거절(=renunciation), 폐기, 부결

圄 **rebuff*** vt. 거절하다(=reject); 저지하다
n. 거절, 퇴짜 ;(계획 등의) 저지
**veto** (대통령의) 법률안 거부권; 거부하다
**turn down**▽
1. 거절하다(=reject, refuse)
2. (소리, 불 등을) 줄이다 (↔ turn up)
**turn thumbs down on****
거부의사를 나타내다(=not approve)

**07 abject**
[ǽbdʒekt]

ab(=away)+ject(=throw) → 멀리 내동댕이쳐진
a. 1. 비참한, 불쌍한, 불행한
2. 야비한, 비열한(=humble, mean)
ⓝ **abjection** 비참한 상태, 비열

**08 deject**
[didʒékt]

de(=down)+ject(=throw)
→ (사람의 기분을) 아래로 내동댕이치다
vt. 낙심[낙담]시키다, ~의 기를 꺾다
ⓐ **dejected** 낙심[낙담]한, 풀 죽은(=glum)
ⓐⓓ **dejectedly** 맥없이, 낙심하여
ⓝ **dejection** 낙담, 우울; 배설물

圄 **glum** 시무룩한, 풀죽은(=dejected)
**crestfallen*** 풀이죽은, 의기소침한, 낙담한

**09 interject**
[ìntərdʒékt]

inter(=between)+ject(=throw)
→ (대화) 사이에 (말을) 던져 넣다
vt. (말 따위를) 불쑥 끼워 넣다,
　사이에 끼우다(=insert)
ⓝ **interjection** 감탄의 말, 감탄사

> **동 inject** 주사하다, 주입하다; 활기를 불어넣다
> 　- **injection** 주사(액); 관장약; 연료 분사

**10 conjecture***
[kəndʒéktʃər]
06.감평사

con(=with)+ject(=throw)
→ (의심을) 가진 채 말을 던져보다
n. 어림짐작, 추측, 억측(=guess)
v. 추측하다, 어림짐작하다
　(=surmise, suspect)
ⓐ **conjectural**
　추측적인(=speculative); 억측하기 좋아하는
　**conjecturable** 추측할 수 있는

**11 object**
[ábdʒikt]

ob(=to)+ject(=throw) → (목표를) 향해 던지는 것
n. 1. 물건, 물체; 대상
　2. 목적, 목적어, 목표(=aim)
ⓐ **objective**
　객관적인, 편견이 없는(=disinterested)
　n. 목표, 목적(물); 목표지점
ⓐⓓ **objectively** 객관적으로
v. 반대하다, 이의를 제기하다;
　거절하다
ⓝ **objection** 반대, 이의 신청

> * **have no objection to[against]**
> 　~에 이의가 없다
> * **raise[make, take] an objection to**
> 　이의를 제기하다, 반대하다

ⓐ **objectionable** 반대할만한, 싫은

**12 subject**
[sʌbdʒikt]

sub(=under)+ject(=throw) → 아래로 내던지다
a. 1. 영향을 받기 쉬운(to);
　지배를 받는(to);
　2. ~을 조건으로 하는
　* **be subject to** ~을 받기[하기, 걸리
　기] 쉽다(=be open to, be prone to)
vt. 복종시키다, 지배히디; 제시하다,
　위임하다
　* **be subjected to**
　(싫은 일을) 당하다, 겪다
n. 주제; 학과, 과목; 백성, 신하;
　피실험자; 주어
ⓐ **subjective** 주관적인, 개인적인; 주격의

> **관련 adjective** 형용사의, 부수적인
> 　**objective** 목적격, 목적어

**13 project**
[prádʒekt]

pro(=forward)+ject(=throw) → 앞으로(미래로) 던지다
vt. 1. 발사하다, 내던지다
ⓐ **projectile** 추진하는; 발사하는; 돌출된
　2. 투영하다, (빛을) 투사하다
　(=cast)
ⓐ **projective** 투사력이 있는; 투영법의
　3. 계획하다; 결과를 예상하다
　(=forecast)
　vi. 돌출하다, 내밀다(=protrude)
ⓐ **projecting** 돌출한, 톡 튀어나온
　n. 계획, 설계; (대규모의) 사업;
　연구과제

ⓝ **projection** 돌출; 투사; 예상; 계획, 고안
　**projector** 영사기; 계획자, 설계자

**14 adjacent**
[ədʒéisnt]

ad(=near)+jac(=throw) → 던져서 닿을 만큼 가까운
a. 1. 인접한, 이웃의(to)
　(=neighboring, nearby, touching)
　2. 직전이나 직후의(=successive)
ⓝ **adjacency** 근접, 인접

**어근보충**

❶ **trajectory** (혜성 등의) 궤도
❷ **jetty** 방파제
❸ **jettison** (배에서 짐을) 버리다
❹ **jetliner** 제트 여객기
　- **turbojet** 터빈식 분사 추진기, 터보제트 엔진
❺ **ejaculate** 갑자기 소리 지르다; (남자가) 사정하다
　- **ejaculation** 외침, 절규; 사정

## 3. bol/bl(=throw)

**15 abolish**
[əbáliʃ]

a<ab(=away)+ bol(=throw) → 던져 없애버리다
vt. (법률, 제도 등을) 폐지하다
　(=do away with, abrogate, eliminate,
　destroy)
ⓝ **abolition** 폐지, 박멸
　**abolitionism** 노예제도 폐지론

> **표현 do away with**
> 1. (규칙, 제도, 부서 등을) 폐지하다
> 　(=abolish)
> 2. (물건 등을) 없애다, 버리다
> 　(=throw away, discard)
> 3. (사람 등을) 죽이다, 제거하다
> 　(=kill, get rid of, eliminate)

**16 hyperbole**
[haipə́ːrbəli]

hyper(=over)+bol(=throw)
→ 크게 부풀려서 던지는 말
n. 과장(법)(=exaggeration)
　* **given to hyperbole**
　과장하는 버릇이 있는(=accustomed to
　exaggerate)
　**cf. given to** 버릇이 있는, 경향이 있는
ⓐ **hyperbolic** 과장법의; 과대한, 과장저인
ⓥ **hyperbolize** 과장법을 쓰다; 과장하다
**관련 hyperbola** 쌍곡선 *hyper(=over)

**17 metabolism***
[mətǽbəlìzm]

meta(=change)+bol(=throw)+ism
→ 모양을 바꾸어 쏟아내는 것
n. 신진대사(the chemical processes in
　living things that change food, etc.
　into energy and materials for growth)
ⓥ **metabolize** 신진대사시키다
ⓐ **metabolic** 신진대사의

> **관련** 신진대사(물질대사): 동화작용+이화작용
> **anabolism** 동화작용 *ana(=up)
> **catabolism** 이화작용(the process by
> which chemical structures are broken down
> and energy is released) *cata(=down)

**18 emblem**
[émbləm]

em<en(=make)+ject(=throw)
→ 빛을 쏘아 상징을 만들다
n. 상징, 표상(=symbol), 기장, 휘장
**동 symbol** 상징, 기호 * syn(=together)

## 19 parable
**[pǽrəbl]** ★

para(=beside)+bl(=throw)+e → 빗대어 던지는 말
n. (주로 성서에 기록된 도덕적 교훈을
가르치려는) 우화, 비유담
(=a short story that teaches a moral or spiritual
lesson, especially one of those told by Jesus
as recorded in the Bible)

| 뉘앙스 | 전해오는 이야기들 |
|---|---|
| ❶ fable | 우화(=a traditional short story that teaches a moral lesson, especially one with animals as characters) * Aesop's Fables 이솝이야기 |
| ❷ allegory | 풍유, 비유한 이야기(=a story, play, picture, etc. in which each character or event is a symbol representing an idea or a quality, such as truth, evil, death, etc.) |
| ❸ myth | 신화(=a story from ancient times, especially one that was told to explain natural events or to describe the early history of a people) |
| ❹ legend | 신화 (=a story from ancient times about people and events, that may or may not be true) |
| ❺ anecdote | 일화(=a short, interesting or amusing story about a real person or event) |
| ❻ tale | 이야기(=a story created using the imagination, especially one that is full of action and adventure) |
| ❼ epic | 서사시(=a long poem about the actions of great men and women or about a nation's history) |
| ❽ lyric | 서정시(의) (=(of poetry) expressing a person's personal feelings and thoughts) |

## 20 dissipate
**[dísəpèit]** ★

dis(=apart)+sip(=throw)+ate
→ 따로 따로 던져버리다
vt. 1.(구름·안개등을) 흩뜨리다
2.(슬픔·공포 등을) 가시게 하다
3.(시간·재산 등을) 낭비[탕진]하다
vi. (구름 따위가) 흩어져 사라지다
ⓝ **dissipation** 흩어져 사라짐; 낭비; 유흥
**dissipated** 방탕한; 무절제한, 낭비된
ⓐ **dissipative** 흩어지는; 낭비적인

# Part B - pour/dip/water/flow/wash

### 1. fus(e)/fut(e)/fund/found(=pour)

## 21 infuse
**[infjúːz]** ★

in(=in)+fuse(=pour) → 안에 쏟아붓다
vt.(액체를) 붓다; (사상·활력을)불어넣다
ⓝ **infusion*** 주입, 불어넣음

## 22 transfuse
**[trænsfjúːz]** ★★

trans(=change)+fuse(=pour)
→ 옮겨서 쏟아 붓다
vt. 1.옮겨 붓다; 수혈하다
2.(사상을) 불어넣다

> 동 **transplant** (장기 등의) 이식; 이식하다
> **resuscitation** 인공호흡 등의 응급조치

## 23 diffuse
**[difjúːz]** ★

dif<dis(=away)+fuse(=pour)
→ 멀리 흩어지게 쏟다, 붓다
vt. 1.퍼뜨리다, 보급시키다
2.(빛·열·냄새 등을) 발산하다,
방산하다
vi. 퍼지다, 흩어지다; 확산하다
a. 1.널리 퍼진, 흩어진

2.(문체 등이) 산만한
ⓝ **diffusion** 방산(放散), 발산; 보급, 유포
ⓐ **diffusive** 잘 퍼지는, 보급되기 쉬운

> 동 **emission*** (빛·열·향기 등의) 발산, 방출
> **radiation*** 방사, 발광, 방열

## 24 defuse
**[diːfjúːz]** ★

de(=off)+ fuse(퓨즈) → 퓨즈를 제거하다
vt. 1.위기를 해제하다, 진정시키다
(=alleviate)
2.(폭탄·지뢰의) 신관을 제거하다

> 관련 **fuse*** (전기) 퓨즈, (폭약의) 도화선,
> 기폭장치; 녹이다, 녹다, 융해시키다,
> 융합시키다
> **fusion*** 용해; 융합; 합동; (음악 등의) 퓨전

## 25 confuse
**[kənfjúːz]** ★★

con(=together)+fuse(=pour)
→ 여러가지를 한꺼번에 쏟아 붓다
vt. 혼동하다, 당황케 하다; 좌절시키다
(=confound, distract)
ⓝ **confused** 혼란스러운(=perplexed)
ⓐ **confusing** 혼란시키는

> 관련 **confound*** *found(=pour)
> 혼동하다, 당황하게 하다
> - **confounded** 혼란한, 당황한
> **get rattled*** 어리둥절하다,
> 당황하다(=become confused)

## 26 refuse
**[réfjuːs]**
**[rifjúːz]** ★★

re(=back)+fuse(=pour) → 뒤에다 쏟아버리다
n. 폐물, 쓰레기(=rubbish)
v. 거절하다(=decline, turn down)

## 27 refute
**[rifjúːt]** ▼

re(=against)+fute(=pour) → ~에 대항해서 마구 퍼붓다
vt. 1.논박하다, 반박하다(=disprove)
2.(남의 발언의) 그릇됨을 증명하다
07.국가직 7급
ⓝ **refutation** 논박, 반박; 반증(=rebuttal)
ⓐ **refutable** 반박할 수 있는
↔ **irrefutable** 반박할 수 없는

> 관련 **rebuttal*** [ribʌtl] 원고의 반박; 반증
> * **make a rebuttal** 반박하다
> - **rebut** [ribʌt] 논박하다, 반증을 들다

## 28 futile
**[rifjúːt]** ▼

fut(=pour)+ile → (쓸데없이 노력을) 쏟아 부은
a. 1. (행동 등이) 효과 없는; 무익한
(=vain, useless, unsuccessful)
2. (사람·이야기 등이) 시시한,
변변찮은
ⓝ **futility** 헛됨, 무익, 무용; 공허; 무익한
행동
**futilitarian** 비관주의의 (사람), 시시한
취미에 열심인 (사람)
ⓔ **fertile** 기름진, 비옥한; 다산의; 상상력
이 풍부한

### 2. merg/mers(=dip, plunge)

## 29 plunge
**[plʌndʒ]** ★★★

06.보험계리사
vi. 1.뛰어들다(=dive); 떨어지다
(=plummet)
2.돌진하다, 갑자기 시작하다
vt.떨어뜨리다(=drop), 던져 넣다,
내던지다

n. 뛰어듦, 돌진, 돌입; 큰 도박

**동 plummet*** (인기·물가 등이) 폭락하다
(=plunge), 뛰어들다; (주가 등의) 폭락
**표현 take[go into] a nosedive**
급강하하다, 폭락하다

**30 immerse** ★★
[imə́:rs]

im(=in)+merse(=plunge) → 안으로 뛰어들다
vi. 1. 물에 담그다, 적시다;
침례를 베풀다
2. [be immersed in/immersed oneself in]
~에 몰두하다, 푹 빠지다
ⓐ **immersible** 내수성의

**31 submerge** ★★
[səbmə́:rdʒ]

sub(=in)+merse(=plunge) → (물) 아래로 뛰어들다
vt. 물속에 가라앉히다
vi. 잠기다, 침몰하다
ⓐ **submerged** 수몰[침수]된, 수중의;
물속에 자라는; 최저 생활을 하는, 극빈의
**submersible** / **submergible**
잠수할 수 있는; 수중용의; 잠수함[정]

**32 emerge** ★★★
[imə́:rdʒ]

e<ex(=out)+merge(=plunge)
→ 물(어둠)속에 있다가 물 바깥으로 나오다
vi. 1. (물·어둠 속에서) 나오다, 나타나다
2. (해 따위가) 떠오르다
3. (빈곤·무명의 처지에서) 벗어나다
4. (새로운 사실이 조사 결과) 드러나다
ⓝ **emergence** 출현(=appearance), 탈출
**emergency** 비상사태; 비상용의,
긴급한(=pressing)
ⓐ **emergent** 갑자기 나타나는(=appearing)

**33 merge** ▽
[mə́:rdʒ]

merge(=plunge) → (하나의 통에) 담가 섞다
v. 병합[합병,통합]하다; 융합하다
[시키다](=blend, combine)
ⓝ **merger** (회사·사업의) 합병, 합동
(=consolidation)
ⓝ **mergee** 합병의 상대방

**34 conglomerate** ★★
[kɑnglɑ́mərət]

con(=together)+glomer(=gather)+ate
→ 같이 모으다
n. (거대)복합 기업, 대기업;
집합체(=mixture)
a. 복합적인
v. 둥글게 뭉치다;
(회사·기업이) 합병하다
ⓝ **conglomeration** 응괴, 집괴(=mixture)

### 3. ebr/sorb(=drink)

**35 drench** ★★
[drént∫]

drench(=drink) → 흠뻑 마시다
vt. 흠뻑 물에 적시다, 물에 담그다
(=soak)
n. 호우, 폭우; 흠뻑 젖음
ⓝ **drencher** 억수, 호우; 소방용 급수장치
**drenching** 흠뻑 적시는, 억수로 쏟아지는
**drenched** 흠뻑 젖은(=very wet)
* **be drenched[soaked] to the skin**
흠뻑 젖다

**반 drain*** 배수[방수]하다, (물을) 빼서
말리다; 소모시키다, 고갈시키다; 인재를
유출시키다

- **drained** 고갈된(=exhausted)
- **drainage** 배수; 배수구; 오수
**동 imbue*** (수분 등을) 듬뿍 스며들게 하다;
(사상·감정 등을) 불어넣다; 물들이다,
더럽히다

**36 absorb** ★★
[æbsɔ́:rb]
99.일반경찰

ab(=from)+sorb(=drink) → ~으로부터 빨아들이다
vt. 1. 흡수하다, 빨아들이다; 합병하다
2. 열중시키다, 시간을 빼앗다

* **be absorbed in**
~에 몰두하다, 전념하다
= **be lost in**
= **be rapt in**
= **be involved in**
(~에 열중하다; ~에 연루되다)
= **be indulged in**
= **be engrossed in**
= **be immersed in**
= **be occupied in**

ⓐ **absorbing** 열중케 하는, 흥미진진한
ⓝ **absorption** 병합; 흡수; 몰두

**37 sober** ★★
[sóubər]

se<s(=without)+ebr(=drunk) → 술을 마시지 않은
a. 1. 술 취하지 않은, 절제하는
(=abstinent ↔ intoxicated)
2. 침착한, 소박한; 진지한;
엄숙한; 근실한
ⓝ **sobriety*** 술 취하지 않음; 절주, 금주;
절제 (=sanity; straight living)
vt. 1. ~의 술을 깨게 하다(up)
2. 마음을 가라앉히다
**동 inebriated** *in(=in)+ebr(=drink)
술에 취한(=intoxicated)
**반 somber**
어둠침침한, 검은, 거무스름한; 침울한(=gloomy)
**표현 be on the wagon** 술을 끊다
↔ **be off the wagon**
술을 다시 마시기 시작하다

### 4. 스며들다, 침투하다

**38 penetrate** ★
[pénətrèit]

vt. 1. 꿰뚫다, 관통하다, 통과하다
2. 스며들다; 침투하다, 잠입하다
3. (생각 등을)꿰뚫어 보다, 간파하다
vi. 통과하다, 스며들다(into),
이해되다
ⓝ **penetration** 관통, 침투; 간파, 통찰력
ⓐ **penetrative** 침투하는; 통찰력 있는

**39 permeate** ★★
[pə́:rmièit]
05.행자부 9급

per(=through)+me(a)(=pass, flow)
→ 통과해서 흐르다
vt. 1. (액체 등이) 스며들다, 삼투하다
(=pass through)
2. (사상 등이) 퍼지다(into)
(=spread into)
3. (냄새·연기 등이) 꽉 들어차다
ⓝ **permeation***
침투, 삼투(=infiltration), 녹아 들어감
**permeant** 삼투하는, 배어드는, 스며드는
ⓐ **permeable*** 투과성[삼투성]의
↔ **impermeable** 스며들지않는,불침투성의
**관련 meander**
굽이쳐 흐르다; 정처 없이 헤매다

**40 percolate** ★
[pə́:rkəlèit]

v. 1.스며나오다, 스며들다
2.서서히 퍼지다; 침투하다
3.여과하다
ⓝ percolation 여과; 삼출, 삼투
percolator 여과기; 퍼컬레이터
동 osmose 삼투하다[시키다]

퍼컬레이터는 원두커피를 걸러서 끓이는 기계이다

**41 infiltrate** ★
[infíltreit]

in(=in)+filter(필터)+ate → 필터를 통과시키다
v. 침투[잠입]하다[시키다],
스며들[게 하]다(into)(=spread to)
ⓝ infiltration 침입, 침투, 잠입
관련 filter* 스며들다, 통과하다; 여과하다
(=screen); 여과기, 필터

**42 ooze** ★★
[ú:z]

<연상> 타이거 우즈는 매력이 철철 새어 나온다.
vi. 1.스며나오다, 새어 나오다(out)
(=exude)
2.분비하다
3.(비밀 등이) 새다(=leak)
vt. 1.(비밀을) 누설하다
2.(매력을) 발산하다
n. 1. 스며나옴, 분비; 분비물
2. 보드라운 진흙; 습지
ⓐ oozy 스며나오는; 진흙의

**43 soak** ★★
[sóuk]

<연상> 갑자기 비가 쏟아져서 옷이 쏙 적셨다.
vi. 1.담그다, 적시다; 스며들다[나오다]
2.(지식 등을) 흡수하다; 이해하다
vi. 젖다; 스며들다(in, into);
술을 진탕 마시다
n. 적심, 담금; 침투
ⓐ soaked* 흠뻑 젖은(=drenched);
전념하는; 잔뜩 취한

동 soggy* 흠뻑 젖은(=soaked),
물에 잠긴; <구어>기운 없는
sop 빨아들이다; 매수하다; 스며들다,
흠뻑 젖다

---

### 5. flu(=flow)

**44 flush** ★
[flʌʃ]

flu(=flow)+sh
→ (얼굴로 피가 쏠리면서) 얼굴을 붉히다
vi. 1.홍조를 띠다, 얼굴을 붉히다
2.(물이) 왈칵 흘러나오다,
쏟아져 나오다
3.(변기에서) 물을 내리다
4.(새가) 푸드덕 날아오르다
n. 홍조, 얼굴 붉힘; 분출, 쇄도;
감격, 흥분
a. 1.(얼굴이) 홍조를 띤, 빨개진(=red);
혈색이 좋은
2.<구어> 아낌없이 쓰는, 손이 큰
3.같은 높이의; 서로 맞닿은

혼 blush
얼굴을 붉히다(=become red), 빨개지다
plush [plʌʃ] 플러시(천); 호화로운; 편한
flesh [fleʃ] (인간·동물의) 살, 과육; 살결

---



❶ complexion 안색, 얼굴빛, 혈색
- complexioned <복합어로> 얼굴빛이 ~ 한
❷ 얼굴빛이 검은 : swarthy, dark-complexioned, black-faced
↔ fair-complexioned 얼굴이 흰
❸ 불그스레한, 혈색이 좋은: flush, ruddy, rosy, sanguine
❹ 창백한, 핏기 없는: pallid, pale, wan, white-faced
- sallow 누르스름한, 흙빛의(병적인 안색)

**45 fluctuate** ▼
[flʌ́ktʃuèit]

flu(=flow)+ctu+ate → 물이 흐르듯 하다
vi. 1.(시세·열 등이) 변동하다, 오르내
리다(=move[go] up and down, vary)
2.(감정 등이) 파동치다;
동요하다; 흔들리다
vt. 동요[변동]시키다
ⓐ fluctuant 변동하는; 기복이 있는
fluctuating
변동이 있는, 동요하는; 오르내리는
ⓝ fluctuation
변동, 오르내림, 파동; 동요; 흥망
cf. spin 뱅뱅 돌다; 헛돌다; (가격 등의) 급락

**46 influx** ★
[ínflʌks]

in(=in)+flux(=flow) → 안으로 흘러드는 것
n. 유입; 쇄도, 밀어닥침(=rush);
강어귀
ⓐ influent 흘러 들어가는; 지류
influential 영향력이 있는, 유력한
동 afflux 유입; (사람 등의) 쇄도; 충혈

반 reflux 역류, 썰물, 퇴조 * re(=back)
- refluent (혈액 등이) 역류하는; 썰물인
efflux * ex(=out)
(액체 따위의) 유출, 배출(물)
- effluent 유출[방출]하는;폐수,오수;방류

**47 affluent** ★
[ǽfluənt]

af<ad(=to)+flu(=flow)+ent → ~를 향해 흐르는
a. 풍부한, 유복한(=prosperous,
opulent, wealthy)
ⓝ affluence* 풍족; 부, 부유; 유입, 쇄도

**48 superfluous** ★★
[su:pə́:rfluəs]

super(=over)+flu(=flow)+ous → 넘쳐 흘러내리는
a. 여분의, 남아도는, 필요이상의
(=redundant, unnecessary,
needless, excessive)
ⓝ superfluity
여분; 과다, 과잉; 남아도는 것, 사치품

---



❶ fluid 유동체, 액체/ fluidity 유동성
❷ flux (물의) 흐름, 용제
❸ fluvial 강의, 강에서 나는
❹ flurry 질풍, 돌풍; 당황, 낭패
❺ confluence (강의) 합류(점); 인파, 집합; 군중
❻ influenza 독감, 유행성 감기 <약> flu
❼ fluent 말이 유창한, (사람이) 달변인
❽ mellifluous (목소리·음악 등이) 감미로운, 유창한

---

## 6. und (=wave, flood)

**49 redundant** ▽
[ridʌndənt]
red<re(=back)+und(=flood)+ant → 뒤로 넘치는
a. 1.여분의, 과다한; 풍부한,
   남아도는; 불필요한
   (=superfluous; inessential)
   2.말이 많은, 장황한, 군더더기의
ⓝ **redundancy*** 여분, 과잉, 잉여; 쓸데없는
   말, <영> 잉여 인원; 일시 해고(=lay off)
ⓥ **redound***
   1.(신용·이익 등을) 늘리다, 높이다(to)
   (= increase)
   2.(행위가 결과로서) 되돌아오다

**50 abundant** ▽
[əbʌndənt]
ab(강조)+und(=flood)+ant → (많아서) 넘치는
a. 풍부한; (자원 등이) 풍족한(in, on)
   (=plentiful, bountiful, copious)
ⓝ **abundance** 풍부함, 유복함
ⓥ **abound*** 풍부하다(in) ; (동물이) 많이
   있다, (~로) 가득하다(=be plentiful)

> 동 **plentiful** 많은, 풍부한(↔scarce), 윤택한
> - **plenty** 많음, 대량, 풍부; 풍부함, 풍요
>   **oodles** 많음, 풍부

**51 inundate** ▽
[ínəndèit]
in(=in)+und(=flood)+ate → 안으로 흘러넘치다
vt.1.<주로 수동형> 범람시키다,
   물에 잠기게 하다(=flood, overflow)
   2.(장소에) 몰려오다, 밀어 닥치다
ⓝ **inundation** 침수, 홍수, 쇄도

> 표현 **be snowed under** 눈이나 일로
>   뒤덮이다, 갇히다(=be inundated)
> 관련 **undulate** 물결치다, 흔들리다
>   - **undulation** 파동, 굽이침

**52 irrigate** ★★
[írəgèit]
ir(=in)+rig(=water)+ate → 안에 물을 대다
vt.1.물을 대다, 관개하다(=water)
   2.생명을 주다, 비옥하게 하다
ⓝ **irrigation** 관개, 물을 끌어들임

## 7. lav/lu/lut/lug/lot(=wash)

**53 deluge** ★
[déljuːdʒ]
de(강조)+luge(=wash) → 엄청나 물이 닥치다
n. 대홍수, 범람(=a large flood); 쇄도
vt. 범람시키다(=flood); 쇄도하다;
   압도하다

> 동 **flood** 홍수; 쇄도; 범람시키다; 쇄도하다
> * **the Deluge/ the Flood/ Noah's Flood**
>   (성서) 노아의 대홍수

**54 dilute** ★★
[dailúːt]
di<dis(=away)+lute(=wash) → 물로 적셔 묽게 하다
v. 묽게 하다, 묽어지다; 희석하다;
   약해지다(=weaken, decrease)
a. 묽게 한, 희석한; 묽은, 심심한
ⓝ **dilution** 묽게 하기, 희석
ⓐ **diluent** 묽게 하는, 희석용의;희석[액]제
반 **undiluted** 희석[묽게] 하지 않은

> 표현 **water down***
>   물 타다, 희석하다(=dilute, attenuate);
>   약화시키다(=weaken)

**55 pollute** ★
[pəlúːt]
v. 1.더럽히다, 오염시키다(=taint,
   contaminate, adulterate, infect)
   2.타락시키다
ⓝ **pollution** 오염, 공해; 타락; 몽정
   **pollutant** 오염물질, 오염원
   **polluter** 오염자, 오염원

**56 lavish** ▽
[lǽviʃ]
lav(=wash, flow)+ish → 돈이 흘러넘치는
a. 1.낭비벽이 있는; 무절제한;
   아끼지 않는, 후한
   (=prodigal, generous, profuse)
   2.풍부한, 충분한, 넉넉한; 남아도는
   (=opulent)
vt. 아낌없이 주다, 낭비하다(on)
ⓝ **lavisher** 낭비자
ⓐ **lavishly** 함부로, 무절제하게

> 어근뭉치
> ❶ **ablution** 목욕, 목욕재계
> ❷ **antediluvian** (노아의) 홍수 이전의, 낡은; 구식사람
> ❸ **laundry** (the ~) 세탁업, 세탁소; 빨래
> ❹ **lave** 씻다, (물에) 담그다
> ❺ **lavatory** 화장실, 변소(=toilet)
> ❻ **lotion** 화장수, 세척제

# Part C - 부유한 ↔ 가난한

## 1. flour/flor(=flower)

**57 flourish** ▽
[fláːriʃ]
flour(=flower)+ish → 꽃이 만발하다
vi. 1.(장사·사업 등이) 번창하다,
   융성하다(=prosper, thrive, burgeon)
   2.(초목이) 무성하게 자라다; 꽃피다
   3.장식하다, 꾸며 쓰다
   4.과시하다, 자랑하다
ⓐ **flourishing** 무성한; 번영하는, 융성한
   **flourishy** 화려한; 장식체의, 꾸며 쓴

**58 efflorescence** ★
[èflərésns]
e<ex(=out)+flor(=flower)+esc → 꽃을 피우는 것
n, 개화[기]; 전성기(=prosperity)
ⓝ **florescence**
   개화; 개화기 → 전성기, 번성기
ⓐ **floriferous**
   꽃이 피는, 꽃이 많은; 화려한

> 어근뭉치
> ❶ **flowery** 꽃 모양의, 화려한
> ❷ **florid** (안색이) 불그레한, 혈색이 좋은; 화려한
> ❸ **floral** 꽃의; 식물(군)의; 꽃무늬의
> ❹ **flora** (한 지방의) 식물군
>    cf. **fauna** 동물군

**59 bonanza**
[bənǽnzə]
bon(=good)+anza → 좋은 것
n. 대성공, 행운, 큰돈; (풍부한) 광맥

> **관련**
> **bonus** 보너스, 장려금
> **bounty** 그러움; 하사품, 기증품, 장려금
> - **bountiful*** 자비스러운, 관대한, 풍부한

**60 heyday** ★★
[héidèi]
n. <one's~> 한창(때), 전성기, 절정

> **동 golden age**
> (예술·문학 등의) 황금시대, 전성기
> * **one's golden days** 전성시대
> **glory days** 절정기, 전성기
> **halcyon years** 번영기
> **in one's palmy days** 전성시대에
> **in one's prime** 인생의 한창때에

**61 prosperous** *
[práspərəs]
a. 번영하는(=thriving); 부유한
(=affluent)
↔ **poverty-stricken** 가난한
ⓐ **prosper*** 번영하다, 번창하다,
성공하다(=flourish, thrive)
ⓝ **prosperity*** 번영, 번창, 성공; [pl.] 호황기

**62 thrive** ▽
[θráiv]
00.행자부 7급
<연상> tribe(종족)이 번창하다
vi. 1.번영하다, 번성하다(=prosper,
flourish, grow vigorously)
2.(사람·동식물이) 잘 자라다;
무성해지다
3.성공하다, 부자가 되다
ⓝ **thrift*** 절약, 검약(=frugality); 저축
금융기관; 번성, 무성, 성장
ⓐ **thrifty**
검약하는, 아끼는(=frugal); 번성하는

**63 opulent** ★★
[ápjulənt]
op(=wealth)+ulent → 부자인
a. 1.부유한(=wealthy); 풍부한;
무성한(=lavish)
2.화려한
ⓝ **opulence*** 부유, 풍부, 다량; 화려함
(=affluence, luxuriousness)
呼 **corpulent** (병적으로) 뚱뚱한, 비만한

**64 copious**
[kóupiəs]
co(=thoroughly)+p<op(=wealth)+ious
→ 완전히 부유한
a. 1.풍부한, 막대한
(=abundant, plentiful)
2.내용이 풍부한; 자세히 서술하는
3.(작가가) 다작의
ⓝ **copiousness** 풍부

**65 rampant** *
[rǽmpənt]
ramp(=climb)+ant
→ 사자가 앞발로 올라 타는(climb)
a. 1.(식물이) 만연하는, 무성한
(=flourishing)
2.(병·소문 등이) 유행하는,
마구 퍼지는(=prevalent)
3.사나운, 광포한, 과격한
ⓝ **rampancy**
(언동의) 사나움; 만연, 유행, 무성
呼 **rampart** 성벽 방어, 수비; 방어하다

---



**66 frugal** ★
[frú:gəl]
fru<fruit(=fruit)+al → 열매(벌이)에 맞게 먹는
a. 절약하는, 소박한; 검소한
(=thrifty, economical)
ⓝ **frugality*** 절약, 검소
ⓐ **frugally** 간소하게, 절약하여

**67 austere** ▽
[ɔ:stíər]
austere(=dry) → 포도주가 맛이 달콤하지 않은
a. 꾸미지 않은(=simple and plain)
→ 소박한, 검소한(=sober)
→ 금욕적인(=ascetic)
→ 엄격한(=strict)
ⓝ **austerity*** 엄격; 검소; 금욕
ⓐ **austerely** 내핍하게

**68 puritanical** ★
[pjùərətǽnikəl]
puritan(청교도)+ical → 청교도인처럼 생활하는
a. 청교도적인; 엄격한(=strict),
금욕적인(=moralistic)

> **동 ascetic(al)** 금욕적인, 고행의; 금욕주의자
> **stoic(=stoical)** 스토아 철학의; 금욕의

**69 squander** ▽
[skwándər]
07.대전 9급
<연상> 돈을 많이(s)+꾼다(quander)
vt. 낭비하다(=waste), 탕진하다;
기회를 놓치다
vi. 흩어지다; 산재하다
n. 낭비; 산재
**동 profligate***
방탕한; 낭비하는(=wasteful)

**70 miserly** ★
[máizərli]
07.공인노무사
<연상> 돈 많은 구두쇠가 물건을 사면서 하는 말
"마이 줘~"
a. 구두쇠 같은, 인색한(=stingy)
ⓝ **miser** 구두쇠, 노랑이
↔ **spendthrift** 낭비가
呼 **misery**[mízəri] 비참함, 고통, 고난;
불행의 원인

**71 parsimony** ▽
[pá:rsəmòuni]
<연상> 인색하게시리 뿌리 까지 파서 모으니?
n. 지나친 절약; 인색(=stinginess)
ⓐ **parsimonious***
인색한, (지나치게) 검소한(=stingy)
**동 skimp*** 인색하게 굴다; 절약하다, 아끼다

**72 niggardly** ★
[nígərdli]
<연상> 나 살기 바쁜데 니(너를) 거두리?
a. 인색한, 쩨쩨한(=stingy)
ad. 인색하게
ⓝ **niggard** 구두쇠; 인색한

> **동 skinflint** 지독한구두쇠←피부가 딱딱한 사람
> **tightwad** 구두쇠 ← wad(많은 돈)을 꽉 쥔
> **pinch-penny**
> 구두쇠 ← 1페니(푼돈)도 꽉 쥐고 사는
> - **pinch pennies*** 절약하다(=economize,
>   save), 인색하게 굴다(=be stingy)
> - **feel the pinch** 경제적 곤경에 빠지다

| 테마어휘 | 검소한 ↔ 낭비하는 |
|---|---|
| ❶ 검소한, 절약하는 | frugal, thrifty |
| ❷ 인색한 | stingy, parsimonious |
| ❸ 절제하는, 금욕적인 | puritanical, abstemious, stoic(=stoical) |
| ❹ 낭비하는, 방탕한 | prodigal, profligate, extravagant |

## 4. 가난한, 궁핍한

**73 penurious** *
[pənjúəriəs]

<연상> 우리는 1페니(동전)로 하루를 살아요.
a. 가난한, 궁핍한; 결핍된; 인색한
(=poverty-stricken)
ⓝ **penury** 극빈, 빈곤, 궁핍
**penny** <영국의 화폐> 1페니; 잔돈, 푼돈
동 **poverty-stricken**
가난에 시달리는, 몹시 가난한

**74 impoverished** **
[impávəriʃt]

im<in(=in)+pover(=poor)+ish+ed → 가난한 상태로 된
a. 1.가난해진, 가난한
(=destitute, poor)
2.(토지 따위가) 메마른; 허약해진
ⓥ **impoverish** (종종 수동형) 가난하게 하다
ⓝ **impoverishment** 가난하게 함

**어근병창**

[어근] pover/ pauper/ poor(=poor)
❶ **poverty** 가난, 빈곤; 결핍; 부족; 빈약, 쇠약
❷ **pauper** 극빈자, 빈민, 피구호민, 거지
- **pauperize** 가난하게 하다, 생활보호대상자로 지정하다
❸ **paucity** 소수, 소량; 부족

**75 ragged** *
[rǽgid]

rag(누더기)+ed → 누더기를 걸친
a. 초라한, (옷이) 남루한(=tattered);
지친
ⓝ **rag** 넝마, (pl.)누더기

표현 **go from rags to riches***
벼락부자가 되다(=get rich very quickly)
**cf. upstart** 벼락부자, 갑자기 출세한 사람
**feel like a (wet) rag***
매우 지치다(=feel very tired)
동 **tatter** (주로 pl.) 넝마, 누더기
- **tattered** 해진, 누더기를 두른
핀 **rugged*** 울퉁불퉁한; 바위투성이의;
강건한, 튼튼한(=sturdy); 주름진; 거친;
엄한, 고된; (음성이) 귀에 거슬리는

| 테마어휘 | 부유한 ↔ 가난한 |
|---|---|
| ❶ **badly-off/ bad off*** | 궁핍한, 가난한(=not having much money, destitute); 열악한 환경에 있는(=in a bad situation) |
| ❷ **hard-up*** | 돈에 쪼들리는(=short of money), 곤궁에 처해 있는 |
| ❸ **down and out*** | 무일푼인, 파산한, 궁핍한 |
| ❹ **well-off** | (남들 보다) 부유한, 유복한 (=having more money than many other people) |
| ❺ **well-to-do*** | 유복한, 부유한(=rich and with a high social position) |
| ❻ **better off / better-off*** | 이전보다 부유해진(=richer than now), 보다 행복한 (=happier) |

**76 dearth** ▽
[də́ːrθ]

dear(=precious)+th
→ 쌀 한 톨이 소중한(precious)
n. 1.기근, 식량부족(=famine)
2.결핍, 부족(of)(=deficiency)
동 **drought***
가뭄, 한발; (장기간의) 부족, 결핍

**77 famine** **
[fǽmin]

n. 식량 부족, 기근
(=scarcity, starvation)
ⓥ **famish**
굶주리게 하다, 아사시키다; 굶다, 아사하다
ⓐ **famished** 굶주린, 몹시 배고픈
* **be famished** 배고파 죽을 지경이다

동 **starvation***
기아, 아사 (상태); 궁핍, 결핍
- **starve** 굶기다, 굶주리다
핀 **feminine** [fémənin]
여성의, 여성다운(=womanly)

**1** On a small island I found myself cast _______.
① away　　　　② down
③ far　　　　④ off

> **1-1** The entire audience seemed _______ by the end of the depressing movie.
> ① droll　　　　② downcast
> ③ faltering　　　④ sanguine

> **1-2** She <u>was cast down</u> by misfortune.
> ① was humiliated　　② was killed
> ③ was discouraged　　④ was broke

**2** 다음 빈 칸에 공통으로 들어갈 말로 적당한 것은?

> 1) The trees _______ their leaves in autumn.
> 2) I'm going on a diet to see if I can _______ a few kilos.
> 3) He _______ tears when he talked about his children.
> 4) A new approach offers an answer, and may _______ light on an even bigger question.

① burst　　　　② fall
③ drop　　　　④ shed

**3** The three-stage Atlas will <u>hurl</u> the spacecraft away from Earth at a record 36,000 miles per hour.
① toss　　　　② stalk
③ trot　　　　④ stomp

**4** He <u>darted</u> into a church where a revival meeting was in progress.
① crawled　　　② dashed
③ peeked　　　④ strolled

> **4-1** The hurdler cleared the last hurdle and _______ to the finish line.
> ① went　　　　② dashed
> ③ entered　　　④ hurries

**5** About 100 European soccer fans invaded the pitch after two of their team's players were _______ in two minutes.
① emancipated　　② cheered up
③ confiscated　　④ ejected

---

**1** 난 내가 작은 섬에 조난되었음을 깨달았다.
* be cast away 조난당하다
【정답】 ①

**1-1** 침울한 영화가 끝나자 관객들은 모두 우울해 보였다.
* depressing 침울하게 만드는, 울적한
【정답】 ②
① droll 익살떠는, 우스꽝스러운 ② downcast 풀이 죽은
③ faltering 비틀거리는　　④ sanguine 명랑한

**1-2** 그녀는 불행한 일에 낙담했다. * misfortune 불행
【정답】 ③
① be humiliated 창피를 당하다
② be killed 죽임을 당하다
③ be discouraged 낙담하다
④ be broke 파산하다

**2** 【정답】 ④
> 1) 나무들은 가을에 잎을 떨어뜨린다.
> 　* shed leaves 잎을 떨어뜨리다
> 2) 몇 킬로의 몸무게를 줄일 수 있는지 나는 다이어트를 시작할 예정이다.
> 　* shed (몸무게를) 떨어뜨리다 /
> 　go on a diet 다이어트를 시작하다
> 3) 그가 그의 아들에 대해 얘기할 때 눈물을 흘렸다.
> 　* shed tears 눈물을 흘리다
> 4) 새로운 접근방식은 해답을 제시할뿐더러 훨씬 더 큰 문제도 설명할 수도 있을 것이다.
> 　* shed light on 설명하다

① burst (울음을) 터뜨리다
② fall 떨어뜨리다, 떨어지다
③ drop 방울져 떨어지다

**3** 3단계의 Atlas는 기록적인 시간당 36,000마일로, 지구로부터 멀리 그 우주선을 쏘아 올릴 것이다.
【정답】 ①
① toss 던지다　　　　② stalk 집요하게 추근대다
③ trot 빠른 걸음으로 가다 ④ stomp 짓밟다

**4** 그는 부흥회가 진행 중에 있던 교회로 쏜살같이 달려갔다. * in progress 진행 중인
【정답】 ②
① crawl 기어가다, 포복하다 ② dash 돌진하다
③ peek 엿보다　　　　④ stroll 한가히 거닐다

**4-1** 그 허들 선수는 마지막 장애물을 잘 뛰어 넘고 결승점을 향해 돌진하였다. * hurdle 장애물
【정답】 ②

**5** 약 100명의 유럽축구팬들은 그들 팀의 선수 2명이 2분만에 퇴장 당하자 경기장에 난입했다.
* invade 침입하다 pitch 경기장
【정답】 ④
① emancipate 해방하다　② cheer up 기운이 나다
③ confiscate 몰수하다　④ eject 쫓아내다

**5-1** The landlord <u>ejected</u> the tenant who did not pay his rent.
① injected      ② expelled
③ devised      ④ suspended

**6** Everytime Tom suggests a new idea, his boss ________ it. As a result, his motivation has plummeted.
① praises      ② rejects
③ examines      ④ notices

**6-1** The offer was so impractical that the lawyer <u>turned down</u> the case. [03. 행자부 9급]
① resigned      ② acknowledged
③ generated      ④ rejected

**6-2** There is no need for <u>renunciation</u> or sacrifice.
① rejection      ② rearmament
③ restoration      ④ remission

**7** The parents grew more <u>abject</u> as the struggle continued.
① cooperative      ② fearful
③ wretched      ④ ferocious

**8** When Mary refused to go out with him, John felt really ________ .
① sober      ② preoccupied
③ hoarse      ④ dejected

**8-1** As the name of the prize winner was ________ , the runner-up looked totally ________ .
[06.대전 9급]

① extolled - exonerated
② awarded - devastated
③ announced - crestfallen
④ proclaimed - credulous

**9** Every now and then the speaker <u>interjected</u> a joke or story to keep us interested.
① supported      ② inserted
③ questioned      ④ transacted

---

**5-1** 그 집주인은 임대료를 지불하지 않은 세입자를 내쫓았다. * landlord 집주인, 지주 tenant 세입자, 임차인
【정답】②
① inject 주사하다      ② expel 내쫓다
③ devise 고안하다      ④ suspend 중지하다

**6** 톰이 새로운 생각을 제안할 때마다, 사장은 그것을 거절해서 그의 사기는 떨어졌다. * motivation 동기부여 plummet 떨어지다
【정답】②
① praise 칭찬하다      ② reject 거절하다
③ examine 조사하다      ④ notice 통지하다

**6-1** 그 제의는 너무 비현실적이었기 때문에 변호사는 그 사건을 거절했다. * impractical 비현실적인
【정답】④
① resign 사임하다      ② acknowledge 인정하다
③ generate 일으키다      ④ reject 거절하다

**6-2** 거절이나 희생할 필요는 없다.
【정답】①
① rejection 거절      ② rearmament 재무장
③ restoration 회복, 복구      ④ remission 용서, 사면

**7** 부모님들은 그 싸움이 계속되자 더욱 야비해졌다. * struggle 싸움, 격투
【정답】③
① cooperative 협동의      ② fearful 무서운
③ wretched 비참한, 비열한      ④ ferocious 사나운

**8** 메리가 존과 사귀는 것을 거절하자, 존은 매우 낙담했다. * refuse 거절하다 go out with ~와 교제하다
【정답】④
① sober 술 취하지 않은      ② preoccupied 몰두한
③ hoarse 목 쉰      ④ dejected 낙남한

**8-1** 우승자의 이름이 발표되었을 때, 차점자는 완전히 풀이 죽은 것처럼 보였다. * runner-up (경기의) 차점자
【정답】③
① extol 격찬하다 - exonerated 면제된
② award 수여하다 - devastated 맞연자실한
③ announce 발표하다 - crestfallen 풀이 죽은
④ proclaim 선언하다 - credulous 잘 믿는

**9** 이따금 연설자는 농담이나 이야기를 끼워 넣어 우리가 계속 흥미를 느끼도록 했다.
【정답】②
① support 지지하다      ② insert 끼워 넣다
③ question 질문을 하다      ④ transact 거래하다

**10** My boss <u>conjectured</u> that our rival company could invest more money in that project than last year.
① confessed　　　② argued
③ concluded　　　④ suspected

**10-1** However imaginative you may be, you can't <u>surmise</u> as much as I.
① surmount　　　② conjecture
③ surpass　　　④ excel

**11** The _______ of the committee is to rid the city of its pockets of poverty. [90. 연세대 대학원]
① significance　　　② execution
③ purposive　　　④ objective

**11-1** If you want to go, you may. I have no _______ to your going. [85.법원직]
① subject　　　② like
③ objection　　　④ disagreement

**12** She <u>is not subject to</u> the caprices of that age.
[94.행자부 7급]
① is affected by
② is not immune from
③ is not prone to
④ is not intended to

**12-1** During the Second World War, the southwest section of the country was <u>subjected</u> to ruin and pillage.
① exposed　　　② nullified
③ negated　　　④ confused

**13** The futurists are merely <u>projecting</u> that present trends will persist for another decade.
① framing　　　② regarding
③ protruding　　　④ forecasting

**13-1** Laser light beamed onto glass fibers <u>casts</u> a characteristic pattern.
① projects　　　② molds
③ removes　　　④ cuts

---

**10** 사장님은 우리의 경쟁사가 작년에 비해 그 사업에 더 많은 자금을 투자할 수도 있다고 추측했다.
* `invest 투자하다
【정답】④
① confess 자백하다, 공언하다　② argue 주장하다
③ conclude 끝내다　　　④ suspect 짐작하다

**10-1** 당신이 아무리 상상력이 풍부하다 할지라도, 나만큼 추리할 수는 없다. * imaginative 상상력이 풍부한
【정답】②
① surmount 극복하다　　② conjecture 추측하다
③ surpass 능가하다　　④ excel 능가하다

**11** 위원회의 목표는 그 도시의 빈곤지역을 없애는 것이다. * rid 없애다 pocket of poverty 빈곤지역
【정답】④
① significance 중요　　② execution 실행, 사형 집행
③ purposive 고의의　　④ objective 목적, 목표

**11-1** 원한다면 가도 좋다. 네가 가는 것에 아무런 이의가 없다.
【정답】③
① subject 주제　　　③ objection 반대, 이의
④ disagreement 불일치

**12** 그녀는 그 나이 또래의 변덕을 쉽게 부리지 않는다. * be subject to ~하기 쉽다 (=be prone to) caprice 변덕
【정답】③
① be affected by ~에 영향을 받다
② be immune from ~에 면역되다
③ be prone to ~하기 쉽다
④ be intended to ~하려는 의도이다

**12-1** 2차 세계대전 동안, 이 나라의 남서부지역은 파괴와 약탈을 당했다. * pillage 약탈
【정답】①
① exposed 공격을 받기 쉬운　② nullify 무효로 하다
③ negate 부정하다　　④ confused 혼란스러운

**13** 미래학자들은 현재의 추세가 다음 10년 동안 지속될 것이라고 단지 추측하고 있다.
* merely 단지 persist 지속하다 decade 10년간
【정답】④
① frame 틀을 잡다　　② regard 간주하다
③ protrude 내밀다　　④ forecast 예측하다

**13-1** 유리섬유 위로 내뿜는 레이저광선은 특색 있는 무늬를 투사한다. * characteristic 특유한 pattern 무늬
【정답】①
① project 투사하다　　② mold 형성하다
③ remove 제거하다　　④ cut 자르다

---

**14** <u>Adjacent</u> states often sign trade agreements with one another.
① Peaceful　　　　② Neighboring
③ Developing　　　④ Friendly

**15** After years of civil protest, the discriminatory law was finally <u>abolished</u>.
① abrogated　　　② attuned
③ alternated　　　④ appealed

> **15-1** They voted to <u>abolish</u> the office of second vice-president.
> ① decorate　　　② create
> ③ improve　　　　④ eliminate

> **15-2** The government should <u>do away with</u> the regulations restricting working hours.
> [93.행정고시]
> ① keep　　　　　② uphold
> ③ abandon　　　　④ perform
> ⑤ abolish

**16** If one speaks constantly in ________ there is little danger that others will take literally any of what is said. [95.사법시험]
① nuances　　　　② hyperboles
③ detail　　　　　④ mischances
⑤ comparison

> **16-1** An example of <u>hyperbole</u> is "I've told you a million times not to use that word." [91.서울대 대학원]
> ① exaggeration　　② euphemism
> ③ persuasion　　　④ oxymoron

**17** The major function of the kidney is the excretion of ______ wastes and excess substances through the formation of urine.
① hyperbolic　　　② symbolic
③ metabolic　　　　④ diabolic

**18** Baby laurel leaves are still <u>an emblem</u> of victory.
① a spoil　　　　　② a result
③ a symbol　　　　④ a suggestion

---

**14** 인접한 나라들은 종종 서로 간에 무역협정을 맺는다. * sign 서명하다
──────────────── 【정답】 ②
① peaceful 평화로운　　② neighboring 이웃의, 인접한
③ developing 개발 중인　④ friendly 우호적인

**15** 수년간의 시민들의 항의 끝에, 그 차별적인 법은 마침내 폐지되었다.
* protest 항의 discriminatory 차별적인
──────────────── 【정답】 ①
① abrogate 폐지하다　　② attune 조율하다
③ alternate 번갈아하다　④ appeal 호소하다, 항소하다

**15-1** 그들은 제2 부통령직을 없애는 것에 투표했다.
* vice-president 부통령
──────────────── 【정답】 ④
① decorate 장식하다　　② create 만들다
③ improve 개선하다　　④ eliminate 제거하다, 없애다

**15-2** 정부는 근로시간을 제한하는 규제들을 폐지해야 한다. * regulation 규제, 규칙 restrict 제한하다
──────────────── 【정답】 ⑤
① keep 유지하다　　　② uphold 지지하다, 받치다
③ abandon 버리다, 단념하다　④ perform 이행하다
⑤ abolish 폐지하다

**16** 만일 어떤 사람이 항상 과장해서 말한다면, 다른 사람들이 그가 하는 어떤 말도 그대로 받아들일 위험은 거의 없다. * literally 문자 그대로
──────────────── 【정답】 ②
① nuance 뉘앙스, 어감　② hyperbole 과장법
③ in detail 상세히　　④ mischance 불행
⑤ in comparison 이에 비해

**16-1** 과장법의 한 예로는 "내가 그런 말을 쓰지 말라고 백만 번이나 말했잖아,"와 같은 것이다.
──────────────── 【정답】 ①
① exaggeration 과장　　② euphemism 완곡어법
③ persuasion 설득　　④ oxymoron 모순어법

**17** 신장의 주요한 기능은 신진 대사 노폐물과 (체내의) 과다한 물질을 소변의 형태로 배설하는 것이다. * kidney 신장 excretion 배설(물) urine 소변, 오줌
──────────────── 【정답】 ③
① hyperbolic 과장법의　② symbolic 상징적인
③ metabolic 물질대사의　④ diabolic 악마의

**18** 어린 월계수 잎은 여전히 승리의 상징물이다.
* laurel 월계수 leaves leaf의 복수
──────────────── 【정답】 ③
① spoil 전리품　　　② result 결과
③ symbol 상징, 상징물　④ suggestion 암시, 연상

---

**19** The Old Testament is taken largely to be _______ meant to teach a moral issue.
① lyrics　　　　② epics
③ legendaries　　④ parables

**20** The young playboy _______ his father's fortune in gambling and entertaining lavishly.
① dissected　　　② dissuaded
③ disowned　　　④ dissipated

> **20-1** Most of the time, the clouds simply dump their load of rain and <u>dissipate</u>.
> ① waste　　　　② disappear
> ③ come along　　④ disturb

**21** Congress laid the foundation for an economic recovery plan, clearing the way for a new _______ of bailout cash for the financial industry.
① withdrawal　　② deposit
③ infusion　　　④ transplant

**22** The patient had lost so much blood that they gave her a _______.
① transplant　　　② transfusion
③ resuscitation　　④ reimbursement

**23** The physicist did his best to <u>diffuse</u> his new theory of physics among scientists. [02.공인회계사]
① repute　　　　② spread
③ dissuade　　　④ eliminate
⑤ experiment

**24** The children are about to get into a fight over the new toy we gave them. Let's try to <u>defuse</u> the situation by taking them on a picnic.
① expose　　　　② alleviate
③ solidify　　　　④ enforce

**25** Without well-prepared notes, it is very difficult to give a good lecture. If teachers have too few notes, they will have to compose and perform at the same time, and the students will be _______.
[01. 사법시험]

① brilliant　　　② amusing
③ confused　　　④ dependable
⑤ representative

---

**19** 구약성서는 도덕적인 문제를 가르치려는 의도를 가진 비유담이 대부분을 차지하고 있다.
* The Old Testament 구약성서
【정답】④
① lyric 서정시　　　② epic 서사시
③ legendary 전설집　④ parable 우화, 비유담

**20** 그 젊은 플레이보이는 도박과 향락으로 아버지의 재산을 헤프게 탕진해버렸다. * lavishly 헤프게
【정답】④
① dissect 해부하다　　② dissuade 단념시키다
③ disown 자기 것이 아니라고 하다
④ dissipate 탕진하다

**20-1** 대부분의 경우, 구름은 그저 담고 있는 비를 쏟아버리고는 사라져 버린다. * dump 쏟아버리다, 버리다
【정답】②
① waste 낭비하다　　② disappear 사라지다
③ come along 지나가다　④ disturb 방해하다

**21** 의회는 금융 산업을 위한 긴급구제자금의 투입을 위한 새 활로를 모색하면서 경제 회복 계획을 위한 기반을 마련했다.
* lay the foundation 기초를 다지다 bailout 긴급융자
【정답】③
① withdrawal 철수, 인출　② deposit 예금, 기탁
③ infusion 주입, 투입　　④ transplant 이식

**22** 그 환자는 워낙 피를 많이 흘려서 사람들은 그녀에게 수혈을 해주었다.
【정답】②
① transplant 이식　　　② transfusion 수혈, 주입
③ resuscitation 소생, 부활　④ reimbursement 상환

**23** 그 물리학자는 자신의 새로운 물리학 이론을 과학자들에게 퍼뜨리기 위해 최선을 다했다.
* physicist 물리학자 physics 물리학
【정답】②
① repute ~라고 여기다　② spread 퍼뜨리다
③ dissuade 단념시키다　④ eliminate 제거하다
⑤ experiment 실험하다

**24** 아이들이 우리가 주었던 새 인형을 놓고 싸우려고 해요. 아이들을 소풍에 데려가서 상황을 진정시켜요. * get into a fight 싸우게 되다
【정답】②
① expose 드러내다　　② alleviate 완화하다
③ solidify 응고시키다　④ enforce 시행하다

**25** 잘 준비된 강의안이 없이는 좋은 강의를 하기는 어렵다. 강의안이 거의 없는 교사들은 강의를 만들고 하는 것을 동시에 해야 하는데, 그러면 학생들은 혼란에 빠진다. * compose 작곡하다, 구성하다
【정답】③
① brilliant 명석한
② amusing 재미나는
③ confused 혼란스러운
④ dependable 믿을 수 있는
⑤ representative 대표하는

**25-1** <u>Perplexed</u> investors tried to work out what the deal meant.
① Exhausted     ② Inquisitive
③ Confused     ④ Disappointed
⑤ Hilarious

**25-1** 어리둥절한 투자자들은 그 거래의 의미를 파악하려고 노력했다. ☞ 457p. 25번 문제
【정답】③
① exhausted 지친     ② inquisitive 캐묻기 좋아하는
③ confused 혼란스러운     ④ disappointed 실망한
⑤ hilarious 즐거운, 유쾌한

**26** She politely <u>refused</u> my proposal to dine out together.
① turned in     ② turned against
③ turned off     ④ turned down

**26** 그녀는 함께 외식하러 나가자는 내 제안을 정중하게 거절했다. * dine out 외식하다
【정답】④
① turn in 제출하다     ② turn against ~에 거역하다
③ turn off 끄다     ④ turn down 거절하다

**26-1** Archaeologists can learn a great deal about ancient peoples by studying their <u>refuse</u>.
① customs     ② language
③ rubbish     ④ weapons

**26-1** 고고학자들은 고대 사람들의 쓰레기를 연구함으로써 그들에 대해 매우 많은 것을 알 수 있다.
 * archaeologist 고고학자
【정답】③
① customs 풍습, 관습     ② language 언어
③ rubbish 쓰레기     ④ weapon 무기

**27** 빈 칸에 공통으로 들어갈 적절한 단어는?

1) His expensive suit and imported shoes clearly _______ his claim that he was poor.
2) I _______ Billy's mathematical proof by showing him that it depended on two and two adding up to five.
① refuted     ② proved
③ confined     ④ supported
⑤ recapitulated

**27** 【정답】①
1) 그의 비싼 슈트와 수입 신발은 그가 가난하다는 주장이 사실과 다름을 분명하게 했다.
2) 나는 빌리의 수학적 증명이 2 더하기 2는 5가 된다는 논리에 의존해 있다는 것을 보여줌으로써 그것을 반박했다. * add up to 합계가 ~이 되다
① refute 반박하다, 사실과 다름을 밝히다
② prove 증명하다
③ confine 한정하다
④ support 지지하다
⑤ recapitulate 요점을 되풀이하다

**27-1** I don't think that we can <u>refute</u> his argument in this matter. [91.연세대대학원]
① disprove     ② ignore
③ analyze     ④ weaken

**27-1** 나는 이 문제에 관해서는 우리가 그의 주장을 논박할 수 있다고 생각지 않는다.
【정답】①
① disprove 반증을 들다     ② ignore 무시하다
③ analyze 분석하다     ④ weaken 약화시키다

**28** It would be _______ to sustain his life when there is no chance of any improvement.
① futile     ② obligatory
③ hopeful     ④ pleasant

**28** 나아질 가능성이 전혀 없다면 그의 생명을 계속 유지하는 것은 헛된 일일 것이다. * sustain 유지하다
【정답】①
① futile 헛된, 시시한     ② obligatory 의무적인
③ hopeful 희망에 찬     ④ pleasant 즐거운

**28-1** In his <u>futile</u> battle to know God's way and be like God he is doomed to defeat.
① tough     ② continuous
③ useless     ④ solemn

**28-1** 신의 방식을 알고 신처럼 되고자 한 그의 무익한 싸움에서 그는 패배하게 되어 있다.
 * be doomed to 운명 지어지다
【정답】③
① tough 단단한, 고달픈     ② continuous 끊임없는
③ useless 쓸모없는     ④ solemn 엄숙한, 중대한

**29** The price of crude oil has _______ to a new low. It is good news for our industry.
① increased     ② made
③ plunged     ④ altered

**29** 원유의 가격이 최저가로 폭락했다. 우리 산업계에 좋은 소식이 아닐 수가 없다. * crude oil 원유
【정답】③
① increase 늘다, 늘리다     ③ plunge 떨어지다
④ alter 변경하다, 바꾸다

**29-1** Vehicle sales in the first eight months of the year have <u>plunged</u> by 24.4 percent. [06. 보험계리사]
① plummeted　　② soared
③ kept　　④ fluctuated

**29-1** 그 해의 처음 8개월의 차량 판매량은 24.4% 급락했다.
【정답】①
① plummet 폭락하다　　② soar 치솟다, 폭등하다
③ keep 유지하다　　④ fluctuate 오르내리다

**30** I became so ______ in the films that I completely lost track of time.
① immersed　　② vigorous
③ calm　　④ forgotten

**30** 나는 영화에 너무 푹 빠져서 시간가는 것을 까맣게 몰랐다. * lose track of ~을 잊어버리다
【정답】①
① be immersed in ~에 푹 빠지다
② vigorous 정열적인　　③ calm 고요한, 차분한
④ forgotten 까맣게 잊은

**30-1** Originally, matches were narrow strips of wood whose tips were <u>dipped in</u> kerosene.
① extracted from　　② wrapped in
③ polished with　　④ immersed in

**30-1** 원래, 성냥은 그 끝이 등유에 잠기어져 사용된 좁고 가느다란 나무 조각이었다.
* match 성냥 strip 가늘고 긴 조각 kerosene 등유
【정답】④
① extracted from ~으로부터 추출된
② wrapped in ~으로 싸여진
③ polished with ~으로 윤을 낸
④ immersed in ~에 담겨진

**31** The ship was ______ under a hundred feet of water.
① submerged　　② sailing
③ floating　　④ constructed

**31** 그 배는 일백 피트의 물 아래로 가라앉았다.
【정답】①
① submerge 물속에 잠기다　　② sail 항해하다
③ float (물에) 뜨다, 떠돌다　　④ construct 건설하다

**32** In recent years, light pollution has ______ as a serious menace for both amateur and professional astronomers around the world.
① emerged　　② emergency
③ disappeared　　④ disappearance

**32** 최근 들어, 광해(천체 관측 등에 지장을 주는 도시 인공광)는 전 세계의 아마추어와 전문 천문학자들에게 심각한 위협으로 떠올랐다.
* menace 위협 astronomer 천문학자
【정답】①
① emerge 나타나다　　② emergency 비상사태
③ disappear 사라지다　　④ disappearance 사라짐

**32-1** Freshwater farming (aquaculture) and ocean farming (mariculture) are <u>emerging</u> as major sources of food for a hungry world.
① gradually disappearing
② being widely put in practice
③ coming out from being hidden
④ suddenly appearing out of nowhere

**32-1** 담수양식과 해수양식은 굶주린 세계를 위한 중요한 식량원으로써 부상하고 있다. * freshwater 민물의
【정답】③
① 점차 사라지고 있는
② 널리 실행되고 있는
③ 알려지지 않았다가 갑자기 유명해진
④ 갑자기 난데없이 나타나는

**33** The two businesses have become very powerful since they <u>merged</u> a year ago.
① started　　② changed
③ combined　　④ succeeded

**33**. 두 기업체는 1년 전에 합병한 이래로 매우 강력해졌다.
【정답】③
① start 시작하다, 착수하다　　② change 변경하다
③ combine 결합하다, 합병하다
④ succeed 성공하다

**33-1** Korean pop culture skillfully <u>merges</u> Western and Asian values to create its own. [03.세무사]
① imposes　　② handles
③ purifies　　④ blends

**33-1** 한국의 대중문화는 서양과 아시아의 가치를 교묘하게 섞어서 자신만의 것으로 창조해낸다. * skillfully 교묘하게
【정답】④
① impose 강요하다　　② handle 다루다
③ purify 정화하다　　④ blend 섞다, 융합하다

**34** The ______ of several small businesses into one larger business is expected to draw bitter criticism from the public sector.
① monopoly　　　② conglomeration
③ accumulation　　④ manipulation

**35** I went out without my umbrella and got <u>drenched</u> to the skin. [01.사법시험]
① dry　　　　　② cold
③ soaked　　　　④ exhausted
⑤ overwhelmed

> **35-1** It can provoke aberrant behaviour on the part of both parents and children when emotional resources to deal with aberrance are completely <u>drained</u>. [94. 사법시험]
> ① restored　　　② wasted
> ③ given up　　　④ withheld
> ⑤ exhausted

**36** Robert did not hear the bell, because he was completely ______ in his reading. [99.일반 경찰]
① disguised　　　② suspended
③ confined　　　④ absorbed

> **36-1** 다음 밑줄 친 부분과 의미가 다른 것은?
>
> > I will <u>be absorbed in</u> studying English in order to pass the examination.
>
> ① be engrossed in
> ② be rapt in
> ③ be lost in
> ④ be immersed in
> ⑤ be versed in

**37** A ______ person is one who is not under the influence of alcohol or drugs, one who is clear-headed, in full control of his or her senses.
[03.행,외,지방고시]
① controversial　　② reciprocal
③ sober　　　　　④ futile
⑤ fertile

> **37-1** The judge had a very <u>sober</u> expression on his face.
> ① serious　　　　② painful
> ③ mysterious　　　④ ambiguous

**34** 여러 개의 소기업이 하나의 대기업으로 합쳐지는 것은 공공부문에서 격렬한 비난을 불러일으킬 것으로 예상된다. * bitter 쓴, 격렬한 criticism 비평, 비난
【정답】②
① monopoly 독점(권)　　② conglomeration 합침
③ accumulation 축적　　④ manipulation 조작

**35** 나는 우산 없이 외출을 했고 그래서 (비에) 흠뻑 젖어버렸다. * be drenched[soaked] to the skin 흠뻑 젖다
【정답】③
④ exhausted 다 써버린, 지친
⑤ be overwhelmed 압도당하다

**35-1** 탈선을 다루는 감정적인 수단을 다 썼을 때 그것은 부모나 아이들 모두에게 있어 비정상적언 행위를 유발할 수 있다. * provoke 불러일으키다 aberrant 비정상의, 탈선적인 aberrance 탈선
【정답】⑤
① restored 복구된　　　② wasted 황폐한
③ given up 버려진　　　④ withheld 보류된
⑤ exhausted 다 써버린, 고갈된

**36** 로버트는 독서에 푹 빠져 있었기 때문에 벨소리를 듣지 못했다. * be absorbed in ~에 몰입하다
【정답】④
① disguise 변장시키다
② suspend (일시) 중지하다
③ confine 한정하다

**36-1** 그 시험에 합격하기 위해 나는 영어 공부에 전념할 것이다. * be absorbed in = be engrossed in = be rapt in = be lost in = be immersed in ~에 전념하다, 몰두하다
* be versed in ~에 정통하다
【정답】⑤

**37** 맑은 정신의 사람이란 알코올이나 마약의 영향 하에 있지 않은 사람으로, 머리가 맑아 자신의 감각을 완전히 통제하고 있는 사람이다.
【정답】③
① controversial 논쟁을 좋아하는
② reciprocal 상호간의
③ sober 술 취하지 않은
④ futile 헛된, 무익한
⑤ fertile 비옥한, 창의력이 풍부한

**37-1** 판사는 매우 근엄한 표정을 지었다.
* expression 표정
【정답】①
① serious 진지한, 엄숙한　　② painful 불쾌한, 고통스러운
③ mysterious 알쏭달쏭한　　④ ambiguous 모호한

**38** The cells at the surface of the outer skin form a tough, waterproof shield which most germs cannot ________.

① penetrate　　　　② inflect
③ alienate　　　　④ violate
⑤ transplant

**39** The white, ______ shirt will turn blue if it is washed with the colored clothes.

① permeable　　　　② discrete
③ lusty　　　　④ stainproof

**39-1** In colonial times the influence of religion <u>permeated</u> the entire way of life.
① held sway over　　② shed light on
③ spread into　　　　④ shaped up

**40** Although India's current economic boom has been criticized for unevenly benefiting the rich, new wealth is ________ in many parts of the country to newly empowered members of the working class.

① coinciding　　　　② percolating down
③ deteriorating　　　④ caught up

**41** Surrealism has <u>infiltrated</u> realistic painting by increasing artists' awareness of how commonplace subjects can take on mysterious suggestions.

① conditioned　　　　② spread to
③ denied　　　　④ displaced

**42** The red juice <u>oozed</u> through the cloth and made a big round stain.

① absolved　　　　② exuded
③ absorbed　　　　④ consumed

**42-1** Seeing a strange fluid <u>oozing</u> out of a cut on his arm, Greg realized that the wound was infected.
① seeping　　　　② loosening
③ clamouring　　　④ streaming

**43** The window had been left open during the storm, and the papers on my desk were a <u>soggy</u> mess.

① impetuous　　　　② soaked
③ desiccated　　　　④ limpid

---

**38** 표피의 외부에 있는 세포들은 대부분의 세균들이 침투할 수 없는 질기고 물이 스며들지 않는 보호막을 형성한다. * cell 세포 surface 표면 outer 바깥의 waterproof 방수의 shield 방패, 보호막 germ 세균

【정답】 ①
① penetrate 통과하다　　② inflect 굴곡시키다
③ alienate 멀리하다, 양도하다　④ violate 침해하다
⑤ transplant 이식하다

**39** 하얀 투과성의 셔츠를 색깔이 있는 옷들과 같이 빨게 되면 파랗게 물들 것이다.

【정답】 ①
① permeable 투과성의　② discrete 따로따로의
③ lusty 건장한, 튼튼한　④ stainproof 오염을 막는

**39-1** 식민지 시대에 종교의 영향력이 생활 전반에 확산되었다. * colonial 식민지의 a way of life 생활양식

【정답】 ③
① hold sway over ~을 지배하다
② shed light on ~을 명백히 하다
③ spread into 확산되다
④ shape up 발전하다, 구체화하다

**40** 비록 현재 인도의 경제적 호황이 불공평하게 부자들에게만 이익이 된다는 비판을 받아왔지만, 새로운 부는 나라의 여러 부분에서 새롭게 권능을 갖게 된 노동자 계급의 사람들에게 퍼지고 있다.
* boom 인기, 붐 unevenly 불공평하게 benefit ~에게 이익이 되다 empower 권능을 부여하다

【정답】 ②
① coincide 동시에 일어나다　② percolate down 퍼지다
③ deteriorate 나빠지다　　④ be caught up 꼼짝도 못하다

**41** 초현실주의는 평범한 주제들이 어떻게 신비로운 암시성을 띨 수 있느냐에 대한 예술가들의 인식을 높임으로써 사실적인 회화에 스며들었다.
* surrealism 초현실주의 commonplace 평범한 take on ~을 띠다

【정답】 ②
① condition 조건을 붙이다　② spread to 퍼지다
③ deny 거절하다　　　　④ displace 대체하다

**42** 붉은 색 액체가 옷에 스며들어 커다랗고 둥근 얼룩이 생겼다. * stain 얼룩, 오점

【정답】 ②
① absolve 면제하다　　② exude 스며 나오다
③ absorb 흡수하다, 열중하다
④ consume 소비하다

**42-1** 팔에 베인 상처에서 새어나오는 이상한 액체를 보고 그렉은 상처가 감염되었음을 알았다.
* fluid 유체, 분비액; 유동성의 infect 감염시키다; 감염되다

【정답】 ①
① seep 스며 나오다, 뚝뚝 떨어지다
② loosen 느슨해지다
③ clamour 외치다
④ stream 흐르다, 흘러가다

**43** 폭풍이 부는 동안 창문이 열려져 있어서 내 책상 위에 있던 서류가 흠뻑 젖은 상태로 엉망이 되어 있었다. * mess 난잡, 엉망진창

【정답】 ②
① impetuous 열렬한
② soaked 흠뻑 젖은
③ desiccated 건조한, 분말의
④ limpid 맑은, 투명한

**44** His face was _______ because he had run all the way from the dormitory.
① flushed   ② brushed
③ rushed    ④ hushed

> **44-1** The student <u>blushed</u> when everyone laughed at his mispronunciation.
> ① combed      ② stood up
> ③ became red  ④ became pale

**45** It is not wise to invest in stocks and shares when shares are <u>fluctuating</u> so violently.
① slumping          ② accelerating
③ fairly constant   ④ moving up and down

**46** The newly constructed terminal 3 at kennedy International Airport is very helpful in accommodating the <u>influx</u> of visitors.
① rush     ② drop
③ income   ④ inflation

**47** Foreigners are amazed by the <u>affluence</u> and luxury of the American way of life.
① wealth      ② monopoly
③ enterprise  ④ expenditure

> **47-1** One of California's greatest problems is providing <u>affluent</u> water to meet the needs of its expanding population.
> ① odd         ② low
> ③ sufficient  ④ arbitrary

**48** In the circumstances, his comments were <u>superfluous</u>.
① delicate   ② relevant
③ essential  ④ unnecessary

**49** 빈 칸에 공통으로 들어갈 알맞은 단어는?

> 1) Eric had already bought paper plates, so our purchase of paper plates was _______.
> 2) Shawn's article was _______ ; he kept saying the same thing over and over again.

① essential   ② additive
③ redundant   ④ complicated
⑤ substantial

---

**44** 기숙사로부터 내내 달려왔기 때문에 그의 얼굴이 벌겋게 상기되었다. * dormitory 기숙사
【정답】 ①
① flush 붉히다          ② brush 솔질하다
③ rush 돌격하다         ④ hush 잠잠해지다, 침묵하다

**44-1** 그 학생은 그가 잘못 발음해서 모두가 웃자 얼굴이 빨개졌다. * mispronunciation 잘못 발음함
【정답】 ③
① comb 빗질하다
③ 얼굴이 빨개졌다
④ 창백해졌다

**45** 주가가 그렇게 심하게 오르내리고 있을 때 주식에 투자하는 것은 현명치 못하다.
* stock/share 주식 violently 맹렬하게, 심하게
【정답】 ④
① slump 폭락하다        ② accelerate 가속하다
③ constant 불변의
④ move up and down 오르내리다

**46** 케네디 국제공항에 새로이 건설된 3번 터미널은 몰려드는 관광객들을 수용하는 데 있어서 매우 유용하다. * construct 건설하다 be helpful in ~에 도움이 되다 accommodate 수용하다
【정답】 ①
① rush 분주, 쇄도       ② drop 급강하
③ income 수입          ④ inflation 팽창

**47** 외국인들은 미국적 생활 방식인 풍요로움과 사치스러움에 놀란다. * be amazed by ~에 몹시 놀라다
【정답】 ①
① wealth 풍부, 부유     ② monopoly 독점(권)
③ enterprise 기업, 모험심 ④ expenditure 지출

**47-1** 캘리포니아의 가장 큰 문제 중 하나는 팽창하는 인구의 필요에 충족시킬 수 있는 충분한 물을 공급하는 것이다. * provide 공급하다 meet the needs of ~의 필요를 충족시키다 expanding 팽창하는
【정답】 ③

**48** 그 상황에서 그의 논평은 불필요한 것이었다.
* circumstance 주위의 사정, 상황
【정답】 ④
① delicate 섬세한, 연약한  ② relevant 관련된
③ essential 필수적인      ④ unnecessary 불필요한

**49** 【정답】 ③
> 1) 에릭이 이미 종이접시를 샀으므로, 우리가 종이접시를 산 것은 쓸데없는 일이었다.
> 2) 숀의 논문은 군더더기 투성이였다. 그는 똑같은 것을 반복하고 또 반복하여 말했다.
> * over and over again 반복해서

① essential 필수적인
② additive 부가적인
③ redundant 과다한, 불필요한
④ complicated 복잡한
⑤ substantial 상당한, 실체적인

**49-1** Your writing is full of <u>redundant</u> expressions.

[98.서울대 대학원]

① abstract　　　　② pithy
③ superficial　　　④ superfluous

**49-2** The philosopher's criticism of his contemporaries could <u>redound</u> to the glory of his age. [00.세무사]

① beguile　　　　② influence
③ increase　　　　④ impair
⑤ vivify

**50** Because of its incredibly _________ natural resources, the United States appeared to be a "land of plenty" where millions could come to seek their fortunes. [07.세무직 9급]

① forged　　　　　② abundant
③ stagnant　　　　④ hazardous

**50-1** Aluminum is the most <u>abundant</u> metallic element on earth.

① irregular　　　　② plentiful
③ artificial　　　　④ popular

**51** After the broadcast, we were ______ with requests for more information.

① overhauled　　　② diluted
③ proliferated　　　④ inundated

**51-1** The radio station was <u>inundated</u> with calls blaming the outrageous program.

① harassed　　　　② pestered
③ displeased　　　④ flooded

**52** This large-scale reservoir, which was built so that the water flowing from the nearby mountains could be used to ______ the surrounding agricultural lands, has remained in use until today.

① irrigate　　　　② flood
③ drown　　　　　④ deluge

**53** The account, in the Bible, of Noah's Ark and the forty-day flood may be based on an actual _________.

① incineration　　　② drought
③ sterility　　　　④ deluge

---

**49-1** 너의 작문은 군더더기 표현으로 가득하다.
* be full of ~으로 가득한

【정답】④

① abstract 추상적인　　② pithy 핵심을 찌른
③ superficial 피상적인　④ superfluous 불필요한

**49-2** 그 철학자는 동료들을 비평함으로써 그의 시대에 영예를 드높였다. * contemporary 동료, 동시대의 사람

【정답】③

① beguile 속이다　　　② influence 영향을 미치다
③ increase 늘다, 늘리다　④ impair 손상시키다
⑤ vivify 생생하게 하다

**50** 엄청나게 풍부한 천연자원 때문에, 미국은 수백만이 자신의 부를 추구하기 위해 찾는 "풍요의 땅"으로 보였다. * incredibly 엄청나게 plenty 풍요

【정답】②

① forged 위조된
② abundant 풍부한
③ stagnant 정체된, 불경기의
④ hazardous 모험적인

**50-1** 알루미늄은 지구상에서 가장 풍부한 금속원소이다.

【정답】②

① irregular 불규칙한　　② plentiful 풍부한
③ artificial 인공적인　　④ popular 인기 있는

**51** 방송이 나간 후에 우리에게 더 많은 정보에 대한 요청이 쇄도했다. * request 부탁, 요청

【정답】④

① overhaul 철저히 조사하다　② dilute 묽게 하다
③ proliferate 급격히 증가하다
④ inundte 범람시키다

**51-1** 라디오 방송국에 그 터무니없는 프로그램을 비난하는 전화가 쇄도했다. * outrageous 난폭한, 엉뚱한, 훌륭한

【정답】④

① harass 괴롭히다　　　② pester 괴롭히다
③ displease 불쾌하게 하다　④ flood 범람시키다

**52** 이 대규모의 저수지는 근처의 산에서 흐르는 물이 주위의 농지에 물을 대는데 쓰일 수 있도록 지어진 것으로서, 오늘날까지도 쓰이고 있다. * large-scale 대규모의 reservoir 저수지 be used to R ~에 이용되다 surrounding 주위의 agricultural land 농지

【정답】①

① irrigate 관개하다　　② flood 범람시키다
③ drown 익사하다　　　④ deluge 범람시키다

**53** 성경에 나오는 노아의 방주와 40일간의 홍수에 관한 이야기는 실제상의 홍수에 기초를 두고 있을지도 모른다. * account 이야기 be based on ~에 입각하다

【정답】④

① incineration 소각　　② drought 가뭄
③ sterility 불임　　　　④ deluge 대홍수

---

**53-1** The horrific tale of the 2004 <u>deluge</u> will be told for many generations to come.
① a large flood　　② a false belief
③ a long drought　　④ a violent storm

**54** Her coffee was too strong, so Ellen <u>diluted</u> it with milk.
① sweetened　　② weakened
③ boiled　　④ strengthened

**54-1** The Equal Pay Act is so much <u>watered down</u> as to be useless.
① weakened　　② strengthened
③ increased　　④ decreased

**55** Electrical power derived from water creates no ______ and uses up no irreplaceable fuel resources.
① pollution　　② irrigation
③ expenditure　　④ hazard

**55-1** We are ______ our air, contaminating our water supply, killing off wildlife, and raising the noise level of our cities. [95.행정고시]
① sustaining　　② cramming
③ polluting　　④ annihilating
⑤ decimating

**56** These parents can afford to ______ more on their children, including extra spending money.
① vacillate　　② lavish
③ reminisce　　④ mesmerize

**56-1** He was <u>lavish</u> with his praise for the project.
① productive　　② generous
③ stingy　　④ sufficient

**57** Opera should have <u>flourished</u> in France during the decade of the Revolution. [97.세무사]
① perished　　② discouraged
③ encouraged　　④ prospered
⑤ increased

---

**53-1** 2004년의 무시무시한 대홍수 이야기는 다가올 여러 세대에 걸쳐 두고 두고 얘기될 것이다.
* horrific 무시무시한
　　　　　　　　　　　　　　　　【정답】①
① 대홍수　　② 잘못된 신념
③ 오랜 가뭄　　④ 사나운 폭풍

**54** 엘렌의 커피는 너무 진했고, 그래서 그녀는 우유를 섞어 차를 연하게 했다. * strong (차 등이) 진한
　　　　　　　　　　　　　　　　【정답】②
① sweeten 달게 하다　　② weaken 묽게 하다
③ boil 끓이다　　④ strengthen 튼튼하게 하다

**54-1** 동일임금법(法)은 너무나 약화된 나머지 쓸모없는 것이 되고 말았다. * water down 약화시키다
　　　　　　　　　　　　　　　　【정답】①
① weaken 약해지다　　② strengthen 강해지다
③ increase 늘리다, 늘다　　④ decrease 줄다, 줄이다

**55** 수력발전은 오염을 일으키지도 않으며 대체 불가능한 어떤 연료자원도 고갈시키지 않는다. * derive from ~에서 얻다 use up 고갈시키다 irreplaceable 대체 불가능한·
　　　　　　　　　　　　　　　　【정답】①
① pollution 오염　　② irrigation 관개
③ expenditure 지출　　④ hazard 위험

**55-1** 우리는 공기를 오염시키고 수원(水源)을 오염시키고 있으며, 야생생물을 죽이고 있고 우리가 사는 도시의 소음 수준을 높이고 있다.
* contaminate 오염시키다 wildlife 야생생물
　　　　　　　　　　　　　　　　【정답】③
① sustain 유지하다　　② cram 너무 먹이다; 벼락공부하다
③ pollute 오염시키다　　④ annihilate 전멸시키다
⑤ decimate 많은 수를 죽이다

**56** 이러한 부모들은 여분의 용돈을 비롯해 자녀들에게 더욱 아낌없이 줄 수 있는 여유가 있다.
* can afford to R ~할 여유가 있다 spending money 용돈
　　　　　　　　　　　　　　　　【정답】②
① vacillate 망설이다　　② lavish 아낌없이 주다
③ reminisce 추억하다　　④ mesmerize 최면을 걸다

**56-1** 그는 그 계획에 대해 아낌없이 칭찬했다.
* praise 칭찬(하다)
　　　　　　　　　　　　　　　　【정답】②
① productive 생산적인　　② generous 아끼지 않는
③ stingy 인색한　　④ sufficient 충분한

**57** 10년 간의 혁명기간 동안에 프랑스에서는 오페라가 융성했을 것이다. * decade 10년간 revolution 혁명
　　　　　　　　　　　　　　　　【정답】④
① perish 죽다, 멸망하다
② discourage 낙담시키다
③ encourage 용기를 북돋우다
④ prosper 번영하다
⑤ increase 늘다, 늘리다

**58** History shows us that an <u>efflorescence</u> of the area is the first activity of nations on the road to the goal.
① prosperity
② commodity
③ avalanche
④ predicament
⑤ undertaking

**58** 역사는 그 지역의 번영이 목표로 향하는 길에 있어 국가들의 첫 번째 활황임을 보여준다.
* activity 활기, 활황
【정답】①
① prosperity 번영, 호황　② commodity 상품, 필수품
③ avalanche 눈사태　④ predicament 곤경, 궁지
⑤ undertaking 사업, 기업

**59** British hotels will not be enjoying the <u>bonanza</u> they had expected.
① crisis
② dilemma
③ prosperity
④ stagflation

**59** 영국의 호텔들은 그들이 기대했던 대호황을 누리지 못할 것이다.
【정답】③
① crisis 위기, 고비　② dilemma 진퇴양난
③ prosperity 번영, 호황
④ stagflation 경기 침체하의 인플레이션

**60** During their <u>heyday</u>, showboats were popular and generally prosperous.
① golden age
② infancy
③ summer voyages
④ revivals

**60** 전성기 동안, 연예선은 인기가 있었고 일반적으로 번성했다. * showboat 연예선 prosperous 번영하는
【정답】①
① golden age 황금기, 전성기　② infancy 유년, 초기
③ summer voyage 여름항해　④ revival 부활

**61** A missionary, many years ago, related the story of his work with a tribe that was mysteriously poverty-stricken, even though other tribes in the same region were relatively _________.
① proportional
② prosperous
③ prosaic
④ proportionate

**61** 수년전에, 어떤 선교사가 자신이 선교했었던 부족에 대해 이야기했다. 같은 지역 내의 다른 부족들이 상대적으로 부유한 반면에 그 부족은 이상하리만치 곤궁했었다. * missionary 선교사 relate 이야기하다 tribe 부족 poverty-stricken 가난한
【정답】②
① proportional 비례하는　② prosperous 번영하는
③ prosaic 지루한　④ proportionate 비례하는

> **61-1** A man's dog stands by him in _______ as well as in poverty.
> ① penury
> ② prosperity
> ③ destitution
> ④ want

**61-1** 개는 자기 주인이 번성할 때나 곤궁할 때나 그의 곁을 지킨다. * stand by 곁에 있다 in poverty 가난한 때에
【정답】②
① in penury 가난한 때　② in prosperity 번성한 때
③ in destitution 빈곤한 때　④ in want 가난하게

**62** Such homely virtues as _______ , hard work, and simplicity seem old-fashioned in these days.
[93.연세대대학원]
① prodigality
② thrift
③ wantonness
④ dissipation

**62** 절약, 성실, 검소 등과 같은 소박한 덕목들은 오늘날 구식으로 여겨진다. * homely 소박한 virtue 덕목 simplicity 검소 old-fashioned 구식의
【정답】②
① prodigality 방탕, 헤픔　② thrift 절약
③ wantonness 방자, 음란　④ dissipation 낭비, 난봉

> **62-1** Some species of fungi <u>thrive on</u> simple compounds such as alcohol.
> ① do well on
> ② float on
> ③ struggle against
> ④ mix with
> ⑤ exist in

**62-1** 어떤 종류의 균류들은 알코올과 같은 단일 화합물에서 잘 자란다. * species 종 fungi 균 <fungus의 복수형> compound 혼합물
【정답】①
① do well on 잘하다　② float on ~위에 뜨다
③ struggle against ~에 대항해 싸우다
④ mix with ~와 섞이다　⑤ exist in ~에 존재하다

> **62-2** By the 1870's Arizona's copper-mining industry was <u>thriving</u>.
> ① beginning
> ② recovering
> ③ consolidating
> ④ flourishing

**62-2** 1870년대까지 애리조나 주의 구리 광업은 번성하였다. * copper 구리 mining 채광, 광업
【정답】④
① begin 시작하다　② recover 회복하다
③ consolidate 합병하다　④ flourish 번창하다

**63** Paul lived the life of a playboy in an <u>opulent</u> Florida mansion.
① drastic  ② miserable
③ wealthy  ④ monotonous

**63-1** Most of the cash went on supporting his <u>opulent</u> lifestyle.
① cogent  ② astral
③ lavish  ④ urbane

**64** So what words should be chosen when Latin, French, and English each provide a <u>copious</u> supply of relevant items?
① unimaginable  ② unsurpassed
③ extraordinary  ④ abundant

**65** The country faces famine and ______ diseases.
① maudlin  ② equitable
③ dulcet  ④ rampant

**65-1** 밑줄 친 단어가 잘못 쓰인 문장을 고르시오. [92. 서울대 대학원]
① Rumor ran <u>rampant</u> in those first few days.
② Smallpox was <u>rampant</u> in the area, and many people died.
③ A <u>rampant</u> of earth and boulders protected the fort from attack.
④ In a coat of arms, a lion <u>rampant</u> is one pictured rearing up with one foreleg raised above the other.

**66** Mary is so <u>frugal</u> that absolutely nothing is ever wasted by her. [97. 고려대 대학원]
① thrifty  ② fertile
③ definitive  ④ susceptible

**67** The interior of the church, although sober and <u>austere</u>, is very fine.
① plain  ② splendid
③ ominous  ④ decorative

**67-1** The stoic former general led his civilian life as he had military life, with simplicity and <u>austere</u> dignity. [07.감정평가사]
① benevolent  ② informal
③ aggressive  ④ succinct
⑤ strict

---

**63** 폴은 부유한 플로리다의 대저택에서 한량으로서의 삶을 살았다. * mansion 대저택
【정답】 ③
① drastic 격렬한, 철저한  ② miserable 빈약한, 불쌍한
③ wealthy 부유한  ④ monotonous 단조로운

**63-1** 대부분의 현금이 그의 풍요로운 라이프스타일을 유지하는데 쓰였다.
【정답】 ③
① cogent 설득력 있는  ② astral 별의
③ lavish 후한, 풍부한  ④ urbane 도시풍의

**64** 그렇다면 라틴어, 불어, 영어 제각기 관련된 항목들이 풍부한 공급량으로 제공될 때에는 어떤 어휘를 선택해야 하는가? * provide 제공하다 relevant 적절한
【정답】 ④

**65** 그 나라는 기근과 만연하는 질병에 직면해 있다.
* famine 기근
【정답】 ④
① maudlin 잘 우는, 감상적인  ② equitable 공정한
③ dulcet 상쾌한  ④ rampant 유행하는, 만연하는
**65-1** 【정답】 ③
① 처음 며칠 동안 루머가 마구 퍼졌다.
② 그 지역에서 천연두가 만연하여 많은 사람들이 죽었다.
③ 흙과 돌로 만든 누벽은 공격으로부터 요새를 보호해 주었다. (rampant → rampart)
④ 문장에는 앞발 하나를 다른 발 위로 치켜든 채 뒷발로 서 있는 사나운 사자가 그려져 있다.

**66** 메리는 너무나 검소하기 때문에 단연코 어떤 것도 낭비하지 않는다. * absolutely 진어
【정답】 ①
① thrifty 검소한  ② fertile 비옥한, 다산의
③ definitive 한정적인
④ susceptible 영향을 받기 쉬운

**67** 그 교회의 실내 장식은 비록 소박하고 간소하지만 매우 훌륭하다. * interior 실내 장식 sober 소박한
【정답】 ①
① plain 검소한, 평이한  ② splendid 눈부신
③ ominous 불길한  ④ decorative 장식의

**67-1** 금욕적인 전(前) 장군은 군생활을 했었기 때문에 간소하고 엄격한 품위를 가지고 민간인의 삶을 살았다.
* stoic 금욕의 former 진임의 simplicity 간소 dignity 품위
【정답】 ⑤
① benevolent 자비로운  ② informal 비공식의
③ aggressive 공격적인  ④ succinct 간결한
⑤ strict 엄격한

**68** She is not at all <u>puritanical</u>.
① profligate　　　　② penurious
③ moralistic　　　　④ tractable

**69** Parents should instruct their children not to _________ money on expensive clothes.
① slander　　　　② refurbish
③ squander　　　　④ replenish

> **69-1** The ordinary people of the world do not want war: they do not want the world's resources <u>squandered</u> on armament. [94.기술고시]
> ① wasted　　　　② recycled
> ③ reproduced　　　　④ utilized
> ⑤ exploited

**70** The <u>miserly</u> woman refused to make a donation for the poor. [07.공인노무사]
① lonely　　　　② stingy
③ pitiful　　　　④ odd
⑤ fat

**71** Jane Marner's _______ did not allow him to indulge himself in any luxuries.
① paucity　　　　② parsimony
③ perjury　　　　④ pitfall

> **71-1** Underpaying his staff and failing to heat his business office were only a few Scrooge's <u>parsimonious</u> habits.
> ① stingy　　　　② wasteful
> ③ immature　　　　④ generous

**72** He's <u>niggardly</u> with his money.
① profligate　　　　② generous
③ stingy　　　　④ lavish

> **72-1** They had to cut back on luxuries, but Dunne says the <u>skimping</u> was worth it.
> ① parsimoniousness　　　　② fastidiousness
> ③ disgrace　　　　④ rampage

---

**68** 그녀는 전혀 **도덕적으로 엄격하지** 않다.
　　　　　　　　　　　　　　【정답】③
① profligate 방탕한　　　　② penurious 가난한
③ moralistic 도덕적으로 엄격한
④ tractable 다루기쉬운

**69** 부모는 아이들이 비싼 옷에 돈을 마구 **낭비하지** 않도록 가르쳐야 한다. * instruct 가르치다
　　　　　　　　　　　　　　【정답】③
① slander 비방하다　　　　② refurbish 일신하다,개장하다
③ squander 낭비하다　　　　④ replenish 보충하다

**69-1** 세상의 평범한 사람들은 전쟁을 원하지 않는다. 그들은 세계의 자원이 군비에 **낭비되는** 것을 원하지 않는 것이다. * ordinary 평범한 armament 군비, 무장
　　　　　　　　　　　　　　【정답】①
① waste 낭비하다　　　　② recycle 재생하여 이용하다
③ reproduce 재생하다　　　　④ utilize 이용하다
⑤ exploit 개발하다, 착취하다; 공훈

**70** **인색한** 그 여자는 가난한 사람들에게 기부하기를 거절했다. * refuse 거절하다 make a donation 기부하다
　　　　　　　　　　　　　　【정답】②
① lonely 외로운　　　　② stingy 인색한
③ pitiful 비참한, 가엾은　　　　④ odd 이상한, 기묘한
⑤ fat 뚱뚱한

**71** Jane Marner의 **인색함**은 그가 어떤 사치도 탐하는 것을 용인하지 않았다. * indulge oneself in 탐닉하다
　　　　　　　　　　　　　　【정답】②
① paucity 소량; 결핍　　　　② parsimony 극도의 절약
③ perjury 위증　　　　④ pitfall 함정

**71-1** 자신의 직원에게 급료를 충분히 주지 않고 사무실 난방을 하지 않는 것은 스크루지의 **인색한** 습관 중 몇 가지에 지나지 않는다.
* underpay 급료를 충분히 주지 않다
　　　　　　　　　　　　　　【정답】①
① stingy 인색한　　　　② wasteful 낭비적인
③ immature 미숙한, 미발달의
④ generous 후한, 관대한

**72** 그는 돈에 있어 **인색하다**.
　　　　　　　　　　　　　　【정답】③
① profligate 방탕한　　　　② generous 관대한, 후한
③ stingy 인색한　　　　④ lavish 아끼지 않는, 후한

**72-1** 그들은 사치품을 줄여야 했으나, 던은 그러한 **절약**이 그만한 가치가 있었다고 말한다.
* cut back on ~을 줄이다
　　　　　　　　　　　　　　【정답】①
① parsimoniousness 지나친 절약
② fastidiousness 까다로움
③ disgrace 불명예
④ rampage 날뜀, 격노

**72-2** He convinced Canadians that some painful <u>penny pinching</u> would eventually improve an economy plagued by unemployment and deficit.
① austerity measures  ② exertion of power
③ oppressive policy  ④ victimizing process

**72-2** 그는 약간은 고통스러운 긴축조치가 결국에는 실업과 적자에 의해 괴롭힘을 당하는 경제를 개선시킬 것이라고 캐나다 국민들을 확신시켰다. * convince 확신시키다 improve 개선시키다 plague 괴롭히다 deficit 적자
【정답】①
① austerity measures 긴축조치 * austerity 내핍, 긴축
② 권력의 행사 * exertion 행사; 노력
③ 압제적인 정책 * oppressive 압제적인
④ 회생자화하는 과정 * victimize 희생시키다

**73** The conditions of tenant life were <u>penurious</u>, often in the extreme, with stiff rents paid in kind and a general insecurity of tenure. [90. 고려대대학원]
① non-rewarding  ② injurious
③ salubrious  ④ poverty-sticken

**73** 소작인 생활은 매우 비싼 현물 소작료와 토지 보유 기한에 대한 막연한 불안감 때문에 궁핍하고 때로는 극단적인 상태에 빠진다. * tenant 소작인, 임차인 stiff 매우 비싼 in kind 현물로 주는 insecurity 불안정 tenure 보유권, 보유기간
【정답】④
① non-rewarding 보수가 없는 ② injurious 해로운
③ salubrious 건강에 좋은 ④ poverty-sticken 가난한

**73-1** They <u>were badly off</u> when they were young.
① were in poor health ② were short of money
③ were in a bad temper ④ lived far away

**73-1** 그들은 젊었을 때 가난했다.
【정답】②
① in poor health 건강이 나쁜  ② short of ~이 부족한
③ in a bad temper 기분이 나쁜 ④ 멀리 떨어져 살았다

**73-2** My brother will marry a <u>well-to-do</u> businesswoman. [01. 입법고시]
① able  ② wealthy
③ perspective  ④ ambitious

**73-2** 내 형은 부유한 여자사업가와 결혼할 것이다.
【정답】②
① able 유능한  ② wealthy 부유한
③ perspective 원근법의  ④ ambitious 야심적인

**74** The <u>impoverished</u> family will be given an allowance. [06.일반경찰/99.사법시험]
① destitute  ② luxurious
③ benevolent  ④ affluent
⑤ frugal

**74** 그 가난한 가족에게는 수당이 주어질 것이다.
* allowance 수당
【정답】①
① destitute 빈곤한  ② luxurious 사치스러운
③ benevolent 자비로운  ④ affluent 풍부한
⑤ frugal 절약하는

**75** He has a long, unkempt beard and <u>tattered</u> clothes.
① ragged  ② dirty
③ gaudy  ④ tidy

**75** 그는 턱수염은 길고 텁수룩했고, 해신 옷을 걸치고 있었다. * unkempt 텁수룩한 beard 턱수염
【정답】①
① ragged 남루한, 해어진 ② dirty 더러운
③ gaudy 촌스럽게 번지르르한
④ tidy 단정한, 말쑥한

**75-1** After school I <u>felt like a wet rag</u>.
① felt disappointed  ② felt very satisfied
③ felt very tired  ④ felt angry

**75-1** 방과 후에 나는 몹시 피곤했다.
【정답】③
① 실망했다  ② 매우 만족했다
③ 몹시 피곤했다  ④ 화가 났다

**76** The economic stability of nations and continents is often affected by the abundance or _______ of precipitation. [98. 변리사]
① dearth  ② allusion
③ force  ④ condensation
⑤ rainfall

**76** 국가나 대륙의 경제적 안정성은 종종 강수량이 풍부하거나 부족한 것에 영향을 받는다.
* stability 안정성 be affected by ~에 영향을 받다 abundance 풍부 precipitation 강수량(강우,강설)
【정답】①
① dearth 부족  ② allusion 암시
③ force 힘  ④ condensation 응축상태
⑤ rainfall 강수량

**76-1** The <u>dearth</u> of rain can create a desert in a few years.
① contamination　② deficiency
③ equilibrium　④ abundance

**76-2** The forests were very dry because of the ________.
① avalanche　② deluge
③ snowfall　④ drought

**77** Despite abundant harvests in most of the world for the past two years, hunger and malnutrition persist. More than half-a-billion people suffer from these two scourges. Half of them are children. ________ is part of their daily lives. [96. 기술고시]
① Struggle　② Cooperation
③ Permission　④ Harvest
⑤ Famine

**77-1** <u>Starvation</u> is the cause of death for more people around the world than one would like to admit.
① Crime　② Famine
③ Disease　④ Poison

---

**76-1** 비가 부족하면 수 년 안에 사막이 생성될 수 있다. * desert 사막
【정답】②
① contamination 오염　② deficiency 부족, 결핍
③ equilibrium 평형, 평정　④ abundance 풍부

**76-2** 가뭄으로 인해 그 숲은 매우 건조했다.
【정답】④
① avalanche 눈사태　② deluge 홍수
③ snowfall 강설(량)　④ drought 가뭄, 건조

**77** 세계 대부분의 지역에서 지난 2년 동안 풍성한 수확을 했음에도 불구하고 기아와 영양부족은 여전히 계속되고 있다. 5억명 이상의 사람들이 이들 두 재앙으로 신음하고 있다. 그들 중 절반은 아이들이다. 기아는 이들의 일상생활의 일부분이다.
* abundant 풍부한 harvest 수확 malnutrition 영양부족
  persist 지속하다 suffer from ~으로 고생하다 scourge 재앙
【정답】⑤
① struggle 노력, 투쟁　② cooperation 협동
③ permission 허가, 승인　④ harvest 수확(물)
⑤ famine 기근, 굶주림

**77-1** 기아는 전 세계적으로 우리가 인정하고픈 이상으로 많은 사람들이 사망하는 원인이다.
【정답】②
① crime 범죄　② famine 기근
③ disease 질병　④ poison 독

# Day

# 20

## 20|01  **1 분사의 형태**

|  | | 진행 (~하고 있는) |
|---|---|---|
| ❶ 현재분사 | 자동사의 ~ing | 진행 (~하고 있는) |
| | 타동사의 ~ing | 능동, 사역 (~하는) |
| ❷ 과거분사 | 자동사의 ~ed | 완료 (~해버린, ~한) |
| | 타동사의 ~ed | 수동 (~되어진, ~당한) |

## **2 분사의 동사적 용법**

| 20|02 | ❶ be + ing(현재분사) ⇨ 진행시제 | • You're **spending** much money these days.<br>너는 요즘 많은 돈을 쓰고 있다. |
|---|---|---|
| 20|03 | ❷ be + ~ed(과거분사) ⇨ 수동태 | • The telephone *was* **invented** by Bell.<br>전화기는 Bell에 의해 발명됐다. |
| 20|04 | ❸ have + pp(과거분사) ⇨ 완료시제 | • The man *has* never **seen** snow.<br>그 남자는 이제껏 한 번도 눈을 본 적이 없다. |

## **3 분사의 형용사적 용법**

### 20|05  1. 개념

분사의 형용사적 용법은 **한정**적 용법과 **서술**적 용법으로 구분할 수 있다.
❶ 한정적 용법: 분사가 명사의 앞이나 뒤에서 수식하는 형태
❷ 서술적 용법: 분사가 주격 보어 또는 목적격 보어로서 위치한 형태

### 2. 분사의 한정적 용법

#### (1) 명사 앞에서 수식하는 경우

분사가 단독으로 명사를 수식할 경우에는 명사 앞에 위치하는 것이 원칙이다.

##### 20|06  1) 자동사의 현재분사 ⇨ 진행의 의미

• My parents are worried about *rising* costs.
부모님께서는 물가상승에 대해 걱정하신다.
→ My parents are worried about ~~risen~~ costs. (×)
⇨ about의 목적어는 명사 costs인데, 명사 앞에서 '자동사 rise'를 이용한 분사가 형용사로 수식하는 형태이다. 자동사는 수동태가 불가능하므로 과거분사 또한 불가능하다. 아래 문장도 마찬가지 맥락이다.

• A *rolling* stone gathers no moss.
구르는 돌은 이끼가 끼지 않는다.
→ A ~~rolled~~ stone gathers no moss. (×)

**2) 타동사의 현재분사 ⇨ 능동의 의미**

• The ***demanding*** problems are due to our greed.
벅찬 문제들은 우리의 욕심에 기인한다.

→ The ~~demanded~~ problems are due to our greed. (×)

• A ***surprising*** number of people came.
놀라울 정도의 많은 사람들이 왔었다.

→ A ~~surprised~~ number of people came. (×)

⇨ 두 문장 모두 각각 'problems'와 'number'라는 명사 앞에서 'demand(벅차게 다그치다)'와 'surprise(놀라게 하다)'를 이용한 분사로 수식하고 있다. '문제와 벅차게 다그치다', 그리고 '숫자와 놀라게 하다'의 관계는 '능동'이므로 현재분사가 옳다.

**3) 자동사의 과거분사 ⇨ 완료 · 상태의 의미**

• The road was blocked by a ***fallen*** tree.
길이 쓰러진 나무에 의해 막혀 있었다.

---

> **Check** **자동사의 과거분사**
> 자동사는 수동태가 불가능하므로, 자동사가 과거분사화 된 경우에는 그 의미상의 주어와 관계가 수동이 아니라 '완료 또는 결과적 상태'를 의미한다. ＊ 일종의 형용사로 간주한다.
>
> > gone 사라진, 죽은　grown 성장한　fallen 죽은, 떨어진　retired 은퇴한　returned 반송된
>
> • 'Is Tom here?' 'No, he was ***gone*** before I arrived'.
> '탐 여기 있어요?' '아니, 내가 오기 전에 가버렸어.'
>
> • She was a ***retired*** doctor.
> 그녀는 은퇴한 의사이다.

**4) 타동사의 과거분사 ⇨ 수동의 의미**

• We must export the ***finished*** products.
우리는 완제품을 수출해야 한다.

→ We must export the ~~finishing~~ products. (×)

• I don't like ***frozen*** peas.
나는 얼린 완두콩을 좋아하지 않는다.

→ I don't like ~~freezing~~ peas. (×)

⇨ 두 문장 모두 export와 like의 목적어인 'products(제품)'과 'peas(완두콩)'을 수식하는 분사가 위치해 있다. '제품과 완성하다(finish)'의 관계는 '완성된 제품'이며, '완두콩과 얼리다(freeze)'의 관계는 '얼려진 완두콩'의 수동 관계이므로 과거분사가 옳은 것이다.

---

> **Check** **자동사와 타동사 기능이 모두 있는 동사의 분사**
> 일부 동사들은 자동사와 타동사 기능이 모두 있으므로 능동의 현재분사와 수동의 과거분사가 모두 가능하다. 따라서 문맥상 분사의 태를 결정해야 한다.
>
> • Don't drink ***boiling*** water unless your tongue is burned.
> 혀가 데이지 않으려면 끓고 있는 물을 마시지 마라.
>
> → Don't drink ~~boiled~~ water unless your tongue is burned. (×)
>
> • A baby must drink a ***boiled*** water. 아기는 끓인 물을 마셔야 한다.
>
> → A baby must drink a ~~boiling~~ water. (×)
>
> ⇨ boil은 그 의미가 '끓다(자동사)'와 '끓이다(타동사)'는 뜻을 모두 가지고 있다. 첫 문장의 경우 마시지 말아야 할 물은 '끓고 있는 (boiling) 물'이 될 것이며, 두 번째 문장의 경우 아기가 마셔야 할 물은 '끓인 (boiled) 물'이다.

## (2) 명사 뒤에서 수식하는 경우

분사가 의미상의 목적어 또는 보어를 취하거나 부사(구)등의 수식어구를 동반할 때에는 명사 뒤에 위치한다. 이는 '주격관계대명사 + 동사' 가 분사로 축약된 형태로 보아도 무방하다. 이러한 원칙에 따라 자동사의 과거분사가 명사 뒤에 위치하면 무조건 틀린 것으로 간주된다.
➲ 19-21~24 참조

**20|11**

### 1) 자동사의 현재분사 ⇨ 능동 또는 진행의 의미

- The man *standing* outside seems to cry.
  = The man who stands outside seems to cry.
  밖에서 있는 사람이 우는 것 같이 보인다.

**20|12**

### 2) 타동사의 현재분사 ⇨ 능동의 의미

- The man *watching* a game is my friend.
  = The man who watches a game is my friend.
  경기를 보고 있는 사람은 내 친구이다.

**20|13**

### 3) 타동사의 과거분사 ⇨ 수동의 의미

- All of the people *invited* to the party seem to come.
  = All of the people who are invited to the party seem to come.
  그 파티에 초대받은 사람들은 모두 온 것 같다.

**20|14**

> **Check 분사문제 풀이 skill**
>
> **1. 명사 뒤에 수식하는 분사**
>
> (1) 타동사가 분사로 나온 경우
> 능동의 현재분사(~ing)가 나왔으면 그 목적어가 와야 한다. 그러나 수동의 과거분사(pp)가 나왔다면 목적어가 없어야 한다.
> - The man *meeting* president Obama is my old friend.
>   → The man ~~met~~ president Obama is my old friend. (×)
>   오바마 대통령을 만난 사람은 나의 오랜 친구이다.
>
> ⇨ 명사 man 뒤에서 타동사 meet을 이용한 분사 meeting의 목적어 president라는 목적어가 왔으므로 무조건 현재분사가 옳다.
> - The man *involved* was present.
>   → The man ~~involving~~ was present. (×)
>   관련자가 참석했다.
>
> ⇨ 명사 man 뒤에서 타동사 involve가 목적어 없이 왔으므로 무조건 과거분사가 옳다.
>
> (2) 자동사가 분사로 나온 경우
> 자동사는 수동태가 불가능하므로 현재분사 ~ing만 가능하다.
> - ⇨ The apartment *standing* on a hill is very spectacular.
>   → The apartment ~~stood~~ on a hill is very spectacular. (×)
>   언덕 위에 있는 아파트의 풍경이 장관이다.
>
> ⇨ stand는 자동사이기 때문에 과거분사가 불가능하다.
>
> **2. 명사 앞에 위치하는 분사**
>
> 명사 앞에 위치하는 분사의 경우, 자동사는 수동형의 과거분사가 불가능하다. 그러나 타동사를 이용한 분사의 경우에는 철저히 해석에 따라서 그 '태'를 결정해야 한다.
> - Many *overwhelming* attacks happened in Iraq, and many *overwhelmed* people were distressed.
>   압도적인 수많은 공격이 이라크에서 일어났으며, 압도당한 많은 사람들은 비통에 빠졌다.
>
> ⇨ overwhelm은 타동사로서 '압도하다'는 뜻을 가졌다. 위 문장에서 각각 attacks와 people을 수식하고 있는데, '공격은 압도를 하는 주체'이므로 '능동'의 현재분사로 쓰였고, '사람들은 그 공격에 압도당하는 객체'이므로 '수동'의 과거분사로 쓰였다.

## 3. 분사의 서술적 용법

### (1) 2형식 불완전 자동사의 보어

2형식 불완전 자동사들은 모두 그 주격보어에 형용사 기능을 하는 분사들을 위치시킬 수 있다.

- How did they *become acquainted*?
  그들이 서로 어떻게 알게 되었는가?
- She *looks satisfied* at her school record.
  그녀는 학교성적에 만족하는 것 같다.

### (2) 1형식 완전자동사의 유사보어

arrive, come, die, lie, marry, return과 같은 완전자동사가 이끄는 문장 뒤에 분사가 위치하여 주어의 결과적 상태를 설명할 수 있다.

- She arrived *smiling* at me.
  그녀는 나를 보고 웃으면서 도착했다.
- Many children came *running* to meet Obama.
  많은 아이들이 오바마를 만나기 위해 달려왔다.

### (3) 목적격 보어로 온 경우

목적어와 목적보어의 관계가 능동이면 현재분사를 둘 수 있는 동사는 지각동사와 유지·발견·상상 동사이며(➲ 03-02/ 05참조), 수동의 관계이면 동사의 종류에 상관없이 목적보어에 과거분사를 둔다.

- I *saw* two policemen *chasing* a murderer.
  나는 두 경찰관이 살인범을 쫓고 있는 것을 보았다.
- We *saw* the mountains *covered* in snow.
  우리는 그 산들이 눈으로 덮여 있는 것을 보았다.

## 4. 현재분사 · 과거분사의 완전 형용사화(분사 형용사)

애당초 분사는 동사의 형태에 변화를 가해서 현재분사는 '진행 또는 능동'의 속성, 과거분사는 '수동 또는 완료'의 속성을 가지게 된다. 그러나 '감정동사'를 분사화 시킬 경우 '능동 · 수동'의 속성이 약해지고 일반형용사 역할을 하게 된다.
※ 물론 대부분 분사가 형용사적으로 사용되기는 하지만, 여기서 말하는 감정동사의 분사화는 완전히 별개의 형용사로 굳어진 것을 의미한다.

| 현재분사의 형용사화 | 과거분사의 형용사화 |
| --- | --- |
| ❶ alarming, surprising 놀라운<br>amazing 놀랄 정도의 astonishing 놀라운<br>frightening, thrilling 무서운 shocking 충격적인 | alarmed, surprised 놀란<br>amazed 놀란 astonished 놀라버린<br>frightened, thrilled 깜짝 놀란 shocked 충격을 받은 |
| ❷ amusing 즐거운 entertaining 즐거운<br>pleasing 즐거운, 호감이 가는<br>interesting, exciting 흥미로운 | amused 즐거워하는 entertained 즐거워하는<br>pleased 즐거워하는<br>interested, excited 흥미를 가진 |

| ❸ boring 지루한 tiring 지치게 하는 | bored 지루한 tired 지친 |
|---|---|
| ❹ charming 매력적인 fascinating 매혹적인 | charmed 매혹된 fascinated 매혹된 |
| ❺ disappointing 실망스러운 | disappointed 실망한 |
| ❻ satisfying 만족시키는<br>confusing, embarrassing 혼란스러운 | satisfied 만족한<br>confused, embarrassed 당황한 |

- I don't think that this novel is not **interesting**.
  나는 이 소설이 재미없다고 생각하지 않는다.

- I am not **interested** in this novel.
  나는 이 소설에 흥미를 느끼지 못한다.

- French wine labels can be very **confusing**.
  프랑스 와인 라벨은 매우 혼란스러울 수 있다.

- I'm totally **confused**. Could you explain that again?
  정말 혼란스럽네요. 다시 설명해주실 수 있나요?

## *Check* 1. 감정동사로 만들어진 분사의 태

감정동사가 분사화 되어 **의미상의 주어가 사람이면 '과거분사'를 취하며, 의미상의 주어가 사물이면 '현재분사'**를 취한다는 설명은 잘못된 논리이다. (※대다수의 교재에서 이런식으로 설명을 하고 있는데, 그동안 시험에서 감정 동사를 과거 분사화하면 사람이 그 의미상의 주어가 많았고, 현재분사화하면 사물이 그 의미상의 주어가 많아서 저런 엉터리 논리가 만들어진 것인데 틀린 설명이다.) **감정동사를 이용하여 사람을 수식할 경우, '감정을 불러일으킨다면 ing'이고 '감정이입을 당한다면 pp'이다.** 그러나 감정동사가 **'사물'을 수식한다면 무조건 '현재분사'**가 옳다. 사물은 감정을 불러일으킬 뿐, 감정이입을 당할 수는 없기 때문이다.

- Mr. Kang is an **interesting** man. 강(호동)은 즐겁게 하는 사람이다.
  ⇨ 개그맨 강호동이 (우리를) 즐겁게 해주는 '능동'의 논리.

- Mr. Kang is **interested** to award a prize. 강(호동)은 상을 받아 즐거워한다.
  ⇨ 강호동이 상을 받아 즐거움의 감정이입을 받은 '수동'의 논리

- It was an **interesting** tennis match. 흥미로운 테니스 경기였다.
  ⇨ 경기는 사물이므로 무조건 현재분사.

- My cat is **interested** in yours. 내 고양이가 너의 고양이에 관심을 가진다.
  ⇨ 고양이도 감정이 있으므로 다른 고양이에게 감정이입을 받은 '수동'의 논리

- My cat is an **interesting** animal. 내 고양이는 흥미로운 동물이다.
  ⇨ (사람들에게) 흥미를 불러일으키는 능동의 현재분사

## 2. 기타 중요 분사 형용사

아래 언급되는 분사들은 동사의 성질을 상실하고 하나의 형용사로 굳어진 단어들이다.

| 현재분사 형태의 형용사 | 과거분사 형태의 형용사 |
|---|---|
| missing 사라진, 실종된<br>demanding 벅찬<br>promising 유망한 striking 현저한 | missed (연락이) 두절된<br>complicated 복잡한<br>sophisticated 정교한, 세련된 |

- The **missing** child was found safe and well.
  그 실종된 아이는 안전하고 건강한 것으로 밝혀졌다.

- One of the worst things is a canceled flight, or a **missed** connection.
  최악의 사태는 항공편 취소 혹은 연락두절이다.

> **예제**　Observe ① <u>closely</u> your surroundings, the ② <u>positions</u> of the cars ③ <u>involving</u>, license numbers and ④ <u>any other</u> pertinent details. [01. 공무원 7급]
>
> 【해석】 주변 환경, 관련 차량의 위치와 차량 번호 그리고 다른 관련 세부사항들을 면밀히 관찰하시오.
>
> 【해설】 involving → involved | 명사(cars) 뒤에 위치한 분사의 의미상의 주어는 앞에 위치한 명사(cars)가 된다. 따라서, '차량'과 '관련시키다'의 관계는 수동이므로 '과거분사'가 옳다.
>
> 【정답】 ③

## **4** 분사의 부사적 용법 (=분사 구문)

### 1. 분사 구문

#### (1) 시간 (=when, while)

- *Reading* fashion magazines, I heard the doorbell ring.
  = When I read fashion magazines, I heard the doorbell ring.
  패션 잡지를 읽고 있었을 때 초인종 소리를 들었다.

  ⇨ 의미상의 주어 'I'와 read(읽다)의 관계는 능동이므로 현재분사가 옳다.

#### (2) 이유 (=as, since, because)

- Not *knowing* her phone number, I couldn't phone her.
  = Because I didn't know her phone number, I couldn't phone her.
  그녀의 전화번호를 몰랐기 때문에 그녀에게 전화를 걸 수 없었다.

  ⇨ 의미상의 주어 'I'와 '알다(know)'의 관계는 능동이므로 현재분사가 옳다.

#### (3) 조건 (=if)

- *Built* after this month, the apartment will be perfect.
  = If it is built after this month, the apartment will be perfect.
  이번 달 건축 후에는, 아파트가 완벽해질 것이다.

  ⇨ 의미상의 주어 '아파트'와 '건설하다(build)'의 관계는 수동이므로 과거분사가 옳다.

#### (4) 양보 (=though, although)

- *Written* in English, the book is easy for Koreans to understand.
  = Although it was written in English, the book is easy for Koreans to understand.
  영어로 쓰였을지라도, 그 책은 한국인들이 이해하기에 쉽다.

  ⇨ 의미상의 주어 'it(the book)'과 '쓰다(write)'의 관계는 수동이므로 과거분사가 옳다.

#### (5) 부대상황

##### 1) 동시동작

- *Exercising* outdoors, my daughter injured her legs.
  = *While* she was exercising outdoors, my daughter injured her legs.
  실외에서 운동을 하다가 내 딸이 다리를 다쳤다.

  ⇨ 의미상의 주어 '딸'과 '운동을 하다'의 관계는 능동이므로 현재분사가 옳다.

##### 2) 연속동작

- His wife opened a champagne bottle, *pouring* the drinks.
  = His wife opened a champagne bottle, and poured the drinks.
  그의 부인이 샴페인을 따고 몇 잔 따랐다.

  ⇨ 의미상의 주어 '부인'과 '잔을 따르다'의 관계는 능동이므로 현재분사가 옳다.

### 3) 결과

- Bush's final speech was a poor excuse, ***irritating*** everybody.
  = Bush's final speech was a poor excuse, ***so it*** irritated everybody.
  부시의 마지막 연설은 서투른 변명이었으며, 모든 이를 짜증나게 했다.
  ⇨ 의미상의 주어인 '앞 문장 전체'와 '짜증나게 하다'의 관계는 능동이므로 현재분사가 옳다.

## (6) 주절보다 앞에 위치한 분사구문의 태와 해석

> 엄밀하게 구분한다면 주절보다 먼저 앞에 위치한 분사구문의 해석은 위의 경우처럼 '시간, 이유, 조건, 양보'로 해석해야 되지만, 빠른 독해를 위해서는 마치 형용사처럼 '주절의 주어'를 수식하면 된다.

- ***Reading*** fashion magazines, I heard the doorbell ring.
- ***Written*** in English, the book is easy for Koreans to understand.
  ⇨ '패션 잡지를 읽던 나는 초인종 소리를 들었다.' '영어로 저술된 그 책은 한국인들이 이해하기 쉽다.'처럼 주절의 주어로 이어서 해석하면 된다.

## (7) 주절보다 뒤에 위치한 분사구문의 태와 해석

> 이 때 의미상의 주어는 **분사 바로 앞에 위치한 명사**일 수도 있으며 **문장의 주어**가 될 수도 있다. 일부 문장에 있어서는 '문장 전체, 구'가 의미상의 주어가 될 수도 있으므로 해석상 그 의미상의 주어를 판단해야 한다. 문장 뒤에 위치한 분사구문의 해석은 '그리고, 그래서' 또는 '~하면서'로 한다.

- His ***wife*** opened a champagne bottle, ***pouring*** the drinks.
  그의 아내는 샴페인 병을 따서는 술을 따랐다.

  ⇨ 이 문장의 경우 pouring 바로 앞에 위치한 '술병'이 잔을 따를 수는 없다. 즉, pouring의 의미상의 주어는 문장 전체의 주어인 'his wife'가 되는 것이다.
- A man hit a ***girl, being*** unconscious.
  한 남자가 여자아이를 때렸는데, 그 아이가 의식을 잃었다.

  ⇨ 이 문장의 분사인 'being unconscious(의식을 잃은)'의 주체는 때린 남자가 아니라 분사 바로 앞에 위치한 'a girl'이 된다.

> **Check**
>
> 1. 'Being + 보어'로 이루어진 분사구문에서 being은 생략을 할 수가 있다.
> - (***Being***) Angry at my words, he made no reply.
>   = As he was angry at my words, he made no reply.
>   내 말에 화가 난 그는 답변을 하지 않았다.
>
> 2. 분사구문의 위치는 주절보다 먼저 앞, 혹은 문장의 중간이나 끝에 위치할 수 있다.
> - ***Devoted*** to their children, the parents would seem tired. [주절보다 앞]
>   = The parents, ***devoted*** to their children, would seem tired. [중간]
>   = The parents would seem tired, ***devoted*** to their children. [주절 뒤]
>   아이들에게 헌신을 한 그 부모들은 지쳐 보였을 것이다.

## 2. with 부대상황

with+목적어+분사는 '~한 채, ~하면서, ~할 때'라는 의미이며 분사구문의 일종이다. 목적어 다음에는 '현재분사, 과거분사, 형용사, 부사(구)'가 모두 올 수 있는데, 형용사와 부사(구)앞에는 'being'이 생략된 것으로 본다.

### (1) with + 목적어 + 현재분사/ 과거분사

20 28

- *With* Steven *living* in London, I still don't meet him.
  스티븐이 런던에서 살면서, 나는 그를 여전히 보지 못했다.

  ⇨ 스티븐과 '살다'의 관계는 능동이므로 현재분사가 위치했다.

- Jessica Gomez waited for me, *with* her eyes *closed*.
  제시카 고메즈는 눈을 감은 채 나를 기다렸다.

  ⇨ 눈과 '감다'와의 관계는 '감긴 눈'이라는 수동이므로 과거분사가 옳다.

### (2) with + 목적어 + 형용사

20 29

- With presentation *(being) satisfactory*, we gave a clap.
  발표가 만족스러워서 우리는 박수를 보냈다.

  ⇨ with+명사 뒤에 형용사가 위치하면 그 형용사 앞에 being이 빠진 것으로 보아야 한다.

### (3) with + 목적어 + 부사(구)

20 30

- *With* many children *(being) at school*, we can't drive fast there.
  많은 아이들이 학교에 있어서, 우리는 그곳에서 과속을 할 수 없다.

---

**예제** _________ the importance of education, modern states invest in institutions of learning.

① Convince      ② Convinced
③ Convincing      ④ Convinced of

【해석】 교육의 중요성을 확신한 현대 국가들은 교육기관에 투자를 한다.
【해설】 의미상의 주어인 주절의 주어 '현대 국가들'과 '확신시키다(convince)'의 관계는 수동이므로 과거분사 convinced가 옳으며, 주어가 '~을 확신하다'는 표현은 'be convinced of'이다.
【정답】 ④

---

**01** A campaign to save India's __________ Bengal tiger is driving villagers from ancestral lands. [97. 공무원 7급]

① endangering      ② endangered
③ extinct      ④ extinguished

**02** A robot acts ① in accordance with a ② giving program; it cannot formulate ③ its own goals ④ or purposes.

**03** ① The average age ② of the Mediterranean olive trees ③ grow today is ④ two hundred years. [98. 경찰간부]

**04** 밑줄 친 부분의 쓰임이 어법에 맞지 않은 것은?
① A barking dog never bites.
② She is busy cooking dinner.
③ He had his purse stolen.
④ Suddenly I heard my name calling behind me.
⑤ With an eye bandaged, I could not write properly.

**05** ① The means of communication mentioned so far have two features ② in common: they ③ last only a short time, and ④ the persons involving must be relatively ⑤ close to each other.

**06** 다음 중 어법 상 틀린 것을 고르시오. [91. 법원직]
① It was an exciting game.
② He can make himself understood in English.
③ Things done by halves are never done right.
④ He stood leaned against the wall.
⑤ I was pleased at the news.

**07** The ① instruction was very ② confused ; it ③ contained ④ many ⑤ complicated terms.

[02. 기술고시]

**08** There are certain ① establishing procedures ② that must ③ be followed in ④ conducting. [03. 여경]

## 정답 및 해설

**01** 【해설】 '구하다(save)'의 목적어로서 논리상 적합한 것은 '멸종한 (extinguished=extinct)'이 아니라 '멸종위기에 처한(endangered)'이 옳다. endanger는 '~을 위험에 빠뜨리다'는 뜻이므로 의미상의 주어인 '호랑이'와 '수동'의 관계가 된다.

【해석】 멸종위기에 처한 인도의 뱅갈 호랑이를 살리자는 운동으로 인해 마을 주민들이 조상의 터전을 떠나고 있다. 【정답】 ②

**02** 【해설】 giving → given | 의미상의 주어 program과 '주다'의 관계는 수동이므로 과거분사가 옳다.

【해석】 로봇은 주어진 프로그램에 따라 행동한다. 즉 자신만의 목표와 목적을 형성할 수 없다. 【정답】 ②

**03** 【해설】 grow → growing 혹은 which grow | 문장 전체의 동사 is로 있으므로, 앞의 grow는 '분사' 또는 '주격관계대명사절'로 전환해야 한다. 후자의 경우 주격관계대명사만 생략할 수 없다.

【해석】 현재에도 자라고 있는 지중해 올리브 나무의 평균수명은 200년이다. 【정답】 ③

**04** 【해설】 calling → called | 지각동사인 hear의 목적어(my name)와 목적보어(call: 부르다)의 관계는 '내 이름을 부르는 것을 들었다'는 '수동'이므로 과거분사가 옳다. 【정답】 ④

**05** 【해설】 the persons involving → the persons involved | '관련시키다(involve)'와 의미상의 주어 'the persons'의 관계는 수동이므로 과거분사가 옳다.

【해석】 지금까지 언급된 통신 수단은 두 가지 공통된 특징을 갖는다. 즉 아주 짧은 시간만 지속되며, 관련자들은 비교적 가까이 있어야 한다. 【정답】 ④

**06** 【해설】 leaned → leaning | stand라는 '1형식 자동사'의 '준보어'로서 'lean(기대다)'을 이용한 '분사'가 위치했다. 준보어이므로 의미상의 주어는 문장 전체의 주어인 'he'와 'lean(기대다)'의 태가 '능동'이므로 현재분사가 옳다. 【정답】 ④

**07** 【해설】 ② confused → confusing | confuse는 타동사로서 '혼란시키다'의 의미를 가지고 있다. '사용설명서가 혼란시키다'일 경우 능동의 관계이므로 현재분사인 confusing이 옳다. 사람이 주어인 경우에는 '혼란스럽다'로 수동의 관계이므로 과거분사가 옳다. 본 문제의 경우 '사용설명서'인 사물이 혼란시키는 능동의 관계이므로 현재분사가 옳다.

【해석】 그 사용설명서는 매우 혼란스러웠다. 이해하기 어려운 단어들로 구성되어 있었기 때문이다. 【정답】 ②

**08** 【해설】 establishing → established | 명사(procedures) 앞에 위치한 분사 (established)의 의미상의 주어는 앞의 명사가 된다. '절차'와 '확립하다'의 관계는 '확립된 절차'로서 수동관계이므로 과거분사가 옳다.

【해석】 (업무)수행에 있어서 반드시 따라야만 하는 어떤 확립된 절차가 있다. 【정답】 ①

**09** We see ① interesting movies in ② crowding theaters ③ but it's an ④ individual experience. [03. 경찰]


**10** A ① relatively dense population ② provided labor, while the seaports made ③ possible the easy ④ import of raw materials and the export of ⑤ finishing products.


**11** 다음 밑줄 친 부분이 어법상 어색한 문장은? [96. 공무원 9급]
① He looks thinner than when I saw him last summer.
② She made me so annoying that I felt like to shout at her.
③ He was leaning against the wall with his hands in his pocket.
④ Only when it started to rain did he notice that he had left his umbrella somewhere.


**12** In the design of clothing, the padding ________ out parts of suits or dresses must be made of firm material so that it won't sag or get crushed.
① used to fill                    ② used to filling
③ is used to fill                 ④ is used to filling


**13** ① Now that everyone from Ted Turner to George Bush, Dow to Exxon has ② professed love for Mother Earth, how are we to choose among the dozens of ③ conflicting proposals, restrictions, projects, regulations and laws ④ advance in the name ⑤ of environment?


**14** The economics professor ① said that ② our examinations were ③ disappointed and that he ④ would ⑤ give a new test.


**15** Most experts agree ① that there ② has never been such an ③ excited series of ④ breakthroughs in the search for a cancer cure as we have seen recently.

## 정답 및 해설

**09** 【해설】 crowding → crowded | 명사(theaters) 앞에 위치한 분사(crowded)의 의미상의 주어는 앞의 명사가 된다. 극장이 붐비게 만들 수는 없으므로 수동관계인 과거분사(crowded)가 옳다.

【해석】 우리는 사람이 붐비는 극장에서 재미있는 영화를 보지만, 그것은 개개인의 경험일 뿐이다. 【정답】 ②

**10** 【해설】 finishing → finished | 의미상의 주어 products와 '마치다, 완성하다'의 관계는 수동이므로 과거분사가 옳다.

【해석】 항구들이 원자재들을 쉽게 수입하고 완성품의 수출을 가능케 하는 반면에, 비교적 빽빽한 인원이 노동력을 제공했다. 【정답】 ⑤

**11** 【해설】 ② annoying → annoyed / to shout → shouting | make의 목적보어로서 목적어인 'me'와 'annoy(짜증나게 하다)'의 관계는 '수동'인 과거분사가 옳으며, '~하고 싶다'는 표현은 'feel like ~ing = feel inclined to R' 형태를 취한다. 【정답】 ②

**12** 【해설】 패딩과 이용하다의 관계는 수동이므로 과거분사가 옳다. 또한 'be used to R(~하기 위해 이용되다)'와 'be used to ~ing (~하는데 익숙하다)'의 차이점을 조심해야 한다. the padding which is used to fill ~ 문장에서 주격관계대명사와 be 동사가 생략된 구문이다.

【해석】 옷의 디자인에 있어서 정장이나 드레스를 불룩하게 하기 위해 이용되는 패딩은 처지거나 뭉개지지 않기 위해 견고한 옷감으로 만들어져야 한다. 【정답】 ①

**13** 【해설】 advance in the name → advanced in the name | 의미상의 주어 'proposals, restrictions, projects, regulations and laws'와 'advance(제출하다)'의 관계는 수동이므로 과거분사가 옳다. 또한 하나의 문장 안에 두 개의 동사 'are'와 'advance'가 접속사나 관계사 없이 위치할 수는 없다.

【해석】 Ted Turner에서부터 George Bush로, Dow에서 Exxon에 이르기까지 모든 이가 지구에 대한 사랑을 공언해왔으니 우리는 환경의 명목으로 제출된 수십여개의 상충되는 제안, 규제, 사업, 단속과 법률들 중에 어떻게 선택해야 할까? 【정답】 ④

**14** 【해설】 disappointed → disappointing | 의미상의 주어 examinations와 '실망시키다(disappoint)'의 관계는 능동이므로 현재분사가 옳다.

【해석】 경제학 교수는 우리가 본 시험의 성적이 실망해서 재시험을 치를 것이라고 말했다. 【정답】 ③

**15** 【해설】 excited → exciting | 'excite(흥분시키다)'와 의미상의 주어인 'series(일련)'의 관계는 능동이므로, 현재분사가 옳다. 감정을 나타내는 'excite, interest, alarm, amaze, surprise, disappoint'동사들이 분사화 될 경우 그 의미상의 주어가 '사물'일 경우에는 '현재분사'인 'ing' 형태를 취해야 한다.

【해석】 대부분의 전문가들은 암 치료 연구에 있어서 우리가 최근에 발견한 것처럼 흥미진진한 일련의 획기적 발견은 없었다는 것에 동의한다. 【정답】 ③

**16** Companies ① <u>lose</u> billions of dollars each year ② <u>due to</u> employees suffering ③ <u>from</u> illness ④ <u>bringing on</u> by stress. [06. 선관위 9급]


**17** The behavior of the earth's magnetic poles is ____________.
① not only mysterious, but most annoying
② not only mysteriously, but most annoying
③ not only mysterious, but most annoyed
④ not only mysteriously, but most annoyed
⑤ not only mysteriously, but more annoyed


**18** Choose the sentence that is not grammatically correct. [07. 국회직 8급]
① Rescue workers searched the most remote areas of the park, trying to locate the missed man.
② The entry fee to the exposition will be reduced for tickets purchased in advance.
③ We have decided not to commission new project.
④ Immigrants must obtain a certificate of alien registration.
⑤ You look sick. You had better consult a doctor.


**19** To my surprise, she was fast asleep, with her hat and boots _________. [91. 공무원 9급]
① put on                    ② putting on
③ to put on                 ④ putting


**20** He is taking care of the children alone, __________ his wife sick in the hospital.
① because        ② and        ③ as        ④ with


**21** 다음 우리말을 영어로 바르게 옮긴 것은? [94. 대전시 7급]

> 밤이 다가옴에 따라 거리는 조용해졌다.

① As approaching the night, the street kept silent.
② As night approaching, the street was kept silent.
③ With night coming on, the street became silent.
④ With approaching the night, the street became silent.


**22** First impressions, ________, are scientifically recognized as partly trustworthy. [94. 대전시 9급]
① are largely instinctive
② be largely instinctive
③ being large instinctive
④ being largely instinctive

## 정답 및 해설

**16 【해설】** bringing on → brought on | 'bring on(타동사+부사)'은 '~을 야기하다, 발생시키다'는 '타동사구'이다. 타동사는 목적어가 위치해야 능동형태로 쓰이는데, 목적어가 없으므로 무조건 수동형이 옳다. 의미적으로 파악해도 '질병'과 '발생시키다'의 관계는 '발생된 질병'이다.

**【해석】** 스트레스에 의해 발생된 질병을 앓고 있는 직원들 때문에 회사들은 매해 수십억의 손해를 보고 있다. **【정답】 ④**

**17 【해설】** not only A but (also) B구문으로서 A와 B 모두 be동사의 보어로서 병치가 된다. 의미상의 주어는 문장의 주어인 'behavior(행위)'이며, 'annoy(짜증나게 하다)'와의 관계는 능동이므로 현재분사가 옳다.

**【해석】** 지구의 자극(磁極) 작용은 신비할 뿐만 아니라 짜증나게 한다. **【정답】 ①**

**18 【해설】** ① missed → missing/ the most remote → the remotest | '실종된'을 의미하는 형용사는 현재분사 형태의 'missing'이 옳다. '구조대들은 실종된 사람의 위치를 찾아내기 위해 공원의 가장 외진 지역까지 뒤졌다.' **【정답】 ①**

**19 【해설】** 'with+목적어+분사구문'으로서, 'put on (~을 입다, 신다)'을 이용할 경우 '모자와 부츠' 와 '입다(put on)'의 관계는 수동(모자와 부츠를 신은)이므로, 과거분사인 'with her hat and boots put on'이 옳다.
단, 'She is on boots(그녀는 부츠를 착용했다)'처럼 'be동사'를 이용한 표현도 가능하다. 따라서 'with her hat and boots (being) on'도 옳다. being 분사는 생략이 가능하다.

**【해석】** 놀랍게도, 그녀는 모자와 부츠를 신은 채로 깊이 잠들었다. **【정답】 ①**

**20 【해설】** 빈 칸 다음에 '구'가 왔으므로 접속사인 ① ③는 틀리며, ②는 병치대상이 없어서 틀리며, 'with his wife (being) sick'이라는 'with 부대상황의 분사구문'이 성립된다. 'with 목적어 뒤에 형용사, 전치사구'가 위치하면 being이 생략된 것으로 봐야 한다.

**【해석】** 부인이 아파 병원에 입원하여서, 그는 아이들을 혼자서 돌보고 있다. **【정답】 ④**

**21 【해설】** ① 문장 전체 → With night approaching(= coming on), the street kept silent. | '~에 따라, ~하면서'라는 의미는 '부대상황'을 가리킨다. 따라서 이하의 '부사절과 with 목적어+분사구문'으로 전환시킬 수 있다.
As night approached(= came on), the street kept silent.
= With night approaching(= coming on), the street kept silent
② as → 삭제 / was kept → became | 독립분사 구문 앞에 접속사(as)가 등장할 수 없으며, '조용해지다'는 표현은 '변화'이므로 '유지 지속'의 keep 동사와는 어울리지 않는다.
④ with approaching the night → with the night approaching | 주절보다 앞에 'with/ to/ for/ at +~ing'는 원칙적으로 올 수 없다. **【정답】 ③**

**22 【해설】** ① ② 이하에 are라는 본동사가 등장하므로 접속사 없이 동사가 또 등장할 수는 없다. ③ large는 형용사 기능만 있으므로 또 다른 형용사인 instinctive를 수식할 수 없다.

**【해석】** 대개 본능적인 것으로서 첫인상은 부분적으로는 믿을만하다고 과학적으로 인정된다. **【정답】 ④**

**23** _____________, seemingly irrational tendencies can lead even the brightest minds to make costly mistakes. [98. 공무원 7급]

① Leaving unchecked
② Leaving unchecking
③ Left unchecked
④ Left unchecking

**24** 밑줄 친 부분을 옳게 바꾼 것은? [98. 공무원 9급]

He was sitting alone <u>and he was folding his arms</u>.
= He was sitting alone ____________________.

① with his arms folded    ② with his arms folding
③ his arms folded         ④ his arms folding

**25** _________ by the decision, the lawyer quickly left the courtroom.

① Having angered    ② Being angry
③ Angered           ④ Angering

**26** 다음 중 어법 상 틀린 것을 고르시오. [00. 공무원 9급]

① The kids spent the whole day running after butterflies.
② He tried his best only to fail.
③ She had her license suspended for reckless driving.
④ Taking by surprise, she tried not to lose her presence of mind.

**27** 우리말을 영어로 바르게 옮긴 것을 고르시오. [02. 공무원 7급]

플라톤은 젊은 시절에 많은 레슬링 시합에서 수상을 하였는데 이것은 육체적 활동과 정신적 활동의 균형을 강조한 그리스인의 이상을 보여준다.

① Plato won many wrestling prizes when he was a young man, thus exemplifying the Greek ideal of physical activity and using one's mind.
② Plato won many wrestling prizes when he was a young man, thus serving as an example of the Greek ideal of balance between physical and mental activities.
③ Plato won many wrestling prizes when he was young, so an example of balancing Greek mental and athletic games.
④ Plato won many wrestling prizes when he was young, so this as an example of the Greek's balance between physical and mental pursuits.

**23** 【해설】 문장의 주어 '경향들(tendencies)'과 '남겨 두다(leave)'의 관계는 수동이며, 'unchecked(억제되지 않은)'이란 형용사 형태만 존재할 뿐, 'unchecking'이란 형태는 존재하지 않는다. 원 문장은 'If they are left unchecked, ~ tendencies can lead ~'였으며, leave 동사는 '능동태'시 목적보어에 '형용사와 분사'를 보어로 위치시킬 수 있기 때문에 수동태 시에도 'be left unchecked'라는 표현이 가능한 것이다.

【해석】 억제되지 않은 채 내버려두면 겉보기에 비합리적 성향들이 심지어 가장 영리한 사람들조차도 큰 실수를 범하게 할 수 있다.　　　　【정답】 ③

**24** 【해설】 앉아 있는 행위와 팔짱을 끼고 있는 행위가 동시에 이루어지고 있다. 이러한 경우 'with 목적어+분사구문'을 통해 나타낼 수 있다. '팔'과 '접다'의 관계는 '수동'이므로 '과거분사'가 옳다.

【해석】 그는 팔짱을 낀 채 혼자 앉아있었다.　　　　【정답】 ①

**25** 【해설】 분사구문의 의미상의 주어인 주절의 주어 변호사와 '화나게 하다(anger)'의 관계는 수동이므로 과거분사가 옳다. angry는 형용사로서 전치사 at과 결합한다.

【해석】 판결에 화가 난 변호사는 서둘러 법정을 떠났다.　　　　【정답】 ③

**26** 【해설】 Taking → Taken | 의미상 주어 그녀(she)와 '깜짝 놀라게 하다(take A by surprise)'의 관계는 수동이므로 과거분사가 옳다. take는 타동사인데, 뒤에 명사 목적어 없이 능동형의 분사가 등장할 수 없다.　　　　【정답】 ④

**27** 【해설】 ① 한글 제시문의 '균형'이라는 말이 빠졌으며, thus이하의 해석이 '육체적 활동의 그리스인 이상을 예증하고, 인간의 정신을 이용하며'라는 해석이 된다.
② 주절 뒤에서 '접속부사 thus'를 이용하여, 추가적 설명으로 '분사구문'을 활용했다.
③ so → so this is | 등위 접속사 so 이하에는 문장이 등장해야 하는데, 주어와 동사가 없다.
④ as → is | 보기 ③과 같은 설명이다. 또한 '이상'이란 말이 누락되었다.　　　　【정답】 ②

**01** What does the underlined " this"  refer to?

> <u>This</u> is often defined as "rule by the majority." This definition is accurate in that a majority must agree on a decision before action is taken. However, this definition is somewhat incomplete and rather misleading. In practical terms, it is more precise to define it as "rule by the majority, having respect for the rights of minority groups and individuals."

① equality      ② society
③ socialism      ④ democracy
⑤ freedom

**02** 밑줄 친 부분의 의미로 가장 적절한 것은? [06. 대구시 9급]

> My friend Jerome told me about her first Christmas away from home. She timed a telephone call to the hour when she knew that three generations of her family would be together getting a variety of dishes ready for Christmas dinner. "Put down the phone," she said. "<u>Just let me listen to the clatter and chatter.</u>"
>
> It seemed an odd thing to do, but Jerome had the right idea. When I spent a Christmas alone in Florida, I called home at a time when most of my family just happened to be in the kitchen. The background sounds of busyness were like Christmas music to my ears.

① 나도 곧 참석하겠다.
② 분위기를 느끼고 싶다.
③ 큰소리로 말해야겠다.
④ 여러 사람과 통화하고 싶다.

## 01

【해석】 <u>이것은</u> 종종 "다수에 의한 통치"라고 정의 내려진다. 이 정의는 조치를 취하기 전에 다수가 어떤 결정에 합의해야 한다는 점에서 옳다. 그러나 이러한 정의는 다소 불완전하고 오히려 곡해될 수도 있다. 실질적 의미로, 그것을 "소수 그룹과 개인들의 권리에 대한 존경을 가지고 있는 다수의 통치"라고 정의내리는 것이 더 정확하다.

【해설】 다수에 의한 통치, 다수의 결정 합의 등의 어구로 미루어 보아 민주주의를 가리킴을 유추할 수 있다.

【정답】 ·············································································· ④

### VOCABULARY

- **define A as B** A를 B라고 정의내리다
- **definition** 정의
- **accurate** 정확한
- **in that S+V** ~ 이라는 점에서(접속사)
- **agree on** ~을 합의하다
- **take action** 조치를 취하다
- **incomplete** 불완전한
- **misleading** 오도하는, 곡해하는
- **practical** 실용적인, 실제적인
- **term** 용어
- **precise** 정확한
- **socialism** 사회주의

## 02

【해석】 내 친구인 제롬은 집을 떠나서 처음 맞이한 크리스마스에 대해 말해주었다. 그녀는 가족 3대가 다 함께 모여서 크리스마스 정찬을 위해 준비된 여러 요리들을 먹을 것이라 알고 있는 그 시간에 맞추어 전화를 했다. 그녀는 "전화기를 내려놓고 그냥 내가 가족들이 대화하는 소리를 듣게 해줘."라고 말했다.
그것은 이상한 행동으로 보였지만, 제롬은 올바른 생각을 했던 것이다. 내가 플로리다에서 혼자 크리스마스를 보냈을 때, 가족 대부분이 우연히 부엌에 모였었던 시간에 집으로 전화를 걸었었다. 뒤에서 들려오는 수다스러운 소리는 내 귀에 들리는 크리스마스 음악과도 같았다.

【해설】 두 번째 단락에서 필자 또한 비슷한 경험을 해보았는데, 그 경험의 내용인즉 가족들이 모인 시간에 전화를 걸어서 가족들의 소리를 들으니 마치 크리스마스 음악과 같았다고 했다. 친구의 경험 또한 이와 유사하므로, (크리스마스) 문위기를 느끼고 싶다는 표현이 적합하다.

【정답】 ·············································································· ②

### VOCABULARY

- **time a telephone call** 적절한 때에 맞춰 전화하다
- **generation** 세대
- **get a dish** 식사하다
- **ready for** ~을 위해 준비된
- **put down** 아래로 내려놓다; (아기를) 침대에 누이다; (통화 중) 전화를 끊다
- **clatter** 떠들썩한 소리; 달가닥 소리를 내다
- **chatter** 지껄임, 수다; 수다떨다
- **odd** 이상한, 홀수의, 임시의
- **happen to R** 우연히 ~하다
- **background** 배경의; 표면에 나타나지 않는

---

**Check** 관계부사 **when**

관계부사 when은 시간 관련 선행사인 'time, hour, day, week, month'와 같은 명사 뒤에서 완전한 문장을 이끌어서 '형용사절' 기능을 수행한다. 이 경우 '~때'처럼 독립된 부사절로 수식하면 안된다. 이 경우 when은 생략이 가능하며, that으로 대체할 수 있다.

<u>She timed a telephone call</u> <u>to the hour</u>
     주절          전치사구

(when= that) she knew that three generations of her family would be together getting a variety of dishes
선행사인 hour를 수식하는 형용사절
⇨ '그녀는 가족 3대가 다함께 모여서 크리스마스 정찬을 위해 준비된 여러 요리들을 먹을 것이라 알고 있는 그 시간에'처럼 부사절로 해석하면 안된다.

**03** 다음의 밑줄 친 Janissaries에 대한 설명으로 옳은 것은? [04. 공무원 9급]

> In the 14th century, there was a rather special army corps called <u>Janissaries</u> in Turkey. This army was formed only of orphans. When Turkish soldiers invaded an Armenian or Slav village, they took the very young children and shut them up in a special military school, where they could learn nothing of the outside world. Educated solely in the art of combat, these soldiers turned out to be the best fighters in the whole empire and shamelessly attacked the villages inhabited by their real families. It never occurred to the Janissaries to fight against their kidnappers on the side of their parents. On the other hand, their power grew ceaselessly and ended up worrying a Turkish king, who massacred them and set fire on their school in 1826.

① They were notorious for kidnapping and killing children.
② They revenged their parents by killing Turkish soldiers.
③ They were killed by a Turkish king who had got afraid of them.
④ They were Turkish soldiers' children who lost their fathers at battlefields.

**04** 다음 밑줄 친 부분이 가리키는 것은? [02. 법원서기보]

> During the last century, over a million people left Ireland to live in Canada and the United States. They left not because of religious or political persecution. They left because of <u>an enemy that had taken their only food from them.</u> Ireland in the nineteenth century was a desperately poor country. Many people had almost nothing to eat except potatoes. In 1845, a disease known as the potato blight attacked and killed the entire potato crop. Soon after the crop failed, people began to die - some from starvation, and others from diseases that attacked them in their weakened condition. The British government provide some food for the starving, but not enough to end the famine.

① the potato blight
② the British government
③ religious persecution
④ political change

## 03

**【해석】** 14세기에, 터키에는 <u>Janissaries</u>라고 불리는 아주 특별한 군대가 있었다. 이 군대는 오로지 고아들로만 구성되어 있었다. 터키군이 아르메니아와 슬라브 마을을 침략했을 때, 그들은 매우 어린아이들은 데려가 그들이 바깥세상에 대해서는 아무것도 알 수 없는 특수 군대학교 속에 가두었다. 단지 전투 기술만 교육받은 이 군인들은 제국 전체에서 최고의 군인이 되었고, 부끄럼도 없이 그들의 가족이 사는 마을을 공격했다. 그들은 부모의 편에 서서 자신들을 납치했던 자들과 싸우려는 생각은 결코 갖지 못했다. 반면에, 그들의 세력은 끊임없이 성장했고 이것이 결국 터키 왕을 불안하게 했다. 그래서 왕은 그들을 몰살시켰고 1826년에 그 군사학교를 불태웠다.

**【해설】** ①은 이들이 납치를 당했던 것이지, 아이들을 납치한 것은 아니다. ②은 배은망덕하게 자신을 키워준 마을로 쳐들어와서 공격을 가했으므로 틀린 설명이다. ③은 마지막 두 문장을 통해 옳은 설명이 된다.④은 그들의 아버지가 터키군인이라고 언급된 바 없다.

**【정답】** ③

### VOCABULARY

- rather 다소, 약간
- corps 군단, 병단, 단체
- Janissary 터키의 옛날 근위병, 터키 병사
- orphan 고아
- invade 침입하다
- Turkish 터키의, 터키어
- solely 오로지, 전혀, 단지, 혼자서
- combat 전투, 격투
- turn out to be ~이 되다
- empire 제국, 통치
- shamelessly 수치심도 없이
- inhabit 거주하다
- occur to + 사람 ~생각이 문득 떠오르다
- kidnapper 유괴자
- ceaselessly 끊임없이
- end up ~ing ~로 끝나다, 결론에 이르다
- massacre 대량 학살하다
- set fire 불 지르다
- notorious 악명이 높은
- revenge ~의 원수를 갚다
- battlefield 전쟁터, 전장

## 04

**【해석】** 지난 세기동안 백만 명 이상의 사람들이 캐나다와 미국에서 살기 위해 아일랜드를 떠났다. 그들은 종교적, 정치적 박해 때문에 떠난 것은 아니다. 그들은 자신의 유일한 식량을 빼앗아가 버린 적 때문에 떠난 것이었다. 19세기의 아일랜드는 절망적으로 가난한 나라였다. 많은 이들이 감자를 제외하고는 먹을 것이 전혀 없었다. 1845년에 감자 마름병이리는 질병이 모든 감자 농사를 망쳐놓았다. 농사를 망친 직후 약해진 상태에 있는 그들은 기근과 질병 때문에 죽기 시작했다. 영국 정부는 굶주린 사람들에게 식량을 제공했지민, 기근을 없애기에는 충분하지 못했다.

**【해설】** 이하의 문장에서 '감자 마름병' 때문에 감자농사를 망치고, 기근 때문에 질병으로 많은 이가 죽었다고 하는 점에서 유추가 가능.

**【정답】** ①

### VOCABULARY

- religious 종교적인
- persecution 박해
- enemy 적
- desperately 절망적으로
- be known as ~ 로서 알려져 있다
- blight 마름병; 마르게 하다, 황폐화시키다
- soon after ~한지 곧 지나서
- starvation 기아
- starve 굶주리다
- famine 기근, 흉작

 다음 글을 읽고 질문에 답하시오. [02. 입법고시]

> It is ironic that bureaucracy is primarily a term of (1) ___________. In reality, bureaus are among the most important institutions in every part of the world. Not only do they provide employment for a very (2) <u>significant fraction</u> of the world's population; but they also make critical decisions that shape the economic, educational, political, social, moral and even religious lives of nearly everyone on earth.

1. (1)의 괄호 속에 들어갈 가장 적당한 말은?
① flattery　　② success　　③ laudation　　④ scorn　　⑤ incrimination

2. 밑줄 친 (2)을 대체할 수 있는 가장 적합한 표현은?
① serious fracture　　　　② meaningful addition
③ significant multiplication　　④ formidable portion
⑤ serious deduction

**06** 다음 글을 읽고 물음에 답하시오. [04. CPA]

> For more than 30 years, most researchers agreed that the healthiest diets were those low in percentage of calories attributable to fat. Now they realize that there are good types of fat as well as bad ones. The good fats – found in foods like fish, olive oil, avocados and walnuts – actually improve cholesterol levels in the blood. As for the bad fats, there are now <u>two villains</u> instead of just one. Saturated fats – typically found in red meat, butter and ice cream – are still champion artery cloggers. But trans fats – found primarily not only in processed foods, such as margarines and many commercially baked or fried foods, but also in whole milk – may be even worse.

1. Which of the following is the most appropriate title?
① Why Should We Lose Fat?　　② Ways to Cook Low Fat Foods
③ Are All Fats Harmful?　　　　④ Lowering Blood Pressure
⑤ Diets for Balanced Nutrition

2. 밑줄 친 two villains의 범주에 속하는 것들로만 알맞게 짝지은 것은?
① olive oil - walnuts　　　② avocados - ice cream
③ fish - red meat　　　　④ butter - whole milk
⑤ walnuts - margarines

## 05

**【해석】** 관료주의가 무엇보다도 <u>경멸</u>적인 용어인 것은 아이러니하다. 실제로, 관료 체계는 세계의 모든 분야에서 가장 중요한 기관이다. 관료는 세계 인구의 <u>상 당부분</u>을 위해 고용을 제공하고 있을 뿐만 아니라 지구에 존재하는 거의 모든 이들의 경제, 교육, 정치, 사회, 도덕과 심지어 종교적 삶을 형성시켜주는 중대한 결정도 내리게 된다.

**【해설과 정답】**

1. 이하에서 관료는 세계에서 가장 중요한 기관이라고 했으므로, '아이러닉' 이라는 모순적 내용에 적합하기 위해서는 '경멸'이란 단어가 적합하다. ································································································ **【정답】** ④

2. significant는 '상당 양의(large enough to be noticeable or have noticeable effects)'라는 뜻을 가지고 있으므로 이에 충족될 수 있는 내용은 '상당 부분(formidable portion)'이 옳다. ································· **【정답】** ④

### VOCABULARY

- bureaucracy 관료주의
- term 용어, 기간
- provide A for B B에게 A를 제공하다
- critical 중대한, 비평적인
- flattery 아첨
- laudation 칭찬
- scorn 경멸
- incrimination 유죄로 결정
- fracture 골절
- multiplication 번식, 곱절
- formidable 가공할 만한, 상당한
- deduction 삭감, 추론, 연역

## 06

**【해석】** 30년 이상 대부분의 연구원들은 지방의 원인이 되는 칼로리의 비율이 작은 것이 가장 건강에 좋은 식품이라는데 동의했다. 이제는 지방에는 나쁜 점뿐만 아니라 좋은 점도 있다는 사실을 이해한다. 생선, 올리브기름, 열대과일, 호두와 같은 음식에서 발견되는 좋은 지방은 실제로 혈액속의 콜레스테롤 수치를 개선시킨다. 유해한 지방의 경우는, 단지 한 개가 아닌 <u>두 개의 악당</u>이 있다. 적색육, 버터와 아이스크림에서 늘상 발견되는 포화지방은 여전히 가장 심하게 동맥을 막는 주범이다. 그러나 마가린이나 상업적으로 구워지거나 튀겨진 많은 음식들과 전유와 같은 가공식품에서 주로 발견되는 트랜스지방은 심지어 건강에 더 안 좋을 수 있다.

**【해설과 정답】**

1. 지방에는 나쁜 지방만 있는 것이 아니라 좋은 지방도 있다는 '좋은 지방과 나쁜 지방의 비교·대조'글이므로 '모든 지방들이 해로운가?'라는 제목에 대한 답변식의 글이 될 수 있다. ································· **【정답】** ③

2. 적색육과 버터, 아이스크림의 포화지방과 마가린과 상업용 음식 또는 선유이 전이지빙은 해로운 지방이다. ································· **【정답】** ④

### VOCABULARY

- attributable to ~에 원인·탓을 돌리는
- avocado 열대과실
- walnut 호두
- as for ~의 경우에
- villain 악당
- just 정의로운, 올바른; 올바르게, 단지
- saturated fat 포화지방
- champion 상당히, 최고로; 승리하다; 우승자; 우승한, 훌륭한
- artery 동맥
- clogger 방해자
- trans fat 전이지방, 트랜스지방
- whole milk 전유
- harmful 해로운
- balanced 조화로운

**07** 다음 글을 읽고 질문에 답하시오. [04. 세무사]

> Federal Reserve Chairman Alan Greenspan said that U.S. job growth should pick up soon, while warning that "erecting walls" <u>in a bid to curb job losses</u> would backfire on the United States. "In all likelihood, employment will begin to increase more quickly before long as output continues to expand. We have reason to be confident that new jobs will displace old jobs as they always have, but America's job turnover process will never be without pain," he said.
>
> But he repeated his warning against protectionism, saying restrictions on free trade would hurt U.S. standards of living. "As history clearly shows, our economy is best served by full and vigorous engagement in the global economy," Greenspan said.

1. Which of the following would be the topic of this passage?
① Greenspan regards the growing number of jobs as a good sign on the U.S. economy.
② Greenspan believes that the U.S. job market will expand.
③ Greenspan proposes that job losses sometimes play a positive role,  considering the overall perspective of the economy.
④ Greenspan argues that restrictions on free trade would hurt U.S. standards of living.
⑤ Greenspan sees more jobs before long and warns on protectionism.

2. Which of the following expressions is closest to the meaning of the underlined part <u>in a bid to curb job losses</u>?
① by creating more jobs
② in maintaining the current state of job market
③ in order to prevent job losses
④ with calling for bids on jobs
⑤ for changing the current state of job market

## 07

【해석】 연방준비은행의 의장인 Alan Greenspan은 미국의 고용성장이 곧 호전될 것이라고 말하는 반면에, 실직사태를 억제하기 위해 '담을 쌓는 것'은 미국에 역효과를 야기할 것이라고 경고한다. "생산이 증가하면 십중팔구로 고용은 머지않아 보다 더 빠르게 증가할 겁니다. 항상 그래왔듯이, 새로운 직업이 이전의 직업을 대체할 것이 확실하지만, 미국의 이직률 과정은 고통이 있을 수 밖에 없을 것입니다."라고 그가 말했다.

그러나 그는 보호무역주의에 대한 경고를 반복하면서, 자유무역에 대한 제재가 미국의 생활수준을 악화시킬 수 있다고 말했다. "역사가 명백히 보여주듯이, 우리의 경제는 가능한 한 활발하게 세계경제와의 연대를 함으로써 가장 많은 도움을 받습니다."라고 Greenspan이 말했다.

## 【해설과 정답】

1. 두 단락으로 구성됐으므로 각 단락의 주제들을 합친 것이 글 전체의 주제가 된다. 첫 문단의 주제인 '고용의 가까운 미래의 증가'와 둘째 문단의 주제인 '보호무역에 대한 경고'를 합한 것은 ⑤가 된다. ················· 【정답】 ⑤

2. in a bid to R는 '~하기 위하여'의 뜻을 가진 표현이다. 따라서 동일 표현인 'in order to'가 옳다. ································· 【정답】 ③

## VOCABULARY

- **Federal Reserve** 연방준비은행
- **pick up** 호전되다, 회복하다
- **bid** 명령·입찰·노력(하다)
- **in a bid to R** ~하기 위하여(=in order to)
- **curb** 억제·구속하다
- **job loss** 실직
- **backfire** 역효과를 가져오다, 실패하다
- **in all likelihood** 십중팔구로
- **before long** 머지않아, 조만간
  **cf. long before** 오래 전에
- **turnover** 회전, 반대방향으로의 이동
- **job turnover** 이직률
- **protectionism** 보호무역주의, 보호정책
- **vigorous** 활발한(=energetic)
- **engagement (in)** 연대성
- **play a role in** ~한 역할을 담당하다
- **overall** 전부의, 총체적인, 총체적으로
- **prevent** 막다, 방지하다

**be**

be 동사는 일반동사와 조금 다른 변칙 동사이다.
1. 연결동사로서 뒤에 나오는 보어를 연결하여 주어의 상태·존재를 나타낸다. [be+ 보어]
2. 조동사의 기능으로서 타동사로 수동형을 만들어 "~되다, ~되어 있다" 뜻으로 쓰인다. [be+과거분사+전치사]

## be + 형용사 + for + 명사 상당어구　☞ for (목적, 의향, 대상)

**01 be responsible for** sth　* ~에 대해(for)
~에 책임을 지다(=answer for, be liable for sth)

- = **answer for** sth 책임을 지다(=be responsible for sth)
  - cf. **answer to** sth 일치[합치]하다(=be as described)
    **answer back** 말대꾸하다(=talk back)
- = **be liable for** sth ~에 대해 책임이 있다
  - cf. **be liable to R** ~하기 쉽다, ~하기 마련이다
- = **be to blame** ~에게 책임이 있다.

**02 be out for/ go out for** sth　* ~을 위해(for) 철저하게(out) 하다
~을 얻으려고 애쓰다

- cf. **stick out for** sth (임금 인상 등을) 끝까지 요구하다
  - **hold out for** sth ~을 강경히 요구하다
  - **cry out for** sth 아주 필요로 하다, 요구하다

## be + 형용사 + of + 명사 상당어구　☞ of (소속, 원인, 기원)

**03 be unaware of** sth/ **be unaware that~**
~을 알지 못하다(=be ignorant of sth), 눈치를 채지 못하다

- = **be cautious of/ be careful of** sb/sth
- = **be oblivious to[of]** sth
  - ~을 잊다, 염두에 두지 않다(=be unaware of sth)
- = **be ignorant of** sth ~을 모르다, 무지하다(=be unware of sth)
- ↔ **be aware of** sb/sth 알고 있다, 깨닫고 있다, 의식하고 있다
- cf. **be wary of** sb/sth ~에 신중하다, 조심하다

**04 be dismissive of** sb/sth
1. ~을 경멸하다(=be contemptuous of sb/sth), 무시하다
2. 무관심하다 (=be indifferent to sb/sth)
- = **be contemptuous of** sb/sth ~을 경멸하다

**05 be devoid of** sth
~이 없다, 결여되어 있다(=be destitute of, be empty of sth)

**06 be proud of** sb/sth ~을 자랑스럽게 여기다
- cf. **take (a) pride in/ have (a) pride in** sth
  - ~을 자랑하다, ~에 긍지를 가지다

**07 be guilty of** sth ~에 대해 죄를 짓다, 유죄이다
- ↔ **be innocent of** sth
  - ~에 대해 무죄이다, 결백하다(=be not guilty of sth)

**08 be tired of/ get tired of** sb/sth
~에 싫증나다(=be fed up with, be bored of sb/sth),
지치다(=be all in, be worn out)

- = **be all in** 완전히 지치다, 기진맥진하다 * 힘을 다(all) 쏟아 부었다(in)
- = **be worn out** 지치다

## be + 형용사[과거분사] + to + 명사 상당어구　☞ to (방향, 대상의 전치사)

**09 be noted for** sth
~로 유명하다(=be famous for sth)

- = **be famous for** sth ~으로 유명하다 〈긍정적 의미〉
- ↔ **be infamous for** sth ~으로 악명높다(=be notorious for sth)
- cf. **be familiar to** sb ~에게 잘 알려져 있다

**10 be equal to** sth ~에 합당하다, ~을 다룰 능력을 갖추다
(=have the ability to handle sth)

- = **be capable of** sth
  - ~할 능력이 있다(=be able to R, be equal to sth)
  - ↔ **unequal to** sth 능력을 넘어서는, ~을 감당 못하는

**11 be addicted to** sth ~에 빠지다, 중독되다

**12 be partial to** sb/sth ~을 편애하다, ~를 몹시 좋아하다
(=have a strong liking for sb/sth)

- = **have[show] a penchant for** sth
  - ~을 매우 좋아하다, 선호하다
- = **have a predilection for** sb/sth
  - 특히 ~을 좋아하다(=have a liking for sb/sth)
- = **have a liking for** sb/sth

**13 be indifferent to** sb/sth
~에 무관심하다(=be not interested in, be apathetic about sth)

- = **be apathetic about[to]** sth ~에 대해 무관심하다
- ↔ **be interested in** sth ~에 관심이 있다

**14 be contrary to** sth
~에 반대되다, 반하다, 거역하다(=be opposite to sb/sth)
- cf. **on the contrary** 반대로(=conversely)

**15 be analogous to** sth
~과 유사하다, 비슷하다(=be similar to sth)

- = **be similar to** sth ~과 유사하다, 비슷하다
- = **be akin to** sth ~과 유사하다, 비슷하다
- = **be comparable to** sth ~에 필적하다, 유사하다
- cf. **be on a par with** sb/sth ~에 상응하다, 동등하다
  - = **be equivalent to** sth
  - = **correspond to** sth

**16 be related to** sb/sth
~와 관계가 있다(=be pertinent to sth); ~에 적절하다

- = **be pertinent to** sth ~에 관계가 있다
  - ↔ **be impertinent to** sth
- = **be relevant to** sb/sth ~에 관련되다; 적절하다
  - ↔ **be irrelevant to** sb/sth
- = **be appropriate to** sb/sth ~에 적당하다, 어울리다
  - ↔ **be inappropriate to** sb/sth
- = **be germane to** sth ~과 밀접한 관계가 있다, 적절하다
  - (=be relevant to sb/sth)
  - ↔ **be foreign to** sb/sth ~과 관계가 없다, 적합하지 않다
  - (=have nothing to do with sb/sth)

**17 be vulnerable to** sth
~에 걸리기 쉽다; 취약하다(=be susceptible to sth)

■ ~에 영향을 받기 쉽다
= **be susceptible to** sth
  - ~에 영향을 받기 쉽다; 병 등에 걸리기 쉽다; ~에 민감하다
  - cf. **be sensitive to** sth ~에 대해 민감하다
= **be subject to** sth
  1. ~을 받기 쉽다, ~에 걸리기 쉽다, ~하기 쉽다(=be prone to R/ sth)
  2. (싫은 일을) 당하게 하다, 겪게 하다
= **be prone to R/** sth (병 등에) 잘 걸리다; ~하기 쉽다(=be likely to R)
= **be open to** sth ~을 받기 쉽다, 면할 수 없다; ~에 개방되어 있다
cf. **be exposed to** sth ~에 노출되다

**18 be conducive to** sth
~에 도움이 되다, ~에 기여하다(=be contributive to, contribute to sth)

- cf. **chip in** * 카드 게임에서 칩을 안으로 밀어 넣다
  1. (선물 따위를 위해) 돈을 추렴하다, 기부하다
  (=contribute to sth), 참여하다
  2. 남의 이야기에 갑자기 끼어들다

**19 be credited to** sb
~덕분(덕택)이다, ~의 공으로 돌려지다(=be ascribed to sb)

## be + 형용사[과거분사] + to R

**20 be eligible to R/ be eligible for** `sth`
1. ~할 자격이 있다(=be entitled to R)
2. ~에 적격이다(=be entitled to `sth`)
**= be entitled to R/** `sth`
　~을 받을 자격이 있다(=be eligible to, have a right to R)

**21 be inclined to R**
　~하는 경향이 있다(=be likely to R), ~하기 쉽다, ~하고 싶다

■ ~하는 경향이 있다 ↔ ~하기를 꺼리다
**= tend to R** ~하는 경향이 있다
**= be likely to R** ~하기 쉽다, ~할 것 같다
**= be liable to R**
　~의 책임이 있다; (병 등에) 걸리기 쉽다; 자칫하면 ~한다
**= be disposed to R** ~하는 경향이 있다, ~할 생각이 있다
　↔ **be indisposed to R** 할 마음이 내키지 않다(=be reluctant to R)
　↔ **be disinclined to R** ~하고 싶지 않다, 내키지 않다, 꺼리다
　↔ **be unwilling to R** ~하기를 꺼리다
　↔ **be willing to R** 기꺼이 ~하다
　↔ **be reluctant to R** ~하기를 꺼리다, 주저하다

**22 be supposed to R**
　~할 것으로 예상되다; ~하기로 되어있다, (관습상) 요구되다
　↔ **be not supposed to R** ~해서는 안된다.

**cf. be bound to R** ~하지 않을 수 없다, 꼭 ~하게 되어 있다
　**= be obligated to R** ~하지 않을 수 없다

**23 be anxious to R**
　~하기를 갈망하다
　(=be impatient to R, be eager for, be keen on `sth`)

## be + 형용사[과거분사] + in + 명사 상당어구 ☞ in (상태,상황이나 목적을 나타내는 전치사)

**24 be engaged in** `sth`
　~에 종사하다(=be occupied with `sth`)
　**cf. be engaged with** `sb/sth` ~으로 바쁘다
　　**= be booked up** 선약이 있다, 조금도 틈이 없다

**25 be engrossed in** `sth`
　~에 열중하다, ~에 빠지다(=be absorbed in, be lost in `sth`)

■ ~에 열중하다, 몰두하다
**= be indulged in** `sth` ~에 빠지다, ~에 탐닉하다
**= be absorbed in** `sth` ~에 몰두해 있다(=be lost in)
**= be lost in** `sth` ~에 몰두해 있다
**= be rapt in** `sth` ~에 몰두해 있다
**= be involved in** `sth` ~에 열중하다; (사건 등에) 깊이 관련되다

**26 be instrumental in ~ing**
　~에 도움이 되다, 유효하다(=be helpful to `sb/sth`)

## be + 형용사[과거분사] + with + 명사 상당어구 ☞ with (동반을 나타내는 전치사)

**27 be inconsistent with** `sth`
　~와 일치하지 않는다, 모순된다(=contradict)

**28 be concerned with** `sb/sth`
　~에 관계가 있다; ~에 관심을 갖다(=be interested in `sth`)

**29 be faced with** `sth`
　~에 직면하다(=be confronted with `sth`)

## be + 과거분사(수동형) + by : 주어가 by이하에 의해 ~하다

**30 be known by** `sb/sth`
　~으로 알 수 있다
　**cf. be known to** `sb` ~에게 잘 알려져 있다.

**31 be survived by** `sb`
　~보다 먼저 죽다

## be + 형용사[과거분사] + 기타

**32 be snowed under (with** `sth` **)** * 눈 밑에(under) 깔리다
　〈미〉 수량으로 압도당하다(=be overwhelmed, be inundated)

**33 be immune from** `sth` * ~으로부터(from)
　~에 대해 면역성이 있다; 면제되다; ~으로부터 안전하다(=safe)
　**= be exempt from** `sth` (세금 등에서) 면제되다

**34 be particular about** `sb/sth` * ~에 대해서(about)
　~에 대해 까다롭게 굴다(=be fastidious about `sb/sth`)

**35 be hard on** `sb`
　~에게 모질게 굴다(=bother)
　**cf. be hard up for** `sth`
　　(돈 따위에) 쪼들리다, 궁색하다
　　(=be in great need of money, etc)
　↔ **be well off** 유복하다, 잘 살다(=be rich)

**36 be bent on ~ing**
1. ~하기를 단단히 결심하고 있다(=completely determined to R)
2. ~에 열심이다

**37 be good at** `sth` ~에 능숙하다, 잘 하다
　(=be proficient in[at] `sth`, do well, be clever or skillful at `sth`)
　↔ **be poor at** `sth` ~에 서투르다(=be not good at)

**38 be played out**
　기진맥진하다, 녹초가 되다(=be exhausted, be worn out)
　**cf. played out** 지쳐버린, 녹초가 된

## be + 전치사구 및 기타 (주어가 어떠한 상황·상태에 있다)

**39 be one's age**
　~와 동갑이다

**40 be well-grounded in** `sth`
　기초가 탄탄하다(=know thoroughly)

**41 be at home in** `sth` * ~에는 집에 있는 것처럼 잘 안다
　~에 정통해있다, ~에 익숙하다(=be familiar with `sb/sth`)

■ ~에 익숙하다, 정통하다
**= be familiar with** `sb/sth` ~에 친숙하다, 정통하다
　**cf. familiarize A with B** A가 B에 익숙하게 하다
　**cf. be familiar to** `sb` ~에게 잘 알려지다
**= be acquainted with** `sb/sth`
　(사람과) 아는 사이가 되다; ~에 정통하다, ~에 밝다
**= be versed in** `sth` ~에 정통하다, 능통하다
**= be accustomed to ~ing** ~에 익숙하다
**= be used to ~ing** ~에 익숙하다
**= be wont to R** ~하는 것이 익숙하다, ~하는 것이 습관이다

**01** You will <u>answer for</u> your wrong-doing some day.
① be remembered for  ② be excused from
③ be accused of  ④ be responsible for

**02** You need to <u>be out for</u> a good grade this semester.
① try to take  ② throw away
③ be uneasy about  ④ set at naught

**03** As he was <u>unware</u> of the new limit, he was warned for speeding.
① obstinate  ② ignorant
③ intricate  ④ adjacent

**04** You can be <u>dismissive</u> of people who are different. [91.사법시험]
① contemptuous  ② appreciative
③ inquisitive  ④ conscious

**05** Strange to say, the professor <u>is destitute of</u> common sense.
① abundant  ② ahead
③ plenty  ④ devoid

**06** The retired old general ______ his son's great accomplishment in the field of nuclear science.
① is pride in  ② is proud of
③ has the pride for  ④ is proud at
⑤ has a pride within

**07** If one aids and abets a criminal, he is also considered <u>guilty</u> of the crime.
① suspicious  ② daring
③ culpable  ④ ruthless

**08** 다음 빈 칸에 들어갈 적절한 말은?

> A: You look down, What's up?
> B: Oh, nothing serious. __________ But thanks for asking.
> A: I know what you mean. How about going to a movie?

① I'm not raising a finger.
② I'm really crazy about my job.
③ I'm in the mood for a horror film.
④ I'm not feeling down in the dumps.
⑤ I'm just tired of the same old grind.

---

**01** 너는 언젠가 네 비행에 대해 책임져야 할 것이다.
【정답】④
① be remembered for ~으로 기억되다
② be excused from ~으로부터 면하다
③ be accused of ~으로 기소되다
④ be responsible for ~에 책임을 지다

**02** 넌 이번 학기에 좋은 점수를 얻으려고 노력할 필요가 있어.
【정답】①
① try to take 얻으려고 노력하다
② throw away 버리다
③ be uneasy about ~에 대해 걱정하다
④ set at naught 무시하다, 경멸하다

**03** 그는 새 속도제한에 대해서 몰랐기 때문에, 과속에 대해 경고를 받았다.
【정답】②
① obstinate 완고한, 고집센
② ignorant 무지한; ~을 모르는
③ intricate 얽힌, 복잡한
④ adjacent 이웃의, 인접한

**04** 당신은 당신과 다른 사람들을 무시할 때가 있다.
【정답】①
① contemptuous 경멸하는
② be appreciative of 감사하고 있다
③ inquisitive 알고싶어하는
④ conscious 깨닫고 있는

**05** 이상한 이야기이지만, 그 교수는 상식이 결여되어 있다.
【정답】④
① abundant in 풍부한  ② ahead of ~의 전방에
③ plenty of 많은  ④ devoid of ~이 없는, 결여된

**06** 퇴역한 그 장군은 아들의 핵과학 분야에서의 위대한 업적을 자랑스럽게 여긴다.
【정답】②

**07** 만일 범죄자를 돕거나 선동한다면, 그 또한 그 범죄에 대해 유죄로 간주된다.
【정답】③
① suspicious of 의심하는
② daring 대담한
③ culpable 죄 있는, 과실 있는
④ ruthless 무자비한

**08** 【정답】⑤

> A: 안좋아 보인다, 무슨 일이니? * look down 우울해 보이다
> B: 엉, 별거 아냐. 난 단지 똑같은 일상이 지겨울 뿐이야. 물어 줘서 고마워. * grind 고되고 단조로운 일
> A: 무슨 말인지 알겠다. 영화나 보러 가는 게 어때?

① * not lift[raise] a finger 손가락 하나 까딱하지 않다, 조금도 노력하지 않다
② 나는 정말 내 일에 푹 빠져 있다. * crazy about ~에 푹 빠지다
③ 난 공포영화를 보고 싶어.
　 * in the mood for ~할 기분이 나서
④ 나는 우울하지 않아. * feel down in the dumps 우울하다

**09** The speaker was <u>noted</u> for his eloquence.

[서울대 대학원]

① famous ② notorious
③ remembered ④ blamed

**10** We think that Mary <u>is equal to</u> the needs of the job. [02/99.101단]

① has the responsibility for
② has the ability to handle
③ needs to become aware of
④ is as important

**11** 다음 대화 중 빈 칸에 들어갈 알맞은 말은?

> A: He is ______ alcohol. Try to keep your distance from him.
> B: Right! I noticed it too.

① addicted to ② addicted with
③ addicted for ④ addicted in

**12** Brought up under a weak mother, she <u>is partial to</u> sweats.

① has a strong liking for
② has hardly developed a taste for
③ has never sufficiently been given
④ is extremely prejudiced against

**13** The president seemed <u>apathetic about</u> the question.

① amused by ② indifferent to
③ interested in ④ concerned with

**14** What he said was <u>contrary</u> to what we expected.

① ironic ② innate
③ opposite ④ circumspect

**15** I certainly got something <u>analogous to</u> religious satisfaction out of it. [92.연세대 대학원]

① different from
② similar to
③ suggestive of
④ contrary to

---

**09** 그 연사는 화술로 유명했다.
* eloquence 능변, 유창함, 화술

【정답】①

① be famous for ~으로 유명하다
② be notorious for ~으로 악명높다
③ be remembered for ~으로 기억되다
④ be blamed for ~으로 비난받다

**10** 우리는 메리가 그 일에 필요한 능력을 갖추고 있다고 생각한다.

【정답】②

① have the responsibility for ~의 책임을 지다
② have the ability to handle 다룰 능력을 가지고 있다

**11** * be addicted to ~에 중독되다

【정답】①

> A: 그는 알코올 중독이야. 그와 거리를 두도록 해.
> B: 맞아. 나도 역시 눈치 챘어.

**12** 엄하지 못한 어머니 밑에서 양육된 그녀는, 단 것들을 무척 좋아한다.

【정답】①

**13** 대통령은 그 현안에 대해 무관심해 보였다.

【정답】②

① be amused by ~에 즐거워하다
③ be interested in ~에 관심이 있다
④ be concerned with ~에 관심이 있다

**14** 그가 한 말은 우리가 기대하는 것과는 어긋나는 것이었다.

【정답】③

① 반어적인, 비꼬는 ② 고난, 고유의
③ 정반대의, 상반되는 ④ 용의주도한

**15** 나는 확실히 그것으로부터 종교적인 만족감과 유사한 무엇인가를 얻었다.

【정답】②

① different from ~과는 다른
② similar to ~과 유사한
③ suggestive of ~을 암시하는
④ contrary to ~에 반하는

**16** After a thorough search, the district attorney unearthed evidence that was <u>pertinent</u> to the case.
① favorable
② related
③ conclusive
④ irrelevant

**17** Young people are <u>vulnerable to</u> the influences of radio and TV. [03.101단]
① persuaded by
② susceptible to
③ appeased by
④ programmed to

**18** Fresh air <u>is conducive to</u> health. [토플]
① contributes to
② conducts
③ take place
④ consists of

**19** This change in policy has been largely <u>credited</u> to President Hu Jintao.
① inclined          ② ascribed
③ supposed          ④ disposed

**20** Graduate students who have completed at least one semester are ______ to apply for the assistantship. [03.입법고시]
① affordable          ② eligible
③ estimated          ④ qualification
⑤ capable

**21** John is <u>inclined</u> to get tired easily. [서울대 대학원]
① supposed          ② likely
③ bound          ④ eager

**22** If you say that something is __________ to be done, you mean that it should be done because of a law, rule, or custom. [93.서울대 대학원]
① enabled          ② entitled
③ ought          ④ supposed

---

**16** 철저한 조사가 있은 후, 그 지방검사는 그 사건에 관련이 있는 증거를 발견했다.
* thorough 철저한, 완전한 unearth 발굴하다, 발견하다
【정답】②
① favorable to ~에 호의적인
② related to ~에 관계가 있는
③ conclusive 결정적인, 단호한
④ irrelevant to 부적절한, 무관계한

**17** 젊은이들은 라디오나 텔레비전의 영향에 취약하다.
【정답】②
① be persuaded by ~에 설득되다
② be susceptible to ~에 영향을 받다
③ appease 달래다
④ program 프로그램을 짜다

**18** 신선한 공기는 건강에 도움이 된다.
【정답】①
① contribute to ~에 기여하다
② conduct 행동하다; 지휘하다
③ take place 일어나다, 개최되다
④ consists of ~으로 구성되다

**19** 이 정책의 변화는 주로 후진타오 주석의 공으로 돌려져 왔다.
【정답】②

**20** 최소한 한 학기를 마친 대학원생들은 조교 자리에 신청할 자격이 있다. * assistantship 조수직, 조교직
【정답】②
① affordable 입수할 수 있는
② be eligible to R ~할 자격이 있다
③ be estimated to R ~인 것으로 추정되다
④ qualification 자격
⑤ capable of ~할 자격이 있는

**21** 존은 쉽게 지치는 경향이 있다.
【정답】②
① be supposed to R ~가 요구되다
② be likely to R ~하기 쉽다
③ be bound to R 꼭 ~하게 되어 있다
④ be eager to R 간절히 ~하고 싶어하다

**22** 만일 당신이 무엇을 하여야 하는 것으로 되어 있다고 말한다면, 그 일이 법이나 규칙 또는 관습 때문에 마땅히 해야 함을 의미한다.
【정답】④
① enable to R ~ 할 수 있게 하다
② be entitled to R ~을 받을 자격이 있다
③ ought to R ~임에 틀림없다
④ be supposed to R ~하기로 되어있다

**23** The company is <u>anxious to</u> improve its image.
① exposed to　　　② unwilling to
③ bound to　　　④ impatient to

**24** I <u>am booked up</u> for the whole week.
① am surrounded with books
② am indulged in reading books
③ have books registered
④ am engaged with the tight schedule

**25** I will <u>be engrossed in</u> studying English in order to pass the examination.
① admit　　　　② be absorbed in
③ understand　　④ take delight in

**26** He has been <u>instrumental</u> in encouraging the government to decentralize its economy. [90.법원행정고시]
① harmful　　　② obstructive
③ informative　④ helpful

**27** His replies <u>were inconsistent with</u> his previous testimony.
① contradicted　　② enhanced
③ incorporated　　④ responded
⑤ revealed

**28** The discussion <u>has much to do with</u> the problem.
① must consider
② can much to solve
③ seems to deal with
④ is greatly concerned with

**29** The nation <u>faced with</u> famine is expected to invoke the help of its more fortunate neighbors.
① contracted with　　② confronted with
③ concentrated on　　④ confined to

**30** 다음 문장을 영어로 제대로 옮긴 것은?

> 친구를 보면 그 사람을 알 수 있다.

① A man may be known by the friends he keeps.
② A man shows his friends best.
③ A man can be known for his friends he has kept.
④ A man may be known as his friends.

---

**23** 그 회사는 회사의 이미지가 개선되기를 갈망하고 있다.
　　　　　　　　　　　　　　　　【정답】 ④
④ impatient to R 몹시 ~하고 싶어하는, 갈망하는

**24** 나는 일주일 내내 스케줄이 꽉 차 있다.
　　　　　　　　　　　　　　　　【정답】 ④

**25** 나는 시험에 합격하기 위해 영어 공부에 전념할 것이다.
　　　　　　　　　　　　　　　　【정답】 ②
④ take delight in ~을 즐기다, ~을 재미로 삼다

**26** 그는 정부가 경제를 지방분권화하게끔 북돋아 주는데 도움이 되어 왔다.
　　　　　　　　　　　　　　　　【정답】 ④
① harmful 해로운
② obstructive 장애가 되는
③ informative 정보를 주는, 유익한
④ helpful 도움이 되는

**27** 그의 답변들은 이전의 증언과 일치하지 않았다.
　　　　　　　　　　　　　　　　【정답】 ①
① contradict 모순되다
② enhance 강화하다, 올리다
③ incorporate 법인으로 만들다
④ respond 응답하다
⑤ reveal 폭로하다, 드러내다

**28** 그 논의는 그 문제와 많은 관련이 있다.
　　　　　　　　　　　　　　　　【정답】 ④

**29** 기근에 직면한 나라는 더 형편이 나은 이웃 나라들의 도움을 빌게 마련이다.
　　　　　　　　　　　　　　　　【정답】 ②
① contract with ~와 계약을 맺다
② be confronted with ~에 직면하다
③ concentrate on 집중하다
④ be confined to ~에 틀어박혀 있다

**30** * be known by ~으로 알 수 있다.
　　　　　　　　　　　　　　　　【정답】 ①

**31** Unfortunately he died after ten years of struggle against a disease. He is _______ by his wife and two sons. [94.사법시험]

① succeeded      ② remained
③ deceased      ④ survived
⑤ followed

**32** I've been <u>snowed under</u> with reports from over twenty organizations. [98.행자부 7급]

① inundated      ② satisfied
③ interrupted      ④ acquainted

**33** The fabric of modern society is not <u>immune</u> from decay. [92.사법시험]

① safe      ② vexed
③ alive      ④ mute

**34** John is very <u>particular</u> about his food.

[서울대 대학원]

① fastidious      ② abnormal
③ frisky      ④ delirious

**35** Other European winds <u>are hard on</u> people in their paths. [행정고시]

① bother      ② be deligent
③ be eager on      ④ blow

**36** The bus was late, and the driver <u>was bent upon reaching the school</u> on time. [04.행자부 7급]

① 제 시간에 학교에 도착하기 위해 몸을 구부려 운전했다.
② 제 시간에 학교에 도착하기로 결심했다.
③ 제 시간에 학교에 도착하자마자 허리가 휘었다.
④ 제 시간에 학교에 도착하는 경향이 강했다

**37** 다음 대화의 빈 칸에 알맞은 것은? [93.서울시 9급]

> A : Hey, I like this tune. Come on. Let's have a dance.
> B : All right, but I'm not very good at it.
> A : Never mind! _________!

① So am I
② So do I
③ Neither am I
④ Neither do I

---

**31** 불행하게도 그는 10년의 투병생활 끝에 세상을 떠났다. 그는 아내와 두 아들을 남겨두고 죽었다.

【정답】④

**32** 나는 20여 개가 넘는 기관이 제출한 보고서들에 압도되었다.

【정답】①

① inundate 범람시키다, 충만하게 하다
③ interrupt 방해하다
④ acquaint 숙지시키다, ~을 소개하다

**33** 현대사회의 구조는 부패로부터 안전하지 못하다. * fabric 직물, 구조

【정답】①

② vexed 짜증나는; 말썽많은
④ mute 무언의, 벙어리의

**34** 존은 그의 음식에 대해서는 매우 까다롭다.

【정답】①

① fastidious 까다로운
② abnormal 비정상의
③ frisky 기운찬; 놀고 싶어하는
④ delirious 기뻐날뛰는

**35** 유럽의 다른 바람들은 그들이 지나가는 길에 있는 사람들을 못살게 군다.

【정답】①

**36** 버스는 늦었고, 운전사는 제 시간에 학교에 도착하기로 마음 먹었다.

【정답】②

**37**

【정답】③

> A : 야. 난 이 곡이 좋더라. 자. 춤추자
> B : 좋아, 하지만 난 춤을 잘 못 추는데.
> A : 염려 마! 나도 마찬가지야!

**38** It had been a hard day, and by night he <u>was played out</u>.
① be exhausted　　② called it a night
③ stayed up late　　④ took a break

**39** 다음 빈 칸에 알맞은 말은?

> A : How old is she?
> B : She ________ my age.

① has the same　　② is same as
③ has　　④ is

**40** I don't know how well this young lawyer performs in court, but at least he <u>is well grounded in</u> the principles of such cases. [97.세무사]
① know thoroughly　　② in ready for
③ is not allowed by　　④ ignore entirely
⑤ makes up

**41** He is quite <u>at home</u> in French literature.
① content with　　② fond of
③ ignorant of　　④ familiar with

---

**38** 힘든 하루였다. 그는 밤이 되어서는 완전히 녹초가 되었다.
　　　　　　　　　　　　　　　【정답】①
① 지쳤다　　② 일을 마쳤다
③ 늦게까지 자지 않았다　　④ 휴식을 취했다

**39**　　　　　　　　　　　　【정답】④

> A : 그녀는 몇 살이니?
> B : 나와 동갑이야.

**40** 이 젊은 변호사가 법정에서 얼마나 변호를 잘하는지 나는 모른다. 하지만 그는 적어도 그런 사건의 원칙들에 대해서 기초가 탄탄하다.
　　　　　　　　　　　　　　　【정답】①

**41** 그는 프랑스 문학에 매우 정통하다.
　　　　　　　　　　　　　　　【정답】④
① be content with ~에 만족하다
② be fond of ~을 좋아하다
③ be ignorant of ~을 모르다
④ be familiar with ~에 정통하다

# Part A - bend/fold

## 1. clin/cliv (=bend)

**01 bent** *
[bént]
bent(bend 구부리다 의 과거분사) → 한 쪽으로 쏠린
n. 1.기호, 성향, 성벽, 성질; 경향
(=disposition, inclination, penchant, propensity)
2.소질, 재능
a. 구부러진; 결심한; 열중인
* be bent on ~하기로 마음먹다
(v) bend 구부리다, 왜곡하다; 발길을 돌리다, 노력을 기울이다; 굴복시키다

**02 prone** (하)
[próun]
pron(=bending toward) → ~쪽으로 향하는
a. 1.(부정적인 방향으로) 경향이 있는, ~하기 일쑤인
* be prone to
~하기 쉽다, ~하는 경향이 있다
2.비탈진, 내리받이의; 엎드린

**03 inclination** *
[ìnklənéiʃən]
in(=in)+clin(=bend)+ation → (팔이) 안쪽으로 굽는 것
n. 1.기울기(=tilt), 경사
2.경향, 기호, 체질
(v) incline 기울(이)다, 경사지다; 숙이다; ~하고 싶어 하다
* be inclined to R ~하는 경향이 있다
(=be likely to), ~하기 쉽다, ~하고 싶다
(반) disincline 싫증나게 하다; ~하기 싫어지다
* be disinclined to R ~하기 싫어하다
- disinclination
싫음, 내키지 않음(=reluctance)
(동) tilt 경사, 기울기(=slant); 기울이다, 기울다

> **표현** ~하는 경향이 있다, ~하기 쉽다
> = be apt to R
> = be inclined to R
> = be liable to R
> = be likely to R
> = be wont to R
> = be disposed to R

**04 decline** (하)
[dikláin]
de(=down)+cline(=bend) → 아래로 굽다, 구부리다
v. 1.(정중히) 거절하다, 사절하다
(=refuse, turn down)
2.기울다, 쇠퇴하다, 감퇴하다(=wane)
3.(물가 등이) 떨어지다, 하락하다
n. 내리받이; 쇠퇴, 퇴보, 타락
(=lapse); 하락
(a) declining 기우는, 쇠퇴하는
(n) declination 기욺, 경사; 거절; 쇠퇴, 하락
(관련) declivity 하향 경사, 내리막
↔ acclivity 오르막길, 치받이 경사

**05 client** *
[kláiənt]
cline(=bend)→한쪽 가게로 치우친 사람
n. 1.소송의뢰인
2.상점의 고객, 단골손님(=customer)
(n) clientele
(총칭)고객, 단골손님(=customer); 부하들

> **어근보충**
> ❶ clinch 박은 못의 끝을 구부리다, (권투) 껴안다
> (토론 등의) 결론을 짓다, 매듭짓다
> ❷ clinic 진료소, 상담소, 전문 병원; 임상강의
> ❸ recline 기대다, 기대게 하다; 의지하다

## 2. flex/flect(=bend, curve)

**06 flexible** *
[fléksəbl]
flex(=bend)+ible → 구부릴 수 있는
a. 1.구부리기 쉬운
2.나긋나긋한; 유순한, 융통성 있는
(=elastic)
(n) flexibility 유연성; 융통성; 유순함
flection 굴곡, 만곡, 굽은 부분
(v) flex 관절을 구부리다, 굽다
(반) inflexible* 구부러지지 않는; 경직된; 완고한; 변경할 수 없는

**07 deflect** *
[diflékt]
de(=away)+flect(=bend) → 구부리다
vt. 빗나가게 하다, 굴절시키다
(=deviate), 구부리다
vi. 빗나가다(=turn aside, swerve)
(n) deflection 비뚤어짐; 편향; 편차
(관련) inflection 억양, 굴절; 굴곡

**08 reflex** *
[rí:fleks]
re(=again)+flex(=bend) → 다시 굽어져 나가는 것
n. 반사작용, 반사행동, 반사신경;
그림자
* test somebody's reflexes
반사 신경을 검사하다
a. 반사 작용(의), 반사(적인);
역행하는
vt. 반사시키다, 반전시키다
(n) reflection 반사, 반영, 투영; 반성, 숙고
(a) reflective 반사하는, 투영된; 반성하는
reflexible 반사될 수 있는, 반사성의

## 3. cumb/cub(=lie, bend)

**09 cumbersome** **
[kámbərsəm]
cumber(=lie)+some(=tending to)
→ 길 가운데에서 눕는
a. 1.방해가 되는, 성가신(=bothering)
2.다루기 어려운, 거추장스러운
(=heavy and awkward to carry, unwieldy)

> (동) unwieldy*
> (무거워서) 다루기 힘든, 부피가 큰
> ↔ wieldy 다루기 쉬운, 사용하기 알맞은

**10 encumber** *
[inkámbər]
en(=in)+cumber(=lie) → 남이 가는 길에 드러눕는
vt. 1.방해하다(=hinder, impede), 폐끼치다; 귀찮게 하다
2.~에 무거운 짐을 지우다
(a) encumbered 무거운짐을 지운, 방해되는
(n) encumbrance 방해물, 폐가 되는 것
(관련) cumber 방해(물), 장애(물)
cumbrance 방해, 성가심; 부담
(동) nuisance* 폐, 성가심, 귀찮음; 불쾌한 사람

**11 succumb** (하)
[səkám]
sub=suc(=under)+cumber(=lie) →남 밑에 깔리다
vt. 유혹에 넘어가다; 굴복하다(to)
(=surrender); 죽다

**12 incumbent** (하)
[inkámbənt]
in(=in)+cumb(=lie)+ent
→ (사무실을) 차지하고 있는 (사람)
a. 1.의무가 있는, 의무로서 지워지는
(=obligatory)
2.현직의, 재직 중의

n. 현직자, 재임자(=current office-holder); <미> 현직의원; 거주자
🔵 recumbent
사람이 드러누운; 활발치 못한, 태만한

**어근보충**
❶ cubicle (칸막이로 막은) 작은 방
❷ incubate 배양하다, 인공으로 부화시키다
❸ incubus 악몽, 마음의 부담 * 마음 안에 자리 잡은 것
❹ concubine 첩, 내연의 처 * 같이 잠자리에 눕는 사람

## 4. 기타 bend 어근

**13 skew** [skjúː] *
eschew(회피하다)와 같은 어원
v. 비스듬하게 하다; 굽다(=slant); 왜곡하다
a. 비스듬한, 비뚤어진, 휜
ⓐ**d** askew
비스듬히; 일그러져; 수상쩍은 눈으로
ⓝ askance 의심의 눈으로, 비스듬히
🔵 slant* 경사, 기울기; 경향, 편향; 기울게 하다; 경사지다; 왜곡하다

**14 awry** [ərái] *
<연상> 라이(lie:거짓말)은 비뚤어진 행동이야!
ad 구부러져, 비뚤게; (사람의 행동이) 잘못되어
* look awry 흘겨보다
* go awry 실패하다(=go wrong), (일이) 꼬이다
ⓐ wry [rái]
비틀어진, 뒤틀린; 삐딱한; 심술궂은

**15 obliquely** [əblíːkli] **
ob(=awry)+lique(=bent)+ly → 비스듬히 구부러져
ad.1.비스듬히 (기울어져)
2.간접적으로(=indirectly)
3.부정하게
ⓐ oblique 비스듬한; 간접적인; 부정한, (비스듬히) 기울다, 구부러지다
ⓝ obliquity 부정행위; 경사(도); 에두른 말
🔵 point-blank*
딱 잘라, 드러내놓고(=directly)

| **테마어휘** | 선(line), 가로와 세로 |
|---|---|
| ❶ rectilinear | 직선의(=right lined) * rect(=straight) |
| ❷ curvilinear | 곡선의; 곡선을 이루는 |
| ❸ perpendicular | 수직의; 수(직)선; 수직면 |
| ❹ vertical | 수직의; 세로의(=lengthwise) cf. height (높이), longitude (경도) |
| ❺ horizontal | 수평의; 가로의(=crosswise) cf. width(넓이), latitude (위도) |
| ❻ diagonal | 대각선의; 비스듬한, 사선의(=oblique) |

**16 insinuate** [insínjuèit] *
in(=in)+sinu(=bend)+ate → S 자는 뱀이 기어가는 모양
vt.1. 둘러서 말하다, 빗대어 말하다 (=suggest indirectly, imply)
2.(사상을) 불어넣다, 스며들게 하다
ⓝ insinuation 암시, 풍자, 빗댐
ⓐ insinuative
넌지시 말하는, 교묘하게 환심을 사는

## 5. croch/croach/crook/hook(=bend)

**17 crooked** [krúkid] *
crook(=bend) → 마음이 비뚤어진
a. 1.<구어> 마음이 비뚤어진, 부정직한
2.굽은, 뒤틀린; 기형의, 불구의
ⓝ crook n.굽은 것, 갈고리, 굴곡; 사기꾼
v. 구부리다; 사취하다, 속이다
a. (몸이) 아픈; 기분이 나쁜, 불쾌한; 고장난

**18 hook** [húk] **
08.지방직 9급
hook(=bend) →모양이 굽은 것(낚시 바늘)
a. 갈고리, 낚시 바늘; 유인하는 것
* hook up* 연결하다(=connect), 사귀다
* get off the hook 해방되다(=be set free)
v. 열중하다; 날치기하다
ⓐ hooky 갈고리모양의; 꾀부려 쉬다, 날치기하다; 매력적인

**19 encroach** [inkróutʃ] *
en(=make)+croach(=cross) → 남의 땅을 가로지르다
a. (남의 나라·땅·권리 등을) 침략 [침입, 침해]하다(upon) (=trespass upon, infringe upon)
ⓝ encroachment**
침략; 침해(=infringement)
encroacher 침입[침해]자

| **테마어휘** | 침입하다, 침해하다, 위반하다 |
|---|---|
| ❶ trespass | 침입하다; 침해하다; 위법행위를 하다 |
| ❷ transgress | 한도를 넘다→법률 등을 위반하다 |
| ❸ invade | 침략하다, 침입하다; 침해하다 |
| ❹ burgle | <구어> 불법 침입하다; 강도질하다 |
| ❺ intrude | 안으로 밀어넣다→강요하다→침입하다 |
| ❻ violate | 위반하다, 양심을 저버리다, 침해하다 |
| ❼ infringe | 법률 등을 어기다; 남의 권리를 침해하다 |
| ❽ infract | 법률 등을 어기다, 위반하다 |

## 6. plic/pli/ple/plex/plo(=bend, fold)

**20 pliable** [pláiəbl] ***
pli(=bend)+able→ 잘 구부러지는
a 휘기 쉬운; 쉽게 영향을 받는, 고분고분한(=pliant, flexible, ductile, tractable)
ⓐ pliant* 휘기 쉬운, 유연한; 유순한(=tractable)

관련 plcat 주름, 주름을 잡다
pliers 집게, 펜치

**21 supplicate** [sʌ́pləkèit] *
sup<sub(=under)+plicate(=bend) → 몸을 아래로 구부려 조아리다
v. 간청하다, 간절히 원하다, 애원[탄원]하다
ⓝ supplication 간청, 애원, 탄원
ⓐ suppliant 간청하는, 애원하는; 탄원자

**22 comply** [kəmplái] 🔻
08.공인노무사
com(강조)+ply(=bend) → 고개를 숙여 따를 것을 표시하다
vi. (요구·명령에) 따르다, 응하다(with) (=obey, observe, conform to, act in, harmony with)
ⓝ compliance***
유순; 응낙, 수락(=acquiescence)
ⓐ compliant** (=compliable)
유순한, 고분고분한 (=docile, obedient)

**23 complex** ★★
[kəmpléks]
92.행자부 9급
[kámpleks]

com(=together)+plex(=fold) → 같이 겹쳐진
a. 복합의; 뒤얽힌, 복잡한
(=complicated)
n. 1.복합체, 합성물
2.복합빌딩, 종합청사
3.콤플렉스, 강박관념, 고정관념,
편견
ⓝ complexity* 복잡; 복잡한 것(=complication)
동 multiplex 복합의, 다양한 *multi(=many)
혼 complexion 피부색, 안색; 외관, 겉모양
- complexioned 얼굴빛이 ~ 한

**24 complicated** ★★
[kámpləkèitid]
99.일반경찰

com(=together)+plic(=fold)+ated → 같이 겹쳐진
a. 복잡한, 뒤섞인; 이해하기 어려운
(=complex, intricate, elaborate)
ⓝ complication*
복잡; 분규; (pl.) 귀찮은 문제; 합병증
ⓥ complicate
복잡하게 하다; 뒤얽히게 만들다

**25 perplex** ★★
[pərpléks]

per(=thoroughly)+plex(=fold)
→ 마음이 완전히 겹쳐진
vt.당황케 하다, 어리둥절케 하다
(=confuse)
ⓐ perplexed
당황한, 어리둥절한(=confused); 복잡한
ⓝ perplexity 당혹, 혼란, 난처한 상태

> 표현 at a loss***
> 어찌할 바를 몰라,당황하여(=perplexed)
> at one's wit's end 어찌할 바를 몰라

**26 complicity** ★
[kəmplísəti]

com(=together)+plic(=fold)+ity → 같이 겹쳐짐
n. 1.(범죄 등의) 공범; 공모
(=accomplice)
2.(특정 사건에의) 연루
(=involvement)

**27 accomplice** ★
[əkámplis]

ac<ad(=near)+com(=together)+plice(=fold)
→ 같이 손을 겹친 사람
n. 공범자(=helper in crime), 한 패,
한통속

**28 accomplished** ★
[əkámpliʃt]

ac<ad(=near)+com(=together)+plish(=fold)
→ 첩첩이 실력을 쌓은
a. 완성된; 뛰어난, 숙달한(=skillful)
ⓥ accomplish 성취하다, 완수하다(=perform)
ⓝ accomplishment** 성취, 완성; 실행;
성과(=fruition, achievement)
(pl.) (사교상 필요한) 교양, 소양, 예능

**29 implicate** ★
[ímplikèit]
08.국가직 7급

im<in(=in)+plic(=fold)+ate
→ 범죄 안으로 말려들게 하다
vt.1.(범죄에) 관련시키다, 연루시키다
* be implicated in ~에 연루되다
2. 뜻을 포함[함축]하다
3. 엉키게 하다, 서로 얽히게 하다
ⓝ implication
연루, 연좌; 관련; 함축, 내포, 암시

**30 imply** ★
[implái]
07.전남 9급

im<in(=in)+ply(=fold) → 안으로 접어 넣다
vt.1.암시하다, 넌지시 비추다
(=suggest, insinuate)
2.뜻을 내포하다, 함축하다
ⓐ implicit*
1.함축적인, 암시적인; 내재하는, 잠재적인
2.(신념 따위가) 절대적인, 맹목적인

---

| 테마어휘 | 암시하다, 둘러서 말하다 |
|---|---|
| ❶ allude | 암시적으로 언급하다, 시사하다 |
| ❷ hint | 귀띔이나 암시를 주다 |
| ❸ clue | ~에게 실마리를 주다, 정보를 주다; 단서, 실마리(=hint) |
| ❹ intimate | 넌지시 알리다, 암시하다 |
| ❺ suggest | 암시하다, 완곡하게 말하다, 넌지시 비치다 |
| ❻ insinuate | (나쁜 상황 등을 말할 때) 둘러서 말하다 |
| ❼ beat around the bush | 바로 이야기 하지 않고 빙빙 둘러서 말하다 |
| ❽ circumlocution | 완곡한 표현 |
| ❾ far-fetched | 빙 둘러서 말하는 |
| ❿ innuendo | 무례하거나 싫음을 비꼬아서 말함; 풍자 |

**31 explicit** ★★★
[iksplísit]

ex(=out)+plic(=fold)+it → 접힌 것을 밖으로 펼친
a. 1.명백한, 분명한(=clear)
2.(말이나 사진 등이) 노골적인,
직설적인↔ implicit
ⓥ explicate (문학 작품 따위를) 설명하다
ⓐ explicable 설명할 수 있는, 납득이 가는
↔ inexplicable 설명이 안되는, 불가사의한
explicative 설명이 되는, 해설적인

**32 appliance** ★
[əpláiəns]

ap<ad(=to,near)+pli(=fold)+ance
→ 맞게 구부리거나 접다
n. 1.기구, 장치, 설비, 전기제품
2.응용, 적용
ⓥ apply 적용(응용)하다, 지원하다(for)
* apply oneself to 전념하다
ⓝ application 적용, 응용; 지원, 신청
applicant 지원자, 응모자
ⓐ applicable 적용할 수 있는, 적절한
applicatory 사용에 적합한
applied 응용된, 실용을 위한

**33 duplicate** ★
[djuːplikéit]
[djúːplikət]

du(=double)+plic(=fold)+ate → 두개로 겹치다
v. 복사[복제]하다(=copy, clone);
중복되다
n. 복사본, 복제품
a. 중복의, 사본의(=copied)
ⓝ duplication 복사, 복제; 이중, 2배
혼 duplicity** 고의적 기만, 사기(=deceit);
표리부동(겉과 속이 다름)

**34 replicate** ★
[réplikèit]
06.강원도 9급

re(=again)+plic(=fold)+ate → 다시 겹치다
v. 1.복사하다, 복제하다(=duplicate)
2.(실험 등을) 반복하다; 뒤로 접다
ⓝ replication 복사, 복제
replica (원작자에 의한) 복사, 복사본(=copy)

---

| 테마어휘 | 복사; 복제하다 |
|---|---|
| ❶ copy | 사본, 복사; 모방; 등본; 복사하다 |
| ❷ facsimile | (원본 그대로의) 복사, 모사; 팩시밀리 *simil(=same) |
| ❸ transcribe | 베끼다, 복사하다; 번역하다, 편곡하다 *trans(=change) |
| ❹ reproduce | 재생[재연]하다; 복사[복제]하다; 번식하다 |
| ❺ clone | 복제 생물[인간]; (생물을) 복제하다 |

**35 exploit** ▽
[iksplɔ́it]
06.강원도 9급
[éksplɔit]

ex(=out)+ploit(=fold) → 접힌 것을 밖으로 펼치다
v. 1.(자원을) 개발하다, 이용하다
(=make use of, utilize)
2.착취하다(=take advantage of, abuse)
3.선전하다, 판촉하다
n. 공훈, 공적, 위업(=feat, achievement)
ⓝ exploitation* 개척, 개발; 착취(=rip-off)

## 36 employ
[implɔ́i]
07.경북 9급

en(=make)+ploy(=fold) → 안으로 접어들이다
vt. 1. 고용하다
　2. <수동형, oneself> ~에 종사하다
　3. (시간·정력 등을) 소비하다, 쓰다
　(=make use of)
ⓝ employee 고용인 / employer 고용주
　employment 고용; 사용, 이용
Ⓑ unemployment 실업, 실직상태

## 37 deploy
[diplɔ́i]

de(=down)+ploy(=fold) → 아래로 펼치다
vt. 1. (전투대열로) 전개하다
　2. (전략적으로) 배치하다(=station)

## 38 diplomacy
[diplóuməsi]
09.지방직 9급

dip(=tow)+ploma(=fold)+cy → 끌고 당기는 것
n. 1. 외교(정책); 외교술; 외교부서
　2. 협상이나 절충의 재주
ⓝ diplomat 외교관
ⓐ diplomatic 외교의 수완이 있는
Ⓗ diploma 졸업증서, 학위수여증

# Part B - stretch

## 1. tend/tent/tens(=stretch)

## 39 tendency
[téndənsi]

tend(=stretch)+ency → 향하는 마음
n. 경향, 추세(=trend)
ⓐ tendentious* 특정의 경향[목적]을 가진, 편향적인
ⓥ tend
　1. ~하는 경향이 있다(to), ~하기 쉽다
　2. (길 등이)~으로 향하다, 도달하다
　3. 돌보다, 간호하다; 재배하다; 관리하다
ⓐ tender*
　1. 부드러운, 연한; 허약한, 약한
　2. 돌보는 사람, 간호인; 감시인; 보급선
　3. 제출하다; 제공하다, 제안하다(=offer)

## 40 attend
[əténd]
09.지방직 9급

at<ad(=to)+tend(=stretch)
→ ~쪽으로 (도움의 손길을) 뻗다
v. 1. 출석하다
　2. 주의하다(to)
　3. 시중들다, 간호하다(on)
　4. 수반하다(on)
ⓝ attention 주의, 유의; 친절, 배려; 응급 치료; (구령)차렷
　* pay attention to
　주의를 기울이다(=pay heed to)
　attendant
　시중드는 사람 ;(pl.) 수행원; 시중드는
ⓐ attentive 주의 깊은, 세심한; 경청하는
Ⓑ unattended* 수행원이 없는; 방치된

## 41 contentious
[kənténʃəs]
05.서울시 7급

con(=together)+tent(=strech)+ious
→ 서로 잡으려고 손을 뻗치는
a. 1. 다투기 좋아하는, 논쟁하기 좋아하는(=quarrelsome, polemic, controversial, argumentative)
　2. (문제 따위가) 논쟁을 불러일으키는(=debatable)
ⓥ contend 다투다, 논쟁하다; 주장하다
ⓝ contender*
　싸우는 사람, 경쟁자(=competitor)
　contention 논쟁(=dispute); 싸움
　* a bone of contention
　분쟁의 원인(=a subject of quarrel)

## 42 contentment
[kənténtmənt]

con(강조)+tent(=strech)+ment → 강하게 뻗치는 것
n. 만족, 흡족함, 안도감(=complacency)
　* to one's heart's content
　흡족하게, 실컷(=heartily)
a. 만족하여(with)
　* be content with ~에 만족하다
ⓝ content
　(pl.) 내용물, (서적 등의) 내용; 만족감
Ⓑ discontent* 불평, 불만, 불만의 원인
06.전남 9급

## 43 distend
[disténd]

dis(=away)+tend(=stretch) → 멀리 뻗어나가다
vt. 넓히다, 팽창시키다, 과장하다
　(=enlarge, dilate)
vi. (동공 등이) 넓어지다,
　(배가) 부풀다(=swell)
ⓐ distended 넓어진, 팽창한, 부푼
　distensible 팽창시킬 수 있는, 팽창성의
ⓝ distension 팽창, 확대

## 44 extend
[iksténd]

ex(=out)+tend(=stretch) →바깥으로 뻗어나가다
vt. 1. (몸·손발 따위를) 뻗다(=stretch)
　2. (기한을) 연장하다
　(=prolong, lengthen)
　3. (영토 등을) 확장하다(=expand)
　4. (동정을) 베풀다, (환영의 의사를) 나타내다; 제공하다
vi. 넓어지다, ~에 미치다(to)
ⓝ extent
　(물체의)넓이, 길이, 면적, 양; 범위, 한계
　* to the extent that ~
　~인 정도까지, ~이라는 점에서
　* to what extent ~어느 정도까지

## 45 extension
[iksténʃən]

ex(=out)+tens(=stretch)+ion
→ 바깥으로 늘리거나 뻗침
n. 1. 연장; 확장
　2. (기일 등의) 연기, 유예
　3. (전화의) 내선번호
　4. 공여, 제공
　5. (영향·지식의) 범위, 한도
ⓝ extensity 신장[확장]성; 범위, 정도

## 46 extensive
[iksténsiv]

ex(=out)+tens(=stretch)+ive → 바깥으로 펼쳐진
a. 1. 광범위한, 광대한, 넓은
　(=broad, ample, widespread)
　2. (지식 등이) 해박한; 엄청난
　(=affluent)
ⓐⓓ extensively 널리, 광범위하게(=widely)

## 47 hypertension
[hàipərténʃən]

hyper(=excessive)+tens(=stretch)+ion
→ 지나친 확장
n. 고혈압(=high blood pressure)
Ⓑ hypotension 저혈압 * hypo(=under)

## 48 intense
[inténs]

in(강조)+tense(=stretch) → 강하게 뻗는
a. 격렬한, 심한; 열정적인
ⓐⓓ intensely
　격렬하게, 심하게(=extremely)
ⓐ intensive
　강렬한, 철저한, 집중적인, 강조하는
ⓝ intensity 강렬, 격렬; 집중, 전념
　intension 강화, 보강; 긴장
ⓥ intensify 세게 하다; 증대하다(=enhance)

**49 intent**
[intént]
07.세무직 9급

in(=on)+tent(=stretch) → ~으로 마음을 뻗음
n. 의도, 의향; 목적, 계획; 의미, 취지
a. (시선 따위가) 집중된; 열심인
* for all intents and purposes
어느 점으로 보아도, 사실상
ⓥ intend ~할 작정이다, ~하려고 생각하다
의미하다, 가리키다; 의도하다
ⓝ intention 의지, 의향, 목적, 결의; 속셈; 개념
ⓐ intentional 의도적인, 고의적인, 계획적인
ⓐⓓ intentionally
고의로, 일부러(=on purpose)
↔ unintentionally
무심코(=inadvertently)
intently 열심히, 오로지, 골똘히

**50 pretend**
[priténd]

pre(=before)+tend<tent(=stretch)
→ 미리 (오리발을) 뻗치다
v. 가장하다, ~인 체하다, 사칭하다
(=put on an act, make believe)
a. <구어> 가짜의, 모조의; 장난감의
ⓐ pretending 사칭하는; 거짓의
↔ unpretending 사칭하는; 거짓의
ⓝ pretender ~인 체하는 사람; 위선자
pretension 요구, 주장; 자칭; 자만; 핑계
pretense/pretence
걸치레, 가식, 위장, 과시, 자만

**51 pretentious**
[priténʃəs]

pre(=before)+tent(=stretch)+ious
→ (손을) 먼저 뻗는
a. (사람이) 자만하는, 젠 체하는
(=pompous, showy)

**52 tentative**
[téntətiv]
07.인천 9급
03.일반경찰

tent(=stretch)+a+tive
→ 구입 전에 시험 삼아 미리 펼쳐보는
a. 1.시험 삼아 하는, 임시의
(=temporary, provisional)
2.주저하는; 불확실한, 모호한
n. 시험, 시도; 시안

**53 portent**
[pɔ́ːrtent]

por<per(=through)+tent(=stretch)
→ 조짐이 뻗어 있는 것
n. 1.(불길한) 전조, 조짐(=foretoken)
2.경이적인 것(인물)
ⓐ portentous* 전조의; 불길한, 흉조의
ⓥ portend 전조가 되다, 예시[예고]하다
ⓔ potent 강력한, 유력한, 힘센; 영향력이 있는

**54 ostensible**
[ɑsténsəbl]

os<ob(=over)+tens(=stretch)+ible
→ ~위로만 뻗치는
a. 표면상의, 겉으로 만의, 걸치레의
(=specious, plausible, pretended)
ⓐ ostensive 명시하는, 지시적인; 겉으로 만의
ⓐⓓ ostensibly 겉으로는, 표면상은
ⓝ ostentation 걸치레, 허식, 과시
ⓔ ostentatious*
자랑 삼아 드러내는, 과시하는

---

## 2. temper/tamper(=stretch)

**55 tamper**
[tǽmpər]

tamper<temper(=stretch) → (남의 것에) 손을 뻗다
vi. 1.쓸데없는 참견을 하다, 간섭하다
(with)(=meddle with, interfere with)
2.(원문의 글귀 등을)함부로 변경
하다(=alter)
3.뇌물을 주다, 매수하다

> **동 hamper**
> 방해하다, 훼방 놓다; 제한하다; 방해
> **pamper**
> 응석을 받아주다; (욕망을) 만족시키다

**56 temper**
[témpər]

temper(=stretch) → 향하는 마음
n. 1.성질, 기질; 기분(=disposition)
2.차분, 침착; 풍조, 추세

> **관련 ~tempered** ~한 성격의
> **even-tempered** 성격이 차분한
> **bad-tempered**
> 심술궂은, 성격이 까다로운
> **ill-tempered**
> 화를 잘 내는, 성미가 까다로운
> **quick-tempered**
> 성급한, 성격이 급한
> **evil-tempered** 몹시 언짢은
> **good-tempered**
> 무던한, 성미가 좋은, 온순한

**표현 lost one's temper**
화를 내다(=become angry)

| 테마어휘 | 성향, 경향 |
|---|---|
| ❶ disposition | 성질, 기질, 성벽, 경향; 배열, 배치, 처분 |
| ❷ predisposition | 경향, 성질; (병에 걸리기 쉬운) 소질 |
| ❸ penchant | 경향; 강한 기호(=liking) |
| ❹ propensity | 경향, 성향, 기호, 성벽 |
| ❺ bent | 기호, 성향, 성벽, 성질; 경향 |
| ❻ leaning | 기울기, 경사 → 경향, 성벽; 기호, 편애 |
| ❼ inclination | 기울기, 경사 → (특히 기질적인) 경향, 성향 |
| ❽ slant | 경사, 기울기 → (마음 등의) 경향, 편향(=bias) |
| ❾ proclivity | 성향, 성벽; 성질, 기질, 경향 |
| ❿ temper | 성질, 기질; 기분; 차분, 침착; 풍조, 추세 |
| ⓫ bias | 선입견, 편견; 성향 |
| ⓬ prejudice | 편견, 선입관 |

**57 temperamental**
[tèmpərəméntl]

temper(=stretch)+a+ment(=mind)
→ 열이 잘 뻗치는
a. 1.기질상의; 개성이 강한
(=emotional)
2.흥분하기 쉬운, 신경질적인
(=inflammable)
3.(기계 등이) 종종 작동하지 않는
ⓝ temperament 기질, 성질; 격렬한 성미

**58 temperate**
[témpərət]

temper(=moderate)+ate → 절제하는
a. 1.(기후가) 온화한(=mild, moderate)
2.절제하는, 삼가는(=moderate)
↔ intemperate 무절제한, 자제심이 없는
ⓝ temperance 자제, 극기; 절제; 절주
**관련 temperature**
온도, 기온; 체온; 열, 고열

**1** We all come into this life with a natural <u>bent</u> toward credulity, toward believing what others tell us.
① disposition　② abhorrence
③ undeviating　④ curiosity

**2** Research has shown that children who play violent video games are more ______ to become violent or commit violent acts.
① declined　② prone
③ disposable　④ unlikely

> **2-1** Man is <u>prone</u> to error, even though he'd like to think he's infallible.
> ① pronounced　② disposed
> ③ lying down　④ averse

**3** Recently he has begun to show an <u>inclination</u> toward conservatism.
① disgust　② tendency
③ dislike　④ neutral attitude

> **3-1** The four seasons result from the <u>tilt</u> of the earth's axis. [95. 연세대 대학원]
> ① pull　② motion
> ③ incidence　④ inclination

> **3-2** Environmental destruction in some Asian nations has reached alarming levels, but many leaders are ______ to adopt tougher measures against it for economic reasons.
> ① anxious　② prone
> ③ disinclined　④ eager

**4** I have to <u>decline</u> your invitation to the party, for I have a prearrangement.
① accept　② refuse
③ consider　④ apply

> **4-1** The first thing an animal does when faced with a <u>lapse</u> in resources is cut down on activity to save energy.
> ① decline　② interval
> ③ proliferation　④ surge

**5** The lawyer's professional skill was so great that he had a large number of ______.
① clients　② ministers
③ mechanics　④ consumers

---

**1** 우리는 모두 경신(輕信)함, 즉 다른 사람들이 말하는 것을 쉽게 믿는 타고난 성향을 가지고 이 세상에 태어난다. * credulity 쉽게 믿음
【정답】①
① disposition 기질, 성향　② abhorrence 혐오
③ undeviating 정도를 벗어나지 않은 ④ curiosity 호기심

**2** 연구에 의하면, 폭력적인 비디오 게임을 하는 아이들이 난폭해지거나 폭력적인 행동을 하기가 더 쉽다고 한다. * violent 폭력적인 commit 행하다
【정답】②
① decline 거부하다　② be prone to ~하기 쉽다
③ disposable 처분할 수 있는 ④ unlikely 있음직하지 않은

**2-1** 인간은 비록 자신은 전혀 틀릴 리가 없다고 생각하고 싶어 하지만, 과오를 저지르기 쉽다.
* infallible 절대 오류가 없는
【정답】②
① pronounced 명백한　② disposed ~하는 경향이 있다
③ lying down 주장하는　④ averse 싫어하는, 반대하는

**3** 최근에 그는 보수주의적 성향을 보이기 시작했다.
【정답】②
① disgust 혐오　② tendency 경향, 성향
③ dislike 싫음, 혐오　④ neutral attitude 중립적 태도

**3-1** 사계절은 지구의 축이 기울어져 있어서 일어나는 것이다. * axis 축
【정답】④
① pull 끌어당기기, 인력　② motion 움직임
③ incidence 발생, 투사　④ inclination 기울어짐

**3-2** 일부 아시아국들에서의 환경파괴는 심상치 않은 수준에 도달했지만, 많은 지도자들은 경제적인 이유 때문에 이에 대한 더욱 강경한 조치를 채택하기를 꺼려하고 있다.
* alarming 놀라운, 심상치 않은 measures 조치
【정답】③
① anxious to 몹시 하고 싶어 하는
② prone to ~하기 쉬운
③ disinclined to ~하고 싶지 않은
④ eager to ~에 열심인

**4** 선약이 있기 때문에, 당신의 파티 초대를 받아들일 수가 없네요. * prearrangement 사전 약속
【정답】②
① accept 수락하다　② refuse 거절하다
③ consider 고려하다　④ apply 적용되다

**4-1** 자원 감소에 직면할 때 동물들이 하는 첫 번째 행동은 에너지를 저장하기 위해서 활동을 줄이는 것이다.
* cut down on 삭감하다. 줄이다
【정답】①
① decline 감소, 하락　② interval 간격
③ proliferation 증식, 확산　④ surge 급상승, 앙등

**5** 그 변호사의 직업적인 기술은 매우 뛰어나서 그는 많은 소송의뢰인을 갖고 있었다.
【정답】①
① client (소송) 의뢰인　② minister 성직자, 장관
③ mechanic 수리공, 정비사 ④ consumer 소비자

**6** Baskets can be constructed of vegetable substances that are as soft and as ________ as grass.
① flexibility ② flexible
③ flex ④ flexion
⑤ flexed

> **6-1** Do you know why the wings of an airplane are <u>flexible</u>?
> ① pliant ② upstream
> ③ durable ④ giant

**7** The Coriolis force causes all moving projectiles on Earth to be <u>deflected</u> from a straight line.
① reflected ② deviated
③ floated ④ collided

**8** The doctor tapped the patient's knee in order to test his ________.
① complexes ② complexions
③ reflexes ④ deflections

**9** The State in the nineteenth century was freeing trade from the <u>cumbersome</u> restrictions of the eighteenth century.
① stimulating ② bothering
③ wholesome ④ moderate

**10** Man must not be overwhelmed with external commands and have his life <u>encumbered with</u> an endless number of norms and prohibitions. [06.세무사]
① reinforced with
② surprised at
③ impeded by
④ accompanied with
⑤ accustomed to

**11** The Johnson family weathered the financial crisis only to ______ another catastrophe.
① survive ② prevent
③ cope with ④ succumb to

> **11-1** Three were siblings who <u>succumbed</u> in rapid succession, leaving their grieving parents with just one surviving child.
> ① gave away ② gave in
> ③ fell in ④ fell ill

---

**6** 풀처럼 부드럽고 잘 휘는 식물 재료로 바구니들을 만들 수 있다. * construct 조립하다, 짓다 substance 물질, 재료 [tip] 빈 칸에는 soft와 유사한 형용사가 들어가야 함
【정답】②
① flexibility 유연성 ② flexible 구부리기 쉬운
③ flex 구부리다; 굽다 ④ flexion 굴곡, 어미변화
⑤ flexed 구부러진

**6-1** 당신은 비행기의 날개가 왜 유연한지 아십니까?
【정답】①
① pliant 휘기 쉬운, 유연한 ② upstream 상류의; 제조부문
③ durable 오래 견디는; 내구재 ④ giant 거대한; 거인

**7** 코리올리의 힘은 지구상에서 모든 움직이는 투사물들이 일직선으로부터 굴절되게 한다.
* projectile 투사물
【정답】②
① reflect 반사하다 ② deviate 빗나가(게 하)다
③ float 뜨다, 떠돌다 ④ collide 충돌하다

**8** 의사는 환자의 반사신경을 테스트하기 위해 그의 무릎을 툭툭 쳤다. * tap 가볍게 두드리다
【정답】③
① complex 복잡한; 콤플렉스 ② complexion 안색
③ reflex 반사신경 ④ deflection 빗나감

**9** 19세기에 그 나라는 18세기의 성가신 제약들에서부터 무역을 자유화하고 있었다. * restriction 제한, 구속
【정답】②
① stimulating 자극하는 ② bothering 성가시게 하는
③ wholesome 건전한, 유익한 ④ moderate 온건한

**10** 사람은 외부로부터의 명령에 압도되어서는 안 되며 무한한 수의 규범과 금지에 방해를 받는 인생을 살아서는 안 된다. * overwhelm 압도하다 external 외부의 endless 무한한 norm 표준, 규범 prohibition 금지
【정답】③
① reinforce 강화하다
② surprised at ~에 놀란
③ impeded by ~에 방해받는
④ accompanied with 에 수반된
⑤ accustomed to ~에 익숙한

**11** 존슨 가족은 재정적 위기를 헤쳐 나갔으나 결국 다른 재난에 굴복하고야 말았다. * weather 헤쳐 나가다 only to R 결국 ~하다 catastrophe 큰 재앙
【정답】④
① survive 살아남다 ② prevent 방지하다
③ cope with 처리하다 ④ succumb to 굴복하다

**11-1** 빠른 속도로 잇달아서 병에 걸린 세 명은 형제들로서, 슬퍼하는 부모들을 남겨둔 채 오직 한 명만 살아남았다. * sibling 형제, 자매 in succession 연달아서 grieve 몹시 슬퍼하다
【정답】④
① give away 거저 주다 ② give in to 굴복하다
③ fall in 내려앉다 ④ fall ill 병에 걸리다

**12** Frank felt it <u>incumbent</u> on him to pay for the damage, which was caused by his negligence.

[02.공인회계사]

① obligatory　　　　② reasonable
③ submissive　　　　④ superfluous
⑤ recommendable

**12-1** In a government election, the <u>incumbent</u> generally has a strong advantage over a newcomer. History has shown a strong proclivity in elections at all levels of government to return the incumbent to the post.
① a political party
② a positive propaganda
③ a current office-holder
④ a special kind of election

**13** Excluding volatile transportation orders, which are heavily <u>skewed</u> by aircraft, durable goods orders fell surprisingly by 1.1 percent, a Commerce Department report showed.
① skirted　　　　② slanted
③ tortured　　　　④ tantalized
⑤ rocketed

**14** These diseases happen when the body's attack mechanism goes <u>awry</u>.
① away　　　　② well
③ forever　　　　④ wrong
⑤ on

**15** The major themes in Robert Hayden's poetry are <u>obliquely</u> stated.
① powerfully　　　　② elaborately
③ indirectly　　　　④ uncompromisingly

**16** The culprit <u>insinuated</u> that he had been roughly treated by the arresting police officers.
① denied　　　　② confessed
③ threatened　　　　④ suggested
⑤ protested

---

**12** 프랭크는 그의 태만으로 인해 야기된 피해를 배상해야 하는 것이 그의 의무라고 생각했다.
* negligence 태만

【정답】①

① obligatory 의무로 지워지는 ② reasonable 이성적인
③ submissive 복종하는　　　④ superfluous 여분의
⑤ recommendable 추천할만한

**12-1** 공직 선거에 있어서 일반적으로 현직 후보가 새로운 후보보다 훨씬 유리하다. 모든 직책의 공무원 선거에 있어서 현직후보가 그 공직에 다시 재선되는 강한 경향을 역사는 보여주고 있다. * have a advantage over ~보다 유리하다 newcomer 신참 proclivity 성향, 경향

【정답】③

① 정당　　　　　　　② 흑색선전 * propaganda 선전
③ 현재 재직 중인 자　④ 특별선거

**13** 항공기에 몹시 편중된 휘발유를 사용하는 운송기관 주문을 제외하면, 내구재 주문량이 놀랍게도 1.1%나 떨어졌다고 상공부 보고서는 밝혔다.
* volatile 휘발성의 transportation 운송기관 durable 내구재

【정답】②

① skirt 둘러싸다　　　② slant 기울다
③ torture 고문하다　　④ tantalize 감질나게 하다
⑤ rocket 돌진하다

**14** 이런 질병들은 신체의 공격 메커니즘이 잘못될 때 일어난다. * go awry 실패하다, 잘못되다

【정답】④

① go away 떠나다　　　② go well 잘되다
③ go forever 영원히 사라지다 ④ go wrong 잘못되다
⑤ go on 계속하다, 경과하다

**15** Robort Hayden의 시에서 수요 주제는 간접적으로 쓰여 있다. * state 진술하다

【정답】③

① powerfully 강력하게　② elaborately 공들여
③ indirectly 간접적으로　④ uncompromisingly 난호하게

**16** 그 피고인은 자신을 체포한 경찰들이 거칠게 다루었음을 넌지시 내비쳤다.
* culprit 피고인 arrest 체포하다

【정답】④

① deny 부인하다　　　② confess 자백하다
③ threaten 협박하다　④ suggest 암시하다
⑤ protest 항의하다

**17** Juarez was not at all like Anna. Whereas Anna was ________, Juarez was famous for his sincerity and honesty. The vain Anna had dressed in ________ uniforms; Juarez dressed in plain black clothes.
① crooked - gaudy
② vainglorious - humble
③ gigantic - monotonous
④ desperate - poor

**18** I can get you <u>off the hook</u> once you are done with this process. [08. 지방직 9급]
① clean      ② free
③ involved      ④ exposed

**19** This treaty <u>encroaches</u> upon the rights of the Korean people.
① advocates      ② trespasses
③ goes over      ④ claims itself
⑤ lends freedom

> **19-1** The settlers' steady <u>encroachment</u> on the Indians' territory ultimately left the Indians homeless.
> ① endearment      ② infringement
> ③ enchantment      ④ enforcement

**20** The new manager was so ________ that he would change his mind whenever anyone disagreed with him.
① pliable      ② orthodox
③ querulous      ④ voracious

> **20-1** The fact that this metal is <u>pliant</u> is an advantage for many industrial purpose.
> ① caustic      ② polished
> ③ yielding      ④ durable

**21** In this formula, practitioners of religion are more or less powerless over the supernatural beings with whom they deal; they can only ________ those beings for favours and then await their response.
① supplicate      ② persecute
③ circumvent      ④ bewilder

---

**17** Juarez는 Anna와 전혀 다르다. Anna가 **부정직한** 반면에, Juarez는 그의 성실과 정직성으로 유명했다. 허영적인 Anna는 **화려한** 유니폼을 입었었고, Juarez는 평범한 검은 색 옷을 입었다.
* not at all 전혀 whereas ~에 반하여 vain 허영적인
<br>【정답】①
① crooked 부정직한 – gaudy 화려한
② vainglorious 허영심이 강한 – humble 겸손한
③ gigantic 거대한 – monotonous 단조로운
④ desperate 필사적인 – poor 가난한

**18** 네가 이 과정을 마치면 너를 **자유롭게 풀어 줄 수 있어.** * get ~ off the hook 풀어주다(=set~ free)
<br>【정답】②
① clean 청결한      ② free 자유로운
③ involved 복잡한, 연루된    ④ exposed 노출된

**19** 이 조약은 한국인의 권리를 **침해하고 있다.**
* treaty 조약
<br>【정답】②
① advocate 옹호하다      ② trespass 침해하다
③ go over 세밀히 조사하다    ④ claim 주장하다
⑤ lend freedom 자유를 제공하다

**19-1** 정착민들의 인디언 영토에 대한 끊임없는 **침범**은 궁극적으로 인디언들이 살 터전을 잃게 했다.
* settler 정착민
<br>【정답】②
① endearment 친애      ② infringement 침범, 위반
③ enchantment 매혹      ④ enforcement 시행, 집행

**20** 새 지배인은 너무 쉽게 **영향을 받는** 사람이어서 누군가가 자기와 의견이 일치하지 않을 때는 언제나 자신의 생각을 바꾸곤 했다.
<br>【정답】①
① pliable 쉽게 영향을 받는    ② orthodox 정통의
③ querulous 불평이 많은      ④ voracious 탐욕적인

**20-1** 이 금속이 **휘기 쉽다**는 사실은 다양한 산업적 용도에 이점으로 작용한다.
<br>【정답】③
① caustic 부식성의      ② polished 광택이 있는; 세련된
③ yielding 휘기 쉬운      ④ durable 내구성이 있는

**21** 이런 신조에서, 종교 실천가들은 그들이 다루는 초자연적인 존재보다 다소 무기력하다. 그들은 단지 그런 존재들에게 은혜를 **간청하고 나서** 그들의 응답을 기다릴 수 밖에 없다. * formula 신앙형식, 신조 practitioner (종교를) 실천하는 사람 supernatural 초자연
<br>【정답】①
① supplicate 간청하다      ② persecute 박해하다
③ circumvent 회피하다      ④ bewilder 당황하게 하다

**22** It will be necessary to monitor the mills constantly to make sure they are <u>complying with</u> the government standard. [94. 기술고시]

① appealing to  
② defying  
③ conforming to  
④ voting for  
⑤ compromising with

**22-1** These kinds of agreements may pave the way for a smoother marriage, but legally they are useless because there is no way for courts to force ________. [02.변리사]

① confliction  
② condescension  
③ compliance  
④ accomplice

**22-2** By then, henry seemed less <u>compliant</u> with his wife's wishes than he had been six months before.

① obedient  
② authoritative  
③ despotic  
④ magnanimous

**23** 다음 문장의 밑줄 친 곳에 공통으로 들어가기에 적당한 것은?

1) Her ________ personality really confuses me.  
2) The mayor set up a plan for construction of a new stadium and leisure ________.

① complex  
② incomplete  
③ function  
④ trend

**23-1** In spite of the <u>complexity</u> of the problem, the mathematician solved it quickly.

① completeness  
② community  
③ complication  
④ compression

**24** Banking appears to the layperson a fearfully ________ business, requiring immense sophistication to grasp.

① suppliant  
② compliant  
③ implicit  
④ complicated

**25** <u>Perplexed</u> investors tried to work out what the deal meant.

① Exhausted  
② Inquisitive  
③ Confused  
④ Disappointed  
⑤ Hilarious

---

**22** 정부의 기준을 따르고 있는지를 확인하기 위하여 항상 공장을 관리하는 것이 필요할 것이다.
* monitor 감시하다, 관리하다 mill 제조 공장 constantly 항상
【정답】③

① appeal to ~에 호소하다 ② defy 반항하다
③ conform to ~에 순응하다 ④ vote for 찬성표를 던지다
⑤ compromise with 타협하다

**22-1** 이런 종류의 합의들은 보다 매끄러운 결혼을 용이하게 할지도 모른다. 그러나 법원이 그것의 준수를 강제할 수 있는 방법이 없기 때문에 법적으로는 무용하다.
* pave the way for ~을 용이하게 하다 force 강제하다
【정답】③

① confliction 싸움, 충돌 ② condescension 겸손
③ compliance 순종, 준수 ④ accomplice 공범자

**22-2** 그때쯤 헨리는 6개월 전에 그랬던 것보다 부인의 요구에 덜 고분고분한 것처럼 보였다.
【정답】①

① obedient 순종하는 ② authoritative 권위적인
③ despotic 전제적인, 독재적인 ④ magnanimous 도량이 큰

**23** 【정답】①

1) 그녀의 복잡한 성격은 참으로 나를 혼동시킨다.
  * confuse 혼란하게 하다
2) 시장은 새로운 경기장과 레저 단지를 건설하려는 계획을 세웠다. * set up (계획을) 수립하다 construction 건물

① complex 복잡한; 복합단지 ② incomplete 불완전한
③ function 기능; 작용하다 ④ trend 경향

**23-1** 문제가 복잡함에도 불구하고 그 수학자는 빠르게 문제를 풀어냈나.
【정답】③

① completeness 완결성 ② community 공동 사회
③ complication 복잡 ④ compression 압축

**24** 문외한에게 금융업무는 그것을 이해하는데 있어 엄청난 지적 교양을 요하는 대단히 복잡한 것으로 보인다. * layperson/layman 문외한 immense 막대한 sophistication 고도의 지적 교양
【정답】④

① suppliant 간청하는 ② compliant 유순한
③ implicit 암시적인
④ complicated 복잡한, 이해하기 어려운

**25** 어리둥절한 투자자들은 그 거래가 의미하는 바를 파악하려고 노력했다.
  * investor 투자자 work out (문제를) 풀다
【정답】③

① exhausted 다 써버린 ② inquisitive 호기심이 많은
③ confused 혼란스러운 ④ disappointed 실망한
⑤ hilarious 즐거운

**26** When the arsonist was questioned by the prosecutor, he denied his _____ in the crime. [94. 변리사]
① simulation
② complicity
③ exuberance
④ contingency
⑤ spontaneity

**26** 검사에게 질문을 받자, 그 방화범은 그 범죄에 자신이 공모했다는 사실을 부인했다.
* arsonist 방화범 question 심문하다 prosecutor 검사

【정답】 ②
① simulation 가장
② complicity 공모
③ exuberance 풍부
④ contingency 우발 사건
⑤ spontaneity 자발성

**27** The authorities are searching for the _____ who provided the getaway car.
① alibi
② defendant
③ accomplice
④ victim

**27** 당국(수사기관)은 도주용 차량을 제공한 공범을 찾고 있다. * the authorities 당국 getaway 도주

【정답】 ③
① alibi 알리바이
② defendant 피고
③ accomplice 공범자
④ victim 희생자

**28** He is considered one of the most _____ writers of his generation.
① accompanied
② accomplished
③ accelerated
④ accented

**28** 그는 당대의 가장 뛰어난 작가 중 하나로 여겨진다. * generation 동시대의 사람들, 세대

【정답】 ②
① accompanied 수반된
② accomplished 뛰어난
③ accelerated 속도가 붙은
④ accented 악센트가 있는

**28-1** When he was an executive of the company, his first underline{accomplishment} was to bring about better working conditions.
① duty
② achievement
③ accumulation
④ imposition

**28-1** 그가 회사의 중역으로 있을 때, 최초의 업적은 더 나은 작업 조건을 만든 것이었다.
* executive 중역 bring about 야기하다, 초래하다

【정답】 ②
① duty 의무
② achievement 업적, 달성
③ accumulation 축적
④ imposition 부과, 강요

**29** The butler did his best to _____ someone else in the robbery. [08.국가직 9급]
① implicate
② intricate
③ pilfer
④ summarize

**29** 집사(butler)는 강도질에 다른 사람들을 연루시키기 위해서 최선을 다했다. * robbery 강도

【정답】 ①
① implicate 연루시키다
② intricate 복잡하게 만들다
③ pilfer 좀도둑질하다
④ summarize 요약하다

**30** His manner implied that he would like to come with us.
① resolved
② suggested
③ restricted
④ proved

**30** 그의 태도는 우리와 함께 가고 싶다는 것을 은연중에 나타내었다.

【정답】 ②
① resolve 결심하다
② suggest 암시하다
③ restrict 제한하다
④ prove 증명하다

**30-1** Johnson's statement included an implicit threat of U.S. intervention.
① ambiguous
② plainly expressed
③ indefinite
④ implied though not plainly expressed

**30-1** 존슨 대통령의 성명은 암시적인 미국의 무력적 개입의 위협을 포함하고 있었다. * intervention 무력적 개입

【정답】 ④
① ambiguous 모호한
② plainly expressed 명백하게 표현된
③ indefinite 무한한
④ 명백히 표현된 것은 아니지만 암시된

**31** The machine's instructions were _____; they told us exactly what to do.
① confused
② explicit
③ meager
④ illiterate
⑤ vague

**31** 그 기계의 사용설명서들은 분명했다. 즉 설명서들은 정확하게 어떻게 해야 하는지를 알려주었다.
* instruction 사용설명서

【정답】 ②
① confused 혼란스러운
② explicit 분명한
③ meager 빈약한
④ illiterate 글자를 모르는
⑤ vague 막연한, 애매한

**31-1** The seven-year-old boy gave them <u>explicit</u> directions on how to get to the post office. [03.입법고시]
① clear      ② wrong
③ vague      ④ ambiguous

**31-1** 일곱 살의 그 아이는 그들에게 우체국으로 가는 길을 분명하게 가르쳐 주었다. * get to ~에 도착하다
【정답】①
① clear 분명한      ② wrong 잘못된
③ vague 애매한      ④ ambiguous 모호한

**32** Most homes now have numerous domestic ________, from dishwashers to microwave ovens.
① troubles      ② merchandise
③ estates      ④ appliances

**32** 요즘 대부분의 가정은 접시 씻는 기계에서 전자레인지에 이르기까지 수많은 가정용 기구들을 갖추고 있다. * numerous 다수의 domestic 가정의
【정답】④
① trouble 문제점      ② merchandise 상품
③ estate 부동산      ④ appliance (가정용) 기구

**32-1** As a major national research center, Yale attracts many of the world's great scholars. It attracts a whole lot of talented undergraduate ________, too.
① applicants      ② applications
③ applying      ④ applies

**32-1** 주요한 국가 연구의 중심지로서 예일 대학은 세계의 많은 위대한 학자들을 끌어 모으고 있다. 또한 많은 재능 있는 학부 지원자들도 끌어 모으고 있다. * attract 끌어당기다 talented 재능 있는 undergraduate 대학 재학생
【정답】①
① applicant 지원자
② application 적용, 지원; 신청서
③ applying 적용하는
④ apply 적용하다

**32-2** He <u>applied himself to</u> the lesson.
① made use of      ② was anxious about
③ worked hard at      ④ asked for

**32-2** 그는 수업에 열중하였다.
【정답】③
① make use of ~을 이용하다
② be anxious about ~에 대해 걱정하다
③ work hard at ~에 열중하다
④ ask for ~을 요청하다

**33** They insist that academic records should be neither returned to the students nor <u>duplicated</u>.
① dwindled      ② irritated
③ investigated      ④ purchased
⑤ copied

**33** 그들은 학업 성적표를 학생들에게 돌려주거나 복사해서는 안 된다고 주장한다.
【정답】⑤
① dwindle 감소하다      ② irritate 짜증나게 하다
③ investigate 조사하다      ④ purchase 사다
⑤ copy 복사하다

**33-1** Someone involved in double-dealing and deception is guilty of ________.
① ambiguity      ② duplicity
③ irrationality      ④ prejudice

**33-1** 속임수와 사기에 연루된 사람은 사기죄가 성립한다. * be involved in 연루되다 deception 사기
【정답】②
① ambiguity 모호한 표현      ② duplicity 표리부동
③ irrationality 불합리      ④ prejudice 편견

**33-2** <u>Cloning</u> and genetic manipulation of animals became a hot topic when Dolly the sheep, the first cloned mammal, made worldwide headlines.
① operating      ② executing
③ examining      ④ duplicating

**33-2** 처음으로 복제된 포유류인 복제양 돌리가 세계적으로 방송의 헤드라인을 장식했을 때 동물의 복제와 유전자 조작은 뜨거운 주제가 되었다.
* clone 복제 genetic 유전의 manipulation 조작
【정답】④
① operate 조작하다      ② execute 실행하다
③ examine 검사하다      ④ duplicate 복제하다

**34** Some simple creatures ________ by splitting themselves in two.
① repeat      ② replicate
③ refurnish      ④ recede

**34** 일부 단순한 동물은 자기 자신을 둘로 나누어 복제한다. * creature 생물, 동물 split 쪼개다
【정답】②
① repeat 되풀이하다      ② replicate 복제하다
③ refurnish 다시 공급하다      ④ recede 물러가다

**34-1** It takes training to be able to distinguish a <u>replica</u> from an original work or art. [86.행정고시]
① model
② painting
③ miniature
④ copy
⑤ production

**34-1** 원본작품에서 복제품을 구별하기 위해서는 훈련이 필요하다.
【정답】④
① model 모형
② painting 그림
③ miniature 축소 모형
④ copy 복사본
⑤ production 생산, 제조

**35** Try to help people in need, but do not let anyone ______ your good nature.
① debit
② guarantee
③ exploit
④ embarrass

**35** 어려움에 처한 사람을 돕도록 해라. 하지만 누구든 너의 좋은 성격을 이용해먹게 해서는 안 된다.
* in need 궁핍한
【정답】③
① debit 채무, 단점
② guarantee 보증(하다)
③ exploit 이용하다
④ embarrass 어리둥절하게하다

**35-1** Anyone who tries to <u>exploit</u> buyers or fails to honor a guarantee should be reported.
① entertain
② tell a lie
③ explain something
④ take selfish advantage of

**35-1** 구매자를 부당하게 이용하려 들거나 보증서의 이행을 하지 않는 사람은 누구든지 보고되어야 한다.
* guarantee 보증(하다)
【정답】④
① entertain 즐겁게 하다
② tell a lie 거짓말을 하다
③ explain 설명하다
④ take advantage of ~을 이용하다

**36** How do you <u>employ</u> your spare time? [07.경북 9급]
① make use of
② give work to
③ save
④ prepare

**36** 당신은 여가 시간을 어떻게 보내십니까?
【정답】①
① make use of ~을 이용하다
③ save 저축하다, 아끼다
④ prepare 준비하다

**37** United States has troops <u>deployed</u> all over Europe.
① stationed
② withdrawn
③ gathered
④ desegregated

**37** 미국은 유럽 전역에 군대를 주둔시켰다.
* troop 군대 all over 곳곳에
【정답】①
① station (군대를) 주둔시키다
② withdraw 철수하다
③ gather 소집하다
④ desegregate 차별대우를 폐지하다

**38** 빈 칸에 공통으로 들어갈 말은? [09. 지방직 수탁 9급 변형]

At one moment the word '______' is employed as a synonym for 'foreign policy', as when we say 'British ______ in the Near East has been lacking in vigour'. At another moment it signifies 'negotiation', as when we say 'the problem is one which might well be solved by ______.'

① concession
② diplomacy
③ covenant
④ diploma

**38** 다의어인 diplomacy의 의미를 묻는 문제이다.
【정답】②

어떤 때는 'diplomacy(외교)'가 '근동 지역에서 영국의 외교정책은 열정을 보이지 않아 왔다'라고 말할 때처럼 '외교적인 정책'의 동의어로 사용된다. 다른 때에는 '그 문제는 협상 수완에 의해 풀 수 있는 문제이다'에서처럼 '협상'의 의미를 나타낸다. * be lacking in ~이 부족한 signify 의미하다 negotiation 교섭, 협상 solve (문제 등을) 풀다

① concession 양보, 면허, 특권
② diplomacy 외교정책; 협상
③ covenant 계약
④ diploma 졸업증서

**39** Many doctors are still general practitioners, but the <u>tendency</u> is toward specialization in medicine.
① esteem
② trend
③ prelude
④ preface

**39** 많은 의사들은 여전히 일반 개업의들이다. 그러나 의학 분야에서의 경향은 전문화 쪽이다.
* practitioner 개업의 specialization 전문화, 분화 medicine 의학
【정답】②
① esteem 존경
② trend 경향
③ prelude 전주곡
④ preface 서문

**39-1** Mr. Mayfield was reluctant to <u>tender</u> an apology to me.
① soft　　　　② regret
③ offer　　　　④ deny

**40** Two nurses <u>attended</u> on the dying brave soldier day and night.
① looked after　　　② washed
③ took charge of　　④ welcomed

**40-1** Cowbirds lay eggs in the nests of other birds if those nests are left <u>unattended</u>.
① disorganized　　　② incomplete
③ unguarded　　　　④ unwanted

**40-2** For your safety of others, always pay <u>attention</u> to the traffic signals.
① look　　　　② care
③ heed　　　　④ poise

**41** The keeping of Jewish traditions became an increasingly <u>contentious</u> issue as Christian missionaries began winning more and more gentile converts.
① contented　　　　② contemplative
③ controversial　　　④ contingent

**41-1** Trade unions are <u>a bone of contention</u> in our family. [93. 기술고시]
① a source of happiness
② a subject of quarrel
③ a piece of cake
④ a few home truths
⑤ a skeleton in the closet

**41-2** The United States emerged from the Cold War the only superpower, and no geopolitical or ideological <u>contenders</u> are in sight.
① allies　　　　② adversaries
③ competitors　　④ colleagues

**42** Remember true <u>contentment</u> comes from within, no matter how stacked or paltry your bank account.
① wealth　　　　② purpose
③ complacency　　④ argument

---

**39-1**. Mayfield씨는 나에 대해 사과하기를 꺼렸다.
* be reluctant to ~하기를 꺼리다, 마지못해 ~하다
　　　　　　　　　　　　　　　　　【정답】③
① soft 부드러운　　　　② regret 후회하다
③ offer 제의하다　　　　④ deny 부인하다

**40** 두 간호사는 죽어가는 용감한 군인들을 밤낮으로 돌보았다. * day and night 밤낮으로
　　　　　　　　　　　　　　　　　【정답】①
① look after 보살피다　　　② wash 씻기다
③ take charge of 담당하다, 맡다　④ welcome 환영하다

**40-1** 찌르레기는 돌보지 않고 방치된 다른 새의 둥지에 알을 낳는다. * cowbird 찌르레기
　　　　　　　　　　　　　　　　　【정답】③
① disorganized 조직이 와해된　② incomplete 불완전한
③ unguarded 지키지 않는　　　④ unwanted 불필요한, 쓸모없는

**40-2** 당신과 다른 사람들의 안전을 위해 항상 교통신호에 주의를 기울여라. * pay attention to 주의를 기울이다
　　　　　　　　　　　　　　　　　【정답】③
③ heed 주의　　　　　④ poise 균형

**41** 기독교 선교활동들이 더욱 더 많은 기독교도로의 개종자를 얻기 시작하자 유대교의 전통을 유지하는 것이 점점 더 논쟁적인 사안이 되었다.
* missionary 선교자 gentile (유대인 측에서의) 이교도의 convert 개종자
　　　　　　　　　　　　　　　　　【정답】③
① contented 만족한　　② contemplative 명상적인
③ controversial 논쟁적인　④ contingent 우연의

**41-1** 노동조합은 우리 가족의 싸움의 원인이다.
* trade union 노동조합 a bone of contention 분쟁의 원인
　　　　　　　　　　　　　　　　　【정답】②
① a source of happiness 행복의 요소
② a subject of quarrel 다툼의 주제
③ a piece of cake 쉬운 일
④ home truth 명백한 사실
⑤ a skeleton in the closet 집안의 감추고 싶은 비밀

**41-2** 미국은 냉전시대이후 유일한 초강대국으로 출현했고, 이제는 어느 지정학적 이념적 경쟁자도 보이지 않는다.
* emerge 나타나다 geopolitical 지정학적인
　　　　　　　　　　　　　　　　　【정답】③
① ally 동맹(국)　　　　② adversary 적, 상대자
③ competitor 경쟁자　　④ colleague 동료

**42** 당신의 은행 계좌에 잔고가 잔득 쌓여 있든 얼마 되지 않던 간에 진정한 자기만족은 마음에서 온다는 사실을 기억하라.
* stacked 쌓여 있는 paltry 얼마 안 되는
　　　　　　　　　　　　　　　　　【정답】③

**42-1** They shouted and made faces at him <u>to their heart's content</u>.
① contemptuously　② hastily
③ contentiously　④ heartily

**43** Pictures of starving children with huge <u>distended</u> bellies still haunt the evening news.
① emaciated　② swollen
③ skinny　④ gorgeous

**44** The chairman ______ a warm welcome to all the new members who were joining the company.
① tried　② express
③ boarded　④ extended

**44-1** Biomedical research may soon discover a way to <u>extend</u> human life.
① improve　② duplicate
③ change　④ lengthen

**45** While most students submitted the assignment on time, Maggy asked for an ________.
① invention　② extension
③ intention　④ extortion

**46** The uses of computer-based technology in factories and offices are <u>extensive</u>.
① progressive　② spacious
③ bleak　④ widespread

**47** <u>High blood pressure</u> affects more than 72 million adults in the United States.
① pretence　② hypertension
③ hypothesis　④ hypotension

**48** Al Johnson was famous for the <u>intensely</u> personal appeal of his singing and acting.
① frequently　② tenderly
③ extremely　④ noticeably

**49** Commercialization in schools operates against the democratic ______ of a publicly funded school system. By monopolizing the beverage market in secondary schools, the company is taking away the freedom of choice.
① intent　② revenue
③ premises　④ corporation
⑤ curriculum

---

**42-1** 그들은 그에게 실컷 소리치고 얼굴을 찌푸렸다.
* make faces 얼굴을 찌푸리다
　　　　　　　　　　　　　　【정답】 ④
① contemptuously 경멸적으로　② hastily 성급하게
③ contentiously 논쟁적으로　④ heartily 마음껏; 진심으로

**43** 크게 부푼 배를 가지고 있는 기아에 허덕이는 아이들의 사진이 여전히 저녁뉴스에 자주 등장하고 있다. * starve 굶주리다 haunt 자주 나타나다
　　　　　　　　　　　　　　【정답】 ②
① emaciated 수척한　② swollen 부푼
③ skinny 바싹 여윈　④ gorgeous 멋진

**44** 회장은 회사에 입사하는 모든 신입직원들을 따뜻이 맞이했다. *extend a warm welcome 따뜻하게 맞이하다 join a company 회사에 입사하다
　　　　　　　　　　　　　　【정답】 ④

**44-1** 생의학 연구는 조만간 인간의 생명을 연장할 방법을 발견할 지도 모른다.
　　　　　　　　　　　　　　【정답】 ④
① improve 개선하다　② duplicate 복제하다
③ change 바꾸다　④ lengthen 길게 하다

**45** 대부분 학생들은 숙제를 제 시간에 제출한 반면에, 매기는 기간연장을 요구했다.
* submit 제출하다 the assignment 숙제, 할당 on time 제 시간에
　　　　　　　　　　　　　　【정답】 ②
① invention 발명　② extension 연기, 연장
③ intention 의향, 의도　④ extortion 강요, 착취

**46** 공장이나 사무실에서 컴퓨터를 기반으로 한 기술의 활용이 널리 퍼져 있다.
　　　　　　　　　　　　　　【정답】 ④
① progressive 진보적인　② spacious 넓은
③ bleak 황량한　④ widespread 널리 퍼진

**47** 미국에서 7천 2백만 이상의 성인들이 고혈압을 앓고 있다. * affect (병이) 침범하다
　　　　　　　　　　　　　　【정답】 ②
① pretense 겉치레, 핑계　② hypertension 고혈압
③ hypothesis 가설, 전제　④ hypotension 저혈압

**48** 알 존슨은 노래와 연기에서 대단히 개인적인 매력으로 유명했다. * be famous for ~으로 유명하다
　　　　　　　　　　　　　　【정답】 ③
① frequently 자주　② tenderly 상냥하게
③ extremely 매우　④ noticeably 눈에 띄게

**49** 학교의 상업화는 공적으로 설립된 학교 시스템의 민주적인 취지와 반해서 운영된다. 중등학교에서 음료 매점을 독점화함으로써, 그 회사는 선택의 자유를 빼앗아 버리고 있다. * commercialization 상업화 monopolize 독점하다　secondary school 중등학교
　　　　　　　　　　　　　　【정답】 ①
① intent 의미, 취지　② revenue 세입, 수입
③ premises 구내　④ corporation 법인, 기업
⑤ curriculum 교과 과정

**49-1** Their marriage was over <u>for all intents and purposes</u>. [07.세무직 9급]
① almost completely    ② all of sudden
③ peacefully    ④ awkwardly

**49-1** 그들의 결혼생활은 어느 모로 보나 사실상 끝났다.
* for all intents and purposes 어느 모로 보나
【정답】①
② all of sudden 갑자기    ③ peacefully 평화적으로
④ awkwardly 어색하게

**49-2** It was not an accident; she broke the dish <u>on purpose</u>.
① intentionally    ② incidentally
③ angrily    ④ carelessly

**49-2** 그것은 사고가 아니었다. 그녀는 고의로 접시를 깨뜨렸다. * on purpose 고의로
【정답】①
① intentionally 고의로    ② incidentally 우연히
③ angrily 화가 나서    ④ carelessly 부주의하게

**50** I could tell he was only _____ to read, because his book was upside down. [세무직 9급]
① acting    ② behaving
③ deceiving    ④ pretending

**50** 나는 그가 책을 읽고 있는 체 하는 것을 알고 있었다. 그의 책이 뒤집어져 있었기 때문이다.
* upside down 거꾸로
【정답】④
③ deceive 속이다    ④ pretend ~하는 체 하다

**50-1** Tom used to <u>make believe</u> he has some headache when found dozing.
① assert    ② make faces
③ make the best of    ④ pretend

**50-1** 탐은 그가 졸고 있는 것을 들킬 때마다 두통이 있는 척하곤 했다. * make believe ~체 하다
【정답】④
① assert 단언하다
② make faces 얼굴을 찌푸리다
③ make the best of ~을 최대한 이용하다

**51** A man who attempts to pass for more than he is worth is said to be ________. [사법시험]
① retentive    ② extenuating
③ pretentious    ④ promising

**51** 자신이 가진 것보다 더 많은 것을 가지고 있는 것처럼 통하도록 시도하는 사람은 젠 체하는 사람이라고 말한다. * pass for ~으로 통하다
【정답】③
① retentive 기억력이 좋은    ② extenuating 가볍게 할수있는
③ pretentious 젠 체하는    ④ promising 장래성 있는

**52** Our <u>tentative</u> agreement was formally approved last week. [03. 101단]
① temporary    ② theoretical
③ inductive    ④ descriptive

**52** 우리의 잠정적인 합의는 지난주에 공식적으로 승인되었다.
【정답】①
① temporary 임시적인    ② theoretical 이론상의
③ inductive 귀납의    ④ descriptive 설명적인

**53** Whether we could survive a second attack is a ________ question that I should not like to put to the test. [96.행정고시]
① portentous    ② moot
③ precarious    ④ profligate
⑤ mundane

**53** 두 번째 공격에서도 우리가 살아남을 수 있을지는 시험해 보고 싶지 않은 불길한 질문이다.
* put to test 시험해 보다
【정답】①
① portentous 전조의, 불길한    ② moot 미해결의
③ precarious 불확실한    ④ profligate 방탕한
⑤ mundane 이승의

**53-1** The distant rumbling we heard this morning was a <u>portent</u> of the thunderstorm that hit our area this afternoon.
① presage    ② tremor
③ upheaval    ④ plethora

**53-1** 오늘 아침에 우리가 들었던 멀리서 우르르 하는 소리는 오늘 오후에 우리 지역을 강타한 폭풍의 전조였다.
* rumbling 우르르 소리
【정답】①
① presage 전조    ② tremor 전율
③ upheaval 격변, 대변동    ④ plethora 과잉

**54** His <u>ostensible</u> motives concealed his real one.
① false    ② expressive
③ pretended    ④ immoral

**54** 그는 표면상의 동기로 자신의 진짜 동기를 감추었다. * conceal 숨기다
【정답】③
① false 그릇된    ② expressive 표현적인
③ pretended 걸치레만의    ④ immoral 부도덕한

**54-1** We are engaged in a daily and <u>ostentatious</u> rehearsal of the officially sanctioned proposition that suicide terrorists come from anywhere, without regard to gender, ethnicity, age or religious affiliation. [02. 변리사]
① substantial    ② repetitive    ③ tedious
④ destructive    ⑤ grandiose

**54-1** 우리는 자살테러 기도자들이 성별이나 인종, 나이, 종교적 관계와는 상관없이 어디서든 나타날 수 있다는 공식적으로 인정된 명제의 일상적이고 뽐내는 시연에 참여하고 있다. * proposition 명제 sanction 인가하다 gender 성 ethnicity 인종 affiliation 관계
【정답】 ⑤
① substantial 상당한, 실체적인    ② repetitive 반복되는
③ tedious 지루한    ④ destructive 파괴적인
⑤ grandiose 뽐내는; 웅장한

---

**55** It's a criminal act to <u>tamper with</u> official documents for the purpose of fraud. [94.행정고시]
① take away    ② steal
③ alter    ④ destroy

**55** 사기를 치기 위해서 공문서를 함부로 고치는 것은 범죄행위이다. * fraud 사기, 기만
【정답】 ③
① take away 가져가 버리다    ② steal 훔치다
③ alter 변경하다    ④ destroy 소실시키다, 파괴하다

---

**55-1** Islanders have been <u>tampering with</u> the natural environment since the 18th century.
① preserving    ② interfering with
③ remembering    ④ dealing with

**55-1** 섬 주민들은 18세기 이후로 자연 환경을 훼손하고 있다.
【정답】 ②
① preserve 보존하다    ② interfere with 해치다
③ remember 기억하다    ④ deal with 다루다, 처리하다

---

**56** A fixed income will bring about a change of <u>temper</u>. [93. 사법시험]
① temperature    ② standard of living
③ height    ④ disposition

**56** (오르지 않고) 고정된 소득은 사람의 기분을 변화시키는 결과를 초래할 것이다. * bring about 초래하다
【정답】 ④
① temperature 온도    ② 삶의 표준
③ height 높이    ④ disposition 성질, 기질

---

**56-1** His grandmother was a happy, <u>even-tempered</u> woman.
① even-handed    ② placid
③ evil    ④ generous

**56-1** 그의 할머니는 마음이 즐겁고 차분한 분이셨다.
【정답】 ②
① even-handed 공평한    ② placid 차분한, 평온한
③ evil 사악한    ④ generous 관대한

---

**56-2** John <u>lost his temper</u> and kicked the vending machine. [93. 서울시7급 지방직]
① was late    ② lost his dime
③ became angry    ④ misplaced his wallet

**56-2** John은 화가 났고 그래서 자판기를 걷어찼다.
* vending machine 자동판매기
【정답】 ③
① 늦었다
② 그의 잔돈을 잃어버리다
④ 그의 지갑을 두고 왔다 * misplace (딴 데에) 두고 오다

---

**57** My brother became more <u>temperamental</u> after he got a better job.
① understanding    ② emotional
③ confident    ④ hardworking

**57** 내 동생은 더 좋은 직장에 취직한 후부터 점점 감정적이 되었다.
【정답】 ②
① understanding 이해력 있는    ② emotional 감정적인
③ confident 확신하는    ④ hardworking 근면한

---

**58** Crops such as rice grow well in Lousiana because the summers are hot and humid and the winters are <u>temperate</u>.
① cold    ② mild    ③ short    ④ windy

**58** 쌀과 같은 농작물이 루지애나 주에서 잘 자라는 것은 여름에는 덥고 습기가 많으며 겨울에는 온화하기 때문이다. * humid 습기가 많은
【정답】 ②
① cold 추운 ② mild 온화한 ③ short 짧은 ④ windy 바람이 센

---

**58-1** The temperature was ______ , neither too hot nor too cold. [97. 서울대 대학원]
① balmy    ② stuffy    ③ mild    ④ severe

**58-1** 기온은 지나치게 덥지도 지나치게 춥지도 않고 온화했다. * temperature 기온
【정답】 ③
① dank 습기찬    ② stuffy 숨막히는, 무더운
③ mild 온화한    ④ severe 가혹한

*to be continued...*